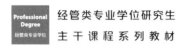

经管类专业学位研究生
主干课程系列教材

丛书编写委员会

主　　任　张金清

编　　委（按姓名笔画排序）

　　　　　陈　钊　程大中　陈冬梅　陈学彬　杜　莉

　　　　　封　进　黄亚钧　李心丹　刘红忠　刘莉亚

　　　　　束金龙　沈国兵　杨　青　张晖明

经管类专业学位研究生
主干课程系列教材

Financial Derivatives

金融衍生工具

蒋祥林　编著

复旦大学出版社

内容提要

本书重点讨论了金融衍生工具的定价及其在风险管理和投资中的各种交易策略。教材既重点分析了远期、期货、互换和期权等常规的金融衍生工具，还涉及交换期权、远期期权和交叉货币衍生产品、各种奇异期权和信用衍生产品等复杂的金融衍生工具。教材既重视金融衍生工具分析理论的系统性，又包括大量最新的实务和案例，是具有鲜明的应用型特色的教材。本书适合用作金融学硕士研究生和高年级本科生学习金融衍生工具的中级教材。

总　序

社会经济的发展对应用型专业人才的需求呈现出大批量、多层次、高规格的特点。为了适应这种变化,积极调整人才培养目标和培养模式,大力提高人才培养的适应性和竞争力,教育部于2009年推出系列专业学位硕士项目,实现硕士研究生教育从以培养学术型人才为主向以培养应用型人才为主的历史性转型和战略性调整。复旦大学经济学院于2010年首批获得金融硕士专业学位培养资格,经济学院专业学位项目依托强大的学科支持,设置了系统性模块化实务型课程,采用理论与实践结合的双导师制度(校内和校外导师),为学生提供从理论指导、专业实践到未来职业生涯设计的全面指导。目前,已经形成了金融硕士、国际商务硕士、保险硕士、税务硕士、资产评估硕士五大专业学位硕士体系,招生数量与规模也逐年增长。

专业学位(Professional Degree)相对于学术型学位(Academic Degree)而言,更强调理论联系实际,广泛采用案例教学等教学模式。因此,迫切需要编写一套具有案例特色的专业学位核心课程系列教材。本套教材根据专业学位培养目标的要求,注重理论和实践的结合。在教材特色上,先讲述前沿的理论框架,再介绍理论在实务中的运用,最后进行案例讨论。我们相信,这样的教材能够使理论和实务不断融合,提高专业学位的教学与培养质量。

复旦大学经济学院非常重视专业学位教材的编写,2012年就组织出版了金融硕士专业学位核心课程系列教材。经过五年的探索和发展,一方面是学院的专业学位硕士由金融硕士扩展到了五大专业硕士学位体系;另一方面,对如何进行学位培养和教材建设的想法也进一步成熟,因此有必要重新对教材的框架、内容和特色进行修订。2015年4月,我院组织专家审议并通过了专业学位研究生课程教材建设方案。2015年12月,完成了专业学位核心课程的分类,初步设定建设《程序化交易中级教程》《投资学》《公司金融》《财务分析与估值》《金融风险管理实务》等核心课程教材。2016年10月,组织校内外专家制定了《复旦大学经济学院专业学位核心课程教材编写体例与指南》,2016年11月,组织教师申报教材建设并召开我院专业学位研究生教指委会议,针对书稿大纲进行讨论和修订,删除了目前教材之间的知识点重复现象,提高了教材理论的前沿性,修改和增加了教材中每章的案例,突出教材知识点的实务性。教材初稿完成以后,邀请校外专家进行匿名评审,提出修改意见和建议;再要求作者根据校外专家的匿名评审意见进行修改;最后,提交给我院专业学位研究生教指委进行评议并投票通过后,才予以正式出版。

最后,感谢复旦大学研究生院、经济学院以及学院专业学位研究生教指委提供的全方位支持和指导,感谢上海市高峰学科建设项目的资助,感谢校外专家对书稿的评审和宝贵意见,感谢复旦大学出版社的大力支持。本套教材是复旦大学经济学院专业学位教材建设的创新工程,我们将根据新形势的发展和教学效果定期修正。

经管类专业学位硕士核心课程系列教材编委会
2017年6月

前　言

在成熟的金融市场中，金融衍生工具市场始终担当着重要的角色。随着中国金融的市场化、国际化进程的加快，我国金融衍生工具市场正处于稳步发展时期，金融衍生工具在我国金融实践中的重要性日益增强。金融衍生工具是一把"双刃剑"：一方面，它可以为投资者提供多种风险规避工具，具有规避风险和推动经济发展的积极作用；另一方面，金融衍生工具作为一种投机工具可能导致市场巨大的波动及风险，一旦运用不当，就成为金融风险根源。尽管如此，金融衍生工具在金融创新中的作用越来越重要，越来越多的金融衍生工具被创造出来，并被企业和各类投资者运用于风险管理、投资或者投机活动中。

金融衍生工具作为一门学科，是适应金融衍生工具市场的发展应运而生的，具有极强的应用性和实践性。一方面，现代金融学是金融衍生工具领域的理论基础；另一方面，数值计算技术、计算机技术等现代工程技术在金融衍生工具分析中的广泛运用，促使了金融实践的工程化发展。要让学生系统性了解金融衍生工具的相关知识，既要注重知识的系统性和连贯性，又必须紧密结合金融衍生工具的理论与实践发展的实际，将所学理论运用于分析实际问题。

全书共分为二十一章，可以分为五大部分。第一部分包括第一章至第三章，为金融衍生工具的基础知识，第一章简要介绍金融衍生工具概念及国内外的发展历史，第二章和第三章分别介绍了场外金融衍生工具市场和场内金融衍生工具市场，包括市场交易机制、主要产品等内容。第二部分包括第四章和第五章，这一部分是衍生产品定价分析的基础，第四章介绍了衍生产品定价的理论、方法，包括衍生产品的无套利定价理论以及风险中性定价、状态价格定价和鞅定价的具体方法，第五章在介绍连续时间随机过程的基础上,将鞅定价方法扩展到连续时间情形。第三部分包括第六章至第十章的内容,介绍了远期、期货和互换这三个衍生产品的定价、风险管理中运用以及各类交易策略。第四部分包括第十一章至第十七章,主要是有关期权内容,包括期权的定价模型和数值定价方法、期权套期保值的运用和交易策略,以及与期权定价分析相关的波动率模型和隐含波动率等内容。第五部分为包括第十八章至第二十一章,主要为复杂衍生工具和奇异衍生工具,第十八章介绍了交叉货币衍生工具,第十九章介绍了主要的奇异衍生工具,第二十章介绍了利率期权,第二十章介绍了信用衍生工具。

本书是作者结合多年来教学经验为我国金融专硕的学生设计、撰写的教材,也可作为也可以作为金融学、财务管理、应用数学专业高年级本科生、MBA、硕士生的相关教材或自学参考书。金融衍生工具课程的教学计划和内容可视课时情况和课程体系不同进行多种安排。

本书在编写过程中参考了大量的相关著作、网络资料、教材和文献,吸取和借鉴了同行的相关成果,在此向相关作者表示衷心感谢。由于编者的水平和能力所限,书中难免存在疏漏之处,恳请同行与读者指正,以便我们日后改进。

作　者

2019 年 10 月

目 录

第一章 金融衍生工具概述 … 1
第一节 金融衍生工具的概念和类型 … 1
一、金融衍生工具的概念 … 1
二、金融衍生工具的分类 … 1
三、基本金融衍生工具 … 3
四、信用衍生工具 … 7
五、嵌入式衍生工具与结构化衍生工具 … 8
六、其他金融衍生工具 … 9
第二节 金融衍生工具的发展历程 … 9
一、国际金融衍生工具的发展：回顾与现状 … 9
二、我国金融衍生工具的发展：回顾、现状 … 12
第三节 金融衍生工具交易类型及其意义 … 14
一、风险对冲交易及其意义 … 14
二、金融衍生工具套利交易策略及在价格发现中意义 … 15
三、市场中性策略的创新和资源配置 … 16
四、衍生工具投机交易及其意义 … 17
重要概念 … 19
习题与思考题 … 19

第二章 场外衍生工具市场 … 20
第一节 场外金融衍生工具市场概述 … 20
一、场外衍生工具概览 … 20
二、全球场外衍生工具市场概况 … 21
三、我国场外衍生工具市场概览 … 24
第二节 场外衍生工具市场的结构与运作模式 … 25
一、市场参与者 … 25
二、清算模式 … 26

三、交易场所/平台 ……………………………………………………………… 27
　　三、标准化法律文本 ……………………………………………………………… 28
　　四、2008年金融危机后场外衍生工具市场监管 ……………………………… 28
第三节　远期市场 ………………………………………………………………………… 30
　　一、远期合约的定义 ……………………………………………………………… 30
　　二、远期合约的种类 ……………………………………………………………… 30
第四节　互换市场 ………………………………………………………………………… 39
　　一、互换定义与种类 ……………………………………………………………… 39
　　二、互换市场的产生与发展 ……………………………………………………… 42
　　三、互换市场交易机制 …………………………………………………………… 47
第五节　场外期权 ………………………………………………………………………… 52
　　一、场外期权的定义与种类 ……………………………………………………… 52
　　二、场外期权的发展与现状 ……………………………………………………… 54
第六节　信用衍生工具 …………………………………………………………………… 57
　　一、信用衍生产品的概念 ………………………………………………………… 57
　　二、信用衍生产品市场的发展 …………………………………………………… 58
　　三、信用衍生产品的投资者 ……………………………………………………… 60
　　四、信用衍生产品的种类 ………………………………………………………… 61
重要概念 ……………………………………………………………………………………… 65
习题与思考题 ………………………………………………………………………………… 65

第三章　场内衍生工具市场 …………………………………………………………… 67

第一节　场内衍生品市场概述 …………………………………………………………… 67
　　一、场内场外衍生品市场界定 …………………………………………………… 67
　　二、全球场内衍生品市场概况 …………………………………………………… 68
　　三、中国期货市场的发展现状 …………………………………………………… 69
第二节　期货市场交易制度 ……………………………………………………………… 72
　　一、期货合约的标准化条款 ……………………………………………………… 72
　　二、期货价格的收敛性 …………………………………………………………… 75
　　三、保证金制度和每日结算制 …………………………………………………… 76
　　四、期货交割与结算 ……………………………………………………………… 79
　　五、交易指令的类型 ……………………………………………………………… 80
　　六、期货市场的监管 ……………………………………………………………… 81
第三节　股指期货市场 …………………………………………………………………… 82
　　一、股指期货市场的发展简史 …………………………………………………… 82
　　二、股价指数期货的交易机制 …………………………………………………… 87

第四节　利率期货市场 ·············· 89
一、利率期货的概念 ·············· 89
二、利率期货的种类 ·············· 90
三、海外利率期货市场的产生和发展 ·············· 91
四、中国国债期货市场发展历史与现状 ·············· 92

第五节　外汇期货市场 ·············· 97
一、外汇期货市场的产生和发展 ·············· 97
二、外汇期货的概念 ·············· 98
三、外汇期货合约 ·············· 99

第六节　期货市场的交易策略 ·············· 99
一、投机策略 ·············· 99
二、套保策略 ·············· 99
三、套利策略 ·············· 99
四、其他策略 ·············· 100

第七节　场内期权市场 ·············· 100
一、期权市场的产生与发展 ·············· 100
二、中国场内期权市场现状 ·············· 101
三、期权交易所的交易制度和清算制度 ·············· 103

重要概念 ·············· 109
习题与思考题 ·············· 109

第四章　金融衍生产品定价原理和方法 ·············· 110
第一节　复利和无风险资产 ·············· 110
一、复利 ·············· 110
二、无风险资产 ·············· 111

第二节　无套利定价原理 ·············· 111
一、卖空交易与无风险套利 ·············· 111
二、无套利均衡价格与无套利定价原理 ·············· 113
三、无套利定价例子：二叉树期权定价 ·············· 113

第三节　状态价格定价和风险中性定价 ·············· 114
一、状态价格定价 ·············· 114
二、风险中性定价 ·············· 115

第四节　鞅定价方法 ·············· 116
一、风险资产不支付红利情形下的鞅定价 ·············· 116
二、风险资产支付红利情形下的鞅定价 ·············· 118

第五节　随机贴现因子与资产定价 ·············· 119

一、随机贴现因子的概念与性质 ………………………………………………… 119
　　二、完全市场、无套利与随机贴现因子 ………………………………………… 120
　　三、跨期消费—投资均衡定价与随机贴现因子 ………………………………… 122
第六节　衍生产品定价中的等价鞅测度变换 ……………………………………… 123
　　一、概率测度的概念 ……………………………………………………………… 123
　　二、等价概率测度变换 …………………………………………………………… 126
　　三、等价鞅测度变换与资产定价 ………………………………………………… 130
　　四、鞅定价的运用：欧式期权的例子 …………………………………………… 133
重要概念 ……………………………………………………………………………… 134
习题与思考题 ………………………………………………………………………… 134

第五章　连续时间随机模型 ……………………………………………………… 137
第一节　布朗运动 …………………………………………………………………… 137
　　一、布朗运动概念的提出 ………………………………………………………… 137
　　二、布朗运动的定义与性质 ……………………………………………………… 138
　　三、布朗运动的二阶变差 ………………………………………………………… 139
第二节　Itô 过程和 Itô 引理 ………………………………………………………… 140
　　一、Itô 过程与 Itô 积分 …………………………………………………………… 140
　　二、Itô 积分 ………………………………………………………………………… 141
　　三、Itô 引理 ………………………………………………………………………… 142
　　四、几何布朗运动 ………………………………………………………………… 144
第三节　计价物和等价鞅测度变换 ………………………………………………… 145
　　一、Girsanov 定理与布朗运动的等价鞅测度 …………………………………… 145
　　二、资产价格的等价鞅测度变换 ………………………………………………… 146
第四节　几何布朗运动的尾部概率 ………………………………………………… 150
　　一、不同计价物概率测度下资产价格的对数表示式 …………………………… 150
　　二、尾部概率计算 ………………………………………………………………… 151
第五节　几何布朗运动的乘积和比值的波动率 …………………………………… 151
　　一、乘积形式波动率 ……………………………………………………………… 151
　　二、比值形式的波动率 …………………………………………………………… 152
重要概念 ……………………………………………………………………………… 153
习题与思考题 ………………………………………………………………………… 153

第六章　远期与期货的定价 ……………………………………………………… 155
第一节　远期与期货的鞅定价 ……………………………………………………… 155
　　一、投资型资产与消费型资产 …………………………………………………… 155

二、远期和期货确定价分析 ··· 156
第二节　期货和远期无套利定价 ··· 159
　　一、无套利定价方法 ··· 159
　　二、无收益资产远期合约的定价 ··· 160
　　三、支付已知现金收益资产远期合约的定价 ································ 163
　　四、支付已知收益率资产远期合约的定价 ···································· 164
第三节　商品期货定价 ·· 167
　　一、投资类商品的期货定价 ··· 167
　　二、消费类商品的期货定价 ··· 168
　　三、便利收益 ··· 168
　　四、持有成本模型 ·· 169
　　五、交割选择 ··· 170
第四节　利率期货的定价 ··· 170
　　一、短期国库券期货合约 ··· 170
　　二、欧洲美元期货合约 ··· 172
　　三、长期美国国债期货合约 ··· 173
　　四、中、长期美国国债期货的定价 ··· 174
　　五、中国国债期货合约的定价 ··· 180
第五节　期货价格与现货价格的关系 ··· 185
　　一、期货价格和当前的现货价格的关系 ······································· 185
　　二、期货价格与预期的未来现货价格的关系 ································ 187
重要概念 ··· 187
习题与思考题 ·· 188

第七章　利用远期和期货的对冲策略 ··· 190
第一节　对冲的基本原理 ··· 190
　　一、对冲的类型 ··· 190
　　二、基差风险 ··· 192
第二节　最小方差对冲 ·· 198
　　一、最小方差对冲比率 ··· 198
　　二、最优合约数量 ·· 200
第三节　对冲模型拓展 ·· 201
　　一、动态对冲策略 ·· 201
　　二、最小下方风险对冲模型 ··· 204
第四节　利用股指期货对冲 ·· 205
　　一、多头对冲和空头对冲 ··· 205

二、改变组合的 β 值 ……………………………………………………… 207
三、资产配置 …………………………………………………………… 208
四、投资组合保险 ……………………………………………………… 208

第五节 利用国债期货对冲 ………………………………………………… 209
一、多头对冲 …………………………………………………………… 209
二、空头对冲 …………………………………………………………… 209
三、交叉对冲 …………………………………………………………… 210
四、对冲比率的选择 …………………………………………………… 211

第六节 影响对冲其他的因素 ……………………………………………… 213
一、税收 ………………………………………………………………… 213
二、破产成本 …………………………………………………………… 214
三、交易费用 …………………………………………………………… 215
四、委托-代理问题 ……………………………………………………… 215
五、所有者多样化投资的缺乏 ………………………………………… 215

重要概念 ………………………………………………………………………… 215
习题与思考题 …………………………………………………………………… 215

第八章 期货市场套利策略和投机策略 …………………………………… 218

第一节 期货市场套利策略概述 …………………………………………… 218
一、期货套利策略基本原理 …………………………………………… 218
二、期货套利策略类型 ………………………………………………… 219
三、期货套利的风险 …………………………………………………… 220

第二节 期货市场的价差统计套利模型 …………………………………… 222
一、统计套利基本概述 ………………………………………………… 222
二、价差统计套利模型 ………………………………………………… 224

第三节 国债期货套利策略 ………………………………………………… 227
一、国债期货的期现套利 ……………………………………………… 227
二、国债期货跨期套利 ………………………………………………… 232
三、国债期货的跨品种套利 …………………………………………… 234

第四节 期货市场的投机策略 ……………………………………………… 234
一、期货投机者的概念和类型 ………………………………………… 234
二、案例研究：基于订单不平衡指标商品期货投机交易策略 ……… 236

重要概念 ………………………………………………………………………… 243
习题与思考题 …………………………………………………………………… 244

第九章 互换的应用 …………………………………………………………… 245

第一节 互换运用的概述 …………………………………………………… 245
第二节 利用互换进行套利 ………………………………………………… 246

　　　　一、利用利率互换的信用套利 ………………………………………………… 246
　　　　二、利用货币互换的信用套利 ………………………………………………… 247
　　　　三、利用互换的监管和税收套利 ……………………………………………… 248
　　第三节　利用互换进行风险管理 ……………………………………………………… 249
　　　　一、应用利率互换转换负债(或资产)的利率属性 …………………………… 249
　　　　二、利用利率互换调整资产(或负债)的久期 ………………………………… 251
　　　　三、利用货币互换管理汇率风险 ……………………………………………… 252
　　　　四、应用跨境股票互换进行国际分散化投资 ………………………………… 252
　　第四节　运用互换创造新的产品 ……………………………………………………… 253
　　第五节　利率互换的利差交易与长期资本管理公司神话的破灭 …………………… 254
　　　　一、利用利率互换的利差交易策略原理 ……………………………………… 254
　　　　二、互换利差交易如何导致长期资本管理公司巨额亏损 …………………… 256
　　重要概念 …………………………………………………………………………………… 259
　　习题与思考题 ……………………………………………………………………………… 259

第十章　互换定价与风险分析 …………………………………………………………… 261
　　第一节　利率互换的定价 ……………………………………………………………… 261
　　　　一、互换利率的本质 …………………………………………………………… 261
　　　　二、互换定价中的贴现率 ……………………………………………………… 262
　　　　三、运用债券组合给利率互换定价 …………………………………………… 262
　　　　四、运用远期利率协议给利率互换定价 ……………………………………… 264
　　　　五、利率期限结构对互换价值的影响 ………………………………………… 266
　　　　六、远期互换的定价 …………………………………………………………… 266
　　第二节　货币互换的定价 ……………………………………………………………… 267
　　　　一、运用债券组合给货币互换定价 …………………………………………… 267
　　　　二、运用远期外汇协议组合给货币互换定价 ………………………………… 268
　　第三节　互换的风险分析 ……………………………………………………………… 269
　　　　一、信用风险 …………………………………………………………………… 269
　　　　二、市场风险 …………………………………………………………………… 270
　　重要概念 …………………………………………………………………………………… 272
　　习题与思考题 ……………………………………………………………………………… 272

第十一章　期权定价初步分析 …………………………………………………………… 274
　　第一节　欧式期权的回报和盈亏分布 ………………………………………………… 274
　　　　一、回报和盈亏的概念 ………………………………………………………… 274
　　　　二、远期和期货的回报和盈亏分析 …………………………………………… 275

三、欧式期权的回报和盈亏分析 ………………………………………… 275
　第二节　期权内在价值和时间价值 ……………………………………………… 278
　　　一、欧式期权的内在价值 ………………………………………………… 278
　　　二、美式期权提前执行的合理性及其内在价值 ………………………… 279
　　　三、期权的时间价值 ……………………………………………………… 282
　第三节　期权价格的影响因素 …………………………………………………… 283
　　　一、标的资产的市场价格和期权执行价格 ……………………………… 283
　　　二、期权的有效期 ………………………………………………………… 283
　　　三、标的资产价格的波动率 ……………………………………………… 283
　　　四、无风险利率 …………………………………………………………… 284
　　　五、标的资产的收益 ……………………………………………………… 284
　第四节　期权价格的上下限和价格曲线形状 …………………………………… 285
　　　一、期权价格的上限 ……………………………………………………… 285
　　　二、期权价格的下限 ……………………………………………………… 285
　　　三、期权价格曲线的形状 ………………………………………………… 286
　第五节　看涨期权与看跌期权之间的平价关系 ………………………………… 287
　　　一、欧式看涨期权与看跌期权之间的平价关系 ………………………… 287
　　　二、美式看涨期权和看跌期权之间的关系 ……………………………… 288
　重要概念 …………………………………………………………………………… 289
　习题与思考题 ……………………………………………………………………… 289

第十二章　期权交易策略 ………………………………………………………… 291
　第一节　期权组合交易策略 ……………………………………………………… 291
　　　一、期权组合交易策略概述 ……………………………………………… 291
　　　二、差价组合策略 ………………………………………………………… 292
　　　三、差期组合策略 ………………………………………………………… 296
　　　四、对角组合策略 ………………………………………………………… 298
　　　五、混合期权策略 ………………………………………………………… 300
　第二节　期权套利交易策略 ……………………………………………………… 303
　　　一、期权套利策略概述 …………………………………………………… 303
　　　二、期权平价套利策略 …………………………………………………… 303
　　　三、期权垂直套利策略 …………………………………………………… 307
　　　四、期权箱型套利策略 …………………………………………………… 310
　重要概念 …………………………………………………………………………… 312
　习题与思考题 ……………………………………………………………………… 313

第十三章 欧式期权定价公式 ········ 314

第一节 Black-Scholes-Merton 欧式期权定价公式 ········ 314
一、Black-Scholes-Merton 期权定价模型的假设条件 ········ 314
二、通过微分方程推导 Black-Scholes-Merton 期权定价公式 ········ 315
三、通过鞅定价方法推导 Black-Scholes-Merton 期权定价公式 ········ 318
四、对欧式看涨期权定价公式的经济理解 ········ 319

第二节 交换期权定价公式 ········ 319
一、交换期权和 Margrabe 定价公式 ········ 319
二、Margrabe 定价公式的推导 ········ 321
三、欧式交换期权的平价关系 ········ 323

第三节 远期期权、延迟交换期权和期货期权定价公式 ········ 323
一、远期期权和远期期权的 Black 定价公式 ········ 323
二、远期期权的 Black 定价公式的推导 ········ 325
三、利率随机情形下的 Merton 期权定价公式 ········ 326
四、延迟交换期权定价公式 ········ 328
五、期货期权定价公式 ········ 329

重要概念 ········ 330
习题与思考题 ········ 330

第十四章 期权的波动率微笑和波动率期限结构 ········ 332

第一节 资产价格的波动率和期权的隐含波动率 ········ 332
一、波动率的概念和类型 ········ 332
二、欧式看涨-看跌期权的平价关系和隐含波动率 ········ 333

第二节 期权的波动率微笑 ········ 334
一、外汇期权波动率微笑的表现与解释 ········ 334
二、股票期权波动率微笑的表现与解释 ········ 335

第三节 波动率的期限结构和波动率曲面 ········ 336
一、波动率期限结构 ········ 336
二、波动率曲面 ········ 337
三、期权定价模型的作用 ········ 339

第四节 波动率交易策略 ········ 339
一、波动率交易的基本思想 ········ 339
二、波动率交易的步骤 ········ 339
三、波动率交易的风险 ········ 340

重要概念 ········ 340
习题与思考题 ········ 340

第十五章 波动率建模 ... 342

第一节 历史波动率估计 ... 342
一、统计知识复习 ... 342
二、不变波动率估计 ... 343

第二节 可变波动率模型之一：GARCH模型 ... 345
一、ARCH模型 ... 345
二、指数加权移动平均波动率模型 ... 346
三、GARCH模型 ... 347

第四节 可变波动率模型之二：随机波动率模型 ... 350
一、Heston波动率模型的形式 ... 350
二、Heston模型的特征 ... 350
三、模型的离散化 ... 351
四、模型参数估计 ... 351

重要概念 ... 352
习题与思考题 ... 352

第十六章 期权价格的敏感性和期权的套期保值 ... 354

第一节 期权价格敏感性度量的原理 ... 354

第二节 Delta与期权的套期保值 ... 357
一、期权Delta值的性质和特征 ... 357
二、证券组合的Delta值 ... 359
三、Delta中性状态与套期保值 ... 359

第三节 Theta与套期保值 ... 365
一、期权Theta值的性质和特征 ... 365
二、Theta值与套期保值 ... 367

第四节 Gamma与套期保值 ... 368
一、期权Gamma值的性质和特征 ... 368
二、证券组合的Gamma值 ... 369
三、Gamma中性状态 ... 370
四、Delta、Theta和Gamma之间的关系 ... 371

第五节 Vega、Rho与套期保值 ... 372
一、Vega与套期保值 ... 372
二、Rho与套期保值 ... 373

第六节 其他欧式期权的希腊字母与套期保值 ... 374
一、交换期权和远期期权的希腊字母 ... 374
二、交换期权和远期期权的套期保值 ... 375

第七节　现实中的期权套期保值 ································· 375
　　　　一、套期保值中的流动性和交易费用约束 ························ 375
　　　　二、情景分析用于套期保值 ···································· 375
　　重要概念 ·· 377
　　习题与思考题 ·· 377

第十七章　衍生产品数值定价模型 ····································· 378
　　第一节　二叉树期定价模型 ·· 378
　　　　一、二叉树模型的基本方法 ···································· 378
　　　　二、二叉树模型的扩展 ·· 384
　　第二节　蒙特卡罗模拟方法 ·· 387
　　　　一、基本原理 ·· 387
　　　　二、蒙特卡罗模拟方法的实现步骤 ······························ 388
　　　　三、蒙特卡罗模拟与提前执行权 ································ 390
　　　　四、蒙特卡罗模拟中的减方差方法 ······························ 391
　　第三节　有限差分方法 ·· 394
　　　　一、有限差分方法的基本思路 ·································· 394
　　　　二、隐性有限差分法 ·· 396
　　　　三、显性有限差分法 ·· 398
　　　　四、变量置换法 ·· 399
　　　　五、有限差分方法与叉树图方法的类比分析 ······················ 400
　　　　六、其他的有限差分方法 ······································ 401
　　　　七、有限差分方法的应用 ······································ 402
　　重要概念 ·· 402
　　习题与思考题 ·· 403

第十八章　交叉货币衍生产品 ··· 404
　　第一节　产品特征与定价思路 ······································ 404
　　　　一、产品特征 ·· 404
　　　　二、定价思路 ·· 405
　　第二节　Quanto 及相关产品的定价与复制 ··························· 405
　　　　一、Quanto 的定价 ··· 405
　　　　二、Quanto 的复制 ··· 408
　　　　三、Quanto 衍生产品的定价 ··································· 412
　　　　四、交叉货币收益互换定价 ···································· 414
　　重要概念 ·· 417

习题与思考题 ·· 417

第十九章　奇异期权 ·· 418
第一节　奇异期权概述 ·· 418
一、奇异期权的主要类型 ·· 418
二、路径依赖期权 ·· 419
三、时间依赖型期权 ·· 424
四、支付修正型期权 ·· 425
五、多因子期权 ·· 425
第二节　障碍期权定价 ·· 428
一、利用鞅定价方法为障碍期权定价 ·· 428
二、利用叉树模型为障碍期权定价 ··· 432
三、障碍期权空头的套期保值 ··· 434
第三节　亚式期权定价 ·· 435
一、解析法：几何平均亚式期权 ·· 436
二、近似模型：算术平均亚式期权 ··· 437
三、蒙特卡罗模拟：控制方差法 ·· 438
第四节　回望期权定价 ·· 439
一、回望期权定价公式 ··· 439
二、回望期权的二叉树定价方法 ·· 441
第五节　其他奇异期权 ·· 443
一、远期开始期权 ··· 443
二、复合期权和选择者期权 ·· 444
三、彩虹期权 ··· 448
四、价差期权和篮子期权的定价 ·· 452
重要概念 ·· 458
习题与思考题 ·· 458

第二十章　利率期权 ·· 460
第一节　利率期权市场 ·· 460
一、交易所交易的利率期权 ·· 460
二、场外市场交易的利率期权 ··· 461
三、内嵌的利率期权 ·· 464
第二节　欧式债券期权的定价 ·· 465
一、运用 Merton 期权定价公式为欧式债券期权定价 ····································· 465
二、收益率的波动率 ·· 467

第三节　利率上限和利率下限的定价 …………………………………………………… 467
　　　　一、将利率上限看作利率看涨期权的组合 ……………………………………… 467
　　　　二、将利率上限看作债券看跌期权的组合 ……………………………………… 468
　　　　三、利率下限和利率双限 ………………………………………………………… 468
　　　　四、利率上限和利率下限定价的标准市场模型 ………………………………… 469
　　　　五、计息互换 ……………………………………………………………………… 472
　　第四节　欧式互换期权的定价 …………………………………………………………… 473
　　　　一、远期互换的定价 ……………………………………………………………… 473
　　　　二、互换期权的定价 ……………………………………………………………… 473
　　第五节　曲率调整和时间调整 …………………………………………………………… 475
　　　　一、债券收益率的曲率调整及应用 ……………………………………………… 475
　　　　二、时间调整及应用 ……………………………………………………………… 479
　重要概念 ………………………………………………………………………………………… 482
　习题与思考题 …………………………………………………………………………………… 482

第二十一章　信用风险和信用衍生产品 …………………………………………………… 484
　第一节　信用风险 ………………………………………………………………………… 484
　　　　一、信用评级 ……………………………………………………………………… 484
　　　　二、违约概率 ……………………………………………………………………… 487
　第二节　信用违约互换（CDS） ………………………………………………………… 492
　　　　一、CDS 现金流分析 …………………………………………………………… 492
　　　　二、CDS 定价 …………………………………………………………………… 493
　　　　三、CDS 交易策略 ……………………………………………………………… 495
　　　　四、CDS 中的风险及度量 ……………………………………………………… 497
　第三节　合成 CDO ……………………………………………………………………… 499
　　　　一、产品结构 ……………………………………………………………………… 499
　　　　二、合成 CDO 的积极意义及潜在风险 ………………………………………… 500
　重要概念 ………………………………………………………………………………………… 500
　习题与思考题 …………………………………………………………………………………… 501

参考文献 ………………………………………………………………………………………… 502

第一章

金融衍生工具概述

学习目标

本章主要介绍国内外金融市场中主要的金融衍生工具,对金融衍生工具市场的发展进行了回顾,分析了金融衍生工具发展的历史背景及其意义,并对金融衍生工具的应用进行了初步介绍。通过本章的学习,读者能掌握金融衍生工具的定义、类型等基础知识,了解金融衍生工具主要的交易类型及其意义。

第一节 金融衍生工具的概念和类型

一、金融衍生工具的概念

在金融市场中,"衍生工具"(Derivative Instrument,也叫做衍生产品)这一术语通常是指价值依赖于其他更基本标的(Underlying)资产,如证券、商品、利率或指数值的各类合约的总称。根据巴塞尔银行监管委员会的定义,金融衍生工具是"一种合约,该合约的价值取决于一项或多项标的资产或指数的价值"。

金融衍生工具是在现时对基础金融工具未来可能产生的结果进行交易。衍生工具交易在现时发生,而结果要到未来某一约定的时刻才能产生。衍生工具交易的对象并不是基础工具或金融商品本身,而是对这些基础工具或商品在未来各种条件下如何处置的权利和义务的合约。金融衍生工具的价值取决于合约标的资产的价值。例如,一个股指期货合约就是一个金融衍生工具,因为这个期货合约的价值取决于作为该合约标的股票指数的数值;又如,一个黄金期权也是一个金融衍生工具,其价值依赖于标的黄金价格的变化。

二、金融衍生工具的分类

我们可以按照不同的分类标准对金融衍生工具进行分类。

(一)按交易场所分类:场内交易衍生工具、场外交易衍生工具

场内交易的衍生工具是指在交易所内交易和结算的衍生工具,主要包括期货、场内期

权和场内互换等。交易所作为交易中间方,提供固定的场所(交易所)供交易双方进行竞价交易,交易所收取保证金并承担履约担保。交易所交易的金融产品一般是事先设计好的标准化产品。由于合约的标准化,并在交易所集中交易,因此市场流动性较高,并具有履约保证。投资者根据自身需求选择合适的产品进行交易。

场外交易市场,又称柜台交易市场(Over the Counter,OTC),是源于银行兼营股票的交易业务,是最古老的证券交易市场。如今的OTC市场已经不是传统意义上的柜台交易市场,而是指交易双方通过私下协商的方式进行交易的场所,与交易所的集中交易方式相区别。这种交易方式的优势是交易双方可以根据各自的不同需求设计不同的产品,满足其个性化的需求。传统的场外交易市场,交易双方通过电话或电脑网络,协商确定产品协议和价格进行交易。随着信息网络技术的发展,当前部分场外交易也可以通过公开竞价实现,如具有代表性的互换和远期交易。

(二) 按照标的资产的不同分类:利率、汇率、股权、信用和商品五大类

按照标的资产的不同分类,可以分为利率、汇率、股权、信用和商品五大类。其中,利率类产品又分为以短期存款利率为代表的短期利率产品和以长期债券利率为代表的债券产品;股权类产品可以按照股票和股票指数分类。具体划分见表1-1。

表1-1 衍生工具分类

对 象	标的资产	金融衍生工具
利 率	短期存款	利率期货、利率远期、利率期权、利率互换等
	长期债券	债券期货、国债期货、债券期权等
股 票	股 票	股票远期、股票期货、股票期权
	股票指数	股票指数期货、股票指数期权
汇 率	货 币	货币远期、货币期货、货币期权、货币互换
商 品	商 品	商品远期、商品远期、商品期权、商品互换
信 用	信用相关工具	信用违约互换、总收益互换、信用联系票据、信用利差期权

(三) 按产品形态分类:独立衍生工具、嵌入式衍生工具

独立衍生工具就是常见的衍生合同,包括远期、期货、互换、期权、资产支持证券和信用衍生工具等,以及具有远期、期货、互换和期权等一种或一种以上特征的结构性衍生工具。衍生工具具有下列特征:首先,其价值随特定利率、金融产品价格、商品价格、汇率、价格指数、费率指数、信用等级、信用指数或其他类似变量的变动而变动,变量为非金融变量的,该变量与合同的任一方不存在特定关系;其次,不要求初始净投资,或与对市场情况变化有类似反应的其他类型合同相比,要求很少的初始净投资;最后,在未来某一日期结算。

嵌入式衍生工具是指嵌入到非衍生工具(主合同)中,使混合工具的全部或部分现金流量随基础变量而变动的衍生工具。结构化金融衍生工具也是一种嵌入式衍生工具,是运用前4种"建构模块工具"组合成结构化产品,如股票交易所交易的各类结构化票据、商业银行推出的挂钩不同标的资产的理财产品。

三、基本金融衍生工具

实际上,金融衍生工具自诞生以来,其内涵和外延就在动态的变化和发展当中,金融创新的蓬勃发展使金融衍生工具得以通过进一步的衍生、分解和组合,形成新的证券,种类繁多,不一而足。但是,这些新的金融衍生工具大都可以在远期、期货、期权和互换等基本金融衍生工具的框架中得到解释和分析。

(一) 远期合约

远期合约是最为简单的衍生金融工具,它是指双方约定在未来某一个确定的时间,按照某一确定的价格买卖一定数量的某种资产的协议。也就是说,交易双方在合约签订日约定交易对象、交易价格、交易数量和交易时间,并在这个约定的未来交易时间进行实际的交割和资金交收。

例如,无本金交割远期外汇交易(Non-deliverable Forwards,NDF)是实行外汇管制国家的货币的外汇远期交易。无本金交割远期外汇交易由银行充当中介机构,供求双方基于对汇率看法(或目的)的不同,签订非交割远期交易合约,该合约确定远期汇率,合约到期时只需将该汇率与实际汇率差额进行交割清算,结算的货币是自由兑换货币(一般为美元),无需对 NDF 的本金(受限制货币)进行交割。NDF 市场起源于上世纪 90 年代,几乎所有的 NDF 合约都以美元结算,它为中国、印度、越南等新兴市场国家的货币提供了套期保值功能,以此规避汇率风险。NDF 的期限一般在数月至数年之间,主要交易品种是一年期和一年以下的品种,超过一年的合约一般交易不够活跃。

人民币的 NDF 交易从 1996 年前后开始出现,新加坡和香港人民币 NDF 市场是亚洲最主要的离岸人民币远期交易市场,人民币 NDF 市场是存在于中国境外的银行与客户间的远期市场,主要的目的是帮助未来有人民币支出或人民币收入的客户对冲风险。但是到期时,只计算差价,不真正交割,结算货币是美元。人民币 NDF 市场的主要参与者是欧美等地的大银行和投资机构,他们的客户主要是在中国有大量人民币收入的跨国公司,也包括总部设在香港的中国内地企业。

表 1-2 2016 年 8 月 5 日人民币兑美元 NDF 远期合约报价   (单位:元)

期 限	买入价	卖出价	期 限	买入价	卖出价
即 期			九月远期	6.737 2	6.753 2
一周远期	6.635 5	6.651 5	一年远期	6.772 5	6.786 5
一月远期	6.650 5	6.658 5	两年远期	6.917 5	6.924 5
二月远期	6.663 0	6.672 0	三年远期	7.060 5	7.070 5
三月远期	6.673 0	6.683 0	四年远期	7.151 5	7.161 5
六月远期	6.706 5	6.717 5	五年远期	7.200 0	7.210 0

又如,一个农场主和一个面粉生产商在 7 月 5 日签订一个协议,约定在 90 天后按照每蒲式耳(每蒲式耳约为 27.24 公斤)310.50 美分的价格买卖 4 000 蒲式耳的小麦,90 天

后,无论小麦价格是高于还是低于 310.50 美分,这个农场主和面粉生产商都必须按照 310.50 美分的价格交易 4 000 蒲式耳小麦,否则就是违约。显然,如果小麦价格上涨,高于 310.50 美分,农场主就要蒙受损失,而面粉生产商则可以获利;反之,如果小麦价格下跌,低于 310.50 美分,农场主就可以获利,而面粉生产商则要蒙受损失。无论怎样,农场主和面粉生产商在 7 月份的时候就可以知道自己将获得多少收入和付出多少成本,这个确定性的价格对于厂商计算利润、安排生产是非常有益的。

从以上可以看出,远期合约相对简单,可以用来消除经济中的不确定性,历史上很早就出现了远期合约,并被利用至今。远期合约的特点及优点主要体现在以下三个方面:① 远期合约是非标准化合约,灵活性较大是其主要优点。交易双方可以就交割地点、交割时间、交割价格、合约规模、标的物的品质等细节进行谈判,实现"按需定制"。② 远期合约可以弥补期货合约之不足。期货的交易品种相对有限,且期货的到期日可能与套期保值对象的期限不匹配。③ 远期交易在买卖成交时并不发生现金流动,双方只是将交易的各项条件(如交易标的物的质量、交易的数量、交易的价格及交割结算日等)用合约的形式确定下来,而实际交割则在预约的将来某一个特定日期进行。

远期合约的缺点主要表现在:一方面,远期合约通常不在交易所中进行集中交易,这不利于信息交流和传递,导致价格发现的效率较低;另一方面,远期合约流动性较差,履约没有保证,违约风险较高,即使采取缴纳定金、第三方担保等方式仍无法解决违约风险问题。基于这些原因,期货交易逐渐产生和发展起来。

(二) 期货

期货合约就是买卖双方在有组织的交易所内以公开竞价的形式达成的,在将来某一特定时间交收标准数量特定金融工具的协议。期货合约实际上就是标准化了的远期合约,与远期合约一样,期货合约也是买卖双方之间签订的在确定的将来某个日期按约定的条件(包括价格、交割地点和交割方式等)买入或卖出一定数量的某种标的资产的协议,期货合约与远期合约的主要区别在于以下四点。

(1) 远期合约没有固定交易场所,通常在金融机构的柜台或通过电话等通讯工具交易,而期货交易则是在专门的期货交易所内进行的。

(2) 期货合约通常有标准化的合约条款,期货合约的合约规模、交割日期、交割地点等都是标准化的,在合约上有明确的规定,无须双方再商定,价格是期货合约的唯一变量。因此,交易双方最主要的工作就是选择适合自己的期货合约,并通过交易所竞价确定成交价格。

(3) 在期货交易中,交易双方并不直接接触,期货交易所(更确切地说,清算所)充当期货交易的中介,既是买方的卖方,又是卖方的买方,并保证最后的交割,交易所自身则进一步通过保证金等制度设计防止信用风险。

(4) 交易到期时,远期合约通常会发生实物或现金交割,期货合约通常在到期前会被平仓。

因此,从原理上来看,远期和期货是本质相同的两种金融衍生工具,其最大的区别就在于交易机制的设计不同。期货交易通过标准化的合约设计和清算所、保证金等交易制度的设计,提高了交易的流动性,降低了信用风险,从而大大促进了交易的发展。另外,由于交易和结算机制上差异,使使用远期合约和期货合约进行套期保值时,最优套期保值的数量也存在差异。后面的章节中我们对此有详细的介绍。表 1-3 是一张沪深 300 股指期货合约的主要信息。

表 1-3 沪深 300 股指期货合约表

合约标的	沪深 300 指数	最低交易保证金	合约价值的 8%
合约乘数	每点 300 元	最后交易日	合约到期月份的第三个周五,遇国家法定假日顺延
报价单位	指数点	交割日期	同最后交易日
最小变动价位	0.2 点	交割方式	现金交割
合约月份	当月、下月及随后两个季月	交易代码	IF
交易时间	上午:9:30—11:30,下午:13:00—15:00	上市交易所	中国金融期货交易所
每日价格最大波动限制	上一个交易日结算价的 ±10%		

(三) 期权

期权合约的实质是这样的一种权利,是指合约买方向卖方支付期权费,合约持有人在约定日期内享有按事先确定的价格向期权的卖方买入或者卖出一定数量的某种资产的权利的契约,包括现货期权和期货期权两大类。其中,具有买入标的资产权利的期权称为看涨期权,具有卖出标的资产权利的期权称为看跌期权;只能在期权到期日执行的期权称为欧式期权,允许期权买方在上市日至到期日之间行权的期权称为美式期权。

表 1-4 为郑州商品交易所交易的白糖期权合约,该合约为期货期权合约,标的物白糖期货合约,该期权可以用来规避白糖现货和白糖期货合约的价格波动风险。

表 1-4 郑州商品交易所白糖期权合约

合约标的物	白糖期货合约
合约类型	看涨期权、看跌期权
交易单位	1 手(10 吨)白糖期货合约
报价单位	元(人民币)/吨
最小变动价位	0.5 元/吨
涨跌停板幅度	与白糖期货合约涨跌停板幅度相同
合约月份	1、3、5、7、9、11 月
交易时间	每周一至周五上午 9:00—11:30,下午 13:30—15:00,以及交易所规定的其他交易时间
最后交易日	标的期货合约交割月份前两个月的倒数第 5 个交易日,以及交易所规定的其他日期
到期日	同最后交易日

续 表

行权价格	以白糖期货前一交易日结算价为基准,按行权价格间距挂出5个实值期权、1个平值期权和5个虚值期权。行权价格≤3 000元/吨,行权价格间距为50元/吨;3 000元/吨＜行权价格≤10 000元/吨,行权价格间距为100元/吨;行权价格＞10 000元/吨,行权价格间距为200元/吨
行权方式	美式。买方可在到期日前任一交易日的交易时间提交行权申请;买方可在到期日15:30之前提交行权申请、放弃申请
交易代码	看涨期权:SR—合约月份—C—行权价格 看跌期权:SR—合约月份—P—行权价格

远期和期货合约的多头和空头方在签订协议后,都是既有权利又有义务,按照约定的价格买入或卖出一定数量的资产;而期权合约的不同之处在于其多头方获得了按合约约定买(或者卖)某种资产的权利,完全没有义务(有权利买卖,也可以不进行买卖);而其空头方则只有按照多头方要求履行买卖的义务,完全没有权利。为了获得此项权利,期权合约的多头方(买方)必须事先向空头方(卖方)支付期权费,才能获得相应的权利。期权合约中实际买卖的资产就是期权合约的标的资产。

例如,2017年5月12日,一个投资者购买一手基于宝钢股票的场外期权,该期权合约规定,投资者在支付18元的期权费之后,就可以获得在3个月后以6.80元/股的价格买入100股宝钢股票的权利。期权到期时,如果宝钢股票的价格高于6.80元,这个投资者就可以执行期权,以6.80元/每股的价格买入100股宝钢股票,从中获利。显然,期权到期时宝钢股票价格越高越好;如果宝钢股票价格低于6.80元,该投资者就可以放弃执行期权,他的全部损失就是最初支付的每股0.18元的期权费。对于这个期权的卖方来说,如果到期时宝钢股票的价格高于6.80元,期权买方必然执行期权,他就必须以6.80元的价格卖出100股宝钢股票,遭受损失;如果宝钢股票价格低于6.80元,期权买方必然放弃执行期权,期权卖方的全部收入就是最初支付的每股0.18元的期权费。可见,期权卖方通过获得一定的期权费收入,承担了可能会有的所有损失。这一协议乍看之下不太合理,但事实上市场是公平的,期权费的设定是通过对未来价格变化概率的精密计算得出的,在正常情形下足以弥补期权卖方所承担的一般损失。

以上是赋予买方以未来购买资产权利的期权合约,叫做看涨期权(Call);还有一类期权,其买方有权利在未来一定时间以一定的价格出售确定数量的资产,这类期权被称为看跌期权(Put)。仍以宝钢股票为例,在上述基于宝钢股票的看涨期权合约进行交易的同一天,市场上也有基于宝钢股票的看跌期权:其中的一份协议规定期权买方在支付20元的期权费之后,有权利以6.90元的执行价格在一个月后出售100股宝钢股票。显然,在这个看跌期权协议下,如果未来股票价格低于6.90元,期权买方就会执行期权,将100股宝钢股票以6.90元的价格出售,从而盈利,而期权卖方就只能承受相应的损失;如果未来股票价格高于6.90元,期权买方就不会执行这个期权。

期权协议要素包括了买卖双方、约定的权利、约定期限、执行价格、约定交易数量和期权价格(期权费)等。在期权合约中,有双重的关系:权利义务关系和标的资产的买卖关系,按照以上双重关系,期权有四种头寸位置:看涨期权的买方、看涨期权的卖方、看跌期权的买方和看跌期权的卖方。除此之外,期权还可以根据其交易的标的资产的不同、根据交易时间的不同,有多种分类。不管期权的变化如何复杂,期权的实质仍然是：在支付了一定的期权费之后,期权赋予了其持有者(权利的购买方)做某件事情的权利,但持有者可以不行使这个权利。

(四) 互换

互换是两个或两个以上当事人按照约定条件,在未来的一段时间内交换一系列现金流的合约。利率互换和货币互换是最重要的两种互换协议,按照计息时间分类有即期互换和远期互换等。例如,A公司与B公司之间签订一个协议,根据协议,A公司在未来5年内每年向B公司支付基于100万元本金的4%固定利率的利息,而B公司则同意在未来5年内每年向A公司支付基于同样的100万元本金,但利率为一年期Shibor浮动利率的利息。这时他们之间的协议就是一个利率互换协议,A公司和B公司被称为利率互换协议的两个交易方,利率互换期初不需要进行本金的交换,100万元的本金称为名义本金。

对于货币互换,期初进行不同种类货币的交换,而在协议的存续期间,进行与期初方向相反的利息和本金的交换,如期初A与B进行了美元和英镑的本金交换,A从B处收入了美元本金,同时支付等值的英镑本金给B,货币互换存续期间,A向B定期提交美元利息,而B向A则定期提交英镑利息,期末进行与期初相反方向的本金交换,这就形成了货币互换协议。

互换交易是在场外市场上进行的,在互换市场上,交易方之间可以就互换标的资产、互换金额、互换期限、互换利益分享等方面进行具体的协商,从而更能够符合交易者的具体需要,但也因此而必须承担一定的流动性成本和信用风险。

四、信用衍生工具

由于激烈的全球行业竞争,破产现象大幅度增加,企业债务违约率增加,银行信贷资产质量下降。非银行金融机构进入银行传统业务领域与商业银行争夺客户,蚕食市场份额,商业银行流失大批优良客户,市场份额逐渐萎缩。且随着经营成本上升和净利息收益下降,银行从传统贷款业务得到的收益已经不足以弥补这些贷款所具有的信用风险,在市场中处于十分被动的境地。为了求生存求发展,商业银行不得不寻求新的技术来衡量和管理信用风险,信用衍生工具就应运而生,并得到了快速发展。信用衍生工具(Credit Derivatives)是国际掉期与衍生产品协会(ISDA)在1992年创造的一个名词,用于描述一种新型的场外交易合约,最初的雏形形成于1993年,但由于信用衍生工具本身具有的独特吸引力,其交易量增长迅猛,速度惊人。《欧洲货币》甚至宣称："信用衍生产品的潜在用途是如此广泛,它在规模和地位上最终将超过所有其他的衍生产品。"

信用衍生工具是用来分离和转移信用风险的各种工具和技术的统称,主要指以贷款或债券的信用状况为基础资产的衍生金融工具。对于债券发行者、投资者和银行来说,信用衍生工具是贷款出售及资产证券化之后的新的管理信用风险的工具。信用衍生工具于20世纪90年代初产生于美国银行业,是目前信用风险管理中最新的管理工具之一,也是国际金融市场金融创新的最新代表。

从信用衍生工具的具体形式来看，目前主要包括信用互换、信用期权、信用远期和信用联系票据等。因此，它实际上是在互换市场、期权交易和证券市场发展比较成熟的基础上开发出来的一种复合金融衍生工具，可以看作是基础性的金融衍生工具在信用风险管理中的具体应用，其实质是对传统金融衍生工具针对信用风险的再造，赋予其管理信用风险的新功能。信用衍生产品具有分散信用风险、增强资产流动性、提高资本回报率、扩大金融市场规模与提高金融市场效率等方面的功效。目前在我国信用衍生产品的发展还是起步阶段，但利用信用衍生产品将有助于缓解银行业出现的"惜贷"、化解金融不良资产以及缓解中小企业融资难等问题，显然信用衍生产品在我国有极大的应用前景。

五、嵌入式衍生工具与结构化衍生工具

远期合约、期货、期权和互换是四种常见的金融衍生工具通常也被称作"建构模块工具"，它们是最简单和最基础的金融衍生工具，而利用其结构化特性，通过相互结合或者与基础金融工具相结合，能够开发设计出更多具有复杂特性的金融衍生工具，后者通常被称为嵌入式衍生工具或者结构化金融衍生工具。

嵌入式衍生工具是指嵌入到非衍生工具（即主合同）中，使混合工具的全部或部分现金流量随特定利率、金融工具价格、商品价格、汇率、价格指数、费率指数、信用等级、信用指数或其他类似变量的变动而变动的衍生工具。嵌入衍生工具与主合同构成混合工具，如可转换公司债券、公司债券条款中的赎回条款、回售条款、转股条款，重设条款等。可以认为，普通的浮动利率债券不属于嵌入式金融衍生工具，但如果这张浮息券带了利率顶或利率底就包含了嵌入式金融衍生工具，即 Cap 或 Floor。因此，嵌入式衍生工具使主合同的部分或全部因一定的条件发生调整。

结构化衍生工具是金融衍生工具市场的重要组成部分，是运用金融工程结构化的方法，将若干种基础金融产品和金融衍生工具结合设计出的新型金融产品，增加了资本市场的完备性、深化了市场的风险配置功能、增强了资本的流动性以及提高了金融衍生工具市场的信用水平。

目前最为流行的结构化金融衍生工具主要是由商业银行开发的各类结构化理财产品以及在交易所市场上市交易的各类结构化票据。结构化金融衍生工具有以下四个类别。

（1）按联结的基础产品分类，可分为股权联结型产品（其收益与单只股票、股票组合或股票价格指数相联系）、利率联结型产品、汇率联结型产品、商品联结型产品等种类。

（2）按收益保障性分类，可分为收益保证性和非收益保证型两大类，其中前者又可进一步细分为保本型和保证最低收益型产品。

（3）按发行方式分类，可分为公开募集的结构化产品与私募结构化产品，前者通常可以在交易所交易。目前，美国证券交易所（AMEX）有数千种结构化产品上市交易；我国香港交易所也推出了结构性产品。

（4）按嵌入式衍生工具分类。结构化金融产品通常会内嵌一个或一个以上的衍生产品，它们有些是以合约规定条款（如提前终止条款）形式出现的；也有些嵌入式衍生产品并

无显性的表达,必须通过细致分析方可分解出相应衍生产品。按照嵌入式衍生产品的属性不同,可以分为基于互换的结构化产品、基于期权的结构化产品等类别。

六、其他金融衍生工具

在前文中我们已经提到,衍生证券领域中可能存在的创新是无限的。人们可以通过对金融工具(包括基础性的金融工具和衍生性的金融工具)的组合和分解创造出具有不同风险-收益结构的多种金融衍生工具以及它们的变形。这些金融衍生工具有时是金融机构正式开发的结果,有时是金融机构应投资者或客户要求而进行的设计。例如,期货、互换与期权可以组合成期货期权、互换期权;期权与固定收益证券的组合可以形成可转换债券、可赎回债券等;认股权证与固定收益证券的组合可能形成含认股权的债券。在OTC市场上,这类金融创新更是层出不穷,一家银行可能推出一种存款产品,其存款收益取决于某一股票指数的收益、一个足球队的输赢,甚至是天气的变化等。因此,想要尽述金融市场中存在的金融衍生工具,几乎是一件不可能的事情。但是,我们可以通过对基础性工具的理解和分析,进一步了解如何将这些产品组合和分解并创造出新的金融衍生工具的基本技术和原理,从而建立起一个金融衍生工具的理解框架。

第二节 金融衍生工具的发展历程

一、国际金融衍生工具的发展:回顾与现状

(一) 国际金融衍生工具发展的回顾

尽管很多金融衍生工具都具有非常悠久的历史。例如,早在古罗马、古希腊和古代印度时期就已经有关于远期交易的记载,期权交易的雏形也是最早出现在古希腊和古罗马时期,到18、19世纪美国和欧洲的农产品期权交易已经相当流行。19世纪,以单一股票为标的资产的股票期权在美国诞生,标志着期权交易开始被引入金融市场;1848年芝加哥期货交易所也已经开始了有组织的期货交易。早期,西方国家衍生工具的自然演进过程经历了若干个世纪的时间,但这个阶段的衍生工具应用范围狭窄、交易品种稀少、市场规模极为有限,与现在的衍生工具不可同日而语。

真正现代意义上的金融衍生工具是在20世纪70年代产生的。1973年后,由于"布雷顿森林体系"彻底瓦解,西方国家货币的汇率普遍与美元脱钩而采用浮动汇率制。同时,不少国家又逐步放弃了对利率的管制,由于汇率加利息率的双重变动,使基础金融工具的价值变得很不稳定。为了降低基础工具的风险,真正现代意义上的衍生金融工具应运而生。1972年5月16日,美国芝加哥商品交易所(CME)货币市场分部在国际外汇市场动荡不定的情况下,率先创办了国际货币市场(IMM),推出了英镑、加元、西德马克、日元、瑞士法郎、墨西哥比索等货币期货合约,标志着第一代现代金融衍生产品的诞生。1973年4月,芝加哥期权交易所(CBOE)正式推出股票期权。1975年利率期货在芝加哥期货交易所(CBOT)问世。20世纪70年代中期产生的第一代衍生产品,在后布雷顿森林体系(即以汇率、利率频繁波动为特征的国际货币体系)时代(The Post-Britton Woods

Era)得到了很大发展。这一时期的衍生工具主要是与货币、利率有关的金融期货、期权,它们在各自不同的期货与期权交易所市场内进行交易。

从当时的情况来看,金融衍生工具为基础金融工具的持有者提供一种有效的对冲风险的手段,从而避免或减少由于汇率、利率的不利变动而给人们带来的预期收益的减少或成本的增加,在转移风险和价格发现上作用也很明显;而且它在促进金融市场的稳定和发展,加速经济信息的传递,优化资源的合理配置,引导资金有效流动,增强国家金融宏观调控的能力等方面都起到了积极而重要的作用。

一些经济金融学家在20世纪80年代末回顾前二十年的证券市场时,认为他们不得不使用"革命(Revolution)"一词才得以形容发生在证券产品方面的变化和创新,"几乎每一天证券报刊上都会带来另一个里程碑式的广告,标志着一种新证券的诞生"(Finnerty,1988)[①]。

一些具有历史性的产品创新包括如下几个方面。

1968年,政府国民抵押贷款协会建立,标志着抵押贷款转手证券以及其他抵押贷款金融衍生工具的诞生和发展;

20世纪70年代开始,金融期货逐渐产生和发展,包括1972年的外汇期货、1975年的抵押贷款利率期货、1976年和1977年的国债期货和1982年的股指期货等;

1973年,在美国芝加哥期权交易所(CBOE)开始交易世界上第一个标准化的期权产品;

20世纪70年代末、80年代初,以1979年的货币互换和1981年的利率互换为标志,金融互换产品开始诞生和发展;

20世纪80年代后,越来越多的证券工具在上述创新的基础上进一步衍生而成,种类越来越多,如货币期货期权、股票指数期权、欧洲美元期权、互换期权、市政债券指数期货、奇异期权以及一些结构性金融衍生工具等相继出现。其中最引人注目的当属90年代初在美国出现的信用金融衍生工具。这个阶段不仅是金融工具的种类急剧上升,金融衍生工具市场的交易量也迅速扩大,这个阶段产生的许多证券产品对整个证券市场的发展都具有非常重要的意义。

回顾过去40多年的金融衍生工具发展历史,我们可以看到一些基本的演化规律。在金融衍生工具市场发展的前二十年中,主要是一些如期货、期权和互换等的基础性金融衍生工具;进入90年代之后,大多数新的金融衍生工具或者是基于70/80年代产生的基本金融衍生工具在某些应用方面的一种扩展,或者是基本证券和衍生证券的某种分解与组合,如信用金融衍生工具和结构性金融衍生工具。尽管这些证券产品的创新似乎无法造成如金融期货、期权、互换产生时所带来的那种轰动效应,但它们却体现了对市场需求的更深层次更为细化的满足,也体现了金融工程技术的发展和应用已经达到了更为成熟的阶段,衍生证券创新的能力进一步加强了。从另一个角度来看,90年代出现的众多金融衍生工具中有许多是OTC产品,OTC产品往往不像交易所的标准化产品那样容易引人

---

① 参见 Finnerty, J.D. Financial engineering in corporate finance: An overview, *Financial Management*, 1988(17): 14.

注目,但是却从另一个角度表明了证券创新和金融衍生工具在整个金融界的普及和渗透,金融衍生工具创新已经不再是令人吃惊的事情,而是成为金融业的基本生存规则。因此,在经历 20 世纪 60—80 年代的爆炸性发展之后,金融衍生工具的发展进入了一个更为深入和广泛的历史阶段,从目前来看,这个趋势仍将持续下去。

(二)国际金融衍生工具发展的现状

2017 年 1 月底,美国期货业协会(Futures Industry Association,FIA)公布了 2016 年全球各衍生工具交易所交易量数据,数据涵盖了全球 76 家交易所交易和清算的期货、期货期权合约。数据显示,2016 年全球衍生工具交易稳步增长,商品衍生工具交易增长明显,亚太地区交易减速放缓但仍占据市场前列,中国商品期货市场交易延续较高的增长态势,交易量占全球六成份额。

2016 年全球场内衍生工具市场交易继续稳步增长(图 1-1),期货和期权交易量约为 252.20 亿张(单边,下同),较 2015 年增长 1.69%,交易量连续第四年增长,全球衍生工具市场年交易量首次超过 250 亿张,打破了 2011 年约 249.82 亿张成交的历史纪录。其中,期货成交约 158.92 亿张,同比增长 9.77%;期权成交约 93.28 亿张,同比减少 9.64%;期货交易量连续第五年超过期权交易量。

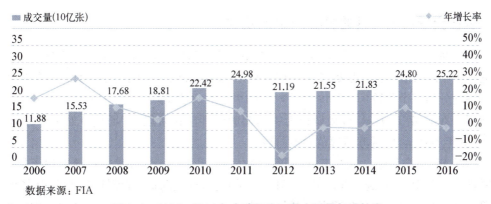

图 1-1　2006—2016 年全球衍生工具交易量年增长率

从各类别产品占全部类别的比重来看(图 1-2),金融类衍生工具交易量依然占据主要份额,占全部衍生工具交易总量的比重为 72.44%,商品类衍生工具交易量占全部衍生工具交易总量的比重为 27.56%。各类别产品占全部类别比重最大是股票指数类产品,占

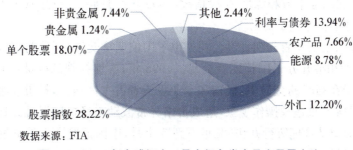

图 1-2　2016 年全球衍生工具市场各类产品交易量占比

全部衍生工具交易总量的比重为 28.22%,单个股票类所占比重为 18.07%,债券与利率类所占比重为 13.94%,外汇类产品所占比重为 12.20%。而商品类衍生工具中,能源类所占比重达 8.78%,农产品类所占比重达到 7.66%,非贵金属类所占比重 7.44%,贵金属类所占比重为 1.24%。

从全球衍生工具交易量分地区分布情况看(图 1-3),亚太地区以占全球衍生工具交易总量 36.40% 的市场份额位列全球衍生工具市场首位;北美地区以 34.06% 的市场份额位居第二;欧洲、拉美和其他地区则分别排列第三至第五位。

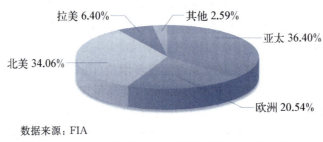

数据来源:FIA

图 1-3　2016 年全球衍生工具交易量分地区分布情况

二、我国金融衍生工具的发展:回顾、现状

以 1990 年 10 月 12 日郑州粮食批发市场的开业为标志,我国衍生工具市场已经走过了近三十年的发展历程。根据市场发展的性质和运行特征,我国衍生工具市场的发展历程分别划分为三个阶段:① 1990 年 10 月—1993 年 11 月,盲目发展的初创时期;② 1994 年 4 月—2000 年 12 月,以政策调控为主基调的治理整顿阶段,市场整体处于停滞状态;③ 2005 年 5 月至今,复苏与规范发展阶段。

1990 年,以郑州粮食批发市场的开业商品期货市场为起点,我国相继出现了早期的金融期货。在 1992 年到 1993 年短短两年的时间里,外汇期货、国债期货、股票指数期货、认股权证等金融衍生工具陆续登台亮相。1992 年 6 月 1 日,上海外汇调剂中心率先推出外汇期货,进行人民币与美元、日元、德国马克的汇率期货交易,这是我国金融衍生工具早期实践的起点。但是,当时的汇率期货交易并不活跃,并且存在许多违法经营的期货经纪机构在境外市场进行操作,严重损害了国家的利益,1993 年上海外汇调剂中心被迫停止了人民币汇率期货交易。1993 年 3 月 10 日海南证券交易中心开办了股票指数期货交易,标的物为深圳综合指数和深圳 A 股指数,1993 年 9 月底,仅仅运营了半年时间,就由于严重投机全部平仓停止了交易。

1992 年 12 月上交所首先向证券公司推出了国债期货交易,而后北京、广州等地共计 13 家证券交易所相继开办了国债期货交易。1995 年,各地挂牌的国债期货合约已达 60 多个品种。由于在当时的交易中,机构和专业投资者占主体地位,投机气氛浓重,出现了"327 国债事件"等严重违规操作现象,造成价格异常波动市场极度混乱。1995 年 5 月 17 日,在《国债期货交易管理暂行办法》发布不到 3 个月,中国证监会就被迫发布了《关于暂停国债期货交易试点的紧急通知》,我国金融衍生工具市场的初步尝试以全面失败而告终。

1996年6月30日，由于证券市场中具有金融衍生工具性质的权证交易存在严重的投机炒作，权证全部摘牌，这标志着我国金融衍生工具市场发展的全面停滞。此后直至2004年的漫长时期内，除了1997年4月1日中国银行作为中国境内唯一一家获得授权的试点银行开始开展人民币远期结售汇业务，以及2002年12月12日中国银行上海分行在中国人民银行的批准下推出个人外汇期权交易"两得宝"外，几乎没有具有金融衍生工具性质的市场交易存在。

2005年5月16日，中国人民银行发布《全国银行间债券市场债券远期交易管理规定》，6月15日工商银行和兴业银行做成首笔银行间市场债券远期交易。这是我国银行间市场首只真正的衍生产品，也标志着我国金融衍生工具市场恢复发展的开始。

2005年11月25日，中国人民银行在银行间外汇市场与包括4家国有银行在内的10家商业银行首次进行了美元与人民币1年期货币掉期（中国人民银行一般称货币互换为货币掉期）业务操作，宣告中国人民银行与商业银行之间的货币掉期业务正式展开。自此，货币互换参与机构不断增加，业务不断丰富，2007年商业银行之间可以两两进行交易，2011年允许外汇指定银行对客户开展人民币外汇货币掉期业务，2012年汇丰银行在外汇市场上达成了首笔无本金交换人民币外汇掉期业务，现阶段银行间远期外汇市场已开展了美元、欧元、日元、港币、英镑、澳元兑人民币6个货币对的货币掉期业务。

利率互换是伴随着我国利率市场化逐渐兴起的，2004年中国人民银行扩大金融机构贷款利率浮动区间，2006年开展了利率互换试点，国家开发银行与光大银行进行了第一笔利率互换交易。经过两年试点，2008年人民币利率互换交易开始正式全面推进，并且自2010年之后，利率互换市场发展尤为迅速，成交量不断增加。2007年9月29日，中国人民银行发布《远期利率协议管理规定》（中国人民银行公告〔2007〕第20号），正式推出远期利率协议业务。为推进利率市场化改革，提高金融机构利率风险管理水平，我国在先后推出多种场外利率衍生工具的基础上，于2013年推出5年期国债期货，并于2015年3月推出了10年期国债期货，进一步完善了利率衍生工具产品结构。目前来看，我国利率衍生工具市场以场外为主，场内市场发展刚刚起步，但从国际经验来看，我国场内利率衍生工具市场发展空间巨大。

2010年11月24日，中国首批4只信用风险缓释凭证（CRMW）完成认购缴款和登记确权，开始在银行间市场交易流通，标志着具有中国特色的信用衍生产品市场开始扬帆起航。2016年9月23日，中国版CDS相关业务规则正式发布，中国银行间市场交易商协会发布《信用联结票据业务指引》《信用违约互换业务指引》《信用风险缓释凭证业务指引》《信用风险缓释合约业务指引》《银行间市场信用风险缓释工具试点业务规则》的公告。2016年10月31日，中国工商银行、中国农业银行、中国银行、中国建设银行、中国交通银行、民生银行、兴业银行、浙商银行、上海银行、中债信用增进等10家机构开展了15笔交易期限一年至两年不等的信用违约互换交易，名义本金总计3亿元。

现阶段，我国场内金融衍生工具处于有序规范发展阶段，品种不断丰富。2010年4月，股指期货正式上市交易。2012年以来，我国期货市场陆续推出白银、玻璃、油菜籽、菜籽粕、焦煤、国债、动力煤、石油沥青、铁矿石、鸡蛋、粳稻、纤维、原油等商品期货。2013

9月，国债期货重新上市交易。2014年，中国期货市场又上市聚丙烯、热轧卷板等6个新品种。2015年2月，上海证券交易所正式挂牌上证50交易型开放式指数基金(ETF)期权合约，拉开了中国期权市场发展大幕。2017年3月，豆粕、白糖等期货期权相继在大连商品交易所和郑州商品交易所挂牌交易。此外，外汇期货也正在筹备中。随着经济发展水平的提高，投资者风险管理需求不断的多元化和个性化，我国场内外金融衍生工具市场品种体系将不断丰富和完善。

第三节 金融衍生工具交易类型及其意义

金融衍生工具交易大体分为风险对冲、套利及市场中性策略和投机交易等。以下将分别对这四种交易策略进行分析，探讨这些交易策略背后的经济意义。

一、风险对冲交易及其意义

风险管理是衍生工具市场的基本功能。市场参与者风险管理的狭义理解就是风险对冲，即为锁定（或部分锁定）特定生产要素未来不确定的价格变化而进行的衍生工具交易。

例如，大宗商品的生产者为锁定未来农产品或有色金属产品的出售价格而进行空头套保，从而实现稳健经营。贸易商需要在满足客户需求的同时，锁定商品买卖的价差以盈利，因而必须择机做多和做空相应的期货合约，以保证风险可控。参与国际贸易和国际借贷的企业或机构可以考虑通过外汇和利率衍生工具，对冲部分或全部汇率和利率风险。基金经理面对突发市场风险，可以通过做空股指或利率期货，迅速地对其投资组合进行风险对冲。而在面临踏空风险时，他们可以买入期货，迅速建立市场暴露。经纪机构，为满足客户需求通常要保留一定规模的股票或债券持仓，他们可以通过做空股指或国债期货，保持风险中性。如果经纪商在交易中形成净空头市场暴露，他们必须及时通过买入套保的方式对冲风险等。风险对冲的意义在于以下两点。

第一，风险对冲促进稳健经营。随着跨国竞争的加剧，生产和投资规模的不断扩大，金融衍生工具作为风险管理工具的重要性越来越明显。各类企业，尤其是大型企业、大型金融机构的生产经营活动对实体经济、就业、创新的影响越来越大，必须稳健经营。而稳健经营的基础就是风险管理，风险管理的最重要手段之一就是包括商品和金融衍生工具在内的各种风险管理工具的合理运用。

选择使用衍生工具进行风险管理通常是企业和金融机构应对市场风险的首要选择，原因是，衍生工具的对冲交易不仅可以便捷、有效地减轻市场参与者的现货资产因市场波动而可能带来的负面影响；并且由于衍生工具交易成本极低，使企业和金融机构更有意愿通过衍生工具进行风险管理，从而减少了生产经营中的不确定性和投机性。风险对冲不仅可以提高生产经营的确定性和稳定性，同时可以提升企业资信，降低融资成本，进而达到规模扩张、技术创新和竞争力提升的目标。因此，以风险管理为目的的衍生工具对冲交易有利于长期资本积累和经济增长。

第二，风险对冲促进市场稳定。通过有效的风险对冲，可以避免资本市场的参与者被动承受基础资产的价格波动风险,进而避免或减轻被迫卖出现货商品、股票、债券或外汇等现货资产对市场造成的抛售压力。商品和金融衍生工具承接市场卖压的同时,缓解了要素市场可能面临的因集中抛售而引发的更大的价格波动。因此,金融衍生工具的对冲避险交易有利于增强资本市场自身的稳定性,提高资本市场的凝聚力和抗冲击力,进而有利于扩大资本市场直接融资和其他各项功能的发挥。这对全社会的资本积累和扩张、经济的长期稳定增长十分有利。

二、金融衍生工具套利交易策略及在价格发现中意义

在衍生工具交易中,套利交易无所不在。套利者一般都采取无风险套利的策略,即套利者通过一系列多空交易,使自己的净持仓(或市场暴露)为零。套利者通过捕捉市场中期货和现货之间、不同期限的期货合约之间,乃至不同期货品种之间的价格不合理偏差,采用买低卖高的多空均衡策略,以期当市场回归正常时获利。市场相对价格的偏差可能是因交易订单不均衡、短期信息不对称或其他暂时性的基本面或技术面因素造成的。价格偏差得以纠正的时间可能是瞬间的,也可能时间较长,如几天甚至几周。例如,期货合约的价格在合约到期时必须回归到基础资产的价格;而在价格回归的过程中,可能出现各种套利机会。

另外,宏观套利在套利交易中占少数,但这类投资者通常资金实力较强,交易持仓的期限也较长。宏观套利者通常对国内外宏观经济形势和大类市场的走向有着极强的判断能力。他们经常在资产大类之间进行带有资产配置性的套利交易,反映不同类别资产之间的价格偏差(股票与利率、不同商品、不同指数甚至跨国市场产品之间),将某些资产过热或某些资产具有成长性的信号传递给市场,直接或间接地引导资源的配置。

套利交易是市场价格的稳定器。套利交易最重要的功能是使期货和现货之间、同一期货品种不同期限的合约之间、跨品种和跨市场之间的相对价格保持在合理区间。套利交易客观上起到了维护市场价格合理性的作用,因此它不仅有利于价格发现,而且是维系市场价格理性波动不可或缺的交易机制。这是套利交易宏观经济意义的集中体现。客观准确的价格是资本市场正常运转的必要条件,是资本市场发挥融资和风险管理功能的基本要素。客观准确的价格水平进而可以对社会资源的合理配置产生积极的促进作用。

一般来说,套利交易活动因为多空匹配,所以风险相对较低,对整个市场的走势影响甚小。实际上,对冲基金的市场中性策略和套利策略(包括做市策略等)赖以生存的基础就是风险管理。这些策略交易者的风险管理意识比一般投资者更强,风险管理的执行更主动、更及时、更准确。因此,这类策略对市场的影响总的来说是比其他策略更加中性的。

资产定价是金融学的一个核心课题,资产定价是否合理,即定价偏误是否存在,以及定价偏误的大小如何也是市场是否完善的一个重要标志。一个完全的市场是一个不存在定价偏误的市场,也是一个不存在套利机会的市场。市场上的证券产品越多,市场上复制某种资产的途径就越多,整个市场越接近无套利,该资产的价格就越可能接近准确价格。因此,证券金融衍生工具的开发和引入,可以有效地减少市场上的定价偏误,促进市场的完善。

三、市场中性策略的创新和资源配置

市场中性策略是指同时构建多头和空头头寸以对冲市场风险,在市场不论上涨或者下跌的环境下均能获得稳定收益的一种投资策略,市场中性策略主要依据统计套利的量化分析。

金融衍生工具的风险管理功能及其宏观经济意义固然十分重要,但它并不是衍生工具产生和发展的全部意义所在。市场中性策略通过利用衍生工具对冲,将市场风险剥离,使投资标的本身的特质和投资者的投资能力得到更准确的表达。市场中性策略所体现的定制化和精准化投资对资本的积累、创新和竞争产生了更为深刻的影响。

(一) 精准投资的好处

精准化投资是指现代对冲基金广泛运用的、有别于传统投资方法的、以追求在各种风险特征下的绝对收益为目的的投资策略的运用。传统的投资策略虽然注重选择股票和行业,但并不特意规避市场风险(经济周期、宏观经济政策、资金流向等)。因此,传统投资策略的投资回报中,市场回报(或风险)的成分经常占相当高的比重(通常在80%以上)。而基于市场中性策略的精准投资好处是:① 满足了更多投资者个性化的投资需求;② 使低风险偏好的资本进入资本市场,丰富了资本市场的参与主体,扩大了直接融资;③ 促进了资产管理行业的竞争和投资效率的提高;④ 促进了投资的专业化和机构化过程。

(二) 市场中性策略的运用

对冲基金投资策略中最普遍的就是市场中性策略;而市场中性策略背后是各种基于基本面分析或统计模型分析而进行选股的阿尔法策略、追求相对价值的多空策略、追求稳健或绝对收益的量化对冲策略等。虽然各种市场中性策略在风险种类和风险高低的选择上各有不同,但是这些策略的共同特征都是投资经理选择持有被低估、有创新潜力和优秀管理团队公司的股票或债券,并通过股指或利率期货等衍生工具对冲相应的市场风险,以此达到精准投资的目的。当然,对冲基金也可以选择卖空价格被严重高估,或治理结构和技术水平相对落后、甚至有欺诈行为企业的股票,并通过做多股指期货对冲市场风险。

(三) 市场中性策略与价值投资

与传统的买入持有或动态择时策略不同,这种市场风险对冲后的优质企业投资组合,使发现企业的核心价值并独立持有这种核心价值成为可能;因此这种策略更直接地体现了价值投资的理念。换言之,市场中性策略使单位资本投入所体现的企业核心价值远远高于传统的直接买入股票的投资方式。市场风险剥离后投资组合内优质企业的核心价值理论上可以达到近乎百分之百。这使单位风险回报率大大提高。不仅如此,风险对冲后投资组合的安全性得到提高,这也使适度杠杆成为可能。这种杠杆的运用比传统的融资买股要安全得多。

(四) 市场中性策略背后的资源配置

市场中性策略运用资本杠杆,以最直接的方式、发现并撬动了优质创新企业的核心价值,体现了投资者对优质创新企业的更强烈的认可和支持。它更直接地提升了优质创新企业的市场价值,并使这些企业有可能获得更多低成本的投融资机会,进而使它们更容易进行科技创新和市场开拓。这种策略的广泛应用,体现的是社会资源向优质创新企业和行业更迅速、更直接地倾斜和配置，强有力地推动着社会劳动生产率的提高、产业结构的优化和实体经济的增长。

同样，被卖空的所谓有问题企业股票的价格则被更主动、更直接地压低，并产生对问题企业更强烈的警示信号，促使它们纠正问题、改善经营、转型重组，否则会被进一步边缘化，直至被淘汰。从宏观角度观察，这类策略广泛地运用，帮助强化了资本的竞争本质和市场主导资源配置的积极作用。因为通过交易和价格信号的快速传递，各类资本和其他生产要素可以迅速减少在落后企业的配置，从而减少了社会资源的低效使用和浪费。可见，衍生工具的这种促进创新和资源配置的功能，虽然与传统的股票投资类似，但比传统的方式更直接、更强烈。

信息不对称是市场不完全的一个重要来源，并对投资者的投资决策产生很大的影响，导致一些无效行为和现象的发生。尽可能降低信息不对称的程度，通过各种机制最大限度地促进各种信息的揭示，对减少市场摩擦、促进市场完善具有积极的意义。金融产品（其中很大部分是金融衍生工具）的开发及基于金融衍生产品的中性交易策略则是实现该目标的一个重要的市场手段。因为具有不同风险-收益特征的金融产品实际上代表着发行者的不同信息，可以有效地帮助投资者了解企业的性质和风险-收益状况，促进市场的信息揭示，从而能够有效地降低企业和投资者之间的信息不对称以及由此引起的代理成本，促进市场的完善。

私募基金近年来在我国发展较快，其中各种市场中性策略的基金规模越来越大。但是，随着股指期货市场自2015年9月以来被严格限制之后，这类策略的运作变得十分困难、成本极高。这些基金或大幅压缩了交易规模，或转向了传统的择时和趋势策略，或转投了海外市场产品。

四、衍生工具投机交易及其意义

投机交易是衍生工具交易的重要组成部分，也是各类现货市场（商品、股票等）的重要组成部分。正常的投机交易带所来的规模和效率是现代资本市场得以顺利运转、市场功能得以发挥的基本要素之一。这也正是衍生工具投机交易的宏观经济意义。衍生工具市场的投机者种类很多，比如利用市场技术分析进行的短线或超短线投机，也有根据对宏观经济及政府政策的判断进行的投机等等。投机交易对衍生工具市场的积极作用有四个方面：承担市场风险、促进价格发现、提高市场流动性、降低交易成本。

（一）投机者是风险的承担者

衍生工具市场是风险定价和交易的市场，市场主体主要由风险的规避者和承担者组成。而不以风险对冲为目的的投机交易者，不论做多还是做空，都是最重要的市场风险承担者，是避险者必要和可靠的交易对手方。尤其在我国，股票现货市场多空机制不完善，机构力量目前主要以衍生工具做空套保为主，机构多头严重不足。市场均衡主要依赖投机交易。如果投机交易被严格限制，风险管理者的套保交易和各种市场中性策略都将难以进行。这正是2015年9月后我国股指期货市场面临的困境。

衍生工具市场上的投机者，不管大小，比一般投资者更懂得风险自负的道理。他们之所以是风险的承担者，是因为：① 风险承担可能有利可图；② 投机者有风险承担的能力；

③ 他们有风险承担的强烈意愿。投机者深知市场风险是双向的。风险承担使少数投机者一夜暴富或血本无归的案例屡见不鲜。在衍生工具市场大浪淘沙的过程，必然是较弱势的散户投机逐渐让位于专业机构，而不是相反。这样的演进无疑会使市场更专业、更稳定。

（二）投机交易对价格发现有重要贡献

投机者最关注市场风险和风险的价格水平。各类投机者会对经济指标、政策动向、资金流向等各种基本面和技术面因素在第一时间做出综合的价值判断。包括投机交易在内的各类交易活动体现了各种投资理念和价值判断的激烈碰撞。他们之间的多空博弈和充分交易，形成了最市场化、最公开透明、最不易操纵、最有公信力、最接近真实价值的市场价格。期货市场的发展历史证明，缺乏广泛投机者参与的、流动性差的市场更容易被操纵，市场价格更容易出现偏差和失真；而偏差的纠正更加困难。

（三）投机和套利交易是市场流动性提供者

避险者通常交易不频繁，多空交易不匹配，但避险者通常需要较高的即时性，就是能够以最短的时间、以最小的价差完成买入或卖出较大数量的期货合约。因此，在没有大量投机和套利交易的情况下，连续报价、连续交易和理性的市场深度是难以实现的，交易的即时性也就大打折扣。

（四）投机交易使全市场交易成本降低

投机和套利交易为市场带来较高流动性的同时，使交易成本不断降低。这体现为交易手续费不断下降、价差不断缩小、市场深度不断提高、市场交易更具有连续性和及时性。充分的投机和套利交易客观上使衍生工具市场成为效率最高、最活跃的市场。这使衍生工具市场对风险管理者来说更有吸引力、更可靠。

（五）投机交易的是与非

社会舆论经常对投机交易抱有极大的偏见，认为投机是盲目的，是市场暴涨暴跌行情的制造者。果真如此吗？

首先，投机交易者通常并不是盲目的，尤其是资金量较大的机构或专业交易者。虽然获得和处理信息的能力各异，但是他们当中不乏经验丰富的市场精英。他们有对市场基本面和技术面的独立判断，并通过交易将这些判断付诸市场的检验。他们是市场价格走向的风向标。中小散户中的一部分是所谓的噪音交易者，原因是他们获得和处理信息的能力相对较弱，并经常表现出较强从众倾向。虽然盈利的概率低，但是他们自愿承担风险、主动参与交易，因此也并不盲目。

其次，投机交易对价格的影响。一般来说，投机交易对市场价格有表面的、直观的和短暂的影响。投机交易在各种市场行情下均大量存在，但并不必然引发暴涨暴跌。相比之下，各种宏微观基本面因素的叠加对市场价格的涨跌、泡沫的产生和破裂有着更直接、更实质、更持久的影响。过度限制投机不仅只治标而不治本，而且使市场机制遭到损坏，是得不偿失之举。

再次，对投机和套利交易进行严格监管无疑是必要的，但这并不等于对他们的否定。投机者和套利者合规有序的交易行为应当得到充分的认可和维护。监管的目的是使正常的投机交易活动发挥积极的市场作用的同时，防止过度投机可能造成的价格失真和市场风险。在实践中要掌握使投机和套利交易既充分但又不过度的平衡;而这个平衡需要在实践中不断摸索。当然,对违规交易和价格操纵等不法行为,不论是投机还是其他类型的交易,都必须严格依法监管和处置。

我国资本市场虽然已经有了较大的规模,但产品种类单一,投资策略趋同,市场稳定性较差。这与金融衍生工具的有效供给不足有直接关系。衍生工具的供给不仅可以通过强化企业稳健经营,改善全社会的风险分布,而且可以通过多元化投资策略和产品的发展,促进投资主体的多元化,改善投资者结构,扩大投融资渠道,降低市场波动率,完善市场功能。这会为"多层次资本市场"的建立提供一个多元、稳定、风险可控的市场环境。

中国经济目前正处于经济转型和结构调整的关键期,同时面临着相对严峻的国际经济环境。以供给侧改革为代表的宏观经济和金融政策的调整,是改善市场基本面、提振市场信心和市场估值的决定性因素。供给侧改革所强调的去产能、去库存、调结构、增加高效率和高质量产品及服务的供给,将是一个长期的、机会与风险共存的过程。

增加以金融衍生工具为代表的风险管理供给,不仅可以满足企业和金融机构等微观主体风险管理的诉求,也在完善资本市场体系、扩大资本积累、强化创新竞争、改善资源配置等方面发挥着服务实体经济的重要意义。这不仅与供给侧改革的目标相契合,还有促进改革目标加快实现的现实意义。因此,发展金融衍生工具市场应该成为供给侧改革的重要市场和制度配套之一。

具体而言,建议在改进交易和监管制度的基础上,尽早恢复股指期货的正常交易,尽快推出股指期权、利率和汇率等期货品种。同时,加快推进合格机构发展各类股权、商品和其他资产类别的场外衍生工具市场,从而完善中国金融衍生工具市场体系。

重 要 概 念

金融衍生工具 场内交易衍生工具 场外交易衍生工具 远期 期货 期权 互换 信用衍生工具 嵌入式衍生工具 结构化衍生工具 风险对冲交易、套利交易 市场中性策略 投机交易

习题与思考题

1. 什么是金融衍生工具?金融衍生工具的本质特征是什么?
2. 对当前我国场内衍生工具的总体现状进行调查,并就一个产品进行深入分析。
3. 对当前我国场外衍生工具的总体现状进行调查,并就一个产品进行深入分析。
4. 如何理解金融衍生工具与风险的关系?
5. 如何理解金融衍生工具套利交易策略及在价格发现中意义?
6. 如何理解金融衍生工具投机交易及其意义?

第二章

场外衍生工具市场

学习目标

通过本章的学习,主要掌握场外衍生工具市场的基本情况,包括衍生工具的基本概念和特征、市场发展历史和现状、市场交易机制和组织形式等多方面的内容。

第一节 场外金融衍生工具市场概述

一、场外衍生工具概览

金融衍生工具是金融市场参与者管理风险、获取收益的重要金融工具,全球90%以上的金融衍生工具是通过场外市场进行交易。场外金融衍生工具主要采取一对一的交易方式,它的特点是可以根据不同的风险特征设计出不同的产品类型,具有极强的灵活性,由于产品结构较为复杂且规模较大,参与者主要是机构投资者。以股票、商品、利率、汇率、信用等为标的产品的场外衍生工具,包括远期、互换和场外期权和信用衍生产品等。

场外衍生工具与场内衍生工具区别在于交易场所、交易方式、组织方式、合约形式等,具体的对比见表2-1。

表2-1 场外衍生工具与场内衍生工具区别

	场外市场	场内市场
交易场所	分散的无形市场	固定的交易场所
交易方式	议价方式	公开竞价
组织方式	做市场制度	经纪人制度
合约形式	非标准合约	标准化合约
主要交易品种	远期、互换、期权	期货、期权
监管方式	行业自律为主	政府监督为主

二、全球场外衍生工具市场概况

(一) 市场总体情况

近年来,场外衍生工具市场规模呈下降趋势。截至 2016 年下半年,名义本金总额为 483 万亿美元(图 2-1),市场价值总额为 15 万亿美元(图 2-2)。总信用风险敞口为 3.3 万亿美元,占市场价值总额的比例为 22%(图 2-3)。

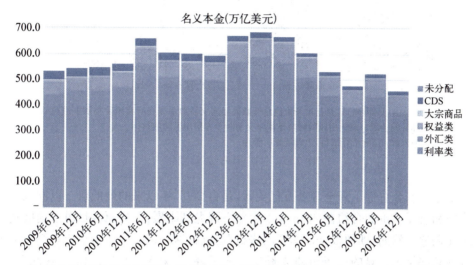

注:此处头寸都是以美元表示的,因此这里的变化同时也包括其他货币和美元之间的汇率变化。数据来源:国际清算银行,上海清算所整理

图 2-1 未平仓场外衍生工具合约的名义本金变化

数据来源:国际清算银行,上海清算所整理

图 2-2 未平仓场外衍生工具合约的市场价值总额变化

(二) 主要场外衍生工具情况

近年来,场外市场利率衍生工具规模持续下降(图 2-4),2016 年 12 月末,场外利率衍

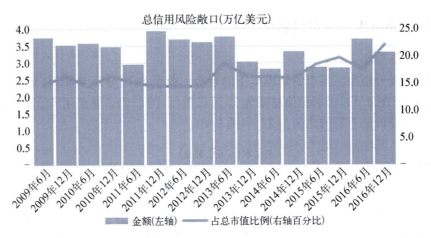

注：总信用风险敞口，是指市场价值总额减去相同交易对手方在所有风险类别下进行双边净额结算后的金额。总信用风险敞口是衡量交易对手方信用风险的指标。

资料来源：国际清算银行，上海清算所整理

图 2-3 总信用风险敞口变化

生工具的名义本金总额下降至 368 万亿美元，是自 2007 年以来的最低点。以欧元、英镑、瑞典克朗和日元计价的合约在 2016 年下半年下降尤其剧烈，部分原因是由于这些货币相对于美元贬值。然而，即便根据汇率变动进行调整后，这些产品的名义本金仍有明显的下降。场外利率衍生工具的市场价值总额也有所下降，下降至 2016 年 12 月底的 10 万亿美元。

利率互换是场外衍生工具市场中最大的一块。在 2014 年末，利率互换占所有场外衍生工具市场价值总额的比重为 70%，但截至 2016 年 12 月末，利率互换占所有未平仓场外衍生工具名义本金总额的 57%，占市场价值总额的 59%。因此，利率互换的市场价值总额比重一直在下降，主要原因利率互换转向集中清算过程中压缩消除了冗余合约。

数据来源：国际清算银行，上海清算所整理

图 2-4 不同货币单位的利率衍生工具名义本金规模变化

截至2016年12月末,未平仓外汇衍生工具的名义本金总额为68.6万亿美元,与自2013年以来的同期水平保持一致,其市场价值总额为3万亿美元(表2-2)。

表2-2 场外利率衍生工具和外汇衍生工具名义本金及市场价值总额　(单位:亿美元)

	场外利率衍生工具		场外外汇衍生工具	
	2016年6月	2016年12月	2016年6月	2016年12月
名义本金总额	4 267 970	3 683 560	711 710	685 980
市场价值总额	155 080	99 920	30 860	29 880

数据来源:国际清算银行,上海清算所整理

与场外利率衍生工具市场不同,在场外外汇衍生工具市场中,交易商间合约在未平仓合约中所占份额最大。在2016年末,交易商间合约规模为30.3万亿美元,占场外外汇衍生工具市场合约总量的44%(图2-5)。其中交易对手方为金融机构的合约[10]名义本金约为28.9万亿美元,而交易对手方为非金融机构的合约名义本金约为8.4万亿美元,交易对手方为中央交易对手方(CCP)的合约名义本金约为0.9万亿美元。

数据来源:上海清算所

图2-5 不同金融机构在外汇衍生工具市场头寸占比

2016年下半年,CDS未平仓合约名义本金总额大幅下降,从6月末的11.8万亿美元跌至12月末的9.9万亿美元,延续了自2008年以来的下降趋势。CDS合约市场价值总额也进一步下跌至2 920亿美元(图2-6)。

最近的CDS总头寸下滑主要集中在非集中清算部分。而通过中央对手方进行集中清算的合约名义本金总额在2016年下半年基本稳定在4.3万亿美元,交易商间合约规模从5.1万亿美元缩减至3.7万亿美元。

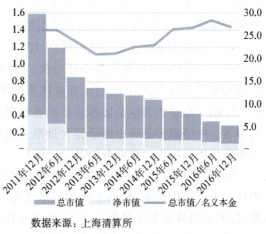

数据来源:上海清算所

图2-6 CDS市值变化

表 2-3　CDS 未平仓合约名义本金总额　　　　　　　　　（单位：亿美元）

	2016 年 6 月	2016 年 12 月
交易商合约	50 980	37 400
中央对手清算合约	43 870	43 340
其他合约	22 820	17 830
总　　计	117 670	98 570

数据来源：上海清算所

三、我国场外衍生工具市场概览

目前中国场外衍生工具的总体格局可分为两类：一类是银行间交易的场外衍生产品，另一类是证券业体系的场外衍生产品。

第一类是由中国人民银行、银监会监管的《中国银行间金融衍生产品交易主协议》下的金融衍生产品，这类产品主要的交易场所是在银行间市场。中国银行间市场交易商协会（NAFMII）是由中国人民银行主管，是银行间市场的自律性组织，对银行间体系场外衍生工具（利率、汇率、信用类衍生工具）进行自律管理，也是银行间体系场外衍生工具协议、补充协议、履约保障协议的文件发布者。中国银行间市场交易商协会（National Association of Financial Market Institutional Investors，NAFMII）作为银行间市场的自律组织将 ISDA 主协议引入中国，2007 年发布了《中国银行间市场金融衍生工具交易主协议》，至今已覆盖了利率类、债券类、外汇类、信用类等大部分种类的金融衍生工具。

中国外汇交易中心暨全国银行间同业拆借中心提供汇率和利率衍生工具交易系统，并组织交易，提供信息和监管等服务。2009 年 11 月银行间市场清算所股份有限公司（上海清算所）在上海成立，主要为银行间市场提供以中央对手净额清算为主的直接和间接的本外币清算服务。截至 2017 年，银行间衍生工具市场交易的利率衍生工具有远期利率协议、利率互换、标准债券远期合约，外汇衍生产品有人民币外汇远期、人民币外汇掉期、人民币外汇货币掉期和人民币外汇期权等，信用衍生产品有信用风险缓释工具（CRM）、信用风险缓释凭证（CRMW）、信用联结票据（CLN）和信用违约互换（CDS）等。

第二类是由中国证监会监管的《中国证券期货市场场外衍生工具交易主协议》下金融衍生产品，交易的报价机构为中证报价。中国证券业协会（SAC）是接受中国证监会监督管理的证券业自律性组织，对证券业体系场外衍生工具（权益类、大宗商品类）进行自律管理。中国证券业协会也是证券业体系场外衍生工具协议、补充协议、履约保障协议的文件发布者。中证报价是经中国证监会批准并由中国证券业协会市场化管理的金融机构，负责全市场场外衍生工具业务的备案工作。

2014 年 11 月上线的中证场外衍生工具市场报价系统是证券期货行业场外衍生工具市场的重要基础设施，推动了我国证券业体系的场外衍生工具市场的电子化、平台化发展，提升了场外衍生工具交易效率，加强场外衍生工具业务的合规与风险管理，通过全流程电子化的服务，满足证券期货等金融机构以及实体企业的风险转移和对冲等需求。截至2017年,通过中国证券业协会专业认可的证券公司、期货公司和其他的金融机构可以通过中证场外衍生工具市场报价系统开展场外收益互换和场外期权两种衍生工具业务。

第二节 场外衍生工具市场的结构与运作模式

一、市场参与者

场外衍生工具市场的参与者主要包括交易商(Dealer)、交易商间经纪商(Inter-dealer Broker,IDB,下称经纪商)、终端用户(End User)和报价机构(Price Reporting Agencies,PRAs)等。

(一) 交易商与经纪商发挥着重要作用

从境外衍生工具市场的发展看,场内市场的核心是交易所,而场外市场的核心则是中介机构。从承担的功能来看,场外市场的中介机构主要可分为交易商和经纪商两大类。

交易商在境外主要是指投资银行及其他规模较大的衍生工具中介机构,主要承担场外衍生产品做市商的功能,作为交易对手方为市场提供流动性,并针对客户需求设计个性化产品。他们通常涉及多类场外衍生产品,既参与机构间市场,也参与柜台市场,其客户主要是具有对冲风险和多元化投资需求的金融机构和实体企业。

经纪商在交易商的场外交易中充当中介撮合角色,促进交易商之间或交易商与终端用户之间达成交易。经纪商之所以能够存在,主要是由于许多交易商或终端用户希望在不透露身份的情况下进行大规模买卖。经纪商是中立的价格信息传递者,保证了合约双方之间的保密性,增强资金流动性,为市场参与者带来更好的价格。

通常,经纪商并不直接参与交易,不担任对手方,因此并不像交易商一样承担风险,而仅提供包括电话、电子平台、邮件等多种形式的"交易平台"。

(二) 金融机构和实体企业是主要终端用户

场外衍生工具的终端用户主要是金融机构、实体企业以及高净值客户等。金融机构主要包括对冲基金、商业银行、中央银行、保险公司等,其参与场外市场的主要目的是为了对冲利率、汇率、信用等风险以及多元化的投资组合需求。BIS统计数据显示,场外衍生工具交易主要发生在金融机构之间,交易份额达到90%。

从近几年趋势看,场外金融衍生工具的交易越来越集中到少数规模大、信誉好的金融机构之间,市场集中度明显提高。而场外商品衍生工具仍以交易商与客户之间的交易为主,从美国主要商品交易商(Commodities Major Dealers,CMD)向美联储OTC衍生工具监管组撰写的信函中可以看出,在商品OTC市场中,有20%的交易在交易商之间发生,80%在交易商与客户之间发生。

实体企业也是场外衍生工具市场的重要参与者,他们运用场外衍生工具对冲利率、汇率以及商品进出口贸易中的价格风险。企业之所以参与场外衍生工具市场,主要是因为他们能够获得更加个性化的服务,能够更恰当地管理其资产或商品的结构和数量。

国际掉期及衍生工具协会(International Swaps and Derivatives Association,ISDA)在2009年对世界500强企业的调查结果显示,94%的企业使用了衍生工具,其中49%使用商品类场外衍生工具。参与调查的企业中,中国企业使用衍生工具的比例最低,为62%。2012年亚洲地区场外衍生工具市场的参与者中,交易商、金融机构和非金融机构客户分别占比为57%、34%和9%。从亚洲地区排名前25企业使用情况看,外汇(39%)和商品(33%)是被利用的最主要工具,这也反映了亚洲市场商品需求巨大。

(三) 报价机构为场外衍生工具市场提供价格基准

场外衍生工具报价机构是指为场外市场参与者提供相关报价、信息和数据的机构,如在国际能源领域比较有名的报价机构有普氏能源(PLATTS)、阿格斯(Argus Media)等。

报价机构为场外市场参与者提供基准报价,使交易更加透明的同时,确保了交易的有效性。交易商、终端用户可以通过他们建立灵活的、可操作的订单,其客户端也可以确认标准订单。

报价机构还可以为交易商与客户提供电子交易平台,使机构投资者可以查到交易商、终端用户之间,或交易商、终端用户和经纪商之间的多个出价和报价。

虽然2008年金融危机后并没有直接将报价机构纳入场外衍生工具监管范畴,但由于非清算产品信息强制报送、标准场外衍生工具集中清算等增强场外衍生工具透明度的监管制度实施,报价机构的运作无疑会受到一定影响。

二、清算模式

随着市场的发展,场外衍生工具交易的清算模式不断发生变化。目前,清算模式主要有三种:非标准化双边清算、标准化双边清算和中央对手方清算。

(一) 非标准化双边清算模式

场外衍生工具市场发展的优势在于,可以根据投资者不同需求设计不同的产品,满足投资者个性化的风险管理、投资理财等需求。早期场外衍生工具交易是在交易双方之间或第三方信用机构协助下完成的,往往采用非标准化的双边清算,交易双方仅凭各自的信用或者第三方信用作为履约的担保,但是这一方式面临着巨大的信用风险,特别是进行多笔交易时则承担多个对手的信用风险。

(二) 标准化双边清算模式

20世纪80年代以来,场外衍生工具市场开始快速发展。随着市场参与者的不断增多,违约的连锁风险不断加大,整个市场的系统性风险开始累积。在此背景下,ISDA在1987年发布了主协议,对场外衍生产品合约进行了标准化处理,在定制的基础上引入标准化元素,方便交易双方净额结算,降低交易成本,提高市场效率。

20世纪90年代,新英格兰银行等多家金融企业相继破产和倒闭,引起市场信用风险集中爆发。此次危机之后,ISDA主协议开始真正意义上普及开来,推动了以交易商为核心的标准化双边清算模式。交易商一般为大型商业银行或投资银行,以自身良好信用担保,为投资者提供适当报价,清算模式也相应变为标准化的双边清算模式(图2-7)。

(三) 中央对手方清算模式

以交易商为核心的标准化双边清算模式并没有消除交易者之间的信用风险,而是将信用风险集中在交易商身上。交易商一般是资金实力雄厚、规模大、信誉好的机构,违约风险较低,但是如果交易商本身违约,则会给市场带来毁灭性的冲击。2001年的安然破

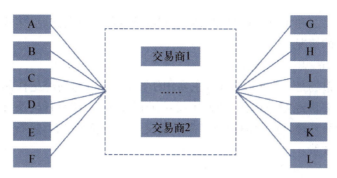

图 2-7　标准化双边清算模式

产事件就为整个场外衍生工具市场敲响了警钟。

安然事件后,中央对手方清算机制开始引入场外衍生工具市场,随后包括纽约商业交易所(NYMEX)、洲际交易所(ICE)、新加坡交易所(SGX)等都研究开发了场外衍生产品结算平台。2008 年金融危机以后,越来越多的监管部门要求场外标准化合约进入清算所进行中央对手方清算(图 2-8)。

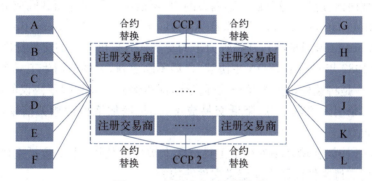

图 2-8　中央对手方清算模式

但是,由于大量客户需求和场外衍生产品是非标准化的,集中清算的场外衍生产品规模还相对较小。从亚洲地区的情况看,由中央对手方清算的场外衍生工具交易额仅为全部衍生工具交易额的 3%。

三、交易场所/平台

虽然场外衍生工具市场是一个分散化、没有固定交易场所的市场,且不同产品的交易方式也存在很大差异,但从交易方式看,大体可分为传统交易商市场、电子化经纪市场和自营交易平台市场。

(一) 双边协商:传统交易商市场

传统的场外衍生工具市场通常由一个或多个交易商组成,这些交易商相当于做市商,为市场参与者提供买卖报价。无论是交易商之间,还是交易商与终端用户之间,都主要通过电话完成交易,整个过程仅有两个市场参与者直接参与。因此,此类市场被称为双边交易市场。

双边交易市场虽然在便利性上不如多边市场,但实际上整个市场的运作是高效的,交易商之间以及交易商和主要客户之间通常会有电话专线,可以很快向多家交易商询价,以便了解整个市场的情况。

(二) 多边报价:电子化经纪市场

电子化经纪市场是一个电子平台,主要用于发布报价,起到经纪作用,不具有交易功能。这类平台主要由经纪商运作,他们本身不进行交易,不持有任何头寸,构成了类似于交易所的多边交易环境。经纪商把客户需求递交至电子经纪平台,进行公开竞价交易,经纪商从中赚取手续费。

(三) 混合模式:自营交易平台市场

自营交易平台市场是传统交易商市场和电子化经纪市场的结合体。交易商既是经纪商又是做市商,在平台上提供报价服务,其他参与者可以看到报价,并选择执行这些报价。该市场是单向的,只有交易商的报价可以被看到,所有参与者只能与交易商交易。

三、标准化法律文本

20世纪80年代初利率互换交易兴起以后,为解决交易过程中各方对互换的定义、条件、内容等分歧而由互换市场上最具影响力的10家衍生工具交易商共同成立的国际互换交易商协会(International Swaps Dealers Association,后更名为 International Swaps and Derivatives Association,ISDA),开始致力于为交易各方提供统一的交易标准与秩序。

ISDA 在 1987 年发布了 ISDA 主协议,之后不断更新,为场外衍生工具市场发展带来了诸多好处。一是将场外衍生产品合约标准化,减少谈判时间和起草协议的法律风险,降低法律成本;二是引入净额结算,降低交易成本;三是增加抵押物相关措施,降低违约风险,提高市场效率。

目前,ISDA 协议在境外场外衍生工具市场上被广泛使用,主要包括主协议、附件、交易确认书、信用支持文件以及交易定义文件等内容。

四、2008 年金融危机后场外衍生工具市场监管

从 20 世纪 80 年代到金融危机发生前,出于对金融市场创新以及场外衍生工具市场平稳发展的考虑,各国对场外衍生工具市场的监管都比较宽松,主要依靠金融机构内部风控体系进行自我监督管理。2008 年金融危机爆发后,为了促使场外衍生工具市场更加规范地发展,防止由过度创新带来的系统性风险,对市场进行有效监管已经成为各国政府和国际组织的共识。

(一) 防范系统性风险,推动标准场外产品"场内化"

为加强对场外衍生工具市场系统性风险的防范,各国监管机构积极推动标准的场外衍生产品"场内化",主要措施包括两个方面。

一是推动场外衍生工具进入场内统一清算。欧美监管当局目前都鼓励场外衍生工具进行集中清算,特别是要求标准化的场外衍生产品通过受监管的中央对手方(Central Counterparty,CCPs)进行统一清算。

二是推动标准化的场外衍生工具进入场内交易。《多德-弗兰克法案》要求所有必须被清算的互换和基于证券的互换都必须在受监管的交易所、交易系统或者交易平台等互

换执行机构（Swap Execution Facilities，SEF）交易。欧洲《金融工具市场指引Ⅱ》(Markets in Financial Instrument Directive Ⅱ)也提出，具有足够流动性并且可以清算的产品，要求在合格的交易平台上交易。

（二）强制报送数据，提升场外市场透明度

2008年金融危机后，增强衍生工具市场透明度成为衍生工具市场立法和监管制度完善的重要目标，其目的就是让掌握在华尔街少数衍生工具交易商手中的信息被广大公众知晓。

《多德-弗兰克法案》要求所有未经中央交易所清算的合约向受监管的记录机构——"交易数据储存库"报告，建立总持仓量和交易量数据库，并开放给公众，单个交易者的交易和头寸情况以保密的方式向美国商品期货交易委员会（CFTC）和美国证券交易委员会（SEC）以及该机构的上一级监管者报告。同时，CFTC或SEC必须制定互换执行机构的信息披露要求，将有关价格、交易量和其他互换交易数据及时公开披露，以有利于市场的价格发现。

《欧洲市场基础设施监管条例》(European Market Infrastructure Regulation，EMIR)则要求所有交易对手（包括非金融交易对手）和中央对手方必须不迟于一个工作日上报场外衍生工具交易数据给注册或认可的交易数据库。交易数据库的职能主要是运营、记录和数据管理，交易数据库需要在欧洲证券与市场管理局（European Securities and Markets Authority，ESMA）注册。

（三）加强投资者保护，确保将合适的产品卖给合适的投资者

随着金融工程技术的不断发展与应用，金融衍生工具变得越来越复杂，投资者对金融工具的认识越来越困难。因此，进一步加强对投资者的保护也是场外衍生工具监管的重要组成部分。

《多德-弗兰克法案》强化了对投资者保护的措施，通过限制场外衍生工具市场交易对手类型来保护不成熟的市场投资者，防止其购买与自身风险承受能力不匹配的高风险衍生工具合约；明确赋予CFTC和SEC对场外衍生工具市场中的欺诈、操纵及其他不公平竞争行为拥有独立的监督处置权；对操纵或明显影响市场价格的场外衍生工具交易合约，CFTC有权设置相应的敞口限制条款；监管机构有权要求各交易所、交易数据储存库及其他市场参与主体提供场外衍生工具市场交易活动的详尽数据及相关信息，便于及时发现和处置市场不公平竞争行为。

同时，欧盟的《金融工具市场指引》(Markets in Financial Instrument Directive)则明确要求被监管公司将客户分为合格交易对手、专业客户和零售客户三类，并针对不同的客户推销合适的产品。

（四）加强市场参与者监管，规范场外衍生工具市场发展

为进一步规范场外衍生工具市场发展，各国监管机构都进一步加强对场外衍生工具市场的交易商及主要参与者的监管，包括更为严格的资本金、保证金要求，并执行严格的商业行为准则。

《多德-弗兰克法案》要求对所有场外衍生工具市场交易商以及其他能够对其对手方形成大的风险头寸的机构实行稳健和审慎的监管，内容包括资本金要求、业务操守准

则、交易报告制度以及与对手方信用风险相关的初始保证金要求;对于所有银行和银行控股公司不通过中央清算进行的场外衍生产品交易,应提高资本金要求。CFTC要求场外衍生工具市场的交易商及主要参与者到美国国家期货业协会(NFA)注册并接受管理。

第三节 远期市场

一、远期合约的定义

远期合约(Forward Contracts)是一种最为简单的衍生金融工具。它是指双方约定在未来某一个确定的时间,按照某一确定的价格买卖一定数量的某种资产的协议。在合约中,双方约定买卖的资产称为"标的资产",约定的成交价格称为"协议价格"或"交割价格"(Delivery Price),同意以约定的价格在未来卖出标的资产的一方称作"空头"或"空方"(Short Position),同意以约定的价格在未来买入标的资产的一方称作"多头"或"多方"(Long Position)。

远期合约是商品经济发展的产物,是生产者和经营者在商品经济实践中创造出来的一种规避或减少交易风险、保护自身利益的商品交换形式。众所周知,农作物的播种与收割之间有着较大的时差,如果仅有现货交易,那么一个农场主的在经营过程中面临着极大的价格风险。但是,如果能够在播种时就确定农作物收割时卖出的价格,那么农场主就可以规避农产品价格风险,安心致力于农作物的生产。因此,远期合约就是为了规避现货交易风险的需要而产生的避险工具。

远期合约最主要的优点在于它是由交易双方通过谈判后签署的非标准化合约,因此合约中的交割地点、交割时间、交割价格,以及合约的规模、标的物的品质等细节都可由交易双方协商决定,具有很大的灵活性,可以尽可能地满足双方个性化的需要。

远期合约也有明显的缺点:首先,远期合约不在交易所内交易,没有固定集中的交易场所,不利于信息的交流和传递,从而不利于形成统一的市场价格,市场效率较低。其次,由于合约的具体条款都由交易双方协商决定,因此每份远期合约千差万别,给远期合约的流通造成了较大的不便,流动性较差。再次,远期合约到期时必须履行实物交割的义务,而无法在到期前通过反向对冲等手段来解除合约义务。最后,远期合约的违约风险较高,当价格变动对一方有利时,对方有可能无力或无诚意履行合约。随着交易机制的变革,特别是引进中央对手方和集中清算机制后,远期合约的这些缺陷在一定程度上得到了克服。

二、远期合约的种类

远期合约的标的资产可以是普通商品,也可以是金融资产。根据标的资产的不同,远期合约可以分为商品远期合约和金融远期合约。根据具体的标的资产,金融远期合约又可进一步细分为远期利率协议、外汇远期合约和股票远期合约、远期股指合约等。以下对各类金融远期合约做一个大概的介绍。

(一) 远期利率协议

1. 远期利率

所谓远期利率是指现在时刻的将来一定期限的利率。如 2M×8M 远期利率,即表示 2 个月之后开始的期限 6 个月的远期利率。

由一系列即期利率可以计算出远期利率。例如,如果一年期的即期利率为 6%,二年期的即期利率为 6.5%,其隐含的一年到二年的远期利率就约等于 7%,这是因为 $(1+6\%)(1+7\%) \approx (1+6.5\%)^2$。

一般地说,如果现在时刻为 t,T 时刻到期的即期利率为 r,T^* 时刻($T^* > T$)到期的即期利率为 r^*,则 t 时刻的 T^* 至 T 期间的远期利率 $f(t, T, T^*)$ 可以通过下式求得:

$$(1+r)^{T-t} (1+f(t, T, T^*))^{T^*-T} = (1+r^*)^{T^*-t} \qquad (2-1)$$

其中,式(2-1)仅适用于每年计一次复利的情形。

如果即期利率为一年计息 m 次的复利率,一年计息 m 次的远期利率可以由(2-2)式求得,

$$\left(1+\frac{r}{m}\right)^{m(T-t)} \left(1+\frac{f(t, T, T^*)}{m}\right)^{m(T^*-T)} = \left(1+\frac{r^*}{m}\right)^{m(T^*-t)} \qquad (2-2)$$

如果即期利率为连续复利,连续复利的远期利率可以由(2-3)式求得,

$$e^{r(T-t)} \times e^{f(t, T, T^*)(T^*-T)} = e^{r^*(T^*-t)} \qquad (2-3)$$

此时,即期利率和远期利率的关系可表示为:

$$f(t, T, T^*) = \frac{r^*(T^*-t) - r(T-t)}{T^*-T} \qquad (2-4)$$

2. 远期利率协议

远期利率协议(Forward Rate Agreements,FRA)指交易双方约定在未来某一日,交换协议期间内一定名义本金基础上分别以固定利率和参考利率计算的利息的金融合约。其中,远期利率协议的买方支付给卖方以固定利率计算的利息,卖方支付给买方以参考利率计算的利息。远期利率协议的买方是名义借款人,其订立远期利率协议的目的主要是为了规避利率上升的风险,或者是希望利率上涨投机者。远期利率协议的卖方则是名义贷款人,其订立远期利率协议的目的主要是为了规避利率下降的风险,或者是希望利率下降的投机者。

一份远期利率协议有以下基本要素:

(1) 名义本金(Contract Amount):名义上借贷本金额。

(2) 交易日(Trade Date):协议交易的执行日。

(3) 交割日(Settlement Date):名义贷款或存款开始日,也是开始计算利息的日期,也是合约结算日。

(4) 基准日(Fixing Date):决定参照利率的日子(交割日的前两天),也称为确定日。

(5) 到期日(Maturity Date):名义贷款或存款的到期日。

(6) 合同期限(Contract Period):交割日和到期日之间的天数。

(7) 合同利率(Contract Rate)：协议规定的固定利率。

(8) 参考利率(Reference Rate)：市场决定的利率，在交割日计算交割额。

(9) 结算金额(Settlement Sum)：按照协议利率和参照利率差额计算的交易一方支付给另一方的金额。

远期利率协议交割过程见图 2-9。

图 2-9 远期利率协议交割过程图

在远期利率协议下，如果参照利率超过合同的协议利率，那么卖方就要支付给买方一笔结算金，以补偿买方在实际借款中因利率上升而造成的损失；反之，则由买方支付给卖方一笔结算金。一般来说，实际借款利息是在贷款到期时支付，但远期利率协议的结算金则是在结算日支付，因此，结算金通常并不等于因利率上升而给买方造成的额外利息支出，而是等于额外利息支出在结算日的贴现值，具体计算公式如下：

$$结算金 = \frac{(r_r - r_k) \times A \times \dfrac{D}{B}}{1 + \left(r_r \times \dfrac{D}{B}\right)} \tag{2-5}$$

上式中：r_r 表示参考利率，r_k 表示合同利率，A 表示名义本金，D 表示合同期天数，B 表示天数计算惯例（如美元为 360 天，英镑为 365 天）。

式(2-5)中，分子表示由于合同的合同利率与参考利率之间的差异所造成的额外利息支出，而分母则是对分子进行贴现，以反映结算金的支付是在合同期开始之日而非结束之时。

假设 A 公司在六个月之后需要一笔金额为 1 亿美元的借款，为期 3 个月，其财务经理预测 6 个月后利率将上涨，因此，为锁定其资金成本，该公司与某银行签订了一份合同利率为 5.5%，名义本金额为 1 亿美元的 6M×9M 远期利率协议。

假设 6 个月后，市场利率果然上涨，6 个月期市场参考利率在确定日为 6%，则远期利率协议结算日应交割的金额计算如下：

$$\frac{(6\% - 5.5\%) \times 100\,000\,000 \times \dfrac{90}{360}}{1 + 6\% \times \dfrac{90}{360}} = 123\,152.71\,(美元)$$

假设此时 A 公司为配合其财务资金的需求，按照此时的市场利率 6% 借入一笔金额为 1 亿美元期限为 3 个月的资金，则其借入资金的利息成本为：

$$100\,000\,000 \times 6\% \times \frac{90}{360} = 1\,500\,000\,(美元)$$

由于 A 公司与银行签订了上述 FRA 避险,可获远期利率协议的利息差价收入 123 152.71 美元,因此,其实际的财务成本为:

$$\frac{1\ 500\ 000-123\ 152.71}{100\ 000\ 000+123\ 152.71}\times\frac{360}{90}=5.5\%$$

即为原 FRA 设定的资金成本,也就是远期利率协议中的合同利率 5.5%。

若 6 个月后的市场利率下跌,通过类似的分析,可得 A 公司的实际财务成本仍为 5.5%。可见,通过远期利率协议,A 公司可以将其筹资成本固定,从而避免了利率波动的风险。同理,从银行的角度分析,通过签订远期利率协议,可以锁定 6 个月后的贷款利率,规避利率波动风险。

因此,签订 FRA 后,不管市场利率如何波动,协议双方将来收付资金的成本或收益总是固定在协议利率的水平上。而且,由于远期利率协议交易的本金不用交付,利息是按差额结算的,所以资金流动量较小,这就给银行提供了一种管理利率风险而无须改变其资产负债结构的有效工具,也在一定程度上降低了远期利率协议的信用风险。

3. 人民币远期利率协议市场

据 2007 年 10 月 8 日中国人民银行发布了 2007 年第 20 号公告,正式公布了《远期利率协议业务管理规定》,自 11 月 1 日起即可开展远期利率协议业务。中信银行与汇丰银行达成了第一笔人民币远期利率协议,为本金为 2 亿元,以 3 个月期的 Shibor 利率为基准,期限为 3M×6M 的协议。目前我国主要的远期利率协议的品种为:1M×4M;2M×5M;3M×6M;4M×7M;5M×8M;6M×9M 等。

人民币远期利率协议的参考利率应为经中国人民银行授权的全国银行间同业拆借中心等机构发布的银行间市场具有基准性质的市场利率或中国人民银行公布的基准利率,具体由交易双方共同约定。人民币远期利率协议交易既可以通过中国外汇交易中心的交易系统达成,也可以通过电话、传真等其他方式达成。未通过交易中心交易系统的,金融机构应于交易达成后的次一工作日将远期利率协议交易情况送交易中心备案。当前,全国银行间债券市场参与者(简称市场参与者)中,具有做市商或结算代理业务资格的金融机构可与其他所有市场参与者进行远期利率协议交易,其他金融机构可以与所有金融机构进行远期利率协议交易,非金融机构只能与具有做市商或结算代理业务资格的金融机构进行以套期保值为目的的远期利率协议交易。

人民币远期利率协议的报价如表 2-4。

表 2-4　2011 年 11 月 28 日兴业银行远期利率协议市场报价

Term	3MShibor	
	Bid	Ask
1M×4M	4.315 5	4.382 1
2M×5M	4.392 1	4.525 5
3M×6M	4.468 8	4.668 8

续 表

Term	3MShibor	
	Bid	Ask
4M×7M	4.482 1	4.682 1
5M×8M	4.495 5	4.695 5
6M×9M	4.508 8	4.708 8
9M×12M	4.543 8	4.743 8

(二) 外汇远期合约

1. 外汇远期合约定义

外汇远期合约(Forward Exchange Contracts)指交易双方以约定的外汇币种、金额、汇率,在约定的未来某一日期(成交日后两个营业日以上)交割的外汇交易合约。在签订合同时,除了有时要交保证金外,不发生任何资金的转移。在交割时,名义本金并未交割,而只交割合同中规定的远期汇率与当时的即期汇率之间的差额。远期汇率的标价方法有两种,一种是直接标出远期汇率的实际价格;另一种则是报出远期汇率与即期汇率的差额,即远期差价,也称为远期汇水。升水(Premium)是远期汇率高于即期汇率时的差额;贴水(Discount)是远期汇率低于即期汇率时的差额;平价(Par)则表示远期汇率等于即期汇率。

根据套利定价的原理,远期汇率与即期汇率的关系是由两种货币间的利率差所决定的,其公式为:

$$F = Se^{(r-r_f)(T-t)} \tag{2-6}$$

其中,F 表示 T 时刻交割的直接远期汇率,S 表示 t 时刻的即期汇率,r 表示本国的无风险连续复利利率,r_f 表示外国的无风险连续复利利率。式(2-6)就是国际金融领域著名的利率平价(Interest Rate Parity, IRP)关系。

根据远期差价的定义,其计算公式为:

$$W = F - S = S(e^{(r-r_f)(T-t)} - 1) \tag{2-7}$$

其中,W 表示远期差价。当 $r > r_f$ 时,远期升水;反之,远期贴水。

2. 外汇远期合约的分类

外汇远期交易的期限有1个月、3个月、6个月和1年等几种,其中3个月最为普遍。超过1年的极少,通常也称为超外汇远期交易。

(1) 按照外汇远期的交易方式,外汇远期合约可以分为固定交割日的外汇远期交易(Fixed Maturity Date Forward Transaction)和选择交割日的外汇远期交易(Optional Maturity Date Forward Transaction)。

固定交割日的外汇远期交易是指交易双方事先约定在未来某个确定的日期办理货币收付的外汇远期交易,但由于现实中外汇买卖者往往事先并不知道外汇收入和支出的准确时间,因此这种固定交割日的外汇远期合约在实际运用中缺乏足够的灵活性和机动性。

选择交割日的外汇远期交易则是为了弥补上述缺陷而产生的。采用择期交易方式,主动请求交易的一方有权选择在成交日的第三天起至约定的期限内的任何一个营业日,要求交易的另一方按照双方事先约定的远期汇率办理货币收付。由于择期交易在交割日上对顾客比较有利,因此银行在择期交易中有权选择从择期开始到结束期间内对顾客最为不利的汇率作为择期远期交易的汇率。

(2) 按照远期的开始时期划分,外汇远期合约又可分为直接外汇远期合约和外汇掉期合约。

直接外汇远期合约的远期期限是直接从现在开始算的,而外汇掉期合约的远期期限则是从未来的某个时点开始算的,因此实际上是远期的外汇远期合约。例如,1M×4M 外汇远期综合协议就是指从起算日之后的 1 个月(结算日)开始计算的为期 3 个月的外汇掉期合约。

人民币无本金交割的外汇远期交易(Non-delivery Forwards,NDF)是一种特殊的外汇远期交易模式,是离岸金融衍生工具。人民币 NDF 采取外汇净额清算,只需要在结算日交割到期日外币兑人民币的中间价与 NDF 交易协议汇率之间的差额,以规避人民币不可自由兑换的限制。NDF 交易不需要真实的贸易背景,而远期结售汇需要遵循实需原则。

因直接外汇远期合约相对简单,以下以外汇掉期合约为例,对外汇远期合约做一简要的介绍。外汇掉期交易指交易双方约定一前一后两个不同的交割日、方向相反的两次本外币交换:在前一次货币交换中,一方用外汇按照约定汇率从另一方换入本币;在后一次货币交换中,该方再用本币按照另一约定汇率从另一方换回相同币种和数量的外汇。当前,我国银行间市场的外汇掉期交易包括即期对远期、远期对远期的掉期交易,清算方式有双边清算或净额清算。

与 FRA 相同,外汇掉期的交易流程中也有五个时点,即合同签订日、起算日、确定日、结算日、到期日,且有关规定相同。在交易日,交易双方就结算日和到期日将兑换的本货的名义金额 A_S 和 A_M、相关的直接远期汇率(K 和 K^*)和合同远期差价($W_K = K^* - K$)达成协议,据此可算出外币的名义金额;在确定日,双方根据市场汇率确定即期结算汇率(F_R)、到期日远期结算汇率(F_R^*)和远期差价($W_R = F_R^* - F_R$),并通过比较直接远期汇率、合同远期差价和即期结算汇率、远期结算差价,算出结算金。

根据计算结算金的方法不同,我们又可以把外汇掉期分为很多种,其中最常见的有两种:一是汇率协议(Exchange Rate Agreement,ERA);一是外汇远期协议(Forward Exchange Agreement,FXA)。

ERA 净额清算的结算金计算公式为:

$$结算金 = A_M \times \left[\frac{W_K - W_R}{1 + \left(i \times \dfrac{D}{B}\right)} \right] \tag{2-8}$$

式(2-8)中,A_M 表示本货到期日名义本金数额,i 表示结算日外币期限为结算日到到期日的无风险利率,D 表示合同期天数,B 表示第二货币计算天数通行惯例(360 天或

365 天)。

FXA 净额清算的结算金计算公式为：

$$结算金 = A_M \times \left[\frac{K^* - F_R^*}{1 + \left(i \times \dfrac{D}{B}\right)} \right] - A_S \times (K - F_R) \quad (2\text{-}9)$$

式(2-9)中 A_S 表示原货币结算日的名义本金数额，在大多数外汇掉期协议中，$A_M = A_S$。比较式(2-8)与式(2-9)可知，计算 FXA 的结算金时，只是将到期日结算差价贴现到结算日，而结算日的结算价差不需要贴现。

由结算金计算公式可知，尽管都用本币来定义名义本金，但结算金都是用外货来表示的。如果结算金为正值，则表示卖方支付给买方；反之，如果结算金为负值，则表示买方支付给卖方。

此外，从根本上说，外汇掉期合约实际上是对未来远期差价进行保值或投机而签订的远期协议。与 FRA 不同，FRA 的保值或投机目标是一国利率的绝对水平，而外汇掉期合约的目标则是两种货币间的利率差以及由此决定的远期差价。

因为根据远期差价的定义，我们有：

$$W_K = K^* - K \quad (2\text{-}10)$$

$$W_R = F_R^* - F_R \quad (2\text{-}11)$$

$$W_K - W_R = (K^* - F_R^*) - (K - F_R) \quad (2\text{-}12)$$

式中，W_K 表示合同签订时确定的合同期内远期差价，它等于合同中规定的到期日 T^* 时刻直接远期汇率（K^*）与合同中规定的结算日（T 时刻）直接远期汇率（K）之间的差额，而 W_R 表示确定日确定的合同期的远期差价，它等于确定日确定的到期日直接远期汇率（F_R^*）与确定日确定的结算日直接远期汇率（F_R）之间的差额。

业务示例：某银行某客户为出口加工型企业，在 2009 年 7 月需支付 4 500 万美元购买机器设备，同时预计其在 2009 年 11 月有一笔约 4 500 万美元的出口收入。该企业当时人民币资金较充裕而美元资金紧张，为解决自身美元收入、支出的时间匹配问题，该客户于 2009 年 7 月 1 日与银行做了一笔人民币外汇掉期交易。交易方向为客户在近端换入 4 500 万美元，同时在到期日 2009 年 11 月 24 日换出 4 500 万美元。合约规定，根据即期汇率 6.833 0，客户在近端为换入美元需支付人民币 307 485 000 元；另外，根据当时该银行 5 个月掉期报价 51BP，客户可在到期日换回人民币（6.833 0＋0.005 1）×45 000 000＝307 714 500 元。

假设客户未与银行做此掉期交易，而采用交易日即期购汇、到期日即期结汇的方式实现其管理美元头寸的需求，则根据到期日当天的美元兑人民币汇率 6.827 6 计算，客户可用 4 500 万美元结汇 307 242 000 元。因此，该笔掉期交易在满足了客户自身本外币头寸调剂需求的基础上，为其创造了 307 714 500－307 242 000＝47.25 万元的汇兑收益。当然,如果到期日当天的美元兑人民币汇率高于6.838 1(6.833 0+0.005 1),外汇掉期业务使客户遭受汇兑损失。外汇掉期业务使客户达到了固定换汇成本和规避汇率风险的目的。

3. 外汇远期市场

(1) 全球外汇远期交易市场。

根据国际清算银行(BIS)的统计,2017年上半年,全球单纯外汇远期和掉期交易市场的名义本金43.9万亿美元,为历史最高点(图2-10)。但以市场价值衡量,2017上半年的全球单纯外汇远期和掉期交易的市场规模为1.04万亿美元,历史最高点位2008年下半年为1.83万亿美元(图2-11)。

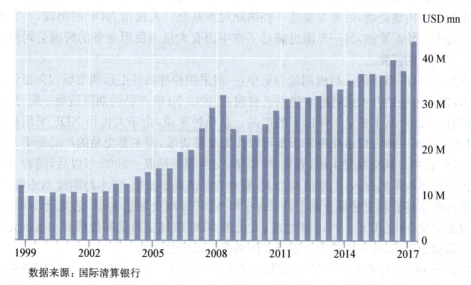

数据来源:国际清算银行

图2-10 远期外汇及外汇掉期交易的名义本金额

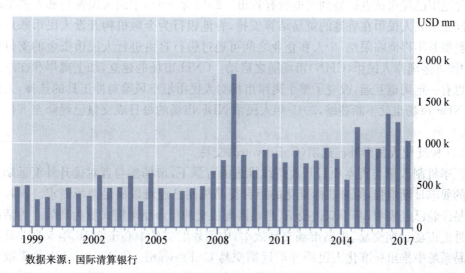

数据来源:国际清算银行

图2-11 单纯的远期外汇及外汇掉期交易的市场价值金额

(2) 人民币外汇远期市场。

人民币外汇远期市场包括境内市场和境外市场两个部分。中国境内现代外汇市场始于 20 世纪 90 年代初。2005 年以来,为更加有效地支持实施人民币经常项目可兑换、人民币汇率市场化、跨境贸易人民币结算以及跨境直接投资人民币结算等一系列重大改革举措,中国外汇交易中心相继在银行间外汇市场正式推出了人民币外汇远期、人民币外汇掉期、货币互换、外汇期权等产品,形成了我国境内外汇市场衍生产品结构体系。

1996 年 6 月,新加坡开始了无本金交割的外汇远期(NDF)交易,建立了首个境外人民币外汇远期交易市场。目前,新加坡和中国香港是亚洲市场最主要的离岸人民币远期市场,市场的做市商主要由欧美国家中排名前列的大银行和投资机构,市场的需求主体分为套期保值者和投资者,前者主要是在中国有大量人民币业务的跨国公司,也包括总部设在香港的中国内地企业,后者主要是一些国际对冲基金。人民币 NDF 的出现,一方面是为了规避中国外汇管制,另一方面也满足了在中国有大量人民币业务的跨国公司规避人民币汇率风险的需要。

人民币 NDF 市场的运行机制较为简单,一般采用标准的外汇远期市场双向报价的惯例,即以即期市场的升水或者贴水表示。目前,人民币 NDF 产品的期限最短一周,最长十年,交易活跃的产品主要是 1 年以下的产品。从币种来说,由于人民币 NDF 采用柜台交易,理论上任何一种可自由兑换货币都可以作为交易货币,但主要交易的产品是美元兑美元的 NDF 合约。从交易量上说,直到 2002 年,交易很不活跃。2002 年以后,随着人民币汇率形成机制改革的深入,汇率波动加大,资本管制的逐步放松,资本跨期流动的增加,套期保值和跨市场套利交易量急剧上升,2006 年 NDF 日均交易量在 10 亿美元,2007 年日均交易量增至 30 亿美元。2010 年之前,人民币 NDF 市场交易量和价格波动远远大于境内人民币远期市场,在一定程度上引导了国内外汇市场的波动。

2010 年前后,人民币离岸 NDF 市场进入重大转折期。2009 年 7 月,中国国务院批准开展跨境贸易人民币结算试点,人民币国际化正式启动,到 2011 年 8 月时,跨境贸易人民币结算范围已经由试点扩展到内地所有省市。2010 年 7 月,中国人民银行和香港金融管理局同意扩大人民币在香港的贸易结算安排,香港银行为金融机构开设人民币账户和提供各类服务不再面临限制,个人和企业之间可通过银行自由进行人民币资金的支付和转账,中国香港离岸人民币(CHN)市场随之启动。CNH 市场的建立,加上离岸和在岸市场之间也有一定渠道互通,改变了整个离岸市场对人民币汇率风险对冲工具的选择,人民币离岸 NDF 市场也就不断萎缩,2015 年人民币 NDF 市场的每日成交量已经降至 8 亿美元左右。

(3) 标准化人民币外汇远期(C-Forward)交易。

汇率机制改革与资本项目开放持续推进的背景下,市场参与者对提升外汇远期交易效率的要求日渐增强,原来非标准化的柜台交易机制已经难以满足市场需求。国际市场的交易经验已经表明,基于双边授信、自动匹配成交的指令驱动模式更为高效。为活跃银行间外汇市场远期交易,提高市场交易效率,中国外汇交易中心于 2016 年 5 月 3 日在外汇交易系统中推出标准化人民币外汇远期交易 C-Forward。C-Forward 交易采取基于双边授信,按照价格优先、时间优先的原则自动匹配结合点击成交,具有价格公开透明、交易效率高、市场流动性好等特点。

(三) 股票远期合约

股票远期合约(Equity Forwards)是指在将来某一特定日期按特定价格交付一定数量单个股票或一揽子股票的协议。其主要目的也是为了规避股票的价格风险,锁定股票购买成本。但是,应注意股票远期合约有时也可能给交易的一方带来巨大的损失。股票远期合约的条款一般包括:交易的股票名称、数量、交易的结算日期、在结算日的约定价格、双方的违约责任等。

在美国,有些公司非常看好本公司未来的股价走势,因此在制定股票回购协议时采用了股票远期合约的形式,承诺在未来某个日期按一个设定价格(高于交易达成时的股票价格)买入自己公司的股票,以此向市场传递对公司的信心。由于对本公司股票未来走势过度自信,这类公司大多不会对冲股票的下跌风险,反而在签订回购协议的同时,卖出公司股票的看跌期权。到期时,如果公司股价暴跌,一方面公司要执行回购协议,另一方面看跌期权的购买者也纷纷行使其权利,这两方面都给公司造成了巨大的损失。例如,据2002 年 9 月 27 日华尔街日报的报道,美国的电子资讯系统公司(Electronic Data Systems Corp.)由于被迫回购其 544 万股股票,在短短几个月内便损失约 1 亿美元。另一家制药公司——也在股票回购合约上面临损失 1.5 亿美元的风险,按照合约规定,礼来有义务在 2003 年底前以 86 美元到 100 美元的价格回购 450 万股股票,因为该公司股价已跌到 55 美元左右。

第四节 互换市场

一、互换定义与种类

(一) 互换的定义

互换(Swaps)是两个或两个以上当事人约定好交换商品或者权利义务等协议。将互换运用到金融领域,即将互换的标附加于金融工具之上时,就产生了金融范畴的互换。具体来说,金融领域的互换就是两个或两个以上当事人按照商定条件,在约定的期限内,交换一系列现金流的合约。在互换协议里,核心是确定现金流的计算方式和交换现金流的日期。例如,在利率互换中定期交换的是同种货币按照固定利率计算的现金流和按照市场的浮动利率计算的现金流,在货币互换中通常交换的是按照不同种货币和不同固定利率计算的现金流。

远期(Forward)可以看成最简单的互换。例如,2016 年 11 月 1 日,一个投资者与某证券公司签订了一个股票远期合约,规定 1 个月后可以按照 5.5 元一股的价格卖进 10 万股。对该投资者来说,该股票远期合约等价于这样一个互换合约:投资者愿意再 12 月 1 日支付 55 万元,换取 10 股的宝钢公司的股票。投资者可以将 10 股的股票在市场上卖出,获取一个现金流入。

(二) 互换的种类

按照标的物划分,利率互换和货币互换是两种最主要的互换,之外还有商品互换、股权互换等新型互换。互换实际上是现金流的交换,从互换构成的基本要素出发,互换还有很多创新的类型。信用违约互换(CDS)本质上也是现金流的交换,但由于违约互换的特殊性,将在专门章节介绍。

1. 利率互换

利率互换(Interest Rate Swaps)是指双方同意在未来的一定期限内根据同种货币的同样的名义本金定期交换现金流,其中一方的现金流根据浮动利率计算出来,而另一方的现金流根据固定利率计算。

互换中的固定利率又称为协议利率,而浮动利率是某一市场利率所确定,如伦敦银行间同业拆借利率(Libor)、上海银行间同业拆借利率(Shibor)等。利率互换以名义本金额为基础来计算交换的利率,名义本金经常是指交易的名义本金额。利率互换的现金流交换在一定期限内进行,利率互换标准期限是 1 年、2 年、3 年、4 年、5 年、7 年与 10 年,市场也有 30 年甚至 50 年期限的互换。利率互换利息交换的频率通常是 3 个月、半年或者一年交换一次,甚至固定利率利息与浮动利率利息支付的频率可以不一样,如固定利率利息半年支付一次,而浮动利率利息 3 个月支付一次。

平行贷款、背对背贷款、外汇管制取消等原因都对互换市场的发展都起到了一定的促进作用。互换市场快速发展最主要的驱动力量是各个借款人在不同资金市场上筹资能力差异,商业银行与投资银行利用这些筹资能力的差异性创造出互换这种金融产品,为客户节省借款成本。从经济学的角度看,双方进行利率互换的主要原因是双方分别在固定利率和浮动利率市场上具有比较优势。另外,利率互换可以改变资产或负债的利率属性,是长期利率风险管理的工具。在第九章我们将具体分析投资者如何利用利率互换达成上述的目的。

2. 货币互换

货币互换(Currency Swaps)是交易双方期初将一种货币的本金和等价的另一货币本金交换,期间按照事先约定好的利率定期进行相反方向的利息交换,并在期末双方反向交换期初相同数量的本金。因此,货币互换进行不同货币的债务本金之间的交换,同时也进行不同利息额的货币交换。大部分的货币互换双方约定的利率都是固定利率,也有一些货币互换是一种货币的固定利率与另一种货币的浮动利率之间的交换,或者两种货币约定的都是浮动利率。

货币互换也可以用来降低融资成本,改变资产或负债的货币属性,是管理长期汇率风险的工具。在第九章我们将具体分析投资者如何利用货币互换达成上述的目的。

3. 商品互换

商品互换是指交易双方,一方为一定数量的某种商品,按照每单位的固定价格定期对交易的另一方支付款项,另一方也为特定数量的某种商品按照每单位的浮动价格定期向交易的对方支付款项,这里的浮动价格是通常是以定期观察到的即期价格为基础一段时间上的平均数。

商品互换是一种特殊类型的金融交易,交易双方为了管理商品价格风险,同意交换与商品价格有关的现金流。除了上述的固定价格及浮动价格的商品互换外,还有商品价格变动与利率的互换。

4. 股票互换

股票互换是指交易双方签订互换协议,规定在一定期限内甲方周期性地向乙方支付以一定名义本金为基础的与某种股票或股票指数挂钩的回报,而乙方也周期性地向甲方支付基于同等名义本金的固定或浮动利率的回报,或与另一种股票或股票指数挂钩的回报。

股票互换与利率互换类似,不需要交换名义本金。股票互换的特殊之处在于,在一段时期内股票收益率可能为负值,此时股票收益的支付方不但不需要支付现金,反而能得到对方的赔偿。另外,计算股票收益率时还需包含红利收入。

股票互换的基本原理是交易的双方通过交换以不同金融资产为基础(至少有一种是股票指数或单一股票)的回报现金流,来实现免除了实际交易成本的资产的转化,即交易者在并不持有某种资产的前提下,以另一种资产的收益从互换对手手中换得该种资产的回报。这也遵循了一般金融互换的原则,即用交易者在一个市场上的金融优势与互换对手在另一个市场上的金融优势交换。

5. 其他类型互换

其他类型的互换,主要从互换构成的基本要素出发,从以下三个方面进行创新。

(1) 与计息本金有关的互换创新。

与本金有关的互换创新,主要有增长型互换、减少型互换、滑道型互换。在标准的互换中,名义本金是不变的,而在这三种互换中,名义本金是可变的。其中增长型互换(Accreting Swaps)的名义本金在开始时较小,尔后随着时间的推移逐渐增大。减少型互换(Amortizing Swaps)则正好相反,其名义本金随时间的推移逐渐变小。指数化本金互换(Indexed Principal Swaps),其名义本金的减少幅度取决于利率水平,利率越低,名义本金减少幅度越大。滑道型互换(Roller-Coaster Swaps)的名义本金则在互换期内时而增大,时而变小。

差额互换是与计息本金有关货币互换创新。差额互换(Differential Swaps)是对两种货币的浮动利率的现金流量进行交换,只是两种利息现金流量均按同种货币的相同名义本金计算。例如,互换一方按6月期美元的Libor对1亿美元的名义本金支付利息,另一方按6月期欧元的Libor减去1.20%的浮动利率对1亿万美元的名义本金支付以美元表示的利息。

(2) 与计息标的和计息方式有关的创新。

交叉货币利率互换和基点互换是与计息标的有关的互换创新。交叉货币利率互换(Cross—Currency Interest Rate Swaps)是利率互换和货币互换的结合,它是以一种货币的固定利率交换另一种货币的浮动汇率,或者两种货币都按照浮动利率计息。在普通的利率互换中,互换一方是固定利率,另一方是浮动利率。在基点互换(Basis Swaps)中,双方都是浮动利率,只是两种浮动利率的参照利率不同,如一方为Shibor,另一方为央行基准利率。

后期确定互换和零息互换是与计息方式有关的互换创新。在普通涉及浮动利率的互换中,每次浮动利率都是在该计息期开始之前确定的。后期确定互换(Back-Set Swaps)的浮动利率则是在每次计息期结束之后确定的。零息互换(Zero-Coupon Swaps)是指固定利息的多次支付流量被一次性的支付所取代,该一次性支付可以在互换期初也可在期末。

(3) 互换与远期和期权的结合上创新。

远期互换是互换与远期合约的结合。远期互换(Forward Swaps)是指互换生效日是在未来某一确定时间开始的互换。

在标准的互换中,期限是固定的。可延长互换和可赎回互换类似于可延长债券和可赎回债券,一方对互换的期限具有选择权。可延长互换(Extendable Swaps)的一方有权在一定限度内延长互换期限。可赎回互换(Puttable Swaps)的一方则有权提前中止互换。

互换期权(Swaption)从本质上属于期权而不是互换,该期权的标的物为互换。例如,利率互换期权本质上是把固定利率交换为浮动利率,或把浮动利率交换为固定利率的权利。但是,许多机构在统计时都把互换期权列入互换的范围。

二、互换市场的产生与发展

(一) 全球互换市场的产生与发展

互换市场的起源可以追溯到 20 世纪 70 年代末,当时的货币交易商为了逃避外汇管制而开发了货币互换。首次互换交易是由所罗门兄弟公司于 1981 年 8 月安排成交,发生在世界银行与国际商业机器公司(IBM)间的货币互换。1981 年,由于美元对瑞士法郎(SF)、联邦德国马克(DM)急剧升值,货币之间出现了一定的汇兑差额,所罗门兄弟公司利用外汇市场中的汇差以及世界银行与 IBM 公司的不同需求,通过协商达成互换协议。这是一项在固定利率条件下进行的货币互换,而且在交易开始时没有本金的交换。

当时,世界银行原本是希望直接以德国马克和瑞士法郎借款,但是受到一定的限制,而世界银行具有 AAA 级的信誉,能够从市场上筹措到最优惠的美元借款利率,世界银行希望通过筹集美元资金换取 IBM 公司的德国马克和瑞士法郎债务。IBM 公司恰好需要筹集一笔美元资金,由于数额较大,集中于任何一个资本市场都不妥,于是采用多种货币筹资的方法,IBM 公司运用本身的优势筹集了德国马克和瑞士法郎,然后通过互换,与世界银行换到优惠利率的美元。

近二十年来,互换市场是增长速度最快的金融产品市场。全球未平仓的利率互换市场名义本金金额(图 2-12),由 1998 年 6 月底的 293 633.84 亿美元,增长到 2013 年 12 月底的最高点 4 567 254.19 亿美元,增长了近 16 倍;近 3 年来市场规模有所下降,2017 年 6 月底,维持了 3 061 441.54 亿美元的规模。全球未平仓的利率互换市场价值金额增长状况与名义本金金额类似(图 2-13),只是最高点的出现有所差异,并且波动更大,1998 年 6 月底,全球未平仓的利率互换市场价值金额为 10 180.90 亿美元,最高点出现在 2008 年 12 月底,为 181 575.40 亿美元。近年来,未平仓的利率互换价值金额波动较大,总体出现下降趋势,2017 年 6 月底为 76 828.89 亿美元。

全球未平仓的货币互换交易的名义本金金额(图 2-14),由 1998 年 6 月底的 19 474.76 亿美元,增长到 2014 年 6 月底的最高点 261 413.15 亿美元,增长了近 15 倍;近 3 年来市场规模也是有所下降,2017 年 6 月底维持了 222 069.15 亿美元的规模。1998 年 6 月底,全球未平仓的货币互换的市场价值金额为 2.078 亿美元,最高点出现在 2008 年 12 月底,为 16.33 亿美元。近年来市场价值规模相对平稳,2017 年 6 月底为 11.07 亿美元(图 2-15)。

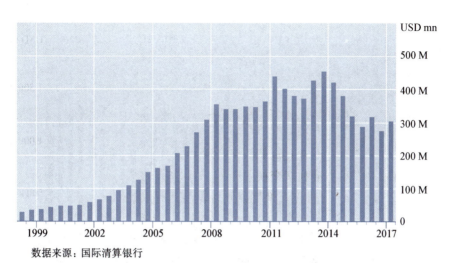

数据来源：国际清算银行

图 2-12　全球未平仓的利率互换名义本金金额

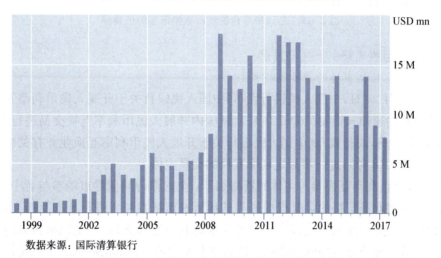

数据来源：国际清算银行

图 2-13　全球未平仓的利率互换市场价值金额

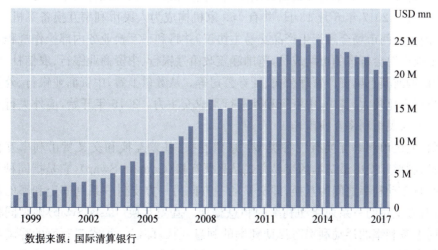

数据来源：国际清算银行

图 2-14　全球未平仓的货币互换名义本金金额

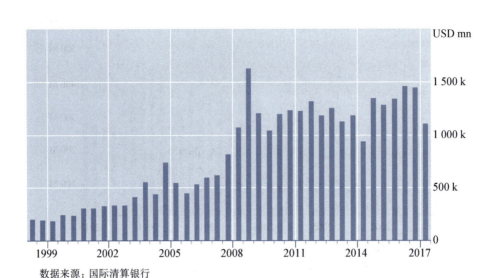

数据来源：国际清算银行

图 2-15　全球未平仓的货币互换市场价值金额

（二）中国互换市场的产生与发展

1. 中国利率互换市场的产生与发展

2006年1月24日，中国人民银行发布《中国人民银行关于开展人民币利率互换交易试点有关事宜的通知》（银发〔2006〕27号），就国内开展人民币利率互换交易进行了规范。2008年1月25日，央行发布《中国人民银行关于开展人民币利率互换业务有关事宜的通知》（银发〔2008〕18号），进一步规定利率互换的交易主体。

当前，人民币利率互换参与主体的资格如下：全国银行间债券市场参与者中，具有做市商或结算代理业务资格的金融机构可与其他所有市场参与者进行利率互换交易，其他金融机构可与所有金融机构进行出于自身需求的利率互换交易，非金融机构只能与具有做市商或结算代理业务资格的金融机构进行以套期保值为目的的利率互换交易。具有做市商和结算代理业务资格的金融机构主要是指商业银行。根据银行间市场交易商协会披露的信息，截至2017年6月13日，共有169家机构成为人民币利率互换备案机构（即已签署《中国银行间市场金融衍生产品交易主协议》并将利率互换业务内部操作规程和风险管理制度提交协会备案的市场成员，范围涵盖政策性银行、中资商业银行、农信社、外资银行、保险机构或其下属资产管理公司、证券公司等。从数量上看，中资商业银行、外资银行和证券公司占比较大，其中，中资行和外资行是成交主力。2016年开始，境外央行类机构也开始进入人民币利率互换市场。

当前，人民币利率互换有三种类型：息票互换、基差互换和交叉货币利率互换。其中，人民币利率互换中最基本的交易方式是息票互换（Coupon Swap），它是指同种货币的固定利率和浮动利率之间的互换，即交易的一方向另一方支付一系列固定利率的利息款项，换取对方支付的一系列浮动利率的利息款项。基差互换（Basis Swap）则是同种货币基于不同参考利率的浮动利率对浮动利率的利息互换，即以一种参考利率的浮动利率交换另一种参考利率的浮动利率。上面两种浮动利率的利息额都以同等数额的名义本金为基础计算。交叉货币利率互换(Cross Currency Interest Rate Swap)是不同货币不同利率的互换,即一种货币固定利率与另一种货币浮动利率的交换,实际是货币互换和利率互换的结合体。

近年来,我国利率互换名义本金成交额呈上升态势,但与发达国家仍有差距。自人民币利率互换于2006年2月9日推出以来,国内人民币利率互换交易呈现出蓬勃发展的态势,名义本金成交额逐季上升,已经成为中国目前银行间市场最主要的衍生产品(见图2-16)。2017年第一季度,人民币利率互换名义本金当季达到了2.68万亿元。但是,其发展空间巨大。同期全球范围内利率互换名义本金交易量为14.8万亿美元,以第一季度平均美元兑人民币汇率6.89进行换算,人民币利率互换市场在全球市场中占比仅为2.62%,而同期美国利率互换名义本金规模为8.4万亿美元,在全球市场中占比56.8%。由此可见,我国的利率互换市场在全球范围内占比仍较低,未来有较大发展空间。

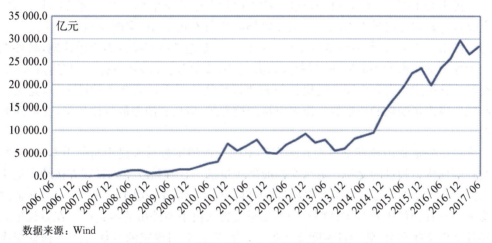

数据来源:Wind

图2-16 利率互换名义本金季度成交额

一直以来,为防范风险,银行间市场的交易机构会给不同的对手设置不同的额度,将其与交易对手能够成交的数额限定在一定范围内,这个机制被称为授信。同时,由于银行间双边授信结构复杂、衍生工具的个性化程度高,所以交易一般是通过人工询价的方式进行。而2008年美国金融危机以后,随着衍生工具标准化、强制清算和提高市场透明度逐渐成为国际场外衍生工具市场的监管重点,场外衍生工具电子化交易趋势日渐明朗。世界最大的经纪商ICAP于2010年率先推出欧元利率衍生工具的交易平台i-Swap系统,在欧洲市场和美洲市场取得了很大成功,说明电子交易平台有其独特的魅力。

2014年2月18日,中国外汇交易中心暨全国银行间同业拆借中心上线了利率互换新交易机制——基于双边授信的撮合交易平台X-Swap。X-Swap交易平台是银行间同业拆借中心为顺应金融危机后全球场外衍生工具交易标准化、电子化的趋势,向市场推出的通过匿名撮合以及点击方式达成利率衍生工具交易的电子平台。X-Swap交易平台为我国首个拥有双边授信撮合功能的交易平台,该平台支持价差订单的交易以及多种策略订单(如OCO订单);能够针对不同机构的授信、实时计算隐含订单并推送行情;在授信控制下完成包含隐含订单的撮合和额度扣减;点击和匿名撮合两种成交方式极大地提高了交易效率;系统推出时交易品种包括7天回购和3个月Shibor的1、2、3、5年期利率互换合约,2017年7月引入了5年以上的长期限品种。自X-Swap交易平台推出以来交易量和市场占比不断提升,从上线初期日均成交6.8亿万(市场占比4.7%),至2016年底日均成交已提高到162.7亿元,市场占比高达47.1%。平台参与机构特别是衍生工具活跃机构对X-Swap的重视程度也在不断提高,其中利率互换市场排名前列的市场机构通过X-Swap完成的交易量占其自身总量的一半以上。

X-Swap的主要特点为:① 首次引用撮合交易机制;② 交易以有效授信管理为基础;③ 使用点击成交与匿名撮合相结合的模式;④ 支持多订单策略、首创自动搭桥功能等。与传统货币经纪的优势则体现在:① 价格透明;② 对成交约束性高;③ 能够有效的保护机构头寸信息;④ 电子化交易更高效,符合当前发展趋势。

2. 中国境内人民币外汇货币掉期(货币互换)交易的产生与发展

人民币货币掉期(货币互换)市场包括境内和离岸两个市场。2005年11月25日,中国人民银行在银行间外汇市场与包括4家国有银行在内的10家商业银行首次进行了美元与人民币1年期货币掉期(我国中国人民银行一般把货币互换称为货币掉期,将外汇市场上的掉期交易称为外汇掉期,两者容易混淆,需要引起关注)业务操作,共达成60亿美元交易。这一成交宣告中国人民银行与商业银行间的货币掉期业务的推出,这是央行推出在的适应市场变化的新型的货币供应量调控方式,但具有浓厚的行政色彩,交易内容不透明。

人民币外汇货币掉期交易指在约定期限内交换约定数量人民币与外币本金,同时定期交换两种货币利息的交易。本金交换的形式包括:① 在协议生效日双方按约定汇率交换人民币与外币的本金,在协议到期日双方再以相同的汇率、相同金额进行一次本金的反向交换;② 在协议生效日和到期日均不实际交换人民币与外币的本金;③ 在协议生效日不实际交换交换本金、到期日实际交换本金;④ 主管部门规定的其他形式。利息交换指交易双方定期向对方支付以换入货币计算的利息金额,交易双方可以按照固定利率计算利息,也可以按照浮动利率计算利息。

为了进一步完善我国外汇市场,满足我国国内商业银行规避汇率风险的需要,央行在2007年8月20日发布了《中国人民银行关于在银行间外汇市场开办人民币外汇掉期业务有关问题的通知》,决定在银行间市场推出具有资质的商业银行之间的人民币外汇货币掉期交易。为了更进一步满足国内经济主体规避外汇风险的需求,2011年1月31日,中国外汇管理局发布《外汇指定银行对客户人民币外汇货币掉期业务有关外汇管理问题的通知》,允许外汇指定银行对客户开展人民币外汇货币掉期业务。2011年3月1日,美国银行上海分行与一家亚洲食品行业的跨国公司在上海签订了4笔外汇人民币货币掉期业务合约,为国内首笔对客户人民币外汇货币掉期交易。2012年6月4日,中国外汇管理局表示,2012年6月10日起,境内金融机构在银行间开展货币掉期交易时,可以采取在协议生效日和到期日均不实际交换人民币和外币的本金的交易方式。6月11日,汇丰银行与兴业银行在中国银行间市场达成了名义本金为1 000万美元的首笔无本金交换的人民币外汇货币掉期业务。

现阶段,我国银行间市场开办了人民币对美元、欧元、日元、港币和英镑5种货币对的货币掉期业务。人民币外汇货币掉期作为境内人民币外汇市场的新生力量和重要补充，近几年无论从交易量还是市场参与者范围来看，都获得了快速发展，在客户的保值产品选择中也开始占据越来越重要的位置。2016年，在沉寂了几年后，境内货币掉期迈入了飞速增长的阶段，年增速超过100%。回顾这几年，货币掉期已经从2011年交易量几乎为零，发展到如今年交易量超过200亿美元规模的市场(图2-17)。

2-17 中国货币掉期历年交易量情况

随着人民币国际化的不断推进(一带一路、加入SDR篮子、境内债券和外汇市场开放等)，货币掉期在境外融资和投资两方面都将扮演重要角色。离岸人民币货币掉期自2013年也开始获得快速增长，目前日交易量5～10亿美元，期限可长达10年。总体而言，相对于境内货币掉期市场，离岸市场成熟度高、期限结构全，流动性较好，利率及货币市场对冲工具较为丰富，无经常或资本背景要求，参与者数量和类型众多，投机性较强。

三、互换市场交易机制

(一) 互换市场参与主体

1. 政府

政府或者政府部门利用利率互换市场开展利率风险管理业务，在自己的资产组合中，调整固定与浮动利率债务的比重。大多数有赤字的政府其大部分的债务融资是固定利率，一些国际主权债券是浮动利率票据。许多政府利用货币互换市场将固定利率债券发行从一种货币互换为另一种货币或者从中获取更便宜的浮动利率资金。

2. 中央银行

若交易的主体为两国中央银行，则称为央行货币互换。两国央行间达成货币互换协议后，一方可将约定数量的本国货币交付给对方，以获得对方借出的其本国货币或其他国际储备货币。

近年来，为了通过直接使用本国货币来促进我国与一些国家的贸易和投资发展，并减少使用美元以规避部分汇率风险，中国人民银行各国央行签署了越来越多的货币互换合约。另外，在外汇储备紧缺的情况下，一国央行通过货币互换以获得对方借出的其本国货币或其他国际储备货币,从而使本国短期外汇储备大幅增加,可以起到增强抵御金融动荡的实力。

3. 出口信贷机构

出口信贷机构提供价格有竞争力的融资以便扩大该国的出口。出口信贷机构利用互换降低借款成本,使资金来源多样化。通过信用套利过程节省下来的费用,分摊给出口信贷机构的客户群。互换市场使出口信贷机构能够分散筹资渠道,使借款币种范围更广,再互换回它们所需要的货币。互换也使借款人能管理利率及货币风险。

4. 超国家的国际组织

超国家的国际组织是由一个以上政府共同所有的法人,由于有政府的金融扶持,通常资产负债表良好,有些国际组织被一些机构投资者认为是资本市场最佳信用之一。国际组织通常代表客户借款,因为它们能够按十分优惠的价格筹集资金,能把节省的费用与客户分摊。

5. 金融机构

使用互换市场的金融机构范围很广,国际上包括存贷协会、房屋建筑协会、保险公司、养老基金、保值基金、中央银行、储蓄银行、商业银行、商人银行、投资银行与证券公司,商业银行与投资银行是互换市场的活跃分子,它们不仅为自己的账户,同时也代表自己的客户交易。银行利用互换作为交易工具、套期保值与做市工具。

6. 公司

许多大公司是互换市场的活跃分子,它们用互换保值利率风险,并将资产与负债配对,其方式与银行大抵相同。一些公司用互换市场交换它们对利率的看法,并探寻信用套利的机会。

7. 其他参与者

互换市场还有其他参与者,它们包括各种交易协会、经纪人等。

(二) 互换的要素

考虑到实用性,下面以人民币利率互换交易为例介绍互换交易的一些要素,人民币外汇货币掉期交易的要素基本类似,不再单独介绍。

1. 交易双方

在利率互换合约里,很少出现期货和期权交易中的"多"方和"空"方,取而代之的是根据其未来所支付和收取的现金流,称之为固定支付方(浮动收取方)和浮动支付方(固定收取方)。

固定支付方(浮动收取方):在互换交易中收取浮动利率利息,支付固定利率利息的一方,称为利率互换多头,也称为买进互换方。

浮动支付方(固定收取方):在互换交易中支付浮动利率利息,收取固定利率利息的一方,称为利率互换空头,也称为卖出互换方。

2. 交易报价

在利率互换交易报出的市场价格是固定端的年化利率水平,在一般情况下利率互换利率或者价格指的是固定端利率大小。

互换产品一般均在场外市场交易,场外市场常用两种报价方式——询价(一般通过电话、传真等其他方式进行)、做市商双边报价。人民币利率互换在全国银行间债券市场中进行交易,全国银行间债券市场、中国外汇交易中心和全国银行间同业拆借中心基本上是一体的。与国际上的场外市场一样,银行间债券市场实行场外询价,并有做市商在市场中进行报价。央行规定,利率互换交易既可以通过外汇交易中心的交易系统进行,也可以通过电话、传真等其他方式进行,同时规定具有银行间债券市场做市商或者结算代理业务资格的金融机构可以通过外汇交易中心的交易系统进行利率互换交易的双边报价,双边报价价差应在市场合理范围内。中国银行利率互换报价如表2-5。

表2-5 2017年11月24日中国银行利率互换报价

利率互换报价 2017-11-24									报价机构 中国银行	
Term	O/N shibor		1W shibor		3M shibor		FR007		FDR007	
	Bid	Ask	Bid	Ask	Bid	Ask	Bid	Ask	Bid	Ask
1Y	2.9000	2.9900	3.6500	3.6900	4.5600	4.6200	3.5900	3.6300	2.9800	3.0200
5Y					4.6300	4.6900				
7Y	---	---	---	---	4.6400	4.7400	3.9800	4.0800	3.2000	3.3000
10Y	---	---	---	---	4.6600	4.7700	4.0200	4.1300	3.2500	3.3600

注:支付频率-季;固定日基准-ACT/365;浮息日基准O/N Shibor、1W Shibor、3M Shibor为ACT/360,FR007、FDR007为ACT/365;付息调整-经调整的下一工作日;计息调整-按实际天数。

在全国银行间债券市场中,货币经纪商作为经纪人是市场中非常重要的报价信息发布商。经纪中介一般按照Offer/Bid这样的形式报价,Offer就是收取固定利率支付浮动利率,Bid就是支付固定利率收取浮动利率。经纪中介除了发布报价信息外,还发布成交情况,一般用到成交术语Taken表示Offer成交,Given表示以Bid成交,Traded表示双方协商按另外的价格成交。

如前文所述,由于基于双边授信的撮合交易平台X-Swap成功解决了双边授信障碍导致的成交难问题,促使X-Swap交易量迅速提升,X-Swap利率互换市场已经是人民币利率互换市场的重要组成部分。

为进一步体现全国银行间同业拆借中心利率互换曲线的基准性,提升其价格代表性,2017年4月10日,拆借中心对利率互换曲线(包括利率互换定盘收盘曲线和利率互换行情曲线)计算方案进行了完善,并发布基于新方案的利率互换曲线。当前,拆借中心的利率互换曲线样本为X-Swap报价、货币经纪可成交报价和做市商报价行双向报价。

3. 利息计息规则

人民币利率互换交易的参考利率应为经中国人民银行授权全国银行间同业拆借中心发布的银行间具有基准性质的市场利率或者中国人民银行公布的参考利率。人民币利率互换产品参考利率以FR007为主,参考利率逐步多样化。目前,人民币利率互换浮动端参考利率包括以下三类。

银行间质押式回购利率,以7天回购定盘利率(FR007)和7天银银间回购定盘利率(FDR007)为基准。FR007利率互换期限包括7天、14天、1个月、3个月、6个月、9个月、1~7年、10年。FDR007利率互换期限则包括3个月、1年、5年。由于2017年5月31日才推出FDR007为基准的利率互换,目前利率互换基准利率仍以FR007为主。以FR007为参考利率的利率互换,主要以1年期为主,其他占比相对较多的期限分别为3个月、6

个月和 5 年期。

上海银行间同业拆借利率(Shibor),以隔夜 Shibor、1 周 Shibor、3 个月 Shibor 为基准。其中 O/N Shibor 利率互换期限包括 7 天、14 天、1～9 个月、1～3 年;1W Shibor 利率互换期限包括 1～9 个月、1 年、2 年;3M Shibor 利率互换期限包括 3 个月、6 个月、9 个月、1～5 年。基于 Shibor(O/N、1W、3M)的互换协议中,以 O/N 和 3M 为参考利率的合约占比相对较多。特别是近年来,以 3M Shibor 为基准的利率互换规模远超以 O/N 为基准的规模。以 1 年期的 3M Shibor 为基准的利率互换规模最大,截至 2017 年 6 月末,其规模达到了 1 400 亿元。

央行参考利率,基准包括 1 年定存、1 年贷款等。1 年定存互换期限包括 6 个月、9 个月、1～7 年,1 年贷款利率互换期限包括 3 个月、6 个月、9 个月、1～5 年。

近年来,随着 2017 年 5 月 31 日全国银行间同业拆借中心正式推出银银间回购定盘利率(包括 FDR001、FDR007 及 FDR014 三个品种),利率互换品种进一步多样化,基准利率的不断推出促进了利率曲线的完善。目前,人民币利率互换的参考利率以 FR007 为主,其占比在近年来基本上保持在 90% 左右,而以存、贷利率为基准的利率互换交易规模则可忽略不计。

利率互换交易双方本部交换本金,只交换不同形式的利息,所以利率互换中用于计算利息的本金称为名义本金。

起息日是利率互换开始计息的日期,大部分在成交日的后一个交易日,对这种成交后就起息的互换,我们称之为即期互换。还有一些利率互换的起息日在成交日后的较长一段时间,如半个月或一个月以后,这类互换称之为远期互换。

支付频率是交易双方交换相应利率水平下利息的频率。每两次支付利息之间的时间成为计息期。支付日按照起息日和计息期依次推算,当计息期为整月或月的倍数时,支付日为按照该计息期推算的相应月份中与起息日相同的一日。如果参考利率的期限小于一个计息期,需要对计息期中的参考利率计算复利,不断重置,重置频率与利率期限一致,如以 FR007 位基准的 3 个月期支付一次的利率互换,就需要每 7 天重置一次,每个 7 天计息期的开始日就是重置日。

利率确定日就是确定浮动利率大小的日期,一般是每一个重置日前的一个营业日,重置日参考利率一般取利率确定日的利率。

利率互换计算利息一般采用的日计算基准包括 Act/360、Act/365、Act/Act 和 30/360,具体计算参照利率互换估值部分的介绍。

4. 交易确认与报备

市场参与主体进行利率互换交易时需签订书面合同,书面交易合同包括交易中心交易系统生成的成交单,或者合同书、信件和数据电文等。交易双方经协商一致,可以签定补充合同。

人民币利率互换交易的确认需前、后台共同确认。前台是金融机构的交易部门,后台是结算部门。未经外汇交易中心确认的所有人民币互换交易需报备给银行间交易商协会。

5. 利息净额清算

人民币利率互换清算时一般使用净额清算，即每个计算期根据观察到的浮动利率计算浮动利息，根据固定利率计算固定利息，再计算两者利息净差额，在计息期末支付。

6. 利率互换的提前终止

有时利率互换的其中一方可能需要在利率互换没有到期时，提前处理掉持有的头寸，但利率互换没有一个二级流通市场，不能像股票、期货或者场内期权那样容易平仓。一般只能按照以下3种方式提前终止合约。

第一种方式是通过现金支付提前终止合约。合约的盯市价值可以直接根据市场条件计算出来，合约的负价值方可以直接将现金（盯市价值）支付给合约的正价值方从而提前结束合约。这种方式需要取得对方同意，双双方对合约价值达成一致后，才能提前终止合约。有时，若双方对合约未来价值的变化具有不同的预期，最终需要支付的金额可能不等于其市场价值。

第二种方式是通过签定方向相反的互换合约实现风险对冲，从而实现事实上的平仓。

第三种方式是从市场上寻找替代者。如果互换合约的参与方能在市场上找到愿意收取一定的补偿后代替其持有合约的投资者，且获得交易对手的同意，该机构就可以将该互换责任转移给新的投资者，从而结束自己的交换现金流的责任。这种方式在市场中一般很少出现。

人民币外汇货币掉期交易的要素与利率互换基本类似，不再展开单独展开介绍，表2-6给出了人民币外币货币掉期交易的基本结构和要素的总结。

表2-6 人民币外币货币掉期交易的基本结构和要素

		做市商对流动性较高的标准产品的报价交易	一般货币掉期会员之间的交易	
主体		人民币外汇远期掉期做市商	人民币外汇货币互换会员	
货币对		人民币兑美元	人民币对美元、港元、日元、欧元、英镑	
期限		1年、2年、3年、4年、5年、6年、7年、8年、9年、10年	交易双方自行约定	
本金交易方式		期初、期末各交易一次，或者不进行本金交换		
利率类型	人民币	3个月Shibor（＋/－基点） FR007（＋/－基点） 固定利率	Shibor（＋/－基点） FR007（＋/－基点） 1Y Depo（＋/－基点） 固定利率	
	外币	3个月美元Libor利率	美元、日元、英镑	对应货币种的Libor（＋/－基点） 固定利率
			欧元	Euribor（＋/－基点） 欧元Libor（＋/－基点） 固定利率

续 表

	做市商对流动性较高的标准产品的报价交易	一般货币掉期会员之间的交易
利率期限	美元 Libor(3 个月)、Shibor(3 个月)、Repo(7 天)	浮动利率期限由交易双方根据实际情况自行约定
报价品种（利率交换形式）	1. 3 个月人民币 Shibor 利率/3 个月美元 Libor 利率(CNY 3M Shibor/USD 3M Libor) 2. 人民币固定利率/3 个月美元 Libor 利率（CNY 3M Fixing/USD 3M Libor) 3. 人民币 7 天回购定盘利率/3 个月美元 Libor 利率(CNY 7D Repo/USD 3M Libor)	1. 人民币固定利率/外币固定利率 2. 人民币固定利率/外币浮动利率 3. 人民币浮动利率/外币固定利率 4. 人民币浮动利率/外币浮动利率
付息频率	浮动利率以及固定利率付息频率均为 3 个月	人民币端付息周期均由交易双方自行约定,但不得短于利息期限,外币端付息周期与外币利率期限一致

资料来源：中国外汇交易中心,中国期货业协会整理

第五节　场 外 期 权

一、场外期权的定义与种类

(一) 场外期权的定义

按照交易场所,期权可以分为场外期权和交易所期权。场外期权,或柜台式期权(Over the Counter Options,简称为 OTC options)是指在非集中性的交易场所交易的期权合约。场外期权的性质基本上与交易所内交易的期权无异,两者不同之处主要在于场外期权合约的条款更加灵活,包括行权时间、行权条件、执行价格等都可以根据投资者个性化的需要进行量身定制。

交易所辖下的期权活动,均是通过交易所进行交易、清算,而且有严格的监管及规范,所以交易所能够有效地掌握有关信息并向市场公布,如成交价、成交量、未平仓合约数量等数据。至于场外期权,基本上可以说是单对单的交易,当中所涉及的只有买方、卖方及经纪共三个参与者,或仅是买卖双方,并没有一个中央交易平台。因此,场外期权市场的透明度较低,只有积极参与当中活动的行内人(如投资银行及机构投资者)才能较清楚市场行情,一般散户投资者难以得知场外期权的交易情况。但是,场外期权的交易条件更为灵活,不管是标的资产、交易时间长短或是执行价格,利用场外期权及其期权组合可以满足投资者个性化需求。场外期权市场的参与者可以因各自独特的需要,度身订做一份期权合约,然后通过场外期权经纪或自己直接找寻交易对手,并商定成交价格。

(二) 按标的物分类

根据国际清算银行依据期权标的,将场外期权分为场外利率期权、场外外汇期权、场

外股权期权、场外商品期权等。下文分别介绍这四种主要的场外期权。

1. 场外利率期权

利率期权,是指标的资产为利率工具——利率或者利率挂钩的产品,如国债、存单等的期权产品。商业银行为了规避利率风险,1983年推出了最早的场外利率期权——利率上限期权(Interest Rate Caps)。场外利率期权自推出以后,其市场规模迅速发展,已经成为市场上最主要的场外期权。当前,场外利率期权包括了利率看涨期权(Interest Rate Call Option)、利率看跌期权(Interest Rate Put Option)、利率上限期权(Interest Rate Caps)、利率下限期权(Interest Rate Floors)、利率双限期权(Interest Rate Collars)和利率互换期权(Swaptions)等。这些产品的具体定义、定价及运用在后面章节专门介绍。

目前,场外利率期权交易主要通过交易双方签订主协议的方式确认双方的权利和义务。场外利率期权的主协议主要有ISDA主协议和债券市场协会的场外期权交易主协议,其中影响最大的是ISDA主协议。ISDA主协议适用的场外利率期权包括利率上限期权(Interest Rate Caps)、利率下限期权(Interest Rate Floors)、利率双限期权(Interest Rate Collars)以及这些产品的组合产品。

2. 场外外汇期权

外汇期权(Foreign Exchange Options),在国际上普遍地被称为货币期权(Currency Options)或者外币期权(Foreign Currency Options),是指期权买方向卖方支付一定期权费,获得在未来按照约定汇率买进或者卖出一定数量外币的权利,是一类典型的场外金融衍生工具。

3. 场外股权期权

场外股权期权是指标的资产为股票价格、一揽子股票组合或者股票价格指数,并在场外交易的期权。按照标的资产,可划分为单一股票期权、股票组合期权和股票指数期权。场外股票期权被广泛地运用于套期保值、套利、增强组合收益、资产配置和创造结构化产品等各个方面。

4. 场外商品期权

场外商品期权,是指标的资产为商品价格、商品价格指数或者相关指数,并在场外交易的期权。常见的标的商品包括贵金属和基础金属、原油或者其他石油产品、天然气、电力、农产品或海运费等。

(三) 普通期权和奇异期权

在许多期权业务中,会提到奇异期权的概念。一般人们把简单的看涨期权和看跌期权称为香草期权(Plain Vanilla Options),或者称为普通期权,而奇异期权是更为复杂的期权的统称,也称为非标准期权。这类期权一般是在简单期权的买入或者卖出的权利上附加更为复杂的限制性条件,其结构更为复杂。

一般来说,交易所交易的多为普通期权,奇异期权大多数在场外市场交易,往往金融机构根据客户的需求量身定制,其灵活性和多样性是常规期权所不能比拟的,但相应地,奇异期权的定价和对冲往往也更加困难。虽然奇异期权占整体市场的比例不高,但这类产品为衍生产品交易商提供了丰厚的利润。这些产品的产生有许多具体的原因,如对冲风险的需要,税收、财务、法律或者监管等,奇异期权能更贴合投资者特殊需要,能更精确地符合投资者对未来市场走势的预期,当然有时候也是金融机构通过产品创新吸引投资者的注意力,是市场营销的需要。

从奇异期权的设计和开发来看,主要有以下四种思路:第一,现有的对常规期权和其他一些金融资产加以分拆和组合得到;第二,除了期权到期日的标的资产价格外,标的资产价格的发展路径对期权也有所影响,如亚式期权、障碍期权;第三,期权价值受到多个变量如多个标的资产价格变化的影响;第四,多阶期权,即期权价值和损益状况取决于另一个或者一些期权的价值,如复合期权。

奇异期权是世界上最具有生命力的金融工具之一,它的内涵和外延无时不处在变化和拓展当中。

二、场外期权的发展与现状

(一) 全球场外期权市场的发展与现状

期权的起源很早,期权交易的雏形最早出现在古希腊和古罗马时期,圣经故事也有期权的记载,到18、19世纪,美国和欧洲的农产品期权交易已经相当流行。19世纪后期,美国农产品期货的期权曾因特惠权炒作、不规范运作和欺诈而被立法禁止交易。20世纪20年代经济危机中股市崩盘后,许多投资者因期权交易而遭受了巨大损失,1930年美国国会曾讨论禁止股票期权交易。1973年,世界上第一个正式的期权交易所——芝加哥期权交易所(CBOE)成立。虽然CBOE成立之初期权交易量很小,但期权概念和交易在市场上悄然兴起。

20世纪80年代初开始,全球场外期权市场迅速发展,并且期权品种日益丰富,涌现了许多奇异期权。如图2-18所示,2002年以后,全球场外期权市场交易规模快速增加,

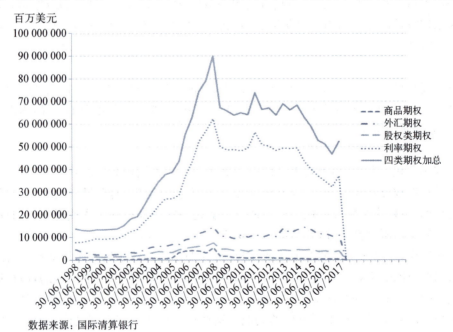

数据来源:国际清算银行

图 2-18 全球未平仓期权的名义本金金额

2007年金融危机后市场规模有所下降,2009年后短暂回升,市场整体比较稳定,2014年6月以来,由于场外期权中最主要的利率类期权数量急剧下降,场外期权总体数量也呈现出急剧下降趋势。2017年6月,在场外期权中,利率期权占到了70.8%以上,外汇期权占比20.9%,股权类期权大约7.6%,商品类期权占比很小,仅为0.7%。因BIS数据库中缺失场外商品期权市场价值的数据,图2-19给出了利率类期权、外汇类期权和股权类期权三类场外期权的数据。除了2006年之前少数年份股票类期权的市场价值超过利率类期权外,总体来说还是利率类期权占市场主导地位,其走势与名义本金的基本一致。

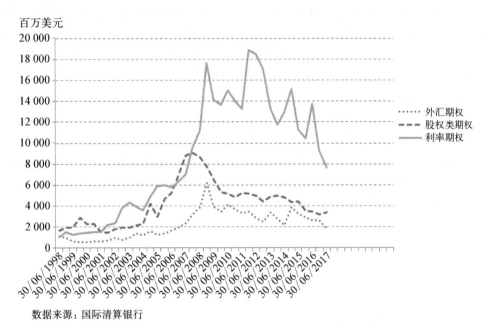

数据来源:国际清算银行

图 2-19 全球未平仓期权的市场价值

(二) 中国场外期权的发展与现状

1. 人民币外汇期权

相对于我国场内期权近年来才进入市场,我国场外期权有更长的历史。1985年和1986年,中国银行在场外衍生工具就走在前列,开展了黄金、白银和外汇的期权业务。2002年12月,中国银行上海分行在中国人民银行的批准下,宣布推出个人外汇期权交易"两得宝"。

2005年7月人民币汇率形成机制改革以后,特别在2010年6月汇率改革重启以后,我国人民币汇率弹性不断增加,汇率波动不断增大。为了满足银行和客户管理汇率风险的需要,我国在银行对客户以及银行间外汇市场相继推出了远期、外汇掉期和货币掉期等三类人民币外汇业务;2011年2月,国家外汇管理局发布《关于人民币对外汇期权交易有关问题的通知》,人民币外汇期权业务同时在银行间市场和银行对客户零售市场正式推出。初期的外汇期权业务实需原则,并且只能办理客户买入看涨期权和看跌期权业务。2011年11月11日,国家外汇管理局发布《关于银行办理人民币对外期权组合业务有关问题的通知》,客户可以同时买入一个或者卖出一个币种、期限、合约本金相同的人民币对外汇普通欧式期权形成的组合,分别为外汇看跌风险逆转期权组合和看涨风险逆转期权组合。外汇看跌风险逆转期权组合,是指客户针对未来的实际结汇需求,买入一个执行价格(以一单位外汇折合人民币计量执行价格,以下同)较低的外汇看跌期权,同时卖出一个执行价格较高的外汇看涨期权;外汇看涨风险逆转期权组合,是指客户针对未来的实际结汇需求,卖出一个执行价格较低的外汇看跌期权,同时买入一个执行价格较高的外汇看涨期权。

目前,中国外汇交易中心的人民币对外汇期权交易有 USD/CNY、EUR/CNY、JPY/CNY、HKD/CNY、GBP/CNY 五种货币对,采用双边询价方式进行交易,并由交易双方按约定方式进行清算,目前主要采用双边清算。其市场准入资格是具备银行间外汇市场即期会员资格,且取得相关金融监管部门批准的衍生工具业务资格的金融机构,可根据业务需要单独或一并申请各类银行间人民币外汇衍生工具会员。根据监管需要,各大金融机构对其客户也设定限制条件,一般为适用于有自身需求和以套期保值为目的的在中国(不含港澳台)境内设立的法人客户。

自 2011 年中国外汇交易中心推出人民币外汇期权产品以来,经过 6 年时间的培育与发展,外汇期权市场从无到有、交易品种不断丰富、规则日趋细化完善;外汇期权做市商制度建设、标准化交易等工作有条不紊地展开;市场交易量快速攀升,由 2011 年上线时的 10.07 亿美元快速增长至 2016 年的 7 470.85 亿美元。外汇期权业务已成为外汇掉期、远期之外又一项汇率保值避险的有力工具(图 2-20)。

图 2-20 外汇期权业务交易量

2. 中国场外股权期权

当前,我国场外股权期权主要交易在中证场外衍生工具市场的中证云场外期权交易平台报价交易。其产品包括香草型、价差型、单鲨型、双鲨型、二元型等多种收益支付结构的产品。在中证云场外期权交易平台上交易的期权,除了沪深 300 指数、上证 50 指数、中证 500 指数和 A 股个股等股票期权外,还有以黄金期现货、其他期现货和境外标的等为标的的期权。根据中国证券业协会的统计,2017 年 6 月底场外期权存量为 2 301 笔、名义本金为 2 738.70 亿元,本月新增为 779 笔、名义本金 271.09 笔,本月终止 683 笔、名义本金为 364.14 亿元。

我国场外期权除了以上两种主要品种外,还有以黄金期现货、其他商品期现货和境外标的的期权。图 2-21 给出了 2017 年 6 月各个合约市场占比情况。

表 2-7　2017 年场外衍生工具业务开展情况　　　　　　　　　　单位：笔/亿元

业务类型	项目	月初存量	本月新增	本月终止	月末存量	本年累计新增
互换	交易笔数	2 389	1 236	859	2 766	4 735
	初始名义本金	1 291.82	184.60	135.63	1 340.80	761.38
期权	交易笔数	2 205	779	683	2 301	3 490
	初始名义本金	2 876.76	271.09	364.14	2 783.70	1 141.13
合计	交易笔数	4 594	2 015	1 542	5 067	8 225
	初始名义本金	4 168.58	455.69	799.77	4 124.49	1 902.51

数据来源：《场外衍生工具业务开展情况报告》，中国证券业协会，2017 年第 6 期

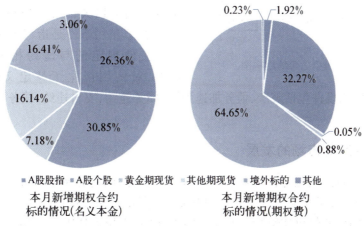

数据来源：《场外衍生工具业务开展情况报告》，中国证券业协会，2017 年第 6 期

图 2-21　2017 年 6 月证券公司本月新增场外期权合约标的情况

第六节　信用衍生工具

一、信用衍生产品的概念

信用衍生工具最早出现在 20 世纪 80 年代末到 90 年代初之间，并在 1992 年正式被国际互换和衍生工具协会（International Swaps and Derivatives Association，ISDA）确定为一类特殊的衍生工具。根据国际互换和衍生产品协会的定义，信用衍生产品是用来分离和转移信用风险的各种工具和技术的统称，主要指以贷款或债券的信用状况为基础资产的衍生金融工具。其实质是对传统金融衍生工具的再造，赋予其管理信用风险的新功能。交易双方利用信用衍生工具来增加或者减少对某一参考实体信用风险的暴露，其中信用风险是指因债务人无法按时偿还债务而使债权人遭受损失的风险，也称为违约风险。

从定义上看，信用衍生工具是一种双边合约，是为了规避某个或者某些经济活动主体

发行的金融工具所承载的信用风险而设立的。这里的经济活动主体就是参考实体（Reference Entity），是信用风险的载体，可以是一个或多个公司或政府；而参考实体的信用风险是通过其发行的金融工具表现出来的，该金融工具也被称为参考债务（Reference Obligation），例如债券或者贷款等。通常，参考实体是不同于信用衍生工具合约买卖双方的第三方实体。

参与信用衍生合约交易的双方将参考实体的信用风险从交易一方转移到另一方（图 2-22）。其中，转移信用风险的一方做空参考实体的信用，认为其信用风险会上升，并通过向对手方支付一定的费用来获得保护，因而也被称为保护的买方；承担信用风险的一方则相反，做多参考实体的信用，认为其信用风险会下降，获得对手方支付的费用，并当参考实体发生"信用事件"时向对手方支付其相应损失，因而也被称为保护的卖方。这里，信用事件是指与金融交易相关的法律文件规定的与违约相关的事件，如 ISDA 对信用衍生工具定义的标准文件

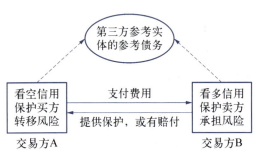

图 2-22 信用衍生合约结构图

(2003 版)中，信用事件包括破产、债务加速到期、债务违约、支付违约、债务拒付或延缓支付和重组等。

二、信用衍生产品市场的发展

信用衍生工具的出现与银行业逃避监管、控制风险的行为密不可分。20 世纪 80 年代以后，美国金融市场相继出现了存贷机构危机、商业按揭大批违约。90 年代初发生的经济衰退和严格的监管也使银行资产质量雪上加霜，市场迫切需要一种金融工具：一方面可以对冲信用风险，降低筹资成本；另一方面可以改善银行的资产负债表。于是，以 CDS 和 CDO 为主线的信用衍生产品开始出现并得到快速发展。从其产生和发展的角度看，主要分为三个阶段。

（一）起步发展阶段(20 世纪 80 年代末到 2001 年)

信用衍生工具的初级形式是资产互换。资产互换将利率互换与债券相结合，常见的是将债券的固定利率转化为浮动利率，如持有债券的一方向对手方支付债券的固定利率，对手方则向其支付浮动利率(如 Libor)再加上一定的利差。通过资产互换，债券的投资者就将债券的信用风险从中分离出来，使其享受到信用利差收益的同时不用担心利率上升带来的损失。资产互换的一个主要缺点就是如果标的债券违约，互换协议并不会终止，互换双方还需要继续交换固定利率和浮动利率，这意味着债券投资者面临的违约风险并没有转移。

在资产互换的基础上，CDS 得到发展，并成为最基础的信用衍生产品。在 20 世纪 90 年代中期，出于对银行资本金的监管，JP 摩根希望将其资产负债表上的公司债券和商业贷款的部分信用风险转移出去，以便节省大量的资本金。为此，其财务总监 Blythe Masters 带领的团队开发了以公司为参考实体的 CDS 产品，并成为革命性的新风险产品，

JP 摩根则一直是 CDS 市场最大的买卖方。早期 CDS 的参考实体是单一经济实体，也称为单一名称 CDS(Single Name CDS)。

早期的 CDO 主要是现金流 CDO，大约在 20 世纪 80 年代末，摩根斯坦利和所罗门兄弟等投行同时向市场推出信用风险重组债券(Credit Risk Repackaging)，这是第一代 CDO。到了 1995 年，CDO 在市场上开始有了较大的发行量，主要抵押的资产是美国企业的高收益债券、中型企业的商业贷款和发展中国家的国债等。随着进一步发展，CDO 逐渐分为两大类：资产负债型 CDO(Balance Sheet CDO)和套利型 CDO(Arbitrage CDO)。前者出于管理金融机构资产负债的需要，将其资产转移到市场中获得流动性；后者出于套利的需要，降低筹资成本，获取利润。到了 2001 年前后，美国经济因互联网泡沫和"9·11"事件开始走向衰退，公司债的违约率开始上升，CDO 市场首次出现低谷，合成 CDO 在市场上逐渐盛行。

整体看这一时期的信用衍生产品发展相对缓慢，主要是依据交易双方的特定需求而设立的特定交易。尽管这些产品具有信用衍生工具的所有功能，但是其一级市场缺乏统一的定价基础和公开信息，二级市场流动性不足，这也阻碍了市场的发展。

(二) 快速发展阶段(2002—2007 年)

随着 CDS 的参考实体从单一实体延伸到组合实体，信用衍生市场出现了两个重要的基础产品。首先，市场在 2003 年出现了以公司组合为参考实体的 Dow Jones TRAC-XTM CDS 指数，并逐渐分化为针对北美公司的 DJ CDX 指数、针对欧洲公司的 DJ i-Traxx 指数和其他若干指数，之后，针对这些指数的分块产品也相继推出；其次，由于合成 CDO 并不需要直接购买参考实体的参考债务，在重组资产负债风险、改善资本运用效率等方面比现金流 CDO 更有效率，合成 CDO 也逐渐从现金流 CDO 中派生出来，并得到迅速发展。

此时，从市场的流动性角度看：一方面，出于银行转让现金流 CDO 产品的需要，现金流 CDO 二级市场逐渐活跃起来；另一方面，各种 CDS 指数的推出也为合成 CDO 市场提供了巨大的流动性，不仅有利于合成 CDO 的交易，而且基于 CDS 指数的风险分块市场也为 CDO 分块定价提供了基准，使基于 CDO 的单一分块(Single Tranche)交易逐渐流行。这时信用衍生工具市场的主要交易商成立了相关的交易平台，改变了以往信用衍生工具的交易、对冲和风险管理的运作规则。

除了市场流动性日渐提高外，信用衍生工具市场在这一时期的主要标志就是创新，创新主要体现在参考实体的变化和信用衍生产品的定价方面。

在参考实体方面，除了从单一实体向组合实体的发展外，CDS 在 2005 年开始以资产证券化产品(Asset Backed Securities, ABS)为参考债务，形成了 ABCDS，继而出现了以 ABS 为参考风险的混合型(Hybrid)CDO(现金流型和合成型 CDO 的混合)和 ABS CDO 等类型的 SF CDO。与此同时，包括公司信贷在内的越来越多的资产被引入到 CDO 的结构当中，如 CMBS、RMBS、信托优先股、商业按揭、次级房贷等都被重新打包和重组为 CDO 投放到市场中，甚至 CDO 本身也被重新打包和重组形成 CDO2、CDO3 等。在组合参考实体方面，2006 年 10 月以次级房贷为抵押物的资产证券化产品自称的指数 ABX 开始交易，2007 年 2 月 ABX 分块产品开始交易。此外，以 CMBS 为参考债务的 CMBX 指数和以杠杆贷款为参考债务的 LCDX 指数也都引入市场。市场过快的发展和产品过于复杂的设计为 2007 年次贷危机的爆发埋下了种子。

在信用衍生工具定价方面,高斯联结函数(Gaussian Copula)的应用,使任何资产违约相关性的计算都成为可能,进而为资产组合定价奠定了基础。该模型和 BS 模型在期权定价中的作用类似,并很快得到了市场参与者的应用,极大地促进了信用衍生产品,特别是 CDO 的迅速增长。但是,Cupula 函数也有其相应的假设条件和缺陷,不能盲目地用来为信用衍生产品定价,模型的不恰当运用被认为是次贷危机中对 CDO 定价出现失误的重要原因之一。

(三) 调整发展阶段(2008 年至今)

在经历了前期的起步发展和快速发展之后,信用衍生工具市场在 2007 年达到了顶峰。依据 BIS 的估计,而在 2008 年 6 月底,CDS 的未平仓的名义本金金额超过了 90 万亿美元,远大于同期的股票市场总值(约为 36 万亿美元)。但是,随着次贷危机的爆发,全球信用衍生工具市场开始进入了收缩和调整阶段。截至 2017 年 6 月,CDS 的未平仓的名义总额不到 13 万亿美元。

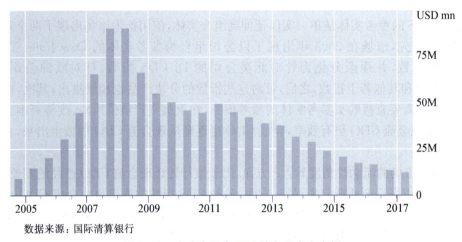

数据来源:国际清算银行

图 2-23　全球未平仓 CDS 的名义本金金额

三、信用衍生产品的投资者

活跃在信用衍生工具市场中的投资者大都是信用风险头寸的持有者,主要为银行、证券公司、对冲基金、保险公司以及包括资产管理公司、养老基金和一些非金融企业等在内的其他类型投资者。从英国银行业协会 2006 年的报告看,在信用衍生工具卖方市场中,银行、对冲基金、保险公司占据着市场的前三位,比重高达 90%;买方市场中,银行的比重更大,近 60%,对冲基金占据近 30% 的比重,保险公司比重较小。买卖方不同投资者类型比重差别较大的原因与其在市场中的需求和作用不同有关。

银行和证券公司在信用衍生工具市场中买卖方的比重都很高。这主要是因为,一方面很多商业银行或者证券公司是信用衍生工具市场的主要做市商,为其他投资者提供买卖报价并从中赚取价差;另一方面,银行本身对信用衍生工具也有两方面的需求——对冲和投机。由于自身的信用风险敞口较高,需要信用衍生工具进行对冲,释放监管资本,这时银行主要作为信用衍生工具的买方参与市场;同时,很多银行或者证券公司都把信用衍生工具作为投资产品进行方向性投机交易,从中获取利润。此外,银行等机构本身还是CDO等信用衍生工具的发起人、设计人或者承销人,参与到信用衍生工具的各个环节。

对冲基金投资信用衍生工具的动因主要是信用衍生工具市场的高杠杆性和高流动性。通常它们在确定市场涨跌方向后,进行投机交易,属于比较典型的短期投资者,在市场中比较活跃。随着信用衍生工具标准化的提高和市场流动性的提高,它们在市场中的重要性也逐渐提高。

保险公司进行信用衍生工具交易主要有两个目的。首先,它们可以作为信用保护的卖方参与到交易中,例如一些专业的债券保险商或者保险公司都在次贷危机前卖出了大量的保护,通过收取买方支付的费用获利,因而它们在信用衍生工具卖方市场中的比例要高于在买方市场的比例;其次,它们在投资组合中配置一些信用衍生工具以满足对流动性的需求。与银行等机构类似,它们也在一些信用衍生工具的结构或设计中起到重要作用。

此外,一些养老基金、共同基金、资产管理公司、企业和个人也都会通过一定方式参与到信用衍生产品市场,但它们所占比重相对较小。

目前,一些信用衍生工具需要通过中央对手方的方式进行清算,中央对手方在市场中的份额也逐渐提高。

信用衍生工具市场在近三十年的发展中,经历了从起步到发展,从繁荣到稳定的循环,目前市场和投资者结构都已经相对成熟。总体来看,信用衍生工具分离了债券或者贷款等基础信用产品的信用风险:一方面使市场参与者可以对冲或者转移信用风险,满足监管的要求;另一方面也使市场投资者可以在没有基础信用产品头寸的情况下改变信用风险,积极参与到投资组合信用风险的管理中,并通过杠杆效应从中获得更高的收益。

四、信用衍生产品的种类

在信用衍生工具市场中,各种不同类型的信用衍生工具在结构上和名称上都有些联系或者差别,有时不同产品用不同的名字描述同一思想,有时不同产品有类似的名字但风险特征又相差较大。从出现的顺序和复杂的程度看,信用衍生工具主要分为资产互换(Asset Swaps,AS)、信用违约互换(Credit Default Swaps,CDS)及其指数产品(CDS index)、信用连接票据(Credit Linked Notes,CLN)、总收益互换(Total Return Swaps,TRS)、信用利差期权(Credit Spread Options,CSO)和担保债务凭证(Collateralized Debt Obligation,CDO)及其分块(Tranche)产品等。这些产品在设计、结构和风险特征上都有较大的差异。其中,在信用衍生工具市场中最具代表性的两类产品是CDS和合成型CDO,前者是信用衍生工具的最基本和最重要的形式,后者结合了CDS的结构和资产证券化的风险分割与资产组合技术,是一篮子信用衍生产品和分块产品的典型代表。在这两类产品的基础上,信用衍生工具不断深化和创新,得到了一系列结构复杂、杠杆比例高、风险收益特征化的产品。

从信用衍生工具的分类看,依据参考实体的个数,信用衍生工具分为单一产品、组合产品和其他产品三类。其中,单一产品是参考实体为单一经济实体的信用衍生工具,如

CDS、TRS、CLN 等；组合产品是指参考实体为经济实体组合的信用衍生工具，如指数 CDS、合成 CDO 等；其他产品主要是与资产证券化结合较为紧密的信用衍生产品，例如固定比例债务债券(Constant Proportion Debt Obligation，CPDO)、固定比例投资组合保险债券(Constant Proportion Portfolio Insurance，CPPI)等。依据产品发行时有无涉及现金债券，信用衍生产品分为无现金(Unfunded)和有现金(Funded)两种。前者不涉及现金债券的发行，如 CDS、TRS 和某些合成 CDO 等；后者涉及现金债券的发行，如 CLN、CPDO、CPPI 和另外一些合成 CDO 等。

须说明的是，现金流 CDO 不是典型的信用衍生产品，它主要包括 CBO(Collateralized Bond Obligation)、CLO(Collateralized Loan Obligation)、SF CDO(Structured Finance CDO)等。这类产品与合成 CDO 名字很类似，也属于分块信用产品，在结构上也利用资产证券化的风险分割与资产组合技术，其发行目的主要是出于融资考虑或者是套利需求，与资产证券化产品有更多的共同点，因此市场上通常用结构性信用产品来概括这一类产品。

(一) 总收益互换

总收益互换(Total Return Swap)是指信用保障的买方在协议期间将参照资产的总收益转移给信用保障的卖方，总收益可以包括本金、利息、预付费用以及因资产价格的有利变化带来的资本利得；作为交换，保障卖方则承诺向对方交付协议资产的固定比例的增殖，通常是以市场利率，如 Libor 加一个差额，以及因资产价格不利变化带来的资本亏损。

可见，总收益互换与一般互换的不同之处就在于，交易双方除了要交换在互换期内的所有现金流外，在基础资产(如贷款)到期或出现违约时，还要结算基础资产的价差，计算公式事先在签约时确定。也就是说，如果到期时，贷款或债券的市场价格出现升值，保障购买者(也称为风险的出售者)将向保障出售者(也称为风险的购买者)支付价差；反之，如果出现减值，则由保障出售者向出售者支付价差。总收益互换的基本结构如图 2-24 所示。

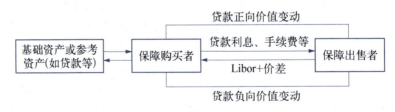

图 2-24 总收益互换示意图

通过总收益互换，银行无须在公开市场上出售资产，就可以有效地将该资产的信用风险转移给保障出售者；而保障出售者也不必在公开市场上直接购买该资产，就可以获得该资产的经济利益。而且在实践中，总收益互换的有效期通常大大短于基础资产的有效期，如投资者可以购买一份 15 年期贷款的 2 年期的总收益互换。用这种方式，投资者只需筹措 2 年期限的资金，就可以获得这份 15 年期贷款的当期全部收益；而保障的购买者也可以在这 2 年中摆脱贷款所具有的信用风险。

很显然，总收益互换虽然可以对冲信用风险暴露，却又使银行面临着一定的利率风险。如图 2-24 所示,即使基础贷款的信用风险没有发生变化,只要挂钩的市场利率 Libor 发生变化,那么整个总收益互换的现金流也将随之改变。而信用违约互换,也称作"纯粹的"信用互换,就是为了剥离出总收益互换中的利率敏感性因素而开发的另外一种信用互换合约。

(二) 信用违约互换

信用违约互换(Credit Default Swap,CDS),是最简单也是目前运用最为广泛的一种信用衍生产品,其基本结构如图 2-25 所示。合约双方就基础资产的信用状况达成协议,保障的购买者向购买方支付一定的费用(类似于违约期权费),在互换期限内如果约定的信用事件(Credit Event)发生,则保障的出售者将向保障的购买者支付全部或部分的违约损失;反之,如果约定的信用事件并未发生,则互换自动失效。因此,这实际上是保障的购买者以一定的费用为代价将基础资产的信用风转嫁给了保障的出售者,相当于购入了一份信用保险,或是一种多期的违约期权。

图 2-25 信用违约互换示意图

由于信用违约互换中风险购买者的清偿支付依赖于特定"信用事件"的发生,因此必须对"信用事件"给出精确定义。根据 ISDA 制定的一份信用衍生产品标准合约,信用事件的定义包括:① 借款企业破产;② 无法支付贷款;③ 延期支付贷款;④ 信用等级降低。此外,违约互换合约中通常还会有一条备注条款,以确保违约事件不是指微小的、不重要的、阶段性的信用事件。

因此,通过信用违约互换,银行不用出售贷款资产就可以有效地对冲贷款的违约风险,而投资者也不用为这笔贷款专门融资就能从贷款收益中分得一定基点的收入。尽管此时银行面临的信用风险从贷款客户的违约风险变成贷款客户和 CDS 出售方共同违约的风险,但显然,当这两者的违约相关性极小时,共同违约的风险要大大低于原借款人违约的风险。

此外,除了针对个别资产违约风险的信用违约互换外,还有一种针对系统违约风险的违约指数期货。1998 年 11 月,芝加哥商业交易所(CME)率先引入了第一个交易所交易的信用衍生合同——季度破产指数期货,标志着信用衍生产品开始正式进入场内交易。该产品主要是基于 CME 季度破产指数(CME Quarterly Bankruptcy Index,CME QBI)设计的,指数值等于合约到期日之前三个月在美国新登记的破产数,合约规模则等于 1 000 美元乘以指数值,从而为银行和消费贷款机构服务的,尤其是信用卡公司提供了一种规避系统性违约风险,优化信贷资产组合管理的新手段。通过购买违约指数期货,就可以有效防范因为经济不景气而造成的破产比例上升的系统性违约风险。

(三) 一揽子信用互换

一揽子信用互换是信用违约互换的一种变形,其特点是对应物不是某一信用,而是一篮子信用。如果一篮子信用中出现任何一笔违约,互换交易的对手都必须向信用风险的出售方赔偿相应的损失。

(四) 信用价差期权

信用价差期权,是一种着眼于信用敏感性债券(如高收益率债券和新兴市场政府债券)与无信用风险债券(如美国国库券)收益率间的利差而设定的期权,也是最为复杂的信用衍生产品之一。

假定市场利率变动时,信用敏感性债券与无信用风险债券的收益率成同向变动,那么,任何利差变动的原因必定在于信用敏感性债券的信用风险预期的变化(表现为其信用等级的变化)。因此,信用价差期权能使投资者有效地将信用风险从利率风险中分离出来,期权的购买者通过支付一定的期权费就可以锁定标的资产与某一基准(政府债券或 Libor)之间的信用价差,从而可以有效避免由于信用价差波动或评级变化所可能导致的损失。

与其他期权一样,信用价差期权也分为看涨期权和看跌期权。信用价差看涨期权的购买者有权以事先约定的信用价差购买资产,从而可以对冲由于信用价差变窄而导致的基础资产的价值损失。信用价差看跌期权的购买者有权以事先约定的信用价差出售资产,从而可以对冲由于信用价差变宽而导致的基础资产的价值损失。

(五) 信用联系票据

信用联系票据是普通的固定收益证券与信用违约期权相结合的信用衍生产品,是以信用基础资产为依托发行的证券,发行时往往注明其本金的偿还和利息的支付将取决于约定的基础资产(或参考资产)的信用状况。当参考资产出现违约时,该票据就得不到全额的本金偿还,其基本结构如图 2-26 所示。

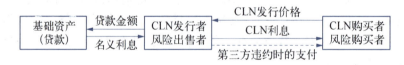

图 2-26 信用联系票据示意图

可见,与信用违约互换不同,信用违约互换只是将标的资产的违约风险变换成了交易对手和标的资产的联合违约风险,而 CLN 的发行者在信用联系票据发行时就已经将投资者的投资款项全额拿到手,不仅可以有效地将原基础资产(如贷款)的信用风险转移出去而不影响与原客户的关系,而且不必承担交易对手(CLN 购买者)的违约风险。同时,由于发行时可以带来可观的现金收入,信用联系票据还可以作为银行的一种特殊的融资手段。

此外,与资产证券化相比,信用联系票据实质上是信用的证券化。但是,它不要求像资产证券化那样将同类资产汇合成为资产池,而可以按照贷款的不同性质将其划分为不同的部分并作出相应的发行,投资者的收益和风险也会随着 CLN 发行类型的不同而变化,有着更大的灵活性。由于 CLN 的购买者往往要同时承担基础资产的违约风险以及 CLN 发行者的信用风险,因此,CLN 的利息支付必须包含对这两种风险的补偿,其数额远远大于普通固定收益证券。尽管如此,由于 CLN 购买者必须承担较大的风险,所以一些较为保守的投资者通常对这种投资工具不太感兴趣。于是,投资银行家们又开发出了一篮子信用联系票据。这种一篮子信用联系票据由于包含了多个基础参照资产,即便单个违约事件发生,也不会导致投资者完全失掉本金,因此吸引了不少较为保守的投资者。

随着信用联系票据的发展,还出现了专门从事信用联系票据业务的金融机构。这些金融机构通常以"特殊目的证券"(Special Purpose Vehicles,SPV)的形式发行信用联系票据,发行 SPV 所得的收入通常用于购买安全性较高的资产,如国库券或货币市场资产等。有信用风险对冲需求的机构(如银行)可以同 SPV 的发行者签订"纯粹"的信用互换合约。一旦信用互换合约中所约定的违约事件发生,SPV 的发行者将负责向违约互换的交易对手赔偿违约资产的损失,这一支付过程由发行 SPV 所购买的安全性资产所保证。对于 SPV 的发行者而言,其实质上只是介于信用风险出售者(如有信用风险对冲需求的银行)与信用风险购买者(即 SPV 的购买者)中间的一个中介机构,因此并没有什么风险。对于 SPV 的购买者而言,他们才是真正的信用保护提供者,因此其收入就是安全性资产的利息以及 SPV 发行者从信用风险对冲机构那里收取的一部分费用,具体交易过程参见图 2-27。

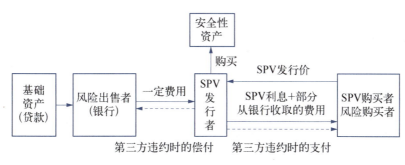

图 2-27 SPV 示意图

重 要 概 念

交易商 经纪商 非标准双边清算模式 标准化双边清算模式 中央对手方清算模式 远期利率协议 直接外汇远期合约 外汇掉期合约 股票远期合约 利率互换 货币互换 商品互换 股票互换 利率期权 外汇期权 股权期权 商品期权 奇异期权 信用衍生产品 总收益互换 信用违约互换 一揽子信用互换 信用价差期权 信用联系票据

习题与思考题

1. 2008 年金融危机后场外衍生工具市场加强监管的措施有哪一些?
2. 以我国主要的商业银行为对象,调查它们衍生产品业务开展的基本情况。
3. 以我国主要的证券公司为对象,调查它们衍生产品业务开展的基本情况。

4. 请分别说明总收益互换、信用违约互换、一揽子信用互换、信用价差期权、信用联系票据的基本原理。
5. 调查我国场外期权市场发展情况。
6. 调查我国信用衍生产品市场发展情况。
7. 调查我国场外利率衍生产品发展情况。
8. 调查我国场外外汇衍生产品发展情况。
9. 调查我国场外股权衍生产品发展情况。
10. 调查我国场外商品衍生产品发展情况。

第三章

场内衍生工具市场

学习目标

通过本章的学习,主要掌握场内衍生工具市场的基本情况,包括衍生工具的基本概念和特征、合约的基本条款等,以及市场发展历史和现状、市场交易机制和组织形式等多方面的内容。

第一节 场内衍生品市场概述

一、场内场外衍生品市场界定

衍生产品按照交易场所不同,可以分为场内衍生产品和场外衍生产品,场内衍生产品是在有形的交易所交易的产品,场外衍生产品是在无形的、主要依据交易对手之间达成协议交易的衍生品。场内外衍生品市场的本质区别在于交易机制和市场主体的不同。

第一,从交易机制而言,场内衍生品市场为集中交易,场外衍生品市场则为非集中交易。集中交易是指采用集中竞价、电子撮合、匿名交易、做市商等集中交易方式进行标准化合约交易的交易机制。在各种集中交易方式中,匿名交易、做市商等并非场内市场独有的交易方式,如海外场外衍生品市场也存在匿名报价、实名达成交易的机制,我国2014年8月上线的场外人民币铁矿石、动力煤掉期由中信证券和招商证券分别担任做市商,因此集中竞价和电子撮合的集中交易方式是场内外市场的区别所在。

集中竞价是多个卖方与多个买方之间,出价最低的卖方与进价最高的买方达成交易的交易方式。电子撮合是买卖双方通过网络电子交易系统自主报价,系统根据价格优先、时间优先的原则进行撮合配对,当买方价格大于等于卖方报价时成交的交易方式。集中竞价和电子撮合均建立在多对多的基础上,是场内衍生品市场的根本特征之一。场外衍生品市场建立在个性化需求基础上的非标准化条款使合约特征各异且流动性较差,市场难以形成高频率的连续交易机制,需要借助双边磋商、询价报价等交易方式。因此,多对多的交易机制是识别场内外衍生品市场的依据之一。

第二,从市场主体而言,由于场外衍生品市场具有更大的成交规模、更强的专业性和更高的风险性,因此市场参与主体多为专业性的金融机构和风险承受能力较强的大型实体企业。美国《多德-弗兰克法案》即禁止散户进入监管较为宽松的场外衍生品交易平台SEF进行交易。欧盟MiFID把客户分为合格对手方、专业客户和零售客户,要求建立清晰的程序区别客户类型,评估其对各种投资产品的适格性,并对不同类型的客户适用不同的保护标准,其中,零售客户适用最高的保护标准。因此,个人投资者是否能够参与,是识别场内外衍生品市场的另一依据。

综上,交易机制和市场主体是划分场内外衍生品市场的主要依据,采用多对多交易机制并且允许个人投资者参与的市场,具备场内衍生品市场的本质特征,但还需要国家法律法规的批准、认可等才能最终成为场内市场。因此,场内衍生品市场是指经过国家法律法规批准或认可的,由各类投资者参与的、采用集中竞价方式进行标准化合约交易的衍生品交易场所。

二、全球场内衍生品市场概况

近年来全球场内衍生品市场交易继续稳步增长。截至,期货和期权交易量约为252.20亿张(单边,下同)。其中,期货成交约158.92亿张,同比增长9.77%,期权成交约93.28亿张,同比减少9.64%。期货交易量连续第五年超过期权交易量(图3-1)。

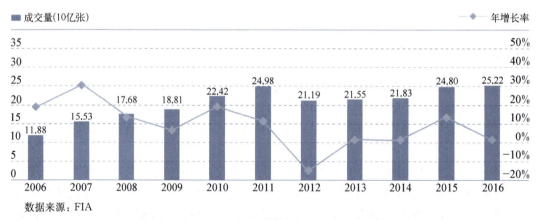

图3-1　2006—2016年全球场内衍生品交易量增长情况

从交易类别来看,2016年全球场内金融类衍生品总计成交约182.68亿张,同比减少5.51%。金融类衍生品中的股指期货与期权成交量相较2015年有明显的下滑,累计成交约71.17亿张,少14.65%。外汇类产品成交继续保持较快增长,累计成交约30.78亿张,同比增长10.24%。债券与利率类产品成交约35.15亿张,同比增长8.12%。

商品类衍生品共计成交约69.52亿张,同比增长达27.13%。在商品类衍生品中,能源类、非贵金属类和农产品类产品交易增长幅度均超过了15%。能源类衍生品交易十分活跃,全年共计成交约22.14亿张,同比猛增56.93%。全球排名前十的能源类衍生品合约的年成交量同比均有不同幅度的增长,其中莫斯科交易所(MoscowExchange, MOEX)的布伦特原油期货合约成交约4.35亿张,同比增长达290.85%。两大石油标杆合约芝加哥商业交易所集团(Chicago Mercantile Exchange Group，CME Group)的西德克萨斯中质油原油期货(West Texas Intermediate，WTI)和洲际交易所(Intercontinental Exchange，ICE)的布伦特原油期货分别成交2.77亿张和2.11亿张，同比增幅达36.88%和14.53%。

全球非贵金属类场内衍生产品成交约18.77亿张，同比增长46.56%，中国市场非贵金属期货成交约16.20亿张，约占全球非贵金属交易总量的86.31%。全球农产品类产品共成交约19.32亿张，同比增长17.82%，中国市场农产品期货成交约14.37亿张，约占全球农产品交易总量的74.38%。全球其他类产品成交约6.16亿张，同比减少24.85%，中国市场其他类产品期货成交约6.13亿张，约占全球其他类产品交易总量的99.51%。全球贵金属类产品成交约3.12亿张，同比下跌1.44%，中国市场贵金属期货成交约1.21亿张，约占全球非贵金属交易总量的38.78%。

从各类别产品占全部类别的比重来看，金融类衍生品交易量依然占据主要份额，2016年占全部衍生品交易总量的比重为72.44%，但同比下降5.51个百分点，这已是其连续第五年同比下降。而商品类衍生品交易量占全部衍生品交易总量的比重上升为27.56%。各类别产品占全部类别比重最大的依然还是股票指数类产品，占全部衍生品交易总量的比重为28.22%，但较2015年同比下降达5.41个百分点。单个股票类所占比重为18.07%，同比减少1.87个百分点。2016年债券与利率类所占比重为13.94%，同比增长0.83个百分点。

2016年外汇类产品所占比重为12.20%，同比增长了0.92个百分点。商品类衍生品中除贵金属类和其他类外，非贵金属类、农产品类和能源类产品占全部衍生品交易总量比重均有不同幅度的提升，其中：能源类所占比重达8.78%，同比增长了3.09个百分点；农产品类所占比重达到7.66%，同比增长1.05个百分点；非贵金属类所占比重7.44%，同比增长2.28个百分点。其他类所占比重为2.44，同比减少0.87个百分点；贵金属类所占比重为1.24%，同比下降了0.04个百分点(图3-2)。

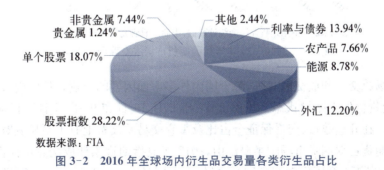

数据来源：FIA

图3-2　2016年全球场内衍生品交易量各类衍生品占比

三、中国期货市场的发展现状

(一) 我国期货市场规模分析

我国场内衍生工具主要是在四个期货市场交易的商品期货和金融期货，以及市场交易量还较小的在上海证券交易所交易的ETF期权。我们这里主要介绍我国期货市场市场的现状。

与海外成熟市场相比,国内期货市场起步较晚。由于国内期货品种相对较少,以及期货公司盈利模式较为单一,目前中国期货市场规模与美国相比还比较小,发展潜力较大。近几年在宏观经济的推动下,非银行金融市场快速发展;在期货品种的不断拓展,以及在监管政策逐步放开的驱动因素下,国内期货公司即将进入高速发展通道。

与美国相比,国内期货行业发展前景广阔。现代意义上的期货交易起源于美国,发展至今已有100多年历史。与美国相比,国内期货行业起步较晚,目前仍以商品期货为主,海外市场交易量占比较高的金融期货仅有股指期货和国债期货。总体来看,2010年至2016年,我国期货市场交易规模快速增长。根据中国期货业协会统计数据,2017年,我国期货市场整体呈下行态势。全国期货市场累计成交量为30.76亿手,累计成交额为187.9万亿元,同比分别下降25.66%和3.95%。其中,商品期货成交30.51亿手,占总成交量的99.2%;金融期货累计成交0.25亿手,累计成交额为24.59万亿元,同比分别增长34.14%和34.98%,分别占全国市场的0.80%和13.09%。商品期货成交量和成交额双降,金融期货成交量和成交额相比2016年有了显著回升。总体来看,2017年全国期货市场成交规模承接2016年的下行趋势,出现交易额连续两年的萎缩(图3-3)。

数据来源:中国期货业协会统计数据,中商产业研究院整理

图3-3 2010—2018年我国期货市场成交额和成交量

期货市场成交量和成交额双降,源于国内外多方面因素的影响。从国内方面来看,一方面,股指期货仍处于冰封状态。虽然2017年2月16日和9月15日股指期货迎来了"二度松绑"。在开仓数量、交易保证金占比及平仓交易手续费上有了明显放宽,但是相比前些年股指期货占据期货市场的半壁江山,2017年股指期货累计成交总量仅占全国份额的0.32%,成交额占全国份额的5.59%,显然不可同日而语。另一方面,商品期货需求不旺,尤其是黑色系需求的减少直接导致其成交量大幅下降。

从国际方面来看,国外宏观和货币环境的不确定性上升等因素起到了重要的影响。美联储加息、缩表、减税促使美元及美国制造企业回流,美国会利用其回流的大量资本在全球范围内争夺制造业,大量的美国海外企业可能会考虑回迁美国国内,这无疑对我国的制造业造成巨大影响,对机电产品出口和房地产投资不利,继而对钢材需求产生负面影响。

(二)我国四大期货市场交易情况分析

经过20多年的探索发展,我国期货市场由无序逐渐走向成熟,逐步进入了健康稳定发展、经济功能日益显现的良性轨道。同时,我国期货市场的国际影响力显著增强,逐渐成为全球最大的商品期货交易市场和第一大农产品期货交易市场。我国大连商品交易所、郑州商品交易所、上海期货交易所和中国金融期货交易所在全球衍生品交易所交易量排名均跻身世界前20家主要期货交易所行列,在世界期货市场中占据重要地位。

2017年,全国期货市场累计成交量为3 076.15百万手,同比下降25.66%。其中,上期所累计成交量为1 364.24百万手,占全国市场的44.35%,同比下降18.83%;郑商所累计成交量为586.03百万手,占全国市场的19.05%,同比下降34.98%;大商所累计成交量为1 101.28百万手,占全国市场的35.80%,同比下降28.37%;中金所累计成交量为24.60百万手,占全国市场的0.80%,同比增长34.14%(图3-4)。

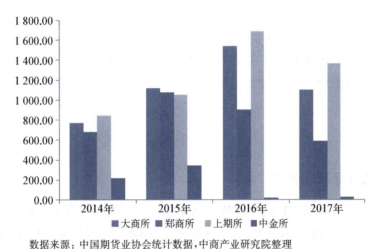

数据来源:中国期货业协会统计数据,中商产业研究院整理

图3-4 2014—2017年我国四大期货交易所交易量情况(单位:百万手)

2017年,全国期货市场累计成交额为187.90万亿元,同比下降3.95%。其中,上期所累计成交额为89.93万亿元,占全国市场的47.86%,同比增长5.83%;郑商所累计成交额为21.37万亿元,占全国市场的11.37%,同比下降31.14%;大商所累计成交额为52.01万亿元,占全国市场的27.68%,同比下降15.31%;中金所累计成交额为24.59万亿元,占全国市场的13.09%,同比增长34.98%(图3-5)。

我国的期货市场上,金融期货发挥着越来越重要的作用。由于金融期货尚处于发展阶段,我国金融期货市场仍需要不断完善,故而我国金融期货交易体量不大,市场仍欠成熟。宏观来看,金融期货在全球迅速普及以及交易量的快速增长,使金融期货在全部期货交易量中的比重迅速提高。金融期货后来居上的主要原因是金融产品比之有形商品具有更大的市场容量和创新空间。由此观之,我国发展金融衍生品市场的具备巨大的市场需求和无限的潜力。期货市场的最终发展离不开金融衍生品市场的发展。一方面,从金融投资方面看,随着金融标的增加和期货投资者的涌入,金融期货市场的体量伴随着金融市

金融衍生工具

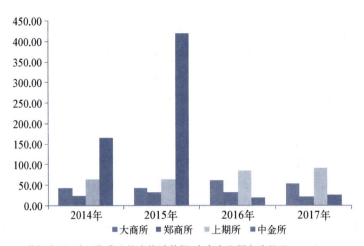

数据来源：中国期货业协会统计数据，中商产业研究院整理

图 3-5　2014—2017 年我国四大期货交易所交易额情况（单位：亿元）

场整体的蓬勃发展将会有个显著的增长。另一方面，在风险控制层面，随着证券市场的发展以及我国金融体系的改革，单一的市场交易模式已经无法满足控制风险的要求，金融期货未来将继续快速发展。

第二节　期货市场交易制度

一、期货合约的标准化条款

期货合约的标准化条款包括合约名称、基础资产（标的资产、交易品种）、合约规模（交易单位）、报价单位、最小变动价位、每日价格最大波动限制、合约交割月份、交易时间、最后交易日、交割日期、交割品级、交割地点、最低交易保证金、交易手续费、交割方式、交易代码。表 3-1 是合约名称为《上海期货交易所阴极铜期货合约》的主要条款。

表 3-1　上海期货交易所阴极铜期货合约

交易品种	阴极铜
交易单位	5 吨/手
报价单位	元（人民币）/吨
最小变动价位	10 元/吨
每日价格最大波动限制	不超过上一交易日结算价±3%
合约交割月份	1～12 月
交易时间	上午 9:00—11:30，下午 1:30—3:00，和交易所规定的其他交易时间
最后交易日	合约交割月份的 15 日（遇法定假日顺延）

续 表

交割日期	最后交易日后连续五个工作日
交割品级	标准品：阴极铜，符合国标 GB/T467-2010 中 1 号标准铜(Cu-CATH-2)规定，其中主成分铜加银含量不小于 99.95％。 替代品：阴极铜，符合国标 GB/T467-2010 中 A 级铜(Cu-CATH-1)规定；或符合 BS EN 1978：1998 中 A 级铜(Cu-CATH-1)规定。
交割地点	交易所指定交割仓库
最低交易保证金	合约价值的 5％
交割方式	实物交割
交易代码	CU
上市交易所	上海期货交易所

有时在合约中会列明交割资产的备选方案，包括交易基础资产的品级或其他交割地点等。一般的规则是由期货的空头（即同意卖出资产的一方）在备选方案中做出选择。当空头准备选择交割时，要向交易所填写交割意向通知书（Notice of Intention to Deliver），在这一书面文件里会注明交割资产的品级以及交割地点。

（一）基础资产（标的资产、交易品种）

当期货的基础资产为商品时，交易所对交割资产品级的规定非常重要。

洲际交易所（ICE）将其所交易的橙汁期货合约基础资产描述为：美国 A 级、糖度值（Brix Value）不低于 62.5 度的冰冻高纯度橙汁。上海期货交易所交易的黄金期货合约基础资产描述为：含金量不小于 99.95％的国产金锭及经交易所认可的伦敦金银市场协会（LBMA）认定的合格供货商或精炼厂生产的标准金锭。

对于某些商品，在一定等级范围内的商品都可以用于交割，但价格要根据选择的等级进行调整。芝加哥商业交易所的玉米期货的标准等级为"黄色 2 号"，但按交易所规定，经价格调整后的替代品也可用以交割：1 蒲式耳"黄色 1 号"的价格比"黄色 2 号"要贵 1.5 美分，1 蒲式耳"黄色 3 号"的价格比"黄色 2 号"要便宜 1.5 美分。表 3-1 的上海期货交易所阴极铜期货合约规定了标准品和相应的替代品。

当期货合约中的基础资产为金融资产时，通常会比较明确，含义也很清楚。例如，我们无须定义日元的等级。

在芝加哥交易所交易的美国中、长期国债期货合约有一些特性。在长期国债期货合约中，基础资产可以是任何在期货到期日期限处于 15 年与 25 年之间的任何国债。在中期国债期货合约中，基础资产可以是任何在期货到期日期限不短于 6.5 年但又不超过 10 年的国债。在这两种情况下，交易所使用一个公式来根据所交割国债的期限和票息对收取的价格进行调整。在中国金融期货交易所交易的国债期货也有类似的特征。

（二）合约规模

合约规模定义了在每一份期货合约中交割基础资产的数量。合约的合理规模取决于潜在客户的需求。

某农产品期货合约中交割资产的价值从 1 万美元到 2 万美元不等,而一些金融期货合约的规模会大很多。例如,在芝加哥商业交易所交易的长期国债期货的基础资产面值为 10 万美元;在中国金融期货交易所交易的五年期和十年期国债期货的基础资产面值为 100 万元。在我国国内的期货交易所,一份合约被称为是"一手"合约,上海期货交易所阴极铜期货合约的合约规模是 5 吨/手。

一些交易所会引进"小型"(mini)合约来吸引小额度投资者。例如,芝加哥商业交易所的小型纳斯达克 100 期货(Mini Nasdaq 100)合约是以 20 倍的纳斯达克 100 指数为基础资产,而一个标准合约是以 100 倍的纳斯达克 100 指数为基础资产。

(三)交割地点

交割地点是由交易所指定的基础资产交付的地点,这对那些运输费用昂贵的商品尤其重要。洲际交易所(ICE)交易的冰冻高纯度橙汁期货,交割地点位于佛罗里达州、新泽西州以及特拉华州境内由交易所授权的仓库。在大连商品交易所交易的铁矿石期货合约,交割地点设在环黄渤海的青岛、连云港等主要港口。

当选择其他交割地点时,期货的空头所要求的价格会随着交割地点的不同而被调整。一般而言,当期货交割地点与商品生产地越远时交割价格也会越高。

(四)交割月份

期货合约通常是以交割月份来命名的。例如,上海期货交易所的沪铜 1511 合约,其中的"1511"就表示交割月份是 2015 年 11 月。交易所对交割月份的选取是为了满足客户需求。芝加哥商业交易所的玉米期货,交割月份为 3 月、5 月、7 月、9 月、12 月;大连商品交易所铁矿石期货合约,交割月份为 1 月至 12 月每个月。

在任何给定时间,交易的合约中包括了最近交割月的合约以及之后一系列交割月的合约。以芝加哥商业交易所的玉米期货为例,假设在 2015 年 10 月,交易的合约包括了 2015 年 12 月份到期的合约以及分别在 2016 年 3 月、5 月、7 月和 9 月到期的合约。

交易所指定对每个月份合约开始交易的具体时间,同时也指定这一合约的最后交易日。大连商品交易所交易的 2015 年 11 月到期的铁矿石期货合约,合约的开始交易日为 2014 年 11 月 17 日,最后交易日是合约月份的第 10 个交易日(2015 年 11 月 13 日),而最后交割日是最后交易日后的第 3 个交易日(2015 年 11 月 18 日)。

(五)报价单位和最小变动价位

期货合约的报价是由交易所规定的。例如,在美国,原油期货是以美元和美分作为报价,而中长期国债期货是以美元和 1/32 美元来报价的;国内的期货合约就是以元和分作为报价的。

最小变动价位是期货合约价格变动时的最小值。根据表 3-1,上海期货交易所阴极铜期货合约的最小变动价位是 10 元/吨,这意味着每手阴极铜期货合约的最小变动价格是 50 元/手。

(六)每日价格最大波动限制(或涨跌停限制)

交易所通常也对期货合约规定了每日价格最大波动限制,即交易日期货合约的成交价格不能高于或低于该合约上一交易日结算价的一定幅度,达到该幅度则暂停该合约的交易。

设定每日价格最大波动限制是为了缓解突发事件或过度投机对市场造成的冲击,防止价格波动幅度过大使交易者蒙受过多的损失,维持市场的稳定性。上海期货交易所阴极铜期货合约的每日价格最大波动限制是不超过上一交易日结算价±3%。

(七) 最低交易保证金

最低交易保证金也称为维持保证金,按照合约价值计算最低保证金要求。当保证金账户的余额低于交易所规定的最低交易保证金水平时,经纪公司就会通知交易者限期把保证金水平补足到初始保证金水平,否则就会被强制平仓。上海期货交易所阴极铜期货合约的最低交易保证金是合约价值的5%。

(八) 最后交易日条款

最后交易日是指期货合约停止买卖的最后截止日期。每种期货合约都有一定的月份限制,到了合约月份的一定日期,就要停止合约的买卖,准备进行实物交割。例如,芝加哥期货交易所规定,小麦期货的交易时间是每个交易日从芝加哥时间早上9:30到下午1:15,但到期合约最后交易日交易截止时间为当日中午。小麦合约的最后交易日为合约月份15日的前一个交易日。

(九) 交割方式

交割是指合约到期时,按照期货交易所的规则和程序,交易双方通过该合约所载标的物所有权的转移,或者按照规定结算价格进行现金差价结算,了结到期末平仓合约的过程。以标的物所有权转移进行的交割为实物交割,按结算价进行现金差价结算的交割为现金交割。一般来说,商品期货以实物交割为主,金融期货以现金交割为主。

还有一种交割方式称为期货转现货交割,是指两个交易者协商同意同时交易某种现货商品来结清两者期货头寸的一种交易方式。例如,假设交易者A拥有一份铜期货合约的多头,并真的希望买入铜现货。同时,交易者B拥有一份铜期货合约的空头,并拥有铜准备出售。两个交易者通过协商,同意按某一价格交割铜并抵消相互间的全数期货头寸。交易所经过审核,若认为两者的期货头寸(一个多头,一个空头)相互可以匹配,同意两者结清期货头寸,则整个期货转现货交割过程就完成了。

大多数期货合约不会最终进行实物交割或现金交割,原因是大多数交易者在合约规定的交割日到来之前就会选择平仓,对一个合约平仓就是持有一个与初始交易头寸相反的头寸。在6月5日买入1份9月铜期货合约的投机者,可以在7月20日通过卖出1份9月铜期货合约进行平仓;而6月5日卖出1份9月份铜期货合约的另一位套期保值者这可以在8月25日通过买入1份9月份的铜期货合约来进行平仓。

期货交易一般是一种见钱不见物的交易,即所谓"买空卖空"。期货合约实际交割事件非常小见,但期货合约有最终实物交割的可能性才使期货价格与现货即期价格(Spot Price)联系在一起。

二、期货价格的收敛性

随着期货合约临近到期日时,期货价格会逐渐向基础资产的即期价格收敛,这就是期货价格的收敛性;在合约到期时,期货价格会非常接近即期价格,由于交易费用的存在,很少会存在期货价格与即期价格完全相同的情形。

在合约临近到期时,如果期货价格远高于即期价格,投资者就有明显的套利机会：① 卖出一份期货合约(持有空头寸头);② 买入基础资产;③ 进行实物交割。

在合约临近到期时,如果期货价格远低于即期价格,想获得基础资产的投资者就会买入期货合约(持有多头头寸),然后等待空头交割基础资产,这样比投资者直接在现货市场买入基础资产要来的划算。

图 3-6 显示了期货价格收敛于即期价格的情形。

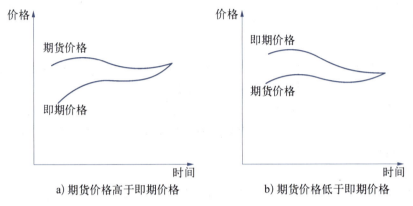

图 3-6 期货交割收敛于现货价格

三、保证金制度和每日结算制

交易所的一个关键职责就是避免发生交易违约,这是设定保证金账户目的。

(一) 保证金制度和每日结算制运作原理

保证金制度和每日结算制是期货市场交易安全的重要保证。与远期交易不同,期货交易是每天进行结算的,而不是到期一次性进行的,这就是所谓的每日结算制。买卖双方在交易之前都必须在经纪公司开立专门的保证金账户,并存入一定数量的保证金,这个保证金也称为初始保证金(Initial Margin)。初始保证金可以用现金、银行信用证或短期国库券等交纳。通常短期国库券可以按其面值的 90% 来代替现金。股票有时也可以代替现金,但通常大约为其面值的 50%。保证金的数目因合约而不同,也可能因经纪人而不同。当交易者结清所有的期货头寸后会退还给交易者。如果交易者是以某一有价证券作为保证金存入,则交易者还将获得该有价证券作为保证金存入期间所孳生的利息。对大多数的期货合约而言,初始保证金通常仅为标的资产价值的 5% 到 10%。因为保证金要求会限制交易者的交易活动,为保持市场的活跃性,通常交易所和经纪人都不希望保证金要求不合理地过高。

在每天交易结束时,保证金账户会根据期货价格的升跌而进行调整,以反映交易者的浮动盈亏,这就是所谓的盯市(Marking to Market)。浮动盈亏是根据结算价格(Settlement Price)计算的。结算价格的确定由交易所规定,它有可能是当天的加权平均价,也可能是收盘价,还可能是最后几秒钟的平均价。

当天结算价格高于上一天的结算价格(或当天的开仓价)时,高出部分就是多头的浮动盈利和空头的浮动亏损。这些浮动盈利和亏损就在当天晚上分别加入多头的保证金账户和从空头的保证金账户中扣除。当保证金账户的余额超过初始保证金水平时，交易者可随时提取现金或用于开新仓，但交易者取出的资金额不得使保证金账户中的余额低于初始保证金水平。当保证金账户的余额低于交易所规定的维持保证金（Maintenance Margin）水平时（维持保证金水平通常是初始保证金水平的75%），经纪公司就会通知交易者限期把保证金水平补足到初始保证金水平，否则就会被强制平仓。这一要求补充保证金的行为就称为保证金追加通知（Margin Call）。交易者必须存入的额外的金额被称为变动保证金（Variation Margin），变动保证金必须以现金支付。

为了更好地理解保证金制度和每日结算制，下面以一个具体例子来说明，具体见表3-2。假定投资者在2014年3月10日与期货经纪商联系，希望买入1份5月份到期的铜期货合约，期货合约的当前价格为每吨47 160元，合约的基础资产为5吨铜。假定经纪商要求的初始保证金比例为8%，即每份铜期货合约需要存入18 864元。

表3-2 一份铜期货合约多头的保证金操作

日 期	期货价格	每日盈利（亏损）(元)	累计盈利（亏损）(元)	保证金账户余额(元)	保证金追加(元)
2014年3月10日	47 260	500	500	19 364	
2014年3月11日	46 050	−6 050	−5 550	13 314	
2014年3月12日	44 650	−7 000	−12 550	6 314	12 550
2014年3月13日	44 590	−300	−12 850	18 564	
2014年3月14日	44 350	−1 200	−14 050	17 364	
2014年3月17日	44 560	1 050	−13 000	18 414	
2014年3月18日	44 800	1 200	−11 800	19 614	
2014年3月19日	44 750	−250	−12 050	19 364	
2014年3月20日	44 910	800	−11 250	20 164	

如果在第1个交易日结束时，期货的结算价格47 260元，建仓当天投资者的盈利为500元（=100×5），保证金账户余额要增加500元，增加至19 364（=18 864+500）元。交易所支付给经纪商500元。

期货价格在第2个交易日结束时结算价格下跌到46 050元，保证金账户余额减少了6 050（=[47 260−46 050]×5）元，减少到13 314（=19 364−6 050）元。同时，期货经纪商必须向交易所支付6 050元，然后交易所将6 050元支付给期货空头的经纪商，最后再支付给期货空头的投资者。

期货价格在第3个交易日结束时结算价格下跌到44 650元，保证金账户余额减少了7 000（=[46 050−44 650]×5）元，减少到6 314（=13 314−7 000）元。这是投资者保证金账户余额已经低于维持保证金要求的水平 11 163 元(维持保证金比例为 5%),投资者会受到保证金追加通知,要求补充 12 550 元保证金,将保证金余额补充到初始保证金 18 864 元的水平。到了 2014 年 3 月 18 日,保证金账户余额为 19 614,高于初始保证金水平,多出部分投资者可以提取现金。

大多数期货经纪商对于保证金账户中的余额支付利息,如果保证金账户提供的利率等于甚至高于其他途径所获得的利率,保证金账户中的余额不能算是交易费用。

对于远期合约,只有在最后到期时才会进行结算,期货合约却每天都需要结算。在每个交易日结束时,投资者的盈利(亏损)会被加入其保证金账户(从保证金中扣除),从而使期货合约的价值变为 0。

对于期货合约,交易所的清算中心会设定初始保证金和维持保证金的最低要求。期货经纪商会要求客户的保证金高于交易所清算中心的规定。保证金的最低数量根据基础资产价格的波动程度来决定的,并且在需要时会加以调整。资产价格波动程度越大,保证金水平也越高。

对保证金的要求还可能取决于交易者的交易动机。对于对冲者而言,其保证金的要求可能会低于对投机者的保证金要求。对短线交易(Day Trade)和差价交易(Spread Transaction)所要求的保证金常常低于对冲交易的保证金。在短线交易中,交易者向期货经纪商明确在同一天会将交易进行平仓。差价交易是指交易者在持有某一交割月份合约的多头头寸时,还同时持有同一基础资产在另一交割月份合约的空头头寸。对于期货空头的保证金要求与对期货多头的保证金要求是一样的,这是由于持有期货的空头头寸与期货多头头寸一样容易。

(二) 清算中心与结算保证金

清算中心(Clearing House)起着中介作用,保证交易双方会履行合约。期货交易的清算是通过清算所进行的。期货交易所的会员中既有清算会员也有非清算会员,而清算所只与清算会员打交道,因此所有的非清算会员都必须通过清算会员进行清算。与经纪人要求投资者开设一定的保证金账户一样,清算所也要求其会员在清算所开设一定的保证金账户,我们称之为清算保证金(Clearing Margin)。与投资者保证金账户的操作方式类似,清算所会员的保证金账户也是实行每日结算制,但对清算所会员来说,只有初始保证金,没有维持保证金。因此,每天每一种合约的保证金账户的余额必须等于每份合约的初始保证金乘以流通在外的合约数。关于流通在外的合约数的计算,也主要有两种方式:或基于总值(Gross Basis),即将客户开的多头总数与空头总数相加;基于净值(Net Basis),即允许多头和空头相互抵消。目前,绝大多数清算所都是基于净值来计算清算保证金的。

图 3-7 则代表了保证金的整个流程。交易者 A 通过一个清算会员进行交易,则该交易者将保证金存入此清算会员,再由其直接存入清算所;交易者 B 通过一个非清算会员进行交易,则该交易者将保证金存入此非清算会员,再由其将保证金存入某一清算会员处,最后再由该清算会员将保证金存入清算所。实际上,大多数大的经纪公司都是清算会员,只有那些在交易所内为其自身账户进行交易的投机者往往不是清算会员,需要通过清算会员来清算。

图 3-7 保证金流程图

(三) 中国期货的保证金制度

我国的期货保证金按性质与作用有所不同,分为结算准备金和交易保证金。

结算准备金是由交易所的会员单位按固定标准向交易所缴纳,为交易结算预先准备的资金;会员结算准备金最低余额为 50 万元。

交易保证金是交易所会员单位或客户在期货交易中因持有期货合约而实际支付的保证金,它又分为初始保证金和追加保证金两类。

我国现行的商品期货,最低保证金比率为合约价值的 5%;五年期国债期货的最低保证金比率为 1%,十年期国债期货的最低保证金比率为 2%,股指期货的最低保证金比率为 8%。在 2015 年股灾期间,股指期货的最低保证金比率一度上升到 40%。

中国期货市场监控中心有限责任公司是于 2006 年 3 月成立的非营利性公司制法人,原名为"中国期货保证金监控中心",于 2015 年 4 月正式更名,注册资本 13.65 亿元。中国期货市场监控中心的重要职能之一是对期货保证金进行安全监控。

四、期货交割与结算

交割期间是由交易所规定的,不同期货合约的交割期间也会有所不同,短的可能就只有一周,长的可以达到一个月。

具体的交割日期是由期货合约的空头来决定,假设期货合约的空头是投资者 A,当投资者 A 决定交割资产时,期货经纪商会向交易所清算中心递交交割意向通知书。交易所会选择持有期货多头头寸的某个交易对手来接受交割。

假定投资者 B 是投资者 A 在期货合约开仓时的交易对手,但是需要注意的是投资者 B 并不一定是接受交割的投资者。通常是交易所将交割意向通知书发送给最终持有期货合约多头头寸的投资者,而该投资者必须接受交割。如果交割意向通知书是可转让的 (Transferable),多头允许有很短的时间(通常为半个小时)去寻找另一位希望接受交割通知的多头投资者。对于商品期货,接受交割通常意味着在收到仓单(Warehouse Receipt)后需要立刻付款,并且接受交割的一方负责仓储费用,对于牲畜还会有喂养费用。对于金融期货,交割一般是通过电子汇款的形式来实现的。

对于所有的期货合约,多头所支付的价格应当为期货合约最后的结算价格。根据交易所规定,价格还要根据资产品级、交割地点等要素加以调整。从发出通知到最后资产的交付,整个交割过程一般需要 2—3 天时间。

期货合约中有 3 个重要的日期,分别是第一交割通知日、最后交割通知日以及最后交易日。

第一交割通知日(First Notice Day)是可以向交易所递交交割意向的第一天;

最后交割通知日(Last Notice Day)是可以向交易所递交交割一项的最后一天；

最后交易日(Last Trading Day)是指期货合约在交易所交易的最后日期，通常会安排在最后交割通知日的几天前。

有些金融期货的结算采用现金形式，这是因为直接交割基础资产非常不方便或不可能。例如，对基础资产为标普500指数的期货合约，基础资产会包括一个500种股票的组合。当合约以现金结算时，所有未平仓的合约都在某个预先指定的日子平仓，最后的结算价格等于基础资产在这一天开盘时或收盘时的即期价格。例如，在芝加哥商业交易所交易的标普500期货合约，事先约定的日期为交割月份的第3个星期五，最终结算价为当日的开盘价。

五、交易指令的类型

交易指令又称交易订单，是指投资者下达给经纪商的按何种价格、何种交易方式交易一定数量合约的订单。

市价指令(Market Order)是以市场上可以得到的最好价格马上进行交易的指令。

限价指令(Limit Order)是指定一个价格，只有在达到该价格时或价格更有利时才能执行这一指令。如果一个投资者想买入资产的限价指令为30美元，这一指令只有在价格小于等于30美元时才会执行；同样，一个投资者向卖出资产的限价指令为30美元，这一指令只有在价格大于等于30美元时才会执行。

止损指令(Stop Order or Stop-loss Order)也指定了一个价格，当买入价或卖出价达到这一价格或价格更不利时指令才会被执行。假定一个止损指令为在30美元时卖出资产，当前资产价格为35美元。在价格跌到30美元时，止损指令就成为了卖出的指令。

限价止损指令(Stop-limit Order)是一个止损指令与限价指令的组合，即在限价止损指令中必须指明两个价格：限定价格(Limit Price)和止损价格(Stop Price)。当交易价格等于止损或比止损价格更糟时，这一指令就变为了限价指令。

假定，目前期货价格为45美元时，一个卖出期货合约的限价止损指令中明确了止损价格为41美元、限定价格为40美元。当市场价格触及41美元时，这一限价止损指令就立刻变成为限价是40美元的卖出指令，这时只要市场价格大于等于40美元，卖出指令就会被执行，从而确保成交价格在40~41美元之间。

触及市价指令(Market-if-touched Order, MIT)是指一旦市场价格到达了客户所事先设定的价格，这份指令就成为市价指令，这时经纪商就应当争取以最优的价格为客户达成交易，但是如果市场价格没有到达设定的价格水平，这份指令就无法生效。

例如，一份触及市价指令是"在93美元买入一份十月份的国债期货合约"，那么只有在市场价格达到了93美元的时候，这个指令才生效，经纪商将尽其所能达成对客户最有利的价格，发出MIT指令的客户希望以比93美元更低的价格买入国债期货合约，但是有可能买入的合约价格比93美元还高。

自行裁定指令(Discretionary Order)或不为市场所限指令(Market-not-held Order)是一种市价指令，但是这种指令允许经纪商自行决定延迟交易以便得到更好的价格。

有些指令限定了执行交易的时间。当天指令(Day Order)会在交易日当天结束时自动取消；限时指令(Time-of-day Order)只能在一天内的某一段时间内才能执行；开放指令(Open Order)或一直有效直至成交指令(Good-till-canceled Order)是只有在成交后才被取消的指令；全部成交或取消指令(Fill-or-kill Order)是指立即按照客户的要求执行，如果设定的最小成交量无法按照委托价或者更好的价格成交，那么就取消整个交易指令。

六、期货市场的监管

(一) 监管机构

1. 美国期货市场监管机构

目前美国的期货市场是由商品期货交易委员会(Commodity Futures Trading Commission，CFTC)负责监管，该委员会是联邦政府级的机构，成立于1974年，为了维护公众的利益，委员会的职责包括：确保有关期货价格信息及时传递给公众；当期货交易者的头寸超出某一水平时，交易者必须向该委员会报告其所持有的未平仓期货头寸；向所有为公众提供期货服务的个人颁发执照，并且调查这些个人的背景，同时对这些个人做出最低资本金的要求。处理公众投诉，如果投诉内容属实，会对相关个人采取某些惩罚措施，并有权要求交易所对违反规则的会员进行惩罚。

自美国全国期货业协会(National Futures Association，NFA)于1982年成立以来，商品期货交易委员会的一部分职责就转给了期货协会。NFA是期货从业人员的自发性组织，其目的是为了防止欺诈并确保市场运作符合公众的利益。NFA有权监测交易并在适当的时候采取惩罚措施，该协会建立了一套有效的针对个人与会员之间纠纷的仲裁机制。

然而，在2010年奥巴马总统签署的《多德-弗兰克法案》(Dodd-Frank Act)中，扩大了商品期货交易委员会的权利。该委员会最近宣布了一项规定，要求所有能标准化的场外衍生品必须通过交换契约执行场所(Swap Execution Facility)来完成，并要通过中央交易对手方进行结算。

2. 我国期货行业的监管体系

根据《期货交易管理条例》《期货公司监督管理办法》，我国构建由中国证监会、中国证监会地方派出机构、中国期货业协会、期货交易所和中国期货市场监控中心共同参与的期货行业"五位一体"的监管体系。

中国证券监督管理委员会(简称"中国证监会")是国务院直属事业单位，依照法律、法规和国务院授权，统一监督管理全国期货市场，维护期货市场秩序，保障其合法运行。

中国证监会设立36个证券监管局，以及在上海、深圳设立了证券监督专员办事处。在中国证监会的授权下，中国证监会地方派出机构对辖区内的期货经营机构，期货投资咨询机构，以及律师事务所、会计师事务所、资产评估机构等中介机构的期货业务活动进行监督管理，查处辖区内的期货违法、违规案件。

中国期货业协会成立于2000年12月29日，是根据《社会团体登记管理条例》设立的全国期货行业自律性组织，为非营利性的社会团体法人。

(二) 违规交易

当某家机构"操纵市场"时，就会出现违规交易行为。最著名的违规案例是1979—1980年亨特(Hunt)兄弟操纵白银市场的交易行为，以及2015年期间中国股指期货操纵行为。

例如，某机构持有大量期货的多头头寸，并试图对基础资产的供给进行某种控制。随着期货合约到期日的临近，该机构并没有对头寸进行平仓，因此未平仓的期货数量可能会超出能够用于交割的基础资产数量。这时，空头们意识到难以履行交割，从而为了平仓而变得绝望，结果是期货价格和即期价格急剧上升。

监管当局处理市场上这类违规事件的方法通常是增加保证金、设定更严格的头寸限额、禁止投机者增加未平仓头寸的交易以及强迫市场参与者平仓等。其他的违规交易可能会涉及交易所大厅里的交易员。

2015年股灾期间，期货市场出现异常巨幅波动，有一家名为伊世顿国际贸易有限公司的神秘外贸公司通过非法渠道及高频交易操纵股指期货市场赚取暴利。2017年6月，法院对伊世顿公司以操纵期货市场罪判处罚金人民币3亿元，没收违法所得人民币3.893亿元，并对相关人员处以刑罚。

第三节 股指期货市场

一、股指期货市场的发展简史

(一) 美国股指期货市场的产生和发展

20世纪70、80年代，西方各国受石油危机的影响，各国先后出现了经济滞涨、增长放缓、物价飞涨的局面。股票市场价格大幅波动，股市风险日益突出。美国股市经历了战后最严重的一次危机，道琼斯指数跌幅在1973—1974年的股市下跌中超过了50%。股票投资者迫切需要一种能够有效规避风险，实现资产保值的手段。在这一大前提下，股指期货应运而生。

美国股指期货市场作为世界主要的股指期货市场，引领了全球股指期货市场的发展，其发展过程大致可以分为崭露头角、饱受指责、重新认识与积极发展四个阶段。

1. *应需而生、崭露头角——股指期货发育的初级阶段(1982—1986年)*

1982年2月堪萨斯期货交易所推出了历史上第一份股价指数期货合约——价值线指数期货合约。早在1977年，美国密苏里州的堪萨斯谷物交易所就向美国商品期货交易委员会提出了开办股价指数期货交易的申请，但由于商品期货交易委员会与证券交易委员会关于股指期货交易的管辖权存在争执，同时交易所也未能就使用道·琼斯股票指数达成协议以及交割技术上的难题等，该报告迟迟未获通过。直到1982年2月，股指期货上市途中的障碍才真正被扫除，堪萨斯谷物交易所推出了第一份股价指数期货合约——堪萨斯价值线股价指数期货(KANSAS City Value Line Index Futures)合约。

该合约一经推出，当年的交易量就超过了35万份，获得了巨大的成功。随后，美国其他交易所也相继推出了各自的股价指数期货合约。1982年4月,芝加哥商业交易所(CME)推出了S&P 500股价指数期货合约,5月纽约期货交易所(NYFE)分别推出了纽约证券交易所综合指数(The New York Stock Exchange Composite)期货合约,1984年7月芝加哥期货交易所(CBOT)开办了"主要市场指数"期货(Major Market Index Futures)交易。到1984年,股价指数期货合约的交易量就已占到全美国所有期货交易量的20%以上。

2. 饱受指责与批评——股指期货成为1987年股灾的"替罪羊"(1987—1989年)

1987年10月份美国爆发了严重的股灾,随后人们潜意识中对衍生品市场的害怕与不信任占据了主导地位。美国政府成立了以当时的财政部长布雷迪为首的总统工作小组,对这次股灾进行研究与反思,这一小组于1988年发布的《布雷迪报告》提出了对股指期货的质疑。报告认为,1987年的股市崩溃主要是由指数套利和组合保险这两类交易在股票指数期货和现货市场相继推动而造成的。

1987至1989年间,美国政府还对期货交易所进行了秘密调查,FBI在CME和CBOT的交易大厅都派出了联邦密探。这些密探记录下交易商们在交易席位上、酒吧、餐馆、健身房甚至在家中的谈话。许多交易商被指控参与了范围甚广的欺诈客户、操纵市场等犯罪行为,但在最终审判结束之后,都被证明是捕风捉影。美国司法部对股指期货交易的调查给期货行业蒙上了一层阴影,也催生了更为严格的交易法规和执行条例,股指期货的发展遭遇了瓶颈期。

在政府有关部门的高强度的监管过程中,1986—1989年间,随着股指期货市场市场效率仍然大幅提高,股指期货作为动态套期保值交易工具被广泛使用,即通过动态套期保值技术,实现投资组合保险,利用股价指数期货来保护股票指数投资组合的跌价风险。另外,股指期货因为其流动性强,交易成本低,市场效率高等特点,成为了策略性资产分配重要工具。

3. 再认识与新态度——股指期货不是导致金融危机的原因(1990—2000年)

随着时间的推移和研究的深入,大家逐步认识到股指期货和金融危机之间并没有因果关系。金融衍生品本身并没有错,关键是如何进行合理使用和有效监管。多次风险事件的发生使人们感受到了衍生品交易的巨大破坏力,但商业机构本身缺乏有效的内控机制才是使其遭遇灾难的主要原因。

1991年,以诺贝尔经济学奖得主莫顿·米勒(Merton Miller)为首的工作小组经过大量详实的调查,否定了《布雷迪报告》中关于股指期货引致股灾的结论,认为1987年的股灾和1929年的股市"崩盘"并没有本质区别,都是宏观经济问题累积以及股票市场本身问题导致,不是由股指期货市场引起。事实上,全球股市在1987年股灾那天都出现了下跌,而跌幅最大的一些股市恰恰是在那些没有股指期货的国家,如墨西哥。同时,学术研究一致认为没有找到波动性和程序交易之间有什么必然联系,指数套利程序交易无须对混乱的市场情况负责。股指期货是标准化的风险管理工具且由交易所或清算所充当所有买方和卖方的中央对手方,透明度高、流动性好、信用风险极低、监管严格,难以成为欺诈的工具,股指期货更不是导致股灾发生的罪魁祸首!

前美联储主席格林斯潘在美国众议院关于1987年股灾的一次演讲中曾发表讲话:

"……许多股票衍生产品的批评者所没有认识到的是,衍生市场发展到如此之大,并不是因为其特殊的推销手段,而是因为给衍生产品的使用者提供了经济价值。这些工具使养老基金和其他机构投资者可以进行套期保值,并迅速与低成本地调节头寸,因此在资产组合管理中衍生工具起了重要的作用。"

4. 肯定认同与积极发展——股指期货是风险管理的有效工具并对稳定金融市场、化解金融危机发挥了积极作用(2001年至今)

2001年发生的"9·11"事件极大地促使人们转变了对金融衍生品的认识。面对这样一场突如其来的灾难,全世界都陷入了巨大的恐慌之中,而衍生品的风险管理功能越发显现出重大的现实意义,有效运用衍生品与积极防范风险成为人们的共识。"9·11"事件之后的一个星期,NYSE股票交易停止,CME的标普500指数期货也暂停交易。在周一恢复开盘之后,股市由于恐慌因素而难以成交,但同时标普500指数期货交易量与持仓量均大幅度增加,说明在极端条件下市场参与者对风险管理工具需求强烈。

同样的情况还发生在2008年的"次贷危机"中。2008年金融危机中,全球股指期货市场表现尤为出色,不但自身运行平稳,还保持充沛流动性,充分发挥避险功能,承接大量股市抛压,成为风暴中难得的避风港。事实胜于雄辩,每当市场出现极端系统性风险时,股指期货市场都成为了股票市场的风险泄洪渠和投资者首要的避险逃生通道。2008年金融危机由次级贷款及不受监管的场外衍生品引发,但以股指期货为代表的场内标准化衍生品却充分体现了在风险对冲、稳定市场等方面的积极作用。

股指期货之所以能成为避风港和逃生舱,是因为多数股票市场都上市有多达几千只股票,一旦发生系统性的恐慌,个股极易发生流动性枯竭的现象。然而,股指期货是以市场指数为标的的标准化合约,既有广泛的市场代表性,又采用保证金制度、具备杠杆属性,这使参与各方得以用有限的资金维持一个有高度流动性的市场,在极端行情发生时,为避险对冲提供宝贵的平台。这恰恰就是股指期货的魅力所在。

美国前财长萨默斯在2000年3月17日第25届国际期货业年会的演说中指出:"在美国经济过去十年的成功发展中,期货业发挥了关键的作用……作为广义金融市场的核心,金融衍生品市场在促进价格的有效发现和分散风险方面发挥着关键的作用。金融衍生品市场是改革的一个重要标志,是促进美国金融体系健全的有力工具。"

格林斯潘曾高度评价金融衍生品:"金融衍生品市场的风险对冲功不可没。金融期货具有一种与生俱来的化解各种风险的能力,并将这些风险分配给那些最具有能力且又愿意承担风险的投资者。这种化解和转移风险的过程改善了市场形成各种金融产品价格和资产价格的机制……合理的、非扭曲的金融产品和资产价格信号将有利于促进企业家更合理地分配实物资产资源,从而创造出在消费者看来最有价值的产品和服务。毫无疑问,这一过程提高了生产力,改善了人们的生活水平,金融衍生市场本身的附加值来自提升财富创造过程的能力。因此,不仅单个金融机构对抗内在风险因素的打击能力加强,而且,风险的承受面也将拓展,既有银行业系统,又有其他种类的中介单位和机构投资者,整个金融系统也变得更加具有弹性。"

20世纪90年代以来,美国为什么能够成功实现经济转型,引领全球新经济发展并始终保持创新领域的核心竞争力?关键因素在于金融市场的强大支撑和造血功能。美国已经形成了三大金融中心：纽约是以股票、债券、大型银行为主的传统金融中心；旧金山湾区是孵化科技创新的风险资本中心；而芝加哥凭借世界级的大宗商品和金融期货市场成为美元资产的风险管理中心。这三大中心携手并举，为企业创新提供融资平台和风险管理平台。美国经验充分表明，融资与风险管理并驾齐驱，才能成为金融支持实体经济转型发展的重要制度保障。

在美国，经过多年的发展，股指期货品种日益丰富，已经建立了以标普500为代表的大盘蓝筹指数期货、以标普400为代表的中盘股指数期货、以罗素2 000为代表的小盘股指数期货，以及以纳斯达克100为代表的新兴产业指数期货等完善的股指期货与期权产品体系。2015年，CME的迷你标普500指数期货成交量为4.30亿张合约，排名全球第一。

(二) 其他发达国家和新兴市场股指期货市场的发展和现状

1. 发达国家股指期货市场的发展和现状

股价指数期货在美国的成功推出和迅速发展，也引起世界上其他国家和地区的极大关注，纷纷效仿。例如，1983年2月，悉尼期货交易所（Sydney Futures Exchange — SFE）推出了以"澳大利亚证券交易所（ASE）股价指数"为基础的股价指数期货交易，成为美国以外第一个推出股指期货的国家；1984年1月和5月，加拿大多伦多期货交易所（Toronto Futures Exchange — TFE）和英国伦敦国际金融期货交易所（LIFFE）分别推出了"多伦多证券交易所300种股价指数"期货交易和"金融时报-证券交易所100种股价指数"期货交易。

在欧洲，各主要发达国家也均有自己的股指期货产品系列，包括英国富时100指数期货、法国CAC40指数期货、德国DAX指数期货、意大利MIB30指数期货等等，但最具代表性、成交最活跃的股指期货是德意志交易所集团子公司欧洲期货交易所（Eurex）的欧元区Stoxx 50（Euro Stoxx 50）指数期货。Stoxx 50指数为在欧员区的多国资本市场上市的50只超级蓝筹股组成的市值加权平均指数。2015年，Stoxx 50指数期货的成交量全球排名第二，达到3.42亿张。

在日本，大阪证券交易所（OSE）1988年上市日经225指数期货，同时东京证券交易所上市TOPIX指数期货。日经225指数和TOPIX指数的重大差别在于，前者是成份股价格算数平均指数，而后者是成份股市值加权平均指数，这导致了以二者为标的的期货交易在参与者结构方面的较大差异。目前，日本最受欢迎的股指期货是小型日经225指数期货，2015年总成交量高达2.47亿张，全球排名第四。

2. 新兴市场股指期货的发展和现状

上世纪80年代以来，为适应国际金融自由化和资本市场一体化的趋势，增强本地区资本市场对境内外投资者的吸引力，香港、新加坡、巴西、韩国、南非、墨西哥、印度、俄罗斯、土耳其等新兴市场陆续上市了股指期货，逐渐形成各具特色的股票衍生品市场体系，推出了在全球范围内具有影响力的成功产品。

香港期货交易所于1986年5月6日推出了著名的恒生指数期货交易，为了适应不断发展的市场需求，香港交易所后来又推出了恒生100期货、恒生分类指数期货、H股指数期货、红筹指数期货、股票期货、股票期权等品种。香港股指期货市场发展较早，经历了1987年股灾、1998年亚洲金融危机和香港金融保卫战及2008年金融危机的洗礼，也经受了多次波折。目前，香港成交最活跃的指数期货仍然是恒生指数期货，2015年总成交量

2 124万张,跻身全球股指期货成交量排名前三十。

韩国的金融衍生品创新起步晚但发展快,韩国交易所(KRX)于1996年推出KOSPI 200股指期货,短短1年后就上市了KOSPI 200的指数期权,均获得了很大的成功。2015年,在全球股指期货成交量排名中,KOSPI 200指数期货位列第十四,年成交量达3 952万张。

在新加坡,股指期货的发展历程则体现出这一产品独特的"非专属性"。在激烈的市场竞争中,以新加坡交易所为代表,许多国家和地区的交易所以增大市场份额、提升国际影响力为目的,争相上市周边地区的股指期货合约。新加坡交易所(SGX)将上市以周边市场股票指数为标的的期货、期权合约作为自己的发展战略,以巩固新加坡的金融中心地位。目前,在新加坡交易所上市交易的股指期货系列中,大多数是以其他国家或经济体的股票指数作为标的,包括标普CNX Nifty印度股指期货、欧元区Stoxx 50股指期货、新华富时A50指数期货、日经225股指期货、MSCI台湾股指期货、MSCI香港股指期货、道琼斯泰国股指期货、马来西亚股指期货及菲律宾股指期货,另外还有反映整个亚洲股票市场的MSCI亚洲APEX 50指数期货。2015年,新华富时A50股指期货为新加坡交易所交易最活跃的股指期货合约,年成交量达9 585万张。

股指期货在各新兴经济体中的发展道路各不相同,但在金融市场的创新与发展道路中,不同程度地发挥着完善产品体系、提升股票市场运行质量、增加市场的深度与承载力等功能,同时在日益复杂的国际经济环境下,也是各发展中国家保障金融安全的重要战略。股指期货作为基础性的金融衍生产品,已经成为一个产品体系完善、市场功能完备的金融市场不可或缺的重要组成部分。发展股指期货,是金融市场走向开放与创新之路的必然选择,也是走向成熟的必由之路。

(三)我国股指期货市场的发展和现状

1. 我国股指期货的发展历史

我国最早在1993年3月第一次在"海南证券交易中心"发布了"深圳综合指数深圳A股指数"股指期货合约。但这次股指期货交易尚未得到有关国家有关部门的批准,属于当地越权审批,很快被关闭。

2006年9月,经国务院同意,委员会批准设立中国金融期货交易所。随后,中国金融期货交易所完成了沪深300指数期货合约设计,监管及股指期货交易的技术工作。2010年1月,国务院同意进行证券公司融资业务试点和引进股指期货品种。最终,2010年4月16日,沪深300股指期货在中金所正式上市运行;随后在2015年4月16日推出了中证500股指期货和上证50股指期货。

2. 股指期货和2015年股灾

与美国1987年股灾发生后对股指期货的责难一样,2015年7月中国股灾发生以后,社会各界也对中国股指期货在股灾发生过程中所起到的"推波助澜"的作用产生了各种质疑和责难,认为股指期货是加剧市场下跌的重要因素之一。作为救市政策的一环,中金所接连采取多项措施,收紧股指期货,提高保证金比例和交易成本,降低杠杆。在多项收紧措施的影响下,股指期货品种成交活跃度也大幅下滑。

2015年,中国股指期货曾经历渐进式收紧的过程。

2015年7月8日,中金所宣布自2015年7月8日结算时起,中证500股指期货各合约的卖出持仓交易保证金由合约价值的10%提高到20%(套期保值持仓除外);自2015年7月9日结算时起,中证500股指期货各合约的卖出持仓交易保证金进一步提高到合约价值的30%(套期保值持仓除外),拉开了中金所收紧股指期货交易的序幕。

2015年7月31日,中金所宣布自2015年8月3日起,调整股指期货手续费标准,交易手续费标准调整为成交金额的万分之零点二三。

2015年8月25日,中金所宣布将股指期货各合约平今仓交易手续费标准调整为成交金额的0.015%。同日中金所还宣布,用3个交易日时间将沪深300和上证50股指期货各合约的非套期保值持仓的交易保证金由10%提高到合约价值的20%,将中证500股指期货各合约的非套期保值持仓的买入持仓交易保证金由10%提高到20%。

2015年8月28日,中金所宣布将沪深300和上证50股指期货各合约的非套期保值持仓的交易保证金,由合约价值的20%提高到30%,中证500股指期货各合约的非套期保值持仓的买入持仓交易保证金,由合约价值的20%提高到30%。

2015年9月2日,中金所进一步加大市场管控,严格限制市场过度投机,规定股指期货单个产品、单日开仓交易量限制在10手以内。同一天,中金所宣布将沪深300、上证50、中证500股指期货各合约平今仓交易手续费标准调整为成交金额的0.23%。此外,三个期指合约非套期保值持仓的交易保证金标准,由合约价值的30%提高到40%;各合约的套期保值持仓的交易保证金标准,由合约价值的10%提高到20%。

2017年2月,对上述过度监管的措施做了一些松绑。自2017年2月17日起,将股指期货日内过度交易行为的监管标准从原先的10手调整为20手,套期保值交易开仓数量不受此限;沪深300、上证50股指期货非套期保值交易保证金调整为20%,中证500股指期货非套期保值交易保证金调整为30%(三个产品套保持仓交易保证金维持20%不变);将沪深300、上证50、中证500股指期货平今仓交易手续费调整为成交金额的0.092%。不过,从本次松绑后保证金比例和手续费标准来看,仍较2015年股灾救市前高出不少,对股指期货的实际刺激作用可能有限。

股指期货在2015年股灾中究竟起到什么样的作用,至今为止社会各界没有形成较为一致的观点。对股指期货的各种怀疑仍然是我国股指期货发展中的一大桎梏。

二、股价指数期货的交易机制

(一)股价指数期货的内涵

所谓股价指数期货(Stock Index Futures),是指由交易双方签订的,约定在将来某一特定时间和地点交收"一定点数的股价指数"的标准化期货合约,亦即是以股价指数为交易标的的一种期货合约。

(二)股价指数期货交易的特点

与其他的金融期货以及股票交易相比,股价指数期货的交易具有以下四个特殊性。

1. 特殊的交易形式

股价指数期货交易兼有期货交易和股票交易的双重特征。它是一种没有股票的股票交易,其交易标的——股价指数期货合约的价格也与整个股票市场价格同步变动,同样要承担股票价格波动所带来的风险等。但是,与进行股指所包括的股票的现货交易相比,股指期货提供了更为方便的卖空交易方式和较低的交易成本,其杠杆比率和市场流动性都明显高于现货股票市场。

2. 特殊的合约规模

与外汇期货和利率期货不同,股指期货的交易单位或合约规模不是交易所依不同的交易品种和合约月份而制定的固定金额,而是由变量的指数"点"和每个指数"点"所代表的价值来共同决定的。

3. 特殊的避险功能

外汇期货和利率期货交易仅能回避其各自的非系统性风险,而股指期货的诞生则主要是用于回避股票市场的系统性风险。

4. 特殊的结算方式和交易结果

股指期货合约代表的是虚拟的股票资产,而非某种有形或具体的股票。因此,合约到期时,交易双方只要交付或收取根据结算价与开仓时股指差价所折成的一定金额的货币即可,即采用现金结算的方式,而勿须也无法进行实物交割。同时,也正是由于股指期货交易并未发生实际的股票收付,故交易中也不会发生任何股东权利和义务的转移。

(三) 股指期货合约规定

与一般的期货合约类似,期货合约的标准化条款包括合约名称、基础资产(标的资产、交易品种)、合约规模(交易单位)、报价单位、最小变动价位、每日价格最大波动限制、合约交割月份、交易时间、最后交易日、交割日期、最低交易保证金、交易手续费、交割方式、交易代码等要素。要素内涵和一般的期货合约也是一样的,我们下面只对六项特殊的要素做一些说明。

1. 标的指数

股指期货的合约标的就是股票指数。所谓股票价格指数,简称股价指数,是运用统计学中的指数方法编制而成的,反映股市中总体股价或某类股价变动和走势情况的一种相对指标。股价指数的计算方法主要有算术平均法和加权平均法两种。

股指期货推出早期,境外大多数标的指数选择并没有经过严格的论证,标的指数选择主要取决于以下四个因素:市场规模、股市结构、指数历史以及偶然性原因。然而,随着发达国家推出股指期货的经验积累,同时也是为了增加首只股指期货成功的可能性,新兴市场选择股指期货标的指数一般会经过较为严格的论证。

2. 合约单位

股指期货的合约单位即合约规模不是固定的金额,而是标的股价指数与既定的金额的乘积。如表 3-2 中如中国金融期货交易所交易的沪深 300 股指期货合约的结算价格为 1 200 点,每点所代表的价值为 300 元,所以每份合约的价值就为 360 000 元(1 200×300 元=360 000 元)。

3. 最小变动价位

股指期货的报价以及最小变动价位(即刻度)也用"点"来表示。与货币期货合约和利率期货合约的"点"不同,此处的"点"我们称为"指数点"。例如,沪深 300 股指期货合约的最小变动价位是 0.2 个指数点,每个指数点的价值是 300 元,所以每份合约的最小变动价值就为 60 元。

4. 最大价格波动幅度

自 1987 年 10 月的美国股灾之后,绝大多数交易所均对其上市的股指期货合约规定了每日价格波动幅度限制,但各交易所的规定在限制的幅度以及限制的方式上都各不相同,并时常根据具体的情况进行调整。

5. 保证金

股指期货也有初始保证金和维持保证金的要求。保证金要求也可以根据市场情况的变化而动态调整。

6. 交割方式

由于股价指数本身就是一种价格,而非股票实物,股指期货交易就不能像其他期货交易那样到期进行实物交割。因此,在股指期货的结算中,也引进了欧洲美元期货交割时所采用的现金结算方式,即在合约到期日,买卖双方只需根据结算价计算出交易的盈亏,通过会计帐务处理借记或贷记保证金账户以进行结算(表 3-2)。

表 3-2 沪深 300 股指期货合约要素

沪深 300 股指期货合约表			
合约标的	沪深 300 指数	最低交易证金	合约价值的 8%
合约乘数	每点 300 元	最后交易日	合约到期月份的第三个周五,遇国家法定假日顺延
报价单位	指数点	交割日期	同最后交易日
最小变动价位	0.2 点	交割方式	现金交割
合约月份	当月、下月及随后两个季月	交易代码	IF
交易时间	上午:9:30—11:30,下午:13:00—15:00	上市交易所	中国金融期货交易所
每日价格最大波动限制	上一个交易日结算价的 ±10%		

第四节 利率期货市场

一、利率期货的概念

(一) 利率期货的内涵

所谓利率期货(Interest Rate Futures),是指由交易双方签订的,约定在将来某一时间按双方事先商定的价格,交割一定数量的与利率相关的金融资产的标准化期货合约。

(二) 利率期货交易的特点

利率期货交易具有金融期货交易的全部共性,如固定的交易场所,标准化的期货合约,多采用现金交割等。但其本身也存在着诸多有别于其他金融期货交易的独特之处,主要表现在以下三个方面。

1. 特殊的交易对象

利率期货交易的交易对象并不是利率,而是某种与利率相关的特定的金融证券或支付凭证,如国库券、债券、大额定期存单、欧洲美元存款证等,其标的资产的价格通常与实际利率成反方向变动。

2. 特殊的报价方式

利率期货交易采用独特的"指数"报价方式。虽然叫做"指数"(Index),但与人们比较熟悉的指数(即价格平均数),特别是股价指数没有什么关联或关联不大。而表示期货合约价格的最小基数"点"(point),也与货币期货报价的点或股指期货报价的点均有不同。

3. 特殊的交割方式

例如,中长期国债期货合约的交割方式复杂而特殊,与其他金融期货有不少不同之处。

二、利率期货的种类

利率期货虽然产生的时间较晚,但由于应用范围广泛及其规避利率风险的有效性,刚一投入市场便受到了广大投资者的推崇。目前全球期货市场上的利率期货种类繁多,通常按照合约标的的期限长短,利率期货可以分为短期利率期货和长期利率期货两大类。短期利率期货又称货币市场类利率期货,即凡是以期限不超过1年的货币市场金融工具作为交易标的的利率期货均为短期利率期货,如短期国库券(Treasury Bill,简称 TB)期货合约、欧洲美元(Euro-Dollar)期货合约、商业票据(Commercial Paper)期货合约、大额可转让存单(CDs)期货合约等。长期利率期货又叫资本市场类利率期货,即凡以期限超过1年的资本市场金融工具作为交易标的的利率期货均为长期利率期货,如各种中期国债(Treasury Notes)期货合约、长期国债(Treasury Bonds)期货合约等。

由于设计、需求等各方面的因素,也并非所有推出的利率期货合约都获得了成功。在现存的众多利率期货品种中,交易呈现集中的趋势。以美国为例,目前几乎所有重要的、交易活跃的利率期货都集中在以下两个交易所:芝加哥期货交易所和芝加哥商业交易所(国际货币市场分部)。这两个交易所分别以长期利率期货和短期利率期货为主。在长期利率期货中,最有代表性的是美国长期国债期货和10年期美国中期国债期货,短期利率期货的代表品种则是3个月期的美国短期国库券期货和3个月期的欧洲美元定期存款期货。

目前,世界主要利率期货交易品种见表3-4。

表3-4 世界主要利率期货交易品种

合 约 种 类	交易所	最小变动价位 (最小变动值)	合约规模	合约月份
长期美元国债期货合约	CBOT	1/32 点 (31.25 美元)	100 000 美元	3、6、9、12
10 年期美元中期国债期货合约	CBOT	0.5/32 点 (15.625 美元)	100 000 美元	3、6、9、12

续　表

合约种类	交易所	最小变动价位（最小变动值）	合约规模	合约月份
5年期美元中期国债期货合约	CBOT	0.5/32点（15.625美元）	100 000美元	3、6、9、12
2年期美元中期国债期货合约	CBOT	0.25/32点（15.625美元）	200 000美元	3、6、9、12
90天美元国库券期货合约	CME	0.01点（25美元）	1 000 000美元	3、6、9、12
3个月欧洲美元期货合约	CME	0.01点（25美元）	1 000 000美元	3、6、9、12
1个月Libor期货合约	CME	0.005点（12.5美元）	3 000 000美元	连续12个月
3个月欧洲美元期货合约	SIMEX	0.01点（25美元）	1 000 000美元	3、6、9、12
3个月欧洲日元期货合约	SIMEX	0.005点（12.5日元）	1 000 000日元	3、6、9、12
3个月欧洲美元期货合约	LIFFE	0.01点（25美元）	1 000 000美元	3、6、9、12
3个月英镑利率期货合约	LIFFE	0.01点（12.5英镑）	500 000英镑	3、6、9、12
5年期人民币国债期货合约	CCFE	0.005（50元）	100万元人民币	3、6、9、12
10年期人民币国债期货合约	CCFE	0.005（50元）	100万元人民币	3、6、9、12

三、境外利率期货市场的产生和发展

20世纪70年代开始，美国财政赤字和国债规模日益扩大，通货膨胀严重，随着国际经济金融形势的变化，利率的波动也更为频繁和剧烈，给企业尤其是金融机构的生产经营带来了极大的风险。面对日趋严重的利率风险，各类金融商品持有者，尤其是各类金融机构迫切需要一种既简便可行、又切实有效的利率风险管理工具。利率期货正是在这种背景下应运而生的。

1975年10月，美国芝加哥期货交易所（CBOT）推出了世界上第一张利率期货合约——政府国民抵押协会抵押凭证（Government National Association Certificate）。尽管由于交割对象比较单一，流动性不强，发展受到一定限制，但在当时已经是一种重大的创新，开创了利率期货的先河。在这之后，为了满足投资者回避短期利率风险的需要，1976年1月，芝加哥商业交易所国际货币市场分部（IMM）先后于1976年1月和1981年12月推出了3个月期美国短期国库券期货合约以及3个月期欧洲美元定期存款期货合约，都

获得了巨大的成功。此外,在利率期货发展历程上另外一件具有里程碑意义的重要事件是,1977年8月22日美国长期国债期货合约在芝加哥期货交易所上市,满足了对中长期利率风险进行保值的广大交易者的需要,也受到了普遍的欢迎,以致美国财政部发行新的长期国债时,都刻意选择在长期国债期货合约的交易日进行。至今为止,10年期国债期货合约不仅是CBOT成交最活跃的品种,同时也是全世界交易最活跃的合约之一。

在美国,中长期利率期货主要集中于芝加哥商业交易所商业集团下的芝加哥期货交易所(CBOT)中,而短期利率期货交易则主要集中于芝加哥商业交易所(CME)中,这两个交易所基本上垄断了全美国的国债期货市场。在期货市场管理方面,形成了政府监管、行业自律管理以及交易所自我监管从上而下、分层次监督管理的三级监管体系,法律法规方面,美国实行先推出相关交易法修正案,再推出国债期货交易品种的方法,其国债期货交易法规体系由国家期货交易管理法规和期货交易规则(条例)组成,从而确保了国债期货市场的规范化法制管理及交易的有序进行。

虽然相对于英国、德国、法国等欧洲的发达国家,美国进行利率市场化较晚,但美国国债期货的成功,带动英国、法国、德国、日本、澳大利亚等国家也陆续开始推出各种国债期货合约。英国于1982年成立伦敦国际金融期货交易所,11月推出英国长期国债期货交易合约,随后还推出包括美国、日本、德国等国国债期货。不同于美国的期货交易所拥有自己的结算部门,英国的结算公司独立于期货交易所,即伦敦结算所可以同时为伦敦不同的交易所进行结算,有利于各类风险的分散。英国期货市场管理亦实行三级监管体系,但相对于政府的直接干预,更侧重于交易所及行业自律来保证交易的顺利进行。日本从1985年开始推出国债期货交易,同时日本的国债期货亦在国外交易所如LIFFE、CBOT、CME等上市,但在日本国内交易所的交易量最大。日本期货交易管理体系亦实行三级监管体制,其保证金管理系统使用CME的SPAN系统,最大程度地降低对保证金的要求以提高资金的使用效率。法国、澳大利亚、新加坡等国家也相继开办了不同形式的利率期货合约。中国香港则于1990年2月7日在香港期货交易所正式推出了香港银行同业3个月拆放利率期货合约。

目前在期货交易比较发达的国家和地区,利率期货都早已超过农产品期货而成为成交量最大的一个类别。在美国,利率期货的成交量甚至已占到整个期货交易总量的一半以上。

四、中国国债期货市场发展历史与现状

(一) 历史教训

1. 314事件

"314事件"的主角是314国债期货合约,合约标的是上交所于1992年发行的5年期国库券,合约到期日为1994年9月30日。

事件始于1994年8月到9月,中国经济开发信托投资公司(简称"中经开")经分析后发现,我国国债期货市场规模很小,1992年5年期国债现券发行量在100亿元左右,这在当时算小规模的发行量,同时其在市场中的流通量才只有10亿元左右,且现券分散,在期货市场上多头位置将变得十分有利,若做空方且规模较大的话,很难有足够的现券支撑,如果大量采购现券进行交收,必然会导致现券价格的大幅上涨,而做多只需有资金就足够,资金的供应对现券来讲十分充裕,因此多方必然优于空方。从9月16日开始到30日

的最后一个交易日,多(中经开、万国证券等大国企)空(主要为辽国发)双方几经博弈,导致多空持仓限额都大幅超限,上海证券交易所通过强制平仓来抑制市场非理性过热。上交所在处理这件事情中,结果明显偏向于空方,但其并未意识到 314 合约的空方(辽国发)在交收时并无足够的 092 券付给多方,其在证券托管中心的开具的代保管单部分为虚假空单,实际辽国发透支债务已达近 5 亿元。辽国发从 2 月起,以各种名义通过 28 家券商的 38 个席位进行国债回购融资业务,除部分存入国债实物券作融资抵押外,还使用大量的武汉证券交易中心江西分库、沈阳分库开出的代保管单以及天津证券交易中心的 1995 年 3 年期国债认购单作抵押,套取资金,这就埋下了给上海证交所和上海证券中央登记公司带来多年坏账噩梦的祸根。这也使 314 事件更像是为 327 事件及其之后一系列国债期货市场风险事件的爆发所做的一次的彩排。

2. 327 国债事件

"327 国债"指的是在上海证券交易所上市交易的"310327"国债期货合约,其对应标的券种是 1992 年发行 1995 年 6 月到期兑付的 3 年期国库券,发行总量 240 亿元人民币。

我国国债期货交易最先于 1992 年 12 月 28 日在上海证券交易所开始交易,刚开始共推出 12 个品种的国债期货合约,并且仅向机构投资者开放,市场反应并不热烈,交易十分冷清。1993 年 7 月 10 日,财政部颁布了《关于调整国库券发行条件的公告》,决定对国债实施保值补贴,加上交易所对国债期货交易品种及交易机制进行了重新设计,并向个人投资者开放,国债期货市场开始变得活跃起来。由于保值贴补率的不确定,造成国债期货的收益率亦跟随着利率频繁大幅变动,大量的投资投机者涌入债市,一时之间市场异常火爆,仅 1994 年全国国债期货市场的年总成交量就高达 2.8 万亿元,占上海证券市场全部证券成交额的 74.6%。

327 国债的行情从 1994 年 10 月开始,不到两个月的时间内价格从 135 元上涨至 146 元,但在 12 月之后,327 国债进入了多空争夺战,虽然买盘卖盘大幅增加,但价格一直胶着。1995 年 2 月 327 国债价格一直徘徊于 147 元到 148 元之间,多空双方博弈财政部是否会调整债券利率,均大规模增仓。2 月 23 日财政部宣布加息,在原有 9.5% 的票面利率及预期 12%—15% 保值贴补率上,再补贴利息 5%,这一消息对空头造成了致命的打击。23 日上午开盘后全国各地国债期货价格直线上涨,多头在中经开的率领下步步紧逼,用 300 万口将 327 合约价格从 22 日的收盘价 148.21 元上攻到 150 元,而此时本与万国证券联手做空的辽国发亦突然改做多头,导致 327 国债在短短 10 分钟内竟飙升了 3.77 元。按照当时的持仓量和价格,对于当时空头主力的上海万国证券来说,327 国债每上涨 1 元,它就要赔十几亿元,于是在下午 16 时 22 分 13 秒离收盘还有最后不到 8 分钟时,万国决定孤注一掷铤而走险,在无相应保证金的情况下,一共砸出了 1 056 万口合约空单,面值高达 2 112 亿元,硬是将 327 国债的价位从 151.30 元狂轰到了 147.50 元收盘,导致当日开仓的多头全线爆仓。

事发当晚,上海证券交易所发布紧急公告,称国债期货交易出现异常情况,为空头主力蓄意违规,最后 8 分钟的 327 国债期货合约交易全部无效,当日收盘价确定为 151.30 元,上海证券交易所亦从 2 月 27 日开始休市,组织协议平仓。事后,当事人之一的万国证券总裁管金生被判 17 年有期徒刑,上海证交所总经理尉文渊被迫辞职,万国证券亦被申银证券合并为现在的申银万国证券公司。曾经火爆一时的国债期货亦因此宣告暂停。

3. 对相关事件的反思

(1) 国债期货品种设置不合理,交易制度设计上存在缺陷。

国债现货市场流通量小,导致期货市场常常无法获取足够的现货进行交割;保证金过低,上海证券交易所的保证金比例仅为2.5%,远远低于国际上5%—10%的标准,且保证金制度并未有效执行,导致交易风险成倍扩大,加重了市场上的投机氛围;缺乏涨跌停板制,导致价格波动剧烈,短短几分钟内就可能出现大幅涨跌的情况,大大增加了市场风险;对会员公司的持仓限额管理不严,缺乏对每笔申报限额的实时监控,致使327事件中仓位多集中于多空双方主力手中,在发生对自身不利行情的时候,增加了巨量砸盘等扰乱市场秩序的可能性。

(2) 缺乏严密的风险控制制度及相关法律法规。

早在1994年的"314事件"就出现需要协议强制平仓的情况,但在当时并未引起监管层的高度重视,风险控制制度与相应法律法规的缺失导致市场缺乏可遵守的既定程序及有效约束,投机气氛日益严重,交易量巨大,市场秩序混乱,大量的投机者涌入期市,市场价格操纵行为及恶性违规事件时有发生。

(3) 多头监管不到位。

由于一直没有在法律上明确国债期货的主要监管机构,多个部门监管缺乏协调配合与统一,导致监管效率低下,甚至出现了监管漏洞与真空。加上国内多个交易所纷纷推出国债期货,缺乏统一的交易规则与品种设计,市场被严重分割,现货流动性不足,政策缺乏稳定性,均导致了监管的不力。

(4) 配套设施不完善,无法杜绝透支交易的发生。

由于当时国内缺乏统一的登记清算与存管制度,且计算机自动撮合无法根据上一交易日的结算价和保证金来控制当日的价格波动,导致市场风险的过度累积与叠加。

(二) 中国国债期货市场的现状

1. 新国债期货

1995年327国债事件的发生,国债期货被无奈关停。但是,随着我国债券市场的发展、利率市场化水平的提高、以及监管层面的逐步完善,为国债期货的重新面世提供了条件。直到2011年,中国金融期货交易所开始为国债期货的重启积极筹备。2012年2月13日,国债期货仿真交易联网测试正式启动,期货、券商、银行等8家金融机构参与到测试环节中,这也标志着正式推出国债期货进入了倒计时状态。经过了一年多的筹备,2013年4月到6月,国债期货先后得到了证监会、国务院的批准。2013年9月6日,国债期货在中国金融期货交易所正式挂牌交易。首批3个交易合约为5年期的国债期货。2015年3月,10年期国债期货在中金所挂牌交易,作为第二个国债期货产品,10年期国债期货肩负着推进利率市场化改革的重任,也将成为长期利率定价的重要参考。

2. 5年期、10年期国债期货合约对比

从合约标的和可交割券来看,5年期国债期货可交割券为中期国债,主要反映中期利率走势,10年期国债期货可交割券为长期国债,主要反映长期利率走势。5年期国债期货合约的标的为中期国债,可交割券为剩余期限为4~5.25年的记账式付息国债;而10年期国债期货合约的标的为长期国债,可交割券为剩余期限为6.5~10.25年的记账式付息国债。在10年期国债期货尚未推出时,5年期国债期货的可交割券为剩余期限为4~7年的记账式付息国债,其市场交易更多反映的是中长期利率的走势,而随着10年期国债期货的挂牌交易,为了避免极端情况下CTD债券的重合,中金所重新修订5年期国债期货的合约细则,将可交割券的剩余年期缩小为4~5.25年。因此,目前5年期国债期货交易反映的是中期利率的走势,而10年期国债期货交易反映的是长期利率的走势。

从每日价格最大波动限制来看,5年期国债期货涨跌幅限制为上一交易日结算价的1.2%,而10年期国债期货的涨跌幅限制为上一交易日结算价的2%,10年期国债期货的涨跌幅限制要宽于5年期国债期货,主要是因为10年期国债收益率波动比5年期国债要大,相应的10年期国债期货CTD券的基差波动幅度也要高于5年期国债期货,因此10年期国债期货涨跌幅限制要比5年期国债期货宽松。

从最低交易保证金来看,5年期国债期货最低交易保证金为合约价值的1%,而10年期国债期货则为2%,5年期国债期货的最大理论杠杆是10年期国债期货的两倍。可以说杠杆越大,因而具有更大的风险,但是在相同的收益率变动幅度条件下,考虑到10年期国债久期更长,5年期、10年期国债期货乘上杠杆后的波动幅度相差不会很大。另外,从交易的成熟度和活跃性上看,5年期国债期货市场发展已经非常成熟,市场活跃度也较高,相对10年期国债期货市场而言,风险性更低,5年期国债期货配以高杠杆也是情理之中(表3-5)。

表3-5 5年期与10年期国债期货合约对比

	5年期国债期货合约表	10年期国债期货合约表
合约标的	面值为100万元人民币、票面利率为3%的名义中期国债	面值为100万元人民币、票面利率为3%的名义长期国债
可交割国债	合约到期月份首日剩余期限为4~5.25年的记账式付息国债	合约到期月份首日剩余期限为6.5~10.25年的记账式付息国债
报价方式	百元净价报价	
最小变动价位	0.005元	
合约月份	最近的三个季月(3月、6月、9月、12月中的最近三个月循环)	
交易时间	9.15—11.30;13.00—15.15	
最后交易日交易时间	9.15—11.30	
每日价格最大波动限制	上一交易日结算价的±1.2%	上一交易日结算价的±2%
最低交易保证金	合约价值的1%,临近交割月梯度增加	合约价值的2%,临近交割月梯度增加
最后交易日	合约到期月份的第二个星期五	
最后交割日	最后交易日后的第三个交易日	
交割方式	实物交割	
交易代码	TF	T
上市交易所	中国金融期货交易所	

续 表

	5 年期国债期货合约表	10 年期国债期货合约表
平今手续费	2015 年 12 月 1 日起收取,每笔 3 元	不收取
大边保证金	中金所按照"所有多头合约最低保证金"和"所有空头合约最低保证金"中较大的一方,收取最低保证金	

为了控制交易风险,我国国债期货实行梯度保证金、梯度限仓、最大涨跌幅限制。从 2013 年国债期货正式复出,中金所对国债期货的交易细则已做了两次修订,最新修订在 2015 年 3 月推出。新细则在梯度保证金、梯度限仓等方面对中长期国债(TF)和长期国债(T) 都做了具体规定。总的来说,中长期国债的保证金、每日价格最大波动限制都小于长期国债。在限仓手数方面,具体限制不变,但最小变动单位提高,变为 0.005 元,这有利于提高市场效率,增加报价深度,降低运行成本。此外,根据规定国债期货每手手续费不超过 5 元(表 3-6)。

表 3-6 国债期货交易制度修订情况统计表

修订日期	国债期货保证金、限仓、涨跌停板、最小变动价位规定变更				
	梯度保证金		梯度限仓		每日价格最大波动限制	最小变动价位

修订日期	梯度保证金		梯度限仓		每日价格最大波动限制	最小变动价位
2013 年 9 月上市	最低交易保证金	2%	合约上市首日起	单边 1 000 手	上一交易日结算价的 ±2%	0.002 元
	交割月份前一个月中旬的前一交易日结算时起	3%	交割月份前一个月中旬的第一交易日起	单边 500 手		
	交割月份前一个月下旬的前一交易日结算时起	5%	交割月份前一个月下旬第一个交易日起	单边 100 手		
2014 年 11 月第一次修订	最低交易保证金	1.5%	合约上市首日起	单边 1 000 手	上一交易日结算价的 ±1.5%	0.002 元
	交割月份前一个月下旬的前一交易日结算时起	2%	交割月份前一个月下旬第一个交易日起	单边 600 手		
	交割月份第一个交易日的前一交易日结算时起	3%	交割月份第一个交易日起	单边 300 手		
2015 年 3 月第二次修订	最低交易保证金	TF:1%;T:2%	合约上市首日起	单边 1 000 手	TF:上一交易日结算价的 ±1.2%;T:上一交易日结算价的 ±2%	0.005 元
	交割月份前一个月下旬的前一交易日结算时起	TF:1.5%;T:3%	交割月份前一个月下旬第一个交易日起	单边 600 手		
	交割月份第一个交易日的前一交易日结算时起	TF:2%;T:4%	交割月份第一个交易日起	单边 300 手		

3. 国债期货升贴水

国债期货的升贴水可以在一定程度上解释市场的变化。2015年下半年以来,五年期、十年期国债期货由升水变为贴水,IRR由正转负,此后便一直处于震荡贴水状态。直到2016年底到2017年3月,五年期国债期货TF1709对TF1706合约仍处于贴水状态,跨期价差维持在-0.7上下波动,TF1712上市后,五年期国债期货合约跨期价差贴水上行,并于2017年5月出现了升贴水价差的逆转(图3-8)。

图3-8 TF合约跨期价差情况

对于十年期国债期货而言,从2016年底到2017年5月一直处于贴水状态,但贴水幅度于5月底大幅收窄(图3-9)。

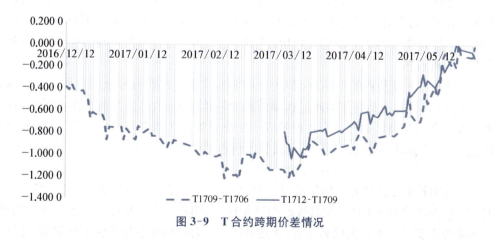

图3-9 T合约跨期价差情况

第五节 外汇期货市场

一、外汇期货市场的产生和发展

外汇期货是金融期货中历史最长的一种。20世纪70年代初,随着布雷顿森林体系的解体,以美元为中心的固定汇率制逐渐被浮动汇率制所取代,国际金融市场上汇率波动频繁,给进出口商、跨国公司和商业银行等外币债权或债务的持有者带来了巨大的汇率风险,国际经济交易中急需一种能有效转移和回避汇率风险的金融工具。于是,1972年5月16日,芝加哥商业交易所成立了国际货币市场(IMM)分部,首先推出了包括英镑、日元、澳大利亚元、加拿大元、德国马克、瑞士法郎和法国法郎在内的7种外汇期货合约。随后,其他国家和地区也纷纷效仿,1982年9月,伦敦国际金融期货交易所(LIFFE)成立并推出了自己的外汇期货交易;1984年,新加坡国际货币交易所(SIMEX)也开办了外汇期货并与IMM联网,全球外汇期货交易量成直线上升。从世界范围看,目前外汇期货的主要市场仍在美国,其中又基本集中在芝加哥商业交易所的国际货币市场分部(IMM)、中美洲商品交易所(MCE)和费城期货交易所(PBOT)。

二、外汇期货的概念

(一) 外汇期货的内涵

所谓外汇期货(Foreign Currency Futures)是指在固定的场所进行交易的标准化的、受法律约束的,并规定在将来某一特定时间和地点交收一定金额的某种货币的期货合约。

(二) 外汇期货与外汇远期的区别与联系

1. 外汇期货与外汇远期的区别

除了第二章中所介绍的期货与远期的一般区别外,外汇期货与外汇远期在以下两方面还存在着较大的差异:

(1) 报价方式不同:在报价方式上,远期外汇交易采用双档价制,即银行同时报出买入价和卖出价;而目前国际金融市场上外汇期货交易多采用某种单一货币报价的方式,例如 IMM 的所有外汇期货均以美元报价,并且买方只喊买价,卖方只喊卖价,即买方和卖方只报出一种价格。

(2) 交易者和交易目的不同:远期外汇的交易者主要是银行等金融机构以及跨国公司等大企业,其目的主要是希望通过远期外汇交易锁定价格,从而达到保值的效果;而外汇期货交易则以其灵活的方式为各种各样的交易者提供了规避风险的管理工具,其交易目的包括了套期保值和投机牟利,并且投机动机占了相当的比重。

2. 外汇期货与外汇远期的联系

(1) 远期外汇交易是外汇期货交易的基础。从历史发展的进程来看,外汇期货的出现是20世纪70年代初的事,而与外汇期货相比,远期外汇交易早已有了近百年的历史。正是远期外汇交易的不断发展和完善,才逐渐实现了合约的标准化和保证金制度,并成立了专门的结算机构实行每日结算,最终演变成现代的期货交易。

(2) 远期外汇合约和外汇期货合约都是约定在将来某一特定时间和地点交收一定金额的某种货币的协议,两者的交易原理与经济功能基本相同,在价格(即汇率)上存在着相互影响、相互制约的关系。

此外,二者还在一定程度上可以相互替代,相互补充。例如,尽管远期外汇合约非标准化合约,流动性较差,但由于其不需交纳保证金,也没有交易数量上的限制,更加灵活,对一些交易者来说则更具吸引力。

三、外汇期货合约

外汇期货合约是期货交易所制定的以货币为交易标的的一种标准化合约,因此合约对交易单位、最小变动价位、交易时间、交割月份、交割地点等内容都进行了统一的规定。不同的期货交易所制定的外汇期货合约的主要内容基本相同,只不过在某些细节上略微差别。其报价基本上和现汇交易类似,这里不做进一步的说明。

第六节 期货市场的交易策略

一、投机策略

投机策略是指根据期货的价格变动进行低买高卖的操作从而获得收益的行为。

根据交易方向不同可分为多头策略和空头策略,多头策略指的是投资者预计未来期货价格将上涨,建立多头仓位待价格上涨后平仓获利;空头策略指投资者预计未来期货价格将下跌,在当前价格建立空头仓位,在价格下跌后平仓获利。

根据持仓时间的长短,可具体分为部位交易、当天交易以及频繁交易三类。部位交易指根据基本面趋势变化进行投资决策从而开仓交易的行为,一般持有时间较长,为常见交易策略;当天交易指的是根据市场行情开仓平仓进行日内交易的投机行为,属于短线交易;频繁交易指的是根据市场行情的微小波动迅速开仓平仓以赚取利润的操作方式,大多为交易型投资机构所用。

二、套保策略

套保策略是指利用期货合约的买卖将现货价格波动风险转移到期货市场上,即在现货和期货市场上同时对同一种类的商品进行数量相等、方向相反的买卖,从而锁定未来的风险和利润的交易活动。

根据套保的方向不同,可以分为多头保值和空头保值。多头保值指投资者未来有买入现货的需求,但是预计未来现货价格会上升,导致购买现货的成本增加,所以投资者现在可以买入期货,从而锁定现货的购买成本与可能产生的价格风险;空头保值指投资者现在持有现货,但预计未来现货价格下跌,于是投资者现在可以卖出期货,以避免未来现货价格下跌的风险。

根据套保构建组合的不同,可以分为单个保值和组合保值。单个保值是运用期货来转移现货市场上的价格风险,获取无风险的收入并降低亏损的风险概率的交易操作;组合保值指在现货价格价格波动的环境下,为了避免投资组合价值下跌而进行风险管理,通过反向建仓,运用期货的杠杆,使用保证金优势降低组合风险的交易行为。

三、套利策略

套利策略是利用相关市场或相关合约之间的价差变化,进行交易方向相反的交易,以期从两合约价格间的变动关系中获利的交易行为。

根据所选择的期货合约的不同,套利策略可分为跨市套利、跨期套利和跨品种套利。跨市套利指在不同的交易所对同一交割月份的期货合约进行交易方向相反的交易,以期在有利时机分别在两交易所对冲合约获利的套利行为;跨品种套利指同时买入或卖出同一交割月份的两种或多种相互关联品种的期货合约,以期在有利时机将合约对冲平仓获利的套利行为,如利用股市和债市之间的跷跷板效应,进行权益类和固定收益类的组合投资,在股市与债券收益率走势相背离的时候可以进行股指期货和国债期货之间的跨品种套利以获得盈利的操作;跨期套利指在同一市场买入或卖出不同交割月份的同品种期货合约,以期在有利时机对冲合约平仓获利,如在不同到期日的国债期货间若价格发生偏离时,可以买入价格相对较低的国债期货合约,同时卖出不同交割月份的价高合约进行套利。

另外还有基差套利,如指投资者通过国债现券市场、国债期货市场以及债券回购市场进行基差计算:若基差大于零,则买入国债期货卖出现券;若基差小于零,则进行卖期货买现券的套利行为。

四、其他策略

如为预发行避险策略,指股票、债券被授权核准招标发行后未正式招标发行前,市场承销商和非承销商通过买卖股指期货、国债期货对该股票、债券的进行风险锁定的交易行为,可视为短期的远期交易。

第七节 场内期权市场

期权市场是指期权合约的交易场所。与期货交易不同,期权市场未必有特定的、集中性的交易场所。因此,期权市场既包括各种场内市场(即交易所市场),也包括各种场外市场。在本节中,我们将主要以美国期权市场为例,来说明期权市场的基本特征。

一、期权市场的产生与发展

在许多人的心目中,期权是直到最近才出现的金融创新工具之一。事实上,早在古希腊和古罗马时期,就已经出现了期权交易的雏形。到18、19世纪,美国和欧洲的农产品期权交易已经相当流行。19世纪,以单一股票为标的资产的股票期权在美国诞生,期权交易开始被引入金融市场;之后,伴随着金融市场的发展,期权市场迅速成长起来。

1973年以前,期权交易都是在非正式的场外市场进行的,由于场外期权存在卖方不履行期权的信用风险,流动性也较差,加上场外交易的分散性等特点,期权交易种类一直比较单一,规模有限。进入20世纪之后,美国出现了一种较为有序的期权交易市场,被称为"看跌期权和看涨期权经纪商和自营商协会"(the Put and Call Broker and Dealers Association),该协会的成员公司负责对期权的买方和卖方进行撮合成交,这是对原来的分散化期权市场的一大改进,但由于仍未具有集中性的交易场所和完善的标准化期权合约,其OTC市场的基本性质并未从根本上得到改变,期权交易的效率仍然较低,期权市场的发展依然比较缓慢,直到1968年,在美国成交的股票期权合约所代表的标的股票数量还只有纽约证券交易所(the New York Stock Exchange,NYSE)成交股票数量的1%。

1973年4月26日,顺应市场的需求,美国最大的期货交易所之一——芝加哥交易所(the Chicago Board of Trade,CBOT)创办了世界上第一个集中性的期权市场——芝加哥期权交易所(the Chicago Board Options Exchange,CBOE),开始场内股票看涨期权的交易,大获成功。同年,Black和Scholes在期权定价方面取得突破性成就,德州仪器公司也推出了装有期权价值计算的计算器。交易制度方面的创新和理论、技术方面的发展共同促进了CBOE的迅速发展,并由此引发越来越多的交易所竞相开办期权交易,新的期权品种也不断推出,从标准化的看涨期权到看跌期权,从股票期权到以其他金融资产为标的的期权,期权市场获得了前所未有的发展。与之相应,期权市场的交易量也大幅度增加,1974年CBOE全年成交的股票期权合约所代表的股数就已经超过了美国证券交易所(the American Stock Exchange,AMEX)全年的股票成交量。

因此,回顾期权的历史,交易所期权的巨大成功及其对期权交易的重要推动已经成为不可否认的事实。人们一般认为,这主要有以下三个方面的原因:第一,交易所交易的集中性、合约的标准化和二级市场的建立极大地便利了期权的交易管理和价格信息、产品信息的发布,为投资者提供了期权工具的流动性,使交易者能够更灵活地管理他们的资产头寸,因而极大地促进了期权市场的发展;第二,清算所的建立解决了场外市场长期为之困扰的信用风险问题;第三,无纸化交易的发展带来了更为通畅的交易系统和更低的交易成本。

尽管交易所交易期权有着上述的优越性,然而这并不意味着场外期权交易的消亡。场外期权最大的好处在于金融机构可以根据客户的需要为客户"量身定做"(Tailor)许多非标准的个性化期权合约,从而创造了其特有的存在空间。事实上,20世纪70年代以后,交易所期权所带来的巨大冲击,反而在一定程度上促进了场外市场的创新和发展,面对激烈的竞争,OTC市场的金融机构充分利用自身的灵活性优势,不断创新,吸引客户,抢夺市场,这反过来又引发了交易所期权的变革和创新。

二、中国场内期权市场现状

当前,中国场内期权主要包括在上海证券交易所交易的50ETF期权、郑州商品交易所开展白糖期货期权交易和大连商品交易所开展豆粕期货期权交易。

2015年2月9日50ETF期权在上海证券交易所,近年来A股市场经历了从冲高到回落再到慢牛的一波三折。尽管市场环境复杂多变,但是期权市场经受住了考验,50ETF期权规模不断增加,新的场内期权品种渐次涌现,场外期权也受到了越来越多的关注。

(一)上证50ETF期权规模不断增加

至2017年10月底,上证50ETF期权投资者账户总数249 993户,同比上升45.2%。10月50ETF期权日均成交量、日均持仓量分别为73.0万和152.8万张,同比上升91.6%和

29.5%。按面值计算,10月期权成交规模为50ETF的19.6倍、50成分股总成交额的55%。

不同类型的投资者在50ETF的成交量贡献中稳定且较为均衡。2017年10月份,全市场做市商(包含自营部分)的成交量占比估算为41%;事实上,自2016年7月以来,全市场做市商(包含自营部分)的成交量占比始终维持在40%左右,2017年前十个月份做市商(包含自营部分)的成交量占比的各月均值为42.3%。

分认购和认沽期权来看,2017年前十个月,50ETF认购期权日均成交量38.4万张,日均成交额2.10亿元(按权利金计算),日均持仓量87.8万张;同期认沽期权日均成交量27.8万张,日均成交额1.00亿元(按权利金计算),日均持仓量77.6万张。认购期权的成交量、成交额、持仓量在50ETF期权总量中的占比分别为58.0%、67.6%和53.1%。认购期权成交量、成交额、持仓量均高于认沽期权的特点与2015—2016年的市场情况一致,在当前A股市场中认购期权更为活跃(图3-10)。

资料来源:中信证券衍生品经纪业务部

资料来源:中信证券衍生品经纪业务部

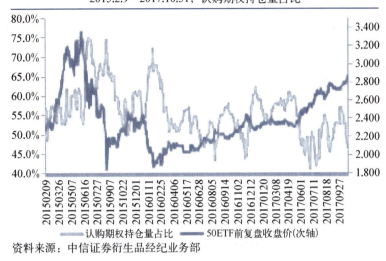

图 3-10 认购期权成交量和特色量占比情况

2. 其他品种：2017年豆粕、白糖期权上市，放开持仓限制后规模有所增长

2017年3月和4月，白糖期货期权和豆粕期货期权分别在郑州商品交易所和大连商品交易所上市交易。9月15日起两个交易所将最大持仓限制放宽后，两个期权品种的成交、持仓量出现了一定程度的放大，但目前期权成交量仍仅相当于期货成交量的5%左右，处于起步阶段（图3-11）。

三、期权交易所的交易制度和清算制度

（一）标准化合约

显然，交易所期权的最大特征和成功原因之一就是期权合约的标准化，每个交易所都对每种期权合约的各种规格分别进行了预先规定。

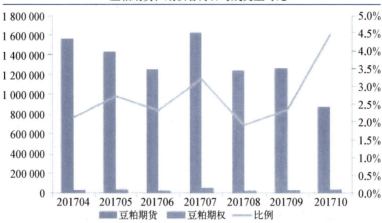

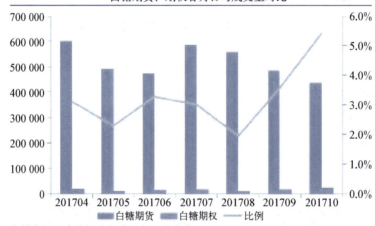

图 3-11　豆粕、白糖期货、期权成交量情况

1. 合约单位

所谓合约单位,也被称为"合约大小"(Contract Size),就是一张期权合约中标的资产的交易数量。标的资产不同,期权合约的合约单位显然是不一样的,但即使是相同标的资产的期权,在不同的交易所上市,其合约大小也不一定相同。如前所述,股票期权的合约单位是 100 股股票;指数期权的合约单位是标的指数执行价格与 100 美元的乘积;期货期权的合约单位是一张标的期货合约;至于各种外汇期权的合约单位,则视交易所不同和货币种类不同而不同。表 3-5 所示,上证 50ETF 期权的合约单位是 10 000 份上证 50ETF。

2. 行权价格(或执行价格)间距

期权合约中的执行价格也是由交易所事先选定的。一般来说,当交易所准备上市某种期权合约时,将首先根据该合约标的资产的最近收盘价,依据某一特定的形式来确定一个中心执行价格,然后再根据特定的幅度设定该中心价格的上下各若干级距(Intervals)的执行价格。因此,在期权合约规格中,交易所通常只规定执行价格的级距。

例如,在上证50ETF期权中,50ETF价格在3元或以下级距为0.05元,50ETF价格在3元至5元(含)级距为0.1元,50ETF价格在5元至10元(含)级距为0.25元,50ETF价格在10元至20元(含)级距为0.5元,50ETF价格在20元至50元(含)级距为1元,50ETF价格在50元至100元(含)级距为2.5元,100元以上级距为5元。

当引入新的到期日时,交易所通常选择最接近上证50ETF现价的那两个执行价格,如果其中有一个很接近股票现价,交易所也可以另外选择最接近股票现价的第三个执行价格。如果上证50ETF价格的波动超过了最高和最低执行价格的范围,交易中通常需要引入新的执行价格。比如,假定10月份到期的期权刚开始交易时,上证50ETF为5元,交易所最初提供的看涨期权和看跌期权的执行价格分别为4.75元和5.25元,如果股票价格上升到5.5元以上,交易所将提供执行价格为6元的期权,如果股票价格跌到5元以下,交易所将提供价格为4.5元的期权,依此类推。

3. 买卖类型

上证50ETF期权包括买卖类型包括买入开仓、买入平仓、卖出开仓、卖出平仓、备兑开仓、备兑平仓以及业务规则规定的其他买卖类型。

买入开仓是指买入期权,建立期权多头头寸;卖出开仓是指卖出期权,建立期权空头头寸;买入平仓,是指持有期权空头头寸者在期权到期前买入相同的期权,了结原有的期权空头头寸;卖出平仓,是指持有期权多头头寸者通过卖出相同的期权,了结原有的期权多头头寸;备兑开仓,就是当投资者持有一定数量的上证50ETF时,卖出相同数量的看涨期权的行为,此时该投资者为期权的卖方,可以获得相应的权利金;备兑平仓,是投资者持有备兑持仓头寸时,申请买入相应期权将备兑头寸平仓。

4. 开仓保证金最低标准和维持保证金最低标准

除了通过零的净头寸来防止价格风险之外,期权清算公司采用和期货交易相似的保证金制度来预防期权卖方的违约风险,即在开始期权交易的时候需要一个初始保证金,之后随着市场价格的变化规定维持保证金的水平,在价格出现不利变化时,投资者需要追加保证金。期权保证金的收取方法是由清算所直接向各清算成员收取,再由清算成员向自己所代表的经纪公司收取,最后经纪公司再向具体投资者收取。

上证50ETF期权对认购期权(看涨期权)和认沽期权(看跌期权)的开仓保证金最低要求有不同的计算方式。其中,认购期权义务仓开仓保证金=[合约前结算价+Max(12%×合约标的前收盘价-认购期权虚值,7%×合约标的前收盘价)]×合约单位;认沽期权义务仓开仓保证金=Min[合约前结算价+Max(12%×合约标的前收盘价-认沽期权虚值,7%×行权价格),行权价格]×合约单位。

维持保证金最低标准也有类似的计算公式。

5. 交割规定

在场内期权交易中,如果交易者不想继续持有未到期的期权头寸,就可以在最后交易日结束之前,随时进行反向交易,结清头寸。这与期货交易中的对冲是完全相同的。相反,如果最后交易日结束之后,交易者所持有的头寸仍未平仓,买方就有权要求执行,而卖方就必须做好相应的履约准备。当然,如果是美式期权,期权买方随时有权利决定交割。从实际来看,期权交割的比例要比期货高得多。

针对不同的期权,其规定的交割方式也各不相同。一般来说,各种现货期权在交割时,交易双方都直接以执行价格对标的资产进行实际的交收;指数期权是按照执行价格与期权执行日当天交易结束时的市场价格之差以现金进行结算;而期货期权的买方执行期权时,将从期权卖方处获得标的期货合约的相应头寸,再加上执行价格与期货价格之间的差额(表3-7)。

表3-7 上证50ETF期权合约基本条款

合约标的	上证50交易型开放式指数证券投资基金("50ETF")
合约类型	认购期权和认沽期权
合约单位	10 000份
合约到期月份	当月、下月及随后两个季月
行权价格	9个(1个平值合约、4个虚值合约、4个实值合约)
行权价格间距	3元或以下为0.05元,3元至5元(含)为0.1元,5元至10元(含)为0.25元,10元至20元(含)为0.5元,20元至50元(含)为1元,50元至100元(含)为2.5元,100元以上为5元
行权方式	到期日行权(欧式)
交割方式	实物交割(业务规则另有规定的除外)
到期日	到期月份的第四个星期三(遇法定节假日顺延)
行权日	同合约到期日,行权指令提交时间为9:15—9:25,9:30—11:30,13:00—15:30
交收日	行权日次一交易日
交易时间	上午9:15—9:25,9:30—11:30(9:15—9:25为开盘集合竞价时间) 下午13:00—15:00(14:57—15:00为收盘集合竞价时间)
委托类型	普通限价委托、市价剩余转限价委托、市价剩余撤销委托、全额即时限价委托、全额即时市价委托以及业务规则规定的其他委托类型
买卖类型	买入开仓、买入平仓、卖出开仓、卖出平仓、备兑开仓、备兑平仓以及业务规则规定的其他买卖类型
最小报价单位	0.000 1元
申报单位	1张或其整数倍
涨跌幅限制	认购期权最大涨幅=max{合约标的前收盘价×0.5%,min[(2×合约标的前收盘价−行权价格),合约标的前收盘价]×10%} 认购期权最大跌幅=合约标的前收盘价×10% 认沽期权最大涨幅=max{行权价格×0.5%,min[(2×行权价格−合约标的前收盘价),合约标的前收盘价]×10%} 认沽期权最大跌幅=合约标的前收盘价×10%
熔断机制	连续竞价期间,期权合约盘中交易价格较最近参考价格涨跌幅度达到或者超过50%且价格涨跌绝对值达到或者超过5个最小报价单位时,期权合约进入3分钟的集合竞价交易阶段

续 表

开仓保证金 最低标准	认购期权义务仓开仓保证金＝[合约前结算价＋Max(12%×合约标的前收盘价－认购期权虚值,7%×合约标的前收盘价)]×合约单位
	认沽期权义务仓开仓保证金＝Min[合约前结算价＋Max(12%×合约标的前收盘价－认沽期权虚值,7%×行权价格),行权价格]×合约单位
维持保证金 最低标准	认购期权义务仓维持保证金＝[合约结算价＋Max(12%×合约标的收盘价－认购期权虚值,7%×合约标的收盘价)]×合约单位
	认沽期权义务仓维持保证金＝Min[合约结算价＋Max(12%×合标的收盘价－认沽期权虚值,7%×行权价格),行权价

(二) 红利和股票分割

股票和股票指数期权往往还涉及红利和股票分割的问题。早期的场外期权是受红利保护的,即如果公司派发现金红利,则除权日后,公司股票期权的执行价格要减去红利金额。现在,无论是否派发现金红利,交易所交易的期权都不进行调整。

当股票分割或者是送红股的时候,交易所一般规定期权要进行调整。其调整方法如下:在 n 对 m(即 m 股股票分割为 n 股)股票分割之后,执行价格降为原来执行价格的 m/n,每一期权合约所包含的交易数量上升到原来的 n/m 倍。同时,$n\%$ 的股票红利等同于 $100+n$ 对 100 的分割,从而可以应用股票分割的方式对期权合约进行调整。

(三) 头寸限额和执行限额

交易所为每种期权都规定了期权交易的头寸限额(Position Limit),即每个投资者在市场的一方(即多方或空方,可以认为看涨期权的多头和看跌期权的空头均处于多方(Upside),而看涨期权的空头和看跌期权的多头都处于空方(Downside))中所能持有的期权头寸的最大限额。与之相关的是期权的执行限额(Exercise Limit),即一个期权买方在规定的一段时间内所能执行的期权合约的最大限额。一般来说,在连续五个交易日内的执行限额大小往往等于头寸限额。显然,交易所之所以做这样的规定,主要是为了防止某一投资者承受过大的风险或对市场有过大的操纵能力。事实上,这样的限制是否合理及有必要,仍然是一个具有争议的问题。

具体来看,不同的交易所、不同的期权、不同的市场状况,头寸限额和执行限额都有不同的规定。有的交易所以合约的数量作为限制标准,有的则以合约的总金额作为限制的标准;在期货期权中,有的交易所将期权头寸与相应的期货头寸合并计算,有的则将这两者分开计算。除此之外,标的资产的性质和具体市场状况不同,限额也各自不同。例如,CBOE 股票期权的头寸和执行限额要视公司发行在外的股份数多少和标的股票过去六个月内的交易量大小而定,从 75 000 个合约到 13 500 个合约不等,CBOE 的 IRX 期权(基于短期利率的期权)头寸和执行限额则为 5 000 个合约。

(四) 交易所的清算制度

1. 期权清算公司

期权交易一旦完成,接下来就是期权的清算过程。与期货交易类似,期权交易所内完成的期权交易都必须通过期权清算公司(the Option Clearing Corporation, OCC)进行清算和交割。OCC是由一定数量的会员(称为清算行或清算会员)组成的,一般来说,清算会员必须满足资本的最低限额要求,并且必须提供特种基金,若有任一会员在清算时无法提供需要的资金,则可使用该基金。从本质上看,OCC的功能主要有以下两个方面：期权交易的清算和期权执行的实施。

2. 期权交易的清算

假设投资者A通过经纪公司甲,买入了一个期权费为4美元、执行价格为100美元、1月到期的XYZ股票看涨期权；投资者B通过经纪公司乙,以4美元的期权费卖出了这个相应的看涨期权。这个交易完成后,A必须在下一个营业日的清晨全额支付期权费,这之后的清算过程为：OCC将该笔相互匹配的交易记录在册,使甲的代理清算公司账户上增加了一个XYZ股票看涨期权多头,减少一笔期权费,而乙的代理清算公司账户上则增加了一个XYZ股票看涨期权空头,增加一笔期权费；同时,期权头寸和期权费将在清算公司、经纪公司和投资者之间出现相应的流动,最终使A在甲经纪公司、甲在其对应清算公司的账户上同样增加一个看涨期权多头,减少一笔期权费；而B在乙经纪公司、乙在其对应清算公司的账户上同样增加一个看涨期权空头,增加一笔期权费。但是,无论怎样,OCC的清算只和其清算成员有关,具体的真实交易者和经纪公司的名字都不会在OCC出现。

由此,我们可以看出OCC清算的两个基本特点：

第一,非会员的经纪公司和自营商所完成的期权交易都必须通过清算会员在OCC进行清算。

第二,对于每一个期权买方来说,OCC就是他的卖方；对于每一个期权卖方来说,OCC又是他的买方。这样,OCC的存在实际上为期权交易的买卖双方提供了重要的中介和担保,使交易者都无需担心具体交易对手的信用情形,信用风险都集中在OCC身上。而由于OCC资本雄厚,并且设计了保证金制度来防止违约风险,因此OCC的信用度很高,从而促进了期权交易的迅速发展。同时,作为每个期权买方的卖方和每个期权卖方的买方,OCC拥有为零的期权净头寸,因而不存在价格风险。

3. 期权执行的实施

当期权买方想要执行某个期权时,投资者需要首先通知其经纪人,经纪人接着通知负责结清其交易的OCC清算会员。在该会员向OCC发出执行指令后,OCC即随机选择某个持有相同期权空头的会员,该会员再按照事先订立的程序,选择某个特定的出售该期权的投资者(又称为被指定者,the Assigned)。如果是看涨期权,出售该期权的投资者必须按执行价格出售标的资产(如果他没有标的资产,需要从市场上购入现货)；如果是看跌期权,出售该期权的投资者必须按执行价格购入标的资产。显然,当期权执行时,该期权的未平仓合约数将减少1。

在期权的到期日,所有实值的期权都应该执行,除非交易成本很高,抵消了期权的收益。一些经纪公司和交易所都设定了一些规则,到期时自动执行那些对客户有利的实值期权。

重要概念

期货合约的标准化条款　合约规模　最小变动价位　每日价格最大波动限制　最低交易保证　期货价格的收敛性　每日结算制　结算保证金　股指期货　外汇期货　利率期货　利率期权外汇期权　期货期权　股票期权　股指期权　看涨期权　看跌期权　欧式期权　美式期权

习题与思考题

1. 调研我国商品期货市场发展情况。
2. 调研我国金融期货市场发展情况。
3. 调研我国场内金融期权市场发展情况。
4. 调研我国场内商品期权市场发展情况。
5. 对2015年我国股灾发生过程中股指期货所起的作用的各种观点进行整理,并提出你自己的看法,给出有证据支持的结论。
6. 期货交易中,保证金制度和每日结算制是如何运作的?
7. 在选择股指期货的标的指数时,应该考虑哪一些因素?
8. 期权市场的保证金机制是如何运作的?与期货市场的保证金机制有何异同?

第四章

金融衍生产品定价原理和方法

学习目标

通过本章的学习,能够掌握衍生产品定价的基本原理和方法,包括无套利定价定价原理、风险中性定价方法、状态价格定价方法和鞅定价方法,并理解这些方法之间的联系,即各种衍生产品的定价方法都是无套利定价原理的不同方式的运用。

第一节 复利和无风险资产

一、复利

在日常生活中,计息通常是以年或者月为频率的。当然,计息的频率可以比按月计息更加频繁,有时候可能是按日计息的。理论上讲,利息的支付甚至可能更加频繁——按小时、分钟、甚至按秒计息。一个符合逻辑的结论是,在一段时间内可能有无限次的利息支付,或者说付息的时间间隔无限短。这种无限次利息支付,我们就称为连续复利。

设初始投资额为 $R(0)$ 元,一年付息 m 次的利率为 r_m,利息持续投入到利率相同的投资中,n 年后的终值为:

$$R(0)\left(1+\frac{r_m}{m}\right)^{mn} \tag{4-1}$$

连续复利终值公式为:

$$\lim_{m \to \infty} R(0)\left(1+\frac{r_m}{m}\right)^{mn} = R(0)e^{rn} \tag{4-2}$$

其中,r 为连续复利率。

连续复利利率与普通复利利率的转换:

$$r_m = m(e^{\frac{r}{m}} - 1) \tag{4-3}$$

用连续复利表示利率,可以避免每次都要说明年复利利率、半年复利利率还是月复利利率等付息频率。为了便于推导衍生产品定价公式或者对冲公式,通常假设投资者能够连续进行交易,这也要求有关计算必须采用连续复利利率。

二、无风险资产

考虑一项投资,在时间 0 的投资额度为 $R(0)$,投资期限为 T,期间的利息收入全部进行再投资。设 t 时投资账户余额为 $R(t)$,在 $0 \leqslant t \leqslant T$ 上,账户余额在时间间隔 dt 上的瞬间变化等于期间的利息收入,即 $dR(t)=R(t)rdt$,由此得出 $R(t)$ 满足微分方程:

$$\frac{dR(t)}{dt}=R(t)r$$

该微分方程的解为:

$$R(t)=R(0)e^{rt} \tag{4-4}$$

由此得到期末投资账户余额为 $R(T)=R(0)e^{rT}$,因此我们可以看出"账户余额在时间间隔 dt 上的瞬间变化等于期间的利息收入 $R(t)rdt$"等价于以利率 r 连续复利计算利息。这里,利率 r 也称为连续无风险利率,$R(t)$ 称为连续复利率投资的无风险资产账户余额。

在本书的大部分章节,我们都是假设无风险利率为常数,但在研究利率衍生产品时将要去掉这个假设,而是假定每个短期(即无穷小的投资期限上)投资都存在一个无风险利率 $r(t)$。这意味着在 t 时刻 $R(t)$ 元的无风险投资在时间间隔 dt 上的瞬间利息收入为 $R(t)r(t)dt$。在这样的情形下,初始额度为 $R(0)$ 元的投资,t 时刻的投资账户余额为 $R(t)$ 满足的微分方程为:

$$\frac{dR(t)}{dt}=R(t)r(t)$$

该微分方程的解为:

$$R(t)=R(0)e^{\int_0^t r(t)dt} \tag{4-5}$$

式(4-5)中,$e^{\int_0^t r(t)dt}$ 为连续复利因子。如果所有的利率 $r(t)$ 为常数 r,则 $\int_0^t r(t)dt=rt$,连续复利因子 $e^{\int_0^t r(t)dt}=e^{rt}$,与常数连续复利率的例子完全相同。

第二节 无套利定价原理

一、卖空交易与无风险套利

(一)卖空交易

卖空交易,也叫"空头交易"。当卖空交易投资者认为未来的某种股票、债券等证券价格会下降,就缴纳一部分保证金,通过证券经纪商人借入该证券等先卖出,等价格跌到一定程度后再买回这些股票等交还借出者,投资者在交易过程中获利,这种做法称为卖空交易。简单来说,卖空即为卖出你并不拥有的证券。

卖空交易一般包括以下三个步骤:① 投资者开立信用交易账户。② 进行融券委托,并按法定比例向证券商缴纳保证金,证券商为客户卖出证券,并以出借给客户的证券完成交割。卖出证券所得存在证券商处作为客户借入证券的押金。委托卖出的证券价格上涨时,证券商要向卖空客户追收增加的保证金,否则将以抵押金购回证券平仓。③ 当证券跌到客户预期的价格时,客户买回证券,并归还给证券商,若客户不能按时偿还所借证券,证券商可以强行以抵押金代其购回证券平仓。

卖空这种以融券方式进行的交易,主要有以下四种。

(1) 纯粹的投机性交易。这类交易纯粹是为了获得价差利益而进行的,如交易者本身不拥有证券,而是从别人或证券商处借入证券供交割时使用。

(2) 保值性交易,即以保值为主要目的的交易。客户如对某种证券的买进多于卖出,但这种证券的价格又趋于下跌,于是他就可从事与下跌证券具有相同趋势的其他种类证券的空头交易,从中获取利润来抵补前种证券可能带来的损失。

(3) 技术性交易,指出于某种技术方面的原因而进行的交易。客户虽然持有某种证券,但因已经质押出去或其他方面原因无法流通,为了抓住交易机会,暂时从其他方面借入该种证券卖空。

(4) 套利性卖空交易,指交易者利用各地证券市场的价差,从较低的市场借入,然后在价格较高的市场卖出,等待价格下跌后再购回的交易。

(二) 无风险套利

套利交易与纯粹的单向投机不同,它是利用衍生产品和现货之间、或者衍生产品之间的价格关系来获利。通常的做法是针对两种或多种有关联的合约,在市场上同时开立正反两方面的头寸,期望在未来的价差变动于己有利时作获利了结。

无风险套利是指利用一个或多个市场存在的价格差异,在不冒任何损失风险且无需投资者自有资金的情况下,获取利润的行为。一般来说,严格的无风险套利具有以下三个特征。

(1) 套利活动在无风险的状态下进行,套利活动保证存在一个无风险的收益,即所谓"保证获取正报酬而没有负报酬",我们以 $V(t)$ 表示投资组合在时点的 t 价值,p 表示事件出现概率,$p[V(t)=0]+p[V(t)]>0]=1$。当然,在实际的交易活动中,纯粹零风险的套利活动比较罕见。因此,实际的交易者在套利时往往不要求零风险,所以实际的套利活动有相当大一部分是风险套利。

(2) 无风险的套利活动是自融资投资组合,即开始时套利者不需要任何资金的投入,在投资期间也不需要投资者额外投入任何的资金。这一点需要以金融市场可以无限制卖空为前提。在没有卖空限制的情况下,套利者的自融资投资组合不管未来发生什么情况,该组合的净现金流都大于零。我们把这样的组合叫做"无风险套利组合"。

从理论上说,当金融市场出现无风险套利机会时,每一个交易者都可以构筑无穷大的无风险套利组合来赚取无穷大的利润。这种巨大的套利头寸成为推动市场价格变化的力量,迅速消除套利机会。所以,理论上只需要少数套利者(甚至一位套利者),就可以使金融市场上失衡的资产价格迅速回归均衡状态。

无套利的关键技术是所谓"复制"技术,即用一组证券来复制另外一组证券。复制技术的要点是使复制组合的现金流特征与被复制组合的现金流特征完全一致,复制组合的多头(空头)与被复制组合的空头(多头)互相之间应该完全实现头寸对冲。由于价格不同,这时通过对价格高者做空头、对价格低者做多头,就能够实现在头寸对冲、不承担风险的前提下获取收益的目标,从而实现套利。

由于套利活动的存在会推动市场走向均衡,因此可以互相复制的两种资产在市场上交易时必定有相同的价格,否则就会发生套利活动。由此可以得到的两个基本推论:
① 如果两个资产组合在某个时刻的合理价格相等,则这两个组合在另一个时刻的价格也应该相等;② 无风险组合只能获取无风险收益率。这些原理都将在后文的各章中逐渐应用和体现。

二、无套利均衡价格与无套利定价原理

衍生产品的价格应该处在一个和标的资产证券价格相对确定的位置,否则就偏离了合理价格。如果市场价格对合理价格的偏离超过了相应的交易成本,则市场投资者就可以通过标的资产和衍生产品之间的买卖,进行套利,买入相对定价过低的资产,卖出相对定价过高的证券。

市场价格必然由于套利行为作出相应的调整,相对定价过低的资产价格会因买入者较多而回升,而相对定价过高的证券价格则会因为卖出者较多而下降,因而回到合理的价位即均衡状态,套利者即可以因此获利。在市场价格回到均衡状态之后,就不再存在套利机会,从而形成无套利条件下的均衡证券价格。这就是套利行为和相应的无套利定价原理。

三、无套利定价例子: 二叉树期权定价

假设一种不支付红利股票目前的市价为 20 元,我们知道在 3 个月后,该股票价格或者为 22 元,或者为 18 元,3 个月内股票没有红利支付。假设连续的无风险年利率为 6%,如何为一份 3 个月期协议价格为 21 元的该股票欧式看涨期权定价?

为了找出该期权的价值,可构建一个由一单位看涨期权空头和 Δ 单位标的股票多头组成的组合。为了使该组合在期权到期时无风险,Δ 必须满足:

$$22\Delta - 1 = 18\Delta \tag{4-6}$$

计算得到 $\Delta=0.25$,即卖出一份看涨期权后,再买入 0.25 单位的股票,组成的资产组合是一个无风险资产组合。三个月后不论股票价格是 22 元,还是 18 元,该资产组合三个月以后的价值为 4.5 元。按照无风险利率贴现,该资产组合当前的价值为:

$$4.5e^{-6\% \times 0.25} = 4.433 \text{ 元}$$

按照当前市场价格构造该资产组合的成本应该等于 4.433 元,即

$$20 \times 0.25 - f = 4.433$$

所以期权价格 $f=0.567$ 元。

在上面的期权定价过程中,我们是使用期权和标的资产复制出了无风险资产。事实上,还可以使用标的资产和无风险资产复制出期权。假定当前一单位无风险资产为 1 元,三个月后一单位无风险资产的价值为 $e^{6\%\times 0.25}$ 元。假设由 x 单位的股票和 y 单位的无风险资产复制期权,则 x 和 y 满足如下方程组:

$$\begin{cases} 22x+e^{6\%\times 0.25}y=1 \\ 18x+e^{6\%\times 0.25}y=0 \end{cases}$$

求解以上方程组,得 $x=0.25$,$y=-4.433$。期权价格为:

$$f=20x+y=0.567 \text{ 元}$$

通常,假设一只无红利支付的股票,当前 0 时刻股票价格为 S,基于该股票的某个期权的价值是 f,期权到期日为 T。在期权存续期内,股票价格或者上升到 Su,或者下降到 Sd,在期权有效期内股票不支付红利,相应的期权回报分别为 f_u 或者 f_d,这里 u 和 d 分别为上升幅度和下降幅度。

市场无套利要求股票价格处于上升时其收益率要大于无风险利率,处于下降时其收益要小于无风险利率,否则就会存在套利机会,即

$$u > e^{rT} > d \tag{4-7}$$

构造一个由一单位看涨期权空头和 Δ 单位标的股票多头组成的无风险资产组合,并可计算得到该组合无风险时的 Δ 值

$$\Delta = \frac{f_u - f_d}{Su - Sd} \tag{4-8}$$

如果无风险利率为 r,在无套利条件下,有

$$S\Delta - f = (Su\Delta - f_u)e^{-rT}$$

整理后,期权价格为:

$$f = e^{-rT}[pf_u + (1-p)f_d] \tag{4-9}$$

其中,

$$p = \frac{e^{rT} - d}{u - d} \tag{4-10}$$

第三节　状态价格定价和风险中性定价

一、状态价格定价

假定在某一特定状态发生时,某一证券的持有人得到 1 元的回报;如果该状态没有发

生,则该证券的持有者什么也得不到。此类证券通常被称为"基本证券",也被称为阿罗(Arrow)证券。状态价格(state prices),指的是在特定的状态发生时回报为 1,否则回报为 0 的证券在当前的价格。如果未来时刻有 N 种状态,而这 N 种状态的状态价格都知道,那么只要知道某种资产在未来各种状态下的回报状况,就可以对该资产进行定价,这就是状态价格定价技术。状态价格定价法其实质是无套利定价法的一种运用。下面我们考虑两种状态的情形。

购买 Su 份基本证券 1 和 Sd 份基本证券 2,在无套利条件下,该组合在 T 时刻的回报与股票是相同的,即

$$S = S_u \pi_u + S_d \pi_d \tag{4-11a}$$

或者,

$$u\pi_u + d\pi_d = 1 \tag{4-11b}$$

购买 1 份基本证券 1 和 1 份基本证券 2,该组合在 T 时刻总能获得 1 元,这是无风险组合,在无套利条件下,有 $\pi_u + \pi_d = e^{-rT}$,即

$$e^{rT}\pi_u + e^{rT}\pi_d = 1 \tag{4-12}$$

结合式(4-11)和(4-12),可以求得:

$$\pi_u = \frac{1 - de^{-rT}}{u - d}, \; \pi_d = \frac{ue^{-rT} - 1}{u - d} \tag{4-13}$$

由式(4-7),可以保证 $\pi_u > 0, \pi_d > 0$。因此,风险资产与无风险资产之间不存在套利机会与状态价格为正是完全等价的。

通常,在状态价格 π_u 和 π_d 已知的情况下,对期末时两状态下的或有支付为 P_u 和 P_d 的风险资产,其当前的无套利均衡价格 P 满足式(4-14):

$$P = P_u \pi_u + \pi_d P_d \tag{4-14}$$

二、风险中性定价

(一) 风险中性定价公式

下面我们引出风险中性概率和风险中性定价。首先我们定义 $p_u = e^{rT}\pi_u$, $p_d = e^{rT}\pi_d$。由前文可知,$p_u > 0$, $p_d > 0$,且 $p_u + p_d = 1$。我们可以将上升状态的概率赋值 p_u,将下降状态的概率赋值 p_d。请注意,这是我们直接赋予的一个概率值,而不是这两个状态"真实"的概率。在我们赋予的概率下,式(4-14)可以写成如下的形式:

$$P = (p_u P_u + p_d P_d)e^{-rT} \tag{4-15}$$

式(4-15)表明,两状态的风险资产价格 P 等于其未来的或有支付 P_u 和 P_d 在概率 p_u 和 p_d 下的期望值,再按照无风险利率贴现。在概率 p_u 和 p_d 下,任何资产的未来支付的期望值按照无风险利率的贴现值等于该资产当前的价格,似乎所有的投资者都是风险中性的,贴现率中不需要包含风险溢价。由此可以看出,对资产进行定价时,可以对概率进行调整,使投资者好像是风险中性的一样。这个调整后的概率被称为风险中性概率,而该定价方法称为风险中性定价法。该方法源于 Cox 和 Ross(1976)的论文。

(二) 如何理解风险中性定价

从上述的推导过程可以看出,风险中性定价其实质还是无套利定价。当然,这里并不表示投资者真正是风险中性的,风险溢价体现在概率的调整上。y 为风险收益率,$y=r+$风险溢价。$Prob_u$ 和 $Prob_d$ 分别为"真实世界"风险资产价格上升和下降的概率,则

$$P = e^{-yT}(Prob_u P_u + Prob_d P_d) \tag{4-16}$$

在投资者风险厌恶的市场下,风险溢价>0,即 $y>r$,比较式(4-15)和式(4-16),可知 $Prob_u > p_u$ 和 $Prob_d < p_d$。因此,风险中性概率是对实际概率的调整,调整程度的大小隐含了"真实世界"的风险厌恶程度和风险溢价的大小。

将式(4-15)分别运用到不支付红利的股票、衍生产品和无风险资产上,可以得到如下的定价公式:

$$S = (p_u S_u + p_d S_d) e^{-rT} \tag{4-17a}$$

$$f = (p_u f_u + p_d f_d) e^{-rT} \tag{4-17b}$$

$$1 = p_u + p_d \tag{4-17c}$$

第四节 鞅定价方法

一、风险资产不支付红利情形下的鞅定价

(一) 计价物的概念

在之前的分析过程中,我们采取货币为资产计价。但是,事实上,除了采用货币为资产计价外,我们还可以采用某种资产的价格为其他资产计价。比如,可以采用无风险资产作为计价物,也可以采用其他风险资产,如黄金、股票和外汇等作为计价物,为其他资产计价。

(二) 无风险资产计价物下鞅定价公式

在引入计价物的概念后,我们可以将之前的定价公式写成一种等价鞅的形式。为了简化,我们先针对风险资产不支付红利情形。

首先我们分析采用无风险资产作为计价物时的情形。考虑当前1元的无风险投资,在时间 T 投资增加到 e^{rT}。将当前的价格取为 $R=1$,T 时上升状态或下降状态下的价格分别写为 R_u 和 R_d,$R_u=R_d=e^{rT}$。在无风险资产价格作为计价物下,式(4-15)可以重新

写成：

$$\frac{P}{R} = p_u \frac{P_u}{R_u} + p_d \frac{P_d}{R_d} \tag{4-18}$$

式(4-18)表明，如果采用风险中性概率，当前的资产价格与无风险资产价格的比值，等于未来该资产价格与无风险资产价格比值的数学期望值，即 T 时，该比值的期望值等于当前的比值。

将式(4-18)分别运用到不支付红利的股票、衍生产品和无风险资产上，我们可以将式(4-17)写成以下公式：

$$\frac{S}{R} = p_u \frac{S_u}{R_u} + p_d \frac{S_d}{R_d} \tag{4-19a}$$

$$\frac{f}{R} = p_u \frac{f_u}{R_u} + p_d \frac{f_d}{R_d} \tag{4-19b}$$

$$1 = p_u + p_d \tag{4-19c}$$

（三）不支付红利风险资产作为计价物下的鞅定价公式

类似于使用式(4-12)定义风险中性概率，即概率等于状态价格与期末的无风险资产价格乘积，我们还可以使用式(4-11a)定义上升状态和下降状态的概率，即

$$q_u = \pi_u \frac{S_u}{S} = \pi_u u \tag{4-20a}$$

$$q_d = \pi_d \frac{S_d}{S} = \pi_d d \tag{4-20b}$$

这里，$q_u > 0$，$q_d > 0$，且 $q_u + q_d = 1$，因此 q_u 和 q_d 可以看成上升和下降的概率，我们称之为 Q 概率。

在这个概率定义下，定价公式(4-16)可以写成如下的式子：

$$\frac{P}{S} = q_u \frac{P_u}{S_u} + q_d \frac{P_d}{S_d} \tag{4-21}$$

将式(4-21)分别运用到不支付红利的资产本身、衍生产品和无风险资产上，我们可以将式(4-17)写成以下公式：

$$1 = q_u + q_d \tag{4-22a}$$

$$\frac{f}{S} = q_u \frac{f_u}{S_u} + q_d \frac{f_d}{S_d} \tag{4-22b}$$

$$\frac{R}{S} = q_u \frac{R_u}{S_u} + q_d \frac{R_d}{S_d} \tag{4-22c}$$

(四) 定价公式中的术语

下面我们正式给出定价模型中用到的术语。

到目前为止,我们对未来上升和下降的状态已经定义了三种不同类型的概率。对事件赋予概率过程,也可称为概率测度,或简称为测度。在每一个概率测度下,我们可以计算随机变量的期望值和方差等统计量。选择无风险资产作为计价物时,用来计算其他资产价格与计价物比值的期望值的概率测度是风险中性概率测度。选择风险资产价格作为计价物时,需要选择式(4-20)定义的概率测度计算其他资产价格与计价物的比值期望值。因此,在定价模型中,计价物和概率测度是一一对应的。

在随机过程分析中,鞅或者鞅过程是一个重要的概念。当前时刻为 s,已知某一随机过程当前时刻的观测值 $X(s)$,若未来某一时刻 t 该随机过程在某一概率测度 H 下的条件期望等于当前时刻该随机过程的观测值,即

$$E_s^H[X(t) \mid t > s] = X(s)$$

则这一随机过程在这一概率测度下是鞅过程,其中 $E_s^H[\cdot]$ 表示概率测度 H 下的期望值。

运用鞅过程的定义,我们可以对定价公式(4-18)和(4-21)重新进行表述。式(4-18)表明,选择无风险资产作为计价物时,其他资产价格与无风险资产价格的比值在风险中性概率测度下是一个鞅过程。式(4-21)表明,选择风险资产价值作为计价物时,其他资产的价格与风险资产价格的比值在 Q 概率测度下是一个鞅过程。

二、风险资产支付红利情形下的鞅定价

如果股票支付红利,其连续红利率为 q,这时上述的定价公式需要做一个调整。考虑一个股票投资,$X(t)$ 表示 t 时刻持有股票的单位数。0 时持有 1 份股票,即 $X(0)=1$。时刻 t 红利支付率 q 的股票红利支付为 $qS(t)X(t)dt$,将该红利继续购买该股票,可以购买的股票数量为 $qX(t)dt$,即 $dX(t)=qX(t)dt$。该微分方程的解为 $X(t)=e^{qt}X(0)$,其中 $X(0)=1$,可得 $X(t)=e^{qt}$。

假设期初持有一单位股票,计 t 时红利再投资风险资产的价值 $V(t)$,则 $V(0)=S$,$V(T)=S(T)e^{qT}$。股票价格上升时,计 $V_u=S_u e^{qT}$;股票价格下降时,计 $V_d=S_d e^{qT}$。在这样的红利支付假设下,式(4-11a)调整为:

$$S = V_u \pi_u + V_d \pi_d \tag{4-23}$$

式(4-17a)调整为:

$$S = (p_u V_u + p_d V_d)e^{-rT} \tag{4-24}$$

式(4-19a)调整为如下定价公式:

$$\frac{S}{R} = p_u \frac{V_u}{R_u} + p_d \frac{V_d}{R_d} \tag{4-25}$$

由式(4-23),可以得到:

$$1 = \frac{V_u \pi_u}{S} + \frac{V_d \pi_d}{S} \tag{4-26}$$

因此，在股票支付红利率 q 的情形下，定义上升状态和下降状态的概率为：

$$q_u = \pi_u \frac{V_u}{S} = \pi_u u e^{qT} \tag{4-27a}$$

$$q_d = \pi_d \frac{V_d}{S} = \pi_d d e^{qT} \tag{4-27b}$$

在这个概率下，定价公式(4-21)可以写成如下的式子：

$$\frac{P}{V(0)} = q_u \frac{P_u}{V_u} + q_d \frac{P_d}{V_d} \tag{4-28}$$

将式(4-28)分别运用到支付连续红利率 q 的股票、衍生产品和无风险资产上，可以得到如下的定价公式：

$$1 = q_u + q_d \tag{4-29a}$$

$$\frac{f}{S} = q_u \frac{f_u}{V_u} + q_d \frac{f_d}{V_d} \tag{4-29b}$$

$$\frac{R}{S} = q_u \frac{R_u}{V_u} + q_d \frac{R_d}{V_d} \tag{4-29c}$$

通过上面的分析可以看到，对于支付红利的资产，不论是用其他资产作为计价物对其计价，还是用该资产作为计价物时，都需要将支付的红利加以考虑。

第五节 随机贴现因子与资产定价

一、随机贴现因子的概念与性质

假设资产 i 在未来 $t+1$ 时点的随机支付(Random Payoff)为 $X_i(t+1)$，这里 $X_i(t+1)$ 是资产 i 在 $t+1$ 时刻的价格 $P_i(t+1)$ 加上所有的红利 $D_i(t+1)$（或者利息）收入。当前的合理价格为 $P_{i,t}$。随机贴现因子(Stochastic Discount Factors, SDF)是满足以下方程的随机变量 $m(t+1)$：

$$(\forall i) E[m(t+1) X_i(t+1)] = P_i(t) \tag{4-30}$$

随机贴现因子是资产定价理论的重要概念。其命名"随机贴现因子"表明可以用这个随机变量 $m(t+1)$ 对市场上所有的金融资产未来的随机支付 $X_i(t+1)$ 进行贴现，然后计算贴现后的现值 $m(t+1)X_i(t+1)$ 的期望值，得到资产当前的价格。这里要强调的是，随机贴现因子是一个描述市场总体特征的随机变量，所有的风险资产都用这个随机变量进行贴现。

如果资产价格 $P_i(t) \neq 0$，随机的总收益率 $R_{i,t+1} = \dfrac{X_i(t+1)}{P_i(t)}$，则式(4-30)可以写成：

$$(\forall i) E[m(t+1) R_i(t+1)] = 1 \tag{4-31}$$

那么，对于任何的资产 i 和资产 j，有：

$$(\forall i, j) E[m(t+1)(R_i(t+1) - R_j(t+1))] = 0 \tag{4-32}$$

式(4-31)和式(4-32)是随机贴现因子两个重要的性质。另外，以上的定价公式不仅对单个资产成立，对资产组合同样成立。

考虑随机贴现因子 $m(t+1)$ 和总收益率 $R_i(t+1)$ 的协方差，有

$$Cov(m(t+1), R_i(t+1)) = E[m(t+1) R_i(t+1)] - E[m(t+1)] E[R_i(t+1)]$$

将式(4-31)代入上式，可以得到：

$$1 = Cov(m(t+1), R_i(t+1)) + E[m(t+1)] E[R_i(t+1)] \tag{4-33}$$

假设存在无风险资产，无风险资产的总收益率为 R_f 为一个常数。将定价公式(4-31)应用于无风险资产，有

$$E[m(t+1)] = \dfrac{1}{R_f} \tag{4-34}$$

将式(4-34)代入式(4-33)，整理可以得到：

$$E[R_i(t+1)] - R_f = -R_f Cov(m(t+1), R_i(t+1)) \tag{4-35}$$

式(4-35)给出了风险资产或者风险资产组合的风险溢价 $E[R_i(t+1)] - R_f$ 是如何确定的：当随机贴现因子 $m(t+1)$ 与 $R_i(t+1)$ 负相关时，产生正的风险溢价；反之，产生负的风险溢价。

二、完全市场、无套利与随机贴现因子

在 t 时，假设市场上存在包括一个无风险资产在内的 n 个资产，n 个资产价格的列向量记为 $\boldsymbol{P}(t) = (P_1(t), \cdots, P_n(t))^T$。在某一个状态 ω 下，$t+1$ 时 n 个资产的随机支付的列向量记为 $\boldsymbol{X}(t+1) = (X_{1,\omega}(t+1), \cdots, X_{n,\omega}(t+1))^T$。如果金融市场满足以下条件，则市场是完全市场(complete market)：

对于任何的 W，在任何状态下，存在一个资产组合 $(\xi_1, \cdots, \xi_n)$，使

$$(\forall \omega) \quad \sum_{i=1}^{n} \xi_i X_{i,\omega}(t+1) = W \tag{4-36}$$

这表明，在现实世界的不同状态下，希望得到的未来财富的任何分布都可以通过适当的组合获得。在现实中，完全市场是一种很难达到的状态。例如，如果世界有无限多的状态，

那么式(4-36)的约束条件就有无限多,我们假设通过选择有限维度的 $(\xi_1,\cdots,\xi_n)$ 使无限多的约束条件成立,这是不可能的事情。世界有无限多的状态可以通过假设随机支付 $X_{i,\omega}(t+1)$ 服从正态分布、对数正态分布或者其他形式的连续分布来描述。因此,在单期不确定性市场中,如果资产的数量有限,而资产期末随机支付是连续分布的,市场不可能是完全市场。完全市场可以看成一种与现实市场相比较的理想参照系。在有限数量资产的一期市场中,只有期末的市场状态数量是有限的情形下,市场才有可能是完全的。在多期的不确定动态市场中,通过动态复制方法,资产数量小于状态数量的情况下,也可以达到完全市场的状态。

假设世界存在有限数量的状态 $\omega_1,\cdots,\omega_k$,在 $t+1$ 时资产 i 在每一个状态下的支付分别为 $X_{i,\omega_1}(t+1),\cdots,X_{i,\omega_k}(t+1)$。记 $X_{i,j}=X_{i,\omega_j}(t+1)$, $W_j=W(\omega_j)$。在这种情形下,如果金融市场满足以下条件,则市场是完全市场(complete market):

对于任何的 $W\in R^k$,存在一个资产组合 $(\xi_1,\cdots,\xi_n)$,使

$$(\forall j=1,2,\cdots,k)\quad \sum_{i=1}^n \xi_i X_{i,j}=W_j$$

为了更简便地表述,记 $\mathbb{X}$ 为 $n\times k$ 维矩阵 $(X_{i,j})$, $\boldsymbol{W}=(W_1,\cdots,W_k)^T$, $\boldsymbol{\xi}=(\xi_1,\cdots,\xi_n)^T$。完全市场等价表述为:对于任何的 $W\in R^k$,存在一个资产组合 $\boldsymbol{\xi}\in R^n$,使

$$\mathbb{X}^T\boldsymbol{\xi}=\boldsymbol{W} \tag{4-37}$$

当且仅当 $\mathbb{X}$ 的秩为 k,对每一个 $W\in R^k$,线性系统(4-37)的解存在。特别地,市场完全性意味着 $n\geqslant k$,即市场中资产的数量不少于现实世界中状态的数量。

市场的完全性意味着系统(4-37)解的存在性,但对解的唯一性没有要求。如系统(4-37)有多组解,意味着投资者可以用不同成本的资产组合得到相同的 $\boldsymbol{W}$。因此投资者可以通过买入便宜的资产组合、卖出贵的资产组合进行套利,此时投资者原来的资产组合不是最优的。如果式(4-37)的解是唯一的,那么"一价定律"成立,或市场是无套利的。

$$(\forall \boldsymbol{\xi},\hat{\boldsymbol{\xi}})\mathbb{X}^T\boldsymbol{\xi}=\mathbb{X}^T\hat{\boldsymbol{\xi}}=\boldsymbol{W}\Rightarrow \boldsymbol{\xi}=\hat{\boldsymbol{\xi}}\Rightarrow \boldsymbol{P}(t)^T\boldsymbol{\xi}=\boldsymbol{P}(t)^T\hat{\boldsymbol{\xi}} \tag{4-38}$$

一价定律与随机贴现因子的存在性是等价的,下面讨论这种等价性。

在 k 个有限状态的模型中,随机贴现因子可以写成一个 k 维的列向量 $\boldsymbol{m}(t+1)=(m_{\omega_1}(t+1),\cdots,m_{\omega_k}(t+1))^T$,每一个状态的在"真实世界中"的概率分别为 $Prob_1,\cdots,Prob_k$。在 k 个有限离散状态下,那么式(4-30)可以写成以下式子:

$$(\forall i=1,2,\cdots,n)\quad P_i(t)=\sum_{j=1}^k m_{\omega_j}(t+1)X_{i,\omega_j}(t+1)Prob_j \tag{4-39}$$

记 $q(\omega_j)=m_{\omega_j}(t+1)Prob_j$,记列向量 $\boldsymbol{q}=(q(\omega_1),\cdots,q(\omega_k))^T$,式(4-39)可以写成:

$$\boldsymbol{P}(t)=\mathbb{X}\boldsymbol{q} \tag{4-40}$$

式(4-40)也可以写成:

$$(\forall i=1,2,\cdots,n) \quad P_i(t)=\sum_{j=1}^{k}q(\omega_j)X_{i,\omega_j}(t+1) \tag{4-41a}$$

一价定律(式 4-38)也意味着,某一资产组合在所有可能的状态下其期末支付为 0,则该组合期初价值也为 0,这是一价定律的另一种表述形式,即:

$$\mathbb{X}^T\boldsymbol{\xi}=0 \Rightarrow \boldsymbol{P}(t)^T\boldsymbol{\xi}=0 \tag{4-42}$$

式(4-42)表明如果 $\boldsymbol{\xi}$ 与 $\mathbb{X}$ 的列向量正交, $\boldsymbol{P}(t)^T$ 与 $\boldsymbol{\xi}$ 也正交,该结论成立的条件是:当且仅当向量 $\boldsymbol{P}(t)$ 的每一个元素是矩阵 $\mathbb{X}$ 的对应列向量的线性组合时,上述结论才能成立。即存在向量 $\boldsymbol{q}$ 使(4-41)时成立时,也就是存在随机贴现因子向量 $\boldsymbol{m}(t+1)$ 使(4-39)成立,一价定律才能成立。

假设这 k 个状态的阿罗证券的价格为 $\boldsymbol{\pi}=(\pi(\omega_1),\cdots,\pi(\omega_k))^T$,在无套利的条件下,任何资产价格可表示为如下式子:

$$(\forall i=1,2,\cdots,n)P_i(t)=\sum_{j=1}^{k}\pi(\omega_j)X_{i,\omega_j}(t+1) \tag{4-41b}$$

或者有

$$\boldsymbol{P}(t)=\mathbb{X}\boldsymbol{\pi} \tag{4-43}$$

比较式(4-41a)与式(4-41b),可以得到: $\pi(\omega_j)=q(\omega_j)=m_{\omega_j}(t+1)Prob_j$,即

$$m_{\omega_j}(t+1)=\frac{\pi(\omega_j)}{Prob_j} \tag{4-44}$$

因此,如果市场无套利的,或者一价定律成立时,那么随机贴现因子存在。离散状态的随机贴现因子等于阿罗证券的状态价格与对应状态的概率的比值,随机贴现因子也被称为状态价格密度(State Pricing Density)。在文献中,随机贴现因子还被称为定价核(Pricing Kernel)。从式(4-44)可以看出,随机贴现因子应该是一个大于 0 的随机变量。

在市场是完全的,且一价定律成立,方程 $\boldsymbol{P}(t)=\mathbb{X}\boldsymbol{\pi}$ 的解是唯一的,其唯一解是:

$$\boldsymbol{\pi}=(\mathbb{X}\mathbb{X}^T)^{-1}\mathbb{X}^T\boldsymbol{P}(t) \tag{4-45}$$

三、跨期消费—投资均衡定价与随机贴现因子

资产定价基本问题是确定未来不确定的现金流当前价值。假定资产最终目的是用于消费,因此投资者的投资决策是一个未来现金流不确定下的跨期的消费和投资问题,跨期均衡分析将资产定价与投资者跨期预期效用总体最大化结合起来。下面我们用一个简化的二期模型来分析跨期均衡下的资产定价问题。假设在 t 时的市场上 n 个风险资产价格分别为 $P_1(t),\cdots,P_n(t)$,记向量 $\boldsymbol{P}(t)=(P_1(t),\cdots,P_n(t))^T$, $t+1$ 时 n 个风险资产的随机支付记向量 $\boldsymbol{X}(t+1)=(X_1(t+1),\cdots,X_n(t+1))^T$。在 t 时投资者收入总量为 $I(t)$, $I(t)$ 一部分用于消费,一部分投资市场上的风险资产,风险资产的投资数量记为向量 $\boldsymbol{\xi}=(\xi_1,\cdots,\xi_n)^T$。投资者选择风险资产的投资数量 $\boldsymbol{\xi}$,使预期跨期效用最大。

$$\max_{\xi} U(c(t)) + E_t[\beta U(c(t+1))] \tag{4-46}$$

$$\text{s.t.} \quad c(t) = I_t - \boldsymbol{P}^T(t)\boldsymbol{\xi}$$

$$\text{s.t.} \quad c(t+1) = I(t+1) + \boldsymbol{X}^T(t+1)\boldsymbol{\xi}$$

式(4-46)中，$U(\cdot)$ 为投资者消费的效用函数；$I(t+1)$ 为投资者在 $t+1$ 时的收入，也为随机变量；β 为效用跨期贴现系数，$0<\beta<1$。将 $c(t)$ 和 $c(t+1)$ 代入(4-46)，并在式(4-46)中针对 ξ_i 求偏导数，偏导数为 0 就可以得到最大值，因此投资者跨期消费与投资最优决策满足下式：

$$(\forall i) P_i(t) U'(c(t)) = E_t[\beta U'(c(t+1)) X_i(t+1)]$$

整理后，得到：

$$(\forall i) \quad P_i(t) = E_t\left[\beta \frac{U'(c(t+1))}{U'(c(t))} X_i(t+1)\right]$$

因此，在跨期消费投资均衡下，随机贴现因子 $m(t+1)$ 为：

$$m(t+1) = \beta \frac{U'(c(t+1))}{U'(c(t))} \tag{4-47}$$

在跨期消费投资均衡下，随机贴现因子 $m(t+1)$ 与投资者的跨期边际消费替代率有关，是投资者当前一单位的消费能够替代的未来消费的数量。

第六节　衍生产品定价中的等价鞅测度变换

通过前面的分析可以看到，衍生产品定价最方便的方法不是构造无套利组合所隐含的偏微分方程，而是将资产价格概率分布进行变化，将资产价格过程转换为鞅，从而方便地为衍生产品定价。下面我们介绍如何在无套利的约束下，对资产价格的概率分布进行变换，并将前面介绍的两状态模型推广到连续分布情形。第五章还将本节介绍的内容推广到连续时间随机过程的模型中。

一、概率测度的概念

(一) 测度

在数学上，测度(Measure)是一个函数，它对一个给定集合的某些子集指定一个数，这个数可以比作大小、体积、概率等。传统的积分是在区间上进行的，后来人们希望把积分推广到任意的集合上，就发展出测度的概念，它在数学分析和概率论有重要的地位。

在形式上，一个测度 μ（严格的说法是可列可加的正测度）是个函数。设 $\mathscr{A}$ 是集合 X 上的一个 σ 代数，μ 在 $\mathscr{A}$ 上定义，在扩充区间 $[0,\infty]$ 中取值，并且满足以下性质：

(1) 空集的测度为零：$\mu(\emptyset) = 0$

(2) 可数可加性，或称 σ 可加性：若 $G_1, G_2, \cdots$ 为 $\mathscr{A}$ 中可数个两两不交的集合的序

列,则所有 G_i 的并集的测度,等于每个 G_i 的测度之总和:$\mu(\bigcup_{i=1}^{\infty} G_i) = \sum_{i=1}^{\infty} \mu(G_i)$。这样的三元组 $(\tilde{X}, \mathscr{A}, \mu)$ 称为一个**测度空间**,而 $\mathscr{A}$ 中的元素称为这个空间中的**可测集**。

下面有关测度另一些性质可从测度的定义推导出:

(1) 测度 μ 单调性:若 G_1 和 G_2 为可测集,而且 $G_1 \subset G_2$,则 $\mu(G_1) \leqslant \mu(G_2)$。

(2) 可数个可测集的并集的测度:若 $G_1, G_2, \cdots$ 为可测集(不必是两两不交的),并且对于所有的 n,$G_n \subseteq G_{n+1}$,则集合 G_n 的并集是可测的,且有如下不等式(次可列可加性):$\mu(\bigcup_{i=1}^{\infty} G_i) \leqslant \sum_{i=1}^{\infty} \mu(G_i)$

以及如下极限:$\mu(\bigcup_{i=1}^{\infty} G_i) = \lim_{i \to \infty} \mu(G_i)$

(3) 可数个可测集的交集的测度:若 $G_1, G_2, \cdots$ 为可测集,并且对于所有的 n,$G_{n+1} \subseteq G_n$,则集合 G_n 的交集是可测的,进一步说,如果至少一个 G_n 的测度有限,则有极限:$\mu(\bigcap_{i=1}^{\infty} G_i) = \lim_{i \to \infty} \mu(G_i)$

如若不假设至少一个 G_n 的测度有限,则上述性质一般不成立。例如,对于每一个 $n \in \mathbb{N}$,令 $G_n = [n, \infty) \subseteq \mathbb{R}$。这里,全部集合都具有无限测度,但它们的交集是空集。

如果 Ω 可以表示为可数个可测集的并集,而且这些可测集的测度均有限,即 $\mu(\Omega)$ 是一个有限实数(而不是 ∞),则该测度空间 $(\tilde{X}, \mathscr{A}, \mu)$ 称为**有限测度空间**。

(二) 概率测度

概率测度(probability measure)是一个有限测度,是概率论、遍历理论等数学分支中常用的一种重要概念。在数学中,概率测度是在满足测度属性的概率空间中的一组事件上定义的实值函数。概率测度与一般的测度概念(包括像面积或体积等概念)之间的差异在于:概率测量整体事件上的概率必须为 1。

函数 P 作为概率空间 $(\Omega, \mathscr{F})$ 的概率测度,对其的要求是:

(1) P 必须以在 $[0, 1]$ 之内返回结果,空集上的测度值为 0,整个空间的测度值为 1。

(2) P 必须满足所有可数集合 $\{E_i\}$ 的可数可加性的性质。

例如,给定概率为 1/4,1/4 和 1/2 的三个元素 1,2 和 3,分配给 $\{1, 3\}$ 的值为 $1/4 + 1/3 = 3/4$。

下面,我们以标准正态分布为例,将概率测度的概念推广到连续分布的情形。考虑 t 时刻服从正态分布的随机变量 X,其均值为 0,方差为 1。

$$X \sim N(0, 1)$$

众所周知,标准正态分布的概率密度函数 $f(x_t)$ 的表达式如下:

$$f(x) = \frac{1}{\sqrt{2\pi}} e^{-\frac{1}{2}x^2}$$

随机变量 X 处于某个特殊值 $\bar{x}$ 附近一定区间 $\left(\bar{x} - \frac{\Delta}{2}, \bar{x} + \frac{\Delta}{2}\right)$ 的概率测度等于标

准正态密度函数在区间上的积分。

$$P\left(\bar{x}-\frac{\Delta}{2}<x<\bar{x}+\frac{\Delta}{2}\right)=\int_{\bar{x}-\frac{\Delta}{2}}^{\bar{x}+\frac{\Delta}{2}}\frac{1}{\sqrt{2\pi}}e^{-\frac{1}{2}x^2}\mathrm{d}x \quad (4-48)$$

如果 Δ 的取值很小，x 在区间 $\left(\bar{x}-\frac{\Delta}{2},\bar{x}+\frac{\Delta}{2}\right)$ 上变动时，$f(x)$ 的取值变化不会很大，式(4-48)可以近似写成：

$$P\left(\bar{x}-\frac{\Delta}{2}<x<\bar{x}+\frac{\Delta}{2}\right)=\frac{1}{\sqrt{2\pi}}e^{-\frac{1}{2}\bar{x}^2}\Delta \quad (4-49)$$

从图 4-1 可以看出，这个概率等于长 Δ 与高 $f(\bar{x})$ 的乘积表示的"面积"。因此，概率是一种特殊的"测度"，这个"测度"度量的是随机变量 X 可能值落在某个区间的概率，称概率为测度的原因是它将任意集合映射到了某个非负数。

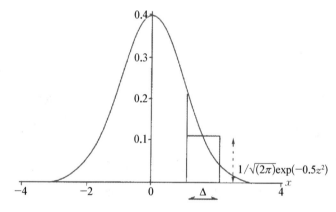

图 4-1 正态分布概率测度

我们将非常小的 Δ 记为 $\mathrm{d}x$，在不引起混淆的情况下，用符号 $\mathrm{d}P(x)$ 或者 $\mathrm{d}P$ 表示随机变量 X 落入 $\bar{x}$ 为中心、以 $\mathrm{d}x$ 为长度的区间内的概率。

$$\mathrm{d}P(\bar{x})=P\left(\bar{x}-\frac{1}{2}\mathrm{d}x<x<\bar{x}+\frac{1}{2}\mathrm{d}x\right) \quad (4-50)$$

对于正态分布而言，其规范式是

$$\int_{-\infty}^{\infty}\mathrm{d}P(x)=1$$

可以用类似的方法计算 X 的数学期望值，或者均值：

$$E[X]=\int_{-\infty}^{\infty}x\,\mathrm{d}P(x) \quad (4-51)$$

以及方差：

$$E[X-E[X]]^2=\int_{-\infty}^{\infty}[x-E[X]]^2\,\mathrm{d}P(x) \quad (4-52)$$

二、等价概率测度变换

(一)"等价概率测度"变换定义

对于正态分布,分布密度函数的形状由方差所确定,分布密度函数的位置由均值所确定。我们可以对正态分布实施两种变换:保持分布密度函数的形状不变,但其位置发生变动,即分布方差不变,均值发生变化,如图4-2所示,分布的均值从-5变动为0;或者分布密度函数的位置不变,但其形状发生变动,即分布方差变化,均值不发生变化,如图4-3所示,分布的方差从4变动为1。

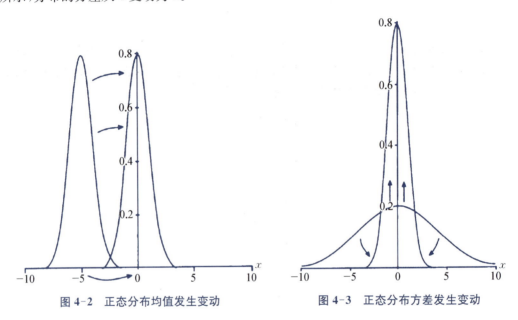

图4-2　正态分布均值发生变动　　　图4-3　正态分布方差发生变动

衍生产品的鞅定价方法是用一种不同于以上两种变换的新方法,该方法对分布的概率测度进行变换,从而使随机变量 X 的均值发生变化。概率测度变换其实就是对概率进行调整。在进行概率测度变换时,不管这两个测度下对其他状态赋予何种概率,只要它们对不可能事件看法是一样的,那这两个测度就是等价测度。即在原来的概率测度下概率为0的事件,在新的概率测度下概率也为0,反之也成立,这样的概率测度变换称为"**等价概率测度**"变换。

如前面两状态下的鞅定价方法所示,在衍生产品定价时,概率测度的变化隐含所有风险资产在无风利率基础之上的"风险溢价"。在对衍生产品定价时,使用了一种特殊的"等价概率测度"变换,该概率测度变换要求风险资产的方差,即风险的大小不会随着概率测度的变换发生变化。我们进行这样的不同概率测度变换目的是为了规避衍生产品定价过程中的诸多困难。例如,在衍生品定价中,如果在真实的概率测度下数学期望值计算存在各种困难,如需要计算出衍生产品的风险溢价以及衍生品未来支付的真实概率测度,我们才能使用期望现金流贴现模型对衍生品定价,在现实当中几乎是不可能实现的。如前文所示,基于无套利定价原理,我们可以转换成风险中性概率测度下对衍生品进行定价。本节的目的就是为了夯实这种变换所需要的数学基础,以方便推广到更为复杂的连续时间随机过程中的概率测度变换。

（二）等价概率测度变换中的随机变量的均值变动

如前所述,通过对随机变量 X 加上一个常数 a 得到另外一个随机变量 $Y=X+a$,随机变量 Y 的均值相对于随机变量 X 的均值就发生了变动。例如,$E[X]=u$,那么 $E[Y]=u+a$。这种方式的均值变动在标准的计量经济学和统计学中经常用到。

我们用一个有关资产定价的例子进一步说明这种形式的变动。某一风险资产的在 t 时刻收益的期望值为 $E[R]=r+E[$风险溢价$]$,r 为 t 时刻已知的无风险利率,$E[\cdot]$ 表示真实世界中可能状态的期望值。令常数 a 为期望的风险溢价,即 $E[R]=r+a$。对均值为 $r+a$ 的随机变量 R 加上一个常数 γ,得到一个新的随机变量 $R=r+a+\gamma$。如果期望风险溢价 a 是已知的,可以选择 $\gamma=-a$,使 $E[R+\gamma]=r$,这种变换将消除 R 中风险溢价部分。但前提是要事先知道期望风险溢价 a 的大小,才能得到等价的无风险利率。

1. 离散随机变量的例子

对随机变量均值进行变换的另一种方法是不对随机变量进行变换,而对随机变量可能取值的概率进行变换。首先我们用一个投掷骰子产生的随机变量的例子来说明如何变换。假设随机变量 X 通过投掷骰子来确定取值:

$$X=\begin{cases}100 & 点数为1或者2\\-30 & 点数为3或者4\\-10 & 点数为5或者6\end{cases}$$

假设得到每个点数的概率都为 $1/6$,每种取值的概率为 $1/3$,这个概率我们记为随机事件的概率 P 测度。在概率 P 测度下,对所有可能取之进行加权平均就能计算出随机变量 X 的均值:

$$E[X]=100\times\frac{1}{3}+(-30)\times\frac{1}{3}+(-10)\times\frac{1}{3}=20$$

随机变量 X 的均值的方差:

$$\begin{aligned}Var(X)&=E[X-E[X]]^2\\&=\frac{1}{3}[100-20]^2+\frac{1}{3}[-30-20]^2+\frac{1}{3}[-10-20]^2\\&=\frac{9\,800}{3}\end{aligned}$$

假如我们打算找到另外一个随机变量,该随机变量的方差与 X 的方差相同,但均值变为 10。如前文所示,方法之一是对 X 的可能取值进行调整,令

$$Y=X-10$$

则 $E[Y]=10$,$Var(Y)=\dfrac{9\,800}{3}$。要注意的是,这里 Y 与 X 是两个取值不同的随机变量,这两个不同的随机变量具有相同的概率分布。

我们也可以不对随机变量 X 的可能取值进行变动,但对随机变量的概率进行调整,使概率测度调整后的随机变量的均值发生预期的变动,而方差不变。对于上述投资骰子的例子,每个取值的概率记为:

$\widetilde{P}_1$ = 随机变量取值 100 的概率 = 点数为 1 或者 2 的概率;

$\widetilde{P}_2$ = 随机变量取值 (-20) 的概率 = 点数为 3 或者 4 的概率;

$\widetilde{P}_3$ = 随机变量取值 (-10) 的概率 = 点数为 5 或者 6 的概率。

通过如下方程计算出变换后的概率测度 $\widetilde{P}$,就能达到随机变量的均值变动为 10,方差保持不变的目的:

$$\begin{cases} \widetilde{P}_1 + \widetilde{P}_2 + \widetilde{P}_3 = 1 \\ E^{\widetilde{P}}[X] = 100\widetilde{P}_1 + (-30) \times \widetilde{P}_2 + (-10) \times \widetilde{P}_3 = 10 \\ Var^{\widetilde{P}}(X) = (100-10)^2 \times \widetilde{P}_1 + (-30-10)^2 \times \widetilde{P}_2 + (-10-10)^2 \times \widetilde{P}_3 = \frac{9\,800}{3} \\ \widetilde{P}_1 > 0, \widetilde{P}_2 > 0, \widetilde{P}_3 > 0 \end{cases}$$

解得: $\widetilde{P}_1 = \frac{122}{429}$, $\widetilde{P}_2 = \frac{22}{39}$, $\widetilde{P}_3 = \frac{5}{33}$。则在新的概率 $\widetilde{P}$ 下,随机变量的均值由 20 变为 10,方差保持不变,仍然为 $\frac{9\,800}{3}$。第二种变换与第一种变换的结果完全是一样的,但第二种方法变换的是概率测度 P,随机变量本身取值是不变的。

要注意的是,变换后的概率是与掷骰子的随机试验的"真实"概率是无关的,投骰子的"真实"概率还是原来 P。在变换后的概率测度 $\widetilde{P}$ 下,随机变量的期望值记为 $E^{\widetilde{P}}[\cdot]$,方差记为 $Var^{\widetilde{P}}(\cdot)$,上标标注了在某一个的概率测度下计算的统计变量。在真实概率下,一般不做标注。当我们可以使用多个的概率测度计算期望时,在计算中一定要指明具体所使用的概率测度。

2. 连续随机变量的例子

首先是一个一维随机变量的例子。在概率测度 P 下,随机变量 X 服从正态分布

$$X \sim N(\mu, \sigma^2)$$

如果希望在新的概率测度 $\widetilde{P}$ 下,随机变量的期望值调整为 r,方差保持不变。定义随机变量 Z。

$$Z = e^{\frac{X(\mu-r)}{\sigma^2} + \frac{\mu^2 - r^2}{\sigma^2}} \tag{4-53}$$

将 dP 乘以 Z,可以得到。

$$d\widetilde{P} = Z dP = \frac{1}{\sqrt{2\pi}\sigma} \exp\left(\frac{(X-r)^2}{2\sigma^2}\right) \tag{4-54}$$

式(4-54)表明,在新的概率测度下,随机变量 X 服从均值为 r,方差为 σ^2 的正态分布。

下面介绍一个二维随机变量的例子。在概率测度 P 下,随机向量 (X_1, X_2) 服从联合正态分布,即

$$dP(X_1, X_2) = \frac{1}{\sqrt{2\pi |\Sigma|}} \exp\left(-\frac{1}{2}[X_1 - \mu_1 \quad \widetilde{X}_2 - \mu_2]\begin{bmatrix} \sigma_1^2 & \sigma_{12} \\ \sigma_{12} & \sigma_2^2 \end{bmatrix}\begin{bmatrix} X_1 - \mu_1 \\ X_2 - \mu_2 \end{bmatrix}\right) dX_1 dX_2 \tag{4-55}$$

其中,$|\Sigma| = \sigma_1^2 \sigma_2^2 - \sigma_{12}^2$。

如果希望在新的概率测度 $\widetilde{P}$ 下,随机向量的均值都调整为 0,方差协方差矩阵保持不变。定义随机变量 $\widetilde{Z}$:

$$\widetilde{Z} = \exp\left(-[X_1 \quad X_2]\begin{bmatrix} \sigma_1^2 & \sigma_{12} \\ \sigma_{12} & \sigma_2^2 \end{bmatrix}^{-1}\begin{bmatrix} \mu_1 \\ \mu_2 \end{bmatrix} + \frac{1}{2}[\mu_1 \quad \mu_2]\begin{bmatrix} \sigma_1^2 & \sigma_{12} \\ \sigma_{12} & \sigma_2^2 \end{bmatrix}^{-1}\begin{bmatrix} \mu_1 \\ \mu_2 \end{bmatrix}\right)$$

将 dP 乘以 $\widetilde{Z}$,可以得到:

$$d\widetilde{P} = \widetilde{Z} dP = \frac{1}{\sqrt{2\pi |\Sigma|}} \exp\left(-\frac{1}{2}[X_1 \quad X_2]\begin{bmatrix} \sigma_1^2 & \sigma_{12} \\ \sigma_{12} & \sigma_2^2 \end{bmatrix}^{-1}\begin{bmatrix} X_1 \\ X_2 \end{bmatrix}\right) dX_1 dX_2 \tag{4-56}$$

显然,上述的方法可以推广到高维连续随机向量的情形。

3. Radon-Nikodym 导数

我们将

$$Z = \frac{d\widetilde{P}}{dP} \tag{4-57}$$

中的随机变量 $\widetilde{Z}$ 称为 $\widetilde{P}$ 关于 P 的 Radon-Nikodym 导数。

在离散分布下,我们有

$$Z(\omega) = \frac{\widetilde{P}(\omega)}{P(\omega)} \tag{4-58}$$

或者,

$$\widetilde{P}(A) = \sum_{\omega \in A} Z(\omega) P(\omega) \tag{4-59}$$

在连续分布下,则表示为:

$$\widetilde{P}(A) = \int_A Z(\omega) dP(\omega) \tag{4-60}$$

因此,通过满足一定性质的 Radon-Nikodym 导数,我们可以从概率测度 P 转换到 $\widetilde{P}$,也可以从概率测度 $\widetilde{P}$ 转换到 P。

当两个概率测度下对哪一些事件(集合)是不可能事件具有一致看法时,即两个概率测度是等价概率测度时,一定存在 Radon-Nikodym 导数将两个概率测度联系起来,对两个测度进行转换。这是因为从数学上看,$Z = \dfrac{\mathrm{d}\widetilde{P}}{\mathrm{d}P}$,且 $\dfrac{1}{Z} = \dfrac{\mathrm{d}P}{\mathrm{d}\widetilde{P}}$,如果我们希望能够通过 Radon-Nikodym 导数 Z 和 $\dfrac{1}{Z}$ 在两个测度之间自由转换,要求 $\mathrm{d}P$ 不为 0 时,$\mathrm{d}\widetilde{P}$ 也不能为 0,反之亦然。

Radon-Nikodym 导数有以下性质:

(1) Z 几乎必然非负。

(2) $E[Z] = 1$。

证明:记 Ω 为全体可能事件集合。$E[Z] = \int_\Omega Z(\omega)\mathrm{d}P(\omega) = \widetilde{P}(\Omega) = 1$。

(4) $E^{\widetilde{P}}[X] = E[XZ]$。

证明:$E^{\widetilde{P}}[X] = \int_\Omega X \mathrm{d}\widetilde{P} = \int_\Omega XZ \mathrm{d}P = E[XZ]$。

(4) 但 Z 几乎必然严格为正时,$E[Y] = E^{\widetilde{P}}\left[\dfrac{Y}{Z}\right]$。这可以利用性质(4)证明。

(5) 在概率空间 $\{\Omega, \mathscr{F}, P\}$ 上,如果 $\widetilde{Z}$ 为几乎必然非负的随机变量,且满足 $E[Z] = 1$,则对于 $A \in \mathscr{F}$ 定义的

$$\widetilde{P}(A) = \int_A Z(\omega)\mathrm{d}P(\omega) \tag{4-61}$$

是一个概率测度,即将一个几乎必然非负的随机变量 Z 作为 Radon-Nikodym 导数,可以将原来的概率测度转换到其等价的概率测度。后文中基于等价鞅测度这个性质,可以构造出衍生产品定价中的不同的概率测度。

通过证明 $P(A)$ 正则性和可数可加性,就可以证明该性质。

三、等价鞅测度变换与资产定价

(一) 鞅与等价鞅测度的定义

连续时间鞅过程的定义为:在概率测度 P 下,若对于所有 t 都满足 $E^P[|X(t)|] < \infty$,且 $E_s^P[X(t) \mid X(\tau), \tau \leqslant s] = X(s)$,则随机过程 $X(t)$ 在概率测度 P 下是一个鞅过程。

离散时间的鞅过程的定义为:在概率测度 P 下,若对于所有 $n \in \mathbb{N}$ 都满足 $E^P[|X_n|] < \infty$,且 $E^P[X_{n+1} \mid X_1, \cdots, X_n] = X_n$,则随机过程 X_n 在概率测度 P 下是一个鞅过程。

某一随机过程在原来的概率测度下不是鞅过程,如将原来的概率测度转换到其某一等价概率测度下该随机过程成为了一个鞅过程,则转换后的概率测度称为等价鞅测度。

(二) 资产定价中等价鞅测度变换

在本章第四节中,我们基于无套利的定价原理,构造了无风险资产和风险资产(红利

再投资的风险资产)作为计价物相对应不同的概率测度,并且证明了其他资产的价格(包含红利)与计价物价格的比值在对应的概率测度下是一个鞅。下面我们从等价鞅测度的角度,对上述鞅定价方法做一个正式的证明。

在 t 时刻,用来贴现未来 $t+1$ 时刻的随机现金流的市场随机贴现因子为 $m(t+1)$。假设某金融资产 i 在未来 $t+1$ 时刻的随机支付为 $X_i(t+1)$,这里 $X_i(t+1)$ 是资产 i 在 $t+1$ 时刻的价格 $P_i(t+1)$ 加上所有的红利 $D_i(t+1)$(或者利息)收入,可以合理假定 $X_i(t+1)$ 为必然非负的随机变量,这里还假定在某些状态下,$X_i(t+1)$ 为正。该金融资产当前的市场价格为 $P_i(t)$,在无套利约束下,$P_i(t) > 0$。式(4-30)式给出了该金融资产的定价公式:

$$E[m(t+1)X_i(t+1)] = P_i(t) \tag{4-62}$$

在 $P_i(t) > 0$ 约束下,式(4-61)可以写成:

$$E\left[\frac{m(t+1)X_i(t+1)}{P_i(t)}\right] = 1$$

记 $Z_i(t+1) = \dfrac{m(t+1)X_i(t+1)}{P_i(t)}$。在上述的约束条件下,$Z_i(t+1)$ 为几乎必然非负的随机变量,且 $E[Z_i(t+1)] = 1$。因此,可以将 $Z_i(t+1)$ 作为 Radon-Nikodym 导数,可以将原来的概率测度转换到与其等价的概率测度 $\widetilde{P}(A)$:

$$\widetilde{P}(A) = \int_A \frac{m(t+1, \omega)X_i(t+1, \omega)}{P_i(t)} \mathrm{d}P(\omega) = E\left[I_A \frac{m(t+1, \omega)X_i(t+1, \omega)}{P_i(t)}\right] \tag{4-63}$$

这里 I_A 为随机变量,当 A 发生时取 1,否则取值 0。在概率测度 $\widetilde{P}$ 下,随机变量的 Y 的期望值可表述如下:

$$E^{\widetilde{P}}[Y] = \int Y(\omega) \mathrm{d}\widetilde{P}(\omega) = E\left[Y(\omega) \frac{m(t+1, \omega)X_i(t+1, \omega)}{P_i(t)}\right] \tag{4-64}$$

在式(4-63)中选择不同的资产,可将"真实世界"的概率测度转换为不同的概率测度。选择无风险资产作为计价物时,概率测度 $\widetilde{P}(A)$ 为:

$$\widetilde{P}(A) = E[I_A m(t+1, \omega) e^{rT}] \tag{4-65}$$

这个概率测度就为"风险中性概率测度"。当选择 $V_t = S_t e^{qt}$ 的红利再投资的资产作为计价物时,概率测度 $\widetilde{P}(A)$ 为:

$$\widetilde{P}(A) = E\left[I_A \frac{m(t+1, \omega) S_{t+1}(\omega) e^{q(t+1)}}{S_t e^{qt}}\right] \tag{4-66}$$

本章第四节中主要的结论是当采用某资产作为计价物得出的概率测度时,其他资产的价格(包含红利或利息等)与计价物价格的比值在对应的概率测度下是一个鞅。下面证

明这个结论对本节给出的一般模型也成立,即

$$\frac{P(t)}{num(t)} = E^{num}\left[\frac{P(t+1)}{num(t+1)}\right] \tag{4-67}$$

这里 $E^{num}[\cdot]$ 表示 num 作为计价物时的概率测度下的期望值。需要强调的是,这里的被定价资产和计价物都是包含红利再投资的价格。

上述的定价公式证明如下:在 t 时,考虑如下的自融资交易策略:卖空 $\frac{P(t)}{num(t)}$ 数量的计价物资产,获得资金 $P(t)$ 用来购买 1 单位的被定价资产,持有该资产组合到 $t+1$ 时结清。假设持有期间任何资产产生的红利或者利息在相同的资产上进行了再投资,$t+1$ 时被定价资产的红利再投资的价格为 $P(t+1)$,计价物红利再投资的价格为 $num(t+1)$。在 $t+1$ 时交易结清后能带来的收入为如下随机变量:

$$P(t+1) - \frac{P(t)}{num(t)}num(t+1) \tag{4-68}$$

由于该交易策略在 t 时不需要投资者投入自有资金,在 t 时的价格必定为 0,$t+1$ 时交易结清后能带来的随机收入在 t 时的贴现值也为 0,即

$$E\left[m(t+1)\left(P(t+1) - \frac{P(t)}{num(t)}num(t+1)\right)\right] = 0 \tag{4-69}$$

将式(4-69)整理后,可得:

$$E\left[\left(\frac{P(t+1)}{num(t+1)} - \frac{P(t)}{num(t)}\right)m(t+1)\frac{num(t+1)}{num(t)}\right] = 0 \tag{4-70}$$

记 $Z_{num}(t+1) = m(t+1)\frac{num(t+1)}{num(t)}$,则 $E[Z_{num}(t+1)] = 1$,且 $Z_{num}(t+1)$ 为几乎必然非负的随机变量,因此 $Z_{num}(t+1)$ 可以作为 Radon-Nikodym 导数将原来的概率测度转换到与其等价的概率测度 $P^{num}(A)$:

$$P^{num}(A) = E\left[I_A m(t+1)\frac{num(t+1)}{num(t)}\right] \tag{4-71}$$

根据式(4-64)和式(4-70)在概率测度 $P^{num}(A)$ 下可以转换成如下式子:

$$E^{num}\left[\left(\frac{P(t+1)}{num(t+1)} - \frac{P(t)}{num(t)}\right)\right] = 0$$

或者等价地,

$$\frac{P(t)}{num(t)} = E^{num}\left[\frac{P(t+1)}{num(t+1)}\right] \tag{4-72}$$

$E^{num}[\cdot]$ 为概率测度 $P^{num}(A)$ 下的期望值。从上述推导过程可以看出,鞅定价实质是无套利定价的一种数学表述方式。

四、鞅定价的运用:欧式期权的例子

以欧式看涨期权为例介绍鞅定价的一个应用例子。欧式看涨期权到期支付为:
$$C(T) = \max(S(T) - K, 0)$$

$C(T)$ 可以写成以下形式:
$$C(T) = S(T)I - KI \tag{4-73}$$

其中,I 如下取值:当 $S(T) \geqslant K$ 时,$I = 1$;当 $S(T) < K$ 时,$I = 0$。

定义两个期权:欧式股份数字看涨期权和欧式数字看涨期权。欧式股份数字看涨期权到期支付:
$$C_S(T) = S(T)I \tag{4-74}$$

欧式数字看涨期权到期支付:
$$C_D(T) = I \tag{4-75}$$

从图 4-4 可以看出,一份欧式看涨期权可以看成一份欧式股份数字看涨期权的多头和 K 份欧式数字看涨期权的空头合成。我们在分别对欧式股份数字看涨期权和欧式数字看涨期权定价的基础上,就可以对欧式看涨期权定价。

假设标的资产 $S(t)$ 红利收益率为 q。对股份数字看涨期权 $C_S(T)$ 定价时,选取红利再投资的资产价值 $V(t) = e^{qt}S(t)$ 为计价物,则有

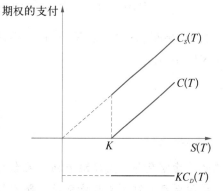

图 4-4 欧式股份数字看涨期权和欧式数字看涨期权合成欧式看涨期权

$$\frac{C_S(0)}{V(0)} = E_0^V\left[\frac{C_S(T)}{V(T)}\right] \tag{4-76}$$

因此,
$$C_S(0) = e^{-qT}S(0) E_0^V[I] = e^{-qT}S(0) Prob^V[S(T) \geqslant K] \tag{4-77}$$

对欧式数字看涨期权定价时,以无风险资产 $R(t) = e^{rt}$ 为计价物:
$$\frac{C_D(0)}{R(0)} = E_0^V\left[\frac{C_D(T)}{R(T)}\right] \tag{4-78}$$

因此,
$$C_D(0) = e^{-rT} E_0^R[I] = e^{-rT} Prob^R[S(T) \geqslant K] \tag{4-79}$$

最后,我们可以得到欧式看涨期权的定价公式:

$$C(0) = e^{-qT}S(0)Prob^V[S(T) \geq K] - Ke^{-rT}Prob^R[S(T) \geq K] \quad (4\text{-}80)$$

熟悉 Black-Scholes 期权定价公式的读者，可以通过对比式(4-80)和 Black-Scholes 期权定价公式，发现：

$$Prob^V[S(T) \geq K] = N(d_1), \quad Prob^R[S(T) \geq K] = N(d_2)$$

其中 $N(\cdot)$ 表示正态分布函数的累积概率函数，d_1 和 d_2 是两个不同的量。尽管 $N(d_1)$ 和 $N(d_2)$ 都表示期权到期被执行的概率，但 $N(d_1)$ 表示 V 计价物概率测度下期权到期执行概率，$N(d_2)$ 表示风险中性概率测度下期权到期执行概率。在下一章里，我们在假设标的资产价格服从特定随机过程基础上，计算出上面两个不同概率测度下欧式看涨期权到期执行的概率。

对于欧式看跌期权，其到期支付为 $P(T) = \max(K - S(T), 0)$。按照上述的相同方法，可以得到其定价公式：

$$P(0) = Ke^{-rT}Prob^R[S(T) \leq K] - e^{-qT}S(0)Prob^V[S(T) \leq K] \quad (4\text{-}81)$$

其中 $Prob^R[S(T) \leq K] = 1 - N(d_2) = N(-d_2)$，$Prob^V[S(T) \leq K] = 1 - N(d_1) = N(-d_1)$。

重 要 概 念

卖空交易　无风险套利　无套利均衡价格　状态价格　风险中性定价　计价物　无风险资产　红利再投资资产　鞅定价　随机贴现因子　完全市场　跨期消费投资均衡定价　概率测度　等价概率测度　风险中性概率测度　等价鞅测度　股份数字期权　数字

习题与思考题

1. 阐述无套利定价原理。
2. 什么是风险中性定价，以及如何理解风险中性定价？
3. 假设一种不支付红利股票目前的市价为 10 元，假设我们知道在 3 个月后，该股票价格要么是 12 元，要么是 9 元。一份 3 个月期协议价格为 10 元的该股票欧式看涨期权的价格为 0.8 元。基于上述信息，计算：
   (a) 计算 3 个月后股票两种可能价格的风险中性概率。
   (b) 以该股票为标的，协议价格为 11 元 3 个月的欧式看跌期权的价值。
   (c) 以该股票为标的的 3 个月期的理论远期价格。
4. 考虑一个一期模型，期末市场有四种状态 $\{\omega_1, \omega_2, \omega_3, \omega_4\}$，市场上有 3 个证券，这三个证券当前的价格和未来每个状态下的支付如下图所示

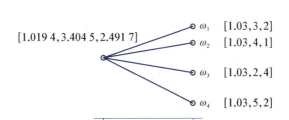

一个随机支付 $X = [7.47\ 6.97\ 9.97\ 10.47]^T$ 的资产是否可以由以上三个资产复制？如可以复制，求出复制比例，并计算随机支付 X 当前的价格。

5. 证明以下向量是题(4)描述的市场的状态价格向量：

$$\begin{bmatrix} \pi_1 \\ \pi_2 \\ \pi_3 \\ \pi_4 \end{bmatrix} = \begin{bmatrix} 0 \\ 0.310\ 2 \\ 0.411\ 3 \\ 0.268\ 2 \end{bmatrix} + \epsilon \begin{bmatrix} 0.737\ 2 \\ -0.589\ 8 \\ -0.294\ 9 \\ 0.147\ 4 \end{bmatrix}$$

其中 ϵ 取值要保证 $\pi_i > 0$，对 $i = 1, 2, 3, 4$。

6. 考虑一个一期模型，期末市场有二种状态 $\{\omega_1, \omega_2\}$，市场上有三个证券，这三个证券当前的价格和未来每个状态下的支付如下图所示

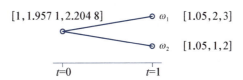

请问市场是否有套利机会？如有套利机会，请设计一个套利策略。

7. 考虑一个一期模型，期末市场有四种状态 $\{\omega_1, \omega_2, \omega_3, \omega_4\}$，市场上有 4 个证券，这四个证券当前的价格和未来每个状态下的支付如下图所示

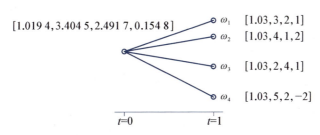

(1) 证明市场不存在无风险套利机会。
(2) 计算每个状态出现的风险中性概率。
(3) 现实世界中四个状态的概率分别为 0.3、0.15、0.4 和 0.15，计算离散的随机贴现因子的值。

8. 某一投资者认为未来某一风险资产波动较小，但对价格运动方向没有确切把握，因此购买了依赖于该风险资产 S 结构性衍生产品，该产品到期时(期限为 T)的支付由下式决定：

$$C(T)=\begin{cases} 0 & S(T)<K_1 \\ S(T)-K_1 & K_1\leqslant S(T)<K_2 \\ K_3-S(T) & K_2\leqslant S(T)\leqslant K_3 \\ 0 & S(T)>K_3 \end{cases}$$

其中,$2K_2=K_1+K_3$。利用鞅定价方法,推导出其鞅定价公式。

第五章

连续时间随机模型

学习目标

本章是为衍生产品定价提供了数学基础和分析框架。内容包括布朗运动、Itô 过程、几何布朗运动和 Itô 引理等连续时间随机过程数学分析工具,也包括鞅定价所用到的概率测度变换的基础知识,并建立了连续时间随机模型下的资产价格等价鞅测度变换分析框架,为衍生产品定价奠定了基础。

第一节 布 朗 运 动

一、布朗运动概念的提出

布朗运动是悬浮在液体或气体中的微粒所作的永不停息的无规则运动。它是一种正态分布的独立增量连续随机过程,是随机分析中基本概念之一。其基本性质为:布朗运动 $B(t)$ 是期望为 0、方差为 t(时间)的正态随机变量。对于任意的 s 小于等于 t,$B(t)-B(s)$ 独立于的 $B(s)$,且是期望为 0、方差为 $t-s$ 的正态随机变量。可以证明布朗运动是马尔可夫过程、鞅过程和伊藤过程。

布朗运动是在 1827 年英国植物学罗伯特·布朗(Robert Brown)利用一般的显微镜观察悬浮于水中由花粉所迸裂出之微粒时,发现微粒会呈现不规则狀的运动,因而称它布朗运动。值得注意的是,布朗运动指的是花粉迸出的微粒的随机运动,而不是分子的随机运动;但是通过布朗运动的现象可以间接证明分子的无规则运动。

这些小的颗粒,为液体的分子所包围,由于液体分子的热运动,小颗粒受到来自各个方向液体分子的碰撞,布朗粒子受到不平衡的冲撞,而作沿冲量较大方向的运动。又因为这种不平衡的冲撞,使布朗微粒得到的冲量不断改变方向。所以,布朗微粒作无规则的运动。温度越高,布朗运动越剧烈。它间接显示了物质分子处于永恒的、无规则的运动之中。但是,布朗运动并不限于上述悬浮在液体或气体中的布朗微粒,一切很小的物体受到周围介质分子的撞击,也会在其平衡位置附近不停地做微小的无规则颤动(图 5-1)。例如,灵敏电流计上的小镜以及其他仪器上悬挂的细丝,都会受到周围空气分子的碰撞而产

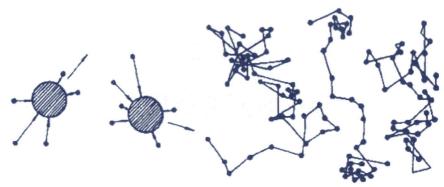

a. 胶粒受介质分子冲击示意图　　b. 超显微镜下胶粒的布朗运动

图 5-1　布朗运动

生无规则的扭摆或颤动。

布朗运动是微粒受到周围分子的不平衡的碰撞而导致的运动,但理论上的解释却并不容易。1905 年,物理学家爱因斯坦在写了一篇被广泛引用的论文,才从理论上解释了布朗运动,他的研究也成为分子运动论和统计力学发展的基础。

在爱因斯坦的论文发表之前,还有一个人也从理论上对随机运动进行了研究,1900 年,法国数学家巴契里耶完成了自己的博士论文"投机理论",这篇论文是历史上第一次有人尝试使用严谨的数学工具研究并解释股市的运动,巴契里耶所推导的公式也领先于爱因斯坦的研究,他认为市场价格同时反映过去、现在和将来,但这些事件与价格变动却没有明显的关系。股价就像液体的中花粉受到周围投资者买卖的碰撞而呈现出的波动,波动的范围与时间的平方根成正比。巴契里耶原创性的研究可以说是数量金融学的鼻祖,尽管他生前并没有太大名气,就是这篇论文也未能得到最优评级,而且论文原稿还遗失了,直到 20 世纪 50 年代才被另一个统计学家意外地发现。

二、布朗运动的定义与性质

(一) 一维布朗运动的定义

一维布朗运动 $B(t)$ 是关于时间 t 的一个随机过程,该随机过程满足:

(1)(独立增量)设时间 t 和 s 满足 $t>s$,增量 $B(t)-B(s)$ 独立于时间 s 前的过程。

(2)(稳定增量和正态性)设时间 t 和 s 满足 $t>s$,增量 $B(t)-B(s)$ 服从均值为 0、方差为 $t-s$ 的正态分布,即 $B(t)-B(s)=\varepsilon\sqrt{t-s}$,$\varepsilon \sim N(0,1)$。

(3) $(B(t))_{t \geqslant 0}$ 几乎处处连续,即在任何可能轨道 ω 下,$B(t,\omega)$ 函数是连续的。

(二) 高维布朗运动的定义

$(\boldsymbol{B}(t): B_1(t), \cdots, B_d(t))_{t \geqslant 0}$ 是 d 维布朗运动,只需满足 $B_1(t), \cdots, B_d(t)$ 为独立的布朗运动。换句话说,d 维布朗运动取之于 $\mathbb{R}^d$,而它在 $\mathbb{R}^1, \mathbb{R}^2, \cdots, \mathbb{R}^{d-1}$ 空间上的投影均为布朗运动。

通常假设 $B(0)=0$。增量 $B(t)-B(s)$ 服从均值为 0、方差为 $\sigma^2(t-s)$ 的正态分布,则 $B(t)$ 称为参数 σ^2 的布朗运动,$\sigma^2=1$ 时也称为标准布朗运动。

(三) 布朗运动的性质

(1) 布朗运动的轨道几乎处处不可微：对于任何 ω，轨道 $B(t, \omega)$ 为一个连续但是零可微的函数。

(2) 协方差 $Cov(B(t), B(s)) = \min(t, s)$。

(3) 布朗运动关于时间是齐次的：对于 $s > 0$，$(B(t+s) - B(s))_{t \geq 0}$ 是一个独立于 $B(u)_{0 \leq u \leq s}$ 的布朗运动。

(4) $-B$ 是一个布朗运动。

(5) 布朗运动是鞅过程。

三、布朗运动的二阶变差

(一) 二阶变差的概念

$f(t)$ 是时间的函数。考虑时间区间 $[0, T]$ 上的一个离散划分：

$$0 = t_0 < t_1 < t_2 < \cdots < t_N = T$$

当上述划分越来越细，每个小的时间区间长度 $t_{j+1} - t_j$ 趋于 0 时，下述差分平方和的极限称为二阶变差：

$$\lim_{\|\pi\| \to 0} \sum_{j=1}^{N} (f(t_j) - f(t_{j-1}))^2 \tag{5-1}$$

其中 $\|\pi\|$ 为所有分割的时间区间中的最大时间分割区间 $\|\pi\| = \max(t_j - t_{j-1})$，$j = 0, 1, \cdots, N$。

连续可导函数的二阶变差等于 0。一个简单的例子是二次函数 $f(t) = kt$，k 为常数。对每个 j，取 $t_j - t_{j-1} = \Delta t = \dfrac{T}{N}$，当 $N \to \infty$ 时，该变量的平方和：

$$\sum_{j=0}^{N} [\Delta f(t_j)]^2 = \sum_{j=0}^{N-1} [k \Delta t]^2 = N k^2 (\Delta t)^2 = N k^2 \left(\frac{T}{N}\right)^2 = k^2 \frac{T^2}{N} \to 0$$

可以证明，任何连续可导函数的二阶变差都等于 0。

(二) 布朗运动的二阶变差

布朗运动 $B(t)$ 是一个连续但不可微的函数。其不可微性可以这样直观理解：如果用显微镜对一段布朗运动经过的路径进行观察，可以看到不论所选路径如何短，只要显微镜的放大倍数足够，仍然能看到上下波动的特征。

布朗运动在时间区间 $[0, T]$ 上的二阶变差可以表示为如下形式：

$$\lim_{\|\pi\| \to 0} \sum_{j=1}^{N} (B(t_j) - B(t_{j-1}))^2 \tag{5-2}$$

其中，$\|\pi\| = \max(t_j - t_{j-1})$，$j = 0, 1, \cdots, N$。

可以证明，布朗运动在时间区间 $[0, T]$ 上的二阶变差以概率 1 等于 T。

下面我们先对 $\Delta t \to 0$，改变量的平方 $[\Delta B(t)]^2$ 进行特征分析，即分析 $\lim_{\Delta t \to 0} [\Delta B(t)]^2$

的特征。

由布朗运动的定义,已知:$E[\Delta B(t)]=0$,$Var[\Delta B(t)]=\Delta t$,

$$Var[\Delta B(t)]=E[\Delta B(t)^2]-(E[\Delta B(t)])^2=E[\Delta B(t)^2]=\Delta t \qquad (5-3)$$

进一步,计算 $\Delta B^2(t)$ 的方差:

$$\begin{aligned}Var[\Delta B^2(t)]&=E[\Delta B^4(t)]-(E[\Delta B^2(t)])^2\\&=E[\Delta t^2 z^4]-\Delta t^2=\Delta t^2(E[z^4]-1)=2\Delta t^2\end{aligned} \qquad (5-4)$$

其中,z 是标准正态分布,$E[z^4]=3$。

因此,当 $\Delta t \to 0$,$E[\Delta B(t)]^2 \to \Delta t$,而 $Var[\Delta B^2(t)]$ 是 Δt 的高阶无穷小。这意味着当 $\Delta t \to 0$,$[\Delta B(t)]^2$ 就不再是一个随机变量,而是一个确定的常量 Δt。因此有

$$\lim_{\Delta t \to 0}[\Delta B(t)]^2=\Delta t \qquad (5-5)$$

利用式(5-5),可以证明:

$$\lim_{\|\pi\| \to 0}\sum_{j=1}^{N}(B(t_j)-B(t_{j-1}))^2=\sum_{j=1}^{N}(t_j-t_{j-1})=T \qquad (5-6)$$

式(5-5)的微分形式是

$$[dB(t)]^2=dt \qquad (5-7)$$

我们已知:布朗运动是鞅过程。但是,鞅过程不一定是布朗运动,如随机过程 $X(t)=\sigma B(t)$,$\sigma>1$ 是鞅过程,但不是布朗运动。在什么情况下的鞅过程是一个布朗运动呢?下面的 Levy 定理给出了答案:

一个连续鞅过程是布朗运动的充分必要条件是,在时间区间上 $[0,T]$ 上的二阶变差等于其时间长度 T。

第二节　Itô 过程和 Itô 引理

一、Itô 过程与 Itô 积分

(一) Itô 过程的定义

Itô 过程是一个随机过程 $X(t)$,符合以下随机微分方程:

$$dX(t)=\mu(t,X(t))dt+\sigma(t,X(t))dB(t) \qquad (5-8)$$

其中,$B(t)$ 为布朗运动,$\mu(t,X(t))$ 和 $\sigma(t,X(t))$ 为两个随机过程,分别称为过程 X 在时间 t 的"漂移"系数和"扩散"系数。μ 和 σ 应该满足正则条件,即 μ 和 σ 是符合 Lipschitz 连续条件的可测函数,即

$$|\mu(x)-\mu(y)|+|\sigma(x)-\sigma(y)| \leqslant C|x-y|$$

这里只要求在 t 时它们的值已知。当 μ 和 σ 取常数时,称 Itô 过程 X 为 (μ,σ)-布朗运

动。随机过程的类型很多,如带跳跃的随机过程,这里不考虑这些特殊类型的随机过程。

二、Itô 积分

伊藤微积分的中心概念是伊藤积分,是将传统的黎曼-斯蒂尔杰斯积分延伸到随机过程中,随机过程一方面是一个随机变量,而且也是一个不可微分的函数。借由伊藤积分,可以将一个随机过程(被积分函数)对另一个随机过程(积分变量)进行积分。积分变量一般是布朗运动。从 0 到 t 的积分结果是一个随机变量。此随机变量定义为一特定随机变数序列的极限。对任何 $t>0$,

$$X(t) = \int_0^t \mathrm{d}X(s) = X(0) + \int_0^t \mu(s, X(s))\,\mathrm{d}t + \int_0^t \sigma(s, X(s))\,\mathrm{d}B(s) \quad (5\text{-}9)$$

这里,$\int_0^t \mu(s, X(s))\,\mathrm{d}t$ 是传统的黎曼-斯蒂尔吉斯积分,我们可以把第二个积分理解为一种特殊黎曼-斯蒂尔吉斯均方积分:

$$\int_0^t \sigma(s, X(s))\,\mathrm{d}B(s) = \lim_{\|\pi\| \to 0} \sum_{k=1}^N \sigma(t_k', X(t_k'))(B(t_k) - B(t_{k-1})) \quad (5\text{-}10)$$

其中,$\|\pi\| = \max(t_j - t_{j-1})$,$j = 0, 1, \cdots, N$。

不幸的是,等式右端的极限差不多总是不存在的。伊藤解决了这一困难,他把 t_k' 点的取法作了限制,t_k' 永远取子区间的左端点,即

$$t_k' = t_{k-1} (k = 0, 1, \cdots, N) \quad (5\text{-}11)$$

这样规定的积分,就是有名的伊藤积分。

主要的创新是只要调配被积函数,就可以定义一个积分,不严格地讲,即 t 时刻被积函数的值仅仅依靠此时刻之前的可用信息。股票价格和其他可交易资产的价格可以通过随机过程进行建模,例如布朗运动,或者,更经常的,几何布朗运动。然后,伊藤随机积分代表,在时间 t 持有一定数量 $H(t)$ 的股票,对其进行连续交易的回报。在这种情况下,调配 H 就相应于,在任何时候只使用可用信息的交易策略限制。这也阻止了通过高频交易获得无限收益的可能性:市场中每个上涨之前都买入股票,每个下跌之前都卖出股票。

由于过程 X 变化量的期望值等于 $\mu(t)\mathrm{d}t$,而一个过程只有在改变量的期望等于 0 时才能成为鞅过程,因而当 $\mu \neq 0$ 时,X 不是鞅过程。

例如,当 $\mu > 0$ 时,X 具有随时间递增的趋势;同时,它又具有布朗运动上下波动的性质,其波动幅度有 σ 决定。

当 $\mu = 0$ 时,X 过程为鞅过程。这个结论很直观,但很重要。当一个随机过程的变化量的期望值为 0 时,这个过程才是一个鞅过程。这个结论运用在资产定价时,推导某一计价物下(概率测度下)的标的资产的随机过程。

在给定 0 时信息条件下,$X(T)$ 的方差为:

$$vax[X(T)] = E\left[\int_0^T \sigma^2(t, X(t))\,\mathrm{d}t\right] < \infty \quad (5\text{-}12)$$

不论 μ 是否为 0，Itô 过程的二阶变差以概率 1 等于：

$$\lim_{\|\pi\|\to 0}\sum_{j=1}^{N}(X(t_j)-X(t_{j-1}))^2=\int_0^T\sigma^2(t,X(t))\mathrm{d}t \qquad (5\text{-}13)$$

上述结论也可以直接证明，若 $\mathrm{d}X=\mu\mathrm{d}t+\sigma\mathrm{d}B$，则，

$$(\mathrm{d}X)^2=(\mu\mathrm{d}t+\sigma\mathrm{d}B)^2=\mu^2(\mathrm{d}t)^2+2\mu\sigma\mathrm{d}t\mathrm{d}B+\sigma^2(\mathrm{d}B)^2=\sigma^2\mathrm{d}t \qquad (5\text{-}14)$$

所以，

$$\int_0^T(\mathrm{d}(X(t))^2=\int_0^T\sigma^2(t,X(t))\mathrm{d}t \qquad (5\text{-}15)$$

在式(5-14)中，用到了几个常用的式子：

$$(\mathrm{d}t)^2=0 \qquad (5\text{-}16\mathrm{a})$$

$$\mathrm{d}t\mathrm{d}B=0 \qquad (5\text{-}16\mathrm{b})$$

$$(\mathrm{d}B)^2=\mathrm{d}t \qquad (5\text{-}16\mathrm{c})$$

三、Itô 引理

(一) 一维 Itô 引理

设 $y=G(x,t)$，如果 X 是一个普通变量。y 的全微分方程为：

$$\mathrm{d}G=\frac{\partial G}{\partial t}\mathrm{d}t+\frac{\partial G}{\partial X}\mathrm{d}X \qquad (5\text{-}17)$$

如果 X 是一个伊藤过程，y 的全微分方程是一个什么样的形式？Itô 引理对这个问题给出了结论。

对 $G(X,t)$ 在 x 处进行泰勒展开，有

$$\mathrm{d}G(X,t)=\frac{\partial G}{\partial t}\mathrm{d}t+\frac{\partial G}{\partial X}\mathrm{d}X+\frac{1}{2}\frac{\partial^2 G}{\partial t^2}(\mathrm{d}t)^2+\frac{1}{2}\frac{\partial^2 G}{\partial X^2}(\mathrm{d}X)^2+\frac{\partial^2 G}{\partial t\partial X}\mathrm{d}t\mathrm{d}X+\cdots$$

$$(5\text{-}18)$$

由式(5-14)可知，当 X 是一个伊藤过程的时候，$\mathrm{d}X$ 的平方项不能忽略。所以，

$$\mathrm{d}G(X,t)=\frac{\partial G}{\partial t}\mathrm{d}t+\frac{\partial G}{\partial X}\mathrm{d}X+\frac{1}{2}\frac{\partial^2 G}{\partial X^2}(\mathrm{d}X)^2 \qquad (5\text{-}19)$$

将 $\mathrm{d}X=\mu\mathrm{d}t+\sigma\mathrm{d}B(t)$，$(\mathrm{d}X)^2=\sigma^2\mathrm{d}t$ 代入式(5-19)，整理后有

$$\mathrm{d}G=\left(\frac{\partial G}{\partial t}+\frac{\partial G}{\partial X}\mu+\frac{1}{2}\sigma^2\frac{\partial^2 G}{\partial X^2}\right)\mathrm{d}t+\sigma\frac{\partial G}{\partial X}\mathrm{d}B(t) \qquad (5\text{-}20)$$

(二) 多维 Itô 引理

我们首先引入二维 Itô 过程和二维 Itô 引理，结论可以推广到更高维的情形。下面是

一个二维 Itô 过程系统：

$$dX(t) = \mu_x(t, X(t), Y(t))dt + \sigma_x(t, X(t), Y(t))dB_x(t) \quad (5\text{-}21a)$$

$$dY(t) = \mu_y(t, X(t), Y(t))dt + \sigma_y(t, X(t), Y(t))dB_y(t) \quad (5\text{-}21b)$$

其中，B_x 和 B_y 是两个不同的布朗运动。给定 $t < u$，改变量 $B_x(u) - B_x(t)$ 和 $B_y(u) - B_y(t)$ 都服从均值为 0、方差为 $u-t$ 的正态分布的随机变量。这两个改变量之间的相关关系由其协方差或者相关系数确定。若存在过程 $\rho(s)$（可能为随机过程），使给定 t 时信息条件下这两个正态分布的随机变量的协方差可以表示为

$$E_t\left[\int_t^u \rho(s)ds\right] \quad (5\text{-}22)$$

过程 $\rho(t)$ 称为两个布朗运动的相关系数。当 $\rho(t)$ 为常数时，$B_x(u) - B_x(t)$ 和 $B_y(u) - B_y(t)$ 的相关系数为：

$$\text{相关系数} = \frac{\text{两个变量的协方差}}{\text{两个变量标准差的乘积}} = \frac{\int_t^u \rho ds}{\sqrt{u-t}\sqrt{u-t}} = \frac{(u-t)\rho}{(u-t)} = \rho \quad (5\text{-}23)$$

设 $Z(t) = g(t, X(t), Y(t))$，则二维 Itô 引理为：

$$dZ = \frac{\partial g}{\partial t}dt + \frac{\partial g}{\partial X}dX + \frac{\partial g}{\partial Y}dY + \frac{1}{2}\frac{\partial^2 g}{\partial^2 X}(dX)^2 + \frac{1}{2}\frac{\partial^2 g}{\partial^2 Y}(dY)^2 + \frac{\partial^2 g}{\partial X \partial Y}dXdY$$

$$(5\text{-}24)$$

式(5-24)中，dX 和 dY 为式(5-21a)和式(5-21b)的二维 Itô 过程，$(dX)^2$、$(dY)^2$ 和 $dXdY$ 为以下式子：

$$(dX)^2 = \sigma_X^2 dt \quad (5\text{-}25a)$$

$$(dY)^2 = \sigma_Y^2 dt \quad (5\text{-}25b)$$

$$dXdY = \sigma_X \sigma_X \rho dt \quad (5\text{-}25c)$$

（三）常用的公式

将一维或者多维的 Itô 引理应用到以下具体的函数，给出几个后面的章节中常用的几个公式。

(1) 指数函数：$Z = g(X, t) = e^X$

$$\frac{dZ}{Z} = dX + \frac{(dX)^2}{2} \quad (5\text{-}26)$$

(2) 对数函数：$Z = g(X, t) = \ln(X)$

$$dZ = \frac{dX}{X} - \frac{1}{2}\left(\frac{dX}{X}\right)^2 \quad (5\text{-}27)$$

(3) 乘积函数：$Z = g(X, Y, t) = XY$

$$\frac{dZ}{Z} = \frac{dX}{X} + \frac{dY}{Y} + \frac{dX}{X}\frac{dY}{Y} \tag{5-28}$$

（4）比值函数：$Z = g(X, Y, t) = \dfrac{Y}{X}$

$$\frac{dZ}{Z} = \frac{dY}{Y} - \frac{dX}{X} - \frac{dX}{X}\frac{dY}{Y} + \left(\frac{dX}{X}\right)^2 \tag{5-29}$$

（5）复利（折现）函数：$Z = g(X, Y, t) = XY = X e^{\int_0^t q(s)ds}$

$$\frac{dZ}{Z} = q(t)dt + \frac{dX}{X} \tag{5-30}$$

作为练习，这几个公式读者自己加以证明。

四、几何布朗运动

几何布朗运动（GBM）（也叫做指数布朗运动）是连续时间情况下的随机过程，其中随机变量的对数遵循 (μ, σ)-布朗运动。几何布朗运动是描述金融资产价格过程最常用的随机过程，如在布莱克-舒尔斯期权定价模型中用几何布朗运动来描述股票价格。

满足以下随机微分方程的随机过程 $S(t)$ 被认为遵循几何布朗运动：

$$dS(t) = \mu S(t)dt + \sigma S(t)dB(t) \tag{5-31}$$

其中，μ 为漂移项系数，表示几何布朗运动以平均增长率 μ 增加，式(5-31)表示在 dt 瞬间，S 的瞬间变化率的期望值为 μdt；σ 为波动率，S 的瞬间变化率的方差为 $\sigma^2 dt$。

给定初始值 $S(0)$，根据 Itô 引理和 Itô 积分，可以推导出式(5-31)的解：

$$S(t) = S(0)\exp\left(\left(\mu - \frac{1}{2}\sigma^2\right)t + \sigma B(t)\right) \tag{5-32}$$

推导过程如下：对函数 $G(S(t), t) = \ln S(t)$ 运用伊藤引理，可以得到：

$$d\ln S(t) = \left(\mu - \frac{1}{2}\sigma^2\right)dt + \sigma dB(t) \tag{5-33}$$

对式(5-33)运用 Itô 积分，可以得到：

$$\ln S(t) = \ln S(0) + \left(\mu - \frac{1}{2}\sigma^2\right)t + \sigma B(t) \tag{5-34}$$

$\ln S(t) - \ln S(0)$ 是 $\left(\left(\mu - \dfrac{1}{2}\sigma^2\right), \sigma\right)$-布朗运动，式(5-34)也可以写成式(5-32)。

因此，对于任意 t，这是一个对数正态分布的随机变量，即 $\ln S(t)$ 服从以下分布：

$$\ln S(t) \sim N\left(\ln S(0) + \left(\mu - \frac{1}{2}\sigma^2\right)t, \sigma^2 t\right) \tag{5-35}$$

$S(t)$ 自身的概率密度函数为

$$f(S(t);S(0),\mu,\sigma,t)=\frac{1}{\sqrt{2\pi}}\frac{1}{S(t)\sigma\sqrt{t}}\exp\left[-\frac{\left(\ln S(t)-\ln S(0)-\left(\mu-\frac{1}{2}\sigma^2\right)t\right)^2}{2\sigma^2 t}\right]$$

给定 t 时的信息,对于 $u>t$,$S(u)$ 的自然对数服从均值为 $\left(\mu-\frac{1}{2}\sigma^2\right)(u-t)$,方差为 $\sigma^2(u-t)$ 的正态分布。因此,S 是自身取对数之后的指数函数,不可能为负值,这说明几何布朗运动比布朗运动是更适合描述股票价格的模型。

第三节 计价物和等价鞅测度变换

一、Girsanov 定理与布朗运动的等价鞅测度

本节是第四章的扩展,将单期模型鞅定价模型推广到连续时间的情形下。当对概率测度 P 变换后,随机变量的期望值会发生变动。因此,在概率测度 P 下为布朗运动的随机过程 $B(t)$,其增量的期望值 $E[B(u)-B(s)]=0$,变换到另外一个等价概率测度 $\widetilde{P}$ 下,该增量的期望值不一定等于 0。因此,变换到另外一个等价概率测度时,原来的布朗运动不一定仍然是布朗运动。同样,对概率测度 P 等价变换后,原概率测度 P 下的鞅过程在新的等价概率测度 $\widetilde{P}$ 下,可能不再是一个鞅过程。

但是,我们可以找到另一个与原有的布朗运动有联系的新随机过程,使新的随机过程在变换后的等价概率测度下是一个布朗运动。这就是对布朗运动进行等价概率测度变换 Girsanov 定理:

设 $B(t)$,$0\leqslant t\leqslant T$ 是概率空间 $\{\Omega,\mathscr{F},P\}$ 上的布朗运动。$\mathscr{F}(t)$,$0\leqslant t\leqslant T$ 是关于该布朗运动的流域(信息集)。设 $\lambda(t)$,$0\leqslant t\leqslant T$ 是一个适应过程①。定义:

$$Z(t)=\exp\left\{-\frac{1}{2}\int_0^t\lambda^2(u)\mathrm{d}u-\int_0^t\lambda(u)\mathrm{d}B(u)\right\} \tag{5-36}$$

在 $E\left[\int_0^T\lambda^2(u)Z^2(u)\mathrm{d}u\right]<\infty$ 的条件下,我们有

$$E_0[Z(t)]=1$$

且对于任何 ω,$Z(t,\omega)>0$。

(1) $Z(t)$ 可以作为 Radon-Nikodym 导数,定义等价概率测度 $\widetilde{P}$

$$\widetilde{P}(A)=\int_A Z(\omega)\mathrm{d}P(\omega) \tag{5-37}$$

---

① 适应过程是随机过程研究中常见的概念,表示不能"预见未来"的随机过程。在任意一个特定的时刻,我们掌握的信息都包括了这个过程。也就是说,这个过程在任意时刻的结果必然在该时刻可知。一般来说,适应过程在任意时刻的结果并不能提前预知。

或者，

$$\frac{\mathrm{d}\widetilde{P}}{\mathrm{d}P}=Z(t)$$

(2) 在概率测度 $\widetilde{P}$ 下，随机过程 $\widetilde{B}(t)=B(t)+\int_0^t \lambda(u)\mathrm{d}u$，$0\leqslant t\leqslant T$ 是一个布朗运动。

证明如下：由式(5-36)，可得 $Z(0)=1$。再对式(5-36)运用 Itô 引理，可以得到：

$$\frac{\mathrm{d}Z(t)}{Z(t)}=-\lambda(t)\mathrm{d}B(t) \tag{5-38}$$

所以，$Z(t)$ 在概率测度 P 下是一个鞅过程，有 $E_0[Z(t)]=Z(0)=1$。又因为 $Z(t)$ 是指数函数，所以对于任何 ω，$Z(t,\omega)>0$。

因此，$Z(t)$ 可以作为 Radon-Nikodym 导数，定义概率测度 P 的等价概率测度 $\widetilde{P}$。

下面利用 Levy 定理证明 $\widetilde{B}(t)$ 在概率测度 $\widetilde{P}$ 下是布朗运动。首先证明在概率测度 $\widetilde{P}$ 下，$\widetilde{B}(t)$ 是一个鞅过程。

因为 $E_0^{\widetilde{P}}[\widetilde{B}(t)]=E_0[\widetilde{B}(t)Z(t)]$，$0\leqslant t\leqslant T$。记 $W(t)=\widetilde{B}(t)Z(t)$，则，

$$\frac{\mathrm{d}W}{W}=\frac{\mathrm{d}\widetilde{B}}{\widetilde{B}}+\frac{\mathrm{d}Z}{Z}+\frac{\mathrm{d}\widetilde{B}}{\widetilde{B}}\frac{\mathrm{d}Z}{Z} \tag{5-39}$$

其中，$\mathrm{d}\widetilde{B}(t)=\mathrm{d}B(t)+\lambda(t)\mathrm{d}t$，$\frac{\mathrm{d}Z(t)}{Z(t)}=-\lambda(t)\mathrm{d}B(t)$，将这二个式子代入式(5-39)，整理后有

$$\frac{\mathrm{d}W}{W}=\left[\frac{1}{\widetilde{B}(t)}-\lambda(t)\right]\mathrm{d}B(t) \tag{5-40}$$

由式(5-40)可以判断 $W(t)$ 在概率测度 P 下是一个鞅过程。所以，

$$E_0[\widetilde{B}(t)Z(t)]=\widetilde{B}(0)Z(0)$$

即

$$E_0^{\widetilde{P}}[\widetilde{B}(t)]=\widetilde{B}(0) \tag{5-41}$$

因此随机过程 $\widetilde{B}(t)$ 在概率测度 $\widetilde{P}$ 下是一个鞅过程。同时，

$$[\mathrm{d}\widetilde{B}(t)]^2=[\mathrm{d}B(t)]^2+2\mathrm{d}B(t)\lambda(t)\mathrm{d}t+[\lambda(t)\mathrm{d}t]^2=\mathrm{d}t+0+0=\mathrm{d}t$$

因此，随机过程 $\widetilde{B}(t)$ 二阶变差等于其时间长度。

根据 Levy 定理，可以判断在概率测度 $\widetilde{P}$ 下，$\widetilde{B}(t)$ 是布朗运动。

二、资产价格的等价鞅测度变换

(一) Itô 过程的等价鞅测度变换

对于概率测度 P 下的 Itô 过程，当概率测度等价变换后，它仍然是一个 Itô 过程。与

上一章的鞅定价中的等价概率测度变换一样，我们对 Itô 过程概率测度进行等价变换后，只改变 Itô 过程的漂移项系数，而扩散系数和相关系数保持不变。

下面分析 Itô 过程：

$$dX(t) = \mu(t, X(t))dt + \sigma(t, X(t))dB(t) \tag{5-42}$$

的等价鞅测度变换。

由 $d\widetilde{B}(t) = dB(t) + \lambda(t)dt$，可得：

$$dB(t) = -\lambda(t)dt + d\widetilde{B}(t) \tag{5-43}$$

将式(5-43)代入式(5-42)，整理后可得：

$$dX(t) = [\mu(t, X(t)) - \lambda(t)\sigma(t, X(t))]dt + \sigma(t, X(t))d\widetilde{B}(t) \tag{5-44}$$

为了使(5-44)为鞅过程，令 $\lambda(t) = \dfrac{\mu(t, X(t))}{\sigma(t, X(t))}$，则式(5-44)为：

$$dX(t) = \sigma(t, X(t))d\widetilde{B}(t) \tag{5-45}$$

因此，当

$$\lambda(t) = \dfrac{\mu(t, X(t))}{\sigma(t, X(t))} \tag{5-46}$$

时，Itô 过程转换为等价概率测度 $\widetilde{P}$ 下的鞅过程。

（二）资产定价中的等价鞅测度变换

1. 计价物

资产定价中需要知道不同计价物的概率测度下标的资产价格 $S(t)$ 的分布。这里我们研究三种计价物：

（1）无风险资产作为计价物：$R(t) = e^{\int_0^t r(u)du}$，其中 $r(u)$ 为 u 时的瞬时无风险利率；

（2）标的资产的红利再投资价值作为计价物：$V(t) = e^{qt}S(t)$，其中 q 为红利收益率；

（3）风险资产 $Y(t)$ 计价物，假设该风险资产不分红或者红利已经包括在 $Y(t)$ 中。

在现实概率测度下，$S(t)$ 和 $Y(t)$ 满足如下几何布朗运动：

$$\dfrac{dS}{S} = \mu_S dt + \sigma_S dB_S$$

$$\dfrac{dY}{Y} = \mu_Y dt + \sigma_Y dB_Y$$

B_S 和 B_Y 是实际概率测度下的布朗运动，相关系数为 ρ。μ_S、μ_Y、σ_S、σ_Y 为一般的随机过程。

下面我们分析资产价格 $S(t)$ 在三种计价物的概率测度下的随机过程。具体步骤如下：① 确定资产价格与计价物的比值，根据鞅定价原理，该比值在某一个概率测度下为一个鞅过程。② 对资产价格与计价物的比值运用 Itô 引理。③ 运用鞅过程的漂移项为 0

这一性质,确定 $\dfrac{\mathrm{d}S}{S}$ 的漂移项。

2. 无风险资产作为计价物

无风险资产作为计价物(风险中性)的概率测度下时,由

$$H(t) = \frac{V(t)}{R(t)}$$

定义的过程 $H(t)$ 为鞅过程。对 $H(t)$ 运用 Itô 引理,可得:

$$\frac{\mathrm{d}H}{H} = (q-r)\mathrm{d}t + \frac{\mathrm{d}S}{S} = (\mu_S + q - r)\mathrm{d}t + \sigma_S \mathrm{d}B_S \tag{5-47}$$

根据式(5-46),取 $\lambda(t) = \dfrac{\mu_S + q - r}{\sigma_S}$,则在实际概率测度下,$B_S^R$ 的随机微分方程为:

$$\mathrm{d}B_S^R = \lambda(t)\mathrm{d}t + \mathrm{d}B_S$$

那么,

$$\mathrm{d}B_S = -\frac{\mu_S + q - r}{\sigma_S}\mathrm{d}t + \mathrm{d}B_S^R \tag{5-48}$$

将式(5-48)代入式(5-47),有

$$\frac{\mathrm{d}H}{H} = \sigma_S \mathrm{d}B_S^R$$

因此,在风险中性概率测度下,$H(t)$ 是一个鞅过程。此时,资产价格 S 遵循的随机微分方程为:

$$\frac{\mathrm{d}S}{S} = \mu_S \mathrm{d}t + \sigma_S \mathrm{d}B_S = \mu_S \mathrm{d}t + \sigma_S \left[-\frac{\mu_S + q - r}{\sigma_S}\mathrm{d}t + \mathrm{d}B_S^R \right]$$

由此得出,在风险中性概率测度下,资产价格 S 的随机微分方程为:

$$\frac{\mathrm{d}S}{S} = (r-q)\mathrm{d}t + \sigma_S \mathrm{d}B_S^R \tag{5-49}$$

B_S^R 是风险中性测度下的布朗运动。B_S^R 在实际概率测度下的随机微分方程为:

$$\mathrm{d}B_S^R = \frac{\mu_S - (r-q)}{\sigma_S}\mathrm{d}t + \mathrm{d}B_S$$

通过观察式(5-47)的左边等式,可以看出为了使 $H(t)$ 在风险中性概率测度下是鞅过程,$\dfrac{\mathrm{d}S}{S}$ 的漂移项系数应该是 $(r-q)$,扩散项系数 σ_S 保持不变,这样我们也可以直接得到式(5-49)。后面两种计价物的分析,我们将利用这种直观的方法进行处理。

3. 标的资产的红利再投资价值 $V(t)=e^{qt}S(t)$ 作为计价物

以 $V(t)=e^{qt}S(t)$ 作为计价物时,由比值:

$$H(t)=\frac{R(t)}{V(t)}=\frac{e^{\int_0^t r(u)du}}{V(t)}$$

定义的 $H(t)$ 是一个鞅过程。对 $H(t)$ 运用 Itô 引理,可得:

$$\frac{dH}{H}=r(t)dt-\frac{dV}{V}+\left(\frac{dV}{V}\right)^2=(r-q+\sigma_S^2)dt-\frac{dS}{S}$$

由 $\frac{dH}{H}$ 的漂移项系数必须为 0,得出 $\frac{dS}{S}$ 的漂移项系数为 $(r-q-\sigma_S^2)$。由此得出,以 $V(t)$ 作为计价物的等价鞅概率测度下,资产价格 S 遵循的随机微分方程为:

$$\frac{dS}{S}=(r-q+\sigma_S^2)dt+\sigma_S dB_S^V \tag{5-50}$$

其中,B_S^V 是以 $V(t)=e^{qt}S(t)$ 为计价物的概率测度下的布朗运动。按照前文相同的方法,可以确定 $B_S^V(t)$ 在实际概率测度下的随机微分方程:

$$dB_S^V(t)=\frac{\mu_S-(r-q+\sigma_S^2)}{\sigma_S}dt+\sigma_S dB_S \tag{5-51}$$

4. 风险资产 $Y(t)$ 计价物

当以风险资产 $Y(t)$ 计价物,由比值 $H_1(t)=\frac{R(t)}{Y(t)}$ 和比值 $H_2(t)=\frac{V(t)}{Y(t)}$ 定义的两个随机过程都是以 $Y(t)$ 为计价物的概率测度下的鞅过程。

针对比值 $H_1(t)=\frac{R(t)}{Y(t)}$ 是以 $Y(t)$ 为计价物的概率测度下是一个鞅过程,利用式(5-50)的结果可以得到,Y 为计价物的概率测度下,资产价格 Y 的随机微分方程为:

$$\frac{dY}{Y}=(r-\sigma_Y^2)dt+\sigma_Y dB_Y^Y \tag{5-52}$$

其中,B_Y^Y 为以 Y 为计价物的概率测度下的布朗运动。利用式(5-52)的结果,可以得到 B_Y^Y 在实际概率测度下的随机微分方程:

$$dB_Y^Y(t)=\frac{r-\sigma_Y^2+\mu_Y}{\sigma_Y}dt+\sigma_Y dB_Y \tag{5-53}$$

另外 $H_2(t)=\frac{V(t)}{Y(t)}$ 是以 $Y(t)$ 为计价物的概率测度下是一个鞅过程。对 $H_2(t)=\frac{V(t)}{Y(t)}$ 运用 Itô 引理,有

$$\frac{dH_2}{H_2} = \frac{dV}{V} - \frac{dY}{Y} - \frac{dV}{V}\frac{dY}{Y} + \left(\frac{dY}{Y}\right)^2$$

$$= q\,dt + \frac{dS}{S} - (r - \sigma_Y^2)\,dt - \sigma_Y dB_Y^Y - \rho\sigma_S\sigma_Y dt + \sigma_Y^2 dt$$

$$= (q - r - \rho\sigma_S\sigma_Y)\,dt + \frac{dS}{S} - \sigma_Y dB_Y^Y$$

因此，由 $\dfrac{dH_2}{H_2}$ 的漂移项系数必须为 0，得出 $\dfrac{dS}{S}$ 的漂移项系数为 $(r - q + \rho\sigma_S\sigma_Y)$。由此得出，以 Y 作为计价物的等价鞅概率测度下，资产价格 S 遵循的随机微分方程为：

$$\frac{dS}{S} = (r - q + \rho\sigma_S\sigma_Y)\,dt + \sigma_S dB_S^Y \tag{5-54}$$

其中，B_S^Y 是以 Y 为计价物的概率测度下的布朗运动。按照前文相同的方法，可以确定 $B_S^Y(t)$ 在实际概率测度下的随机微分方程：

$$dB_S^Y(t) = \frac{\mu_S - (r - q - \rho\sigma_S\sigma_Y)}{\sigma_S}\,dt + \sigma_S dB_S \tag{5-55}$$

注意到式(5-54)比较复杂，实际式(5-49)和式(5-50)是式(5-54)的特例：① 如果 Y 是无风险资产，$\sigma_Y = 0$，式(5-54)就简化为(5-49)；② 如果 $Y = V$，$\rho = 1$ 且 $\sigma_Y = \sigma_S$，式(5-53)就简化为式(5-50)。

第四节　几何布朗运动的尾部概率

一、不同计价物概率测度下资产价格的对数表示式

在第四章欧式期权定价中，需要两个不同概率测度下期权到期执行的概率。为了便于计算这个概率，首先根据(5-33)写出标的资产价格对数遵循的随机微分方程：

$$d\ln S(t) = \left(u^{num} - \frac{1}{2}\sigma_S^2\right)dt + \sigma_S dB_S^{num} \tag{5-56}$$

num 表示不同的计价物，u^{num} 不同计价物概率测度下的漂移项系数，B_S^{num} 不同计价物概率测度下的布朗运动。

(1) 对于风险中性概率测度，$u^{num} = r - q$，$B_S^{num} = B_S^R$；

(2) 对于 $V(t) = e^{qt}S(t)$ 为计价物，$u^{num} = r - q + \sigma_S^2$，$B_S^{num} = B_S^V$；

(3) 对于另一个风险资产 Y 为计价物，$u^{num} = r - q + \rho\sigma_S\sigma_Y$，$B_S^{num} = B_S^Y$。

对式(5-55)积分，可以得到期权到期时不同概率测度下标的资产价格对数 $\ln S(T)$ 的表达式：

$$\ln S(T) = \ln S(0) + \left(u^{num} - \frac{1}{2}\sigma_S^2\right)T + \sigma_S B_S^{num}(T) \tag{5-57}$$

二、尾部概率计算

在式(5-57)的基础上,可以推导出不同计价物概率测度下资产价格的尾部概率,如看涨期权被执行的概率 $Prob^{num}[S(T) \geqslant K]$,计算过程如下:

$$S(T) \geqslant K \Leftrightarrow \ln S(T) \geqslant \ln K$$

$$\Leftrightarrow \ln S(0) + \left(u^{num} - \frac{1}{2}\sigma_S^2\right)T + \sigma_S B_S^{num}(T) \geqslant \ln K$$

$$\Leftrightarrow -\frac{B_S^{num}(T)}{\sqrt{T}} \leqslant \frac{\ln S(0) - \ln K + \left(u^{num} - \frac{1}{2}\sigma_S^2\right)T}{\sigma_S \sqrt{T}} = d^{num} \tag{5-58}$$

这里,$-\dfrac{B_S^{num}(T)}{\sqrt{T}}$ 是服从标准正态分布的随机变量。

因此,$Prob^{num}[S(T) \geqslant K] = N(d^{num})$,$N$ 为标准正态分布的累积概率函数,表示标准正态分布随机变量小于等于 d^{num} 的概率。

看跌期权被执行的概率 $Prob^{num}[S(T) \leqslant K]$ 可以用相同的过程计算。再连续分布下,$Prob^{num}[S(T) \leqslant K] = Prob^{num}[S(T) < K]$。考虑到 $S(T) < K$ 事件与 $S(T) \geqslant K$ 事件的互补性,我们也可以直接用下面的公式计算:

$$Prob^{num}[S(T) \leqslant K] = 1 - Prob^{num}[S(T) < K] = 1 - N(d^{num}) = N(-d^{num})$$

其中,d^{num} 由式(5-58)给出。

第五节 几何布朗运动的乘积和比值的波动率

假设存在两个几何布朗运动 X 和 Y,它们的相关系数是 ρ。

$$\frac{\mathrm{d}X}{X} = \mu_X \mathrm{d}t + \sigma_X \mathrm{d}B_X \quad \text{和} \quad \frac{\mathrm{d}Y}{Y} = \mu_Y \mathrm{d}t + \sigma_Y \mathrm{d}B_Y$$

我们要计算它们的乘积和比值形式以及它们的波动率。

一、乘积形式波动率

乘积形式:$Z = XY$。由(5-28)式,有

$$\frac{\mathrm{d}Z}{Z} = \frac{\mathrm{d}X}{X} + \frac{\mathrm{d}Y}{Y} + \frac{\mathrm{d}X}{X}\frac{\mathrm{d}Y}{Y}$$

将 $\dfrac{\mathrm{d}X}{X}$ 和 $\dfrac{\mathrm{d}Y}{Y}$ 代入上式,可得:

$$\frac{\mathrm{d}Z}{Z} = (\mu_X + \mu_Y + \rho\sigma_X\sigma_Y)\mathrm{d}t + \sigma_X\mathrm{d}B_X + \sigma_Y\mathrm{d}B_Y \tag{5-59}$$

式(5-59)中 $\mathrm{d}t$ 前面的部分也就是漂移项系数,我们关注后面的两项,即两个布朗运动的线性组合是什么特征。**其结论是:两个几何布朗运动的线性组合仍然是一个几何布朗运动。**

证明过程:

计算 $\dfrac{\mathrm{d}Z}{Z}$ 的平方我们得到:

$$\left(\frac{\mathrm{d}Z}{Z}\right)^2 = (\sigma_X\mathrm{d}B_X + \sigma_Y\mathrm{d}B_Y)^2 = (\sigma_X^2 + \sigma_Y^2 + 2\rho\sigma_X\sigma_Y)\mathrm{d}t$$

因此 $Z = XY$ 的波动率就等于:

$$\sqrt{\sigma_X^2 + \sigma_Y^2 + 2\rho\sigma_X\sigma_Y} \tag{5-60}$$

定义 $\sigma = \sqrt{\sigma_X^2 + \sigma_Y^2 + 2\rho\sigma_X\sigma_Y}$。对 $\sigma_X\mathrm{d}B_X + \sigma_Y\mathrm{d}B_Y$ 的形式进行标准化,进而观察变量的特征:

$$\sigma_X\mathrm{d}B_X + \sigma_Y\mathrm{d}B_Y = \sigma\frac{\sigma_X\mathrm{d}B_X + \sigma_Y\mathrm{d}B_Y}{\sigma}$$

定义 $\mathrm{d}B = \dfrac{\sigma_X\mathrm{d}B_X + \sigma_Y\mathrm{d}B_Y}{\sigma}$。很显然有

$$E[\mathrm{d}B] = 0$$

$$(\mathrm{d}B)^2 = \left(\frac{\sigma_X\mathrm{d}B_X + \sigma_Y\mathrm{d}B_Y}{\sigma}\right)^2 = \frac{(\sigma_X^2 + \sigma_Y^2 + 2\rho\sigma_X\sigma_Y)\mathrm{d}t}{\sigma^2} = \mathrm{d}t$$

因此 B 是鞅过程且其二阶变差等于时间长度,根据 Levy 定理 B 必定是一个布朗运动。因此,Z 是一个几何布朗运动,它的波动率 $\sigma = \sqrt{\sigma_X^2 + \sigma_Y^2 + 2\rho\sigma_X\sigma_Y}$。

二、比值形式的波动率

比值形式:$Z = Y/X$。同样,也可以证明两个几何布朗运动的比值仍然是几何布朗运动。

$$\frac{\mathrm{d}Z}{Z} = (\mu_Y - \mu_X - \rho\sigma_X\sigma_Y + \sigma_X^2)\mathrm{d}t + \sigma_Y\mathrm{d}B_Y - \sigma_X\mathrm{d}B_X \tag{5-61}$$

以及

$$\left(\frac{\mathrm{d}Z}{Z}\right)^2 = (\sigma_X^2 + \sigma_Y^2 - 2\rho\sigma_X\sigma_Y)\mathrm{d}t$$

那么 Y/X 的波动率为：

$$\sigma = \sqrt{\sigma_X^2 + \sigma_Y^2 - 2\rho\sigma_X\sigma_Y} \tag{5-62}$$

重 要 概 念

布朗运动　二阶变差　Levy 定理　Itô 过程　Itô 引理　几何布朗运动　Itô 过程的等价鞅测度变换　资产定价中的等价鞅测度变换　尾部概率

习题与思考题

1. 假定期限为 T 的贴现债券的收益率为 x（按连续复利）。假定 x 服从以下随机过程

$$\mathrm{d}x = a(x_0 - x)\mathrm{d}t + \sigma x\mathrm{d}B$$

其中 a, x_0 和 σ 都是正常数，B 为布朗运动。面值 1 元的贴现债券价格 $P(t,T)$ 服从的过程是怎样的？

2. 假定股票价格服从几何布朗运动 $\dfrac{\mathrm{d}S}{S} = \mu\mathrm{d}t + \sigma\mathrm{d}B$，其中 μ 为期望收益，σ 为波动率。以下变量服从什么样的过程。

   (a) $y = 3S$
   (b) $y = S^n$
   (c) $y = e^S$
   (d) $y = \dfrac{e^{r(T-t)}}{S}$

   对于每种情形，将 $\mathrm{d}t$ 和 $\mathrm{d}B$ 的系数用 y（而不是 S）来表示。

3. 假定 x 是永久债的收益率，债券每年定期支付 1 元的利息。假设 x 按照连续复利计算，并且利息也是连续支付。假定 x 服从以下随机过程

$$\mathrm{d}x = a(x_0 - x)\mathrm{d}t + \sigma x\mathrm{d}B$$

其中，a, x_0 和 σ 都是正常数，B 为布朗运动。债券价格服从的过程是什么？对于债券持有人，瞬时收益率的期望是值多少？

4. 到期日为 T' 的面值 1 元的贴现债券价格为 $P(t,T')$。定义 $R(t,T,T')(T<T')$ 为 t 时 T 到 T' 的远期利率。到时间 T 时，市场即期利率为 $R(T,T')$。远期利率和即期利率都为早利利率。

   证明：以贴现债券价格 $P(t,T')$ 为计价物的概率测度下（远期测度），即期利率的期望

值等于当前的远期利率，即 $R(t, T, T') = E_t^{PT'}[R(T, T')]$，其中 $E_t^{PT'}[\cdot]$ 为贴现债券价格 $P(t, T')$ 为计价物的概率测度下的期望值。

5. 假定资产价格服从几何布朗运动 $\dfrac{\mathrm{d}S}{S} = \mu \mathrm{d}t + \sigma \mathrm{d}B$，其中 μ 和 σ 是常数，B 是布朗运动。

   证明：(a) $E_t\left[\dfrac{S(t+\Delta t)}{S(t)}\right] = e^{\mu \Delta t}$；

   (b) 方差 $Var_t\left[\dfrac{S(t+\Delta t)}{S(t)}\right] = e^{2\mu \Delta t}(e^{\sigma^2 \Delta t} - 1)$；

   (c) 取 $\Delta t = 1$，如果 $E_t\left[\dfrac{S(t+1)}{S(t)}\right] = 1.069\,8$，标准差 $stdev_t\left[\dfrac{S(t+1)}{S(t)}\right] = 0.165\,4$，求 μ 和 σ。

6. B_1 和 B_2 是两个独立的布朗运动，定义一个随机过程 B_2^*，其中 $B_2^*(0) = 0$，且 $\mathrm{d}B_2^* = \rho \mathrm{d}B_1 + \sqrt{1-\rho^2}\, \mathrm{d}B_2$，$\rho \in [-1, 1]$。

   (a) 运用 Levy 定理证明，B_2^* 是一个布朗运动。

   (b) 证明 ρ 是两个布朗运动 B_1 和 B_2^* 的相关系数。

7. 变量 S 是以货币 A 为计量的可交易资产，它以连续收益率 q 提供收益。在现实世界里，它服从以下几何布朗运动

$$\frac{\mathrm{d}S}{S} = \mu_S \mathrm{d}t + \sigma_S \mathrm{d}B$$

   你可以定义必要的变量，给出以下情况下 S 的随机过程。
   (1) 在货币 A 的传统风险中性概率测度下。
   (2) 在货币 B 的传统风险中性概率测度下。
   (3) 在货币 A 里以时间 T 到期的贴现债券为计价物的概率测度下（远期概率测度）。
   (4) 在货币 B 里以时间 T 到期的贴现债券为计价物的概率测度下（远期概率测度）。

8. 假设在时间 T 到期的贴现债券价格服从以下过程

$$\frac{\mathrm{d}P(t, T)}{P(t, T)} = \mu_P \mathrm{d}t + \sigma_P \mathrm{d}B$$

   一个依赖于这个债券的衍生产品价格服从过程

$$\frac{\mathrm{d}f}{f} = \mu_f \mathrm{d}t + \sigma_f \mathrm{d}B$$

   假设只有一个随机源，而且 f 在到期前不提供任何收入。
   (a) f 在时间 T 到期的远期合约的远期价格 F 是什么？
   (b) 在一个关于 $P(t, T)$ 为远期风险中性的世界里，F 服从什么过程？
   (c) 在传统的风险中性的世界里，F 服从什么过程？
   (d) 在一个关于 $P(t, T^*)$ 为远期风险中性的世界里，F 服从什么过程？这里 $T^* \neq T$，σ_P^* 为 $P(t, T^*)$ 的波动率。

第六章

远期与期货的定价

> **学习目标**
>
> 首先将鞅定价方法运用到远期与期货的定价,分析了远期价格与期货价格之间的关系。介绍了无套利定价法在不同远期合约定价中的运用、远期与期货定价的持有成本模型,分析了期货价格与当前现货价格和预期未来现货价格的关系。通过本章的学习,我们将对远期和期货的定价有比较全面的理解。

第一节 远期与期货的鞅定价

一、投资型资产与消费型资产

在考虑远期和期货的定价时,区分其标的资产是投资型资产(Investment Asset)还是消费型资产(Consumption Asset)是很重要的。投资型资产的持有者的目的在于投资,如股票、债券、黄金和白银等。并不是说投资型资产只能用来投资,如黄金和白银不只是用于投资,它们也有一些工业用途,但是有足够多的投资者持有黄金和白银的唯一目的是用于投资。

这样区分基础资产主要是为了即将讲到的期货定价。在这里,我们先简要介绍一下期货定价时为什么需要区分投资型资产与消费型资产。我们最常用的期货定价原理是无套利原理。如果期货到期时和现货之间存在着价格差,我们将可以通过简单的买入现货卖出期货或者相反的操作来获取利润。可是我们知道,在一个有效市场中,这样的获利机会是不存在的。所以,我们可以简单得到,当期货到期时,期货价格是等于现货价格的。当我们对投资型资产期货定价时,我们可以根据上述原理来得到准确的期货定价。但是,在对消费型资产期货进行定价时,由于大部分的资产是用于消费而非投资,持有者并不愿意卖出资产而持有期货,也就是说,期现套利只在一个方向上有效。因此,我们并不能得到消费型资产期货的准确定价,只能得到它的上限。在我们下边的讲解中,如无特殊说明,资产指的是投资型资产。

二、远期和期货鞅定价分析

(一) 基本的假设和符号

1. 基本的假设

为分析简便起见,本节的分析是建立在如下假设前提下的:

(1) 没有交易费用和税收。

(2) 市场参与者能以相同的无风险利率借入和贷出资金。

(3) 远期合约没有违约风险。

(4) 允许现货卖空行为。

(5) 当套利机会出现时,市场参与者将参与套利活动,从而使套利机会消失,我们算出的理论价格就是在没有套利机会下的均衡价格。

(6) 期货合约的保证金账户支付同样的无风险利率。这意味着任何人均可不花成本地取得远期和期货的多头和空头地位。

在上述的假设下,可以用无套利定价方法,或者鞅定价方法对期货和远期进行定价。

2. 符号

本节将要用到的符号主要有以下几个。

T:远期和期货合约的到期时间,单位为年。

t:现在的时间,单位为年。$T-t$ 代表远期和期货合约中以年为单位的剩下的时间。

$S(t)$:标的资产在当前 t 时的价格。

$S(T)$:标的资产在时间 T 时的价格(在 t 时刻这个值是个未知变量)。

K:远期或期货合约中的交割价格。

$f(t)$:远期合约多头在 t 时刻的盯市价值。

$F(t)$:t 时刻的远期合约和期货合约中标的资产的远期理论价格和期货理论价格,在本书中如无特别注明,我们分别简称为远期价格和期货价格。

$r(t)$:t 时刻的瞬时无风险利率,后文将假定 $r(t)$ 不同的变化形式,如为常数、随机变量等。在本章中,如无特别说明,利率均为连续复利。

(二) 远期价格和远期价值

在签订远期合约时,如果信息是对称的,而且合约双方对未来的预期相同,那么合约双方所选择的交割价格应使合约的价值在签署合约时等于零。这意味着无需成本就可处于远期合约的多头或空头状态。

我们把使远期合约价值为零的交割价格称为远期价格(Forward Price)。这个远期价格显然是理论价格,它与远期合约在实际交易中形成的实际价格(即双方签约时所确定的交割价格)并不一定相等。但是,一旦理论价格与实际价格不相等,就会出现套利机会。若实际价格高于理论价格,套利者就可以通过买入标的资产现货、卖出远期并等待交割来获取无风险利润,从而促使现货价格上升、远期市场价格下降,直至套利机会消失,我们称这种套利方式为正向套利(Cash-and-carry Arbitrage);若实际价格低于理论价格,套利者就可以通过卖空标的资产现货、买入远期来获取无风险利润,从而促使现货价格下降、远期市场价格上升,直至套利机会消失,远期理论价格等于实际价格,我们称这种套利方式为反向套利(Reverse Cash-and-carry Arbitrage)。在本书中,我们所说的对金融工具的定价,实际上都是指确定其理论价格。

这里要特别指出的是远期价格与远期价值的区别。一般来说,价格总是围绕着价值波动的,而远期价格跟远期价值却是相去甚远的概念。例如,当远期价格等于交割价格时,远期价值为零。其原因主要在于远期价格指的是远期合约中标的物的远期价格,它是跟标的物的现货价格紧密相联的;而远期价值则是指远期合约本身的价值,它是由远期实际价格与远期理论价格的差距决定的。在合约签署时,若交割价格等于远期理论价格,则此时合约价值为零。但随着时间推移,远期理论价格有可能改变,而原有合约的交割价格则不可能改变,因此原有合约的价值就可能不再为零。

(三)远期和期货鞅定价公式

远期和期货重要区别在于,期货是逐日盯市的,即每日的收益和损失都在投资者的保证金账户中进行结算,因此期货具有期间现金流,而远期只有到期日才有现金流发生。这个差别造成了期货和远期价格的差异。T 为期货和远期的到期日,$F^*(t)$ 和 $F(t)$ 分别表示 $t(t<T)$ 时的期货价格和远期价格。本节给出三个十分重要的结论,其中最后一个结论由前两个结论得出。

(1)在风险中性测度下,期货价格是一个鞅,且 t 时的期货价格:

$$F^*(t) = E_t^R[S(T)] \tag{6-1}$$

其中,$E^R[\cdot]$ 为 t 时风险中性概率测度下的期望值。

(2)当采用与远期具有相同到期日的贴现债券作为计价物时(远期概率测度),远期价格是一个鞅,且 t 时的远期价格:

$$F(t) = E_t^P[S(T)] \tag{6-2}$$

其中,$E^P[S(T)]$ 为远期概率测度下的期望值。

(3)利率为非随机时,期货价格等于远期价格,即

$$F^*(t) = E_t^R[S(T)] = E_t^P[S(T)] = F(t) \tag{6-3}$$

首先证明结论(1)。假定期货连续盯市的,同时假定存在瞬间无风险资产,其无风险利率 $r(s)$ 随着时间变换而随机变化。定义 0 时投资 1 元无风险资产并连续利息再投资后在 t 的价值:

$$R(t) = e^{\int_0^t r(s)ds} \tag{6-4}$$

考虑一个投资策略,期初 0 时刻由 0 元和 1 份期货的多头组成,连续不断地将期货的盈利投资于无风险资产,而期货的亏损则通过撤出无风险投资或者进行无风险利率借款来弥补。用 $V(t)$ 表示该资产组合在 t 时的价值,投资组合的瞬时改变量为期货上的盈利/损失加上无风险资产的利息收入($V(t)<0$ 时为支出)。由此有:

$$dV(t) = r(t)V(t)dt + dF^*(t) \tag{6-5}$$

由于投资者所有的盈利和亏损都进行了投资,没有额外的收入和支出,V 是无现金支付的资产价格。因此,在风险中性测度下,比值 V/R 必定是一个鞅,因此漂移项为 0。由 Itô 公式可知:

$$\frac{\mathrm{d}(V/R)}{V/R}=\frac{\mathrm{d}V}{V}-\frac{\mathrm{d}R}{R}=\frac{r(t)V\mathrm{d}t+\mathrm{d}F^*}{V}-r(t)\mathrm{d}t=\frac{\mathrm{d}F^*}{V} \tag{6-6}$$

因此,V/R 的漂移项系数为 0 意味着 F^* 的漂移项为 0。在假设 F^* 遵循一个 Itô 过程,二阶变差有限的条件下,F^* 的随机过程的漂移项为 0 意味着 F^* 是一个鞅,即

$$F^*(t)=E_t^R[F(T)] \tag{6-7}$$

期货到期时,期货价格等与现货价格,$F^*(T)=S(T)$,因此有

$$F^*(t)=E_t^R[S(T)] \tag{6-8}$$

结论(1)得证。

现在接着证明结论(2)。考虑到期日为 T 的一份远期和到期日也是 T 的一单位贴现债券。$F(t)$ 为远期价格,$P(t,T)$ 表示 t 时 $(t<T)$ 的贴现债券价格。在 0 时刻构建并持有到期时间为 T 的投资组合:一份远期多头,同时买进 $F(0)$ 单位到期日为 T 贴现债券。在 t 时贴现债券的价值为 $F(0)P(t,T)$,而远期的价值可以通过在 t 时以 $F(t)$ 的价格卖出一份到期日为 T 的远期来对冲远期多头锁定,这样操作锁定了 T 时的净现金收入 $F(t)-F(0)$,该现金流在 t 时的价值为 $P(t,T)[F(t)-F(0)]$,与债券价值相加得到 $P(t,T)F(t)$。以 $P(t,T)$ 价格为计价物时,比值 $P(t,T)F(t)/P(t,T)=F(t)$ 在以 $P(t,T)$ 为计价物的概率测度(远期测度)下,必定是一个鞅,即

$$F(t)=E_t^P[F(T)] \tag{6-9}$$

远期到期时,远期价格等于现货价格,$F(T)=S(T)$,

$$F(t)=E_t^P[S(T)] \tag{6-10}$$

结论(2)得证。

现在假定利率 $r(s)$ 是确定性的,即如果利率随着时间变化,它的变化是非随机的。这是贴现债券在 0 时的价值可以作为贴现因子:

$$P(0,T)=e^{-\int_0^T r(s)\mathrm{d}s} \tag{6-11}$$

基于式(4-56)可以得到在 0 时以贴现因子作为计价物时,对 T 时的随机事件的概率测度:

$$Prob^P(A)=E\left[I_A\frac{m(T)P(T,T)}{P(0,T)}\right]=e^{\int_0^T r(s)\mathrm{d}s}E[I_A m(T)] \tag{6-12}$$

其中,$m(T)$ 是随机贴现因子。另一方面基于式(4-56),还可以得到无风险资产 R 作为计价物时概率测度:

$$Prob^R(A)=E\left[I_A\frac{m(T)R(T)}{R(0)}\right]=e^{\int_0^T r(s)\mathrm{d}s}E[I_A m(T)] \tag{6-13}$$

因此，两个概率是相同的，由此得到 $E^P[\cdot]$ 和 $E^R[\cdot]$ 是相同的。

因为期货价格和远期价格在到合约期日都等于现货价格，即 $F^*(T)=F(T)=S(T)$。因此当利率 $r(s)$ 是确定性时，从鞅性质可以得出：

$$F^*(t)=E_t^R[S(T)]=E_t^P[S(T)]=F(t) \tag{6-14}$$

结论(3)得证。

当利率变化随机变化时，远期价格和期货价格就不相等。至于两者谁高则取决于标的资产价格与利率的相关性。当标的资产价格与利率呈正相关时，期货价格高于远期价格。这是因为当标的资产价格上升时，期货价格通常也会随之升高，期货合约的多头将因每日结算制而立即获利，并可按高于平均利率的利率将所获利润进行再投资。而当标的资产价格下跌时，期货合约的多头将因每日结算制而立即亏损，而他可按低于平均利率的利率从市场上融资以补充保证金。相比之下，远期合约的多头将不会因利率的变动而受到上述影响。因此在这种情况下，期货多头显然比远期多头更具吸引力，期货价格自然就大于远期价格。相反，当标的资产价格与利率呈负相关性时，远期价格就会高于期货价格。

远期价格和期货价格的差异幅度还取决于合约有效期的长短。当有效期只有几个月时，两者的差距通常很小。此外，税收、交易费用、保证金的处理方式、违约风险、流动性等方面的因素或差异也都会导致远期价格和期货价格的差异。

在现实生活中，期货和远期价格的差别往往可以忽略不计。例如，Cornell 和 Reinganum(1981)、Park 和 Chen(1985)在估计外汇期货和远期之间的合理差价时，都发现盯市所带来的收益太小了，以至于在统计意义上，远期和期货价格之间并没有显著的差别。因此，在大多数情况下，我们仍可以合理地假定远期价格与期货价格相等，并都用 F 来表示。但在利率波动较大时，利率对两者还会带来较大的影响。

另外，交易机制上差异除了造成期货和远期定价差异外，还会对两个合约的盯市价值的变动有不同影响，对合约的对冲也会造成影响。对这个问题具体的分析将在后面的章节介绍。

第二节 期货和远期无套利定价

一、无套利定价方法

在本章第一节的基本假定上，这里增加一个假定：假设瞬时利率 $r(t)$ 在期货和远期的有效期内是一个常数。在这样的假设下，常数的瞬时无风险利率也等于 t 时刻的期限为 $T-t$ 以连续复利计算的即期无风险利率（年利率）。下面分别用复制无套利定价方法和基于无套利的鞅定价法进行定价分析，两种方法都是基于无套利原理。

在利率常数假定下，利用鞅定价法在前一节里已经给出了期货和远期基本定价公式(6-7)，在该公式基础上针对不同形式红利的标的资产稍加推导，就可以得到具体的期货和远期的定价公式。

复制无套利定价法前文已经详细叙述，其基本思路为：构建两种投资组合，让其终值相等，则其现值一定相等；否则就存在套利机会，套利者可以卖出现值较高的投资组合，买入现值较低的投资组合，并持有到期末，赚取无风险收益。众多套利者这样做的结果，将使现值较高的投资组合价格下降，而现值较低的投资组合价格上升，直至套利机会消失，此时两种组合的现值相等。这样，我们就可根据两种组合现值相等的关系求出远期价格。

通过前文的推导已知，在这样的假设下，期货和远期的定价是完全一样的，所有后续分析以远期为例，所得结论大部分是适用于期货的定价分析。

二、无收益资产远期合约的定价

无收益资产是指在到期日前不产生现金流的资产，如贴现债券、下一次分红日远于远期到期日的付息债券、远期到期日之前不分红的股票等。

(一) 无收益资产远期合约多头的价值

为了给无收益资产的远期定价，构建如下两种组合。

组合1：一份远期合约多头加上一笔数额为 $Ke^{-r(T-t)}$ 的现金。

组合2：一单位标的资产。

在组合1中，$Ke^{-r(T-t)}$ 的现金以无风险利率投资，投资期为 $(T-t)$。到 T 时刻，因为：$Ke^{-r(T-t)}e^{-r(T-t)}=K$，其金额将达到 K。在远期合约到期时，这笔资金刚好可用来交割一份远期合约，换来一单位标的资产。这样，在 T 时刻，两种组合都等于一单位标的资产。根据无套利原则，这两种组合在 t 时刻的价值必须相等。即

$$f(t)+Ke^{-r(T-t)}=S(t)$$
$$f(t)=S(t)-Ke^{-r(T-t)} \tag{6-15}$$

式(6-15)表明，无收益资产远期合约多头的价值等于标的资产现货价格与交割价格按照无风利率贴现的现值的差额。或者说，一单位无收益资产远期合约多头可由一单位标的资产多头和 $Ke^{-r(T-t)}$ 单位无风险负债合成。

(二) 现货-远期平价定理

由于远期价格 $(F(t))$ 就是使合约价值 $(f(t))$ 为零的交割价格 (K)，即当 $f(t)=0$ 时，$K=F(t)$。据此可以令式(6-15)中 $f(t)=0$，则可以得到：

$$F(t)=S(t)e^{r(T-t)} \tag{6-16}$$

式(6-16)是无收益资产的现货-远期平价定理(Spot-forward Parity Theorem)，或称现货期货平价定理(Spot-futures Parity Theorem)。式(6-16)表明，对于无收益资产而言，远期价格等于其标的资产现货价格按照无风利率计算的终值。

为了进一步说明远期价格定价式(6-16)，下面用反证法证明等式不成立时市场是存在套利机会的。

假设 $F(t)>S(t)e^{r(T-t)}$，即交割价格大于现货价格的终值。在这种情况下，套利者可以按无风险利率 r 借入 $S(t)$ 现金，期限为 $T-t$。然后，用 $S(t)$ 购买一单位标的资产，同时卖出一份该资产的远期合约，交割价格为 $F(t)$。在 T 时刻，该套利者就可将一单位

标的资产用于交割远期合约,换来 $F(t)$ 现金,并归还借款本息 $S(t)e^{r(T-t)}$,因 $F(t)-S(t)e^{r(T-t)}>0$,所以套利者就实现大于 0 的无风险利润。

若 $F(t)<S(t)e^{r(T-t)}$,即交割价值小于现货价格的终值。套利者就可进行反向操作,即卖空标的资产,将所得收入以无风险利率进行投资,期限为 $T-t$,同时买进一份该标的资产的远期合约,交割价为 $F(t)$。在 T 时刻,套利者收到投资本息 $S(t)e^{r(T-t)}$,并以 $F(t)$ 现金购买一单位标的资产,用于归还卖空时借入的标的资产,因 $S(t)e^{r(T-t)}-F(t)>0$,所以这种情形下套利者也实现大于 0 的无风险利润。

例 6-1 考虑一个股票远期合约,标的股票在远期合约有效期内将不支付红利。合约的期限是 3 个月,假设标的股票现在的价格是 50 元,连续复利的无风险年利率为 5%。那么这份远期合约的合理交割价格应该为:

$$F=50e^{0.05\times0.25}=50.629$$

如果市场上该合约的交割价格为 50.500 元,则套利者可以卖出股票并将所得收入以无风险利率进行投资,期末可以获得 50.629-50.500=0.129 元。反之,如果市场上的远期合约的交割价格大于 50.629 元,套利者可以借钱买入股票并卖出远期合约,期末也可以获得无风险的利润。

(三) 远期和期货的盯市价值

假设投资者已持有一份执行价格为 K 的远期合约,除了利用(6-15)式计算该远期合约多头盯市价值外,还有如下式子计算:

$$f(t)=[F(t)-K]e^{-r(T-t)} \tag{6-17}$$

直接数学证明:由式(6-16)可以得到 $S(t)=F(t)e^{-r(T-t)}$,代入(6-15)式可得。从市场操作上看,投资者在 t 时按无套利的市场价格 $F(t)$ 做空一份远期合约,对冲平仓已持有的执行价格为 K 的远期合约,锁定了远期到期日 T 的损益 $F(t)-K$,其现值为 $[F(t)-K]e^{-r(T-t)}$。

例 6-2 设一份标的证券为一年期贴现债券、剩余期限为 6 个月的远期合约多头,其交割价格为 93 元,6 个月期的无风险年利率(连续复利)为 6%,该债券的现价为 91 元。则根据式(6-15),可以算出该远期合约多头的价值为:

$$f(t)=91-93e^{-0.5\times0.06}=0.749 \text{ 元}$$

也可以利用式(6-16),先算出无收益证券的远期合约在当前的合理交割价格:

$$F(t)=91e^{0.06\times0.5}=93.7714 \text{ 元}$$

再由式(6-17)可得相同的结果:

$$f(t)=(93.7714-93)e^{-0.06\times0.5}=0.749 \text{ 元}$$

前一节已经证明在无风险利率为常数的情形下,期货和远期的合理的远期价格定价公式是相同的。但由于期货和远期交易机制上的差异,使两者的盯市价值存在差异。在远期合约中,全部的损益要到合约到期时实现;而期货采用保证金下的逐日结算机制,每天的损益每天实现。因此，相对于(6-17)式的远期盯市价值计算公式，期货的盯市价值计算不需要贴现，为：

$$f^*(t) = F^*(t) - K \tag{6-18}$$

要进一步说明的是，远期合约的盯市价值也可以当作投资者持有远期合约以来总体的盈亏，期货合约的盯市价值前期的盈亏已经在保证金。

研究现货价格对远期和期货盯市价值的影响，即计算 $\dfrac{\partial f(t)}{\partial S(t)}$ 和 $\dfrac{\partial f^*(t)}{\partial S(t)}$，可得：

$$\frac{\partial f(t)}{\partial S(t)} = 1 \tag{6-19}$$

和

$$\frac{\partial f^*(t)}{\partial S(t)} = e^{r(T-t)} \tag{6-20}$$

因此，运用1份远期对冲1份标的资产，而只需要 $e^{-r(T-t)}$ 份期货合约就能对冲1份标的资产。

(四) 远期价格的期限结构

远期价格的期限结构描述的是不同期限远期价格之间的关系。设 $F(t, T)$ 为在 T 时刻交割的远期价格，$F(t, T^*)$ 为在 T^* 时刻交割的远期价格，r 为 T 时刻到期的无风险利率，r^* 为 T^* 时刻到期的无风险利率，$\hat{r}$ 为 T 到 T^* 时刻的无风险远期利率。对于无收益资产而言，从式(6-16)可知，

$$F(t, T) = S(t) e^{r(T-t)}$$
$$F(t, T^*) = S(t) e^{r*(T*-t)}$$

两式相除消掉 $S(t)$ 后，得到：

$$F(t, T^*) = F(t, T) e^{r*(T*-t) - r(T-t)}$$

根据远期利率计算公式，即 $\hat{r} = \dfrac{r^*(T^* - t) - r(T - t)}{T^* - T}$，我们可以得到不同期限远期价格之间的关系：

$$F(t, T^*) = F(t, T) e^{\hat{r}(T^* - T)} \tag{6-21}$$

(五) 利率非常数下的远期合约定价

在现有远期合约的定价中，假定存在一个常数的连续复利的无风险利率 r。在组合1中需要 $Ke^{-r(T-t)}$ 的现金，该现金按照常数的无风险利率投资，到远期合约到期时投资的本利之和正好等于远期合约的交割价格，用于交割远期合约。

可以放弃常数的连续复利的无风险利率假定，认为无风险利率是随机的，但需要假设市场上存在到期日等于远期合约期限的零息债券，在 t 时到期日 T 的面值1元的零息债券价格为 $P(t, T)$，为了在远期合约到期时获得 K 元的现金，需要在 t 时买入 K 份面值为1元的零息债券。因此式(6-15)可以改写成 $f(t) = S(t) - KP(t, T)$。因此，在利率非常

数情形下,无收益资产的现货-远期平价公式:

$$F(t) = S(t)/P(t,T) \tag{6-22}$$

三、支付已知现金收益资产远期合约的定价

支付已知现金收益的资产是指在到期前会产生完全可预测的现金流的资产,如附息债券和支付已知现金红利的股票等。对于黄金、白银等贵金属,尽管其本身并不产生收益,但须花费一定的存储费用,而存储费用也可看成是负收益。记到期前产生的已知现金收益的现值为 I,对黄金、白银来说,I 为负值。

(一) 支付已知现金收益资产远期合约多头的定价

为了给支付已知现金收益资产的远期定价,构建如下两个组合。

组合1:一份远期合约多头加上一笔数额为 $Ke^{-r(T-t)}$ 的现金。

组合2:一单位标的证券加上利率为无风险利率、期限为从现在到现金收益派发日、本金为 I 的负债。

显然,组合1在 T 时刻的价值等于一单位标的资产。在组合2中,由于标的资产的收益刚好可以用来偿还负债的本息,因此在 T 时刻,该组合的价值也等于一单位标的资产。因此,在 t 时刻,这两个组合的价值应相等,即

$$f(t) + Ke^{-r(T-t)} = S(t) - I$$
$$f(t) = S(t) - I - Ke^{-r(T-t)} \tag{6-23}$$

式(6-23)表明,支付已知现金收益资产的远期合约多头价值等于标的资产现货价格扣除现金收益现值后的余额与交割价格现值之差。或者说,一单位支付已知现金收益资产的远期合约多头可由一单位标的资产和 $I + Ke^{-r(T-t)}$ 单位无风险负债合成。

例6-3 假设6个月期和12个月期的无风险年利率分别为9%和10%,而一种十年期债券现货价格为990元,该证券一年期远期合约的交割价格为1 001元,该债券在6个月和12个月后都将收到60元的利息,且第二次付息日在远期合约交割日之前,求该合约的价值。

根据已知条件,我们可以先算出该债券已知现金收益的现值:

$$I = 60e^{-0.09 \times 0.5} + 60e^{-0.10 \times 1} = 111.65 \text{ 元}$$

根据式(6-23),我们可算出该远期合约多头的价值为:

$$f(t) = 990 - 111.65 - 1\,001e^{-0.1 \times 1} = -27.39 \text{ 元}$$

相应地,该合约空头的价值为27.39元。

根据 $F(t)$ 的定义,我们可从公式(6-23)中求得:

$$F(t) = [S(t) - I]e^{r(T-t)} \tag{6-24a}$$

这就是支付已知现金收益资产的现货-远期平价公式。式(6-24a)表明,支付已知现金收益资产的远期价格等于标的证券现货价格与已知现金收益现值差额的终值。

与式(6-22)类似,在利率非常数情形下,支付已知现金收益资产的现货-远期平价公式为

$$F(t) = [S(t) - I]/P(t, T) \qquad (6\text{-}24\text{b})$$

例 6-4 假设黄金的现价为每盎司 450 美元,其存储成本为每年每盎司 2 美元,在年底支付,无风险年利率为 7%。则一年期黄金远期价格为:

$$F(t) = (450 - I)e^{0.07 \times 1}$$

其中,$I = -2e^{-0.07 \times 1} = -1.865$,故:

$$F(t) = (450 + 1.865) \times e^{0.07} = 484.6 \text{ 美元/盎司}$$

同样,可以用反证法来进一步说明式(6-24a)。

首先,假设 $F(t) > [S(t) - I]e^{r(T-t)}$,即交割价格高于远期理论价格。这样,套利者就可以借入现金 $S(t)$,买入标的资产,并卖出一份远期合约,交割价为 $F(t)$。这样在 T 时刻,他需要还本付息 $S(t)e^{r(T-t)}$,同时套利者将在 $T-t$ 期间从标的资产获得的现金收益以无风险利率贷出,从而在 T 时刻得到 $Ie^{r(T-t)}$ 的本利收入。此外,他还可将标的资产用于交割,得到现金收入 $F(t)$。这样,他在 T 时刻可实现无风险利润 $F(t) - [S(t) - I]e^{r(T-t)}$。

其次,再假设 $F(t) < [S(t) - I]e^{r(T-t)}$,即交割价格低于远期理论价格。这时,套利者可以借入标的资产卖掉,得到现金收入以无风险利率贷出,同时买入一份交割价为 $F(t)$ 的远期合约。在 T 时刻,套利者可得到贷款本息收入 $S(t)e^{r(T-t)}$,同时付出现金 $F(t)$ 换得一单位标的证券,用于归还标的证券的原所有者,并把该标的证券在 $T-t$ 期间的现金收益的终值 $Ie^{r(T-t)}$ 同时归还原所有者①。这样,该套利者在 T 时刻可实现无风险利润 $(S(T) - I)e^{r(T-t)} - F(t)$。

从以上分析可以看出,当式(6-24a)不成立时,市场就会出现套利机会,套利者的套利行为将促成式(6-24a)成立。

四、支付已知收益率资产远期合约的定价

支付已知收益率的资产是指在到期前将产生与该资产现货价格成一定比率的收益的资产。外汇是这类资产的典型代表,其收益率就是该外汇发行国的无风险利率。股价指数也可近似地看作是支付已知收益率的资产。因为虽然各种股票的股息率是可变的,但作为反映市场整体水平的股价指数,其股息率是较易预测的。远期利率协议和远期外汇综合协议也可看作是支付已知收益率资产的远期合约。

(一) 支付已知收益率资产远期合约定价

为了给出支付已知收益率资产的远期定价,构建如下两个组合。

组合 1:一份远期合约多头加上一笔数额为 $Ke^{-r(K-t)}$ 的现金。

组合 2:$e^{-q(K-t)}$ 单位证券并且所有收入都再投资于该证券,其中 q 为该资产按连续复

---

① 由于在卖空交易中,借入证券只借入该证券的使用权而未借入所用权,该证券的收益归原所有者。

利计算的已知收益率。

显然,组合1在T时刻的价值等于一单位标的证券。组合2拥有的证券数量则随着获得收益的增加而增加,在时刻T,正好拥有一单位标的证券。因此,在t时刻两者的价值也应相等,即

$$f(t)+Ke^{-r(T-t)}=S(t)e^{-q(T-t)}$$
$$f(t)=S(t)e^{-q(T-t)}-Ke^{-r(T-t)} \tag{6-25}$$

式(6-25)表明,支付已知收益率资产的远期合约多头价值等于$e^{-q(K-t)}$单位证券的现值与交割价现值之差。或者说,一单位支付已知红利率资产的远期合约多头可由$e^{-q(K-t)}$单位标的资产和$Ke^{-r(K-t)}$单位无风险负债合成。

根据远期价格的定义,我们可根据公式(6-25)算出支付已知收益率资产的远期价格:

$$F(t)=S(t)e^{(r-q)(T-t)} \tag{6-26a}$$

与式(6-22)类似,在利率非常数情形下,支付已知收益率资产的现货-远期平价公式为:

$$F(t)=S(t)e^{-q(T-t)}/P(t,T) \tag{6-26b}$$

这是支付已知收益率资产的现货-远期平价公式。式(6-26a)表明,支付已知收益率资产的远期价格等于按无风险利率与已知收益率之差计算的现货价格在T时刻的终值。

外汇远期和期货的标的资产外汇属于支付已知收益率的资产,其收益率是该外汇发行国连续复利的无风险利率,用$q=r_f$表示。$S(t)$、K均为用直接标价法表示的外汇的汇率,即$S(t)$表示以本币表示的一单位外汇的即期价格,K表示远期合约中约定的以本币表示的一单位外汇的交割价格。

股指期货的标的资产股指可以被看成是支付已知股息率的投资资产,具体资产是构成股指标的股票组合,使用式(6-26a)计算股指期货的价格,其中q为股息率,$S(t)$为股指当前的点数。

(二)远期利率协议的定价

远期利率协议(Forward Rate Agreements,FRA),指交易双方约定在未来某一时刻T,交换一定期限内(T^*-T)的一定名义本金(A)基础上分别以合同利率(r_K)和市场参考利率(r_r)计算的利息的金融合约。其中,远期利率协议的买方(借入方)支付给卖方以合同利率(r_K)计算的利息,卖方(贷出方)支付给买方以市场参考利率(r_r)计算的利息。从买方的角度看,在结算日的现金流是:

$$\text{结算金}=\frac{(r_r-r_k)\times A\times \dfrac{D}{B}}{1+\left(r_r\times \dfrac{D}{B}\right)} \tag{6-27}$$

式(6-27)中,r_r表示参考利率,r_k表示合同利率,A表示名义本金、D表示合同期天数,B表示天数计算惯例(如美元为360天,英镑为365天)。其中,$T^*-T=\dfrac{D}{B}$。

从签订协议的结果看,远期利率协议为协议买方实现了按照事先约定的合同利率借入资金的目的,为协议卖方实现了按照事先约定的合同利率贷出资金的目的。远期利率协议也可以看成是卖方承诺在未来的某个时刻(T 时刻)将一定数额的名义本金(A)按约定的合同利率(r_K)在一定的期限(T^*-T)贷给买方的远期协议。本金 A 在借贷期间会产生收益,因此其属于支付已知收益率资产的远期合约。

下面用用更直截了当的方式来确定远期利率协议(FRA)公平的协议利率。远期利率协议多方(即借入名义本金的一方)的现金流为:

T 时刻:A

T^* 时刻:$-A[1+r_K(T^*-T)]$

这些现金流在签订协议时刻看是确定的,是无风险的现金流。r 和 r^* 分别为到期时间为 T 和 T^* 的连续复利的无风险利率。按照无风险利率对这些现金流贴现,其现值之和就是远期利率协议多头的价值,即

$$f(t)=Ae^{-r(T-t)}-A[1+r_K(T^*-T)]e^{-r^*(T^*-t)} \tag{6-28}$$

令 $f(t)=0$,可以得到公平的协议利率 r_K:

$$r_K=\frac{e^{r^*(T^*-t)-r(T-t)}-1}{T^*-T} \tag{6-29}$$

记 r'_K 是与 r_K 等价的年化连续复利率,即

$$1+r_K(T^*-T)=e^{r'_K(T^*-T)} \tag{6-30}$$

可以先计算出连续复利的公平协议利率 r'_K:

$$r'_K=\frac{r^*(T^*-t)-r(T-t)}{T^*-T}=\hat{r} \tag{6-31}$$

再计算出按照惯例报价的协议利率 r_K。

远期利率协议多头的价值也可以记为:

$$f(t)=Ae^{-r(T-t)}-Ae^{r'_K(T-t)}e^{-r^*(T^*-t)} \tag{6-32}$$

例 6-5 假定一家公司签订了一项 FRA 合约,目的是使这家公司在 9 个月后在 1 亿美元本金上收入 4% 的 3 个月期限固定利率。在 FRA 中公司将 Libor 转换成了 4% 的固定利率,期限为 3 个月。如果在 9 个月后,3 个月期限 Libor 为 4.5%,资金贷出方在 9 个月时的现金流是多少?

$$\frac{100\,000\,000\times(4\%-4.5\%)\times0.25}{1+0.045\times0.25}=-123\,609(美元)$$

因此,对于其交易对手(资金借入方)而言,在 9 个月时现金流为 +123 609 美元(在这一例子中所有利率均为按季度复利)。

例 6-6 假设 2 年期即期年利率(连续复利)为 10.5%,3 年期即期年利率(连续复利)

为11%,本金为100万美元的2年×3年远期利率协议的协议利率为11%(一年计息一次),请问该远期利率协议的价值和理论上的合同利率等于多少?

该合约理论上的连续复利协议利率为:

$$r'_K = \frac{0.11 \times 3 - 0.105 \times 2}{3 - 2} = 12.0\%$$

一年计息一次的合同利率: $e^{0.12 \times 1} - 1 = 12.75\%$。

根据式(6-28),该合约多头价值为:

$$f = 100\text{万} \times e^{-0.105 \times 2} - 100\text{万}(1 + 0.11)e^{-0.11 \times 3} = 12\,578.9\text{美元}$$

第三节 商品期货定价

首先讨论黄金、白银等投资类商品的期货价格,然后讨论消费资产的期货价格。

一、投资类商品的期货定价

黄金、白银生产商可以在现货市场上做空相应的商品,以对冲未来价格下跌的风险。对冲策略会造成生产商向中央银行或者其他金融机构需要借入现货,现货拥有者在借出黄金、白银时会收取一定的利息,这种利息就成为"黄金租借率"。因此,黄金和白银可以给其拥有者提供期间收入。与其他商品一样,黄金和白银也需贮存费用。

在没有贮存费用和期间收入时,投资资产的期货价格为:

$$F^*(t) = S(t)e^{r(T-t)} \tag{6-33}$$

假定U为远期合约期限内扣除期间收入后的净贮存费用的贴现值,并且贮存费用可被视为负的收入,由式(6-24)可以得到:

$$F^*(t) = (S(t) + U)e^{r(T-t)} \tag{6-34}$$

如果在合约期间内扣除期间收入后的净贮存费用与商品价格成比例,这时的费用可看成负的期间收益率,用u表示扣除有期间收入后净贮存费用占即期价格的比例,由式(6-26)可以得到:

$$F^*(t) = S(t)e^{(r+u)(T-t)} \tag{6-35}$$

例6-7 考虑以投资资产为基础资产的1年期期货合约,假定基础资产不提供期间收入,并假定贮存1单位基础资产的费用为每年2美元,贮存费用是在年末支付。基础资产的即期价格为450美元,对应期限的无风险利率均为每年7%。

因此$r = 7\%$, $S(0) = 450$, $T = 1$ 和 $U = 2e^{-7\% \times 1} = 1.865$。

由式(6-34),得出期货合约的理论价格为:

$$F^*(0) = (450 + 1.865)e^{7\% \times 1} = 484.63\text{(美元)}$$

如果期货的实际价格高于484.63美元,那么套利者可以买入基础资产并且同时开立1年期的期货合约空头头寸来锁定一项无风险盈利。

如果期货的实际价格低于484.63美元,这时已拥有基础资产的投资者可以通过卖出资产并开立期货合约多头头寸来获取额外的收益。

二、消费类商品的期货定价

用于消费而不是投资的商品往往不提供期间收入,但这些商品可能需要很高的贮存费用。如果投资者持有商品的目的是用于投资,可以两种情形来考虑期货市场价格偏离式(6-34)确定的期货价格时的套利策略。

情形一:$F^*(t) > (S(t)+U)e^{r(T-t)}$,套利者可以进行如下交易:

(1) 按无风险利率借入 $S(t)+U$ 金额的资金,用 $S(t)$ 资金买入1个单位的商品,用 U 资金支付贮存费用。

(2) 开立远期合约(期货合约)的空头头寸。

如果将期货合约视为远期合约,也就是不考虑每日结算的问题,那么以上策略在 T 时刻产生的无风险收益就是 $F^*(t)-(S(t)+U)e^{r(T-t)}$。投资者的套利行为会引起 $S(t)$ 的上升,$F^*(t)$ 的下降,直到不等式转化为等式。

情形二:$F^*(t) < (S(t)+U)e^{r(T-t)}$,当投资者拥有商品的目的只是为了投资,套利者可以进行如下交易:

(1) 按照 $S(t)$ 价格卖出商品,节省贮存费用 U,并将 $S(t)+U$ 按无风险利率进行投资。

(2) 开立远期合约(期货合约)的多头头寸。

将以上交易策略的结果与持有商品进行比较,投资者在合约到期日的额外盈利为 $(S(t)+U)e^{rT}-F^*(t)$。投资者的套利行为会引起 $S(t)$ 的下降,$F^*(t)$ 的上升,直到不等式转化为等式。

但是,当商品不是投资资产而是消费资产时,情形二的讨论就不再适用了。当持有商品的目的是为了其消费价值而不是为了其投资价值,持有人不愿意在即期市场出售商品并持有远期或期货合约的多头头寸,这是因为远期或期货合约并不能用于加工或其他形式的消费。因此,没有理由推翻情形二的不等关系,只能肯定如下不等关系式成立,

$$F^*(t) \leqslant (S(t)+U)e^{r(T-t)} \tag{6-36}$$

如果将贮存费用表示成即期价格的比例,不等关系式表示为:

$$F^*(t) \leqslant S(t)e^{(r+u)(T-t)} \tag{6-37}$$

三、便利收益

因为商品持有者可能会认为持有商品比持有期货或远期合约能提供更多的便利,如持有实物资产可以确保工厂的正常生产,并且能够通过避免原材料等商品的暂时短缺而从中受益,但是持有一个期货合约无法满足这一点。

我们将持有商品而带来的好处称为是商品的便利收益(Convenience Yield)。引入便利收益的概念对式(6-36)或者式(6-37)进行处理,得到以下关系式:

$$F^*(t)e^{y(T-t)} = (S(t)+U)e^{r(T-t)} \tag{6-38}$$

或者,

$$F^*(t)e^{y(T-t)} = S(t)e^{(r+u)(T-t)} \tag{6-39}$$

式(6-39)即

$$F^*(t) = S(t)e^{(r+u-y)(T-t)} \tag{6-40}$$

其中,y 为商品的便利收益率。

便利收益率反映了市场对将来购买商品的可能性。商品短缺的可能性越大,便利收益越高。另一方面,较低的库存会导致较高的便利收益率。便利收益只是简单地衡量了不等式(6-36)和不等式(6-37)中左端小于右端的程度。对于投资资产,便利收益为 0,否则会产生套利机会。

表 6-1 显示,在 2013 年 5 月 14 日,芝加哥商业交易所大豆的期货价格随着期货合约期限的增加而下降,这说明大豆期货的便利收益率 y 比 $r+u$ 还要大。

表 6-1　2013 年 5 月 14 日芝加哥商业交易所大豆期货合约价格

	开盘价	最高价	最低价	前一天闭盘价	最后交易日
大豆(5 000 蒲式耳),美分/蒲式耳					
2013/07	1 418.75	1 426.00	1 405.00	1 419.25	1 418.00
2013/08	1 345.00	1 351.25	1 322.25	1 345.00	1 345.75
2013/09	1 263.75	1 270.00	1 255.50	1 263.00	1 268.00
2013/11	1 209.75	1 218.00	1 203.25	1 209.75	1 216.75

四、持有成本模型

期货价格与即期价格之间的关系可由持有成本(Cost of Carrying)这一术语来描述。持有成本包括贮存成本加上资产的融资利息,再减去资产的收益。

(1) 对于无现金红利的股票而言,持有成本为 r;

(2) 对于股指而言,持有成本为 $r-q$,其中 q 为股指收益率;

(3) 对于货币而言,持有成本为 $r-r_f$;

(4) 对于提供期间收益率 q 和贮存成本为 u 的资产而言,持有成本为 $r-q+u$。

记持有成本为 c,对于投资资产,期货价格满足:

$$F^*(t) = S(t)e^{c(T-t)} \tag{6-41}$$

(5) 对于消费资产,期货价格满足:

$$F^*(t) = S(t)e^{(c-y)(T-t)} \tag{6-42}$$

五、交割选择

期货合约通常允许合约的空头方在将来某一特定时间段内选择任意时间进行交割，当然期货合约空头需要提前几天发出交割意向通知书，而这种交割的选择权就会使期货定价变得更加复杂。

虽然大多数期货合约在到期前会被平仓，但交割的发生时间对于计算期货的理论价格仍然是十分重要的。期货合约的到期日是处于交割期的开始阶段，中间阶段还是末尾阶段呢？这取决于期货合约价格与期限之间的关系。

如果期货合约价格是合约期限的递增函数，由 $F^*(t)=S(t)e^{(c-y)(T-t)}$ 可以得出 $c>y$，也就是 $r-q+u>y$，即持有基础资产所带来的净收益（扣除贮存费用以后的便利收益率和期间收益率）小于无风险利率（即 $y+q-u<r$），此时收到资金后所得利息超出了持有资产所带来的好处。因此，在这种情况下，空头越早交割基础资产会越有利，此时计算期货价格时应当假设期货交割时间是交割时间的开始端。

相反，如果期货价格随着期限的增加而减少，则可以得出 $c<y$，也就是 $y+q-u>r$，这时空头交割越晚就越有利，因此在这种情况下对期货定价时，应当假设期货交割时间是交割期限的末端。

第四节 利率期货的定价

一、短期国库券期货合约

以 IMM 交易的 13 周（90 天）美国政府短期国库券期货合约（Treasury Bill Futures）为例，该标准化合约的各项具体规定见表 6-2。

表 6-2 IMM 13 周国库券期货合约

交易单位	1 000 000 美元面值的 3 个月期美国政府短期国库券
最小变动价位	0.005 点
最小变动值	12.5 美元
每日波动限价	以前：0.6 点，即每张合约 1 500 美元；现在：无限制
合约月份	3 月、6 月、9 月、12 月
交易时间	芝加哥时间上午 7:20—下午 2:00
最后交易日	交割日前 1 天
交割日	交割月份中 1 年期国库券尚余 13 周期限的第 1 天
交割等级	还剩余 90、91 或 92 天期限，面值为 1 000 000 美元的短期国库券

资料来源：CME 网站，http://www.cme.com

（一）标的资产与交割券的种类

IMM13 周国库券期货合约的标的资产为面值 100 000 美元的 3 个月期的美国政府国库

券,合约月份则为每年的3月、6月、9月和12月。根据IMM的规定,合约到期时,卖方必须在3个连续的营业日内完成交割,可用于交割的既可以是新发行的3个月期(即13周)的国库券,也可以是尚有90天剩余期限的原来发行的6个月期或1年期的国库券,从而扩大了可交割债券的范围,使可用于交割的现货国库券的供给更加充裕,以确保交割的顺利完成。

(二) 短期国库券以及短期国库券期货的报价

美国政府的短期国库券通常采用贴现方式发行。短期国库券的报价则是指面值为 \$100 的短期国库券的标价。假定 Y 是面值为 \$100、距到期日还有 n 天的短期国库券的现金价格,其报价公式为:

$$\frac{360}{n}(100-Y) \tag{6-43}$$

因此,对于一个90天期的短期国库券来说,如果现货价格 Y 为98,则报价就为8.00。也就是说,该短期国库券的贴现率(Discount Rate)为8%,它是短期国库券提供的以年来计算的美元收益,用占面值的百分比来表示。注意,此处的贴现率与短期国库券实际获得的收益率并不相同。后者是以美元收益除以成本来计算的,因此前例的收益率为2/98,即每90天的收益率为2.04%,年收益率为8.16%。

短期国库券期货的报价方式则不同于短期国库券本身的报价方式。IMM 90天国库券期货通常采用 IMM 指数报价方式。所谓"IMM 指数"(IMM Index)是100与贴现率的分子的差。例如,上例中国库券的贴现率为8%,该种国库券的期货报价就为92(=100-8),也就等于100-相应的短期国库券的报价。之所以采用这种报价方式,其原因主要有两点:一是为了使期货报价与交易者习惯的低买高卖相一致;二是为了使"IMM 指数"的变动方向与短期金融证券的价格变动方向相一致。

如果 Z 是短期国库券期货的报价,Y 是期货合约的现金价格,这意味着:

$$Z = 100 - \frac{360}{n}(100-Y) \tag{6-44}$$

或等价于:

$$Y = 100 - \frac{n}{360}(100-Z) \tag{6-45}$$

因此,若短期国库券期货收盘报价为95.05,则对应的每张面值为 \$100 的90天期国库券期货的价格就为 $100-0.25(100-95.05)=\$98.7625$,即合约的总价值为 \$987 625。

如果交割的短期国库券距到期日还有91天或92天,只须将上式中的 n 替换成相应的天数即可。

(三) 基点

IMM 13周国库券期货的最小变动价位和每日波动限价用则用"基点"来表示。所谓"基点"(Basic Point),是指1个百分点的百分之一。表6-2中最小变动价位栏里的0.01点所代表的最小变动价位就为1个基点,即年收益率变动的最小幅度为0.01%。所以,交易单位为1 000 000美元的3个月期国库券期货合约,其最小变动价位,即刻度值就为

12.5 美元(1 000 000×3/12×0.005‰=12.5)。以前,IMM 还对其市场上交易的 13 周国库券期货合约规定了每日最大波动幅度的限制——60 个基点,即 1 500 美元(1 000 000×3/12×0.6‰=1 500),但现在已经取消了。

二、欧洲美元期货合约

(一) 欧洲美元期货合约简介

以 IMM 交易的 3 个月欧洲美元期货合约(Eurodollar Futures)为例,该标准化合约的各项具体规定见表 6-3。

表 6-3　IMM 3 个月欧洲美元期货合约

交易单位	本金为 1 000 000 美元,期限为 3 个月的欧洲美元定期存款
最小变动价位	0.01 点
最小变动值	25 美元
每日波动限价	无限制
合约月份	3月、6月、9月、12月
交易时间	芝加哥时间周一至周五上午 7:20—下午 2:00
最后交易日	从合约月份第三个星期三往回数的第二个伦敦银行工作日;若该日为纽约或芝加哥银行的假日,则最后交易日为合约月份第三个星期三往回数的第一个伦敦银行工作日
交割方式	现金结算

资料来源:CME 网站,http://www.cme.com

由于短期国库券的发行量会受到当期债券数量、当时的利率水平、财政部短期资金需求和政府法定债务等多种因素的影响,在整个短期利率工具中,所占总量的比例较小。而且,许多持有者只是将短期国库券视为现金的安全替代品,对通过期货交易进行套期保值的需求并不大。因此,欧洲美元期货合约自诞生以来,发展迅速,其交易量很快就超过了短期国库券期货合约,成为短期利率期货中交易最活跃的一个品种。

所谓"欧洲美元"是指存放于美国境外的非美国银行或美国银行设在境外的分支机构的美元存款。与短期国库券期货合约不同,IMM 欧洲美元期货的交易对象不是债券,而是存放于伦敦各大银行的欧洲美元定期存款,其利率主要基于 3 个月期的伦敦同业拆借利率(Libor),通常会高于相应期限的短期国债利率。同时,由于欧洲美元定期存款无法转让,也不能作为贷款的抵押品或担保物,因此欧洲美元期货合约在到期时无法进行实物的交割,而是采用现金结算的方式来结清头寸。即期货合约到期时不进行实物交割,而是根据最后交易日的结算价格计算交易双方的盈亏,并直接划转双方的保证金以结清头寸。现金结算方式的成功,在整个金融期货的发展史上具有划时代的意义。它不仅直接促进了欧洲美元定期存款期货的发展,并且为股票指数期货的推出铺平了道路。

此外,同短期国库券期货合约一样,IMM 欧洲美元期货的最小变动价位也是用"基点"来表示。表 6-2 中最小变动价位栏里的 0.01 点所代表的最小变动价位就为 1 个基点,即年收益率变动的最小幅度为 0.01%。所以，交易单位为 1 000 000 美元的 3 个月期欧洲美元期货合约的最小变动价位，即刻度值就为 25 美元（1 000 000×3/12×0.01%＝25）。

（二）欧洲美元期货的报价与期货合约的现金价格

与短期国库券期货的报价方式相类似，IMM 交易的 3 个月欧洲美元期货也采用指数报价法。不同的是，此处用于计算期货报价的"指数"（Index）等于 100 与收益率的分子的差，而非贴现率。因此，图 5-1 中欧洲美元期货行情表里的"Yield"栏相应地代表的就是收益率，而非贴现率。

如果 Z 是欧洲美元期货的报价，则对于合约规模为 1 000 000 美元的 3 个月期欧洲美元期货合约而言，其现金价格就等于：

$$10\,000 \times [100 - 0.25(100 - Z)] \tag{6-46}$$

此外，对于短期国库券期货合约来说，由于存在实物交割的可能，合约的价格在到期日会收敛于 90 天期面值为 \$1 000 000 的短期国库券的价格。欧洲美元期货合约在到期时是通过现金来结算的，因此最后的交割结算价等于 100 减去合约最后交易日的 3 个月期伦敦同业拆借利率分子的差。到期日每份合约的价格则等于：

$$10\,000 \times (100 - 0.25R) \tag{6-47}$$

其中，R 为当时报出的欧洲美元的利率，即按季度计复利的 90 天期欧洲美元存款的实际利率，通常由清算所按一定的程序来确定。因此，可以说欧洲美元期货合约是基于利率的期货合约，而短期国库券期货合约是基于短期国库券期货价格的期货合约。

例如，如果到期日确定的欧洲美元利率为 8%，则最终的合约价格就等于 10 000(100 − 0.25×8)＝\$980 000。

三、长期美国国债期货合约

（一）长期美国国债期货合约简介

以 CBOT 交易的长期国债期货合约（Treasury Bond Futures）为例，该标准化合约的各项具体规定见表 6-4。

表 6-4　CBOT 30 年期国债期货合约

交易单位	面值为 100 000 美元的美国政府长期国债
最小变动价位	1/32 点
最小变动值	31.25 美元
每日波动限价	以前：不高于或低于上一交易日结算价格各 3 点（即每张合约 3 000 美元）；现在：无限制
合约月份	3 月、6 月、9 月、12 月
交易时间	芝加哥时间周一至周五上午 7:20—下午 2:00 到期合约最后交易日交易截止时间为当日中午
最后交易日	从交割月最后营业日往回数的第七个营业日

资料来源：CBOT 网站，http://www.cbot.com

CBOT 长期国债期货合约的标的资产为 1 000 000 美元等值的美国长期政府债券。由于长期国债的信用等级高,流动性强,对利率变动的敏感度高,且交割简便,因此自 1977 年 CBOT 首次推出长期国债期货合约以来,便获得了空前的成功,成为世界上交易量最大的一个合约。

(二) 长期美国国债现货和期货的报价与现金价格的关系

长期国债期货的报价与现货一样,都以美元和 1/32 点报出,所报价格是 100 美元面值债券的价格,由于合约规模为面值 10 万美元,因此若报价为 90—25,则意味着面值 10 万美元的报价是 90 781.25 美元。

应该注意的是,报价与购买者所支付的现金价格(Cash Price)是不同的。两者之间的关系为:

$$现金价格=报价+上一个付息日以来的累计利息 \quad (6-48)$$

例 6-8 假设现在是 1999 年 11 月 5 日,2016 年 8 月 15 日到期,息票利率为 12% 的长期国债的报价为 94—28(即 94.875)。由于美国政府债券均为半年付一次利息,从到期日可以判断,上次付息日是 1999 年 8 月 15 日,下一次付息日是 2000 年 2 月 15 日。由于 1999 年 8 月 15 到 11 月 5 日之间的天数为 82 天,1999 年 11 月 5 日到 2000 年 2 月 15 日之间的天数为 102 天,因此累计利息等于:

$$6 \text{ 美元} \times \frac{82}{184} = 2.674 \text{ 美元}$$

该国债的现金价格为:

$$94.875 \text{ 美元} + 2.674 \text{ 美元} = 97.549 \text{ 美元}$$

此外,与短期利率期货不同,美国金融期货市场上的中长期国债期货价格的最小变动价位和每日价格波动幅度限制均用"点"来表示,此处的"点"(Point)指的是百分点。目前 CBOT 长期国债期货合约的最小变动价位为 1/32 点,即 1 个百分点的 1/32,等于 31.25 美元(1%×1/32×100 000=31.25),每日价格波动幅度的限制为 3 个百分点,即 3 000 美元(1%×3×100 000=3 000)。

四、中、长期美国国债期货的定价

中长期国债属附息票债券,属支付已知现金收益的证券,因此公式(6-24a)和(6-24b)适用于中长期国债期货的定价。只是由于其报价和交割制度的特殊性,使这些公式的运用较为复杂而已。

以下我们以 CBOT 中长期国债期货为例来说明其定价问题,其原理也适用于中期国债期货。

(一) 长期美国国债期货的定价

1. 交割券与标准券的转换因子

CBOT 长期国债期货的合约月份为每年的 3 月、6 月、9 月和 12 月。在合约月份的任何一个营业日内,空头方都可以选择进行交割,但必须比实际交割日提前两个营业日向清算所发出交割通知。此外,CBOT还规定,空头方可以选择期限长于15年且在15年内不可赎回的任何国债用于交割。由于各种债券息票率不同,期限也不同,因此CBOT规定交割的标准券为期限15年、息票率为6%的国债,其他券种均得按一定的比例折算成标准券。这个比例称为转换因子(Conversion Factor)。转换因子在数值上等于面值为100美元的可交割债券在有效期限内的现金流按标准券的息票率(目前为6%,2000年3月以前为8%)(每半年计复利一次)贴现到交割月第一天[①]的价值,再扣掉该债券的累计利息,将所得的余额除以100。在计算转换因子时,债券的剩余期限只取3个月的整数倍,多余的月份舍掉。如果取整数后,债券的剩余期限为半年的倍数,就假定下一次付息是在6个月之后,否则就假定在3个月后付息,并从贴现值中扣掉累计利息,以免重复计算。转换因子通常由交易所计算并公布,如表6-5所示。

表6-5 CBOT 30年期长期国债期货转换因子表

息票率(%)	到期日(月-日-年)	2003年12月份	2004年3月份	2004年6月份
5 1/4	11-15-2028	0.903 8	0.904 4	0.904 7
5 1/4	02-15-2029	0.903 5	0.903 8	0.904 4
5 3/8	02-15-2031	0.916 9	0.917 2	0.917 6
5 1/2	08-15-2028	0.936 2	0.936 4	0.936 8
6	02-15-2026	1.000 0	0.999 9	1.000 0
6 1/8	11-15-2027	1.015 6	1.015 6	1.015 4
6 1/8	08-15-2029	1.016 2	1.016 0	1.016 1
6 1/4	08-15-2023	1.028 5	1.028 2	1.028 1
6 1/4	05-15-2030	1.032 7	1.032 7	1.032 5
6 3/8	08-15-2027	1.046 9	1.046 6	1.046 5
6 1/2	11-15-2026	1.061 5	1.061 3	1.060 8
6 5/8	02-15-2027	1.077 4	1.076 9	1.076 6
6 3/4	08-15-2026	1.091 9	1.091 3	1.091 0
6 7/8	08-15-2025	1.104 9	1.104 2	1.103 7
7 1/8	02-15-2023	1.126 5	1.125 5	1.124 7
7 1/4	08-15-2022	1.138 5	1.137 4	1.136 5
7 1/2	11-15-2024	1.176 5	1.175 6	1.174 3
7 5/8	11-15-2022	1.181 3	1.180 1	1.178 6
7 5/8	02-15-2025	1.192 6	1.191 3	1.190 2
7 7/8	02-15-2021	1.198 1	1.196 3	1.194 7

① 因为中长期国债期货的空头可选择在交割月任意一天交割。

续 表

息票率(%)	到期日(月-日-年)	2003年12月份	2004年3月份	2004年6月份
8	11-15-2021	1.216 5	1.214 9	1.213 0
8 1/8	08-15-2019	1.212 5	1.210 2	1.208 3
8 1/8	05-15-2021	1.226 3	1.224 5	1.222 4
8 1/8	08-15-2021	1.228 3	1.226 3	1.224 5
8 1/2	02-15-2020	1.254 9	1.252 3	1.250 0
8 3/4	05-15-2020	1.282 8	1.280 3	1.277 5
8 3/4	08-15-2020	1.285 5	1.282 8	1.280 3
8 7/8	02-15-2019	1.281 8	—	—

资料来源：CBOT网站，http://www.cbot.com

可见，对于有效期限相同的债券，息票率越高，转换因子就越大。对于息票率相同的债券，若息票率高于6%，则到期日越远，转换因子越大；若息票率低于6%，则到期日越远，转换因子越小。

算出转换因子后，我们就可算出空方交割100美元面值的债券应收到的现金：

空方收到的现金＝期货报价①×交割债券的转换因子＋交割债券的累计利息

(6-49)

例6-9 某长期国债息票利率为14%，剩余期限还有18年4个月。标准券期货的报价为90—00，求空方用该债券交割应收到的现金。

首先，我们应计算转换因子。根据有关规则，假定该债券距到期日还有18年3个月。这样我们可以把将来息票和本金支付的所有现金流先贴现到距今3个月后的时点上，此时债券的价值为：

$$\sum_{i=0}^{36} \frac{7}{1.03^i} + \frac{100}{1.03^{36}} = 195.03 \text{ 美元}$$

由于转换因子等于该债券的现值减累计利息。因此，我们还要把195.03美元贴现到现在的价值。由于3个月的利率等于$\sqrt{1.03}-1$，即1.488 9%，因此该债券现在的价值为195.03/1.014 889＝192.17美元。

由于3个月累计利息等于3.5美元，因此转换因子为：

转换因子＝(192.17－3.5)/100＝1.886 7 美元

然后，我们可根据公式(6-49)算出空方交割10万美元面值该债券应收到的现金为：

$1\,000 \times [(1.886\,7 \times 90.00) + 2/6 \times 7] = 172\,136$ 美元

---

① 期货报价均指标准券的期货报价。

2. 确定最合算交割的债券

由于转换因子制度固有的缺陷和市场定价的差异决定了用何种国债交割对于双方而言是有差别的,而空方可选择用于交割的国债多达 30 种左右,因此空方应选择最合算的国债用于交割。

交割最合算债券就是购买交割券的成本与空方收到的现金之差最小的那个债券。

$$\text{交割差距} = \text{债券报价} + \text{累计利息} - [(\text{期货报价} \times \text{转换因子}) + \text{累计利息}]$$
$$= \text{债券报价} - (\text{期货报价} \times \text{转换因子}) \tag{6-50}$$

例 6-10 假设可供空头选择用于交割的三种国债的报价和转换因子如表 6-6 所示,而期货报价为 93—16,即 93.50 美元。请确定交割最合算的债券。

表 6-6 可供交割国债报价及其转换因子

国 债	报 价	转 换 因 子
1	144.50	1.518 6
2	120.00	1.261 4
3	99.80	1.038 0

根据以上数据,我们可以求出各种国债的交割差距为:

国债 1   144.50−(93.50×1.518 6)=2.510 9
国债 2   120.00−(93.50×1.261 4)=2.059 1
国债 3   99.80−(93.50×1.038 0)=2.747 0

由此可见,交割最合算的国债是国债 2。

3. 国债期货空方的时间选择权

国债期货的空方除了拥有上述交割券种选择权外,还拥有以下三种交割时间选择权(the Timing Option)。

首先,CBOT 长期国债的空头方可以选择在交割月里的任何一天进行交割,从而可以选择对自己最有利的一天进行交割。

其次,CBOT 长期国债期货的交易于芝加哥时间下午 2 点就停止了,而长期国债现货的交易一直要持续到下午 4 点。另外,空方在晚上 8 点以前都可以向清算所下达交割通知,仍以当天下午 2 点期货交易收盘时所确定的结算价格为基础来计算交割应付价格(Invoice Price)。这样就给了空方一个极为有利的时间选择权,我们称之为威尔德卡游戏(Wild Card Play)。即如果下午 2 点以后长期国债的价格下降,空方就可以发出交割通知,开始购买交割最便宜的债券并为交割做准备;如果长期国债的价格并没有下跌,空方仍可继续保持头寸,等到第二天再运用相同的策略。

最后,CBOT 长期国债期货的最后交易日为从交割月最后营业日往回数的第七个营业日,而交割期却为整个交割月。这就意味着在最后交易日之后的七天时间内所进行的交割都可以按照最后交易日所确定的结算价格为基础来计算交割应付价格。因此,与威尔德卡游戏选择权类似,空方同样可以选择等待某日国债价格下降,对其有利时再发出交割通知,进行交割。

4. 国债期货价格的确定

由于国债期货的空方拥有交割时间选择权和交割券种选择权,因此要精确地计算国债期货的理论价格也是较困难的。但是,如果我们假定交割最合算的国债和交割日期是已知的,那么我们可以通过以下四个步骤来确定国债期货价格:

(1) 根据交割最合算的国债的报价,算出该交割券的现金价格。

(2) 运用公式(6-24a),根据交割券的现金价格算出交割券期货[1]理论上的现金价格。

(3) 根据交割券期货的现金价格算出交割券期货的理论报价。

(4) 将交割券期货的理论报价除以转换因子即为标准券期货理论报价,也是标准券期货理论的现金价格[2]。

例 6-11 假定我们已知某一国债期货合约最合算的交割券是息票利率为 14%,转换因子为 1.365 0 的国债,其现货报价为 118 美元,该国债期货的交割日为 270 天后。该交割券上一次付息是在 60 天前,下一次付息是在 122 天后,再下一次付息是在 305 天后,市场任何期限的无风险利率均为年利率 10%(连续复利)。请根据上述条件求出国债期货的理论价格。

(1) 求出交割券的现金价格为:

$$118 + \frac{60}{182} \times 7 = 120.308 \text{ 美元}$$

(2) 我们要算出期货有效期内交割券支付利息的现值。由于期货有效期内只有一次付息,是在 122 天(0.334 2 年)后支付 7 美元的利息,因此利息的现值为:

$$7e^{-0.334\,2 \times 0.1} = 6.770 \text{ 美元}$$

(3) 由于该期货合约的有效期还有 270 天(即 0.739 7 年)我们可以运用式(6-24a)算出交割券期货理论上的现金价格为:

$$(120.308 - 7.770) \times e^{0.739\,7 \times 0.1} = 121.178 \text{ 美元}$$

(4) 我们要算出交割券期货的理论报价。由于交割时,交割券还有 148 天(即 270—122 天)的累计利息,而该次付息期总天数为 183 天(即 305 天—122 天),我们可求出交割券期货的理论报价为:

$$121.178 - 7 \times \frac{148}{183} = 15.516\,8 \text{ 美元}$$

(5) 我们可以求出标准券的期货报价:

$$\frac{115.516\,8}{1.365\,0} = 84.628 \text{ 或 } 84 - 20$$

(二) 中期国债期货合约和市政债券期货合约

在 CBOT 市场上交易的中期国债期货合约(Treasury Note Futures)主要有 3 种:10

---

[1] 交割券期货属于虚拟期货。
[2] 因为标准券的累计利息为零。

年期的、5年期的和2年期的。10年期和5年期中期国债期货合约的规模都为 $100 000，最小变动价位也均为 0.5/32 点，即 15.625 美元；2 年期中期国债期货合约的规模为 $200 000，最小变动价位为 0.25/32 点，也等于 15.625 美元。此外，与长期国债期货合约相类似，对于每一种中期国债期货合约，可用于交割的中期国债种类也有多种选择，譬如，空头方可以选择在合约月份的第一天仍有剩余期限为 1 年零 9 个月到 2 年的任何国债用于 2 年期中期国债期货合约的交割；剩余期限为 4 年零 2 个月到 5 年零 3 个月的任何国债用于 5 年期中期国债期货合约的交割；剩余期限为 6 年零 6 个月到 10 年的任何国债用于 10 年期中期国债期货合约的交割。

以 CBOT 10 年期中期国债期货合约为例，该标准化合约的各项具体规定见表 6-7。

表 6-7　CBOT 10 年期中期国债期货合约

交易单位	面值为 100 000 美元的美国政府中期国债
最小变动价位	1/32 点的 1/2
最小变动值	15.625 美元
每日波动限价	无限制
合约月份	3月、6月、9月、12月
交易时间	芝加哥时间周一至周五上午 7:20—下午 2:00 到期合约最后交易日交易截止时间为当日中午
最后交易日	从交割月最后营业日往回数的第七个营业日
交割方式	联储电子过户簿记系统

资料来源：CBOT 网站，http://www.cbot.com

CBOT 市政债券期货合约（Municipal Bond Futures）的交易始于 1985 年 6 月。其标准化合约的各项具体规定见表 6-8。

表 6-8　CBOT 市政债券期货合约

交易单位	用 1 000 美元乘以债券购买公司的"市政公债指数"
最小变动价位	1/32 点
最小变动值	31.25 美元
每日波动限价	无限制
合约月份	3、6、9、12 月
交易时间	芝加哥时间上午 7:20—下午 2:00 到期合约最后交易日交易截止时间为芝加哥时间下午 2:00
最后交易日	从交割月最后营业日往回数的第七个营业日
交割方式	现金结算

资料来源：CBOT 网站，http://www.cbot.com

在所有的利率期货中，CBOT 市政债券期货合约是唯一一个运用债券指数——债券购买公司的市政公债指数(The Bond Buyer Municipal Bond Index，MBI)作为定价基础的利率期货合约。MBI 的计算公式如下：

$$MBI = \rho \frac{1}{40} \sum_{j=1}^{40} \frac{P_j}{CF_j} \tag{6-51}$$

其中，P_j 为 MBI 债券组合中第 j 种债券的三个有效报价的平均数，CF_j 为第 j 种债券的转换因子，ρ 为 MBI 系数。

因此，如果 CBOT 市政债券期货的报价为 90—16，用小数表示的报价就为 90.50。由于该期货合约的价值等于 \$1 000 乘以 MBI 指数值，因此如果期货报价为 90—16 意味着一份合约的价值就为 \$90 500。

与欧洲美元期货合约相类似，市政债券期货合约也采用现金结算的方式。因此，最后交易日的结算价格就等于债券购买公司的当日的市政公债指数价值，从而确保期货合约到期时，期货市场价格收敛于现货市场价格。

五、中国国债期货合约的定价

（一）中国国债期货合约

1995 年 327 国债事件的发生，国债期货被无奈关停。随着我国债券市场的发展、利率市场化水平的提高、以及监管层面的逐步完善，为国债期货的重新面世提供了条件。直到 2011 年，中国金融期货交易所开始为国债期货的重启积极筹备。2012 年 2 月 13 日，国债期货仿真交易联网测试正式启动，期货、券商、银行等 8 家金融机构参与到测试环节中，这也标志着正式推出国债期货进入了倒计时状态。经过了一年多的筹备，2013 年 4 月到 6 月，国债期货先后得到了证监会、国务院的批准。2013 年 9 月 6 日，国债期货在中国金融期货交易所正式挂牌交易。首批 3 个交易合约为 5 年期的国债期货。2015 年 3 月，10 年期国债期货在中金所挂牌交易，作为第二个国债期货产品，10 年期国债期货肩负着推进利率市场化改革的重任，也将成为长期利率定价的重要参考。

（二）中国国债期货合约的转换因子

中国国债期货转换因子计算公式为：

$$CF = \frac{1}{\left(1+\frac{r}{f}\right)^{\frac{xf}{12}}} \times \left[\frac{c}{f} + \frac{c}{r} + \left(1-\frac{c}{r}\right) \times \frac{1}{\left(1+\frac{r}{f}\right)^{n-1}}\right] - \frac{c}{f} \times \left(1-\frac{xf}{12}\right) \tag{6-52}$$

其中，

n：剩余付息次数，在计算转换因子时首先确定 n；

r：5 年期或者 10 年期国债期货合约票面利率(3%)，作为贴现率；

x：交割月到下一付息月的月份数；

c：可交割国债的票面利率；

f：可交割国债每年的付息次数。

每种可交割券每份合约下的转换因子在存续期内是固定不变的。通过公式可知，可交割债券的转换因子与其票面利率呈正相关关系：当票面利率大于国债期货合约的票面利率(3%)时，转换因子大于1，且转换因子与可交割券剩余期限成正比；票面利率小于3%时，转换因子小于1，此时转换因子与剩余期限成反比。

（三）最便宜可交割国债确定：隐含回购率

不同的可交割国债之间的利息和到期日不同，尽管使用了转换因子，但在交割时还是存在债券价格的差异，而国债期货空头一般都会选择最便宜、对其最有利的债券进行交割，该债券就是最便宜可交割债券(The Cheapest to Deliver, CTD)。因此，国债期货的合理价格应该是通过 CTD 计算得到的期货理论价格，即 CTD 决定了国债期货合约价格。

隐含回购率(IRR)是一种理论上的国债收益率，具体是指，购买国债现货用于期货交割所得到的收益率。通常，隐含回购率最大的债券为 CTD 券，该利率可以事先确定。通过比较 CTD 隐含回购率与同时期、相同期限的市场资金利率，可以帮助判断是否存在套利机会。当 CTD 券隐含回购利率高于资金成本时则产生正向套利机会。

隐含收益率的表达式如下：

$$IRR = \left[\frac{F_t \times CF + AI_T - (P_t + AI_t)}{P_t + AI_t} - 1 \right] \times \left(\frac{365}{T-t} \right) \quad (6-53)$$

其中，F_t 是 t 时刻的期货价格；AI_T 为交割日 T 时刻的应计利息，AI_t 是国债现货在 t 时点按票面利率的应计利息；CF 是最便宜可交割债券的转换因子；P_t 是 t 时点的债券净价。

总的来说，持有成本定价原理建立在理想条件之下。实际交易中还需要考虑多方面的影响因素，如实际交易中存在着交易成本、资金借贷利率随时间和市场行情变动、做空机制的限制、现货市场流动性以及 CTD 券选择的非理性、宏观政策因素等。

（四）持有成本模型(Cost and Carry)

在 t 时刻，采用质押式回购融资购买债券，借款 $(P_t + AI_t)$，购买债券支出 $-(P_t + AI_t)$，此时净现金流为 $(P_t + AI_t) - (P_t + AI_t) = 0$。

在 T 时刻，支付质押式回购商本息 $-(P_t + AI_t) \times \left(1 + r \times \frac{T-t}{365}\right)$，获得债券用于期货交割，期货交割收入为 $(F_T \times CF + AI_T)$。因此，持有成本模型推导如下：

$$F_t = \frac{(P_t + AI_t)\left(1 + r \times \frac{(T-t)}{365}\right) - \sum_i^n \frac{c_i}{f} \times \left[1 + r \times \frac{T-S_i}{365}\right] - AI_T}{CF} \quad (6-54)$$

其中，P_t 为 t 时点的债券价格；AI_t 为国债现货在 t 时点按票面利率的应计利息；AI_T 为国债现货在交割日 T 时点的应计利息；S_i 为在 S 时刻支付利息；r 为市场利率；c_i 为面值为100元的国债年利息；f 为年付息频率；CF 为最便宜可交割债券(CTD)的转换因子。

国债期货价格主要受同时间段的市场回购利率和持有期间 CTD 的利息收入影响，但由于票息收入一般为固定的，因此市场回购利率成为了影响国债期货理论价格的主要因素。短期回购利率会通过影响持有成本进而影响不同交割日的期货合约价差。

(五) 中国国债期货定价实证

1. 实证结果

选取 2016—2017 年的国债期货合约 TF1706 为研究对象，截取时间段为 2016 年 9 月 12 日—2017 年 4 月 20 日，以该段期间 TF1706 每日收盘价为比较基准。利用式(6-54)计算 5 年期国债期货的理论价格，该理论价格剔除了国债期货合约的交易成本和交割成本。

表 6-9 给出了截取时间段内 TF1706 所对应的 CTD 券。

表 6-9　TF1706CTD 券情况

TF1706 对应的 CTD 券				
CTD 代码	CTD 简称	最廉次数	二廉次数	三廉次数
150014.IB	15 附息国债 14	37	16	6
150007.IB	15 附息国债 07	18	16	5
160015.IB	16 附息国债 15	17	26	24
160021.IB	16 附息国债 21	15	30	24
170001.IB	17 附息国债 01	15	13	17
120015.IB	12 附息国债 15	11	5	1
150002.IB	15 附息国债 02	7	11	6
120009.IB	12 附息国债 09	6	4	2
140013.IB	14 附息国债 13	5	3	11
140024.IB	14 附息国债 24	4	5	22
120004.IB	12 附息国债 04	3	3	2
170007.IB	17 附息国债 07	2	2	—
060019.IB	06 国债 19	1	2	2
110024.IB	11 附息国债 24	1	2	2
110019.IB	11 附息国债 19	—	1	

数据来源：Wind 资讯

在每一交易日，最便宜交割债券可能是不同的。隐含回购利率可以帮助判断出最便宜可交割债券，但 CTD 的确定也会被其他因素所影响，例如国债的收益率水平，新国债的发行等。

根据持有成本模型计算出的 TF1706 合约理论价格如图 6-1 所示。可以看出，理论价格与实际国债期货收盘价在走势上大概一致,但还是具有较明显的价格偏离,而且某些交易日下偏差很大,但从整体走势来看,越接近合约交割日,理论价格与实际价格越一致。

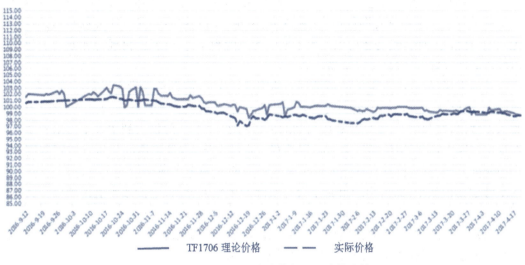

图6-1　TF1706理论价格与实际价格比较

该数据结果与Cornell和French(1983)在当年将股指期货数据带入持有成本模型结果相符,即模型计算出的理论价格显著大于实际价格,但时间段越靠后,理论价格才逐渐与实际价格拟合。这一现象可能是因为国债期货合约在刚推出的一段时间交易活跃度有限,导致实际价格严重地偏离理论价格。随着到期日的临近、交易开始活跃起来,实际价格才逐渐的回归到合理水平上。

引入价格误差比率来量化价格偏差,即价格误差率=(实际价格-理论价格)/理论价格,将理论价格与实际价格的偏离具体分析后发现,误差率大部分在-2.5%到1%之间波动。同时,越接近交割日,误差率越小(图6-2)。

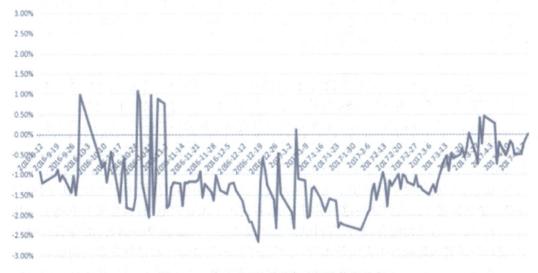

图6-2　TF1706理论价格与实际价格误差率

2. 实际价格偏离持有成本定价的原因

基于完美市场条件下的持有成本定价模型可以帮助我们对债券期货、股指期货进行定价,但模型本身的缺陷也会以定价不准确呈现。在完美市场条件下,市场上有足够数量的金融工具来实现完全套期保值;交易成本、税收、红利、初始保证金均可忽略不计;卖空无限制,且钱券立清;投资者可以按照不变的无风险利率进行借贷,再现货和期货上建仓;市场流动性很好,可满足任何交易。

总的来说,持有成本定价的不足具体体现在:首先,假设条件设定过于严苛。在交易成本上,实际买卖国债和国债期货需要付出佣金手续费、经手费、证管费;在税收上,利得收入需缴税;在利率上,正反套利所用到的借贷利率不同,一般借入利率大于借出利率;在保证金制度上,实际国债期货交易必须具有一定的保证金,且采用的是每日结算制度;在卖空制度方面,机构投资者只能通过买断式逆回购交易来实现国债的卖空。若上述因素均不考虑在模型中,那模型结果必定会与实际产生较大分离,定价效率值得商榷。其次,利率波动较大时期,若忽略转换期权,这也会对定价效率产生影响。

实际上,许多国内外学者都对持有成本定价进行过相关研究,各自的研究结果也部分解释了模型定价偏离实际的原因,并提出了解决办法。

持有成本定价模型的假设条件过于严苛,不太符合真实市场状况,Cornell 和 French (1983),Modest 和 Sundaresan(1983)均在后续研究中引入了交易成本、税收等因素,假设条件弱化后,理论定价与实际价格的偏离被限定在一定范围内,可以作为套利的参考。

根据 Draper、Fung(2002);Cummings、Frino(2011);乔高秀、刘强(2013);郑振龙、秦明(2015)等学者的研究成果来看,理论价格与实际价格的偏差原因在于现货市场的波动率、现货市场的流动性、投资者的理念等方面。张瑞(2010)研究认为,定价的偏离在于投资者不习惯执行卖空交易,因此买盘能量大量堆积,促使了期货价格持续高估,偏离合理范围。

周海琴(2014),陈蓉、葛骏(2015)等学者认为,持有成本模型定价结果高于实际期货价格的原因在于,模型没有考虑期权问题。实际上,国债期货的实际价格等于持有成本模型定价减去实际期货价格,而这一差值就是交割期权的价值。在利率波动率较大的市场环境中,交割期权对国债期货定价的影响不可忽略。

3. 定价模型的改进方向

国债期货的定价是由最初股指期货定价演化而来,但完美市场假设条件下的定价模型却不断被实际的市场变化所挑战,基于此各学者也在不断地对模型做出改进。

Cornell 和 French(1983)算是最先提出持有成本定价模型的学者,他们在发现股指期货理论价格与实际价格偏差异常后,于同年又进行了深入研究,重新将税收考虑在了模型中,优化了模型。Modest 和 Sundaresan(1983)在研究持有成本定价模型时,考虑了交易成本、税收、红利,同时不同程度限定卖空所获资金,将原有模型拓展为了无套利区间定价模型。期货价格在无套利区间范围实时波动,若超出了无套利范围,就会吸引市场上的套利行为出现,待价格回归合理后,套利机会也随即消失。Hsu 和 Wang(1998)在后续研究中,又将投资者风险偏好引入定价模型,并考虑了市场的波动性和期货现货之间的相互影响,从而演化出了隐含增长率定价模型,经验证,该模型的定价效率明显高于持有成本定价模型,将原本的价格误差率缩小为持有成本模型的一半。

对国债期货的卖方来说,在现券交割时一般会选择最廉价可交割债券(CTD)来交割,在一般情况下,可以参考国债现货的 IRR 来判断 CTD,IRR 越大,国债现货可获得的年化收益率越大,IRR 最大的国债,可作为 CTD 券。若想更精确选出每日 CTD 券,可再综合考虑债券流动性以及市场交易惯性来判断。

期货卖方拥有的这种选择 CTD 现券的权利被称为转换期权。拥有该权利就需要付出相应的成本,因此该成本也应该被考虑在国债期货定价模型中。

将期权纳入国债期货定价后,又演化出了多种国债期货定价方法,包括"已实现期权价值法""隐含期权价值法""静态复制法""资产交换期权法""动态利率模型法""情景模拟法"。

已实现期权价值法基于国债的历史数据来验证期权在国债期货定价中的影响程度,但该方法只适用于分析历史数据,在实时定价方面略显不足。隐含期权价值法把持有成本定价模型计算出的国债期货理论价格与国债期货实际市场价格做差,直接将该差值认定为隐含的期权价值。该方法的缺陷在于,未将其他扰动因素考虑在差值中,另外,定价还是基于对历史数据的观察,不能很好的对国债期货实时定价。静态复制法将国债期货合约分解为纯 CTD 国债期货合约和期权合约,同时利用市场数据将期权复制为一个欧式看涨期权多头和看跌期权空头。该方法的运用需要满足两点:首先,利率衍生品在市场上有交易;其次,市场价格合理。资产交换期权法基于布朗运动的前提假设进行定价,但此假设又增强了定价模型的误差性,另外该方法的计算量太大且过于复杂,其具体操作性有待商讨。动态利率法涉及了多个模型的运用,如 Vasicek 模型、CIR 模型、BDT 模型和 HJM 模型,该方法也是资产交换期权法的升级,但要求在使用过程中需要对模型参数有较为准确的把握,且需要将各个动态模型运用到市场中进行验证。总的来说,该方法较为合理且实用。情景模拟法属于联合分布法的一种,需要靠投资经理的经验和主观判断来决定不同情形下的可交割最廉价债券,从而计算出期权的价值。若主观判断具有较高效率与质量,那情景模拟法不失为一个很好的期权定价方法。

因此,动态利率模拟法和主观的情景模拟法是目前来说最具操作性的期货期权定价法。但在具体的运用上,还需要根据不同市场环境和研究目标进行分析运用。

第五节 期货价格与现货价格的关系

期货价格和现货价格之间的相互关系可从两个方面去考察:一是期货价格和当前的现货价格的关系;二是期货价格与预期的未来现货价格的关系。

一、期货价格和当前的现货价格的关系

从前面的定价分析中我们看到,决定期货价格的最重要因素是当前的现货价格。现货价格与期货价格之间套利机制的存在,对期货价格升跌起着重要的制约关系,正是这种制约关系决定了期货是不能炒作的。但是,如果现货市场不够大,从而使现货价格形不成

对期货价格的有效制约的话期货市场就迟早会因恶性炒作而出问题。

期货价格和现货价格的关系可以用基差(Basis)来描述。所谓基差,是指现货价格与期货价格之差,即:基差＝现货价格－期货价格。

关于这一定义,有四点须加以说明。

(1) 根据一价定律,同一种商品在两个市场上的价格应该相同,否则就存在着无风险套利的机会。由于运输费用的存在,不同市场上同一种商品的价格很可能存在着一定的差别。因此,基差的大小有赖于某一特定地点的商品现货价格,不可一概而论。

(2) 任一时刻,对应于每一种流通在外的期货合约都有一个相应的基差。如距离当前日期越远的期货合约的价格越高,称之为正常市场(Normal Market);期货价格随着期限的增加而减少的,称之为逆转市场(Inverted Market);期货价格与期限没有明确关系的,则称为混合型市场。

(3) 在期货到期日之前,基差可能为正值也可能为负值。在期货合约到期日,基差应为零。这种现象称为期货价格收敛于标的资产的现货价格,如图 6-3 所示。

根据前几节的定价公式,当标的证券没有收益,或者已知现金收益较小、或者已知收益率小于无风险利率时,即 $r > y + q - u$ 时,期货价格应高于现货价格,如图 6-3(a)所示;当标的证券的已知现金收益较大,或者已知收益率大于无风险利率时,即 $r < y + q - u$ 时,期货价格应小于现货价格,如图 6-3(b)所示。

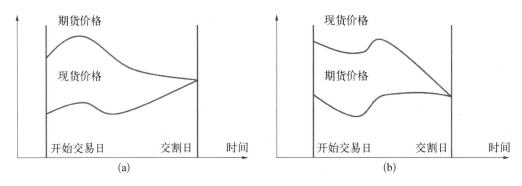

图 6-3　随交割期限的临近,期货价格与现货价格之间的关系

期货价格收敛于标的资产现货价格是由套利行为决定的。假定交割期间期货价格高于标的资产的现货价格,套利者就可以通过买入标的资产、卖出期货合约并进行交割来获利,从而促使现货价格上升,期货价格下跌。相反,如果交割期间现货价格高于期货价格,那么打算买入标的资产的人就会发现,买入期货合约等待空头交割比直接买入现货更合算,从而促使期货价格上升。

在期货价格收敛于现货市场的过程中,并不是一帆风顺的,也就是说,基差会随着期货价格和现货价格变动幅度的差距而变化。当现货价格的增长大于期货价格的增长时,基差也随之增加,称为基差增大。当期货价格的增长大于现货价格增长时,称为基差减少。

(4) 大量研究结果表明,基差的波动比期货价格或现货价格的波动都要小得多。也就是说,现货价格有可能剧烈振荡,期货价格也可能有大幅波动,但由于这两者之间存在着较大的相关性,所以两者之差——基差(即现货价格-期货价格)的变动则相对小得多。基差的这一特性在套期保值和套利交易等某些类型的投资活动活动中有着重要的意义。

二、期货价格与预期的未来现货价格的关系

根据鞅定价模型,理论上的期货价格应该等于风险中性测度下市场预期的未来现货的价格,即 $F^*(t)=E_t^R[S(T)]$,但由于现实生活中交易成本的存在,以及风险厌恶等因素的影响,期货价格并不等于实际概率测度下预期的未来现货价格。当期货价格低于实际概率测度下预期未来现货价格时,我们称之为现货溢价(Normal Backwardation);而当期货价格高于实际概率测度下预期未来现货价格时,我们称之为期货溢价(Contango)。

以下我们以无收益资产为例,从资本市场风险和收益平衡的角度来说明期货价格与实际概率测度下预期的未来现货价格之间的关系。根据预期收益率的概念,我们有

$$E[S(T)]=S(t)e^{R(T-t)} \qquad (6-55)$$

其中,$E[S(T)]$ 表示实际概率测度下该资产在 T 时刻的预期市场价格,R 表示该风险资产的连续复利预期收益率,t 为现在时刻。

而,

$$F^*(t)=S(t)e^{r(T-t)} \qquad (6-56)$$

比较以上式(6-55)和式(6-56)可知,R 和 r 的大小就决定了 $F^*(t)$ 和 $E[S(T)]$ 孰大孰小。而 R 值的大小取决于标的资产的系统性风险。根据资本资产定价原理:

若标的资产的系统性风险为 0,则 $R=r$,$F^*=E(S_T)$;

若标的资产的系统性风险大于零,则 $R>r$,$F^*<E(S_T)$;

若标的资产的系统性风险小于零,则 $R<r$,$F^*>E(S_T)$。

在现实世界中,大多数标的资产的系统性风险都大于零,因此在大多数情况下,F 都小于 $E[S(T)]$。

对于消费类标的资产,其期货价格为 $F^*(t)=S(t)e^{(r+u-y)(T-t)}$,比较 R 和 $r+u-y$ 的大小,可以得到相同的结果。

重 要 概 念

投资型资产　消费型资产　卖空买空交易　远期价格　远期价值　期货价格　远期的鞅定价公式　期货的鞅定价公式　无收益资产　现货-远期平价定理　远期盯市价值　期货的盯市价值　远期价格的期限结构　支付已知现金收益资产　支付已知收益率资产　投资类商品的期货　消费类商品的期货　便利收益　持有成本模型　交割选择　短期国库券期货合约　欧洲美元期货合约　长期美国国债期货合约　转换因子　最合算交割的债券　预期的未来现货价格

习题与思考题

1. 某股票预计在1个月和4个月后每股分别派发1元股息,该股票目前市价等于30,所有期限的无风险连续复利年利率均为5%,某投资者刚取得该股票6个月期的远期合约空头,请问:

    (1) 该远期价格等于多少?若交割价格等于远期价格,则远期合约的初始值等于多少?

    (2) 3个月后,该股票价格涨到35元,无风险利率仍为6%,此时远期价格和该合约空头价值等于多少?

2. 假设目前白银价格为每盎司80元,储存成本为每盎司每年1元,每1个月初预付一次,所有期限的无风险连续复利率均为5%,求9个月后交割的白银期货的价格。

3. 一家银行为其客户提供了两种贷款选择,一是按年利率11%(一年计一次复利)贷出现金,一是按年利率2%(一年计一次复利)贷出黄金。黄金贷款用黄金计算,并需用黄金归还本息。假设市场无风险连续复利年利率为9.25%。储存成本为每年0.5%(连续复利)。请问哪种贷款利率较低?

4. 瑞士和美国两个月连续复利率分别为2%和7%,瑞士法郎的现货汇率为0.6500美元,2个月期的瑞士法郎期货价格为0.6600美元,请问有无套利机会?

5. 如果当前市场6月×12月的远期利率协议的协议利率为4.7%(半年计息一次),当前6个月和12个月的无风险利率分别为4.6%和4.9%(连续复利)。

    (1) 请问该协议利率的设置是否合理?公平的协议利率应该多少?

    (2) 如果不合理,请设计一个套利方案。

6. 有人认为,远期汇率是对未来汇率的无偏预测。请问在什么情况下这种观点是正确的?

7. 假设当前时间是2011年11月16日。11付息国债21的票面利率为3.65%,它是2011年10月发行的七年期国债,到期时间是2018年10月13日,距离2012年3月14日交割日约6年半,符合可交割券的条件。当前该付息国债的报价是100.5975元,TF1203国债期货报价为97.03元。由于该债券年付一次利息,最近一次付息日是2011年10月13日(该例中为起息日)。

    (1) 至11月16日,该债券的应计利息是多少?

    (2) 11付息国债的全价是多少?

    (3) 假设中金所公布其转换因子为1.0381,此时市场短期无风险利率为3.5%。如果该债券是最便宜可交割债券,那么根据国债期货定价公式,期货TF1203的理论价格应为多少?

    (4) 如果市场是有效的,期货价格应该向理论价格收敛,那么在题干的假设下,是否存在套利机会,如何进行套利交易。

8. 假设当前外汇市场的汇率是90.00日元兑1美元。在芝加哥商业交易所交易的1年期的日元期货合约的交易价格是0.011200。1年期的日元无风险利率是1%,美元的无风险利率是3%。

(1) 根据抛补利率平价理论,判断是否存在套利机会?

(2) 如果存在套利机会,投资者该如何操作?

(3) 如果投资者可以借入 10 000 美元或者 900 000 日元进行套利操作,1 年后投资者可以获得多少收益?

第七章

利用远期和期货的对冲策略

学习目标

期货市场的最重要功能是为投资者提供风险管理的工具。通过本章的学习,能够掌握如何利用期货市场对风险进行对冲的基本原理和方法。本章的内容主要包括最小方差对冲、动态对冲及弈最小下方风险对冲等,并对如何利用股指期货和国债期货对股票投资组合和债券投资组合风险对冲问题进行了较深入的分析。

第一节 对冲的基本原理

一、对冲的类型

当运用远期或期货合约来对冲时,目标是选择尽量能够抵消风险的期货头寸。无论是现在就持有某一现货资产,还是预期在未来的某个时刻具有对该种资产的需求,亦或是计划在未来的某个时刻持有该种资产,都可以看作是对该种资产有着一定的风险暴露。在大多数情况下,对冲者都有着一定的对冲期间(Hedging Horizon),即从对冲开始到结束的这段期间。

例如,考虑这样一家公司,已知在3个月后如果某商品的价格上涨1元,公司将盈利100万元,但如果商品的价格下跌1元,公司将损失100万元。为了对冲风险,公司资金部主管可以运用期货合约的空头头寸来抵消风险:当商品价格上涨1元时,期货将导致100万元的损失;当商品价格下跌1元时,期货将带来100万元的收益。如果商品价格确实下跌,期货合约的收益会抵消公司营业务的损失;如果商品价格上涨,期货的损失被公司经营业务的收益抵消。

常见的对冲类型主要有两种:多头对冲和空头对冲。

(一) 多头对冲

采用期货多头头寸的对冲策略叫多头对冲(Long Hedge)。采用多头对冲的原则:在基础资产价格下跌会使公司盈利、基础资产价格上升公司会亏损的情况下,应当采用远期或期货多头对冲。当对冲者已知在将来某一时刻需要买入一定资产,可以采用多头对冲从而锁定买入价格。通常是先在远期或期货市场上买入远期或期货合约建立一个远期或期货多头部位,而后再在远期或期货合约到期之前卖出该远期或期货合约进行对冲。

例 7-1 假定今天是 1 月 15 日,某铜加工商知道在 5 月 15 日将会购入 20 吨铜,当前即期铜价为每吨 50 200 元,上海期货交易所 5 月份交割的期货合约价格为每吨 50 300 元,该加工商认为这是一个可以接受的成本水平。

由于害怕到时铜现货价格上涨,反而超过每吨 50 300 元,但如果现在就按照每吨 50 200 元的价格买入铜现货储存起来供两个月后使用,经其计算,这段期间内的资金成本和储存成本之和反而会高于 5 月份交割的期货合约价格与当前铜现货价格之间的差额,即 100 元每吨。为了将 5 月份所需铜的成本锁定在每吨 50 300 元,该加工商决定利用期货市场进行对冲。于是,该加工商开立 4 份上海期货交易所 5 月份交割的铜期货合约多头头寸,并在 5 月 15 日将合约平仓。每份合约的规模为 5 吨铜。实际效果是将加工商所需铜的价格锁定在每吨 50 300 元左右。

情形一:假如在 5 月 15 日铜的即期价格为每吨 52 500 元。因为 5 月为铜期货的交割月,所以即期价格与期货价格非常接近。加工商从期货合约中所得收益大约为 44 000 元($20 \times (52\,500 - 50\,300)$),同时为买入铜而支付 1 050 000 元($20 \times 52\,500$),因此整体成本大约等于 1 006 000 元,即每吨 50 300 元。

情形二:假如在 5 月 15 日铜的即期价格为每吨 49 800 元。加工商在期货中损失大约为 10 000 元($20 \times (50\,300 - 49\,800)$),而买入铜时的支出为 996 000 元($20 \times 49\,800$),因此整体成本大约为 1 006 000 元,即每吨 50 300 元。

此外,上例的一个特别之处还在于,合约到期时该制造商并不采用实物交割的方式而是通过对冲来平仓。其原因主要在于,通常期货合约的空头方有权选择交割地点和交割时间,多头方往往担心空头方会选择对自己不利的交割地点和时间,增加交易和管理费用,而对冲平仓则是一种最为简便、快捷和经济的平仓方式,因此在很多情况下,多头对冲者都不实际接受交割,而是从当地的现货市场上直接买入自己所需要的商品。当然,如果本例中的铜加工商在合约到期时采用实物交割的方式来平仓,其结果也是一样的,购入 20 吨铜的整体费用大约为 1 006 000 元。

(二) 空头对冲

空头对冲(Short Hedge)是指对冲者选择远期或期货的空头进行对冲。采用空头对冲原则:如果基础资产的价格上升会使公司盈利,基础资产价格下跌时公司会亏损,公司应当采用远期或期货空头对冲。

情形一:当对冲者已经拥有了某种资产并期望在将来某时刻卖出资产时,采用远期或期货空头对冲是合理的。例如,一个养猪的农场主知道自己会在 2 个月后在当场市场出售活猪,他这时可以采用活猪远期或期货空头对冲。

情形二:在当前不拥有资产但在将来会拥有资产的情况下,也可以采用空头对冲。例如,一个美国出口商已知在 3 个月后将收进一笔欧元,出口商在欧元(同美元比较)升值时会有收益,而在欧元(同美元比较)贬值时会有损失,这时可以采用欧元空头远期或期货对冲。

例 7-2 假定今天仍然是 1 月 15 日,某铜矿主预计在 5 月 15 日将会有 100 吨铜待售。上海期货交易所5月份交割的期货合约价格为每吨50 300元,该铜矿主认为这是一个可以接受的价格水平。

为了避免4个月后铜价格下跌的风险,将铜售价锁定在每吨50 300元左右,该铜矿主决定利用期货市场进行对冲。于是,他就按每吨50 300元的价格卖出20份5月份的铜期货合约,每份合约的规模为5吨。

情形一:假如在5月15日铜的即期价格为每吨52 500元。因为5月为铜期货的交割月,所以即期价格与期货价格非常接近。铜矿主从期货合约中损失大约为220 000元(100×(52 500−50 300)),同时出售铜的收入为5 250 000元(100×52 500),因此整体收入大约等于5 030 000元,即每吨售价50 300元。

情形二:假如在5月15日铜的即期价格为每吨49 800元。加工商在期货中收益大约为50 000元(100×(50 300−49 800)),而卖出铜时的收入为4 980 000元(100×49 800),因此整体收入大约等于5 030 000元,即每吨售价50 300元。

前面两个例子给出了一个多头对冲者和一个空头对冲者,整个市场中可能还有许多其他的多头对冲者或空头对冲者。作为一个群体,当多头方和空头方所需要的期货头寸大致相等时,并不需要过多的投机者来充当交易对手。在现实中,很难出现期货多头对冲和空头对冲交易的时间和数量正好完全匹配的情形,因此一个活跃的市场仍需要大量的投机者来提供流动性。

二、基差风险

我们前面讨论的例子里,对冲者可以确定将来买入或者卖出资产的准确日期,并且远期或期货合约到期日与将来买或者卖资产日期基本接近,从而可以利用远期或期货合约几乎全部消除将来在特点时间上价格变动风险。在实际中,运用远期或期货合约对冲时常常并不这么容易,部分原因如下:

(1) 需要对冲价格风险的资产与远期或期货合约的基础资产可能并不完全一样;
(2) 对冲者可能无法确定买入或卖出资产的准确时间;
(3) 对冲者可能需要在远期或期货到期之前将合约平仓。

上述问题就引起了所谓的基差风险(Basis Risk)。

(一) 基差(Basis)与基差风险的定义

在对冲的意义下,基差定义如下:

$$基差 = 被对冲资产的即期价格 - 远期或期货价格$$

上面是通常的定义,有时也采用相反的一种定义(尤其适用当远期或期货的基础资产是金融资产的情形):

$$基差 = 远期或期货价格 - 被对冲资产的即期价格$$

我们这里采用第一种定义。如果被对冲的资产与远期或期货合约的基础资产相同,在远期或期货到期时基差应当接近于0,在远期或期货合约到期日之前,基差可正可负。随着时间变化,即期价格变化与特定月份远期或期货价格变化并不一定相同,会导致基差变化,当基差变大时称为是基差增强(Strengthening of the Basis);当基差变小时称为基差减弱(Weakening of the Basis)。图 6-3(a)和图 6-3(b)中的基差分别为正和负,图形展示了在远期或期货到期前基差随时间变化的形式。

首先考虑被对冲资产与远期或期货合约的基础资产相同的情形。为了讨论基差风险的性质,我们使用以下符号:

S_1 表示在时刻 t_1 的即期价格;S_2 表示在时刻 t_2 的即期价格;

F_1 表示在时刻 t_1 的远期或期货价格;F_2 表示在时刻 t_2 的远期或期货价格;

b_1 表示在时刻 t_1 的基差;b_2 表示在时刻 t_2 的基差。

假定在时刻 t_1 建立对冲头寸,并在时刻 t_2 的平仓。我们考虑如下例子:在刚建立对冲头寸时,即期和远期或期货价格分别是 $S_1=2.5$ 元和 $F_1=2.2$ 元;在对冲平仓时,即期和远期或期货价格分别是 $S_2=2$ 元和 $F_2=1.9$ 元。由基差定义得到 $b_1=S_1-F_1$ 和 $b_2=S_2-F_2$,得出 $b_1=0.3$ 元和 $b_2=0.1$ 元。

情形一:对冲者已知将在时刻 t_2 卖出资产,并在 t_1 时持有了远期或期货空头。在时刻 t_2,资产所实现的价格为 S_2,远期或期货的盈利为 F_1-F_2。因此,对冲后卖出资产所得实际价格为:

$$S_2+F_1-F_2=F_1+b_2 \tag{7-1}$$

在例子中,式(7-1)等于 2.30 元。

在时刻 t_1,已知 F_1 的价格,如果在这个时刻我们知道 b_2,那么这时可以构造完美对冲。通过式(7-1)可以发现,由于远期或期货到期时,远期或期货价格一定收敛于现货价格,在被对冲资产与远期或期货合约的基础资产相同的情形下,如果对冲到期时间和远期或期货交割月也一致时,基本不存在对冲风险。

如果以上两个条件之一不满足时,就会出现对冲风险,对冲风险与 b_2 的不确定性有关,该风险就是基差风险。基差增强时(即 b_2 增大),同时 F_1 是不变的,那么在卖出资产时,考虑了远期或期货的盈亏后对冲者的收入增加了,对冲者的境况得到了改善。基差减弱时(即 b_2 减小),对冲者的收入就会减少,对冲者的境况恶化。

情形二:公司知道在时刻 t_2 将购买资产,因而在时刻 t_1 进行了多头对冲(持有远期或期货的多头头寸),买入资产所有支付价格为 S_2,对冲的损失为 F_1-F_2,实施对冲以后,买入资产实际支付的价格为:

$$S_2+F_1-F_2=F_1+b_2 \tag{7-2}$$

在本例子中等式(7-2)也等于 2.30 元。

虽然式(7-1)和式(7-2)表达是一致的,但是含义是完全相反的。

基差增强时(即 b_2 增大),同时 F_1 是不变的,那么在买入资产时,考虑了远期或期货的盈亏后对冲者的支出增加了,对冲者的境况恶化了。基差减弱时(即 b_2 减少),那么对冲者的支出则减少了,对冲者的境况得到了改善。

综合以上两种情形,可以得到如下结论:在空头对冲策略中,当远期或期货平仓时基差越大,对冲者越有利;在多头对冲策略中,当远期或期货平仓时基差越大,对冲者越不利。

前面讨论时,假定需要对冲的资产和远期或期货合约的基础资产是相同的,实际应用时这两者经常不是相同的,这种情形下的对冲称为"交叉对冲(Cross Hedging)"。在交叉对冲情况下,基差风险一般会更大。

定义 S_2' 为远期或期货合约基础资产在时刻 t_2 的价格,S_2 是被对冲资产在时刻 t_2 的价格。通过对冲,公司确保购买或出售资产的价格为:

$$S_2 + F_1 - F_2$$

可被变形为:

$$F_1 + (S_2' - F_2) + (S_2 - S_2') \tag{7-3}$$

$S_2' - F_2$ 和 $S_2 - S_2'$ 代表基差的两个组成部分。$S_2' - F_2$ 代表当对冲的结束时间和远期或期货到期时间不一致时,远期或期货合约所产生的基差;$S_2 - S_2'$ 是由于被对冲资产与远期或期货合约的基础资产不一样而产生的基差。

(二) 合约选择对对冲基差风险的影响

影响基差风险的关键因素是选择用来对冲的远期或期货合约。传统的对冲理论认为,对冲时选择远期或期货合约必须遵循下述四大操作原则才能达到对冲的目的,即"交易方向相反原则""商品种类相同原则""商品数量相等原则"和"月份相同或相近原则"。

以霍布金斯·沃金(Hopkins Working)为代表的现代对冲理论则认为,以上对冲原则的结果不一定能将价格风险完全转移出去。对冲者为避免现货价格大幅变动的风险而承担着因远期或期货价格与现货价格变动趋势不一致而引起的基差变动风险。因此,在利用远期或期货合约对冲时,要考虑三部分内容:① 对远期或期货合约基础资产的选择;② 对交割月份的选择;③ 对合约数量的选择。为了减少、消除基差风险,乃至从基差变动中获取额外利益,保值者可以在对冲远期或期货合约种类、合约到期月份及持仓数量等变量上做出适时有效的选择和调整。

1. 对合约基础资产的选择

如果被对冲的资产刚好与远期或期货合约的基础资产吻合,第一个选择一般会很容易。在其他情形下,对冲者必须确定哪一种远期或期货价格与被对冲资产的价格有最紧密的相关性。例如,在保值商品种类上,由于远期或期货市场上的交易品种少于现货市场上的商品种类,可以利用"交叉对冲",即选择一种与现货商品种类不同,但价格走势大致相同的相关商品的远期或期货合约来做对冲。

2. 对期货交割月份的选择与滚动对冲

对交割月份的选择与多个因素有关。实际上,当对冲的期限对应于某种期货的交割月份情形下,对冲者往往会选择一个在稍后月份交割的期货合约,因为处于交割月份中的期货价格一般会很不稳定,同时在交割月份多头对冲者会承受实物交割的风险。

一般来讲,当对冲的到期日与期货交割月份之间的差距增大时,基差风险也会随之增大。经验法则(Rule of Thumb)是尽量选择与对冲到期日最近却在其之后交割月份的期货合约。假定某一资产期货的到期月份分别为3月、6月、9月和12月,对于在12月、次年1月和 2 月到期的对冲,应当选择 3 月份的合约;对于在 3 月、4 月、5 月到期的对冲,应当选择 6 月份的合约。这种经验法则假设了所有满足对冲需要的合约都有足够的流动性。

在实际中,限期较短的期货合约往往具有最强的流动性,即是所谓的主力合约;或者有时出现对冲的期限超出市场上所有可交易的期货合约的到期时间的情况。在上述情形下,对冲者常常会倾向于采用期限较短的合约,并且不断将合约向前展期。

例 7-3 假定今天是 3 月 1 日,一家美国公司预期将在 7 月底收入 50 亿日元,芝加哥商业交易所日元期货的交割月份分别是 3 月、6 月、9 月和 12 月,每份合约的基础资产为 1 250 万日元,因此公司在 3 月 1 日开立了 400 份 9 月到期的日元期货的空头头寸。在 7 月底收到日元时,公司对期货合约平仓。

假定 9 月份到期的日元期货在 3 月 1 日的价格为每日元 0.980 0 美分,而当期货被平仓时的即期价格与期货价格分别为 0.920 0 美分和 0.925 0 美分。

期货合约盈利为每日元 0.980 0－0.925 0＝0.055 0 美分。出售 1 日元的实际价格等于 7 月底的即期价格加上期货平仓的盈利,即 0.920 0＋0.055 0＝0.975 0 美分。

合约平仓时的基差为每日元 0.920 0－0.925 0＝0.005 0 美分,出售 1 日元的实际价格也可以写成最初的期货价格加上最后合约平仓的基差,即 0.980 0＋(－0.005 0)＝0.975 0 美分。

公司将 50 亿日元兑换成美元金额是 5 000 000 000×0.009 75＝4 875 万美元。

在上述的例子中,如果 12 月份到期的合约流动性不足,该美国公司可以考虑先用流动性强的 6 月份到期的合约对冲,6 月份合约到期之前平仓,再展期用 9 月份到期的合约对冲。假定 6 月份到期的日元期货在 3 月 1 日的价格为每日元 0.965 0 美分,5 月 30 日对该合约进行平仓,平仓价格为每日元 0.943 5 美分,在这段时间期货合约的盈利 0.965 0－0.943 5＝0.021 5 美分;5 月 30 日再使用 9 月份到期的合约进行对冲,9 月份到期的日元期货在 5 月 30 日的价格为每日元 0.953 0 美分,7 月份对冲结束时 9 月份到期的日元期货的价格为每日元 0.925 0 美分,在这段时间期货合约的盈利 0.953 0－0.925 0＝0.028 0 美分。因此,从 3 月 1 日到对冲结束时,公司从期货市场的盈利是没日元 0.049 5 美分,出售 1 日元的实际价格等于 7 月底的即期价格加上期货平仓的盈利,即 0.920 0＋0.049 5＝0.969 5 美分。

3. 对合约数量的选择

前文计算基差风险时,假设 1 单位的现货需要 1 单位的期货进行对冲,即遵循"商品数量相等原则"。事实上,"商品数量相等原则"并不一定是最优的选择。一方面,选择的期货价格虽然与需要对冲的资产价格高度相关,但不会完全一致。另一方面,由于期货合约是标准化的,因此期货市场上的买卖数量不一定能恰好等同于现货市场上买卖商品的数量。

以霍布金斯·沃金(Hopkins Working)为代表的现代对冲理论则认为,对冲的结果不一定能将价格风险完全转移出去。对冲者为了降低现货价格大幅变动的风险,而必须承担着因期货价格与现货价格变动趋势不一致而引起的基差不确定性风险。因此,通过选择适当的保值商品种类、合约到期月份及最佳的持仓数量,并根据市场变动做出适时有效的调整,以期最大限度地降低对冲后的基差风险。

案例 7-1

基 差 贸 易[①]

一、预备知识：基差贸易的定价模式

基差交易模式有两种。一种是利用基差（期货和现货之间差价）不断扩大和缩小所产生的波动进行的投机交易。另一种则涉及大宗商品的贸易领域，买卖双方将大宗商品交易的最关键因素"成交价格"拆分为两块，一块是由指定合约的期货价格产生的基准价，另一块是通过买卖双方会务谈判形成的升贴水价格。通过运用这种方法完成的交易也被称为"基差交易"。

在美国这种较为发达的资本市场，基差贸易的模式是伴随着现货市场交易的需要自主完善和发展形成的，期间少不了各种坎坷的尝试，但是在上世纪的 60 年代，这种贸易模式终于形成了较为完善的体系，并且从美国的新奥尔良港口逐步扩散到全美现货（特别是谷物）贸易中。

国际大宗商品贸易的基差定价模式中，"期货价＋升贴水"是最为主流的一种模式。国际豆类、谷物贸易及国内的饲料和有色金属行业往往经常运用这种模式定价。总体来看，下面的公式可以很好的概括这个定价模式：

大宗商品到岸价格＝交货期任意一个交易日交易所大宗商品期货近月合约价格＋卖出货物的升贴水＋运费

"什么叫卖出货物的升贴水？"、"由货物的买方还是卖方确定升贴水？"、"近月合约的价格随时波动，如何确定是何时的价格？"，看完了这个公式，读者一定充满了疑问。中国的大豆有很大的比例是从美国进口，下面就用一个进出口大豆的例子为大家解释这些问题。

二、大豆基差交易

中国某大豆进口商在 2017 年 5 月份与美国某大豆出口企业签订了进口贸易合同。美方希望采用 CBOT（芝加哥商品交易所）7 月合约的价格作为计价基础，并且加上 110 美分/蒲式耳的升贴水。中方同意美方的计价基础，但是只愿意支付 100 美分/蒲式耳的升贴水。美方表示同意。

由此看出：第一，升贴水往往由卖方报出，最终由买卖双方共同议定形成的。第二，升贴水中含有卖方预期的合理利润。卖方在报出升贴水的价格的时候往往要结合自己的现货购销成本，期货保值成本之间的基差变动预期。升贴水价格＞0 为升水，反之升贴水价格＜0 为贴水。

运费为 230 美分/蒲式耳。中国进口方具有点价选择权，且双方约定中国进口方必须于 2017 年 6 月 15 日之前完成点价。

由此看出：美方获得了升贴水利润，中方在付出升贴水价格的同时，拥有了在 6 月 15 日之前随时点价的权利。一般将升贴水报价方（案例中为美方）称为基差卖方，而将接受升贴水并拥有点价权（确定最终期货价格为计价基础的权利）的一方称为基差买方。

[①] 案例来源：牛钱网(http://www.niumoney.com/news/notice_101538.html)，2018 年 1 月。

中国进口商最终的点价结果为 CBOT 大豆 7 月合约价格为 850 美分/蒲式耳,那么根据上面提到的基差定价公式,中国港口大豆到岸价格(CNF)为 850 美分/蒲式耳(期货点价结果)+100 美分/蒲式耳(升贴水)+230 美分/蒲式耳(运费)=1 180 美分/蒲式耳(约合 433.6 美元/吨)。

三、基差贸易的实质

简单的一次交易,为什么要这么复杂模式呢?这是因为,对于国际上的一些大宗商品,价格和基差在一定时期内均可能存在剧烈的价格波动。很多大型的企业为了保证收益的稳定可控,需要进行风险管理,而基差贸易的这种(期货+升贴水)的定价方式就是一个很好的规避价格剧烈波动和未来收益不确定性的手段。

升贴水和期货价格是决定现货成交最终价格的两个关键因素。升贴水和基差很相似,基差是期货价格和现货价格之间的差值,而升贴水与基差的唯一差别就在于它是在签订贸易合同的时候就被确定好了的。基差贸易的实质就是一种升贴水的贸易,而对于期货价格的部分,贸易公司一般都会在期货市场套期保值。

延续上面的例子,对于基差的卖方也就是案例中的美方出口商,在购买到大豆到与中方签订贸易合同之前的这段时间,会在期货市场对自己的大豆进行空头套期保值。若做空套保时大豆现货价格为 800 美分/蒲式耳,而期货价格为 750 美分/蒲式耳,则基差为 50 美分/蒲式耳(定义为 B1)。在中方点价后,美方的套期保值头寸也要随之平仓,平仓时大豆现货价格为 880 美分/蒲式耳,期货价格为 850 美分/蒲式耳,则基差为 30 美分/蒲式耳(定义为 B2)。美方做空套保,在期货市场只亏损了(750−850)100 美分/蒲式耳,而现货市场获利(880−800)80 美分/蒲式耳。两个市场结合起来,风险并没有完全被对冲掉,而这个没有被对冲掉的风险来源于基差。

基差贸易的实质就是以基差协议的方式将自身面临的基差风险转移给现货中的交易对手。只要在协议中,基差卖方与交易对手协商得到的升贴水(平仓时候的基差)B2 恰好等于开套保仓时的基差 B1,就能实现完全套保并且取得升贴水报价得到的预期利润。B1 由开仓时的市场决定,而 B2 则由协商得到,因此一个相对较大的 B2 会为基差卖方带来更多的收益。

通过基差贸易,美方贸易商可以不用关心现货和期货市场的实际价格,将基准价格通过期货合约进行套保,将基差通过约定升贴水(B2 升水 100 美分/蒲式耳)的方式进行锁定,最终不含运费的售价为(850+100)950 美分/蒲式耳,除去期货市场套保产生的亏损,整体超额获利 50 美分/蒲式耳(协商得到的升贴水 B2,也即 100 美分/蒲式耳—套保时的基差 B1,即 50 美分/蒲式耳),虽然失去了不可控的基差风险及其可能带来的获利,但是整个销售环节的风险大为减小。

四、基差贸易的不同类型

基差贸易类型,一般根据点价权(确定最终期货价格为计价基础的权利)的归属分为买方点价和卖方点价两种模式。在通常情况下,买方叫价交易更为主流一些。这种情况一般是由卖方的贸易商先在期货市场为自己的商品做套期保值,然后在现货市场上寻找买家。在买卖双方协商确定现货购置升贴水之后,由买方在事先约定好的时间内确定作为现货计价基准的期货价格,因此,这个过程叫做买方叫价交易。

如果现货买方为了防止日后价格上涨而事先做了买入期货的套期保值工作,确定了买进期货时的基差后,积极在现货市场寻找货源,再由交易双方协定升贴水幅度,并由卖方进行点价则属于卖方叫价交易。无论是卖方叫价交易还是买方叫价交易,做了套期保值的基差卖方几乎都可以实现盈利性套期保值。

五、基差贸易的对于买卖双方的利弊

基差交易中采用的期货价格具有公平、公正、公开且不存在价格垄断和贸易欺诈的优势。而且,利用期货价格作为基准,同时结合对商品在产地和质量方面的考虑调整升贴水,充分利用了市场的定价机制,使买卖双方拥有平等的地位。

基差交易模式对于基差卖方来说更为有利,它可以在通过将价格波动风险转移使销售方获得合理的销售利润并同时加快销售速度。但是,对于基差买方利弊是共存的。有利因素主要是通过基差贸易可以明确进货或者出货方,通过预先提交货物,使生产和库容安排的更为合理,同时因为拥有了点价权,买方企业就拥有了降低采购成本和增加销售利润的机会。作为升贴水的买方,因为无法获知套保时的建仓基差,需要支付一定的成本获得点加权,而且在合同签订后到点价完成前这段时间需要冒着期货价格向不利于企业方向发展的风险,因此需要对点价策略仔细斟酌。

第二节 最小方差对冲

一、最小方差对冲比率

在例 7-1 和例 7-2 中,出于简化,我们都假设现货市场上的商品恰好与期货合约的标的资产完全一样,现货数量也与期货数量相一致,同时多头和空头的对冲期限也恰好与期货合约的交割月相匹配。然而,在实际的对冲运用中,很少有可能所有的因素都匹配得这么好。在许多情况下,被保值的商品和用于保值的期货合约很可能在时间跨度上、商品数量上、或商品特性上存在着较大的差异。这就出现了所谓"交叉对冲"的问题,即现货商品与期货头寸无法完全匹配情况下的对冲问题。

当需要进行对冲的资产的特征与用于对冲的期货合约标的资产的特征无法完全匹配时,对冲者就面临着如何选择合适的交易数量和合约种类,以便尽可能地降低风险的问题,即"交叉对冲"的问题。

对冲比率(Hedge Ratio)是指持有期货合约的头寸大小与风险暴露资产大小之间的比率,用符号 h 来表示对冲比率,则

$$h = 期货头寸 / 现货市场头寸$$

在此之前的例子中,我们都假定对冲比率为 1。实际上,如果对冲者的目的是使风险最小化,则对冲比率为 1 并不一定是最佳的。因此,我们可以定义使风险达到最小的对冲比率就是"最优对冲比率"。最优对冲比率 h 取决于被对冲资产的即期价格变化与期货价格变化之间的关系。

为了研究"最优对冲比率",运用以下符号:

ΔS：在对冲期间内，被对冲资产价格 S 的变化；

ΔF：在对冲期间内，期货价格 F 的变化；

σ_S^2：ΔS 的方差；

σ_F^2：ΔF 的方差；

ρ_{SF}：ΔS 和 ΔF 之间的相关系数。

假设空头对冲者选择的对冲比率为 h，即对每 1 单位的现货多头需卖出 h 单位的期货来进行保值。1 单位现货的多头和 h 单位期货的空头共同组成的资产组合 P，该资产组合在对冲期限内的价值变化 ΔP 为：

$$\Delta P = \Delta S - h\Delta F \tag{7-4}$$

与此类似，当对冲者持有 1 单位资产的空头和 h 期货的多头时，在对冲期限内该资产组合的价值变化就为：

$$\Delta P = h\Delta F - \Delta S \tag{7-5}$$

因此，在以上那两种情况下，资产组合 P 价格变化的方差 σ_P^2 均为：

$$\sigma_P^2 = \sigma_S^2 + h^2\sigma_F^2 - 2h\rho_{SF}\sigma_S\sigma_F \tag{7-6}$$

可见，资产组合 P 价格变化的方差主要取决于被对冲资产价格变化的方差、期货价格变化的方差以及这两种价格变化之间的协方差。由于，

$$\frac{\partial \sigma_P^2}{\partial h} = 2h\sigma_F^2 - 2\rho_{SF}\sigma_S\sigma_F \tag{7-7}$$

设上式等于 0，并且由于 $\dfrac{\partial^2 \sigma_P^2}{\partial h^2}$ 为正值，我们发现使资产组合价格变化的方差达到最小的 h 值，即最优对冲比率为：

$$h = \frac{\rho_{SF}\sigma_S\sigma_F}{\sigma_F^2} = \frac{COV_{SF}}{\sigma_F^2} = \rho_{SF}\frac{\sigma_S}{\sigma_F} \tag{7-8}$$

其中，COV_{SF} 是 ΔS 和 ΔF 之间的协方差。

因此，最优的对冲比率等于 ΔS 和 ΔF 之间的相关系数乘以 ΔS 的标准差与 ΔF 的标准差的比率。只有当 $\rho_{SF}=1$ 且 $\sigma_S=\sigma_F$，最佳的对冲比率才等于1。

在实践中，寻找最佳对冲比率的最简单的方法可以利用以下的回归方程：

$$\Delta S = \alpha + \beta\Delta F + \varepsilon \tag{7-9}$$

其中，α 是回归的常数项；β 是回归的斜率，其估计值就是要求的最佳对冲比率；ε 是残差项。

在该公式中的参数通常是根据 ΔS 和 ΔF 的历史数据估算得出，这里也隐含了这样的一个假设，也就是在一定程度上历史能够反映未来，过去的被对冲资产价格变动和期货价格变动之间的数量关系在未来也是相对稳定的，这样对冲才有效。在计算中要选择一定

数量的长度相同而且互不重叠的时间区间(Time Interval),然后在每个区间中观测并计算 ΔS 和 ΔF 的值,理想的做法是将每个时间区间的期限长度与对冲期限长度相同。在实际中,这种做法会限制可以利用的观察值数量,因而会选取比较短的时间区间。

对冲效果(Hedge Effectiveness)通常被定义为与不进行对冲情况相比,对冲后投资者风险降低的程度,即

$$e = \frac{\sigma_S^2 - \sigma_P^2}{\sigma_S^2} \tag{7-10}$$

对冲效果 e 正是 ΔS 对 ΔF 进行线性回归的确定性系数(判定系数) R^2,在这里 $R^2 = \rho_{SF}^2$,这是因为在一元线性回归中,确定性系数就等于两个变量相关系数的平方。R^2 值越接近1,则拟合度越好,对冲的效果也就有可能越好。

二、最优合约数量

最后计算对冲所用的期货合约数量,符号定义如下:

Q_A:被对冲资产的数量;

Q_F:1份期货合约的规模,即1份期货合约包含的资产数量;

N^*:用于对冲的最优期货合约份数。

根据最优对冲比率的定义,Q_A 单位被对冲资产需要期货合约数量中包含 hQ_A 单位的资产,因此最优期货合约份数 N^*:

$$N^* = \frac{hQ_A}{Q_F} \tag{7-11}$$

例 7-4 某家航空公司预计在1个月后需要购买200万加仑航空燃料油,并决定利用在芝加哥商业交易所(CME)交易的民用燃料油期货进行对冲。

表 7-1 给出了连续15个月每加仑航空燃料油价格变化 ΔS,以及用于对冲的民用燃料油期货价格的相应变化 ΔF。

表 7-1 利用民用燃料油期货对冲航空燃油时,计算最小方差对冲比的数据

i	ΔF	ΔS	i	ΔF	ΔS
1	0.021	0.029	9	0.048	0.043
2	0.035	0.020	10	−0.006	0.011
3	−0.046	−0.044	11	−0.036	−0.036
4	0.001	0.008	12	−0.011	−0.018
5	0.044	0.026	13	0.019	0.009
6	−0.029	−0.019	14	−0.027	−0.032
7	−0.026	−0.010	15	0.029	0.023
8	−0.029	−0.007			

利用标准差和相关系数的公式,得出 $\sigma_F=0.026\,3$,$\sigma_S=0.031\,3$,$\rho=0.928$。

$$h=0.928\times\frac{0.031\,3}{0.026\,3}=1.104\,4$$

每份 CME 交易所的民用燃料油包含 42 000 加仑燃料油,由式(7-11),可以计算出最优合约的数量:

$$\frac{1.104\,4\times 2\,000\,000}{42\,000}=52$$

近似到最近的整数,合约数量为 52 份。

第三节　对冲模型拓展

一、动态对冲策略

(一) 最优动态对冲比率

当运用远期合约对冲时,上述的最小方差对冲比例的计算是正确的。当运用期货合约进行对冲时,会存在期货合约的每天结算以及随之而来的一系列持续 1 天的对冲问题。这时候,随着期货价格和现货价格的变动,每天都需要对最优的对冲比率重新进行计算,并对对冲头寸进行调整。下面我们考虑两个动态对冲建模,一种是与前面一样的基于每日价格变动的对冲模型,另一种基于每日价格百分比收益率的动态对冲模型。两个模型的目标都是一致的,都是最小化未来一天的对冲组合的风险。由于百分比收益率是平稳序列,因此相对于价格变动序列可能的非平稳特征,其估计最优动态对冲比率所用的计量模型更稳健。

1. 基于每日价格变动的动态对冲模型

假设当前在第 t 天,我们在第 t 天考虑期限 1 天的对冲问题。为了研究"最优对冲比率",定义以下符号:

$\Delta S(t+1)$:第 t 天时现货价格未来 1 天的价格变动,$\Delta S(t+1)=S(t+1)-S(t)$;

$\Delta F(t+1)$:第 t 天时期货价格未来 1 天的价格变动,$\Delta F(t+1)=F(t+1)-F(t)$;

$\sigma_{S,t+1}^2$:$\Delta S(t+1)$ 的方差;

$\sigma_{F,t+1}^2$:$\Delta F(t+1)$ 的方差;

$\rho_{SF,t+1}$:$\Delta S(t+1)$ 与 $\Delta F(t+1)$ 的相关系数。

$Q_A(t)$:第 t 天时需要对冲资产的数量;

Q_F:1 份期货合约的规模,即 1 份期货合约包含的资产数量。

上面的参数 $\sigma_{S,t+1}^2$,$\sigma_{F,t+1}^2$ 和 $\rho_{SF,t+1}$ 基于第 t 天信息向前 1 天的预测值,是使用第 t 天的一定数量的历史现货价格和期货价格的日数据,采用合适的模型进行预测。

在 t 天期限 1 天的对冲保持比率为 $h(t)$。期限 1 天的多头对冲组合的价值变动:

$$\Delta P(t+1)=h(t)\Delta F(t+1)-\Delta S(t+1) \tag{7-12}$$

期限 1 天的空头对冲组合的价值变动：
$$\Delta P(t+1) = \Delta S(t+1) - h(t)\Delta F(t+1) \tag{7-13}$$

因此，在以上那两种情况下，资产组合 P 价格 1 天变动的方差：
$$\sigma_{P(t+1)}^2 = \sigma_{S,t+1}^2 + h^2(t)\sigma_{F,t+1}^2 - 2h(t)\rho_{SF,t+1}\sigma_{S,t+1}\sigma_{F,t+1} \tag{7-14}$$

根据式(7-14)，可以求得最优的对冲比率：
$$h(t) = \rho_{SF,t+1}\frac{\sigma_{S,t+1}}{\sigma_{F,t+1}} \tag{7-15}$$

因此，第 t 天时最优期货合约份数 $N^*(t)$：
$$N^*(t) = \frac{h(t)Q_A(t)}{Q_F} \tag{7-16}$$

2. 基于每日价格百分比收益率的动态对冲模型

增加定义以下符号：

$r_S(t+1)$：现货价格日变动百分比收益率，等于 $\dfrac{\Delta S(t+1)}{S(t)}$；

$r_F(t+1)$：期货价格日变动百分比收益率，等于 $\dfrac{\Delta F(t+1)}{F(t)}$；

$\hat{\sigma}_{S,t+1}^2$：$r_S(t+1)$ 的方差；

$\hat{\sigma}_{F,t+1}^2$：$r_F(t+1)$ 的方差；

$\hat{\rho}_{SF,t+1}$：$r_S(t+1)$ 与 $r_F(t+1)$ 的相关系数。

这里的参数 $\hat{\sigma}_{S,t+1}^2$，$\hat{\sigma}_{F,t+1}^2$ 和 $\hat{\rho}_{SF,t+1}$ 也是采用一定数量的历史数据得到的向前 1 天的预测。

在 t 天期限 1 天的对冲比率为 $h(t)$。期限 1 天的多头对冲组合的价值变动：
$$\Delta P(t+1) = h(t)\Delta F(t+1) - \Delta S(t+1) = h(t)F(t)r_F(t+1) - S(t)r_S(t+1) \tag{7-17}$$

期限 1 天的空头对冲组合的价值变动：
$$\Delta P(t+1) = \Delta S(t+1) - h(t)\Delta F(t+1) = S(t)r_S(t+1) - h(t)F(t)r_F(t+1) \tag{7-18}$$

因此，在以上那两种情况下，资产组合 P 的价格未来 1 天变动的方差：
$$\sigma_{P(t+1)}^2 = S^2(t)\hat{\sigma}_{S,t+1}^2 + h^2(t)F^2(t)\hat{\sigma}_{F,t+1}^2 - 2h(t)S(t)F(t)\hat{\rho}_{SF,t+1}\hat{\sigma}_{S,t+1}\hat{\sigma}_{F,t+1} \tag{7-19}$$

由式(7-19)，可以得到在 t 天期限 1 天的最优对冲比率为：
$$h(t) = \hat{\rho}_{SF,t+1}\frac{S(t)\hat{\sigma}_{S,t+1}}{F(t)\hat{\sigma}_{F,t+1}} \tag{7-20}$$

由此,我们在 t 天确定的期限 1 天的对冲需要持有的合约数量:

$$N^*(t) = \hat{\rho}_{SF,t+1} \frac{S(t)\hat{\sigma}_{S,t+1}Q_A(t)}{F(t)\hat{\sigma}_{F,t+1}Q_F}$$

我们可以将这一结果表述为:

$$\hat{N}^*(t) = \hat{h}(t)\frac{V_A(t)}{V_F(t)} \tag{7-21}$$

这里 $V_A(t)$ 为需要对冲资产在 t 天的价值 $(S(t)Q_A(t))$,$V_F(t)$ 为一份期货合约在 t 天的价值 $(F(t)Q_F)$,与 $h(t)$ 类似,$\hat{h}(t)$ 的定义如下:

$$\hat{h}(t) = \hat{\rho}_{SF,t+1}\frac{\hat{\sigma}_{S,t+1}}{\hat{\sigma}_{F,t+1}} \tag{7-22}$$

$\hat{h}(t)$ 的含义是对当前 1 元现货未来 1 天的价格波动进行对冲需要的期货价值。从理论上讲,动态对冲说明了用于对冲的期货头寸应当随着 V_A 和 V_F 的变化而调整,在实际中,如果在一天内期货头寸的变化很小,这种调整通常被忽略。但是,如果一天内有剧烈的价格波动,往往需要在日内对对冲比率进行调整。

(二)最优动态对冲比率的估计方法

针对基于每日价格变动的动态对冲模型,下面给出几个常用的计算最优对冲率的估计模型。在第 t 日,我们需要采集现货价格的一定数量(如 100 个交易日)的历史数据 $S(t-n)$,$S(t-n+1)$,…,$S(t)$,和对应日期的期货价格 $F(t-n)$,$F(t-n+1)$,…,$F(t)$,采用适当模型对最优对冲率进行估计。当时间向前移动一个交易日时,舍弃掉最远的历史数据,加入最新的一个数据,重新对参数进行估计。下面我们介绍两种常用的估计方法:OLS 方法和 Garch 模型方法。

1. OLS 回归模型估计方法

在实际应用中,对冲率的估计最常用的是传统回归方法,即通过现货资产价格变动相对期货价格变动的回归方程来得到:

$$\Delta S(t_i) = \alpha(t) + \beta(t)\Delta F(t_i) + \varepsilon(t_i) \tag{7-23}$$

其中,$\Delta S(t_i)$ 和 $\Delta F(t_i)$ 为前文所定义,$\alpha(t)$ 和 $\beta(t)$ 表示是对方程进行回归所得到的参数。回归方程所估计出的 $\beta(t)$ 就是所求的对冲率。也就是说,在第 t 日如果投资者拥有 1 个单位的现货资产多头(或空头),他要避免因现货价格波动而带来的风险,他可以通过在期货市场上的 $\beta(t)$ 单位的空头(或多头)以实现对冲。

2. 二元 GARCH 方法

利用 OLS 方法估计对冲率隐含地假设了在一定程度上历史能够反映未来,现货价格变动和期货价格变动之间的数量关系在未来也是相对稳定的,并假设较远处的历史样本与较近处的历史样本在预测未来上所起的作用是相同的。

然而,许多研究表明资产的价格波动随着未来经济环境的不确定性而随机改变,现货和期货价格的条件协方差矩阵实际上是随时间变化而变化的,呈现出时变性的特征。同时,我们也可以合理地认为,较近处的历史样本在预测中比较远处的历史样本能起到更大地作用。

考虑到以上两个方面,对于最优动态对冲率可以利用二元 GARCH 模型来进行估计。模型可以表述如下:

$$\Delta S(t_i) = c_S + \varepsilon_S(t_i) \tag{7-24}$$

$$\Delta F(t_i) = c_F + \varepsilon_F(t_i) \tag{7-25}$$

$$\varepsilon(t_i) = (\varepsilon_S(t_i), \varepsilon_{Ft}(t_i))' \tag{7-26}$$

$$\varepsilon(t_i) | \Psi(t_i - 1) \sim N(0, H(t_i)) \quad H(t_i) = \begin{bmatrix} h_{SS}(t_i) & h_{SF}(t_i) \\ h_{SF}(t_i) & h_{FF}(t_i) \end{bmatrix} \tag{7-27}$$

$$H(t_i) = \Omega\Omega' + A\varepsilon_{t-1}\varepsilon'_{t-1}A' + BH(t_i-1)B' \tag{7-28}$$

$$\Omega = \begin{bmatrix} \Omega_{11} & 0 \\ \Omega_{21} & \Omega_{22} \end{bmatrix} \tag{7-29}$$

$$A = \begin{bmatrix} \alpha_{11} & 0 \\ \alpha_{21} & \alpha_{22} \end{bmatrix} \tag{7-30}$$

$$B = \begin{bmatrix} \beta_{11} & 0 \\ 0 & \beta_{22} \end{bmatrix} \tag{7-31}$$

利用二元 GARCH(1,1)来估计动态对冲率,在第 t 日利用过去 n 个交易日的现货价格和期货价格的历史数据可以估计出样本内各期的对冲率为 $h_{SF}(t_i)/h_{FF}(t_i)$ ($t_i = t - n + 1, \cdots, t$)。同时利用式(7-28),可以计算出 $t+1$ 日的矩阵 $H(t+1)$ 的预测值,因此可以估计出第 $t+1$ 日的最优对冲比率 $h_{SF}(t+1)/h_{FF}(t+1)$。

GARCH 模型估计的对冲率是随时间变化而变化的,与 OLS 模型得出一个稳定不变的对冲率有着本质的区别。同时用 Garch 模型预测时,在预测上样本外的最优对冲比率上,近期历史样本比久远的历史样本所起到的作用更大。

另外,我们也可以建立现货价格和期货价格百分比收益率的 OLS 回归模型和二元 Garch 模型,估计式(7-21)中的参数 $\hat{h}(t)$。

二、最小下方风险对冲模型

在对冲过程中,关键问题是选择合适的对冲比率,以使对冲的效果最佳。目前,有关对冲决策模型主要是通过寻求效用最大化以及风险最小化来实现的。

1952 年 Markowitz 提出以方差作为风险计量指标,在金融投资领域具有里程碑的作用。由于方差并非风险天然计量指标,它对风险的计量有一些严格的假设,而这些假设在实践中很难得到满足。另外,从心理学角度,Kahneman 和 Tversky 的研究表明,投资者对损失和盈利的风险感受是不同的。方差计量风险假定正、负偏差之间对称,且投资者对正、负偏差的感受是对称的,所以以方差计量风险有违投资者对风险的真实心理感受。为了克服方差测度风险的种种不足,人们对风险的本质属性进行了深入探讨,提出了真正动摇此理论基础的是风险计量的下方风险(Downside-risk)理论,该理论认为只有收益的损失部分才应作为风险因子引入风险计量模型中。目前,下偏矩(LPM)方法、VaR方法和CVaR方法等是下方风险测度的主要方法。

因此,利用下方风险取代方差作为期货对冲的目标,是随着人们对风险指标深入认识后的一个自然选择。具体的模型可以参考相关文献,在此不做深入讨论。

第四节 利用股指期货对冲

一、多头对冲和空头对冲

股指期货的引入,为股票市场提供了一条新的对冲风险的途径。与其他期货品种一样,股指期货的对冲也可以分为多头对冲和空头对冲。前者适用的场合主要是当投资者准备在未来买入一定数量的某些股票,又担心实际购买时因股市整体上扬而带动将买入股票的价格上扬而蒙受损失,便预先买入一定数量的股指期货,待实际购买股票时再对股指期货卖出平仓,以弥补现货市场上涨可能遭受的损失;后者则主要适用于手中已持有股票的投资者或准备发行股票的筹资者,因惧怕因股市整体下跌而带动已持有得股票或将发行的股票的价格下跌而遭受损失,他们便预先在期货市场上卖出一定数量的股指期货,待实际出售或者发行股票时再对股指期货买入平仓,以弥补现货市场下跌可能遭受的损失。

可以看出,股指期货是对冲股市系统性风险的工具,使用了股指期货对冲后,投资者还将持有股票或者股票组合的特质风险。

(一) 多头对冲

例 7-5 2017年9月下旬,假设某投资经理管理者预计2个月后在中国股票市场买入一个当前市值为5亿元人民币的多样化股票投资组合,该组合相对于沪深300指数的目标β系数为1.2,这意味着沪深300指数每变动1%,该股票投资组合的价值就将变动1.2%。由于害怕未来2个月股价上涨,而使买入投资组合成本上升,该投资经理决定进行对冲。

其中的一种方法便是立刻借入资金买入股票,12月底再将计划投资股票组合的资金偿还短期的债务。显然,这将牵涉到昂贵的交易费用和利息。

另一种方法则是利用沪深300股指期货合约来进行对冲。通过在期货市场上买入一定量的股指期货合约,即便股价上涨,该投资经理仍可利用期货市场上的盈利来冲抵现货市场上的成本上升,从而达到降低总体头寸风险的目的。有效的股指期货对冲将使对冲者整体头寸的β值等于0,从而整体头寸近似以无风险利率增长。那么,究竟买入多少数量的股指期货合约才合适呢?如果选择1:1的对冲比率,即对每元的投资组合价值都相应地卖出1元的股指期货合约来进行对冲。1月初市场上沪深300股指期货合约的价格为3 820.00,则需要卖出的合约数目就等于:

$$\frac{V_P}{V_F} = \frac{500\,000\,000}{3\,820 \times 300} = 436.30 \approx 436$$

其中，V_P 为投资组合的价值，V_F 为期货合约的价值。

该方法的一个最主要的问题就在于忽略了股票投资组合相对于沪深 300 股指较高的波动性。如果将股票投资组合的 β 系数考虑在内，则需要卖出的期货合约数目应等于：

$$\frac{V_P}{V_F}\beta_P = \frac{500\,000\,000}{3\,820 \times 300} \times 1.2 = 523.56 \approx 524$$

其中，β_P 为被保值的投资组合的 β 系数。

现将以上两种情况下的对冲结果，列于表 7-2 中进行比较。

表 7-2 多头对冲示例

	股票市场	期货市场	
		期货合约数 $= \frac{V_P}{V_F}$	期货合约数 $= \frac{V_P}{V_F}\beta_P$
9月28日	目标资产组合当前价值为：¥500 000 000	以 3 820 的价买入 436 份 12 月份到期的沪深 300 股指期货合约	以 3 900.00 的价买入 524 份 12 月份到期的沪深 300 股指期货合约
11月28日	该股票投资组合的总价值上升了 5.88%，变为：¥529 400 000。	11 月 28 日以 4 040 的价格平仓 12 月份到期的沪深 300 股指货合约，上升了约 5.76%	11 月 28 日以 4 040 的价格平仓 12 月份到期的沪深 300 股指期货合约，上升了约 5.76%
成本增减状况	增加：¥29 400 000	盈利：¥28 116 000 (=436×300×220)	盈利：¥34 584 000 (=524×300×220)
总成本净增减		净增加：¥1 284 000	净减少：¥5 184 000

显然，当买入的期货合约数为 524 份时可以达到较好的对冲效果。我们也必须看到，这样理想化的结果离不开本例子中所隐含的两个基本假设，那就是：第一，对冲期间内，股票投资组合的价值变动与其 β 系数所代表的波动性相一致；第二，股指期货合约价格的变动也与股价指数的变动相一致，即股指期货相对于股价指数的贝塔系数为 1。在实际中，绝大多数股指期货合约价格的波动性都大于股价指数本身。当不能满足以上条件时：如果第一个假设不成立，可以使用前面介绍的动态对冲策略能得到更好的对冲效果；如果第二个假设不成立，使用式(7-36)或者式(7-37)进行调整。

(二) 空头对冲

例 7-6 2018 年初，美国某基金经理计划于 2 月底卖出一笔市值为 100 亿日元的日本股票组合，该组合的 β 系数为 1.4。为防止到时日本股市下降而使投资受损，该基金经理决定利用 CME 3 月份的日经 225 股指期货空头来进行对冲。当时该股指期货合约的报价为 23 700 点，1 个指数点所代表的价值为 \$5，故合约规模就为 \$118 500 (=23 700×\$5)。当时日元对美元的汇率为 \$1=¥112，故 ¥100 亿 = \$89 285 714 ≈ \$89 000 000，大致可购买 750 份的该期货合约 (1.4×\$89 000 000/\$118 500=1 051.47≈1 051)。

不出所料，等到 2 月底出售股票时，CME 3 月份的日经 225 股指期货合约的价格也下降到 21 700 点,所投资的资产组合价值也大幅度下降。若该基金经理此时对冲平仓,则期货市场上的盈利为 \$10 510 000(=2 000 点×\$5×1 051),在一定程度上弥补了现货市场的损失。值得注意的是,CME 日经 225 股指期货合约的标的资产为日经 225 股价指数,但却以美元结算,所以该对冲策略还存在着较大的汇率风险。新加坡证券交易所(SGX)交易的日经 225 股指期货合约则是直接以日元结算的,如果利用该合约来进行对冲,就可以有效地避免汇率风险。

二、改变组合的 β 值

我们知道,投资组合的经理时常需要根据其对未来股市走势的预期不断调整其投资组合根据 CAPM 模型计算出的 β 系数。如果仅通过股票市场来调整组合的 β 系数,往往需要付出昂贵的交易成本。例如,如果要降低组合的 β 系数,那就必须卖出组合中 β 系数较高的股票,买入 β 系数较小的股票;反之,亦然。因此,更好的方法是利用股指期货市场,创建一个由股票和期货共同组成的新的组合头寸来改变整体头寸的 β 系数。

假设现有一个多样化的股票投资组合,其唯一的风险便是系统性风险。根据最佳对冲比率的定义,我们知道如果按最佳对冲比率所确定的股指期货合约数目对该股票投资组合全部的系统风险进行对冲,那么由股票和期货共同组成的新组合的 β 系数就为 0,系统性风险也为 0。

因此,如果我们只是对股票组合部分系统风险进行对冲,那么卖出的期货合约数目小于按最佳对冲比率所确定的期货合约数目,就可以使股票/期货新组合的 β 系数大于 0 而小于原股票组合。同样,如果我们希望提高原股票组合的 β 系数,则可以通过买入一定数量的股指期货合约来达到目的。

股指期货 F 对应的股票指数记为 S,建立股票指数 S 百分比收益率相对于股指期货 F 百分比收益率的回归方程:

$$\frac{\Delta F}{F} = \alpha' + \beta_{FS}\frac{\Delta S}{S} + \eta \tag{7-32}$$

一般来说,股指期货 F 的波动略大于对应指数的波动,即 β_{SF} 稍大于 1。

需要对冲资产组合 P 的百分比收益率相对于股票指数 S 的百分比收益率回归方程为:

$$\frac{\Delta P}{P} = \alpha + \beta_{PS}\frac{\Delta S}{S} + \varepsilon \tag{7-33}$$

需要对冲资产组合 P 的百分比收益率相对于股指期货 F 的百分比收益率回归方程为:

$$\frac{\Delta P}{P} = \alpha'' + \beta_{PF}\frac{\Delta F}{F} + \zeta \tag{7-34}$$

将式(7-32)代入式(7-34),整理后得:

$$\frac{\Delta P}{P} = (\alpha'' + \alpha'\beta_{PF}) + \beta_{PF}\beta_{FS}\frac{\Delta S}{S} + (\beta_{PF}\eta + \zeta) \qquad (7\text{-}35)$$

对比式(7-33)与(7-35),有 $\beta_{PS} = \beta_{PF}\beta_{FS}$,$\alpha = \alpha'' + \alpha'\beta_{PF}$,$\varepsilon = \beta_{PF}\eta + \zeta$。

一般来说,要将组合的 β 系数从 β_{PS} 变到 β_{PS}^*,相当于 β_{PF} 从 β_{PS}/β_{FS} 调整到 β_{PS}^*/β_{FS}。为了将价值 V_P 的资产组合从 β_{PS} 调整到 β_{PS}^*,当 $\beta_{PS}^* < \beta_{PS}$ 时,应卖出股指期货合约的数量为:

$$\frac{\beta_{PS} - \beta_{PS}^*}{\beta_{FS}}\frac{V_P}{V_F} \qquad (7\text{-}36)$$

当 $\beta_{PS}^* > \beta_{PS}$ 时,应买入股指期货合约的数量为:

$$\frac{\beta_{PS}^* - \beta_{PS}}{\beta_{FS}}\frac{V_P}{V_F} \qquad (7\text{-}37)$$

三、资产配置

所谓资产配置(Asset Allocation),是指如何将既定的资金在不同种类的资产中加以分配的问题。

假设某投资者希望将其原有组合中的部分股票转化为短期国库券,那么他可以通过在股票市场上卖出该部分股票,再将所获收入投资于短期国库券即可,但这必然要付出昂贵的交易成本。如果利用股指期货,投资者就可以无须出售股票,也能达到获得短期国库券无风险收益的效果。从前面的分析中我们知道,如果投资者按最佳对冲比率所确定的股指期货合约数目对其持有的股票组合进行对冲,那么由股票和期货共同组成的新组合的系统性风险就为0,从而整体头寸近似以无风险利率增长,其表现就相当于短期国库券。因此,借用股票的多头和一定数量的股指期货的空头,投资者就可以创建一个合成的短期国库券(a Synthetic T-Bill)。

反之,同样也可以利用短期国库券的多头和股指期货的多头创建一个合成的股票组合(a Synthetic Equity Position),达到将原有的短期国库券转化为股票组合的目的,该合成的股票组合有股票指数类似损益状况。

四、投资组合保险

所谓的投资组合保险(Portfolio Insurance)就是通过动态对冲(Dynamic Hedging)技术,利用股指期货来保护股票投资组合的下跌风险。我们知道,当投资者按照最佳对冲比率对原有的股票头寸进行完全的对冲时,其现货和期货市场整体头寸的系统性风险就为0,从而整体头寸近似以无风险利率增长,但如果股价上涨,该投资者也就无法获得原股票组合本应获得的超出无风险利率部分的收益。

因此,投资组合保险就是预先设定一条组合价值的底线,初始时刻只对部分的股票组合进行对冲,即进行不完全的对冲,然后根据组合价值的涨跌情况,买入或卖出相应数量的股指期货合约,不断调整对冲的比重,从而既可以防止组合价值跌至预设底线之下的风险,又可以获得部分股价上涨收益的好处。由于投资组合保险中的对冲交易是在不断的进行中,对冲的比重也在不断地调整,所以也被称为动态对冲。

第五节 利用国债期货对冲

一、多头对冲

例7-7 假设XX年12月15日,某公司投资经理A得知6个月后公司将会有一笔$970 000的资金流入并将用于90天期国库券投资。已知当前市场上90天期国库券的贴现率为12%,收益曲线呈水平状(即所有的远期利率也均为12%),明年6月份到期的90天国库券期货合约的价格为$970 000。因此,该投资经理预计6个月后的那笔资金$970 000刚好购买一份面值为$1 000 000的90天期国库券。为了预防6个月后90天国库券的价格上涨,该投资经理决定买入1份6个月后到期的90天期短期国库券期货合约进行对冲。

假设到了6月15日,市场上90天期国库券的收益下降为10%,则同样购买1份面值为$1 000 000的90天期国库券需要的资金为$975 000($975 000 = $1 000 000 − 0.10 × $1 000 000 × 90/360),因此现货市场上亏损了$5 000。此时,原有的国库券期货合约恰好到期,期货的收益率应等于现货的收益率,也为10%,故该期货合约的价格也上涨为$975 000,期货市场上的盈利就为$5 000。期货市场与现货市场的盈亏恰好可以相抵,有效地达到了保值的目的。

值得注意的是,本例中假设收益曲线呈水平状,即期利率和远期利率相等,从而使整个问题简化。在实际的运用中,这种呈水平状的收益曲线并不常见,要利用利率期货市场进行对冲,关键是要锁定远期利率,而不是即期利率。

二、空头对冲

例7-8 假设1月15日,某公司投资经理B得知,根据公司的投资计划安排,2个月后必须将一笔面值为$20 000 000的短期国库券投资变现。已知该笔国库券2个月后刚好可以用于3月份90天期国库券期货合约的交割,而当前市场上该3月份短期国库券期货合约的报价为94.50,即预计2个月后这笔$20 000 000的短期国库券可以变现为$19 725 000 $\left(= 200 000\left[100 - \dfrac{90}{360}(100 - 94.5)\right]\right)$。为了避免2个月后国库券价格下跌的风险,该投资经理B决定卖出20份3月份90天期短期国库券期货合约,总价格为$19 725 000,进行对冲。

假设3月份该公司原持有短期国库券需变现时,市场上90天期国库券的价格不仅没有下跌反而上涨,贴现率变为5.25%。3月份90天期短期国库券期货的报价也变为94.75。因此,该公司在现货市场上的变现收入为$19 737 500 $\left(= 20 000 000\left[1 - \dfrac{5.25\% \times 90}{360}\right]\right)$,现货市场上共盈利$12 500(= $19 737 500 − $19 725 000)。期货市场上对冲平仓的损失也

恰好为 $12 500。

三、交叉对冲

由于利率期货市场上标的资产的种类繁多,因此交叉对冲的显现尤为常见。只要用于保值的和被保值的金融工具的风险水平、息票率、到期日不同,亦或被保值的金融工具和可用于交割的期货合约标的物所跨越的时间不同,都可以称为"交叉对冲"。

例 7-9 假设某公司经理决定 3 个月后发行一笔面值为 $10 亿的 90 天期商业票据进行筹资,当时市场上流通的该公司 90 天期商业票据的贴现率为 17%,比 90 天期国库券的贴现率 15% 高出了 2 个百分点。该公司经理预计,如果 3 个月后该公司商业票据的贴现率不变,则实际可筹得的资金为 $957 500 000。为了防止该公司商业票据贴现率上升,该公司经理决定利用 90 天期国库券期货进行对冲。尽管这两者的利率高度相关,但用于保值的和被保值的是两种不同的金融工具,因此也属于交叉对冲的范畴。

该公司经理的对冲交易如表 7-3 所示。

表 7-3 短期国库券期货和商业票据交叉对冲示例

时 间	现 货 市 场	期 货 市 场
$T=0$	计划 3 个月后发行一笔总面值为 $10 亿的 90 天期商业票据,预期贴现率为 17%,则预计实际可筹资金为 $957 500 000。	卖出 1 000 份 3 个月后到期的 90 天期短期国库券期货合约,期货贴现率为 16%,故每份期货合约的价格为 $960 000,总收入为 $960 000 000。
$T=3$ 个月	商业票据的收益率上涨为 18%,短期国库券的贴现率仍比商业票据低 2 个百分点,即为 16%。因此,发行面值为 $10 亿的 90 天期商业票据的实际筹资额为 $955 000 000,而不是预期的 $957 500 000。	期货合约即将到期,故该国库券期货的贴现率等于现货贴现率,即 16%,每份期货合约的价格仍为 $960 000,期货市场上盈亏为 0。

从表 7-3 的交易中,我们看到该经理试图锁定 $T=0$ 时刻商业票据的现货贴现率 17%,从而对冲的结果"似乎"现货市场上损失了 $2 500 000。其实不然。因为该经理的这一"希望"原本就是没有保证的,在 $T=0$ 时刻,该经理有可能加以锁定的应该是当时商业票据的 3 个月远期利率而不是即期利率。当时的短期国库券期货贴现率为 16%,如果商业票据的贴现率总是保持比国库券期货贴现率高 2 个百分点,这就反映了当时市场对 3 个月后商业票据贴现率的预期已经是 18%,而不是 17%。因此,该经理试图利用国库券期货合约来锁定当时市场上商业票据的即期贴现率 17% 是不现实的,其所预计的 3 个月后实际可筹资额原本就应该为 $955 000 000,而不是 $957 000 000。如果是这样,那么现货市场与期货市场的总盈亏也仍为 0。因此,利用利率期货进行对冲,关键是要锁定远期利率,而不是即期利率。

以上三个例子中对冲的结果总盈亏都为 0。在实践中,结果往往都不可能如此完美。仍以例 5-11 中的情况作进一步说明,假设该公司经理最初试图锁定的贴现率是正确的,即为 18%。然而,随着从 $T=0$ 到 $T=3$ 个月这段时间内,通货膨胀超预期地上涨,市场认为商业票据的风险程度也高于原本 $T=0$ 时刻的预期,那么 3 个月后,假设国库券期货的贴现率等于现货的收益率等于 16.25%,而商业票据的贴现率为 18.5%,比前者高了 2.25%。那么此时,期货市场上的盈利为 \$625 000,而现货市场上的损失却为 \$1 250 000,因此总损失 \$625 000。但是,如果没有进行对冲,则损失将更大,即为 \$1 250 000。

此外,在通常情况下,短期国库券利率和商业票据利率将会同方向变动,但也可能出现反方向变动的特殊情况,此时,对冲的结果就很可能遭遇巨大的损失或盈利。例如,假设例 5-11 中三个月后商业票据的贴现率仍为 18.5%,然而国库券的贴现率却降为 15.75%,那么现货市场上的损失仍为 \$1 250 000,同时期货市场上也损失了 \$625 000,因此总损失就为 \$1 875 000。因此,我们应该谨记对冲的目的并非为了盈利,而只是为了尽可能地降低风险。

四、对冲比率的选择

在前面的例子中,出于简化,我们都是采用了 1∶1 的对冲比率。在实践中,1∶1 的对冲比率往往并不能达到最好的保值效果。那么,在利率期货市场上进行对冲该如何选择最为合适的对冲比率呢?

在本章中,我们给出了风险最小的对冲比率即最佳对冲比率的公式:

$$h = \frac{\rho_{SF}\sigma_S\sigma_F}{\sigma_F^2} = \frac{COV_{SF}}{\sigma_F^2} = \rho_{SF}\frac{\sigma_S}{\sigma_F}$$

并指出,实践中可以通过以下回归方程来寻找最佳对冲比率:

$$\Delta S = \alpha + \beta\Delta F + \varepsilon$$

一般而言,这一回归的方法在利率期货市场上也同样适用,但存在着以下一些局限性:首先,金融市场上证券的种类繁多,对于一些新证券的保值,利用上述回归方程进行参数估计时往往由于现货市场数据的缺乏而不得不用其他证券的数据替代,从而影响了模型结果的准确性。其次,该回归方法只是间接地而不是显性地考虑了不同债券价格对利率变化敏感性的差异,而这正是利率期货对冲中需要特别关注的一个重要问题。因此,我们要再给大家介绍一种基于久期的对冲策略。

(一) 久期

所谓久期(Duration)是用来衡量债券持有者在收到现金付款之前,平均需要等待多长时间。期限为 n 年的零息票债券的久期就为 n 年,而期限为 n 年的附息票债券的久期则小于 n 年。

假定现在是 0 时刻,债券持有者在 t_i 时刻收到的现金流为 $c_i(1 \leqslant i \leqslant n)$。则债券价格 B 与收益率 y(连续复利)的关系就为:

$$B = \sum_{i=1}^{n} c_i e^{-yt_i} \tag{7-38}$$

因此,债券久期 D 的定义就为:

$$D = \frac{\sum_{i=1}^{n} t_i c_i e^{-yt_i}}{B} = \sum_{i=1}^{n} t_i \left[\frac{c_i e^{-yt_i}}{B} \right] \tag{7-39}$$

可见,久期实际上是付款时间的加权平均值,对应 t_i 时刻的权重就等于该时刻所有支付的现值占债券总现值的比率。权重之和为 1。

(二) 基于久期的对冲比率

由式(7-38)可知:

$$\frac{\partial B}{\partial y} = -\sum_{i=1}^{n} t_i c_i e^{-yt_i} \tag{7-40}$$

根据式(7-38)可知 $BD = \sum_{i=1}^{n} t_i c_i e^{-yt_i}$,因此式(7-39)可改写为:

$$\frac{\partial B}{\partial y} = -BD \tag{7-41}$$

如果我们将收益率曲线微量平移,使所有期限的利率都增加 Δy,则所有债券的收益率也都增加了 Δy,由式(7-41)可知,债券价格增加了 ΔB,其中,

$$\frac{\Delta B}{\Delta y} = -BD \quad 或 \quad \frac{\Delta B}{B} = -D\Delta y \tag{7-42}$$

这表明债券价格变化的百分比就等于其久期乘以收益曲线的平行增量。

用 S 表示须进行对冲的资产的价值,D_S 表示须进行对冲的资产的久期,F 表示利率期货合约的价格,D_F 表示期货合约标的资产的久期。假定收益率曲线只发生平行移动,则根据式(7-42),可得一近似公式:

$$\Delta S = -SD_S \Delta y \tag{7-43}$$

通过合理的近似,同样可得:

$$\Delta F = -FD_F \Delta y \tag{7-44}$$

因此,为了对冲 Δy 的不确定性,对冲所需要的合约数为:

$$N^* = \frac{SD_S}{FD_F} \tag{7-45}$$

这就是基于久期的对冲比率(Duration-based Hedge Ratio),也称为价格敏感的对冲比率(Price Sensitivity Hedge Ratio)。运用它可使整个头寸的久期为 0。

例 7-10 5 月 5 日,某公司投资经理得知将于 8 月 5 日收到一笔 \$3 400 000 的资金,并计划投资于 6 个月期的短期国库券。当前市场上,9 月份 3 个月期的国库券期货合约的报价为 89.5,即现金价格为 \$973 750[=10 000[100−0.25(100−89.5)]。为预防 8 月 5 日收到资金时市场上短期国库券的价格上涨,从而给公司造成损失,该投资经理决定买入 9 月份的短期国库券期货合约进行对冲。

由于短期国库券属贴现债券,因此该3个月期期货合约的标的资产的久期就为0.25年,而计划投资的6个月期短期国库券的久期就为0.5年。

根据式(7-45),应购买的期货合约数为:

$$\frac{3\,400\,000}{973\,750} \times \frac{0.5}{0.25} = 6.98 \approx 7$$

(三) 久期对冲的局限性

久期的概念为利率风险管理提供了一个简单的方法。由于它忽略了凸度因素对组合价值变化的影响,同时它是建立在收益率曲线只能发生平移,即所有利率变化幅度相等的假设上的,而实践中,短期利率的波动率往往高于长期利率,两者之间的相关性并不好,甚至有时变化方向相反。在现实中,收益率曲线的变化还可能源于收益率曲线的斜率或者曲度的变化。因此,基于久期的对冲存在着一定局限性。

第六节 影响对冲其他的因素

从某种意义上来说,对公司而言,是否要进行对冲其实也是企业财务决策中的一项。根据MM(Miller and Modigliani)定理,公司的价值与其资本结构无关。也就是说,在完全市场条件下,企业无论以负债筹资还是以权益资本筹资都不会影响企业的市场总价值。同样,在完全市场的条件下,无论企业是否进行对冲,也都不会影响该企业的总价值。在现实生活中,在非完全市场的条件下,税收、破产成本、交易费用、委托代理问题、以及股东缺乏多样化投资等因素都会对企业的对冲决策产生一定的影响,进而对公司价值产生一定的影响。

一、税收

完全市场下通常都假设没有税收。在实际生活中,税收往往是公司进行对冲的一个重要的激励因素。

例7-11 假设某公司今年将有1 000盎司的黄金待出售,开采成本为$300/盎司。当前黄金期货的价格为$400/盎司。再假设到期时,黄金现货的价格可能为$300/盎司或$500/盎司,概率各为50%。该公司的所得税率为20%,并有$20 000的课税扣除额度可用于冲抵所得税。该公司进行对冲和不进行对冲两种情况下的预期税前和税后利润情况见表7-4。

表7-4 税收对对冲决策的影响示例

	未进行对冲		进行了对冲	
黄金现货的出售价格	$300	$500	$300	$500
黄金现货出售的总收入	$300 000	$500 000	$300 000	$500 000
期货市场上的盈亏状况	0	0	+100 000	−100 000

续 表

	未进行对冲		进行了对冲	
减:生产成本	−300 000	−300 000	−300 000	−300 000
税前利润	0	$200 000	$100 000	$100 000
应纳税额	0	−40 000	−20 000	−20 000
加:课税扣除额度(如果适用的话)	0	+20 000	+20 000	+20 000
净收入	0	$180 000	$100 000	$100 000
预期税后净收入	$90 000		$100 000	

可见,无论是否进行对冲,公司从出售黄金中所获得的收入都是 $300 000 或 $500 000,主要取决于出售时黄金现货的价格是 $300/盎司还是 $500/盎司。在没有进行对冲的情况下,该公司期货市场上的盈亏就为 0。在进行了对冲的情况下,如果到期时黄金现货的价格是 $300/盎司,那么该公司在期货市场上的盈利就为 $100 000。如果到期时黄金现货的价格是 $500/盎司,那么该公司将在期货市场上将损失 $100 000。在所有可能的情况下,该公司总的生产成本都是 $300 000。因此,没有进行对冲时,该公司的税前利润要么为 0,要么为 $200 000。如果进行了对冲,无论黄金现货的价格如何,该公司的税前利润均为 $100 000。

现在来看税收对对冲决策的影响。由于课税扣除额度只有在该公司当年有应纳所得税额时才可使用。因此,在没有进行对冲的情况下,若到期时黄金现货的价格为 $300/盎司,则该公司的税前利润为 0,应纳税额为 0,不能适用该课税扣除,其税后净收入也为 0。如果黄金售价为 $500/盎司,则该公司可以全部利用该课税扣除,其税后净收入为 $90 000。可见,如果不进行对冲,该公司只有一半的机会利用该课税扣除。但是,在进行了对冲的情况下,无论黄金的售价如何,该公司的税前利润均为 $100 000,应纳税额也均为 $20 000,都可以利用该课税扣除,因此,税后净收入也均为 $100 000。可见,通过对冲,公司可以确保自己能够有更多的机会利用已有的课税扣除额度,从中获利。同时,是否进行对冲下,该公司的预期税后净收入之差为 $10 000,恰好等于在未进行对冲情况下,该公司无法利用已有的课税扣除额度的预期损失($20 000×0.50)。

综上可知,对冲可以提高公司的预期税后净收入,从而提高公司的价值。

二、破产成本

尽管在例 7-11 中,无论是否进行对冲,该公司的预期税前净利润都是一样的,对冲显然可以大大减小税前利润中所含的风险。

在完全市场的假设下,投资者可以无成本地进行多样化投资,以创建其所希望持有的任何风险头寸。即便某家公司因追随高风险的经营策略而导致破产,其资产也可以迅速地配置到具有同样收益率的其他项目中,即在完全市场条件下没有破产成本。在现实生活中,破产或陷入财务困境都有着客观的实际成本。例如,必须支付大量的律师费和会计师费等。该公司的资产也无法立刻进行重新有效的配置。因此,一个有效的有助于降低风险的策略,如对冲往往可以帮助公司避免此类破产成本,从而提高公司的价值。

三、交易费用

如果期货价格等于预期的未来现货价格,则进行期货交易的预期利润就为 0,进行对冲的预期成本也就大致等于进行对冲的相关交易费用。对于持续进行对冲的公司来说,根据大数法则,该公司在期货市场上的头寸必然是有些赔了有些赚了,最终的损失大致等于相关的交易费用。因此,交易费用的存在,是许多公司进行对冲决策时考虑的一个重要因素,在一定程度上也限制了某些公司进行对冲的交易。

四、委托-代理问题

在完全市场下,公司经理作为股东的纯粹代理人,为着股东的利益兢兢业业地进行有关的经营活动,就仿佛股东自己在亲自经营一样。在现实世界中,经理和股东之间往往有着相互冲突的利益关系,这就导致了委托人(股东)和代理人(经理)之间的一些矛盾和问题。同样,在是否进行对冲的决策中,由于经理全职为该公司工作,其财富的很大一部分都与这家公司紧密地联系在一起,而股东极有可能持有多家公司的资产组合,这家公司也许仅仅是其资产组合中的一小部分,因此经理就可能比股东更希望降低公司的经营风险,更愿意进行对冲,而股东反而会更倾向于节省对冲的交易费用。

五、所有者多样化投资的缺乏

在非完全市场的条件下,由于投资成本的存在,很多小股东都无法进行完全多样化的投资,而是将自身财富的相当一部分都投入到某家公司中,因此他们通常都是高度风险厌恶型的,往往愿意采用对冲这类有利于降低风险的交易策略。可见,这种所有者多样化投资的缺乏,正是许多公司愿意进行对冲的一个重要因素。

重要概念

对冲 多头对冲 空头对冲 基差 基差风险 滚动对冲 最小方差对冲 对冲效果 动态对冲 最小下方风险对冲 投资组合保险 交叉对冲 基于久期的对冲

习题与思考题

1. 假设铜的市场价格(51 300 元/吨),某经销商库存有 100 吨铜。为预防铜价格下跌的风险,该经销商决定利用上海期货交易所交易所的铜期货合约进行套期保值,合约规模为 5 吨。设该经销商铜库存价格收益率变化的年化标准差为 25%,铜期货价格收益率变化的年化标准差为 32%,铜库存价格收益率与铜期货价格收益率之间的相关系数为

0.83。请计算风险最小的套期比率,以及该经销商所需交易的期货合约数目。

2. 假设某经销商决定利用期货市场为其 1 525 000 加仑的汽油库存进行套期保值,当前汽油价格为 2.8 美元/加仑。

   (1) 若经销商 A 根据近期无铅汽油期货合约(合约规模为 42 000 加仑)与其汽油库存的有关数据,利用回归方程 $\Delta S_t = \alpha + \beta \Delta F_t + \varepsilon_t$,进行参数估计得到的结果如下:

   $$\hat{\alpha} = 0.523\,1; \hat{\beta} = 0.941\,7; R^2 = 0.91$$

   该经销商 A 应如何操作,才能使其套期保值的风险最小?

   (2) 若经销商 A 根据近期 2 号燃料油期货合约(合约规模为 42 000 加仑,当前价格为 2.6 美元/加仑)与其汽油库存的有关数据,利用回归方程 $\dfrac{\Delta S_t}{S_t} = \alpha + \beta \dfrac{\Delta F_t}{F_t} + \varepsilon_t$ 进行参数估计得到的结果如下:

   $$\hat{\alpha} = 0.726\,1; \hat{\beta} = 1.037\,8; R^2 = 0.65$$

   请将(2)中的结果与(1)进行比较,说明哪种期货合约才能达到更好的保值效果,为什么?

3. 3 月 1 日国内企业向欧洲某企业销售了价值 1 500 元欧元的货物,付款期是 3 个月。同时,该企业与一美国企业签订了价值 1 000 万美元的设备出口合同,付款期也是 3 个月。

   已知:(1) 3 月 1 日的即期汇率是 1 欧元 = 8.265 8 元人民币;1 美元 = 6.334 7 元人民币。

   (2) CME 期货交易所的人民币/美元期货合约及人民币/欧元期货合约大小都是 100 万元人民币/手。

   (3) 3 月 1 日,九月份到期的 CME 人民币/美元期货合约报价为 0.158 36/0.158 41,主力人民币/欧元期货合约报价为 0.111 93/0.111 98。

   问:(1) 该国内企业面临何种外汇风险?

   (2) 该国内企业可以用哪些方式规避相关风险?

   (3) 该企业应该如何利用 CME 期货交易所的人民币/美元期货合约及人民币/欧元期货合约进行套期保值。

4. 3 月 7 日,某公司的财务经理李先生得知根据公司的投资安排,3 个月后将有一笔价值为 1 000 万股的股票变现,股票当前价格是 25 元/股。为防止到时股价下跌,影响股票的变现收入,李先生决定利用期货市场进行套期保值。当前市场上 6 月份沪深 300 股指期货、中证 500 股指期货合上证 50 股指期货的报价,以及根据这三种合约求得的最佳套期比率如下所示:

	沪深 300 股指期货	中证 500 股指期货	上证 50 股指期货
合约规模	300×指数值	200×指数值	300×指数值
6 月份期货报价	3 820.5	6 040.6	2 706.8

续 表

	沪深300股指期货	中证500股指期货	上证50股指期货
β_{RM}	1.30	1.35	1.10
R^2	0.83	0.75	0.90

请问,李先生该选择哪种期货合约进行套期保值?具体应如何操作?

5. 在今后三个月,某投资经理准备采用国债期货对冲其债券组合,组合当前的价值为5亿元。三个月后,该债券组合的久期是4.2年。国库券期货合约的报价为97.75。每一分期货合约的面值为100万元人民币的标准券。在期货合约到期时,预计最便宜可交割合约的久期为8.2年。

(1) 对冲所需要的期货数量是多少?

(2) 在一个月以后,最便宜可交割债券换成了7年期久期的债券,对冲要如何调整。

(3) 假定在今后3个月所有利率都增长,但长期利率增幅大于中期和短期利率增幅,这对对冲效果有何影响。

6. 假设某投资经理管理着一个总价值为$40 000 000的多样化股票投资组合,该组合相对于S&P500指数的β系数为0.8。该投资经理预计未来一个月股市将大幅度上涨,该投资经理决定打算将投资组合的β系数增加到1.5,以便更大程度地获得大盘上升的收益。假定S&P500指数期货和S&P500指数的相关系数为1。

请问需要买进多少数量的S&P500指数期货才能将投资组合的β系数增加到1.5。

第八章

期货市场套利策略和投机策略

学习目标

通过本章的学习,读者能够掌握利用期货市场进行套利和投机的基础原理和模型。本章介绍了期货套利策略的原理和类型,以及统计套利的基本模型,并对国债期货套利进行了专门的分析。本章还介绍了期货市场投机交易策略的原理和基本类型,并讨论了如何利用市场微观结构中的订单不平衡指标增强技术交易的绩效。

第一节 期货市场套利策略概述

一、期货套利策略基本原理

期货套利交易是指利用相关市场或者相关合约之间的价差变化,在相关市场或者相关合约上进行交易方向相反的交易,以期在价差发生有利变化而获利的交易行为。如果是利用期货市场与现货市场之间的价差进行的套利行为,那么就称为期现套利。如果是利用期货市场上不同合约之间的价差进行的套利行为,那么就称为价差交易。

正是由于期货市场上套利行为的存在,从而极大丰富了市场的操作方式,增强了期货市场投资交易的艺术特色。在价差交易刚开始出现时,市场上的大多数人都把它当成是投机活动的一种,而伴随着该交易活动的越来越频繁的发生,影响力越来越大的时候,套利交易则被普遍认为是发挥着特定作用的具有独立性质的与投机交易不同的一种交易方式。期货市场套利的技术与做市商或普通投资者大不一样,套利者利用同一商品在两个或者更多合约之间的价差,而不是任何一合约的价格进行交易。因此,他们的潜在利润不是基于合约或者资产价格的绝对上涨或者下跌,而是基于不同合约之间价差的扩大或者缩小,从而构成其套利交易的头寸。正是由于套利交易的获利并不是依靠价格的单边上涨或下跌来实现的,因此在期货市场上,这种风险相对较小而且是可以控制的,而其收益则是相对稳定且比较优厚的操作手法备受大户和机构投资者的青睐。从国外成熟的交易经验来看,这种方式被当作是大型基金获得稳定收益的一个关键。

二、期货套利策略类型

期货套利策略一般可以分为跨期期货套利、跨产品期货套利、跨市场期货套利和期现套利四种类型。

（一）跨期期货套利

跨期套利又称跨月套利，是利用同一标的资产不同交割月份合约之间的价差进行交易并在出现有利变化时对冲而获利的。其交易特点主要体现为"两个相同"和"两个不同"，即交易的期货的标的资产相同、买进或卖出的时间相同；期货合约的交割月份不同、两个期货合约的价格不同。跨期套利与标的资产绝对价格无关，而仅与不同交割期之间价差变化趋势有关。

跨期套利属于套利交易中最常用的一种，实际操作中又分为牛市跨期套利（买空套利）、熊市跨期套利（卖空套利）和蝶式跨期套利。无论采取哪种操作模式，其本质均是对不同交割期的合约同时进入低买高卖，即同时买入价值被低估的合约而卖出价值被高估的合约。

牛市跨期套利从价差的角度看，做牛市套利的投资者看多市场，认为较远交割期的期货合约涨幅将大于近期合约的涨幅，或者说较远期的期货合约跌幅将小于近期合约的跌幅。从价格判断的角度看，即是认为当前远期的期货价格应相对于当前近期的期货价格被低估。因此，做牛市套利的投资者会卖出近期的期货合约，并同时买入远期的期货合约。有关熊市跨期套利，投资者对市场的看法及交易方向则与牛市跨期套利正好相反。

期货蝶式跨期套利策略就是买入（或卖出）较近月份合约，同时卖出（或买入）居中月份合约，并买入（或卖出）远期月份合约，其中，居中月份合约的数量等于较近月份和远期月份数量之和。这相当于在较近月份与居中月份之间的牛市（或熊市）跨期套利和在居中月份与远期月份之间的熊市（或牛市）跨期套利的一种组合。因为较近月份和远期月份的期货合约分居于居中月份的两侧，形同蝴蝶的两个翅膀，因此称之为蝶式套利。蝶式套利与普通的跨期套利相比，从理论上看风险和利润都较小。

（二）跨产品期货套利

跨产品期货套利是指利用两种不同的、但相互关联的标的资产的期货价格的差异进行套利，即买进（卖出）某一交割月份某一产品的期货合约，而同时卖出（买入）另一种相同交割月份、另一关联产品的期货合约。

跨产品套利必须具备以下条件：两种产品受一些共同供求因素影响，之间应具有关联性与相互替代性；买进或卖出的期货合约通常应在相同的交割月份。在某些市场中，一些产品的关系符合真正套利的要求。比如在谷物中，如果大豆的价格太高，玉米可以成为它的替代品。这样，两者价格变动应趋于一致，两者短期的失衡就可能带来套利的机会。

另一常用的产品间套利是原材料产品与制成品之间的跨产品套利，如大豆及其两种产品——豆粕和豆油的套利交易。大豆压榨后，生产出豆粕和豆油。在大豆与豆粕、大豆与豆油之间都存在一种天然联系能限制它们的价格差异额的大小。例如，一般来说，大豆价格上升（或下降），豆粕的价格必然上升（或下降），如果你预测豆粕价格的上升幅度小于大豆价格的上升幅度（或下降幅度大于大豆价格下降幅度），则你应先在交易所买进大豆的同时,卖出豆粕,待机平仓获利。反之,如果豆粕价格的上升幅度大于大豆价格的上升幅度(或下降幅度小于大豆价格下降幅度),则你应卖出大豆的同时,买进豆粕,待机平仓获利。

(三) 跨市场期货套利

跨市套利是同时在不同期货交易所买进和卖出同一标的资产的相同交割月份的期货合约,并利用可能的地域差价来赚取利润。通常,跨市交易既可在国内交易所之间进行,也可在不同国家的交易所之间进行。跨市场套利要满足一下三个前提:期货交割标的物的品质相同或相近;期货品种在两个期货市场的价格走势具有很强的相关性;贸易自由或进出口政策宽松,商品可以在两地和两国自由流通。

从贸易流向和套利方向一致性的角度出发,跨市套利一般可以划分为正向套利和反向套利两种:如果贸易方向和套利方向一致则称为正向套利;反之,则称为反向跨市套利。例如:国内铜以进口为主,在LME做多的同时,在上海期货交易所做空,这样的交易称为正向套利。相应的了结方式有实物交割平仓和对冲平仓两种。一般来说,正向套利是较常采用的一种跨市套利,而反向套利具有一定风险性,不建议经常采用。总的来说,跨市套利风险相对较小,利润也相对稳定,是适合于具有一定资金规模的机构投资者和追求稳健收益的投资者的一种期货投资方式。

(四) 期现套利

期现套利是指某种期货合约,当期货市场与现货市场在价格上出现差距,从而利用两个市场的价格差距,低买高卖而获利。根据期货定价理论,现货价格与期货价格两者间的差距,即"基差"(基差=现货价格-期货价格)应该与该标的资产的持有成本决定。一旦基差过大或者过小,就出现了期现套利的机会。例如,对于投资类商品为标的的期货而言,一般而言期货价格要高于现货价格,即基差为负。如果期货价格高出现货价格的程度超过用于交割的各项成本,如资金成本、运输成本、质检成本、仓储成本、开具发票所增加的成本等,就存在买入现货同时卖出期货的套利机会。

期现套利主要包括正向买进期现套利和反向买进期现套利两种。正向买进期现套利是指期货与现货的价格之差高于无套利区间上限,套利者可以卖出期货,同时买入相同价值的现货,当期现价格之差落到无套利区间之后,对期货和现货同时进行平仓,获取套利收益。影响正向套利有如下因素:买入现货价格、卖出期货价格、仓储费、资金利息、增值税、交易手续费、交割手续费。套利利润=卖出期货价格-买入现货价格-仓储费-资金利息-增值税-交易交割手续费等。反向买进期现套利的交易正好与正向买进期现套利相反。

三、期货套利的风险

在利用期货进行套利时,根据期货合约是否交割可以分为非交割套利和交割套利,这两种套利的风险因素有较大的差异。

(一) 非交割套利中的风险因素

如非交割套利跨期本身相当于对远月合约和近月合约之间价差的单向投机,因此风险相对交割套利要高。其最大风险就是价差不能在投资期内如期按照预计方向收敛。其主要风险因素有以下七种。

1. 建模风险

在进行投资决策前,我们要通过对不同合约基差的历史运行规律进行分析,利用合理的模型模拟价差运行趋势。如果对其建模错误,可能会得出错误的结论,导致套利失败。

2. 强制减仓风险

当期货市场出现连续两个同方向单边市的极端行情时,为稳定市场和防止风险进一步扩大,交易所有可能启动强制减仓措施,即按一定的规则对处于盈利状况的持仓与亏损达到一定程度的平仓报单进行自动撮合成交以强制减仓。如果投资者套利交易中的期货持仓处于盈利状况,且正好满足强制减仓的相关条件,就有可能被强制减仓,从而直接导致套利计划的终止。

3. 操作风险

在非套利投资过程中,有可能因为订单失误、软件故障、网络故障等原因,在套利过程中造成损失,就会造成操作风险。

4. 换月风险

由于合约到期的影响,每个合约处在成交比较活跃的期限一般只有1—4个月。合约成交开始转换时,跨期套利组合的两个合约也要开始先后递延。在递延时有可能遇到价差突然有较大跳空的风险。比如原来两合约之间距离2个月,换月之后变为距离4个月,这就会引起价差突然跳空,并且规律与之前有所不一致,从而给投资带来风险。

5. 流动性风险

如果组建的套利组合中期货合约流动性很差,则组合可能不能够顺利地同时开仓和平仓。同时,如果组合构建得很大,则组合的两个合约都存在一定的冲击成本。

6. 资金管理风险(逼仓风险)

由于期货交易采用保证金制度和强行平仓制度,套利交易中所建立的期货头寸就有可能因为资金管理不善而面临被强行平仓的风险。当行情急剧变化时,甚至可能出现穿仓的风险。

7. 未止损风险

由于非交割套利本质是对价差的单边投机,如果缺少止损,在高杠杆的期货套利中,风险会很大。在实际投资中,做出套利交易后,要设置价差往不利方向运行的止损位,防范价差在投资期内无法回归的风险或者是投资者无法承受短期较大损失的风险。

(二)交割套利中的风险因素

如果投资者能够进入交割,其跨期套利的风险将会大为降低,但其也面临一定的风险。

1. 强制减仓风险

与非交割套利类似,交割套利也会遇到强制减仓风险,法人资格风险。在我国个人投资者有一些合约是不能进入交割月,即个人不能进行交割,只能以对冲来了结自己的头寸。对这些有限制的合约,进行非交割套利投资者需具有法人资格。

2. 财务风险

在交割套利中,仓单要持有到交割日,随着交割日的临近保证金比率将大幅提高。进行交割,更要占用大量资金。投资者要保证有足额的现金流补充。

3. 交割规则风险

仓单有有效期风险,过了有效期要重新注册。而且,某些品种某些月份交割的话有贴水规定,对交割规则不清楚会面临较大的交割风险。

一般来说,交割日期、交割地点和资产品级(如商品期货的商品等级、国债期货的交割券)是由期货合约的空头来决定,因此对多头期货合约的套利者而言,如果进行交割,会面临一些额外的风险。

4. 增值税风险

期货交割由交割卖方向对应的买方开具增值税专用发票。增值税专用发票由双方会员转交、领取并协助核实。交割价格是不能提前确定的,因此在开始建立头寸之前增值税是无法准确计量的,交割价格的变动带来了增值税变动的风险。

第二节 期货市场的价差统计套利模型

一、统计套利基本概述

(一) 统计套利概念

无风险套利机会可以说是很多投资者梦寐以求的,但是无风险套利机会难以长期存在,而且即使存在着无风险套利机会,其套利收益率也会非常微薄,并不足以能使从事无风险套利成为一个值得长期持续的工作。当然,并不能否认市场有时候的确会出现一些长期存在、并且利润丰厚的套利机会。

既然严格的无风险套利机会少、收益率微薄,实际的执行过程中也不能完全消除各种风险。那么,投资者如能够放松完全无风险的要求,允许有存在一定的风险,能够让套利机会大幅度增加。统计套利是利用证券价格的历史统计规律进行套利,是一种风险套利,其主要风险在于这种历史统计规律在未来一段时间内是否持续存在。

统计套利是将套利建立对历史价格数据进行统计分析的基础之上,估计相关变量的概率分布,并结合基本面数据进行分析以用以指导套利交易。相比于无风险套利,统计套利增加了一些风险,但是由此可获得的套利机会将数倍于无风险套利。统计套利的基本思路是运用统计分析工具对一组相关联的价格之间的关系的历史数据进行研究分析,研究该关系在历史上的稳定性,并估计其概率分布,确定该分布中的极端区域,即否定域,当真实市场上的价格关系进入否定域时,则认为该种价格关系不可长久维持,套利者有较高成功概率进入市场套利,等市场价格关系回复正常时,结清套利头寸实现获利(图8-1)。

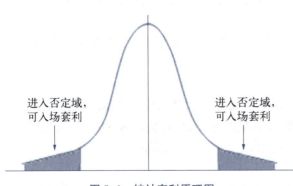

图8-1 统计套利原理图

(二)多资产价格之间稳定均衡机制和关系是统计套利基础

统计套利是只针对有稳定性的多个资产价格关系进行的,那些没有稳定性的价格关系的套利风险是很大的。价格关系是否稳定直接决定着统计套利能否成立,因此在对价格关系的历史数据进行统计分析的时候,首先要检验价格关系在历史数据中是否稳定。一组价格关系如果是稳定的,那么必定是存在着某一种均衡关系维持机制,一旦价格关系偏离均衡水平,维持机制就会起作用,将价格关系或快或慢地拉回到均衡水平。

要分析一组价格关系是否稳定,首先需要先从市场供求、套利机制等视角定性分析是否存在均衡关系维持机制,然后再对历史数据进行统计分析进行验证,以验证该通过定性分析得到的稳定关系维持机制在历史上是否是在发挥作用。

例如:大豆、豆粕、豆油之间的跨品种套利,豆粕与豆油同属于大豆的下游产品,通过这一关系决定了三者之间的均衡关系,通过分析 CBOT 大豆、豆油和豆粕在过去二十年的历史比价数据,则会发现它们之间的价格关系有很强的稳定性。国内三大植物油,同属于食用油系列,三者互为替代品,从用途上相互作用,存在均衡的价差关系。通过长期统计分析比价关系比较均衡。大豆与玉米在种植上属于同一季节作物,属于争地性产品,在下游又都可以作为饲料的原料,又相互替代,由这两种均衡关系维持着相对稳定的比价关系。又如:在铜和铝,调用它们过去二十年的历史价格数据进行统计分析,容易发现它们之间的价差(比价)是不稳定的,所以针对铜和铝的价差进行的套利是存在很大风险的。

概言之,进行统计套利,首先是要结合定性和定量两个方面的分析来寻找到一种有着均衡维持机制的稳定的价格关系,然后估计相对价格关系的概率分布,对概率分布进行统计检验。这是统计套利的基础。

(三)统计套利的优势、局限与风险控制

1. 统计套利的优势

统计套利有以下两个方面的优势。

优势1:统计套利是对无风险套利条件的放松,以增加少量的风险来换取更多的套利机会,最大损失远小于预期收益。

优势2:相关联商品各自的价格走势既受到共同外因的影响,有受到各自本身特质因素影响,而往往商品本身的特质因素决定了相对价格(价差或比价)的走势,来自外界的突发性共同因素对价差影响不大,因此相对价格的走势的分析往往可以忽略外围共同的不确定性因素,则只需要把握套利商品本身的特质因素即可,其价差走势相对商品走势较容易把握。这也是套利风险相对较小的原因。

2. 统计套利的局限性

统计套利有以下两个方面的局限性。

局限1:统计套利完全依据对历史数据的统计分析来判断套利机会,会存在着一个根本性的局限,即历史数据只能反映过去,过去所发生的,在未来并不一定会发生。历史是不能代表未来,但是如果不去依靠历史,我们对未来将一无所知。

漫长的历史数据,是套利者可以用来分析未来的重要依据。所以,对待历史数据的正确态度,不是因为看到历史数据的局限性而弃之不用,而是在运用历史数据的同时,能采取措施应对它的局限性。在分析历史的基础,充分结合套利品种的当前基本面数据进行估计未来相对价格的走势,从而评估套利的可行性。

局限2:回归均衡关系所需要的时间跨度难以准确预知。这个跨度只能根据历史统计或季节规律性做以大致估计。如果预期的目标价差提前到来,则可以提前了结套利离场,或反向进行新的套利。如果远远超过估计时间,这将会提高套利者的资金使用成本。如果时间太长才回归,那么有可能套利者等不到预期利润的实现就平仓了,这样将可能导致套利失败。更糟糕情况是在未来的相当长的一段时间里价差之间还会继续延续这种偏离,甚至于进一步增大,会给套利者造成资金压力和损失。

事实上,从统计角度看,只要套利交易中成功的概率远远大于失败的概率,并且止损策略使最大损失大部分情况下远小于单次预期收益,则所积累的套利收益将足以抵补小数几次套利失败所遭受的亏损。所以,该种套利相对于单向投机来讲,风险很小,而且收益相对稳定,适应于资金量大,而且追求稳健性投资的机构投资者。

(四) 统计套利的风险控制

风险控制体系是统计套利必需的配套体系,主要作用是将风险控制在统计套利者可以承受的范围,并且在风险演变成真实的亏损的时候令亏损不至于对套利资金的增长造成严重破坏。从实务操作角度,有以下四个具体规则。

(1) 在一般情况下,单次损失不能超过总投资资金的5%,预期盈利要超过总资金的15%,盈亏比达到1:3,方可入市交易。

(2) 总交易资金不要超过总资金的75%,以避免单向强平风险。

(3) 个人户在资金不宽裕的情况下,其持仓一定要在交割月前2个月同时了结头寸,以防止未能及时追加保证而被强平的风险。

(4) 根据财务与投资者风险承受能力,建立跟踪交易盈亏系统,根据盈亏及时发出止损、止赢预警信号。

在统计套利过程中,投资者需要遵循以下两个原则。

(1) 对于套利者不愿意承担的风险,必须彻底规避掉,因为套利者不会让套利头寸暴露在多种风险之下,所愿意承担的只是少量的风险。因此,必须谨慎选择套利品种及套利时机。

(2) 针对套利者愿意主动承担的风险,必须加以评估,以确保套利资金的盈利能力不受到大的亏损的破坏。这需要我们根据风险评估选择恰当的套利头寸。

总之,相对于无风险套利空间而言,统计套利是适当承受少量风险则可以获取大的利润的一种投资工具。相对于单向投机来讲,统计套利是一种相对风险小收益稳健的一种投资方式,适用于资金量大,而且追求稳健性投资的机构投资者。

二、价差统计套利模型

(一) 经典价差套利模型

1. 协整套利模型

在经典价差套利模型中,协整理论最常被用于寻找配对资产标的以及构建相应的参数化交易模型。Vidyamurthy(2004)在其文章中指出,对于存在协整关系的配对股票,可以对它们的价格关系建立如下协整套利模型:

$$P_{it} = \alpha + \beta P_{jt} + \epsilon_{ijt} \tag{8-1}$$

其中，$P_{it} = \ln(S_{it})$，$P_{jt} = \ln(S_{jt})$，P_{it} 和 P_{jt} 是配对股票的对数价格序列，采用对数价格有两方面的原因。一方面，在实际金融市场中，要求资产水平价格存在长期稳定均衡关系是比较苛刻的，这种情况通常只存在于同一家公司在不同地点上市的股票之间。因此一般只要求两类资产的回报率存在长期稳定均衡关系，反映在数学公式上便是用资产的对数价格关系替代水平价格关系。另一方面，在经典的股票价格模型中，股票的对数价格被认为是一阶单整的，而对于同阶单整的两个资产价格序列将可能存在协整关系。

公式中 β 是协整向量，同时也描述了套利交易中的资产配比关系，意味着在构建价差套利的多空组合时，买入一单位 i 股票将对应的卖空 β 单位的 j 股票；常数项 α 代表的是两个股票的均衡价差；而 ϵ_{ijt} 是模型残差，满足弱平稳条件，也被称为去均值后的价差序列。ϵ_{ijt} 在价差套利模型中具有重要意义。

根据式(8-1)的模型，我们可以对价差套利策略的收益来源有更为直观的认识。假设 t 时刻股票 i 和股票 j 的对数价格偏离了式(8-1)所描述的长期均衡关系，考虑 $P_{it} < \alpha + \beta P_{jt}$，即 $P_{it} - \beta P_{jt} < \alpha$ 的情况，此时价差套利策略将选择买入 1 单位的股票 i，并卖空 β 单位的股票 j；在 $t+s$ 时刻，当股票 i 和股票 j 的价格关系又一次回到它们的均衡价格关系时，进行相反的操作，即卖出一单位股票 i 的同时买入 β 单位股票 j。

$$P_{i,t+s} = \alpha + \beta P_{j,t+s} + \epsilon_{ij,t+s} \tag{8-2}$$

将式(8-2)与式(8-1)相减，并进行简单推导，可以得到 t 时刻至 $t+s$ 时刻上述套利交易策略所构建的资产组合的收益方程，即式(8-3)~(8-5)。

$$P_{i,t+s} - P_{it} = \beta(P_{j,t+s} - P_{jt}) + (\epsilon_{ij,t+s} - \epsilon_{ijt}) \tag{8-3}$$

$$\ln(S_{i,t+s}/S_{it}) - \beta \ln(S_{j,t+s}/S_{jt}) = \epsilon_{ij,t+s} - \epsilon_{ijt} \tag{8-4}$$

$$R_{i,t+s} - \beta R_{j,t+s} = \epsilon_{ij,t+s} - \epsilon_{ijt} \tag{8-5}$$

观察式(8-4)和式(8-5)可以发现，等式的左边是 1 单位股票 i 与 β 单位股票 j 在 t 时刻至 $t+s$ 时刻这一期间的对数收益率之差。由于 t 时刻 $P_{it} - \beta P_{jt} < \alpha$，基于均值回复原理，假设在 $t+s$ 时刻，股票 i 和股票 j 的对数价格将回到长期均衡关系，即 $P_{i,t+s} - \beta P_{j,t+s} = \alpha$，那么 1 单位多头股票 i 必然相对 β 单位空头股票 j 在该期间有超额收益。这就意味着式(8-5)的两边 $R_{it+s} - \beta R_{jt+s}$ 和 $\epsilon_{ijt+s} - \epsilon_{ijt}$ 均大于 0，从而解释了价差套利策略的收益来源。

尽管价差套利策略通过构建多空套利组合，利用配对资产价差相对其长期均衡值的偏离和修正进行获利，能够使组合收益率基本不受市场整体涨跌趋势的影响，也就是组合头寸基本没有对市场风险的净暴露，是一种相对价值策略和市场中性策略，但这并不意味着价差套利策略本身是没有风险的。相反，由于价差套利模型以资产存在长期稳定均衡关系等较为理想化的假设为前提，在实际市场应用中将面临许多与模型假设不符的情况，因而会给策略的实施带来风险。

具体而言，Engelberg et al.(2009)将配对交易等此类基于均值回复的价差套利策略所面临的主要风险总结为以下两点：① 价差发散风险(Divergence Risk)；② 价差回复过慢风险(Horizon Risk)。其中,价差发散风险指的是套利模型假设配对资产之间存在长期的均衡关系,但在金融市场中,资产间的价格关系实际上会随着时间推移发生变化,导致原先描述均衡关系的模型不再适用,价差的运动将偏离其历史均值回归路径,给套利者带来损失。第二种风险是指价差尽管仍然是均值回复的,但由于没有在特定的时间范围内回到均值,价差向相反方向的波动导致投资者在套利出场之前将承受账户资产余额的波动,出于期货保证金不足或触发止损等原因,投资者将被迫在价差回复到均值之前平仓,使亏损兑现。对于弱平稳的时间序列 ϵ_t,可以根据其统计性质构建起相应的套利交易信号机制,也就是判断 ϵ_t 是否偏离了其长期均值从而可以触发开平仓等交易行为。

因此,传统协整套利模型一般选取一段样本期用于对配对资产协整关系的检验,在判别协整关系成立的前提下,在交易期根据相应的信号机制进行套利交易。在交易规则的设计上,Vidyamurthy 沿用了 Gatev et al. (1999)提出的 GGR 临界值模型,即选用价差突破历史均值上下 k 倍标准差作为交易信号。

由此可以总结,传统协整套利模型最重要的三个假设如下。

(1) 配对资产间存在长期稳定的均衡关系,该均衡关系在样本内外保持不变。

(2) 去均值价差序列(即协整模型残差 ϵ_t)在样本外是 0 均值,同方差且独立同分布的白噪声序列。

(3) 在 GGR 临界值模型中,去均值后的价差序列 ϵ_t 被假设为服从正态分布,即 $\epsilon_t \sim N(0, \sigma^2)$,因此可以采用价差突破历史均值上下 2 倍标准差时开仓,回到上下 1 倍标准差范围内平仓的交易机制。

2. 随机价差模型

传统协整套利模型是基于协整残差序列 ϵ_t 满足弱平稳这一假设所构建的,但是对于 ϵ_t 的实际运动特征没有作更多的描述。为了进一步挖掘套利策略背后的价格运动规律,理论界也尝试采用时间序列分析的方法对 ϵ_t 的均值回复过程进行建模。比较著名的是 Elliot et al. (2005)提出的随机价差模型,他们利用高斯-马尔可夫线性状态空间过程对拟配对股票的价差序列 ϵ_t 建模。

Elliot 等人将配对股票的价差序列建立如下均值回复模型:

$$\epsilon_t = x_t + \sigma_\epsilon w_k, \quad \sigma_\epsilon > 0 \tag{8-6}$$

$$x_t - x_{t-1} = (A - B x_{t-1})\tau + \sigma\sqrt{\tau}\, \varepsilon_t \tag{8-7}$$

式(8-7)可以整理成如下式子:

$$x_t = a + b x_{t-1} + \sigma\sqrt{\tau}\, \varepsilon_t$$

模型主要的观点是,真实的价差是服从某一均值回复过程的不可观测变量,而观测到的价差序列 ϵ_t 是对这一潜在不可观测变量的带噪声观测值。

在模型中,w_k、ε_{t+1} 是独立同分布的标准正态分布随机变量,a、b 是正的常数,σ 不为零,τ 是样本时间间隔长度;x_t 是不可观测的状态变量,它满足以 $1-b$ 的强度向均值 $\mu = a/(1-b)$ 回复的过程。在连续时间下,可以用 Ornstein-Uhlenbeck 随机过程来描述状态价差 x_t 的变化过程:

$$dx_t = \rho(\mu - x_t)dt + \sigma dW_t \tag{8-8}$$

其中，dW_t 是定义在概率空间的一个标准布朗运动，$\mu = a/(1-b)$ 代表均值，$\rho = (1-b)$ 是回复的速率。

Elliot 等人提出的随机价差模型主要存在如下两个方面的优势：首先，随机价差模型较好的刻画了资产价差的均值回复过程；其次，由于采用了状态空间模型的形式，可以利用卡尔曼滤波法进行较为方便的预测。

根据该模型，套利交易信号发出的条件是：$\epsilon_t \geqslant E(x_{t|t-1}) + c$ 或者 $\epsilon_t \leqslant E(x_{t|t-1}) - c$，其中 $E(x_{t|t-1})$ 为 $t-1$ 时刻对 t 时刻真实价差序列的预测值，交易参数 c 为主观设定的开仓阈值。Elliot 等人认为当观测到的价差序列 ϵ_t 偏离真实价差过程 $E(x_{t|t-1})$ 时，代表了市场暂时的非有效性，而这种非有效性也带来了套利的机会，最终会被市场修正。

然而，随机价差模型本身也存在一些假设前提。首先，模型针对的是满足均值回复特征的一组时间序列 ϵ_t 进行建模，但并没有说明 ϵ_t 是如何形成的；其次，Elliot 采用的是高斯-马尔可夫线性状态空间模型，假设干扰项为正态分布；最后，Ellliot 等人假设模型参数在较短的一段时间内保持不变，因而可以采用 EM 算法对模型参数进行极大似然估计，从而对价差运动过程进行监测。

第三节　国债期货套利策略

一、国债期货的期现套利

（一）期现套利原理

期现套利是指利用国债期现货市场间的价格差异，买入价格低估品种，卖出价格高估品种，并持有至到期交割，以获取无风险收益。

期现套利所涉的关键指标有基差、净基差、隐含回购率。

基差（Basis） 定义为可交割国债现货价格与国债期货价格和转换因子乘积之差，表示购买国债现货用于交割时的绝对收益。一般来说，基差越小，越有可能成为最便宜可交割债券（CTD），但基差一方面忽视了现货的持有成本，另一方面是一个绝对值，采用基差最小法可能使 CTD 的选择出现偏差。

$$基差 = 国债现货净价 - 期货价格 \times 转换因子$$

净基差（BNOC, Basis Net of Carry） 考虑了国债购买日到交割日期间的利息收入与资金成本或融资成本，是扣除持有收益后的基差，反映的是购买现货用于期货交割的净成本。净基差是包含了国债期货交割选择期权的市场价值，净基差最小的可交割债券是 CTD 券。

$$\begin{aligned}
净基差 &= (国债净价 - 期货价格 \times 转换因子) - 国债持有净收益 \\
&= (国债净价 - 期货价格 \times 转换因子) - (持有收入 - 融资成本) \\
&= P_t - F_t \times CF - (AI_T - AI_t) + r \times (P_t + AI_t)
\end{aligned} \tag{8-9}$$

隐含回购率(IRR)的概念在前文已做阐述,在此不做赘述。

一般来说,当 IRR 高于资金成本时,可以进行正向套利,即做多现货,做空期货,投资者通过正回购融入资金来购买 CTD 券,同时建立同面值的国债期货空头,然后持有至到期交割。正向套利下,隐含回购率减去借入资金的利率,就可以得到套利的净收益率。

当 IRR 低于资金成本时,可以进行反向套利,即做空现货,做多期货。投资者于期初卖空 CTD 券现货,并把得到的资金进行逆回购,同时建立同面值的国债期货多头。期末,投资者收回逆回购融出的资金,并用于国债期货交割中,将购买到的 CTD 券用于归还期初卖空的 CTD 券现货,反向套利下,借出资金的利率减去隐含回购率,就可以得到套利的净收益率。

正向套利的收益率基本是可以提前锁定的,而反向套利的收益并不确定,这是因为反向套利相当于卖出一个期权。在实际交割中,空头并非都会使用 CTD 券,通常有很大一部分流动性很差的老券会参与交割,若交割收到的券与卖空的券不同,需要在二级市场进行买卖操作,面临较大的不确定性。同时,债券做空相对比较困难,买断式回购实现成本较高,债券借贷规模较小,正向套利是更常用的期现套利方式。

(二) 期现套利的交易策略

1. 正向套利策略

为了更清晰地描述套利策略,借助图 8-2 来帮助分析正向套利过程。套利中使用到了短久期高等级的信用债券,鉴于市场上 AA+以及 AAA 等级 2~3 年的债券无杠杆的年化收益率可以达到 5%~6%,属于低风险收益,收益可观且风险低。从操作角度来说,首先,投资者可以通过购买短久期高等级信用债来规避利率风险;之后,再将该信用债通过银行间市场、交易所市场进行正回购从而融入资金;接着,再利用融入的资金在市场上买入国债现货,同时做空相应份额的十年期国债期货;最后,移仓或交割国债期货,卖出国债并归还期初正回购借入的资金,则完成整个正向套利过程。

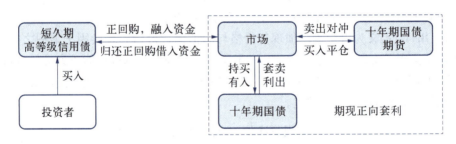

图 8-2 正向套利策略流程

2. 反向套利策略

债券做空虽然相对比较困难,但机构投资者还是有可能实现反向套利策略。首先,投资者通过购买短久期 AAA 或 AA+的信用债来规避利率风险;然后,其可以再将该信用债通过银行间市场抵押给银行做债券借贷融入十年期国债;接着,可以在市场上抛出该国债,并做多相应份额的十年期国债期货;最后,再通过移仓或者交割国债期货,再买回国债并归还期初卖空国债可交割券,即完成整个反向套利过程(图 8-3)。

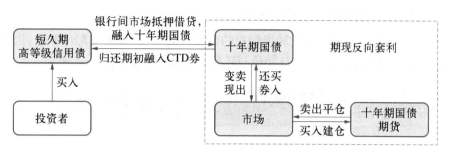

图 8-3　反向套利策略流程

（三）期现套利中的期权

国债期货的空头有选择可交割债券的权利，这一选择权统称为空头交割期权。空头交割期权又包含了一系列的子期权，其中主要有三类：转换期权、择时期权、月末期权。简单来说，转换期权是指 CTD 券可能发生转换，期货空头有选择 CTD 券交割的权利；择时期权是选择具体交割时间的权利；月末期权是指期货合约交易已经结束，现货市场还在交易，从而可能带来 CTD 的变化（图 8-4）。

图 8-4　国债期货空头交割期权分布图

不同的交割期权分布于不同的交易时段内，具体如图 8-4 所示。在这三种期权中，转换期权①是最重要的交割期权，这三种期权的对比如表 8-1。

表 8-1　三类交割期权对比

期　权	期权重要性	原　　因
交换期权	高	CTD 券可能随着收益率曲线的位置和形状的变化而变化。
时机期权	低	在滚动交割前，空头和多头都可以提出提前交割的申请，但只有在配对成功后才能进入交割。
月末期权	低	在最后交易日，期货只在上午半天交易，期货交易结束后还有半个交易日可以用于购买交割券，这半天现券价格的波动可能给空头带来好处，但很有限。

根据持有成本模型：

期货理论价格＝（CTD 券净价＋持有现券成本－持有现券收益）/CTD 券转换因子

CTD 基差＝CTD 现货净价－期货价格×CTD 券转换因子

---

① 转换期权又称为交换期权，交换期权的概念见第十三章。

CTD 净基差＝CTD 基差－持有净收益

一般转换期权价值为正,定义转换期权的市场价格为 CTD 的实际净基差,因此 CTD 的实际净基差一般不等于零。CTD 净价与转换期权价值关系如图 8-5 所示。

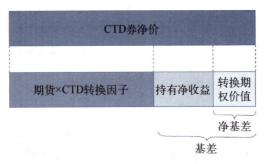

图 8-5　CTD 券净价、基差、净基差的关系

一般来说,交换期权价值受到国债收益率影响。图 8-6 显示了不同久期的国债与国债期货的关系。当收益率下降时,CTD 会在低久期的债券中选出;当收益率上升时,CTD 会变为高久期国债。

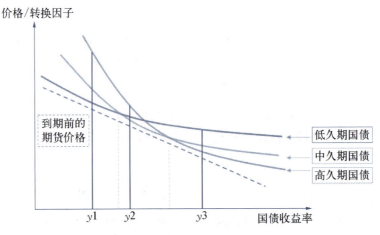

图 8-6　不同收益率水平下 CTD 券在不同久期债券之间转换

如果 CTD 券不发生交换,隐含回购利率应该等于同期限资金利率。如果隐含回购利率大于资金利率,则可以进行正向套利。

如果 CTD 发生转换且考虑交换期权的影响,则期货空头可以卖掉以前的交割券买入 CTD 进行交割;在无套利的时候,隐含回购利率应该低于同期限资金利率;国债期货的合理价格应该低于持有成本模型的计算价格。

若要对交换期权进行定价,则需以期权鞅定价定价为基础,并作出新的假设。为了简化,这里主要讨论两资产进行转换的转换期权的定价,因此定义这里的转换期权为资产交换期权(Exchange Option)。要明确的是,实际的转换期权是指 CTD 券可能在一揽子可交割券种转换,如果只假设在两个可交割券之间转换,那利用两资产交换期权来定价会低估实际转换期权的价值。但是,以目前现券市场的流动性看,每一合约的确只有2~3只长久期现券可交割成为CTD且流动性较好,因此,用两资产交换期权做转换期权定价基本是合理的。这里不考虑新券对转换期权的影响,因为没有一段较长时间的交易价格数据,无法获得该债券的历史价格波动率,从而无法对期权进行定价(图8-7)。

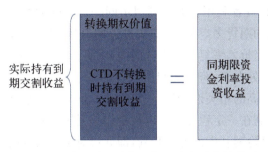

图 8-7 隐含回购利率与同期限资金利率的关系

假设条件

(1) 只有两个可交割券,即债券1和债券2,债券1是当前的CTD;

(2) 到期债券2可能成为新的CTD,从而空头获益为:$\text{Max}\{(F_0 \times CF^2 - p_T^2) - (F_0 \times CF^1 - p_T^1), 0\}$;

(3) 债券净价走势遵循以下过程:$dp^1 = \mu^1 p^1 dt + \sigma_1 p^1 dz^1$;$dp^2 = \mu^2 p^2 dt + \sigma_1 p^2 dz^2$

其中,F_0为初始时刻期货价格,CF为转换因子,p_T为到期时刻债券净价,μ为债券净价的漂移率,σ为债券净价的波动率,dz为维纳过程。

定价公式

用风险中性定价公式可以推导两资产交换期权的定价公式见表8-2。

表 8-2 两资产交换期权的定价模型

模 型	参 数
$f_0 = [F_0 \times (CF^2 - CF^1) + p_0^1]N(d_1) - p_0^2 N(d_2)$	$d_1 = \dfrac{\ln\left[\dfrac{F_0 \times (CF^2 - CF^1) + p_0^1}{p_0^2}\right] + \hat{\sigma}^2 T/2}{\hat{\sigma}\sqrt{T}}$ $d_2 = d_1 - \hat{\sigma}\sqrt{T}$ $\hat{\sigma}^2 = \sigma_1^2 + \sigma_2^2 - 2\rho\sigma_1\sigma_2$

其中,f_0为转换期权当前值,p_0^1为债券1当前净价,p_0^2为债券2当前净价,$N(\cdot)$为标准正态累积分布函数,σ_1为债券1净价波动率,σ_2为债券2净价波动率,ρ为两债券价格波动相关系数。

在计算转换期权时用一段历史价格在估算两个可交割债券的波动率,所以造成期权价格波动的因素主要是德尔塔风险,即两个现券价格的变化。另外,由于大部分含有转换期权的回购利率比隐含回购利率要高0至100个BP,平均高35个BP,因此在对比隐含回购利率与资金成本时,可以在隐含回购利率的基础上加35个BP再和资金成本比较,以此来判断套利空间以及期货价格的合理性。

二、国债期货跨期套利

(一) 跨期套利原理

跨期套利指的是投资者利用标的相同但不同季月的国债期货合约间的定价偏差,建立数量相等、方向相反的期货多空头寸,即买进近期合约(卖出近期合约),同时卖出远期合约(买入远期合约),当价差恢复到正常区间内,则平掉多空两侧头寸从而获利。

与期现套利不同之处在于,跨期套利所持合约基于相同标的,及相同市场环境,因此近远月合约的价格有很高的相关性,但不一定收敛。这与期现套利中,期货价格会收敛于现货价格不同,期现套利在一定程度上可以被看作是无风险套利,但跨期套利由于异常价差的变动导致其属于风险套利中的统计套利,即通过对历史数据的分布、变动规律进行分析,来进一步预测未来,同时在控制一定风险的情况下寻求套利机会。

跨期套利存在的风险在于,若对市场预期判断错误、价差变化判断失误、或出现操作失误,则会出现套利损失。但是,跨期套利进行的是数量相等的两个反向操作,相当于做了一定程度的对冲,因此综合来看,跨期套利风险高于期现套利,但远小于单边投机。

(二) 跨期套利机会及交易策略

1. 跨期套利机会

投资者要获得套利收益,必须在能够覆盖持有成本的基础上寻找套利机会。观察价差规律和寻找套利机会时,重要的参考标准之一就是跨期套利的无套利区间模型。无套利区间的两条边界分别是买入套利的盈亏平衡线和卖出套利盈亏平衡线,两条边界会随着投资者套利行为而上升和下降,跨期合约间价差在上下界间波动,当价差出现不合理变动突破无套利区间时,则出现套利机会,此时根据本身的资金规模、资金使用成本、风险偏好水平等因素来构建跨期套利组合,实施买入或卖出套利。另外,还可以通过对价差幅度和交易品种的流动性的判断来增强套利收益。

传统研究主要通过持有成本定价模型来确定无套利区间的上下轨。持有成本模型下的国债期货理论价格表示如下:

$$F(t,T)=\frac{(P_t+AI_t)\times\left(1+r\times\frac{(T-t)}{365}\right)-\sum_{i=1}^n\frac{c_i}{f}\times\left(1+r\times\frac{T-S_i}{365}\right)-AI_T}{CF}$$

其中,P_t:t时点的国债价格;AI_t:国债现货在t时点按票面利率的应计利息;AI_T:国债现货在交割日T时点的应计利息;S_i:第i次利息的支付时间;r:市场回购利率;c_i:面值为100元的国债年利息;f:年付息频率;CF:最便宜可交割债券(CTD)的转换因子;n:CTD券在国债期货到期前支付利息次数。

国债期货价格主要受同时间段的市场回购利率和持有期间CTD的利息收入影响,但由于票息收入一般为固定的,因此市场回购利率成为了影响国债期货理论价格的主要因素。短期回购利率会通过影响持有成本进而影响不同交割日的期货合约价差。

2. 跨期套利交易策略

价差定义为远期合约价格与近期合约价格之差。简单来说,跨期套利策略操作如下：当价差从下而上触及无套利边界上限时,则可以买入近月合约,直至近月合约与远月合约的价差恢复到合理水平,从而平仓了结获利；当价差从上而下触及无套利边界下限时,则可以卖出近月合约,买出入远月合约,直至近月合约与远月合约的价差恢复合理价位,从而平仓了结获利。

通常,当国债进入交割月后,相邻的两个国债期货合约由于有平仓、展期的需求,在该时段交易量、流动性大幅增长,因此交割月是跨期套利的最佳时期。

交易策略的建立基于不同交割月份期货合约间存在的一种平价关系,即远月合约的价值应该是近月合约价值按照远期利率进行复利后加上一个系统价差。当市场利率保持稳定时,两个不同交割月份合约的价差会在未来收敛于均衡价差。平价模型如下：

$$F(t, T_2) = F(t, T_1) e^{\frac{r(T_2 - T_1)}{365}} + V_B$$

其中,T_1 为近月合约到期交割日的时点,T_2 为远月合约到期交割日的时点,$F(t, T_1)$ 是到期日为 T_1 的近月合约在 t 时点的价格,$F(t, T_2)$ 是到期日为 T_2 的远月合约在 t 时点的价格,r 为 T_1 到 T_2 期间的无风险年利率,V_B 为同一标的的两个不同交割月份合约的系统价差。

基于平价模型可以得到跨期套利的无套利价差策略,其中,M 为合约乘数,C 为买卖一份合约的交易成本,

$$V_B - \frac{4C}{M} \leqslant TM = F(t, T_2) - F(t, T_1) e^{\frac{r(T_2 - T_1)}{365}} \leqslant V_B + \frac{4C}{M}$$

若两合约价差落在 $\left[V_B - \dfrac{4C}{M}, V_B + \dfrac{4C}{M} \right]$ 区间,则不存在套利机会；若合约价差穿越无套利价差区间,则即可将两合约平仓,终止套利。

对买入近月合约、卖出远月合约的跨期套利策略来说,跨期套利收益为近月远月两个合约在同时点的净基差的差值,净基差的差值越大,收益越大。要注意的是,近月合约在交割时空方会选用最便宜可交割券进行交割,所以跨期套利组合所实现的收益又等于最便宜可交割债券基差减去该券远月合约净基差。若近月合约为 1,远月合约为 2,买近卖远策略下,T_1 时刻近月合约 1 到期交割,在 T_2 时刻,投资者利用 T_1 时刻交割获得的国债现货用于远月合约 2 的实物交割,同时收到现金。收益情况用符号表示为：

$$Gain = -Basis_{2,t} + Basis_{1,t} + HE_{T_2 - T_1} \tag{8-10}$$

其中,$Basis_{i,t}$ 为 t 时刻基差,即

$$Basis_{i,t} = P_t - F_{i,t} \times CF_i, \quad i = 1, 2,$$

$HE_{T_2 - T_1}$ 为 T_1 时刻至 T_2 时刻之间的现券持有收益

$$HE_{T_2 - T_1} = AI_{T_2} + \sum_i^n \frac{c_i}{f} \times \left(1 + r \times \frac{T_2 - t}{365} \right) - AI_{T_1}$$

三、国债期货的跨品种套利

国债期货的跨品种套利是指投资者买进（卖出）一个国债期货合约，同时卖出（买入）另一个国债期货合约，待两合约出现价差变化后，再反向对冲获取利润。跨品种套利的要点在于国债收益率的变化或不同品种国债期货间价差的变化。随着市场收益率的波动，债券收益率曲线的斜率也会随之改变，不同品种间的利差也呈现不同幅度的变化，因此就可以在这些变化中发掘跨品种套利机会。相对价差变化可以帮助选出相对强势合约，如一种国债期货合约在多头市场的涨幅是否大于另一国债期货合约，或在空头市场跌幅是否小于另一合约。

2015年，继5年期国债期货之后我国又推出了10年期国债期货，合约的具体情况已做说明，因此完全可以利用这两个品种进行跨品种套利，如当两品种利差扩大的时候，可以通过做多5年期国债期货，同时做空10年期国债期货获得套利收益。在国外市场，像CME，利率期货的跨品种套利已十分成熟，较为普遍的是以10年期的国债期货与相对更长期限的国债期货进行套利，以5年期的国债期货相对长期的国债期货进行套利，还有以10年期的国债期货与5年期的国债期货进行套利，还可以利用市政债券期货与中长期国债期货进行套利。

由于十年期国债期货与五年期国债期货的定价理论相同的，但是其使用的参数不尽相同。例如，我国十年期国债期货的可交割债券要求其剩余期限在6.5—10.25年，而五年期国债期货的可交割债券剩余期限应在4—5.25年，除此之外，差异还体现在国债现货票息率，五年债与十年债的发行量和流动性上。相同的市场环境和适用相同定价理论为建立统计套利的数学模型提供了基础。

第四节　期货市场的投机策略

一、期货投机者的概念和类型

（一）投机的概念

给投机活动或投机者下一个准确的定义并非易事。著名的《帕尔格雷夫经济学大辞典》对"投机"的解释是：投机（Speculation）是为了以后再销售（或暂时售出）商品而购买，以期从其价格变化中获利。哈佛版的《现代高级英汉双解词典》将Speculation（投机）定义为：冒损失的风险，通过购买货物、股票，希望从市场价值的变化中获利。本文中的投机者是一个与套期保值者相对的概念，因此在本文中我们所给的关于期货市场投机者的定义则是指那些进入期货市场，以追逐利润为目的，同时也承担着较高风险的期货交易者。

（二）投机者的类型

投机者类型的划分，根据不同的标准而定。

1. 按照交易部位区分，投机者可分为单一头寸投机者和相对价差投机者

（1）单一头寸投机者。

所谓**单一头寸投机者**是指投机者通过对价格的预期，在认为价格上升时买进、价格下

跌时卖出,然后待有利时机再卖出或买进原期货合约,以获取利润的活动。因此,单一头寸投机者也被称为绝对价差投机者。

单一头寸投机包括多头投机和空头投机。当投机者预期未来某种期货价格将上涨时,便事先买入该期货合约,待以后再择机对冲,如价格上涨便盈利,否则就受损。这种先买后卖、赚取期货合约差价利润的交易方式就称为做多(Buy Long);反之,当投机者预期未来期货价格将下跌,便先行卖出该期货合约,待以后再择机对冲,如价格下跌便盈利,否则就受损。这种先卖后买、赚取期货合约差价利润的交易方式就称为做空(Sell Short)。

进行单一头寸投机者的关键在于对期货市场价格变动趋势的分析预测是否准确,由于影响期货市场价格变动的因素很多,特别是投机心理等偶然性因素难以预测,正确判断难度较大,所以这种投机的风险较大。

(2)相对价差投机者。

相对价差投机者就是前一章介绍的统计套利者的一种,是期货投机交易中的一种特殊方式,它利用期货市场中不同月份、不同市场、不同商品之间的相对价差,同时买入和卖出不同种类的期货合约,来获取利润。正如一种商品的现货价格与期货价格经常存在差异,同种商品不同交割月份的合约价格变动也存在差异;同种商品在不同的期货交易所的价格变动也存在差异。由于这些价格差异的存在,使期货市场的套利交易成为可能。价差投机者交易丰富和发展了期货投机交易的内容,并使期货投机不仅仅局限于期货合约绝对价格水平变化,更多地转向期货合约相对价格水平变化。

综上可见,单一头寸投机交易策略仅仅要求对一种商品的价格变动进行估计,相对价差投机交易策略则重在对两种或两种以上的商品之间,亦或不同到期日之间的相对价格变动进行估计。

2. 按照投机者持有合约时间的长短,可分为现场投机者,俗称"抢帽子者"(Scalpers)、当日交易者和长期趋势交易者

(1)现场投机者。

在所有的投机者当中,现场投机者计划持有期货头寸的时间最短,他们主要通过自身对未来一个很短的期间内(可以是未来的几秒钟到未来的几分钟)期货价格变动的判断来投机获利。由于他们更多的是凭着自己的感觉和经验,来对未来的期货价格走势作出判断,因此许多现场投机者也称自己是心理学家,无时无刻不在试图感觉其他市场参与者的心理。

由于现场投机者计划持有每笔头寸的时间极短,因此并不指望每笔交易都能获得很大的利润,通常只要能有一到两个"刻度"的利润就已经很满足了。如果在其持有头寸的那短短几分钟时间内,市场价格并未向对其有利的方向运动,现场投机者也往往会立刻结束该头寸,重新寻找新的投机机会。

现场投机者这样的交易策略也就意味着他们必须进行大量的交易才有可能真正获利。据统计,在美国市场上,投资者如果通过经纪人进行交易,则每个回合支付的交易费用为\$25~80,而如果作为交易所的会员直接在场内交易,则每个回合的交易成本不到\$1。因此,为了能够亲身感受市场的买卖压力,从而作出正确的买卖决策,也为了节省昂贵的交易费用,现场投机者通常是交易所的会员或向某一会员租有交易席位,在场内直接

进行交易。

此外，最重要的一点在于，现场投机者频繁的交易行为可以为市场提供高度的流动性，他们之间的激烈竞争也大大缩小了市场上的买卖价差。因此，可以说，现场投机者是现代期货市场不可或缺的一个组成部分。

(2) 当日交易者。

与现场投机者不同，当日交易者大多试图从一个交易日内期货价格的变动中获利。他们可能在场内交易也可能在场外交易，但每天交易结束前就会结清自己的头寸，即不持有隔夜头寸。

当日交易者的一大交易策略就是利用政府和企业的公告对期货价格的影响。例如，通常每隔一段时间，政府的农业部就会公布有关的农产品产量信息。一旦某日公布的某种农产品产量很高，大大出乎市场预料，那么公告过后，该种农产品期货的价格就会急剧下跌。当日交易者正是利用这一点，根据自己的预期和判断，抢在政府公告之前就先卖出该种农产品的期货合约，待公告之后期货价格下跌就立刻平仓获利，根本无须持有期货头寸过夜。毕竟隔夜头寸的风险太大，一夜之间许多出乎意料的灾难性的价格变动都有可能发生。单日交易者也可看成信息交易者。

总之，绝大多数的投机者不是现场投机者就是当日交易者，因此通常在每日交易快要结束的时候，交易的频率就会大大加快。据统计，在许多期货市场上，每日交易量的25%都是在最后半个小时内成交的。每日交易的最后5分钟则尤其疯狂，许许多多的投机者为了避免隔夜风险，都会抢在当日交易结束之前结清自己的头寸。

(3) 长期趋势交易者。

长期趋势交易者是指那些持有期货头寸过夜的投机者，有时他们也会持有这些头寸长达几个星期或甚至几个月。

例如，某投机者认为2个月后中长期利率将会下降，从而长期国债期货的价格将会上涨。于是，他先行买进若干份中国金融期货交易所交易的10年期国债期货合约，在未来的两个月内一直持有该头寸。如果他对价格的判断是正确的，2个月后利率果然大幅下降，国债期货价格急剧上升，那么他就可以择机对冲平仓，从中获利。如果他对价格的判断失误，利率不但没有下降反而上升，那么他就将遭受惨重的损失。因此，单笔头寸投机的风险极大，若价格判断正确，则可以获得巨大的盈利，一旦价格判断失误，就将遭受惨重的损失。

此外，我们也应看到不同类型的投机者之间实际上也存在着一定的交叉，一个投机者往往可以有多重的投机策略，某个特定的交易者常常既可以是现场投机者也可以是当日交易者或头寸交易者。

二、案例研究：基于订单不平衡指标商品期货投机交易策略

(一) 订单不平衡指标

订单流不平衡一般是指将一段时间内的交易量进行买卖方向判别后，买单数量与卖单数量之间的差额，来反映一段时间内的市场上多头、空头双方力量的不平衡以及市场上的信息不对称程度，一定程度上是市场未来趋势的预测指标。下面首先分析如何测度订

单流不平衡。

1. 订单方向判断

首先要根据固定的成交量来将分钟数据划分进入连续的交易篮子,比如规定一个篮子的成交量是20,我们获得的时间序列数据的成交量是5、10、5、15、5,那么我们就把前3个数据(5,10,5)划分进入第一个篮子,然后将后面的两个数据(15,5)划分进入第二个篮子。

若市场上不存在知情交易者,非知情交易者的订单流都是以稳定的到达率进入市场,这些交易不会对目前的成交价格造成过大的冲击。如果市场上出现了信息事件,那么知情交易者的订单就会随之到来,此时的价格就会产生波动,出现涨跌。所以,成交量的整体交易方向的判别很大程度上影响着交易量同步知情交易概率(VPIN)的估计结果。在成交量整体交易方向判别的方法上,Easley等(2012)提出了批量方向判别方法(Bulk Volume Classification,BVC)。

根据Easley et al.(2012),计算交易量同步知情交易概率VPIN的具体细节步骤如下:

(1)第一步,划分交易篮子。

首先我们需要将根据一个外生的变量V,将交易信息划分进连续的交易篮子中,令$\tau=1,2,\cdots,n$,代表第几个交易篮子。每个交易篮子中的总交易量分为主动性买的交易量V_τ^B和主动性卖的交易量V_τ^S,即$V=V_\tau^B+V_\tau^S$。

(2)第二步,判别整体交易方向。

采用的划分方法是BVC判别法。BVC算法是根据篮子内价格变化的正态分布的概率把篮子内的交易量分为买量和卖量。对于每一个交易篮子中,具体的买量卖量计算公式如下:

$$V_\tau^B = \sum_{i=t(\tau-1)+1}^{t=t(\tau)} V_i \times Z\left(\frac{P_i - P_{i-1}}{\sigma_{\Delta P}}\right) \tag{8-11}$$

$$V_\tau^S = V - V_\tau^B \tag{8-12}$$

其中,P_{i-1}和P_i分别表示时间点$i-1$和i的收盘价,时间点i的变化范围是第一根K线的时间至最后一根K线的时间。Z表示标准正态分布的累计概率密度函数(CDF),$\sigma_{\Delta P}$表示每个篮子的价格变化的标准差。

Easley等(2012)在研究中使用的K线数据周期是1分钟,n的取值是50,即将全天分为50个交易篮子,每个篮子的量是全天的交易总量除以50。他们同时指出,使用其他K线周期的计算结果也能够获得同样的结论,即BVC算法对K线的周期选择并不敏感,故在我们在后文中的实证数据也采用1分钟的K线数据。

2. 订单不平衡指标测度之一:VPIN指标

在对每一个交易篮子的买卖量进行了划分后,接着计算出这个篮子中的订单不平衡性,令第τ个篮子的订单流不平衡程度为:

$$OI_t = |V_t^B - V_t^S| \tag{8-13}$$

在公式8-13中,计算指令不平衡时使用了绝对值。

订单不平衡的程度越高，市场中知情交易比例占比越大，这与经典 PIN 模型中分子对知情交易者订单到达率的解释是一致的。Easley 等(2008)也在文章中证明了此处指令不平衡程度的期望值近似于 $\alpha\mu$，即满足：

$$E[OI_\tau] = E[\,|V_\tau^B - V_\tau^S|\,] \approx \alpha\mu \tag{8-14}$$

这里 $\alpha\mu$ 等于知情者订单流的到达速率。

而所有交易的预期到达率满足下面的公式：

$$\frac{1}{n}\sum_{\tau=1}^{n}(V_\tau^B - V_\tau^S) = \alpha(1-\delta)(2\varepsilon+\mu) + \alpha\delta(2\varepsilon+\mu) + 2\varepsilon(1-\alpha)$$
$$= \alpha\mu + 2\varepsilon$$
$$= V \tag{8-15}$$

其中，$\alpha(1-\delta)(2\varepsilon+\mu)$ 代表市场上出现好消息事件时的交易量，$\alpha\delta(2\varepsilon+\mu)$ 代表市场上出现坏消息事件时的交易量，$2\varepsilon(1-\alpha)$ 为市场是没有消息事件时的交易量，n 是篮子划分后的总个数。这样连续 n 个交易篮子的 VPIN 估计结果为：

$$VPIN = \frac{\alpha\mu}{\alpha\mu + 2\varepsilon} = \frac{\sum_{\tau=1}^{n}|V_\tau^B - V_\tau^S|}{nV} \tag{8-16}$$

3. 交易量同步订单流不平衡指标之二：VOI 指标

我们可以直观的看出 VPIN 指标是通过对多个交易篮子内的不平衡比例取平均的做法来计算得到，但传统的 VPIN 不合适研究日内价格趋势，原因如下：

(1) VPIN 的计算会用到隔夜的消息，这对于研究日内的信息与收益的关系会有偏差。隔夜的消息，在开盘价格上已经能够体现，如果再包含进日内收益率与 VPIN 关系的研究就会冗余。

(2) 交易篮子越多，跨度时间越长，短暂的冲击所带来的影响会被缓释掉，因为这种单独短暂的冲击被平均到所有的交易篮子当中去了。一般来说，VPIN 的范围变化相对小，并且较为平滑，其实就是日内的短暂的冲击被均摊掉了。

(3) 方向不明确，在式(8-13)中，公式在买的方向成交量减卖的方向成交量的外面套上了绝对值的符号，这就说明这个订单流不平衡的衡量并未包含方向。但是，往往这种方向性的指标对于研究其与收益率的关系是非常重要的，否则在逻辑上很难理解的。

我们希望对 VPIN 计算的过程中做一些调整，去克服之前提到的 3 个问题，我们将式(8-16)中的 n 缩小，并去掉式(8-16)中的绝对值。

基于以上的几点分析，我们可以通过以下步骤计算交易量同步的指标(Volume-Synchronized Order-flow Imbalance, VOI)，用来测度订单流不平衡程度。

VOI 指标的计算分为如下三步：

(1) 第一步依据 BVC 方法，根据外生变量 V，将全天的 K 线数据分割进入连续的交易篮子。

(2) 第二步根据公式(8-15)与公式(8-16)判别每个交易篮子中的买卖量。

(3) 计算出两个不同方向的交易量后,令第 τ 个篮子的 VOI 值为:

$$VOI_\tau = \frac{V_\tau^B - V_\tau^S}{V} \tag{8-17}$$

交易量同步的订单流不平衡指标 VOI 与传统订单流不平衡指标的区别在于:VOI 是基于量钟划分计算的,传统的订单流不平衡指标按照时间划分计算的。VOI 是一个包含方向的比值,取值范围在 -1 到 1 之间,而传统的订单流不平衡指标范围较大。

交易量同步的订单流不平衡指标 VOI 与 VPIN 的区别在于:与 VPIN 相比,VOI 具有方向,而 VPIN 指标没有方向的信息。VOI 的计算周期更短,VPIN 计算的周期更长。

交易量同步的订单流不平衡指标 VOI 相较于传统订单流不平衡指标的优点在于:VOI 指标计算中,将成交量包含的信息平均的分配到各个区间,克服了成交量在日内分布不均匀,信息变化剧烈的缺点。

交易量同步的订单流不平衡指标 VOI 较于 VPIN 的优点在于:VOI 指明了方向,而 VPIN 没有方向,VOI 体现了短期的中高频冲击(日内),而 VPIN 是较为长期的特性(日间)。

(二) 订单流不平衡指标辅助量化交易策略实证

我们挑选了国内铁矿石期货合约和豆粕期货合约这两个交易较活跃的交易品种。数据来源于 wind 金融数据终端,数据采用 2016 年 11 月 1 日至 2017 年 11 月 1 日之间共 246 个交易日的 1 分钟高频 K 线数据。其中,样本内区间为 2016 年 11 月 1 日至 2017 年 8 月 29 日,样本外区间 2017 年 8 月 30 日至 2017 年 11 月 1 日。

铁矿石期货合约和豆粕期货合约在大连期货交易所交易,我们使用交易时间 9 点至 10 点 15 分,10 点 30 分至 11 点 30 分,13 点 30 分至 15 点,21 点至 23 点 30 分这 3 段数据。螺纹钢期货合约在上海期货交易所交易,白天的交易时间和铁矿石合约与豆粕合约的交易时间一样,但是夜盘的时间为 21 点至 23 点。期货合约存在主力切换的问题,我们均采用当日主力合约的交易数据。

第一步设计了经典的反转策略与布林线策略作为基准策略,然后设计了加入 VOI 指标的反转策略与加入了 VOI 指标的布林线策略作为提升策略。分别利用了两种不同的期货合约对四种策略进行仿真回测,对比了在加入 VOI 指标后的策略与基准策略的差别。

1. 量化交易策略概述

量化交易策略是指模型构建者设计一套固定的算法,写出程序放入特定的交易环境中进行交易。量化交易策略能够克服自身情绪带来的心理波动,完全按照设定的程序进行下单、平仓,不受个人情绪的干扰。

目前量化交易领域主要的研究范围分为以下四种:(1) 量化选股策略,也称之为 alpha 策略,这种量化策略是根据股票基本面、技术面的指标,通过特定的算法挑出股票组合,交易频率一般在数天至数月不等。如果还对策略的股票组合进行对冲,对冲掉市场风险的话，这种策略一般称作量化对冲策略。（2）量化择时策略，此策略的标的可以是大盘，可以是个股，也可以是期货。主要是根据自己选择的择时指标进行趋势或者反转交易。本文所设计的策略就是量化择时策略。（3）算法交易策略，这种交易主要是将一次大量的下单分解为多次少量的下单，以减轻交易中的冲击成本。（4）超高频交易策略，此策略的持仓周期非常的短，一般在秒级别，主要是抓住市场中的突然波动来获得盈利，或者对多个标的进行高频套利交易。

(1) 策略设计介绍。

本文主要研究的策略是反转策略与布林线策略，这两种策略属于量化择时策略。在量化策略设计的时候需要考虑开仓条件、平仓条件、止损止盈条件和仓位控制条件等。

开仓条件是指交易者进入市场，并持有头寸的条件。开仓是一个交易策略的开始，当我们观察的指标符合某一个条件的时候，我们就对标的进行买入或者卖出的操作，持有多头或者空头仓位。

平仓条件是指交易者将手头的持仓平掉的条件。当我们观察到指标满足条件时或者特定市场的状况出现时，我们将手头的仓位平掉离场。

止盈止损条件是一般是平仓条件的补充，当我们浮动盈亏满足一定的条件后，我们要么获利平仓，或者割肉离场。

仓位控制条件是指对资金的控制。每次交易的过程中，如何动态的分配资金，用多少资金比例用来建仓，体现了策略的风险控制能力。

在完成交易逻辑设计后，我们需要进行回测，就是在历史数据的基础上来模拟策略的执行。本文的回测环境设置如下：

① 自身拥有充足的资金。

② 交易的成交价为当时K线的收盘价。

③ 考虑合约的手续费以及滑点成本（仅螺纹钢合约添加了无手续成本的情况）。

④ 各期货合约的最小变动单位的价值与其真实情况保持一致。

在后文的策略设计中，我们会设计开仓条件、平仓条件、止盈止损条件，由于我们策略的特点是日内交易，策略保证每一个交易日结束时仓位为空，故暂时不考虑仓位控制条件[①]。

(2) 回测效果指标说明。

进行模拟回测后，我们会计算一些策略效果指标来体现策略模拟结果的好坏，本文采用了如下的一些指标，除了胜率指标是比率外，其他指标的单位均为元：

① 平均每笔盈利，等于总收益除以交易次数。由于中高频交易的特点，策略设计初期更注重考察平均每笔盈利而未使用年化收益[②]。

② 总收益，策略在测试时间段内的全部收益总和。

③ 交易次数，策略在测试时间段内的总交易次数（开仓、平仓各算一次）。

[①] 中高频期货量化交易在策略设计的初期更注重考察策略绝对收益情况，故暂不考虑仓位的设计。

[②] 计算年化收益率需要考虑到资金的运用，故使用平均每笔盈利指标。

④ 总盈利,策略在测试时间段内的正收益总和。
⑤ 总亏损,策略在测试时间段内的负收益总和。
⑥ 胜率,策略在测试时间段内的正收益的次数除以总交易次数。
⑦ 最大回撤,代表收益曲线按照时间顺序出现的最大亏损[①]。

期货存有保证金交易制度,所以存在杠杆效应。杠杆效应能够放大策略的收益率,但是正如前文所述,本文在设计策略的时候暂未考虑仓位设计,只考察平均每笔收益,不考查年化收益率,杠杆效应对于平均每笔收益的计算并没有影响,所以本文暂不考虑期货的杠杆效应。

2. 反转量化策略设计

(1) 反转量化策略开平仓条件设计。

本节我们设计了基准策略与加入 VOI 指标的提升策略,他们的开仓条件均相同,不同的是平仓条件,这样的设计为了控制变量,从而方便看出 VOI 指标对于策略的影响。此处一共会涉及 3 个策略参数开仓参数 P、平仓参数 C 与 VOI 指标阈值参数 A。

策略一:基准反转策略。

开仓条件:① 若当前价格－前一期价格$\geq P$ 时,如果此时的持仓为 0,则开一手空单。② 若当前价格－前一期价格$\leq -P$ 时,如果此时的持仓为 0,则开一手多单。

平仓条件:① 使用止盈条件,若浮动盈利达到 C,策略就全部平仓。② 当前交易时段收盘时,直接平掉所有的持仓。

策略二:加入了 VOI 指标的反转策略。

开仓条件:① 若当前价格－前一期价格$\geq P$ 时,如果此时的持仓为 0,则开一手空单。② 若当前价格－前一期价格$\leq -P$ 时,如果此时的持仓为 0,则开一手多单。

平仓条件:① 使用止盈条件,若浮动盈利达到 C,策略就全部平仓。② 若当前的持仓为多头持仓,此时若 VOI 值$> A$,我们就平掉多头的仓位。③ 若当前的持仓为空头持仓,此时若 VOI 值$< -A$,我们就平掉空头的仓位。④ 当前交易时段收盘时,直接平掉所有的持仓。

从两个策略设计中可以很清楚的看出,这两种不同的策略的开仓条件一模一样,不同的仅仅是平仓条件,其中策略一的平仓条件使用的简单的止盈条件,策略二的平仓条件不仅使用了止盈条件,还加上 VOI 指标辅助,这样的设计我们可以通过对比结果,看出 VOI 指标对于整个策略的影响。

为了模拟真实的情况,我们会设置手续费与滑点,来观察绝对收益的情况。下文中的手续费均按照真实期货合约的手续费收取,其中铁矿石合约按照合约价值的 0.05% 收取,豆粕合约按照一手 3 元收取。

接下来我们就按照这两个策略的逻辑对 2 种不同的合约进行回测。

(2) 铁矿石合约回测结果分析。

铁矿石合约回测的参数设置如下。手续费与滑点设置:单边万分之 0.5 的手续费,滑点设置 0.3 跳。开平仓条件参数设置: $P=1, C=1, A=0.5$。

[①] 此处的最大回撤值代表最大回撤资金。

从图 8-8 和图 8-9 的对比中,我们可以看到策略二的收益曲线比策略一的收益曲线更加的稳定。表 8-3 回测结果显示策略二的平均每笔收益为 12.02 元,策略一的平均每笔收益为 8.72 元,策略二的平均每笔收益是策略一的 1.3 倍。从交易次数上来看,策略二的交易次数为 4 484 次比策略一的交易次数 3 712 多,说明加入了 VOI 指标后,策略能够更加及时地获利出场。从最大回撤来看,策略二的最大回撤为 8 157.43,优于策略一的最大回撤 9 701.31。在铁矿石期货合约的应用上,我们认为加入 VOI 指标的反转策略是优于基准反转策略的。

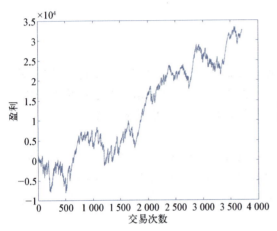

图 8-8　铁矿石合约策略一回测收益图　　　图 8-9　铁矿石合约策略二回测收益图

表 8-3　铁矿石合约策略回测结果综合表

	策　略　一	策　略　二
平均每笔盈利	8.72	12.02
总收益	32 368.64	53 897.68
交易次数	3 712	4 484
总盈利	343 447.21	396 052.90
总亏损	−311 078.57	−342 155.22
胜　率	0.69	0.78
最大回撤	9 701.31	8 157.43

(3) 豆粕合约回测结果分析。

豆粕合约回测的参数设置如下。手续费与滑点设置:设置单张合约 3 元,滑点设置 0.3 跳。开平仓条件参数设置:$P=2,C=2,A=0.5$。

在表 8-4 中,策略二的平均每笔盈利为 1.83 元,而策略一的平均每笔收益只有 1.38 元。在交易次数上,策略一的交易次数为 2 652 次,策略二的交易次数为 2 732 次。从胜率上看,两个策略的胜率相近,都为 72% 左右。从最大回撤情况来看,策略二为 1 806,策略一为1786,策略二略微弱于策略一。

综合以上情况,两个策略的胜率相近,两个策略的最大回撤也相近,策略二的收益远大于策略一的收益。可以认为在豆粕合约应用上,加入VOI指标的反转策略表现是优于基准反转策略的(图8-10和图8-11)。

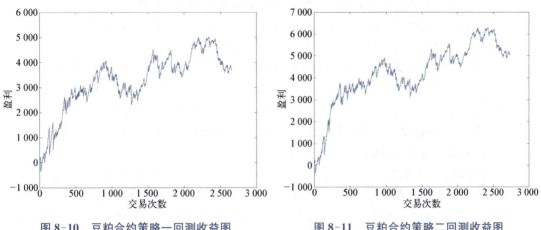

图8-10 豆粕合约策略一回测收益图　　　　图8-11 豆粕合约策略二回测收益图

表8-4 豆粕合约回测结果综合表

	策 略 一	策 略 二
平均每笔盈利	1.38	1.83
总收益	3 672	5 002
交易次数	2 652	2 732
总盈利	41 802	43 864
总亏损	−38 130	−38 862
胜率	0.72	0.73
最大回撤	1 786	1 806

布林线策略的结果与反转交易策略类似,偏幅限制,这里不列出。

重 要 概 念

期货套利策略　跨期期货套利　跨产品期货套利　跨市场期货套利　统计套利　协整套利模型　随机价差模型　国债期货的基差　净基差　隐含回购率　国债期货正向套利策略　国债期货反向套利策略　国债期货期现套利中的期权　国债期货跨期套利　国债期货的跨品种套利　投机者　相对价差投机者　单一头寸投机者　现场投机者(抢帽子者)当日交易者　长期趋势交易者订单不平衡指　反转量化策略

习题与思考题

1. 期货套利交易策略有什么类型？如何规避期货套利中存在的风险？
2. 如何理解国债期货定价和套利中隐含的期权？该隐含期权如何影响国债期货的定价？
3. 阐述国债期货的正向套利和反向套利各自的条件和流程。
4. 3月1日，交易者发现欧元/美元的现货价格为1.309 30，而6月份的欧元/美元期货是1.315 3，期现价差60个基点。同时，交易者认为6月份的期货理论价格为1.312 3，无套利区间大概为1.311 3～1.313 3。因此，交易者判断当前的期货价格超出了无套利区间，期现价差将会缩小。交易者卖出10手6月份的期货，按照仓位匹配的方法，交易者应该买入1.25手现货，但是交易者只买入了1手现货。

    4月1日，现货和期货价格分别变为1.310 30和1.314 2，价差缩小了40个基点。交易者同时将现货和期货平仓，从而完成套利交易。请计算投资者的套利损益。

5. 一个债券的全价是100元，当前应计利息为1元，交割日应计利息为1.25元。期货价格为99元，转换因子为1.01。交易日至交割日共44天。计算该债券的隐含回购利率。
6. 在2012年12月28日，国债100 002的收益率是3.2%，价格是101.468 8元，2103年3月8日交割的国债期货合约的价格是98.594元，国债100 002的转换因子是1.026 6。国债100 002的息票率是3.43%，融资成本是2%。

    请问是否有套利机会？如有套利机会如何套利？如果可以按照2%融资成本融入资金1 000万元，至少可以获得多少套利收入？

7. 假如在1月15日，交易者发现3月、6月和9月的欧元/美元的期货价格分别是1.306 0、1.308 7和1.309 9。交易者根据市场的判断，认为6月份与3月份之间的价差将缩小，而9月份与6月份的价差将扩大，因此卖出了50手3月份到期的合约，买入了100手6月份合约和卖出了50手9月份合约。

    到了1月30日，3月、6月和9月的欧元/美元的期货价格分别是1.308 2、1.309 5和1.311 0。

    请问交易者最终的盈亏是多少？

第九章

互换的应用

学习目标

通过本章的学习,读者能够掌握如何利用互换进行信用套利,以降低融资成本或者提高投资收益;可以掌握如何利用利率互换改变资产与负债的利率属性,管理利率风险;可以掌握利用货币互换改变资产与负债的货币属性,管理汇率风险;以及如何利用跨境股票互换进行国际化投资以分散风险。最后,以利用利率互换创造反向浮动利率资产为例,介绍了如何利用互换创造出新产品。

第一节 互换运用的概述

互换市场快速发展最主要的驱动力量是各个借款人在不同资金市场上筹资能力存在差异(即信用差异),商业银行与投资银行利用这些筹资能力的差异性创造出互换这种金融产品,为客户节省借款成本。除了利用信用差异进行互换套利外,还可以利用不同投资者之间的税收差异或者监管差异进行互换套利。

互换可以用来转换资产与负债的利率和货币属性,管理利率风险和汇率风险,或者利用跨境股票互换进行国际化投资以分散风险。通过利率互换,浮动利率资产(负债)可以和固定利率资产(负债)相互转换。通过货币互换,不同货币的资产(负债)也可以相互转换。互换的主要用途还包括锁定收益或成本,利用某一市场的优势弥补另一市场的不足,在预期利率上升前固定债务成本,使固定利率资产与负债相匹配,获得新的融资变通渠道;调整资产负债表中固定利率与浮动利率债务组合,从利率下降中获利;在资本市场构造出新产品以满足投资者要求;其他类型的互换,如股票互换帮助投资者进行国际范围为内的分散投资。

本章主要介绍如何利用互换进行套利交易和风险管理,以及利用互换创造出新的产品。

第二节 利用互换进行套利

一、利用利率互换的信用套利

假定 A、B 公司都想借入 5 年期的 1 亿元人民币的借款，A 想借入与 6 个月期 Shibor 利率相关的浮动利率借款，B 想借入固定利率借款。但是，两家公司信用等级不同，故市场向它们提供的利率也不同，如表 9-1 所示。

表 9-1　市场提供给 A、B 两公司的借款利率

	固定利率	浮动利率
A 公司	5.00%	6 个月期 Shibor+0.40%
B 公司	6.00%	6 个月期 Shibor+1.00%

注：表中的利率为半年计一次复利的年利率。

从表 9-1 可以看出，A 的借款利率均比 B 的低，即 A 在两个市场都具有绝对优势。但是，在固定利率市场上，A 比 B 的绝对优势为 1.00%，而在浮动利率市场上，A 比 B 的绝对优势为 0.60%。这就是说，A 在固定利率市场上有比较优势，而 B 在浮动利率市场上有比较优势。这样，双方就可利用各自的比较优势为对方借款，然后互换，从而达到共同降低筹资成本的目的。也就是说，A 以 5% 的固定利率借入 1 亿元，而 B 以 Shibor+1% 的浮动利率借入 1 亿元。由于本金相同，故双方不必交换本金，而只交换利息的现金流，即 A 向 B 支付浮动利息，B 向 A 支付固定利息。

通过发挥各自的比较优势并互换，双方总的筹资成本降低了 0.4%（即 6.00%+6 个月期 Shibor+0.40%－5.00%－6 个月期 Shibor－1.00%），这就是互换利益。互换利益是双方合作的结果，理应由双方分享。具体分享比例由双方谈判决定。假定双方各分享一半，则双方都将使筹资成本降低 0.2%，即双方最终实际筹资成本分别为：A 支付 Shibor+0.20% 浮动利率，B 支付 5.80% 的固定利率。

双方就可根据借款成本与实际筹资成本的差异计算各自向对方支付的现金流，即 A 向 B 支付按 Shibor 计算的利息，B 向 A 支付按 4.80% 计算的利息。在上述互换中，利息支付频率是每 6 个月一次，因此互换协议的条款应规定每 6 个月一方向另一方支付固定利率与浮动利率的差额。假定利息确定日的 Shibor 利率为 5.10%，相邻的下一个利息支付日上，则 A 应付给 B 15 万元 [即 1 亿×0.5×(5.10%－4.80%)]。利率互换的流程图如图 9-1 所示。

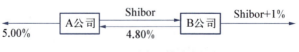

图 9-1　利率互换流程图

由于利率互换只交换利息差额,因此信用风险很小。在实际的互换市场中,大多是以银行为中介的做市商交易,A和B都通过某一个银行为中介进行交易,银行通过做市报价差,分享一部分的互换收益。如图9-2,在银行C为中介的利率互换中,银行通过为市场提供流动性和承担信用风险,获取了0.1%的利差。

图 9-2　以银行为中介的利率互换流程图

二、利用货币互换的信用套利

货币互换(Currency Swaps)是将一种货币的本金和利息与另一货币的等价本金和利息进行交换。最常见的货币互换是固定利率利息之间的互换。

货币互换主要驱动因素是交易双方在不同国家中的借贷市场上具有比较优势。假定人民币和美元汇率为1美元=6.600元人民币。A想借入4年期的6.6亿元人民币借款,B想借入4年期的1亿美元借款。由于A的信用等级高于B,且不同的金融市场对A、B两公司的熟悉状况不同,因此市场向它们提供的固定利率也不同(如表9-4所示)。

从表9-2可以看出,A的借款利率均比B低,即A在两个市场都具有绝对优势,但绝对优势大小不同。A在美元市场上有2%的绝对优势,在人民币市场上只有0.5%。这就是说,A在美元市场上有比较优势,而B在人民币市场上有比较优势。这样,双方就可利用各自的比较优势借款,然后通过互换得到自己想要的资金,并通过分享互换收益(1.5%)降低筹资成本。

表 9-2　市场向 A、B 公司提供的借款利率

	美　元	人　民　币
A公司	7.8%	11.5%
B公司	9.8%	12.0%

注:表中利率为一年计一次复利的年利率。

于是,A以7.8%的利率借入4年期的1亿美元借款,B以12.0%利率借入4年期的6.6亿元人民币借款。然后,双方先进行本金的交换,即A向B支付1亿美元,B向A支付6.6亿元人民币。

假定A、B公司商定双方平分互换收益,则A、B公司都将使筹资成本降低0.75%,即双方最终实际筹资成本分别为:A支付10.75%的人民币利率,而B支付9.05%的美元利率。双方可根据借款成本与实际筹资成本的差异计算各自向对方支付的现金流,进行利息互换。也就是说,A向B一年支付一次利率为10.75%、本金为6.6亿元人民币借款的利息计7 095万元人民币,B向A一年支付一次利率为7.8%、本金为1亿美元借款的利息计780万美元。经过互换后,A的最终实际筹资成本降为利率10.75%人民币借款利息,而B的最终实际筹资成本变为7.8%美元借款利息加1.25%人民币借款利息。若汇率水

平不变的话，B最终实际筹资成本相当于9.05%美元借款利息。若担心未来汇率水平变动，B可以通过购买美元远期或期货来规避汇率风险。

在第4年交换利息时，双方要再次进行借款本金的互换，即A向B支付6.6亿元人民币，B向A支付1亿美元。到此，货币互换结束。若不考虑本金问题上述货币互换的流程图如图9-3所示。

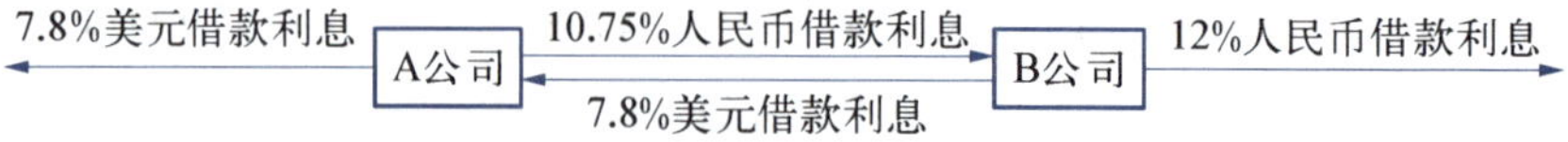

```
               7.8%美元借款利息      10.75%人民币借款利息                12%人民币借款利息
         ←─────────────────── [A公司] ───────────────────── [B公司] ─────────────────────→
                                       7.8%美元借款利息
```

图9-3 货币互换流程图

由于货币互换涉及本金互换，因此当汇率变动很大时，其中一方将面临一定的信用风险。当然，这种风险仍比单纯的贷款风险小得多。货币互换大多也是采用银行为主体的做市商交易机制。

三、利用互换的监管和税收套利

税收和税收套利指交易者利用各国或不同地区监管或者税收上的差异，运用互换进行降低税收，规避监管的行为，达到实现交易、降低成本和获取收益的目的。下面我们介绍两个利用互换规避监管和税收套利的例子。

(一) 利用股票收益互换规避交易监管

在我国股市2015年股灾之前，市场上存在一种"融资类股权收益互换"的产品，该产品的目的是为了规避场外配资限制。所谓收益互换，是指证券公司与符合条件的客户约定在未来一定期限内，针对特定资产的收益与固定利率进行现金流的交换。原则上，双方只是约定一方享受固定收益，另一方承担浮动收益，一般不发生本金交换和实物交割。收益互换具有信用交易的特点，客户可以自身信用担保或者提供一定比例的履约担保品，资金收益具有很高的杠杆效果。在2015年证券市场强势上涨期间，通过股票收益互换融资，一些信用良好的投资者可以加上4倍左右的杠杆。

2015年11月，基于部分证券公司利用收益互换业务向客户融资买卖证券，实际上已经演变为一种配资行为，偏离了衍生品作为风险管理工具本原的判断，证监会禁止了融资类收益互换。

此外，利用跨国(境)股票(或股票指数)收益互换，受到资本流动监管的投资者实现跨国(境)投资的目的。投资者借助固定或浮动利率对国外股票指数的互换，只需支付与固定或浮动利率挂钩的回报就能获得国外股票组合的收益，相当于以确定的本金投资于国外市场上的股票组合，而投资者不会受到外国市场的任何管制，也避免了购买国外股票的一系列烦琐程序以及交易费用。因此，股票互换受到海外投资者的普遍欢迎。

此外，股票互换还可兼具规避货币风险的功能，包含不同货币的股票互换可选择是否规避货币风险：若投资者愿意接受货币风险，那么外国股票指数的回报将基于以外币计价的名义本金；若投资者选择规避货币风险，那么外国股票指数的回报将基于以本币计价的名义本金。

（二）利用货币互换的税收套利

澳大利亚规定，一个非澳大利亚居民在澳大利亚购买澳元证券所得的利息要缴纳10%的预扣税。例如，一家欧洲机构购买收益率10%的澳联邦政府债券，税后收益只有9.1%。一家信用等级很高且希望发行美元债券（如利率8%）欧洲机构和一家信用等级高且希望发行澳元债券（如利率10.2%）的澳洲国内机构可以运用货币互换对此预扣税机制进行套利。

具体操作如下：

欧洲机构在欧洲市场上发行欧洲澳元债券，利率低于澳大利亚国债利率但高于缴纳预扣税后的利率，如发行息票率9.4%的欧洲澳元债券，利息所得免缴预扣税。对欧洲投资者来说，该收益率仍然比扣除预扣税后的澳联邦政府债券高0.3%。

欧洲机构与澳大利亚国内机构进行货币互换，货币互换中澳大利亚国内机构向该欧洲机构支付澳元利息（如利率9.6%），而欧洲机构向澳大利亚国内机构支付美元利息，因澳大利亚国内机构支付给欧洲机构的利率低于10.2%，所以澳大利亚国内机构在货币互换中愿意接受低于其美元借款利率（如8%），货币互换中美元利率为7.8%利率。通过这个货币互换，节省了预扣税，双方融资成本降低。

第三节　利用互换进行风险管理

一、应用利率互换转换负债（或资产）的利率属性

有许多方式改变债务的计息方式，以下是将浮动利率债务变成固定利率债务的3种通用方法：

(1) 交易利率互换，在利率互换中支付固定利率，收入浮动利率；
(2) 交易一系列按照固定利率借款的FRA（远期利率协议）；
(3) 一系列不同到期期限的欧洲美元期货空头。

以第一种方法为例，如图9-4所示，浮动利率借款人此时有两个浮动利率风险头寸：一是对浮动利率债务支付的利息；二是在互换协议条件下收到的浮动利率利息。

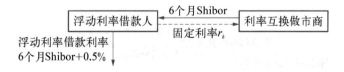

图9-4　将浮动利率债务变成固定利率债务

浮动利率借款是按6个月Shibor利率关联的利率，如借款人支付给浮动利率资金的贷款人的利率高于Shibor利率50个基点。借款人可以通过互换交易中收到的Shibor利率对冲浮动利率借款的浮动利率支付，这时不管Shibor水平如何，浮动利率借款人的浮动利率借款转化为固定利率r_k加上50个基点的借款。例如，6个月Shibor为4%，则借

款人对借款支付的利率为 4.50% 的利息,而其在互换中收到利率为 4% 的利息,利差为 0.5%,最后借款利率转化为 $r_k+0.5\%$;如果 6 个月 Shibor 为 5%,则借款人对借款支付利率为 5.50% 的利息,而其在互换中收到利率为 5% 的利息,利差也为 0.5%,最后借款利率仍然转化为 $r_k+0.5\%$。

如果要将固定利率债务变为浮动利率债务,这就必须进行相反的操作:
(1) 交易利率互换,在利率互换中收入固定利率,支付浮动利率;
(2) 交易一系列按照固定利率贷款的 FRA(远期利率协议);
(3) 一系列不同到期期限的欧洲美元期货多头。

如图 9-5 所示,假设固定利率资金借款人支付 4.70% 的固定利率,如借款人想把公司的固定利率负债变为浮动利率负债,则在互换中接受的固定利率对冲借款的固定利率,由此将固定利率负债转化为浮动利率负债。此后,借款人既是 4.70% 的固定利率债务的支付方与接受方,也是 6 个月 Shibor 浮动利率的支付方,因而借款人的借款利率变成 6 个月 Shibor$+r_k-4.7\%$。

图 9-5 将固定利率债务变为浮动利率债务

同理,可以采用利率互换改变资产的利率属性。图 9-6 将利率 4.7% 的固定利率资产转换为利率为 Shibor$+4.7\%-r_k$ 的浮动利率资产。图 9-7 将利率 Shibor$+0.5\%$ 的浮动利率资产转换为利率为 $r_k+0.5\%$ 的固定利率资产。

图 9-6 将固定利率资产变成浮动利率资产

图 9-7 将浮动利率资产变为固定利率资产

从上面的分析我们可以看出,利率互换安排可以改变现金流量实际的利率基础。例如,从固定利率借款到浮动利率银行借款,或者从浮动利率资产到固定利率资产等等。值得注意的是,当保值者进行利率互换时,其现有的负债或者资产依然存在,借款人仍须继续支付利息和本金,贷款人仍将收入利息和本金。在预期利率大幅上升时,浮动利率借款人会认为,审慎的做法是将债务利率固定于在一个利率水平上;固定利率资产持有人考虑将资产转换为浮动利率资产。在预期利率大幅下跌时,固定利率借款人会考虑接受支付浮动利率,以降低利息成本;浮动利率资产持有人考虑将资产转换为固定利率资产。利用利率互换,上述目的能够较为方便地达到。

二、利用利率互换调整资产(或负债)的久期

利率互换与利率远期、利率期货一样,是利率敏感性资产,经常被用来调整现有资产或者负债的久期,管理利率风险。通过利率互换的定价公式可以知道,利率互换可以看成固定利率债券和浮动利率债券的组合。对于互换合约中,收取固定利率、支付浮动利率的互换持有者而言,利率互换的价值为:

$$V_{利率互换} = B_{fix} - B_{fl}$$

从定价公式可以看出,该利率互换的久期等于固定利率债券的久期与浮动债券的久期之差。浮动利率债券的定价公式为

$$B_{fl} = (L + k^*)e^{-r_1 t_1}$$

因此,浮动利率债券可以看成期限为 t_1 的零息债券,其久期为 t_1,最长为一个利息支付周期,一般为 3 个月或者 6 个月,相对于固定利率债券的久期是一个较小的期限。这意味着剩余期限较长的收取固定利率的互换的久期近似等于固定利率债券的久期,我们可以利用利率互换调整已有的资产或者负债的久期。例如,我们预期市场利率将上升,为了规避利率上升引起的债券组合价值下降的风险,需要降低已经持有的债券组合的久期,那么我们可以加入适当久期为负的利率互换,即支付固定利率、收取浮动利率的利率互换。利用利率互换管理资产或者负债的利率风险,其优势一方面市场流动性较好,交易成本较低,期限丰富,匹配较为灵活。

例 9-1 利率互换在银行资产负债管理中的应用——将资产与负债匹配。银行比较容易获得短期资金,它们可以在银行同业市场上以隔夜、明天/后天(从明天开始的隔夜或者是从明天到后天)、即期/第 2 天、1 星期、1 个月、3 个月或 6 个月等期限融资,这要比获得 5 年或 20 年期限融资更容易。如果客户对银行有大量较长期的固定利率融资需求,那怎么办?对此有许多可能性,组织债券发行或许是合适的办法,鼓励客户考虑浮动利率融资是另一种办法,在任何一种情况下都必须将资产(对客户的贷款)与负债(融资)配对。

银行的另一种选择是"借短贷长",而许多银行家多年来得到的忠告就是"不要借短贷长"。当利率期限结构较陡时,借短贷长似乎是个相当吸引人的主意。例如,3 个月资金在银行同业市场成本为 5%,而 5 年期国债利率为 8%,银行可能按 9%提供给客户 5 年期固定利率贷款,按 5%的 3 个月的 Libor 融资。若银行认为利率有可能下跌、不变或稍微上涨,这看来就是一个很好的商业机会,多年来许多银行都无法拒绝这一机会的诱惑,但一些银行因此损失惨重,因为随着利率的上涨其融资成本也将上涨。

随着互换市场的发展,银行在确保资产与负债配对的前提下,能够满足客户的固定利率

融资需要。假设一家银行有客户需要 5 年期固定利率资金,并假定银行在同业市场以 3 个月的 Libor 利率筹集资金,则银行有 3 个月负债与 5 年期资产(如图 9-8),即 3 个月 Libor 的浮动利率利息空头头寸,及对客户 5 年期的固定利率贷款利息的多头头寸,这是一种不配对的资产与负债。为了抵补这一头寸,银行必须在利率互换中收到以浮动利率,以便与 3 个月 Libor 风险配对,同时支付固定利率以配对固定利率风险。利率互换非常适合这种利率风险对冲,在利率互换中银行收到浮动利率利息并支付固定利率利息(如图 9-9)。

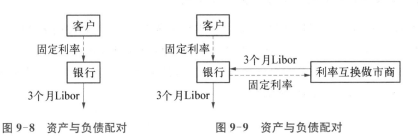

图 9-8 资产与负债配对　　　图 9-9 资产与负债配对

这种利率互换消除了银行的利率风险,银行不能再从利率下跌中获利,但它也不会因为利率的上升而损失。利率互换给银行提供了将利率风险对冲掉,只留下信用风险的工具。银行盈亏与否取决于交易中其信用风险的定价及其贷款总风险,而不是取决于其预测利率的能力。

三、利用货币互换管理汇率风险

与利率互换类似,利用货币互换可以转换资产和负债的货币属性,对汇率风险进行管理。以图 9-10 的货币互换中的 B 公司为例,假设 B 公司有一笔 5 年期的本金为 1 亿美元的债券投资,该债券的息票利率 4.5%,一年支付一次利息。投资这预期未来 5 年美元相对于人民币会走弱。通过该笔货币互换,投资者将该美元债券投资转换成了本金为 6.4 亿元、息票利率为 5% 的人民币债券投资。

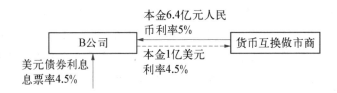

图 9-10 将美元债券转换为人民币债券

因此,货币互换为投资者管理汇率风险,尤其是长期汇率风险的工具。在现实中,由于资产或者负债的现金流和互换的现金流可能不能恰好匹配,因此不能对汇率风险进行完全对冲。

四、应用跨境股票互换进行国际分散化投资

股票互换可以帮助投资者不违反对外资本投资限制的前提下有效实现国际范围的风险分散。假定一个中国投资者已经投资于中国股票市场的沪深 300 指数基金,投资额度

100万元人民币。投资者通过与投资银行签订一个名义本金50万元的定期支付沪深300指数收益率、收取S&P500指数收益率的股票互换,如果股票互换是收入或者支付的货币指定为人民币,即股票互换为一个交叉货币股票互换,该股票互换能有效地规避直接投资美国股市所具有的汇率风险。通过这个股票互换,等价于投资者将100万元的投资者平均分散到中国和美国两个股票市场上。

股票互换挂钩的外国股票指数可以是多个国家股票市场指数的一个组合,如挂钩的外国股票指数是S&P500指数、日经225指数、金融时报100种股价指数和恒生指数的算术平均值。一个投资100万元人民币沪深300指数基金的投资者,通过与投资银行签订一个名义本金80万元的定期支付沪深300指数收益率、收取以上四个股票指的数算数平均收益率的交叉货币股票互换(以人民币结算),等价于将100万元人民币均等投资于5个国家和地区的股票市场指数基金,能有效地分散投资的风险。对一个交叉货币股票互换而言,因使用本国货币结算,国内投资者不需要收取和支付外币,因此不存在汇率风险,也不会受到资本管制的影响。作为国内投资者的交易对手的投资银行,利用其全球化的交易组合,最后只需要对组合净额风险暴露进行对冲。在本书第十八章中,我们将对跨境的交叉货币股票互换的定价问题进行专门的分析。

如果交易的跨境股票互换以各个指数所属国家或者地区货币计价,最初并不发生资本流入或流出,而在这之后的资金流动,无论是流入还是流出,都只涉及两个股票市场的收益差额,并不存在本金的流动。

第四节 运用互换创造新的产品

根据实际市场状况、投资者预期与需要的不同,互换可以与其他金融资产组合,创造出新的金融产品。例如,一笔固定利率的人民币国债投资加上一份支付人民币固定利息、收入英镑固定利息的高信用等级货币互换,可以构造出一个近似的英镑国债投资头寸。

例9-2 利用利率互换构造反向浮动利率债券。如果投资者预期未来市场利率会下降,又如果浮动利率债券与市场利率正向挂钩,则利率下降时利息将减少,相对于固定利息债券投资者会受损。如果市场上存在一款与市场利率反向挂钩的债券,则投资者可以在利率下降趋势中获利。我们可以利用利率互换达到上述目的,具体操作如下:

(1) 投资一份本金为 A,利率为6个月 Shibor 利率的浮动利率资产,假定投资期限为 n 年。

(2) 签订一份本金为 $2A$,n 年期的利率互换,投资者在互换中收取固定利率 r,支付6个月 Shibor 利率,利息每半年交换一次。

签订了该利率互换后,投资者每半年面临如下的三笔现金流:① 从资产中获取 $0.5A \times$ Shibor 的浮动利息;② 从互换中获得 Ar 的固定利息;③ 在互换中支付 $A \times$ Shibor 的浮动利息。综合以上三笔现金流,投资者每半年的现金流为 $A(r-0.5\text{Shibor})$。因此,当市场利率上升时,投资者的利息收入下降。这样现金流的资产被称为反向浮动利率资产。因此,一份本金为 A 的浮动利率资产和一份名义本金 $2A$ 的支付浮动利率、收取固定利率的利率互换,可以合成一份反向浮动利率债券。

在第十八章里,我们还要研究投资者如何利用跨境收益互换进行产品开发的问题。

第五节 利率互换的利差交易与长期资本管理公司神话的破灭

长期资本管理公司(LTCM)是一家仅仅存活 5 年的基金管理公司,却是迄今为止最有影响的套利基金;一度是华尔街备受推崇的明星,最终却引发了华尔街历史上的一场灾难;一群曾将不确定的世界视为冷血赌局的投机天才,最终却输得一败涂地;一个有史以来最生动的资本市场案例,足以让投资者、基金管理人和监管当局沉思。下面我们介绍利率互换的利差交易策略如何将 LTCM 推入了破产境地。

一、利用利率互换的利差交易策略原理

互换和债券组合策略是目前各种套利策略中最常见的一种。这种套利并不是做多或做空某个债券,而是做多或做空互换与债券之间的利差。

一般情况下利率互换的互换利率(IRS)走势应与相应期限的无风险债券走势基本一致,互换与现券利差应保持稳定。我们可以将以 FR007 为基准的 5 年期人民币利率互换的互换利率走势和 5 年期国债收益率走势比较来看,具体如图 9-11 所示。

图 9-11 互换利率和国债收益率走势图

从图 9-11 中我们可以发现三点。

其一,5 年期人民币 IRS 利率走势和 5 年期国债收益率走势基本一致。虽说 IRS 的利率反映的是未来 5 年远期利率的预期折现到现在的现值,但是市场对未来利率的预期多基于当前的市场状况,所以 IRS 利率走势基本和 5 年期现券基本一致。

其二,IRS 的整体波幅相对于现券的波动更为平稳。某个突发消息可能导致短期内

利率急剧波动,但是这种剧烈波动有市场情绪的因素在内,这种市场情绪在较长期的时间内会得到平复,从而使较长期内波动不那么剧烈。IRS是未来几年利率的加权平均,这种长期的平均会使利率波动更为平缓,从而使IRS的整体波幅要比现券更为平稳。

其三,虽然两者之间走势一致,但其利差并不是固定的,利差在一段时间可能趋向于收敛,在另一段时间趋向于扩大。债券与互换组合套利交易策略正是基于这一现象操作的。当利差过大时,我们预期它终将回归正常时,就可以进行相应方向的利差操作。

做多利差(利差=互换利率-债券到期收益率)是指套利交易者预期互换与债券的利差会增大,从而作为互换的买方收取浮动利息支付固定利息,同时通过回购市场进行正回购借入资金买入相同期限的债券,等到利差增大再进行平仓的交易策略。

做空利差则刚好相反,是指套利者一开始作为互换的卖方收取固定利息支付浮动利息,同时通过在回购市场进行逆回购借入具有相同期限的债券并卖出做空,等到利差缩小再进行平仓的交易方式。

组合套利时买卖的债券可以是无风险债券,也可以是信用债,买卖信用债其实是假定信用利差在套利期间保持不变,所以如果以信用债为套利标的,则须承担信用风险。在下面的探讨中,我们均以无风险债券为例。

债券与互换组合套利策略具体操作模式如下。

(一)做多利差操作模式:回购养券与做多互换的套利组合

做多利差操作模式如图9-12所示。

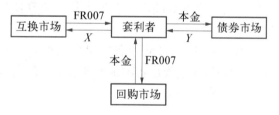

图9-12 做多利差操作模式

(1)正回购融入本金,然后买入一只国债,从而做多国债。

(2)做多互换,即签订收取浮动利率支付固定利率的利率互换。

可以看到,当互换浮动利率与回购利率基本一致的时候,收益取决于国债到期收益率与互换固定利率之差,及 $Y - X$。 当两者利差扩大的时候,就可以平仓锁定收益。

(二)做空利差操作模式:做空债券与做空互换套利组合

做空利差操作模式如图9-13所示。

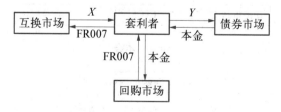

图9-13 做空利差操作模式

(1) 逆回购一只国债,然后将其卖出,从而做空国债。

(2) 做空互换,即签订收取固定利率支付浮动利率的利率互换。

可以看到,当互换浮动利率与回购利率一致的时候,收益取决于互换固定利率与国债到期收益率之差,即 $X-Y$。 当两者利差收紧的时候,就可以平仓锁定收益。

要指出的是,互换套利并非获得无风险收益,任何套利交易在获得超额收益的同时也引入了各类风险因素。例如,当货币市场资金紧张的时候,如果不能够顺利进行正回购融资,投资者有可能被迫卖掉债券,从而使套利失败。

另外,还会存在一些极端风险因素使利差在很长一段时间内都不往预期的方向发展,而是背道而驰,导致账面亏损越来越大,从而可能会使套利者不得不提前止损,以亏损告终。

二、互换利差交易如何导致长期资本管理公司巨额亏损

(一) 长期资本管理公司基本情况

1994 年 2 月,John Meriwether 创办了宏观数量化基金——长期资本管理公司,当时的核心人物包括 David W. Mullins(前美联储副局长)和被誉为衍生工具之父的诺贝尔经济学奖得主 Myron Scholes(1997 年 Noble 经济学奖得主)、Merton Miller(1990 年 NOBLE 经济学奖得主)。市场高手、顶级学者和前官员的绝妙组合,使长期资本管理基金创造过神话般的业绩。LTCM 不负众望,取得骄人业绩,其年均投资回报率高达 40%,将投资人的资金翻了 3 倍。这一系列成绩以及合伙人的声望都使投资人对 LTCM 情有独钟,LTCM 也成为华尔街的宠儿。

由于资产管理人的品牌效应,LTCM 获得各家银行机构给予最高等级的贷款优惠,LTCM 向银行贷款 1 000 亿美元,买进卖出各种证券和股票市值高达 1.25 万亿美元,净资产价值约 48 亿美元,杠杆比率达 250 倍。

(二) 互换利差套利导致巨额亏损

1998 年初,英、美资本市场利率互换与同久期国债的利差逐步走高,经过模型计算,LTCM 的交易员相信利差会逐渐回归至正常水平,于是,他们在 1998 年 5 月动用大量资金做空利率互换利差,LTCM 持有的利率互换头寸总值超过 7 000 亿美元。在高杠杆的背景下,利率差距细微的缩小,都会给 LTCM 带来巨额的获利。同样,利率差距细微的增加,也会让 LTCM 立即破产。

长期资本管理公司做空利差进行套利的模式如图 9-14 所示。

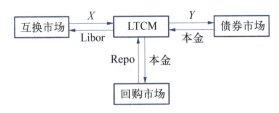

图 9-14 LTCM 做空利差操作模式

美国市场的 Repo 利率一般是 Libor 的 0.8 倍,因此在浮动端 LTCM 始终处于亏损状态,X—Y 的收窄要覆盖住这一部分亏损才可以产生盈利。然而,LTCM 基于模型算出的套利机会并没有预料到黑天鹅的出现,X—Y 不仅没有如期收窄,反而出乎意料地迅速扩大。

1998 年 8 月 17 日,俄罗斯宣布卢布采用大区间浮动汇率(1 美元兑换 6.0—9.0 卢布),直接导致卢布剧烈贬值,俄罗斯政府宣布无限期延缓债务清还,引发信用风险,使发展中国家的债券无人问津,收益率急速上升。事件发生后,资产纷纷逃向安全性高的德国、美国债券市场,导致德国、美国国债收益率急剧下降。然而,在这个过程中利率互换利差却逐步走高,主要有以下三方面的原因:

一是市场预期美国国债收益率下降不会持续太长时间,而 LTCM 持有的利率互换头寸的固定利率反映的是未来中长期的利率的加权平均,其下降幅度并不及国债利率。

二是利率互换的流动性没有国债那么高,存在部分流动性溢价。

三是在利率互换利差扩大初期,市场中其他仿效 LTCM 操作的机构投资者由于账面上出现亏损,选择了结束套利。虽然按照套利原理,即使价差逐步扩大,将套利头寸持有到期,一样会取得盈利,然而很多投资者由于各种原因选择了结束套利,这使利差进一步扩大。LTCM 由于利差的快速扩大,导致投资损失呈几何级数增加。

长期资本管理公司进行利率互换套利期间利率互换的利差的逆向波动如图 9-15 所示。

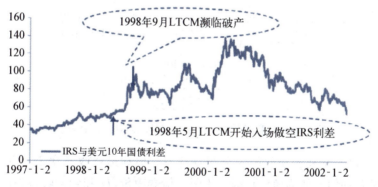

图 9-15 长期资本管理公司进行利率互换套利期间利率互换的利差

祸不单行,LTCM 在其他市场投资中也接连失手,蒙受重大损失。到 8 月底,LTCM 的资本降到了 23 亿美元,失去了年初时超过半数的股权资本。1998 年 8 月,LTCM 的基金共损失 44%,其中 82% 是做利差套利造成的。

随着损失的不断增加,LTCM 已越来越难满足保证金要求,需要更多抵押品来确保它能够偿还所有债务,但缺少高价值的资产用于抵押。不仅如此,LTCM 还陷入了难于清算资产的困难境地。它的大部分资产在市场正常时期尚且缺乏流通性,难于出售,何况在经营困境时,只能压低价格出售。到 1998 年 9 月 22 日,LTCM 的资本仅剩 6 亿美元。LTCM 从 5 月俄罗斯金融风暴到 9 月全面崩溃,短短的 150 天资产净值下降 90%,出现 43 亿美元巨额亏损,已走到破产边缘。9 月 23 日,美联储出面安排,以美林、摩根为首的15家国际性金融机构注资37.25亿美元购买了LTCM的90%股权,共同接管了该公司,从而使其避免了倒闭的厄运。

(三) 留给市场的教训

虽说进行利率互换与债券组合的套利交易相对于投机交易风险较小,然而风险控制也不容忽视,各种极端风险因素均需要考虑。套利交易本身是低风险的策略,关键是看投资者如何运用。在上述案例中,即使价差一直逆向波动,也可以通过持有至到期来获取债券与互换组合的套利收益。

(四) 进一步讨论

上文讨论的做多、做空利差组合套利策略均是通过平仓博取利率互换固定利率、现券到期收益率在二级市场价差的波动来获取收益的,但是相信较多的投资者在最初看到做多利差的操作模式时,会以为套利者收到的是Y,支付的是X,所以$Y-X$越大越好,而不是$X-Y$越大获利越多。这种想法实际上是把到期收益率Y看成了债券持有期间能获得的息票率,认为套利获取的是一级市场息票率与互换利率之差。这种想法虽和上文探讨的做多利差的思路不一样,但它实际上是可行的,只不过这种模式的盈利大小是在一开始入场的时候就基本确定了,且只需要持有到期就可以获得(不受二级市场价格波动的干扰)。

此种模式的具体做法是做多利率互换,同时通过在货币市场上回购获得资金买入债券,并将两者持有至到期。持有到期的利率互换、现券套利组合操作模式如下图9-16。

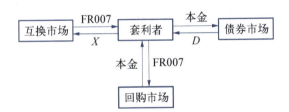

图 9-16 持有到期的利率互换、现券套利组合操作模式

在这个过程中,套利者获取的固定端收益率=单利最终收益率$D-X$。其中,$D=$(息票$C+$(债券面值−债券净价)/剩余年限)/债券净价,D和到期收益率的不同之处是未计算复利,在此处我们不讨论复利,即假设投资者在套利期间获取的息票不用于再投资。

套利者获取的浮动端收益率:互换浮动端利率(如FR007或1年定期存款利率)−回购利率。

当固定端收益+浮动端收益大于0时,套利者就可以在利率互换市场上收浮动付固定,同时在回购市场上支付回购利率融入与利率互换本金同大小的资金,买入对应期限的债券,并持有到期,获取(固定端收益率+浮动端收益率)×利率互换本金大小的收益。具体操作模式与做多利率互换利差很类似,只不过是需要持有头寸至到期。

相反,当固定端收益+浮动段收益小于0时,我们可以进行相反方向的操作,具体与做空IRS利差操作模式相同,同样需要持有至到期。

重 要 概 念

互换的信用套利　互换的监管套利　互换的税收套利　利率互换的久期　跨境股票互换　交叉货币股票互换　浮动利率资产　固定利率资产　浮动利率债务　固定利率债务　反向浮动利率资产　互换利差交易

习题与思考题

1. 运用比较优势原理解释互换。
2. A公司和B公司如果要在金融市场上借入5年期本金为1 000万元的贷款,需支付的年利率分别为:

	固定利率	浮动利率
A公司	4.0%	Shibor+0.1%
B公司	5.4%	Shibor+0.6%

A公司需要的是浮动利率贷款,B公司需要的是固定利率贷款。请设计一个利率互换,其中银行作为中介获得的报酬是0.1%的利差,而且要求互换对双方具有同样的吸引力。

3. A公司希望以固定利率借入美元,而B公司希望以固定利率借入人民币,且本金用即期汇率计算价值很接近。市场对这两个公司的报价如下:

	人民币	美元
A公司	5.0%	6.6%
B公司	6.5%	7.0%

请设计一个货币互换,银行作为中介获得的报酬是20个基点,而且要求互换对双方具有同样的吸引力,汇率风险由银行承担。

4. X公司和Y公司的各自在市场上的5年期1 000万元人民币的投资可以获得的收益率为:

	固定利率	浮动利率
X公司	6.0%	Shibor+0.8%
Y公司	6.8%	Shibor+1.0%

X公司希望以固定利率进行投资,而Y公司希望以浮动利率进行投资。请设计一个利率互换提升双方的投资收益,其中银行作为中介获得的报酬是0.2%的利差,而且要求互换对双方具有同样的吸引力。

5. A公司和B公司如果要在金融市场上借款需支付的利率分别为:

	A公司	B公司
美元浮动利率	Libor+0.5%	Libor+1.0%
加元固定利率	5.0%	6.5%

假设A公司需要的是美元浮动利率贷款,B公司需要的是加元固定利率贷款。一家银行想设计一个互换,并从希望中获得的0.5%的利差如果互换对双方具有同样的吸引力,A公司和B公司的利率支付是怎么安排的?

第十章

互换定价与风险分析

> **学习目标**
>
> 在本章中,首先探讨互换与一系列金融工具的关系,通过将互换分解成一系列我们更加熟悉的金融工具,这可以加深我们对互换这种金融工具的理解并为理解互换的定价原理奠定基础。在此基础上,我们讨论互换的定价和风险。

第一节 利率互换的定价

如果我们假设没有违约风险,利率互换可以通过分解成一个债券的多头与另一个债券的空头来定价,也可以通过分解成一个远期利率协议的组合来定价。

一、互换利率的本质

下面我们以一个 5 年期、每 6 个月交换一次利率、以 6 个月的 Shibor 利率为基准利率的利率互换为例。为了确定互换定价中的分解以后的金融工具的价值,我们考察利率互换中的互换利率的本质,以及互换利率与货币市场利率的联系和区别。作为互换基准利率的 Shibor 利率,是信用级别较高(如 AA 以上信用)的银行向其他银行拆借期限 12 个月以内的资金的利率,即同业拆借利率。互换利率是互换做市商报出的下面两个利率的平均值:(1) 做市商在互换合约中收入 Shibor 利率,并付出的固定利率(或买入利率);(2) 做市商在互换合约中付出 Shibor 利率,并收入固定利率(卖出利率)。因此,在无套利的市场上,该互换利率可以认为是签订互换合约时使互换的价值为 0 的公平的互换利率。

Shibor 利率不是无风险利率,互换利率一样也不是无风险利率。但互换利率与无风险利率非常接近。一家金融机构能够通过如下的交易,使一笔资金的投资收益率等于 5 年期的做市商互换利率(基础利率为 Shibor 利率的做市商买入利率)。

(1) 将一笔资金借给一家信用级别为 AA 级或 AA 以上的公司,期限为互换交换利息的时间间隔,如 6 个月,第一次到期后收回本息,再将本金借给相同信用级别或者更高信用级别的公司,期限也为一个利息交换间隔,每次借贷利率都为当时的 6 个期的 Shibor 利率。

(2) 进入一个 5 年期的支付 Shibor 利率、收取固定利率的利率互换。

通过上述两笔交易，金融机构就将贷款利率固定为互换利率。因此，我们可以说上述 5 年期的互换利率相当于借给一直维持 AA 级及以上信用级别的公司 10 个连续的 6 个月期的 Shibor 利率的短期资金的利率。要注意的是，互换利率的信用风险小于 AA 级公司一次借入 5 年期资金的信用风险，原因是借款时 AA 级的公司在借款期内信用下降的可能，因此互换利率小于 AA 级公司借入 5 年期资金的利率。

还要注意的是，利率互换对交易双方也具有一定的信用风险，但因为利率互换采用的是净利差结算，相对于直接贷款来说，信用风险小很多。

二、互换定价中的贴现率

在给互换和其他柜台交易市场上的金融工具定价的时候，需要提供一个贴现率用作现金流贴现。对于基准利率为货币市场利率的利率互换，期限 1 年以内的利率互换，可以使用利率互换的基准利率（如 Shibor 利率）对互换定价，或者确定公平的互换利率。这里实际上假设互换的信用风险和同业拆借市场的信用风险相同。

在欧洲美元市场上可以利用欧洲美元期货将 Libor 利率曲线延长到 5 年，可以利用 Libor 利率曲线对 5 年以内的利率互换定价。对于 5 年以上的利率互换，期限超过 5 年的现金流贴现没有对应其他市场上的贴现率可以使用。这时，我们需要在假设互换市场定价是有效的，利用更长期限的互换利率来延长同业拆借利率，形成更长的 Libor 利率曲线。在我国金融市场上，并不存在以 Shibor 利率为基准的短期利率期货，所以只能用利率互换来延长 Shibor 利率曲线，延长后的 Shibor 利率曲线时候能否成为利率衍生品市场定价的基准，依赖于利率互换市场的定价效率和市场的完全性，这是一个需要研究的课题。

例 10-1 假设由 Shibor 利率曲线获得了 6 个月、12 个月、18 个月的即期利率分别为 4%、4.5% 和 4.8%（连续复利），2 年期的利率互换的公平互换利率为 5%。计算由该互换利率隐含的 2 年期的即期利率。

公平互换利率 5% 意味着该互换的价值为 0，意味着息票率为 5% 的 2 年期的固定利率债券价格为平价债券。假设债券面值为 100 元，则：

$$2.5e^{-4\%\times0.5} + 2.5e^{-4.5\%\times1} + 2.5e^{-4.8\%\times1.5} + 102.5e^{r(2)\times2} = 100$$

求解上式可得 $r(2) = 4.953\%$。注意，在这里我们忽略了天数计算惯例和假期日历。

三、运用债券组合给利率互换定价

考虑一个 2014 年 9 月 1 日生效的 3 年期的利率互换，名义本金是 1 亿元。B 公司同意支付给 A 公司年利率为 4.6% 的利息，同时 A 公司同意支付给 B 公司 6 个月期 Shibor 的利息，利息每半年支付一次。

图 10-1　A 公司与 B 公司的利率互换

表 10-1　利率互换中 B 公司的现金流量表(百万元)

日　　期	Shibor(4.6%)	收到的浮动利息	支付的固定利息	净现金流
2014.9.1	4.871 6%			
2015.3.1	4.782 5%	+2.435 80	−2.300 00	+0.135 80
2015.9.1	3.271 0%	+2.391 25	−2.300 00	+0.091 25
2016.3.1	3.010 0%	+1.635 50	−2.300 00	−0.664 50
2016.9.1	2.889 5%	+1.505 00	−2.300 00	−0.795 00
2017.3.1	4.199 8%	+1.444 75	−2.300 00	−0.855 25
2017.9.1	4.386 1%	+2.099 90	−2.300 00	−0.200 10

上述利率互换可以看成是两个债券头寸的组合。虽然利率互换不涉及本金交换,我们可以假设在合约的到期日,A 公司支付给 B 公司 1 亿元的名义本金,同时 B 公司也支付给 A 公司 1 亿元的名义本金。这不会改变互换双方的现金流,所以不会改变互换的价值。这样,利率互换可以分解成:

(1) B 公司按 6 个月 Shibor 的利率借给 A 公司 1 亿元。

(2) A 公司按 4.6%的年利率借给 B 公司 1 亿元,每年付息一次。

换个角度看,就是 B 公司向 A 公司购买了一份 1 亿元的浮动利率(Shibor)债券,同时向 A 公司出售了一份 1 亿元的固定利率(4.6%的年利率,每半年付息一次)债券。因此,对 B 公司而言,这个利率互换的价值就是浮动利率债券与固定利率债券价值的差。

定义如下:

B_{fix}:互换合约中分解出的固定利率债券的价值。

B_{fl}:互换合约中分解出的浮动利率债券的价值。

那么,对 B 公司而言,这个互换的价值就是:

$$V_{利率互换} = B_{fl} - B_{fix} \quad (10\text{-}1)$$

为了说明公式(10-1)的运用,定义

t_i:距第 i 次现金流交换的时间 $(1 \leq i \leq n)$。

L:利率互换合约中的名义本金额。

r_i:到期日为 t_i 的 Shibor 即期利率。

k:支付日支付的固定利息额。

那么,固定利率债券的价值为:

$$B_{fix} = \sum_{i=1}^{n} k e^{-r_i t_i} + L e^{-r_n t_n}$$

接着考虑浮动利率债券的价值。假定贴现利率等于计息利率的前提下,根据浮动利率债券的性质,在紧接浮动利率债券支付利息后的那一刻,浮动利率债券的价值为其本金 L。假设下一利息支付日应支付的浮动利息额为已知的 k^*,那么在下一次利息支付前的一刻，浮动利率债券的价值为 $B_{fl}=L+k^*$。在我们的定义中，距下一次利息支付日还有 t_1 的时间，那么当前浮动利率债券的价值应该为：

$$B_{fl}=(L+k^*)e^{-r_1 t_1}$$

式（10-1）给出了利率互换对一个支付固定利率、收入浮动利率的公司的价值。当一个公司收入固定利率，支付固定利率的时候，互换对该公司的价值为：

$$V_{利率互换}=B_{fix}-B_{fl} \tag{10-2}$$

例 10-2 假设在一笔互换合约中，某一金融机构收取 6 个月期的 Shibor，同时支付 4% 的年利率（半年计一次复利），名义本金为 1 亿元。互换还有 1.25 年的期限。3 个月、9 个月和 15 个月的 Libor（连续复利率）分别为 4%、4.2% 和 4.5%。上一次利息支付日的 6 个月 Libor 为 4.3%（半年计一次利息）。在这个例子中 $k=200$ 万元，$k^*=215$ 万，因此，

$$B_{fix}=2e^{-4\%\times 0.25}+2e^{-4.2\%\times 0.75}+102e^{-4.5\%\times 1.25}=100.339\ 0\ 百万元$$

$$B_{fl}=(100+2.15)e^{-4\%\times 0.25}=101.133\ 6\ 百万元$$

因此，利率互换对金融机构的价值为：

$$V_{Swap}=B_{fl}-B_{fixl}=101.133\ 6-100.339\ 0=0.794\ 6\ 百万元=794\ 600\ 元$$

如果银行持有相反的头寸——支付浮动利率、收入固定利率，那么互换对银行的价值就是 −794 600 元。

如前所述，在做市商交易机制下，做市商银行在市场上对一定期限的利率互换报出买入互换利率和卖出互换利率，买入互换利率和卖出互换利率的平均值为互换利率。在一个有效的市场上，我们可以认为互换报价时，互换利率下的互换价值为 0，买入互换利率和卖出互换利率下的互换价值对做市商而言都稍微大于 0，这个正的价值可以认为是做市商为市场提供流动性而获得的收益。在利率互换的有效期内，互换的价值有可能是负的，也有可能是正的。

四、运用远期利率协议给利率互换定价

远期利率协议（FRA）是事先确定将来某一时间一笔借款的利率合约。在执行 FRA 的时候，支付市场利率与合约协议利率的利差。如果市场利率高于协议利率，贷款人支付给借款人利差；反之由借款人支付给贷款人利差。因此，FRA 可以看成一个在未来将用事先确定的固定利率利息与未来确定的市场利率利息进行一次交换的合约。很明显，利率互换可以看成是多笔用固定利率利息交换浮动利率利息的 FRA 的组合。只要我们知道组成利率互换的每笔 FRA 的价值，就计算出利率互换的价值。

考虑表 10-1 中的 B 公司，在这个利率互换中，B 公司和 A 公司交换了 6 次现金流。第一次现金流交换在 2014 年 9 月 1 日互换签订的时候就知道了，其他 5 次利息的交换可以看成是一系列的 FRA。2015 年 3 月 1 日的利息交换可以看成是用 4.6% 的利率利息交换在 2014 年 9 月 1 日的 6 个月的市场利率利息的 FRA，2015 年 9 月 1 日的利息交换可

以看成是用 4.6% 的利率利息交换在 2015 年 3 月 1 日的 6 个月的市场利率利息的 FRA，依此类推。

只要知道利率的期限结构，我们就可以计算出 FRA 对应的远期利率和 FRA 的价值，因此运用 FRA 给利率互换定价的步骤如下：

(1) 计算远期利率。
(2) 确定现金流。
(3) 将现金流贴现。

例 10-3　我们再看例 10-2 中的情形。3 个月后要交换的现金流是已知的，金融机构是用 4% 的年利率换入 4.3% 年利率（半年计一次复利）。所以这笔交换对金融机构的价值是：

$$100\,000\,000 \times 0.5 \times (0.043 - 0.04)e^{-0.04 \times 0.25} = 148\,500 \text{ 元}$$

为了计算 9 个月后那笔现金流交换的价值，我们先计算从现在开始 3 个月到 9 个月的远期利率。根据连续复利的远期利率的计算公式 $\hat{r} = \dfrac{r^*(T^* - t) - r(T - t)}{T^* - T}$，3 个月到 9 个月的连续复利的远期利率为：

$$\frac{0.042 \times 0.75 - 0.04 \times 0.25}{0.5} = 0.043$$

4.3% 的连续复利对应的每半年计一次复利的利率为：

$$2(e^{0.043/2} - 1) = 0.043\,466$$

所以，9 个月后那笔现金流交换的价值为：

$$100\,000\,000 \times 0.5 \times (0.043\,466 - 0.04)e^{-0.042 \times 0.75} = 167\,900 \text{ 元}$$

同样，为了计算 15 个月后那笔现金流交换的价值，我们必须先计算从现在开始 9 个月到 15 个月的远期利率。

$$\frac{0.045 \times 1.25 - 0.042 \times 0.75}{0.5} = 0.049\,5$$

4.95% 的连续复利对应的每半年计一次复利的利率为：

$$2(e^{0.049\,5/2} - 1) = 0.050\,118$$

所以，15 个月后那笔现金流交换的价值为：

$$100\,000\,000 \times 0.5 \times (0.050\,118 - 0.04)e^{-0.045 \times 1.25} = 478\,200 \text{ 元}$$

那么，作为远期利率协议的组合，这笔利率互换的价值为：

$$148\,500 + 167\,900 + 478\,200 = 794\,600 \text{ 元}$$

该结果与运用债券组合定出的利率互换价值是一致的。

五、利率期限结构对互换价值的影响

在利率互换合约开始时，互换的价值接近于0。这意味着开始时所有的FRA的价值之和为0，但这并不意味着每一个FRA的价值都为0。一般来说，有一些FRA的价值为正，有一些FRA的价值为负。

假设在利率互换成交时，利率期限结构是上升型的，这意味着时间越长，远期利率越大。因为所有的FRA的价值之和为0，所以初始时刻的远期利率一定小于协议利率，而末端的远期利率一定大于协议利率。与此相对应，如图10-2(b)，收取浮动利率、支付固定利率的FRA(即FRA多头)，在前面部分付款日上FRA的价值为负，后面付款日上的FRA的价值为正。如果在利率互换成交时，利率期限结构是下降型的，以上结论正好相反。

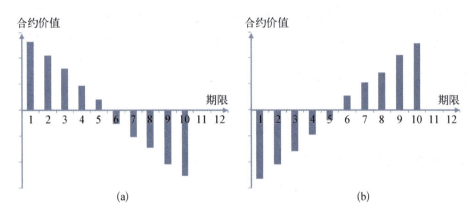

图 10-2　互换合约中的FRA价值与期限之间的关系

注：在利率期限结构上升型的情形下，图10-2(a)为收入固定利率、支付浮动利率的利率互换，图10-2(b)为支付固定利率、收入浮动利率的利率互换；在利率期限结构下降型的情形下，图10-2(a)为支付固定利率、收入浮动利率的利率互换，图10-2(b)为收入固定利率、支付浮动利率的利率互换。

在上述定价过程中，我们没有考虑交易双方违约风险。在利率互换刚开始阶段，互换的价值近似为0，因此对交易双方都没有多大的信用风险。随着时间的推移，随着市场利率期限结构的改变，原来价值为0的互换价值不再为0，因此对价值为正的一方来说，就面临这交易对手违约的风险。根据我们对利率期限结构对互换中的FRA的影响，可以看到对交易双方潜在信用风险随着时间变化的情形。例如，如果未来的远期利率确实是逐渐增加的，对于收入固定利率、支付浮动利率的利率互换一方来说，互换的价值逐渐转为负值，因此将没有信用风险，而交易对手将面临信用风险。当然，将来真实的信用风险依赖于未来的利率期限下的互换价值。

六、远期互换的定价

上述的互换定价公式主要针对即期互换或者已经生效的互换。市场上还存在一种远期互换交易，远期互换是指互换生效日是在未来某一确定时间的互换。

远期互换的定价原理与前面介绍的即期互换的定价原理是一样，不同之处是第一次利息交换的浮动利率在合约签订日是未知的，要在互换生效日才能得到。假设当前时间为 $t=0$，互换生效日为 $t_0>0$，第 i 次利息交换日为 $t_i(i=1,2,\ldots,n)$。互换中分解出的固定债券定价公式还是：

$$B_{fix} = \sum_{i=1}^{n} ke^{-r_it_i} + Le^{-r_nt_n} \tag{10-3}$$

虽然利率互换成交时，第一次利息交换的浮动利率是未知的。根据浮动利率债券价值的特性，只要计息利率和贴现利率一致的情况下，在互换生效日 t_0，利率互换中分解出的浮动债券的价值为面值 L，所以浮动债券当前的价值为：

$$B_{fl} = Le^{-r(t_0)t_0} \tag{10-4}$$

其中，$r(t_0)$ 为期限 t_0 的即期利率。

第二节　货币互换的定价

如果我们假设没有违约风险，货币互换可以通过分解成一个国家债券的多头与另一国家债券的空头来定价，也可以通过分解成一个外汇远期合约的组合来定价。

一、运用债券组合给货币互换定价

在没有违约风险的条件下，货币互换一样也可以分解成一份外币债券和一份本币债券的组合。

假设 A 公司和 B 公司在 2010 年 9 月 1 日签订了一份 5 年期的货币互换协议。如图 10-3 所示，合约规定 A 公司每年向 B 公司支付 5% 的人民币利息并向 B 公司收取 4% 的美元利息。本金分别是 1 亿美元和 6.812 6 亿元人民币。A 公司的现金流如表 10-2 所示。A 公司持有的互换头寸可以看成是一份年息票率为 4% 的美元债券多头头寸和一份年息票率为 5% 的人民币债券空头头寸的组合。

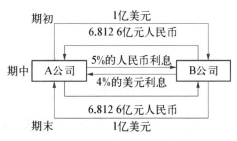

图 10-3　A 公司和 B 公司的货币互换流程图

从货币互换的现金流量表中可以看出，在期初和期末货币互换都需要进行真实的本金交换，这是与利率互换不同的地方。期初的本金交换的数量是按照当天的即期汇率匹配的，即期初交换的本金是等值的。在本例中，2010 年 9 月 1 日银行间外汇市场人民币汇率中间价为 1 美元兑人民币 6.812 6 元，因此期初 A 公司向 B 公司支付 1 亿美元，同时 A 公司收到 B 公司支付的 6.812 6 亿元人民币；期末的时候，进行与期初方向相反、数量相同的本金交换。

表 10-2 货币互换中 A 公司的现金流量表(百万元)

日期	美元现金流	人民币现金流
2010.9.1	−100.000	+681.26
2011.9.1	+4.000	−34.063
2012.9.1	+4.000	−34.063
2013.9.1	+4.000	−34.063
2014.9.1	+4.000	−34.063
2015.9.1	+4.000	−34.063
2015.9.1	+100.00	−681.26

如果我们定义 $V_{货币互换}$ 为货币互换的价值，那么对收入本币、付出外币的那一方：

$$V_{货币互换} = B_D - S_0 B_F \tag{10-5}$$

其中，B_F 是用外币表示的从互换中分解出来的外币债券的价值；B_D 是从互换中分解出来的本币债券的价值；S_0 是即期汇率(直接标价法)。

对付出本币、收入外币的那一方：

$$V_{货币互换} = S_0 B_F - B_D \tag{10-6}$$

例 10-4 假设在美国和英镑 Libor 利率的期限结构是平的，在美元利率是 4.2%，而在英镑利率是 4.8%(都是连续复利)，某一金融机构在一笔货币互换中每年收入英镑，利率为 5%，同时付出美元，利率为 4%。两种货币的本金分别为 1000 万英镑和 1400 万美元。这笔互换还有 3 年的期限，即期汇率为 1 英镑=1.4200 美元。如果以英镑为本币，则，

$$B_D = 50e^{-0.048 \times 1} + 50e^{-0.048 \times 2} + 1050e^{-0.048 \times 3} = 1\,002.262\,03\ 万英镑$$

$$B_F = 56e^{-0.042 \times 1} + 56e^{-0.042 \times 2} + 1456e^{-0.042 \times 3} = 1\,388.816\,07\ 万美元$$

货币互换的价值为：

$$V_{货币互换} = B_D - B_F S_0 = 1\,002.262\,03 - 1\,388.816\,07 \times \frac{1}{1.420\,0} = 24.2\ 万英镑$$

如果该金融机构是支付英镑元收入美元，则货币互换对它的价值为 −24.2 万英镑。

二、运用远期外汇协议组合给货币互换定价

货币互换还可以分解成一系列远期合约的组合，货币互换中的每一次支付都可以用一笔远期外汇协议的现金流来代替。因此，只要能够计算货币互换中分解出来的每笔远期外汇协议的价值，就可以知道对应的货币互换的价值。

例 10-5 我们看例 10-4，即期汇率为 1 英镑=1.4200 美元，或者是 1 美元=0.704 225 英镑。因为英镑和美元的年利差为 0.6%，根据 $F = Se^{(r-r_f)(T-t)}$，一年期、两年期和三年期

的远期汇率分别为：

$$0.704\,225e^{0.006\times1}=0.708\,463$$

$$0.704\,225e^{0.006\times2}=0.712\,727$$

$$0.704\,225e^{0.006\times3}=0.717\,016$$

与利息交换等价的三份远期合约的价值分别为：

$$(50-56\times0.708\,463)e^{-0.048\times1}=9.824$$

$$(50-56\times0.712\,727)e^{-0.048\times2}=9.164$$

$$(50-56\times0.717\,016)e^{-0.048\times3}=8.526$$

与最终的本金交换等价的远期合约的价值为：

$$(1\,000-1\,400\times0.717\,016)e^{-0.048\times3}=-3.310$$

所以，这笔互换的价值为 $9.824+9.164+8.526-3.310=24.2$ 万英镑，和运用债券组合定价的结果一致。

第三节 互换的风险分析

一、信用风险

因互换是交易对手之间场外交易的金融工具，存在着交易对手违约的风险，即信用风险。在期初签订利率互换时，互换的价值为0，所以对交易双方基本都没有信用风险。随着利率或汇率等市场价格的变动，使互换对一方交易者而言价值为正，另一方交易者价值为负，这时互换实质上就是价值为负的一方对价值为正的一方潜在的负债，价值为正的一方就面临着价值为负的一方可能的违约风险。

因利率互换只是交换利息，并只进行净额结算，利率发生变动时其价值的变换相对较小，因此其违约风险的风险净头寸暴露相对小。因货币互换要进行本金的真实交换，一方面当利率和汇率发生变化时，货币互换的价值变化相对较大，另一方面最后的本金交割过程中所产生的风险也大，因此货币的违约风险暴露较大。从分析中我们可以看出，信用风险是与市场风险紧密联系的。

为了促使互换交易的顺利进行，互换市场采用了多种形式的信用增强和保障措施，以降低和管理互换交易过程中的信用风险。除了我们在第二章里介绍的中央对手方清算模式外，互换交易中的信用增强措施还包括净额结算、抵押和盯市等。如前所述，净额结算降低了双方的潜在信用风险。如果采用抵押措施，当互换价值变化时，所需的最低抵押物的数量也会发生变动。盯市类似于期货交易的盯市机制模式，及每隔一段时间对互换从新估值，价值为负的一方支付给价值为正的一方一定金额，互换的价格变量（如利率互换的固定利率）重新设置，使互换价值为零。因互换采用是做市商交易机制，而绝大部分的做市商是资本雄厚、高信用等级的商业银行等金融机构,这些机构在开展互换业务前,会对客户开展尽职调查、信用评级、授信核定等工作,并采用各种风险防范措施,因此互换真实发生违约造成的损失是极低的。

二、市场风险

与利率互换市场风险相关的是利率风险,与货币互换相关的市场风险是利率风险和汇率风险。

收取方(支付方)互换可以看成一个固定利率债券多头(空头)和浮动利率债券空头(多头)的组合,因此我们可以利用债券组合的利率风险测度方式对利率互换利率风险进行测度。货币互换可以看成两种货币债券组合,一个收取(支付)本币固定利率、支付(收取)外币固定利率的货币互换,可以看成本币固定利率债券多头(空头)和外币固定利率债券空头(多头)的组合。

下面我们以货币互换为例,详细分析各个市场因子的变动如何引起货币互换价值的变动。为了简化分析,我们只分析债券到期收益率曲线变动带来的风险,而不考虑即期收益曲线的斜率和曲率变动形式引起的债券价值变动。货币互换的定价公式可以表述为以下形式:

$$V_{货币互换}(t, y_t, y_{ft}, S_t) = B_D(t, y_t) - S_t B_F(t, y_{ft}) \tag{10-7}$$

其中,y_t 和 y_{ft} 为与 t 时货币互换相同期限的本币和外币的利率互换的收益率(连续复利),S_t 为 t 时即期汇率(直接标价)。$B_D(t, y_t)$ 和 $B_F(t, y_{ft})$ 可以表述成以下式子:

$$B_D(t, y_t) = \sum_{i=1}^{n} C_D e^{-y_t \times (t_i - t)} + L_D e^{-y_t \times (t_n - t)} \tag{10-8}$$

$$B_F(t, y_{ft}) = \sum_{i=1}^{n} C_F e^{-y_{ft} \times (t_i - t)} + L_F e^{-y_{ft} \times (t_n - t)} \tag{10-9}$$

其中,C_D 和 C_F 为本币和外币定期交换的利息,L_D 和 L_F 和外币的本金(在一般情况下,为了保证期初交换的货币价值相等,$L_D = S_0 L_F$),t 是当前时间,t_i 是货币互换交换利息时间,$t_n = T$ 是互换最后的期限。

对式(10-7)做泰勒展开,货币互换价值的变动可以用以下式子近似表示:

$$\Delta V_{货币互换} \approx \frac{\partial V}{\partial t}\Delta t + \frac{1}{2}\frac{\partial^2 V}{\partial t^2}(\Delta t)^2 + \frac{\partial V}{\partial y}\Delta y + \frac{1}{2}\frac{\partial^2 V}{\partial y^2}(\Delta y)^2 + \frac{\partial V}{\partial y_f}\Delta y_f$$

$$+ \frac{1}{2}\frac{\partial^2 V}{\partial y_f^2}(\Delta y_f)^2 + \frac{\partial V}{\partial S}\Delta S + \frac{\partial^2 V}{\partial S \partial y_f}\Delta S \Delta y_f \tag{10-10}$$

其中,$\frac{\partial V}{\partial t}\Delta t + \frac{1}{2}\frac{\partial^2 V}{\partial t^2}(\Delta t)^2$ 近似为时间变化引起的货币互换价值变化,$\frac{\partial V}{\partial y}\Delta y + \frac{1}{2}\frac{\partial^2 V}{\partial y^2}(\Delta y)^2$ 近似为本币利率变化引起的货币互换价值变动,$\frac{\partial V}{\partial y_f}\Delta y_f + \frac{1}{2}\frac{\partial^2 V}{\partial y_f^2}(\Delta y_f)^2$

近似为外币利率变化引起的货币互换价值变动，$\frac{\partial V}{\partial S}\Delta S$ 为汇率变化引起的货币互换价值变动，$\frac{\partial^2 V}{\partial S \partial y_f}\Delta S \Delta y_f$ 为外币利率变动和汇率变动的交叉影响下货币互换价值变动。如果某个变量的变动幅度较小，也可以只考虑一阶近似。

例10-6 假设美元和日元 Libor 利率的期限结构是平的，在日本是 2.672%，而在美国是 6.000%（均为连续复利）。A 银行签订了一笔 4 年期的货币互换，每年交换一次利息，按 3% 年利率（每年计一次复利）支付日元，按 6.5% 年利率（每年计一次复利）收入美元。两种货币的本金分别为 1 000 万美元和 120 000 万日元。即期汇率为 1 美元=120 日元。

1 个月以后，日元与美元 Libor 分别变为 2.780% 和 6.100%（连续复利），即期汇率变为 1 美元=118 日元。试分析该货币互换的价值变化及来源。

(1) 以美元为互换计价，根据货币互换的定价公式，货币互换一个月前的价值为：

$$V_{货币互换}(0, y_0, y_{f0}, S_0) = B_D(0, y) - S_0 B_F(0, y_f)$$
$$= \sum_{i=1}^{4} 65 e^{-0.06 \times t_i} + 1\,000 e^{-0.06 \times t_4} - \frac{1}{120}\left(\sum_{i=1}^{4} 3\,600 e^{-0.026\,72 \times t_i} + 120\,000 e^{-0.026\,72 \times t_4}\right)$$
$$= 0 \quad (其中, t_1 = 1, t_1 = 2, t_3 = 3 \text{ 和 } t_4 = 4。)$$

(2) 1 个月后，货币互换的价值为：

$$V_{货币互换}(t, y_t, y_{ft}, S_t) = B_D(t, y_t) - S_t B_F(t, y_{ft})$$
$$= \sum_{i=1}^{4} 65 e^{-0.061 \times (t_i - \frac{1}{12})} + 10\,000 e^{-0.061 \times (t_n - \frac{1}{12})}$$
$$- \frac{1}{118}\left(\sum_{i=1}^{4} 3\,600 e^{-0.027\,8 \times (t_i - \frac{1}{12})} + 120\,000 e^{-0.027\,8 \times (t_n - \frac{1}{12})}\right)$$
$$= -13.839\,8$$

因期初货币互换的价值为 0，所以一个月期间其价值变动是 $-13.839\,8$ 万美元。

(3) 计算各偏导数，并代入 0 时刻各个变量的数值，得到：

$$\frac{\partial V}{\partial t} = 33.642\,9, \quad \frac{\partial^2 V}{\partial t^2} = 2.917\,5, \quad \frac{\partial V}{\partial y} = -3\,690.426\,7, \quad \frac{\partial^2 V}{\partial y^2} = 14\,184.585\,8,$$

$$\frac{\partial V}{\partial y_f} = 3\,871.524\,0, \quad \frac{\partial^2 V}{\partial y_f^2} = -15\,206.646\,2,$$

$$\frac{\partial V}{\partial S} = -121\,311.536\,0, \quad \frac{\partial^2 V}{\partial S \partial y_f} = 464\,582.879\,2$$

(4) 各变量的变化量为：$\Delta t = 1/12$，$\Delta y = 0.001$，$\Delta y_f = 0.001\,08$，$\Delta S = \frac{1}{118} - \frac{1}{120}$。

因此，时间变化引起的货币互换价值变化近似为

$$\frac{\partial V}{\partial t}\Delta t + \frac{1}{2}\frac{\partial^2 V}{\partial t^2}(\Delta t)^2 = 2.8036 + 0.0101 = 2.8137$$

本币利率变化引起的货币互换价值变动近似为

$$\frac{\partial V}{\partial y}\Delta y + \frac{1}{2}\frac{\partial^2 V}{\partial y^2}(\Delta y)^2 = -3.6904 + 0.0071 = -3.6833$$

外币利率变化引起的货币互换价值变动

$$\frac{\partial V}{\partial y_f}\Delta y_f + \frac{1}{2}\frac{\partial^2 V}{\partial y_f^2}(\Delta y_f)^2 = 4.1812 - 0.0089 = 4.1724$$

汇率变化引起的货币互换价值变动为

$$\frac{\partial V}{\partial S}\Delta S = -17.1344$$

外币利率变动和汇率变动的交叉影响下货币互换价值变动

$$\frac{\partial^2 V}{\partial S \partial y_f}\Delta S \Delta y_f = 0.0709$$

各个部分加总,得到根据式(10-10)计算出的货币互换价值变动近似为 -13.7607 万元,这与利用互换定价公式计算出来的 -13.8398 万元很接近。因各个变量的变动都很小,我们可以只考虑一阶近似,在一阶近似下货币互换价值变动为 -13.8400 万元。

通过这样的分析,我们能够清晰度量出各个市场因子变化对货币互换价值变动贡献。结合市场因子概率分布或者情景分析,我们能够度量出货币互换面临的各个市场因子的风险和总体的市场风险。

重 要 概 念

利率互换　互换利率的本质　互换定价中的贴现率　利率互换定价　远期互换　货币互换　货币互换定价　互换信用风险　互换市场风险

习题与思考题

1. 为什么说货币互换可以分解为一系列远期外汇协议?
2. 利率互换以半年期 Shibor 利率为基准,固定利率利息和浮动利率利息都是每半年支付一次,当前市场1年期和1.5年期利率互换的公平固定利率(也称为互换利率,在该互换利率下,互换的价值为0)如下表:

期　限	1年	1.5年
互换利率	4.3%	4.4%

当前半年期的 Shibor 利率为 4.2%（已经转换为连续复利）。基于以上市场信息，
(1) 计算出 1 年期、1.5 年期互换收益率（连续复利）。
(2) 某投资者半年前签订的一个 2 年期的支付 4.6% 固定利率的利率互换，利率互换的名义本金为 1 亿元。计算该利率互换支付方当前的价值。

3. 假设在美国和日本 Libor 利率的期限结构是平的，在日本是 2% 而在美国是 4%（都是连续复利），某一金融机构在一笔货币互换中每年收入日元，利率为 2.2%，同时付出美元，利率为 4.5%。两种货币的本金分别为 1 000 万美元和 120 000 万日元。这笔互换还有 4 年的期限，即期汇率为 1 美元＝115 日元，以日元为本币。
(1) 运用债券组合给货币互换定价。
(2) 运用远期组合给货币互换定价。

4. A 银行签订了一笔 6 年期的货币互换，每年交换一次利息，按 3.6% 的年利率（每年计一次复利）支付欧元，按 x 的年利率（每年计一次复利）收入美元。两种货币的本金分别为 1 000 万美元和 1 200 万欧元。即期汇率为 1 美元＝1.200 0 欧元。假设签订货币互换时，美元和欧元 Libor 利率的期限结构是平的，欧元 3.50%，美元 4.20%（均为连续复利）。

半年以后，欧元与美元 Libor 分别变为 4.00% 和 5.00%（连续复利），即期汇率变为 1 美元＝1.302 0 欧元。
(1) 签订互换时，该互换对交易双方的价值都为 0，请问 A 银行在互换中每年收到的美元利率 x 应该为多少？
(2) 试分析一年后该货币互换的价值变化及来源。

5. 定义 t 时刻的年金现值因子

$$A(t) = \sum_{i=0}^{N-1} (T_{i+1} - T_i) P(t, T_{i+1})$$

其中，贴现因子用的利率是 Libor 利率。
考虑一个从时间 T_0 开始的以 Libor 利率为基准利率的远期利率互换，它的利息交换日为 $T_1, T_2, \cdots, T_N$。假设互换的本金为 1 元，在时间 t 的远期互换利率（使互换合同对双方价值都为零的固定利息利率）为 $s(t), t < T_0$。
证明：在以 $A(t)$ 为计价物的概率测度下，$s(t)$ 是一个鞅过程。

第十一章

期权定价初步分析

学习目标

期权交易者关注期权到期时其回报和盈亏的分布,并希望对期权交易的风险和收益及其影响因素做出正确的评价。本章运用图形、公式和表格等分析工具,对上述问题进行了研究。在分析期权的时间价值和内在价值的基础上,对影响期权价值的重要的影响因素进行了分析,探讨了期权价格的上限和下限,以及看涨期权和看涨跌期权价格的平价关系。通过本章的学习,读者将对期权的回报和价格特征有一个直观认识。

为了讨论和书写方便,本章对符号做如下约定。

t:当前时间;

$S(t)$:标的资产现价,可以假设为股票价格;

T:期权到期时间;

$S(T)$:在 T 时刻标的资产价格;

K:期权执行价格;

c:欧式看涨期权的价格(期权费);

p:欧式看跌期权的价格(期权费);

C:美式看涨期权的价格(期权费);

P:美式看跌期权的价格(期权费);

r:期权有效期内的无风险利率(连续复利),假设利率随着时间变化而变化;

τ:股票除息日;

D:期权有效期内标的资产支付的现金收益的现值。

q:标的资产连续现金收益率。

第一节 欧式期权的回报和盈亏分布

一、回报和盈亏的概念

投资金融资产未来的回报(Payoff)就是该资产在未来的实际价格,回报随着价格的变化而变化。由于投资者可以持有资产的多头头寸或空头头寸,因此同一个资产有持有多头的回报和持有空头的回报。假设持有期内没有股利支付,该资产多头头寸的回报为 $S(T)$,空头头寸的回报为 $-S(T)$。某股票当前价格为 30 元,图 11-1 为持有股票多头头寸和空头头寸的回报分布图。

图 11-1 股票多头和空头回报分布 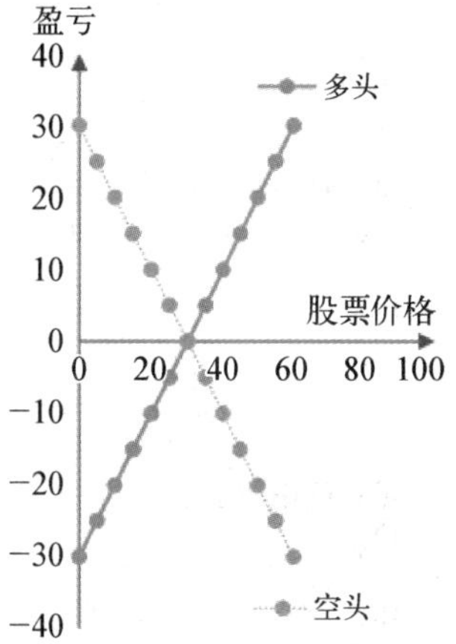　　图 11-2 股票多头和空头盈亏分布

投资的盈亏(Profit)等于期末回报减去期初购买价格之差。持有资产多头头寸的盈亏为 $S(T)-S(t)$,空头头寸的盈亏为 $S(t)-S(T)$。图 11-2 为持有股票多头头寸和空头头寸的盈亏分布图。

二、远期和期货的回报和盈亏分析

用 K 表示远期的协议价格,$S(T)$ 表示远期标的资产的到期价格,则根据以上的方法,我们同样可以得到远期多头和空头的回报和盈亏图。

从图 11-3 中我们可以发现,远期合约到期时的回报和盈亏是相等的,多头为 $S(T)-K$,空头为 $K-S(T)$。这是因为一个投资者进入远期合约是无需任何费用的,即初始价格为零。图 11-3 中,我们设定 $K=30$ 元。

如果不考虑期货每天结算的特点,期货的到期回报和盈亏状况可以近似地等于远期的回报和盈亏状况。

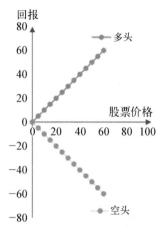

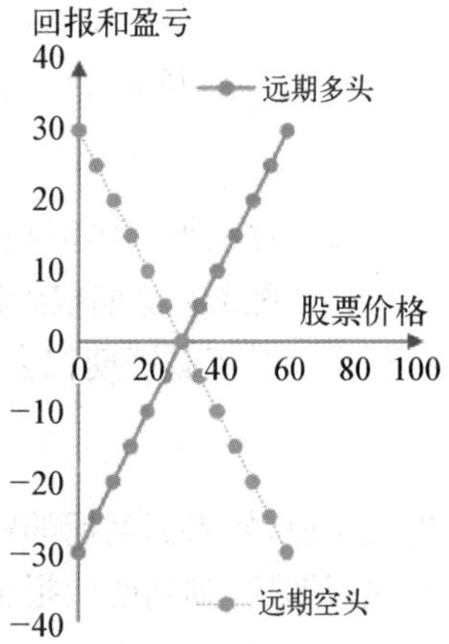

图 11-3 远期合约的回报和盈亏

三、欧式期权的回报和盈亏分析

(一) 欧式看涨期权的回报与盈亏分布

看涨期权买方(多头)的回报和盈亏分布如图 11-4 所示。由于期权买方在买入期权这一资产的时候需要支付期权费,期权的回报和盈亏之间差额即为这笔固定的期权费,我们将回报和盈亏放在同一幅图中,图中两者之间的差距就是期权费。由于期权合约是零和游戏,买方的回报和盈亏与卖方的回报和盈亏刚好相反,据此我们可以画出看涨期权空头的回报和盈亏分布如图 11-5 所示。

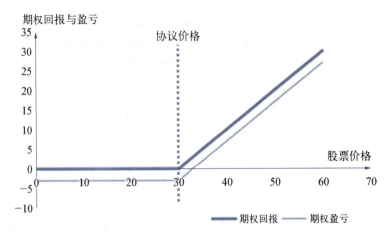

图 11-4 看涨期权多头的回报与盈亏分布图

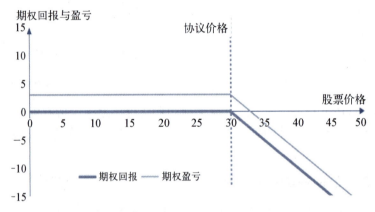

图 11-5 看涨期权空头的回报与盈亏分布图

欧式看涨期权的回报与盈亏情况可以总结如下：

(1) 欧式看涨期权到期时的价值（即回报）取决于标的资产价格 $S(T)$ 与协议价格 K 的差距。对于看涨期权多头而言，其到期时的回报为：

$$\max(0, S(T) - K) \tag{11-1}$$

也就是说，如果到期标的资产价格大（等）于执行价格，就执行期权，如果小于执行价格，就不执行期权，到期的回报至少等于零；而看涨期权空头的到期回报则相应地为：

$$-\max(0, S(T) - K) = \min(0, K - S(T)) \tag{11-2}$$

也就是说，看涨期权多头的所得（所失）就是空头的所失（所得），而由于多头到期回报至少等于零，从而空头到期的回报至多等于零。

(2) 在考虑期权费之后，看涨期权多头到期的盈亏为：

$$\max(0, S(T) - K) - c \tag{11-3}$$

由于期权费是固定的，因此多头仍然应该在 $S(T) = K$ 的价格上开始执行期权，但直到 $S(T) = K + c$（盈亏平衡点）时才能弥补期权费支出，开始盈利。相应地，看涨期权空头到期的损益为：

$$\min(0, K-S(T)) + c \qquad (11\text{-}4)$$

因此，看涨期权买方的亏损风险是有限的，其最大亏损限度是期权费用，而其盈利可能却是无限的。相反，看涨期权卖方的亏损可能是无限的，而盈利是有限的，其最大盈利限度是期权费用。期权买方以较小的期权价格为代价换来了较大盈利的可能性，而期权卖方则为了赚取期权费而冒着大量亏损的风险。

同时，从期权的回报图和盈亏图中，我们可以给出期权内在价值、实值、虚值和平价期权的概念。在看涨期权到期日，其内在价值就等于 $\max(0, S(T)-K)$，而当 $S(T)>K$ 的时候为实值期权，$S(T)=K$ 的时候为平价期权，$S(T)<K$ 的时候则为虚值期权。

（二）欧式看涨期权的回报与盈亏分布

欧式看跌期权多头的回报与盈亏分布如图 11-6 所示，空头的回报与盈亏分布图如图 11-7 所示。

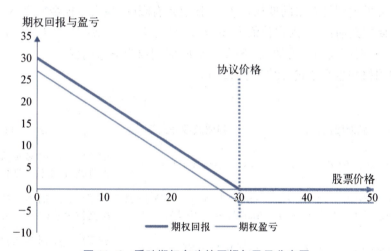

图 11-6　看跌期权多头的回报与盈亏分布图

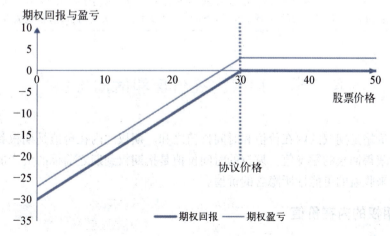

图 11-7　看跌期权空头的回报与盈亏分布图

欧式看跌期权多头对于是否要执行期权的决策点仍然是看跌期权的协议价格 K，盈亏平衡点则是 $S(T)=K-p$，到期的回报是：

$$\max(0, K-S(T)) \tag{11-5}$$

盈亏是：

$$\max(0, K-S(T))-p \tag{11-6}$$

看跌期权买方的最大亏损为有限的期权费 p，最大的盈利也是有限的，为 $K-p$。

看跌期权空头的回报和盈亏状况则与买方刚好相反，其到期回报为：

$$-\max(0, K-S(T))=\min(0, S(T)-K) \tag{11-7}$$

到期盈亏为：

$$\min(0, S(T)-K)+p \tag{11-8}$$

看跌期权卖方的盈利是有限的期权费 p；亏损也是有限的，最大亏损金额为 $K-p$。

在看跌期权到期日，其内在价值为 $\max(0, K-S(T))$，$S(T)<K$ 时期权为实值期权，$S(T)=K$ 时期权为平价期权，$S(T)>K$ 时期权为虚值期权。

对期权回报和盈亏公式总结为表 11-1。

表 11-1 欧式期权回报和盈亏公式

头寸	到期回报公式	到期盈亏公式	分析
看涨期权多头	$\max(0, S(T)-K)$	$\max(0, S(T)-K)-c$	$S(T) \geqslant K$ 时多头执行期权，获得价差；否则放弃期权
看跌期权空头	$-\max(0, S(T)-K)$ 或 $\min(0, K-S(T))$	$-\max(0, S(T)-K)+c$ 或 $\min(0, K-S(T))+c$	$S(T) \geqslant K$ 时多头执行期权，空头支付价差；否则放弃期权
看跌期权多头	$\max(0, K-S(T))$	$\max(0, K-S(T))+p$	$S(T) \leqslant K$ 时多头执行期权，获得价差；否则放弃期权
看跌期权空头	$-\max(0, K-S(T))$ 或 $\min(0, S(T)-K)$	$-\max(0, K-S(T))+p$ 或 $\min(0, S(T)-K)+p$	$S(T) \leqslant K$ 时多头执行期权，空头支付价差；否则放弃期权

第二节 期权内在价值和时间价值

期权的价格是期权的内在价值和时间价值之和。期权的内在价值是期权到期时多方执行期权所获得回报的贴现值。期权的时间价值是指期权到期之前标的资产的波动为期权持有者带来收益的可能性所隐含的价值。

一、欧式期权的内在价值

对于欧式期权，只能期权到期时才能执行。例如，多方在期权到期时执行欧式看涨期

权的回报为 $\max(0, S(T)-K)$。如果标的资产在期权到期日之前没有股息支付，$S(T)$ 的现值就是 S；如果标的资产在期权到期日之前的股息支付现值为 D，则 $S(T)$ 的现值是 $S-D$。K 为确定性的现金流，其现值为 $Ke^{-r(T-t)}$。因此，欧式无收益和有收益资产的看涨期权的内在价值分别为：

$$\max(0, S(t)-Ke^{-r(T-t)}) \tag{11-9}$$

和

$$\max(0, S(t)-D-Ke^{-r(T-t)}) \tag{11-10}$$

欧式看跌期权的内在价值的分析于看涨期权类似，具体结果见表 11-2。

表 11-2 欧式期权内在价值

头 寸		期 权 回 报	内 在 价 值
看涨期权	无收益	$\max(0, S(T)-K)$	$\max(0, S(t)-Ke^{-r(T-t)})$
	有收益	$\max(0, S(T)-K)$	$\max(0, S(t)-D-Ke^{-r(T-t)})$
看跌期权	无收益	$\max(0, K-S(T))$	$\max(0, Ke^{-r(T-t)}-S(t))$
	有收益	$\max(0, K-S(T))$	$\max(0, Ke^{-r(T-t)}-S(t)+D)$

另外，我们还可以通过内在价值重新定义期权到期日之前的实值、平价和虚值状态。如对于无收益资产的看涨期权，当 $S(t)>Ke^{-r(T-t)}$ 时为实值期权，当 $S(t)=Ke^{-r(T-t)}$ 时为平价期权，当 $S(t)<Ke^{-r(T-t)}$ 时为虚值期权。

二、美式期权提前执行的合理性及其内在价值

由于美式期权拥有提前执行选择权，使其内在价值有别于欧式期权，因此首先我们分析各类美式期权提前执行的合理性，在此基础上得出各类美式期权的内在价值。

（一）提前执行无收益资产美式期权的合理性及其内在价值

1. 看涨期权

关于无收益资产的美式看涨期权的一个基本结论是：提前执行无收益资产的美式看涨期权是不合理的。直观上来说，如果提前美式看涨期权，期权多头的回报是 $\max(0, S(t)-K)$；如果持有期权到期，期权多头的价值等于其内在价值 $\max(0, S(t)-Ke^{-r(T-t)})$ 再加上时间价值。因为 $\max(0, S(t)-Ke^{-r(T-t)}) \geqslant \max(0, S(t)-K)$，同时期权的时间价值总是非负的，因此继续持有期权的价值要大于立即执行期权的价值。该结论也可以严格推导出来，考虑 t 时的两个资产组合：

组合 A：一单位美式看涨期权和金额为 $Ke^{-r(T-t)}$ 的现金；

组合 B：一单位标的资产。

如果美式期权在有效期内不被提前执行，组合 A 在 T 时的价值就是 $\max(S(T), K)$；而组合 B 在 T 时该资产组合的价值是 $S(T)$。因此，期权不被提前执行的情况下，

组合 A 的价值大于组合 B 的价值。

我们再进一步考虑提前执行美式期权的情况。若美式期权在 τ 时 ($t \leqslant \tau < T$) 被提前执行,执行期权所得为 $S(\tau) - K$,组合 A 里现金在 τ 时的价值为 $Ke^{-r(T-\tau)}$,因此组合 A 在 τ 时的价值为 $S(\tau) - K + Ke^{-r(T-\tau)}$。因为 $S(\tau) - K + Ke^{-r(T-\tau)} < S(\tau)$,所以如果提前执行美式期权,组合 A 的价值将小于组合 B 的价值。

综合上面的讨论,可以得到:提前执行无收益资产的美式看涨期权是不合理的。如果投资者认为标的资产价格已经涨到很高,继续持有美式看涨期权可能会使回报下降,投资者的最佳选择是在市场上卖出该期权,而不是执行。在无套利的市场上,美式看涨期权的价格也应该大于立即执行期权的回报。

因此,在其他条件相同的情况下,无收益资产的美式看涨期权和欧式看涨期权是等价的,其价值和内在价值也相等,即 $C = c$,内在价值为:

$$\max(0, S(t) - Ke^{-r(T-t)}) \tag{11-11}$$

2. 看跌期权

我们考虑以下两个资产组合:

组合 A:一单位美式看跌期权和一份标的资产;

组合 B:金额 $Ke^{-r(T-t)}$ 的现金。

如果不提前执行美式看跌期权,期权到期时组合 A 的价值为 $\max(S(T), K)$,组合 B 的价值为 K,因此组合 A 的价值大于组合 B 的价值。

如果在 τ 时 ($t \leqslant \tau < T$) 提前执行期权,组合 A 在 τ 时价值为 K,而组合 B 在 τ 时价值为 $Ke^{-r(T-\tau)}$,因此组合 A 的价值还是大于组合 B 的价值。

比较上面两种结果,可以得到无收益资产的美式看跌期权的一个基本结论:在 τ 时是否提前无收益资产的美式看跌期权,取决于期权的实值额 $K - S(\tau)$、无风险利率水平;当实值额或无风险利率很大,或者两者都很大时,提前执行无收益资产的美式看跌期权是有利的。直观来看,当期权的实值额或无风险利率很大时,立即执行美式看跌期权获得的回报进行再投资的收益高于期权的时间价值时,提前执行期权就是合理的。

因为无收益资产的美式看跌期权有提前执行的可能性,因此其内在价值就等于被执行时回报的现值:

$$\max(0, Ke^{-r(\tau-t)} - S(t)) \tag{11-12}$$

这里的 τ 包含了到期时间 T,即 $t \leqslant \tau \leqslant T$。

(二) 提前执行有收益资产美式期权的合理性及其内在价值

1. 看涨期权

由于提前执行看涨期权可以较早得到标的资产,从而获得资产的股息或利息等现金收入,可以弥补派发现金收入造成的标的资产市场价格的下降;派发现金收入会引起的标的资产市场价格下降,期权执行价格不会随着标的资产现金收入的派发而调整,所以资产价格下降导致的美式看涨期权的内在价值减少不能得到补偿。因此,在一定条件下,提前执行有收益资产美式看涨期权可能是合理的。

假设期权到期日之前,标的资产有 n 个除权日,$t_1, t_2, \cdots, t_n$ 为除权之前的瞬间时刻,在这些时刻上标的资产的价格分别为 $S(t_1), S(t_2), \cdots, S(t_n)$,在此时刻之后立即派发的现金收益分别是 $D(t_1), D(t_2), \cdots, D(t_n)$。

提前执行无收益资产美式看涨期权是不合理的,由此可以得到推论:在有收益的情况下,只有在除权前的瞬间时刻执行美式看涨期权才是可能最优的。因此,我们只需要分析每个除权日之前的瞬间提前执行有收益资产美式看涨期权的可能性。

我们首先考虑最后一个除权日前的瞬间 t_n 提前(或不提前)执行美式看涨期权的条件。在 t_n 时刻执行期权的回报为 $S(t_n) - K$。如果不执行期权,标的资产的价格由于除权降到 $S(t_n) - D(t_n)$。在除权后的价格下,欧式看涨期权的内在价值为:

$$\max(S(t_n) - D(t_n) - Ke^{-(T-t_n)}, 0) \quad (11\text{-}13)$$

同样的条件下,美式期权的价格不会低于欧式期权的价格,因此如果美式看涨期权没有被执行,除权后瞬间美式期权的价格满足如下关系:

$$C(t_n^+) \geqslant c(t_n^+) \geqslant \max(S(t_n) - D(t_n) - Ke^{-(T-t_n)}, 0) \quad (11\text{-}14)$$

t_n^+ 表示除权后瞬间时刻,$C(t_n^+)$ 表示美式期权的价格,$c(t_n^+)$ 表示欧式期权价格。因此,如果 $S(t_n) - D(t_n) - Ke^{-(T-t_n)} \geqslant S(t_n) - K$,即

$$D(t_n) \leqslant K(1 - e^{-(T-t_n)}) \quad (11\text{-}15)$$

则提前执行是不合理的。当标的资产派发的现金收益较少,导致提前执行期权的回报小于不提前执行期权最差情形下的价值,提前执行期权是不合理的。

相反,如果 $D(t_n) > K(1 - e^{-(T-t_n)})$,则在 t_n 时刻提前执行美式看涨期权可能是合理的,但并不能说必然需要提前执行。实际上,是否提前执行还取决于标的资产自身的价格,当标的资产价格足够大,提前执行美式看涨期权才是合理的。

其他的除息日上,不提前执行美式看涨期权的条件也是一样的。由于提前执行可能性存在,有收益资产的美式看涨期权内在价值是执行时回报的现值,即

$$\max(0, S(t) - \sum_{i=1}^{k-1} PV(D(t_i)) - Ke^{-(t_k - t)}) \quad (11\text{-}16)$$

这里期权被执行时间为 t_k,$PV(D(t_i))$ 为第 i 次现金收益在 t 时的现值。

2. 看跌期权

由于有收益资产现金派发后资产价格会下降,这有利于继续持有美式看跌期权。因此,与无收益资产的美式看跌期权相比,有收益资产美式看跌期权提前执行的可能降低,但仍然有提前执行的可能性。因此,有收益看跌期权的内在价值为:

$$\max(0, Ke^{-(t_k - t)} - S(t) + \sum_{i=1}^{k-1} PV(D(t_i))) \quad (11\text{-}17)$$

美式期权内在价值的分析结果总结见表 11-3。

表 11-3 美式期权内在价值

头寸		期权回报	内在价值
看涨期权	无收益	$\max(0, S(T)-K)$	$\max(0, S(t)-Ke^{-r(T-t)})$
	有收益	$\max(0, S(t_k)-K)$	$\max(0, S(t)-\sum_{i=1}^{k-1}PV(D(t_i))-Ke^{-(t_k-t)})$
看跌期权	无收益	$\max(0, K-S(\tau))$	$\max(0, Ke^{-r(\tau-t)}-S(t))$
	有收益	$\max(0, K-S(t_k))$	$\max(0, Ke^{-(t_k-t)}-S(t)+\sum_{i=1}^{k-1}PV(D(t_i)))$

三、期权的时间价值

期权的时间价值是指期权购买者为购买期权而支付的费用超过该期权内在价值的部分,这部分价值源于期权到期前标的资产价格波动可能给投资者带来的收益,即期权购买者希望在期权到期前,标的资产的市场价格会向有利的方向变动,执行期权将获得更好的收益。期权的时间价值依赖于期权多头的权利和义务不对称的特征。

一般来说,在其他条件相同的情况下,期权到期时间越长,期权的时间价值越大,这也是之所以称之为"期权的时间价值"的原因。

在其他条件相同的情况下,标的资产的未来波动越大,期权的时间价值越大,有时期权的时间价值有时也被称为期权的波动价值。

另外,期权的时间价值还与期权的内在价值有关。一般来说,当期权为平价期权时,期权的时间价值是最大的,并随着期权的实值和虚值程度递减。

这个结论可以严格证明,我们这里以欧式看涨期权为例,给出一个直观解释。当期权已处于虚值状态时,因期权已经处在虚值状态,标的资产价格继续向下波动时不会造成期权进一步的损失;而标的资产价格向上波动,期权有可能转化为实值从而创造新价值,但只有超过标的资产价格超过执行价格后的波动才真正创造价值。对于平价期权,虽然向下波动不会造成进一步损失,但向上波动会使期权成为实值期权,带来"突破性价值"。期权在虚值时比起在平值时,标的资产价格"有效波动"更少,因此虚值期权的波动溢价(即时间价值)相比平价期权更小。

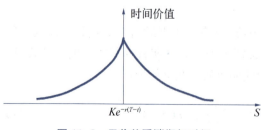

图 11-8 无收益看涨期权时间价值与内在价值关系

当期权已经处在实值状态时,标的资产价格再向上波动时不会创造出新的"突破价值";标的资产价格向下波动时,期权有可能变成虚值状态,但只有低于执行价格才起作用。综上所述,期权处于平值状态时,才最可能发生虚值和实值状态的转变,标的资产价格波动创造的价值才最大,即时间价值最大(图 11-8)。

第三节　期权价格的影响因素

期权价格既然由内在价值和时间价值两部分构成,凡是影响内在价值和时间价值的因素,都是影响期权价格的因素。总的来看,期权价格的影响因素主要有六个,它们通过影响期权的内在价值和时间价值来影响期权的价格。

一、标的资产的市场价格和期权执行价格

标的资产的市场价格与期权的执行价格是影响期权价格最主要的因素。因为这两个价格及其相互关系不仅决定着内在价值,而且还进一步影响着时间价值。

由于看涨期权在执行时,其收益等于标的资产当时的市场价格与执行价格之差。因此,标的资产的市场价格越高、执行价格越低,看涨期权的价格就越高。

对于看跌期权而言,由于执行时其收益等于执行价格与标的资产市场价格的之差,因此标的资产的市场价格越低、执行价格越高,看跌期权的价格就越高。

二、期权的有效期

如前所述,对于美式期权而言,由于它可以在有效期内任何时间执行,有效期越长,期权多头获利机会就越大,事实上有效期长的美式期权包含了有效期短的美式期权的所有执行机会,因此有效期越长,美式期权价格越高。

对于欧式期权而言,由于它只能在期末执行,有效期长的欧式期权就不一定具有有效期短的欧式期权的可能更好的执行时机。这就使欧式期权的有效期与期权价格之间的关系显得较为复杂。例如,同一股票的两份欧式看涨期权,一个有效期1个月,另一个2个月,假定在1个半月后标的股票将有大量红利支付,由于支付红利会使股价下降,在这种情况下,有效期短的欧式期权价格甚至会大于有效期长的欧式期权。

除了标的资产支付大量现金收益这一特殊情况外,一般来说,由于有效期越长,标的资产价格的不确定性越大,未来更大的波动带来的期权的时间价值就越高,因此即使是欧式期权,有效期越长,其期权价格也越高。

三、标的资产价格的波动率

标的资产价格的波动率对期权价格具有重要的影响。如前所述,波动率对期权价格的影响,是通过对时间价值的影响而实现的。无论是看涨期权还是看跌期权,其时间价值以及整个期权价格都随着标的资产价格波动率的增大而增大,随标的资产价格波动率的减小而降低。

值得注意的是,与决定和影响期权价格的其他因素不同,在期权定价时,标的资产价格在期权有效期内的波动率是一个未知数,是标的资产在期权有效期内的波动率,是一个未来时间上变量。因此,在期权定价时,要获得标的资产价格的波动率,只能通过近似估计得到。估计波动率的方法主要有两种:一是利用过去所观察得到的标的资产价格波动

的历史数据,用以估计未来价格的波动率。这一方法求得的波动率被称为"历史波动率"(History Volatility),其基本思想是假定未来的波动与过去基本相同的。另一种方法则是利用期权定价模型,设定波动率为未知数,将期权的市场价格和相应的各个参数代入,计算出波动率,这种被利用期权市场价格计算出来的波动率被称为"隐含波动率"(Implied Volatility)。

四、无风险利率

影响期权价格的另一个重要因素是无风险利率。目前我们假设未来的短期无风险利率是一个常数,该常数也是期权到期日的无风险的零息票利率,实际上短期无风险利率也是时变的,并且时变无风险利率与标的资产价格之间存在一定的相关性,因此短期利率的变动也会影响到期权价格。利率对期权价格的影响是比较复杂的,不同的分析角度可能得到不相同结论,因此无风险利率如何影响期权价格并没有统一的结论。

我们从比较静态的角度简单考察,即比较不同利率水平下的期权价格的差异。如果无风险的零息票利率较高,则标的资产的预期收益率也应较高,这意味着对应于标的资产现在特定的市价(S),未来价格的期望值 $E[S(T)]$ 较高。同时,由于贴现率较高,未来同样预期支付的现值就较低。这两种效应都将减少看跌期权的价值。对于看涨期权来说,前者将使看涨期权价格上升,而后者将使看涨期权价格下降。由于前者的效应大于后者,因此对应于较高的无风险利率,看涨期权的价格也较高。

五、标的资产的收益

标的资产派发现金收益的时候,将减少标的资产的价格,但期权合约的执行价格并不进行相应的调整。因此,在期权有效期内标的资产派发现金收益将使看涨期权价格下降,而使看跌期权价格上升。

由以上分析可知,决定和影响期权价格的因素很多,而且各因素对期权价格的影响也很复杂,既有影响方向的不同,又有影响程度的不同;各个影响因素之间,既有相互补充的关系,又有相互抵消的关系。表11-4对这些主要影响因素作了一个基本的总结。

表11-4 影响期权价格的主要因素

变　　量	欧式看涨	欧式看跌	美式看涨	美式看跌
标的资产市场价格	＋	－	＋	－
期权协议价格	－	＋	－	＋
有效期	?	?	＋	＋
标的资产价格波动率	＋	＋	＋	＋
无风险利率	?	?	?	?
红　利	－	＋	－	＋

注:＋表示正向的影响,－表示反向的影响,? 则表示影响方向不一定。

第四节 期权价格的上下限和价格曲线形状

在分析了期权的内在价值和时间价值的基础上,我们可以进一步讨论期权价格的上下限,找到期权价格的合理区间,以及期权价格曲线的基本形状。

一、期权价格的上限

1. 看涨期权的上限

在任何情况下,看涨期权的价格不可能超过标的资产的价格。如果看涨期权的价格超过了标的资产的价格,投资者应该直接买入标的资产,而必要买入看涨期权。显然,如果看涨期权的价格超过了标的资产的价格,套利者可以卖出期权、买入标的资产进行无风险套利。因此,无论欧式期权还是美式期权,其价格上限是标的资产价格:

$$c \leqslant S(t) \text{ 和 } C \leqslant S(t) \tag{11-18}$$

2. 看跌期权的上限

当标的资产价格为 0 时,执行美式期权可以获得最高的回报 K,因此投资者一定不会高于以 K 的价格购买一个执行价格为 K 的美式看跌期权。因此,看跌权的价格上限为:

$$P \leqslant K \tag{11-19}$$

由于欧式看跌期权只能在期权到期日才能执行,因此欧式看跌期权的价格上限为执行价格的现值:

$$p \leqslant Ke^{-r(T-t)} \tag{11-20}$$

二、期权价格的下限

期权价格既然等于内在价值和时间价值之和,期权的时间价值不可能是负值,因此各类期权的内在价值是其价格下限。

表 11-5 是各类期权价格上下限的总结。

表 11-5 期权价格上下限

			上 限	下 限
看涨期权	欧式	无收益	$S(t)$	$\max(0, S(t) - Ke^{-r(T-t)})$
		有收益	$S(t) - D$	$\max(0, S(t) - D - Ke^{-r(T-t)})$
	美式	无收益	$S(t)$	$\max(0, S(t) - Ke^{-r(T-t)})$
		有收益	$S(t)$	$\max(0, S(t) - \sum_{i=1}^{k-1} PV(D(t_i)) - Ke^{-(t_k-t)})$

续 表

			上 限	下 限
看跌期权	欧式	无收益	$Ke^{-r(T-t)}$	$\max(0, Ke^{-r(T-t)} - S(t))$
		有收益	$D + Ke^{-r(T-t)}$	$\max(0, Ke^{-r(T-t)} - S(t) + D)$
	美式	无收益	K	$\max(0, Ke^{-r(\tau-t)} - S(t))$
		有收益	K	$\max(0, Ke^{-(t_k-t)} - S(t) + \sum_{i=1}^{k-1} PV(D(t_i)))$

三、期权价格曲线的形状

1. 看涨期权价格曲线的形状

由于欧式看涨期权和美式看涨期权的价格边界基本相同,所以可以将它们放在一起考察。

首先,在标的资产无收益的情况下,看涨期权价格的上限为 S,下限为期权的内在价值 $\max(0, S(t) - Ke^{-r(T-t)})$。当内在价值等于零时,期权价格就等于时间价值。时间价值在 $S(t) = Ke^{-r(T-t)}$ 时最大;当 S 趋于 0 和 $+\infty$ 时,时间价值也趋于 0,此时看涨期权价值分别趋于 0 和 $S(t) - Ke^{-r(T-t)}$。特别地,当 $S(t) = 0$ 时,$C = c = 0$。

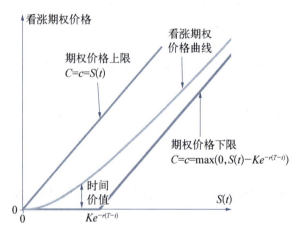

图 11-9 无收益资产看涨期权价格曲线

此外,由于期权价格还受到标的资产价格波动率、无风险利率、到期期限等因素的影响。因此,我们需要进一步考虑这些因素对期权价格曲线的影响。根据前文的分析,通常无风险利率越高、期权期限越长、标的资产价格波动率越大,则期权价格曲线以原点 $(0, 0)$ 为中心越往逆时针方向旋转,但基本形状不变,且不会超过上限,具体如图 11-9 所示。

有收益资产欧式看涨期权价格曲线与图 11-9 类似,基本形状不变,只是平价点由 $Ke^{-r(T-t)}$ 变成了 $D + Ke^{-r(T-t)}$,上限由 S 变成了 $S - D$,下限由 $\max(0, S(t) - Ke^{-r(T-t)})$ 变成了 $\max(0, S(t) - D - Ke^{-r(T-t)})$。有收益资产美式看涨期权价格曲线的平价点、上限和下限也是做了类似调整。

2. 看跌期权价格曲线的形状

我们先考察无收益资产欧式看跌期权的情形。欧式看跌期权的上限为 $Ke^{-r(T-t)}$。下限为 $\max(0, Ke^{-r(T-t)} - S(t))$,当 $S(t) \leqslant Ke^{-r(T-t)}$ 时,欧式看跌期权的内在价值 $Ke^{-r(T-t)} - S(t)$,也是其价格下限;当 $S(t) > Ke^{-r(T-t)}$ 时,欧式看跌期权内在价值为 0,期权价格等于时间价值。当 $S(t) = Ke^{-r(T-t)}$ 时,时间价值最大。当 $S(t)$ 趋于 0 时,期权

价格分别趋于 $Ke^{-r(T-t)}$；当 $S(t)$ 趋于 $0+\infty$ 时，期权价格分别趋于 0。特别当 $S(t)=0$ 时，期权价格等于其上限，即 $p=Ke^{-r(T-t)}$。

无风险利率越低、期权期限越长、标的资产价格波动率越高，看跌期权价值曲线以坐标 $(0,Ke^{-r(T-t)})$ 为中心越往逆时针方向旋转，但不能超过上限，具体如图 11-10 所示。

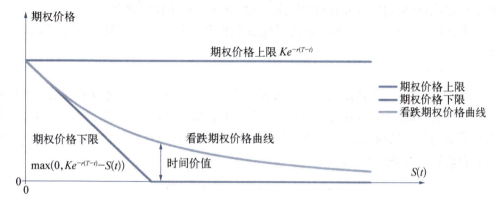

图 11-10　无收益资产欧式看跌期权价格曲线

对于有收益资产欧式看跌期权价格曲线和美式看跌期权价格曲线，与图 11-10 类似，基本形状不变，只是平价点、上限和下限做了相应调整。具体操作可以根据表 11-5 进行，这里不再赘述。

第五节　看涨期权与看跌期权之间的平价关系

一、欧式看涨期权与看跌期权之间的平价关系

（一）无收益资产的欧式期权

在标的资产没有收益的情况下，为了推导 c 和 p 之间的关系，考虑如下两个组合：

组合 A：一份欧式看涨期权加上金额为 $Ke^{-r(T-t)}$ 的现金；

组合 B：一份到期日和执行价格与看涨期权相同的欧式看跌期权加上一单位标的资产。

由于金额为 $Ke^{-r(T-t)}$ 的现金以无风险利率投资，期权到期时正好获得等于执行价格 K 的资金。在期权到期时，如果 $S(T) \geqslant K$，对于组合 A，则执行看涨期权，组合 A 的价值就是 $S(T)$；对于组合 B，则放弃看跌期权，组合 B 的价值也是 $S(T)$。同样，如果 $S(T)<K$，组合 A 组合 B 的价值都为 K。因此，两个组合的价值均为 $\max(S(T),K)$。由于欧式期权不能提前执行，因此两组合在时刻 t 的价值必须相等，即

$$c+Ke^{-r(T-t)}=p+S(t) \tag{11-21}$$

这就是无收益资产欧式看涨期权与看跌期权之间的平价（Parity）关系。它表明欧式看涨期权的价值可根据相同协议价格和到期日的欧式看跌期权的价值推导出来，反之亦然。

或者说，看涨期权、无风险资产、看跌期权和标的资产这四个资产之间，任何三个资产可以合成第四个资产。例如，一单位看涨期权多头可以由一单位相同协议价格和到期日的看跌期权多头和一单位标的资产的多头，以及数量为 $Ke^{-r(T-t)}$ 无风险资产负债合成。因此，看涨期权等价于借钱买入标的资产，并买入一个看跌期权来提供保险。和直接购买标的资产相比，看涨期权多头有两个优点：保险和可以利用杠杆效应。

如果式(11-21)不成立，则存在无风险套利机会。套利活动将最终促使式(11-21)成立。

(二) 有收益资产的欧式期权

在标的资产有收益的情况下，组合 A 保持不变。因为组合 B 中持有的标的资产还能够获得现金收益，现金收益的现值为 D，为了使期权到期时组合 A 和组合 B 相同，期初组合 B 还需要进行无风险借款，借款数量为 D。因此，我们可以得到有收益资产的欧式看涨期权和看跌期权的平价关系：

$$c + Ke^{-r(T-t)} = p + S(t) - D \tag{11-22}$$

另外，如果期权的标的资产不是一次性派发现金收益，而是连续性产生现金收益，如股票指数。假定现金收益率为 q，并假设现金收益持续买入标的资产。在这种情形下，欧式看涨期权和看跌期权的平价关系为：

$$c + Ke^{-r(T-t)} = p + e^{-q(T-t)}S(t) \tag{11-23}$$

二、美式看涨期权和看跌期权之间的关系

(一) 无收益资产的美式期权

由于 $P > p$，由式(11-21)可得：

$$P > c + Ke^{-r(T-t)} - S(t)$$

对于无收益资产看涨期权来说，由于 $c = C$，因此可得：

$$P > C + Ke^{-r(T-t)} - S(t)$$

$$C - P < S(t) - Ke^{-r(T-t)} \tag{11-24}$$

通过以下两个组合的分析，我们可以推导出 C 和 P 之间更严密的关系。

组合 A：一份欧式看涨期权加上金额为 K 的现金；

组合 B：一份美式看跌期权加上一单位标的资产。

如果美式期权没有提前执行，则在 T 时刻组合 B 的价值为 $\max(S(T), K)$，而此时组合 A 的价值为 $\max(S(T), K) + Ke^{r(T-t)} - K$。因此，组合 A 的价值大于组合 B。

如果美式期权在 τ 时刻提前执行，则在 τ 时刻，组合 B 的价值为 K，而此时组合 A 的价值大于等于 $Ke^{r(\tau-t)}$。因此，组合 A 的价值也大于组合 B。

这就是说，无论美式组合是否提前执行，组合 A 的价值都高于组合 B，因此在 t 时刻，组合 A 的价值也应高于组合 B，即：

$$c+K > P+S(t)$$

由于 $c=C$，因此，

$$C+K > P+S(t)$$
$$C-P > S(t)-K$$

结合式(11-24)，可得：

$$S(t)-K < C-P < S(t)-Ke^{-r(T-t)} \tag{11-25}$$

由于美式期权可能提前执行，我们得不到美式看涨期权和看跌期权的精确平价关系，但无收益美式看涨期权和看跌期权必须符合式(11-25)的不等式。

(二) 有收益资产美式期权

同样，我们只要把组合 B 的现金加入数量 D 的负债，就可得到有收益资产美式看涨和看跌期权必须遵守的不等式：

$$S(t)-K-D < C-P < S(t)-Ke^{-r(T-t)}-D \tag{11-26}$$

重 要 概 念

期权盈亏图　期权回报图　期权内在价值　期权时间价值　期权价格影响因素　欧式看涨期权价格上限　欧式看涨期权价格下限　欧式看跌期权价格上限　美式看跌期权价格上限　欧式看跌期权价格下限　欧式看涨期权和看跌期权的平价关系

习题与思考题

1. 假如市场只有欧式看涨期权交易，如何利用无红利支付的看涨期权来构造一个看跌期权。

2. 一个投资者出售了一份执行价格为 K 的看涨期权，同时购买了一份同样执行价格和到期时间的看跌期权，请描述这个投资者的头寸情况。

3. 在期权有效期内股票不支付红利，股票价格为 40 元，无风险年利率为 8%，一个基于这个股票、执行价格都为 30 元的欧式看涨和欧式看跌期权价格相差 5 元，都将于 6 个月后到期。这其中是否存在套利机会？如果有，应该如何进行套利？

4. 假如一家公司的债务将在一年后全部到期，如果一年后公司价值大于债务的面值，公司将偿还债务；如果公司价值小于债务面值，公司将选择违约，公司将全部归债权人所有。

(1) 将公司价值作为期权的标的资产，描述公司股东的期权头寸状况。

(2) 将公司价值作为期权的标的资产，描述公司债权人的期权头寸状况。

(3) 如果股东对公司经营有直接的控制权，股东如何提高其期权头寸价值？哪些提高股东期权价值的行为可能有损债权人价值?

5. 假设 c_1、c_2 和 c_3 分别是执行价格为 K_1、K_2 和 K_3 的欧式看涨期权的价格。这里执行价格满足 $K_3 > K_2 > K_1$,且 $K_3 - K_2 = K_2 - K_1$。所有期权的到期日相等,证明:
$$c_2 \leqslant 0.5(c_1 + c_3)$$

6. 当无风险利率上升与波动率下降时,用直观的方法解释为什么提前执行美式看跌期权会变得更加有吸引力。

7. 执行价格为30元,期限为6个月的欧式看涨期权为2元,标的股票为29元,预计在2个月和5个月后将发放0.5元股息,所有期限的无风险利率都是10%。

   (1) 执行价格是30元,期限为6个月的欧式看跌期权价格是多少?

   (2) 如果欧式看跌期权的市场价格是3元,会有什么样的套利机会。

8. 列出影响期权价格的6个因素,并分析这些因素怎样影响看涨期权和看跌期权的价格。

第十二章

期权交易策略

学习目标

通过本章的学习,读者能掌握期权组合交易策略和期权套利交易策略。期权种类的不同和头寸位置的差异,具有多种回报和盈亏状态,因此,对不同的期权品种和其他金融资产进行构造,就能形成众多具有不同回报和盈亏分布特征的投资组合。投资者可以根据各自对未来标的资产现货价格概率分布的预期,以及各自的风险-收益偏好,选择最适合自己的期权组合,形成相应的投机性交易策略,这就是期权组合交易策略的出发点。这部分内容介绍了牛市差价组合、熊市差价组合、蝶式差价组合、差期组合、策略跨式组合、条式组合、带式组合、宽跨式组合、条式组合等组合交易策略。

期权的套利分为无风险套利和统计套利,本章介绍了无风险套利交易策略,包括平价套利策略、箱体套利策略和垂直套利策略,通过本部分内容的学习,读者能够掌握期权套利的条件、原理和套利的盈亏。

第一节 期权组合交易策略

一、期权组合交易策略概述

从回报和盈亏分布的分析中我们可以看到,不同的金融资产有不同的回报和损益状态,尤其是期权,根据种类的不同和头寸位置的差异,具有多种回报和盈亏状态,因此,对不同的期权品种和其他金融资产进行构造,就能形成众多具有不同回报和盈亏分布特征的投资组合。投资者可以根据各自对未来标的资产现货价格概率分布的预期,以及各自的风险——收益偏好,选择最适合自己的期权组合,形成相应的交易策略。

期权交易策略主要有如下三个特点:一是高杠杆性,通过期权交易可以获得比融资融券(2倍左右)、期货交易(10倍左右)甚至于场外非正规的配资平台(20倍左右)更高的杠杆,从而在趋势交易中获得更高的收益;二是风险收益不对称性,通过期权交易既能获得股票波动带来的收益,又能规避股票波动带来的风险;三是组合的多样性,通过期权可以针对任何预期设计交易策略,不仅能在牛市中获利,也能在熊市中获利,还能在不涨不跌的情况下获利,因此可以针对对市场走势的预期,精确地构造合适的期权组合。

期权是一把双刃剑,用好了可以在任何的预期中实现盈利,但如果判断失误也能带来损失。在期权交易中,首先要对市场未来走势作出判断,在此基础上构造最合适该走势风险收益特征的交易策略,同时也要根据市场走势,及时调整交易策略。

案例 12-1

京汉股份,不同的投资工具,截然不同的结果

一个小波动失去大机会:投资者A,因雄安规划特大利好消息,看好主营房地产的京汉股份。自己出资200万元,按1∶4杠杆配资800万元,借款期限3个月,利率月率1.5%(合计利息36万元),并于2017年1月10日,将1 000万元资金全仓买入(按当日10.73元的收盘价计算损益)。不料,买入之后,连跌4天,并于1月16日最低跌到8.57元,收于8.65元,4天亏损19.4%,累计亏损194万元(加利息亏损230万元),本金亏完,因无后续追加资金,被配资机构强行平仓出局,痛失4月份的连续涨停行情。

轻松把握大机会的股票期权投资:投资者B同样因为雄安开发利好消息,看好京汉股份。自有资金仅100万元,但拟投资1 000万元;于是找到券商C,交易一笔场外股票期权,主要条款如下:

标的股票:京汉股份

股票期权费:10%(100万元)

期限:3个月

约定价格:10.73元(交易当日1月10日的收盘价)

交付券商C 100万元期权费后,投资者得到买入1 000万元京汉股份的权利;3个月到期后,4月10日京汉股份收于20.24元,要求券商C交割,盈利88.6%((20.24−10.73)/10.73),扣除100万元权利金后,盈利786万元(盈利比例786%)。4月17日,京汉股份达到26.94元,如持仓按这一价格卖出,则净盈利1 411万元。

结果比较:(1)选择配资的投资者A因为一个短期小波动而被强行平仓出局,遭受亏损,且痛失盈利机会。

(2)选择股票期权的投资者B,以少量资金抓住投资良机,轻松获取高额杠杆收益,最大风险仅为期权费(权利金)。

二、差价组合策略

差价(Spreads)组合是指由相同到期期限,不同执行价格的两个或多个同种期权头寸(即同是看涨期权,或者同是看跌期权)构造而成的组合,其主要类型有牛市差价组合、熊市差价组合、蝶式差价组合等。

1. 牛市差价组合

一份看涨期权多头与一份同一期限较高执行价格的看涨期权空头、或者是一份看跌期权多头与一份同一期限较高执行价格的看跌期权空头组合都可以组成一个牛市差价(Bull Spreads)组合,其结果可用图 12-1 和图 12-2 表示。从图中可以看出,到期日现货

价格升高对组合持有者较有利,故称牛市差价组合。牛市差价策略限制了投资者当股价上升时的潜在收益,也限制了股价下跌时的损失。

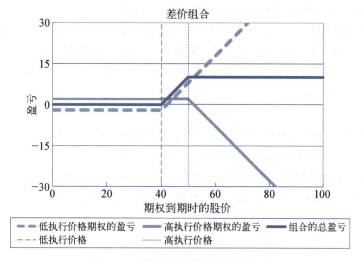

图 12-1 看涨期权的牛市差价组合

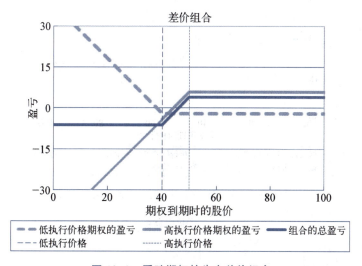

图 12-2 看跌期权的牛市差价组合

通过比较标的资产现价与执行价格的关系,我们可以把牛市差价期权分为三类:

(1) 两虚值期权组合,指期初两个期权均为虚值期权。在看涨期权的情况下,两个期权的执行价格均比现货价格高;在看跌期权的情况下,两个期权的执行价格都比现货价格低。

(2) 实值期权与虚值期权的组合。在看涨期权的情况下,就是多头实值期权加空头虚值期权组合,指多头期权的执行价格比现货价格低,而空头期权的执行价格比现货价格高;在看跌期权的情况下,就是多头虚值和空头实值的组合。

(3) 两实值期权组合,指期初两个期权均为实值期权。在看涨期权的情况下,两个期权的执行价格均比现货价格低;在看跌期权的情况下,两个期权的执行价格均比现货价格高。

比较看涨期权的牛市差价与看跌期权的牛市差价组合可以看到,由于执行价格越高,看涨期权价格越低,而看跌期权价格越高,因此构建看涨期权的牛市差价组合需要初始投资,即期初现金流为负,而构建看跌期权的牛市差价组合则有初期收入,期初现金流为正(忽略保证金的要求),但前者的最终收益可能大于后者。

两虚值看涨期权牛市差价策略和两实值看跌期权牛市差价策略是激进的策略,只有未来标的资产价格大幅度上升的情形下,策略才能盈利。两实值看涨期权牛市差价策略和两虚值看跌期权牛市差价策略是保守的策略,而实值期权与虚值期权的组合策略在三类策略中风险态度居中。

2. 熊市差价组合

熊市差价(Bear Spreads)组合刚好和牛市差价组合相反,它可以由一份看涨期权多头和一份相同期限、执行价格较低的看涨期权空头组成(如图12-3所示),也可以由一份看跌期权多头和一份相同期限、执行价格较低的看跌期权空头组成(如图12-4所示)。显然,到期日现货价格降低对组合持有者较有利,故称熊市差价组合。

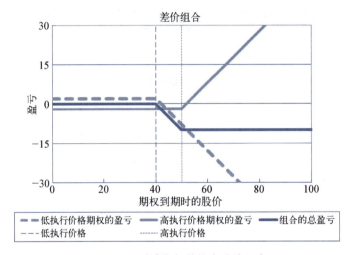

图12-3 看涨期权的熊市差价组合

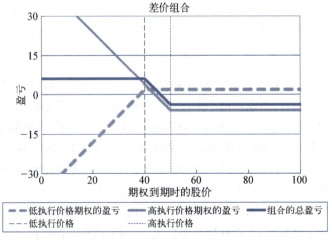

图12-4 看跌期权的熊市差价组合

看涨期权的熊市差价组合和看跌期权的熊市差价组合的差别在于,前者在期初有正的现金流,后者在期初则有负的现金流,但后者的最终收益可能大于前者。

通过比较牛市和熊市差价组合可以看出,对于同种期权而言,凡"买低卖高"的即为牛市差价策略,而"买高卖低"的即为熊市差价策略,这里的"低"和"高"是指执行价格。两者的图形刚好关于 X 轴对称。

3. 蝶式差价组合

蝶式差价(Butterfly Spreads)组合是由四份具有相同期限、不同执行价格的同种期权头寸组成。其中的一种典型组合为:这四份期权头寸里共有三个执行价格,$K_1 < K_2 < K_3$,且 $K_2 = (K_1 + K_3)/2$,则相应的蝶式差价组合有如下四种。

(1)看涨期权的正向蝶式差价组合,它由执行价格分别为 K_1 和 K_3 的看涨期权多头和两份执行价格为 K_2 的看涨期权空头组成,其盈亏分布图如图 12-5 所示。

(2)看涨期权的反向蝶式差价组合,它由执行价格分别为 K_1 和 K_3 的看涨期权空头和两份执行价格为 K_2 的看涨期权多头组成,其盈亏图刚好与图 12-5 相反。

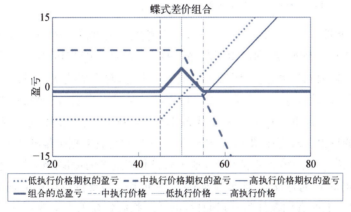

图 12-5　看涨期权的正向蝶式差价组合

(3)看跌期权的正向蝶式差价组合,它由执行价格分别为 K_1 和 K_3 的看跌期权多头和两份执行价格为 K_2 的看跌期权空头组成,其盈亏图如图 12-6 所示。

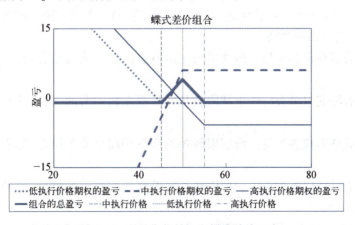

图 12-6　看跌期权的正向蝶式差价组合

(4)看跌期权的反向蝶式差价组合,它由执行价格分别为 K_1 和 K_3 的看跌期权空头和两份执行价格为 K_2 的看跌期权多头组成,其盈亏图与图 12-6 刚好相反。

事实上,由于蝶式差价组合的最终盈亏状况比较复杂,我们可以借助于盈亏分析表进一步理解这一组合。表 12-1 给出了看涨期权正向蝶式差价组合的最后盈亏状况。读者可以仿照这一方式,作出其他三种蝶式差价组合的盈亏状态表。

表 12-1 看涨期权正向蝶式差价组合的盈亏状况分析

$S(T)$	K_1 盈亏	2份 K_2 盈亏	K_3 的盈亏	总 盈 亏
$S(T) \leqslant K_1$	$-c_1$	$2c_2$	$-c_3$	$2c_2-c_1-c_3$
$K_1 < S(T) \leqslant K_2$	$S(T)-K_1-c_1$	$2c_2$	$-c_3$	$S(T)-K_1+2c_2-c_1-c_3$
$K_2 < S(T) \leqslant K_3$	$S(T)-K_1-c_1$	$2K_2-2S(T)+2c_2$	$-c_3$	$K_3-S(T)+2c_2-c_1-c_3$
$S(T) \geqslant K_3$	$S(T)-K_1-c_1$	$2K_2-2S(T)+2c_2$	$S(T)-K_3$	$2c_2-c_1-c_3$

注:c_1、c_2 和 c_3 分别表示对应三个执行价格的看涨期权价格。

从图 12-5 和图 12-6 中我们可以发现,在不考虑期权费的条件下:如果未来的标的资产价格在 K_1 和 K_3 之间变动,则运用正向蝶式差价策略就可能获利;如果未来标的资产价格在任何方向上有较大的波动,这一组合将有损失。因此,对于那些认为股票价格不可能发生较大波动的投资者来说,这是一个非常适合的策略。从这一点看,正向蝶式差价组合需要初期投资,即 $2c_2-c_1-c_3$ 和 $2p_2-p_1-p_3$ 应该小于零,这样才能保证不会出现初期获利,将来没有损失可能的现象。表现在图 12-5 和图 12-6 中,就是有初期少量的负的现金流。

反过来,如果是反向蝶式差价组合,则未来价格变化较小的时候,组合会有所亏损,而价格波动较大的时候则有收益,因此反向蝶式差价组合的投资者初期应该有正的现金流。

最后,如果以上所有期权都为欧式期权,则运用我们将在第十章谈到的看涨看跌期权平价公式,可以发现运用看跌期权构造与运用看涨期权构造的蝶式差价组合是完全相同的。

三、差期组合策略

差期(Calendar Spreads)组合是由两份相同执行价格、不同期限的同种期权的不同头寸组成的组合,它有四种类型。

(1)一份看涨期权多头与一份期限较短的看涨期权空头的组合,称看涨期权的正向差期组合。

(2)一份看涨期权多头与一份期限较长的看涨期权空头的组合,称看涨期权的反向差期组合。

(3)一份看跌期权多头与一份期限较短的看跌期权空头的组合,称看跌期权的正向差期组合。

(4)一份看跌期权多头与一份期限较长的看跌期权空头的组合,称看跌期权的反向差期组合。

我们先分析看涨期权的正向差期组合的盈亏分布。令 T、T^* 分别表示期限较短和较大的期权到期时刻,c_1、c_2 分别代表期限较长和较短的看涨期权的期初价格,c_{1T} 代表 T 时刻期限较长的看涨期权的时间价值,$S(T)$ 表示 T 时刻标的资产的价格。当期限较短的期权到期时,若 $S(T) \to \infty$,空头亏 $S(T) - K - c_2$,而多头虽未到期,但由于此时 $S(T)$ 已远高于 K,故其价值趋近于 $S(T) - ke^{-r(T^*-T)}$,即多头盈利趋近于 $S(T) - ke^{-r(T^*-T)} - c_1$,总盈亏趋近于 $c_2 - c_1 + K - Ke^{-r(T^*-T)}$。若 $S(T) = K$,空头赚 c_2,多头还未到期,尚有价值 $c_{1T} + K - Ke^{-r(T^*-T)}$,即多头亏 $c_1 - c_{1T} - K + Ke^{-r(T^*-T)}$,总盈亏为 $c_2 - c_1 + c_{1T} + K - Ke^{-r(T^*-T)}$。若 $S(T) \to 0$,空头赚 c_2,多头虽未到期,但由于 $S(T)$ 远低于 K,故其价值趋于 0,即多头亏损趋近于 c_1,总盈亏趋近于 $c_2 - c_1$。我们把上述三种情况列于表 12-2。

实际上,从上文中我们可以看出,正如牛市差价组合和熊市差价组合的区别在于"买低卖高"还是"买高卖低"一样,正向差期组合与反向差期组合的区别在于前者"买长卖短"而后者"买短卖长"。

表 12-2 看涨期权的正向差期组合的盈亏状况分析

$S(T)$的范围	看涨期权多头的盈亏	看涨期权空头的盈亏	总 盈 亏
$S(T) \to \infty$	趋近 $S(T) - Ke^{-r(T^*-T)} - c_1$	$K - S(T) + c_2$	趋近 $c_2 - c_1 + K - Ke^{-r(T^*-T)}$
$S(T) = K$	$c_{1T} - c_1$	c_2	$c_2 - c_1 + c_{1T} + K - Ke^{-r(T^*-T)}$
$S(T) \to 0$	趋近 $-c_1$	c_2	趋近 $c_2 - c_1$

根据表 12-2,我们可以画出看涨期权正向差期组合的盈亏分布图如图 12-7 所示。看涨期权反向差期组合的盈亏分布图正好与图 12-7 相反,故从略。

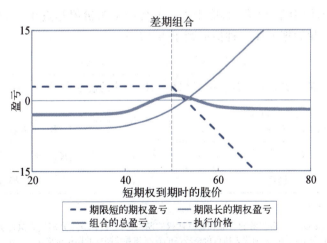

图 12-7 看涨期权的正向差期组合

用同样的分析法我们可以画出看跌期权正向差期组合的盈亏分布图如图 12-8 所示。看跌期权反向差期组合的盈亏分布图正好与图 12-8 相反,也从略。

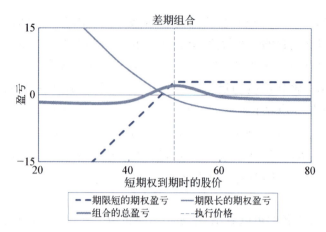

图 12-8　看跌期权的正向差期组合

四、对角组合策略

对角组合(Diagonal Spreads)是指由两份执行价格不同(K_1 和 K_2，且 $K_1 < K_2$)、期限也不同(T 和 T^*，且 $T < T^*$)的同种期权的不同头寸组成[①]，它有八种类型。

(1) 看涨期权的牛市正向对角组合。看涨期权的牛市正向对角组合是由看涨期权的 (K_1, T^*) 多头加 (K_2, T) 空头组合而成的，即买低卖高且买长卖短。在期限较短的期权到期时，若 $S(T) = K_2$，空头赚 c_2，由于多头尚未到期，其价值为 $K_2 - K_1 e^{-r(T^*-T)} + c_{1T}$(即内在价值加时间价值)，按价值卖掉，则多头盈利 $K_2 - K_1 e^{-r(T^*-T)} + c_{1T} - c_1$，共计盈亏 $K_2 - K_1 e^{-r(T^*-T)} + c_2 - c_1 + c_{1T}$；若 $S(T) \to \infty$，空头亏 $S(T) - K_2 - c_2$，多头虽未到期，但由于 $S(T)$ 远高于 K_1，故此时多头价值趋近于 $S(T) - K_1 e^{-r(T^*-T)}$，即多头盈利 $S(T) - K_1 e^{-r(T^*-T)} - c_1$，共计盈亏 $K_2 - K_1 e^{-r(T^*-T)} + c_2 - c_1$[②]；若 $S(T) \to 0$，空头赚 c_2，多头虽未到期，但由于 $S(T)$ 远低于 K_1，故此时多头价值趋近于 0，即多头亏损 c_1，共计盈亏 $c_2 - c_1$。我们把上述三种情形列于表 12-3。

表 12-3　看涨期权的正向牛市对角组合

$S(T)$ 的范围	(K_1, T^*) 多头的盈亏	(K_2, T) 空头的盈亏	总　盈　亏
$S(T) \to \infty$	趋近于 $S(T) - K_1 e^{-r(T^*-T)} - c_1$	$K_2 - S(T) + c_2$	趋近 $K_2 - K_1 e^{-r(T^*-T)} + c_2 - c_1$
$S(T) = K_2$	$K_2 - K_1 e^{-r(T^*-T)} + c_{1T} - c_1$	c_2	$K_2 - K_1 e^{-r(T^*-T)} + c_2 - c_1 + c_{1T}$
$S(T) \to 0$	趋近 $-c_1$	c_2	趋近 $c_2 - c_1$

---

① c_1、p_1 分别代表执行价格较低的看涨和看跌期权的期初价格，c_{1T}、p_{1T} 分别代表执行价格较低的看涨和看跌期权在 T 时刻的时间价值，c_2、p_2 分别代表执行价格较高的看涨和看跌期权的期初价格，c_{2T}、p_{2T} 分别代表执行价格较高的看涨和看跌期权在 T 时刻的时间价值，T 表示期限较短的期权到期时刻，$S(T)$ 表示 T 时刻标的资产的价格。

② $K_2 - K_1 e^{-r(T^*-T)} + c_2 - c_1$ 为正值还是负值，取决于 $(K_2 - K_1 e^{-r(T^*-T)})$ 和 (T^*-T) 的大小。如果 $K_2 - K_1 e^{-r(T^*-T)}$ 较大而 T^*-T 较小，则为正；如果 $K_2 - K_1 e^{-r(T^*-T)}$ 较小而 T^*-T 较大，则为负。在 $(K_2 - K_1 e^{-r(T^*-T)})$ 和 (T^*-T) 不变的情况下，标的资产的现价 S 越接近 K_2，$K_2 - K_1 e^{-r(T^*-T)} + c_2 - c_1$ 的值越大。

根据表12-3,我们可以画出看涨期权的牛市正向对角组合的盈亏分布图如图12-9所示。

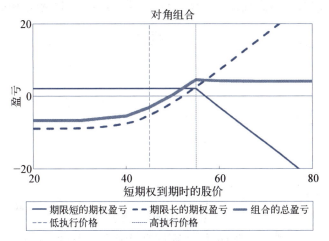

图12-9 看涨期权的牛市正向对角组合

(2) 看涨期权的熊市反向对角组合。它是由看涨期权的(K_1, T^*)空头加(K_2, T)多头组成的组合,即买高卖低且买短卖长。其盈亏图与图12-9刚好相反,即关于X轴对称。

(3) 看涨期权的熊市正向对角组合。它是由看涨期权的(K_2, T^*)多头加(K_1, T)空头组成的组合,即买高卖低且买长卖短。用同样的办法我们可以画出该组合的盈亏分布图如图12-10所示。

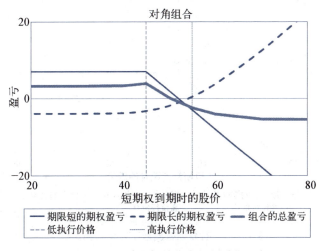

图12-10 看涨期权的熊市正向对角组合

(4) 看涨期权的牛市反向对角组合。它是由看涨期权的(K_2, T^*)空头加(K_1, T)多头组成的组合,即买低卖高且买短卖长。其盈亏图与图12-10刚好相反。

(5) 看跌期权的牛市正向对角组合。它是由看跌期权的(K_1, T^*)多头加(K_2, T)

空头组成的组合,即买低卖高且买长卖短。其盈亏图如图12-11所示。

(6) 看跌期权的熊市反向对角组合。它是由看跌期权的(K_1, T^*)空头加(K_2, T)多头组成的组合,即买高卖低且买短卖长。其盈亏图与图12-11刚好相反。

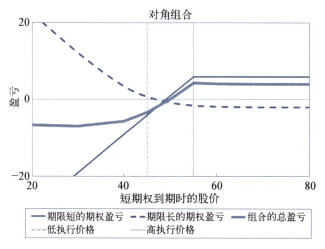

图12-11　看跌期权的牛市正向对角组合

(7) 看跌期权的熊市正向对角组合。它是由看跌期权的(K_2, T^*)多头加(K_1, T)空头组成的组合,即买高卖低且买长卖短。其盈亏图如图12-12所示。

(8) 看跌期权的牛市反向对角组合。它是由看跌期权的(K_2, T^*)空头加(K_1, T)多头组成的组合,即买低卖高且买短卖长。其盈亏图与图12-12刚好相反。

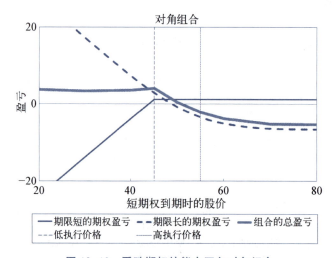

图12-12　看跌期权的熊市正向对角组合

五、混合期权策略

混合期权交易策略是由不同种期权,即看涨期权和看跌期权构成的组合,其形式可谓各式各样,这里仅介绍最简单的三种。

（一）跨式组合

跨式组合(Straddle)由具有相同执行价格、相同期限的一份看涨期权和一份看跌期权组成。跨式组合分为两种：底部跨式组合和顶部跨式组合。前者由两份多头组成，后者由两份空头组成。

底部跨式组合的盈亏图如图12-13所示。显然，在期权到期日，如果标的资产价格非常接近执行价格，底部跨式期权组合就会发生损失；反之，如果标的资产价格在任何方向上有很大偏移，这一组合就会有很大的盈利。当投资者预期标的资产价格将会有很大变动，但无法确认其变动方向的时候，就可以应用底部跨式期权策略。例如，当某公司将被兼并收购的时候，投资者就可以投资于该公司股票的底部跨式期权组合。如果兼并收购成功，可以预期股票价格将迅速上升；如果兼并收购失败，股票价格将急剧下降。这两种情况正是底部跨式组合盈利的区间。当然，由于市场是有效的，当预期股票价格会出现剧烈波动的时候，该股票的期权价格也将迅速上涨，从而提高底部跨式组合的投资成本。

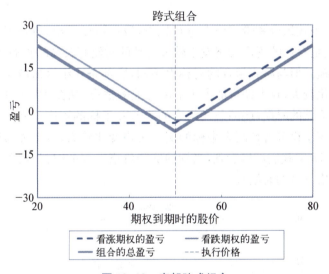

图12-13 底部跨式组合

顶部跨式组合的盈亏状况则与底部跨式组合正好相反，其盈亏图与图12-13正好关于X轴对称。这是一个高风险的策略。如果在到期日标的资产价格接近执行价格，该组合会产生一定的利润；然而，一旦标的资产价格在任何方向上出现重要变动，该策略的损失就可以说是无限的。

（二）条式组合和带式组合

条式组合(Strip)由具有相同执行价格、相同期限的一份看涨期权和两份看跌期权组成。条式组合也分底部和顶部两种，前者由多头构成，后者由空头构成。底部条式组合的盈亏图如图12-14所示，顶部条式组合的盈亏图刚好相反。

带式组合(Strap)由具有相同执行价格、相同期限的两份看涨期权和一份看跌期权组成，带式组合也分底部和顶部两种，前者由多头构成，后者由空头构成。底部带式组合的盈亏图如图12-14所示，顶部带式组合的盈亏图刚好相反。

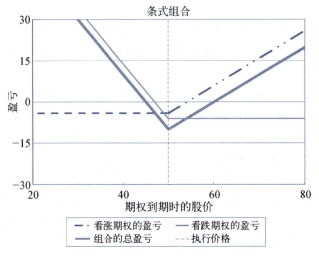

图 12-14 底部条式组合

对跨式组合、条式组合和带式组合进行比较,我们可以看出,投资于底部条式组合和底部带式组合,也是在标的资产价格发生较大变动的时候有较高的收益,而价格变化很小的时候则出现亏损。但与跨式组合的对称性不同,底部条式组合适应于投资者预测未来标的资产价格变化较大,且下跌可能大于上涨可能的情形(从图 12-15 中我们可以看到,当标的资产价格下跌的时候,底部条式组合的收益高于标的资产价格上涨的时候),而底部带式组合则适应于投资者预测未来标的资产价格变化较大,且上涨可能大于下跌可能的情形(从图 12-15 中我们可以看到,当标的资产价格上涨的时候,底部带式组合的收益高于标的资产价格下跌的时候)。

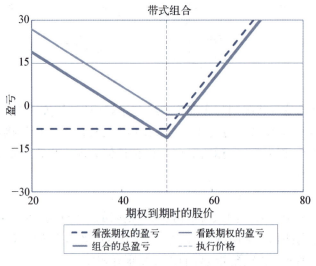

图 12-15 底部带式组合

(三) 宽跨式组合

宽跨式组合(Strangle)由到期日相同但执行价格不同的一份看涨期权和一份看跌期

权组成,其中看涨期权的执行价格高于看跌期权。宽跨式组合也分底部和顶部,前者由多头组成,后者由空头组成。前者的盈亏图如图12-16所示。后者的盈亏图刚好相反。

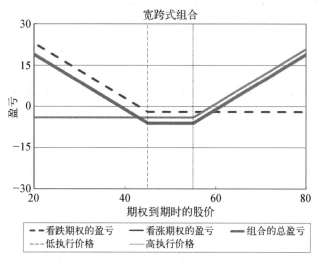

图 12-16 底部宽跨式组合

与跨式期权类似,底部宽跨式组合的投资者也预期标的资产价格会有较大波动,但是无法确定方向,在上涨和下跌的可能之间具有对称性。但是与跨式期权相比,底部宽跨式组合的标的资产价格必须有更大的波动才能获利,但是当标的资产价格位于中间价态时,宽跨式期权的损失也较小。也就是说,底部宽跨式组合的利润大小取决于两个执行价格的接近程度,距离越远,潜在损失越小,为获得利润,标的资产价格的变动需要更大一些。

第二节　期权套利交易策略

一、期权套利策略概述

期权的套利可以分为无风险套利与统计套利。无风险套利理论上是指无风险地获得正收益的投资策略。根据金融学的相关理论,在一个高效的市场中,每个投资者都是理性的,市场能够快速地反映一切信息,从而驱使那些被错误定价的资产价格迅速回归合理,因此市场不会存在无风险的套利机会。在现实市场中,由于种种原因,往往会出现市场交易价格与其无套利的合理价格出现差异的情况,为无风险套利提供了机会。统计套利是将套利建立在对历史数据进行统计分析的基础之上,估计相关变量的概率分布,并结合基本面数据进行分析,用以指导套利交易。统计套利的结果依赖于每个交易者的假设模型与历史数据的获取渠道。本节重点讨论期权的无风险套利。

二、期权平价套利策略

平价套利策略的理论基础来源于欧式看涨(认购)和欧式看跌(认沽)期权的平价关

系,即标的资产、到期日及行权价格均相同的欧式看涨期权和看跌期权价格之间存在的必然关系,平价公式如下:$c+Ke^{-rT}=p+S$,其中,c、p 分别表示行权价格为 K,距离到期时间为 T 的欧式看涨、看跌期权的价格;r 表示市场无风险利率;S 表示标的资产的当前价格。

(一) 正向平价套利

1. 策略原理

当买进 1 份期权现货标的,同时买入看跌期权、卖出看涨期权(具有相同行权价格和到期日),如果构建该组合的成本低于期权的行权价格的现值,那么根据期权平价关系就存在套利机会。

2. 盈亏分析

正向平价套利盈亏分析见表 12-4 和图 12-17。

表 12-4 正向平价套利盈亏分析

构建组合	组合期初现金流	组合到期时现金流		
		$S(T)>K$	$S(T)<K$	$S(T)=K$
卖出行权价为 K 的看涨期权	c	看涨期权处于实值状态,被行权卖出现货,获得资金 K	看涨期权为虚值,理论上不会被行权	所卖出的看涨期权理论上不会行权,但实际情况较复杂
买入行权价为 K 的看跌期权	$-p$	看跌期权为虚值,理论上不行权	看跌期权处于实值状态,提出行权以将现货标的按行权价卖出,获得资金 K	
买入现货标的	$-S$	作为看涨期权行权交割使用	作为看跌期权行权交割使用	
合 计	$c-p-S$	K	K	
组合到期收益		$K+(c-p-S)e^{rT}$		

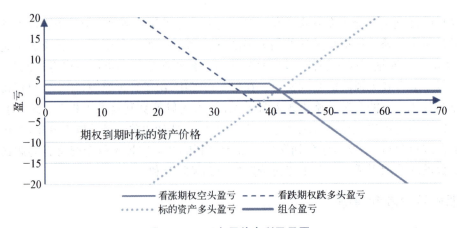

图 12-17 正向平价套利盈亏图

当 $K+(c-p-S)e^{rT}$ －各类交易成本－保证金利息＞0，就实现了正向平价套利，在该套利策略中可将买入的现货进行备兑开仓，以节省期权卖出开仓保证金的占用。

3. 案例

2015 年 3 月 25 日 09:31:09，上海证券交易所 ETF 期权正向平价套利出现了年化无风险收益率达到 40.05％的机会。相应的实时盘口数据如表 12-5 所示。

表 12-5 正向平价套利实时盘口数据

合 约 简 称	卖一价	买一价	卖一量	买一量	最新成交价	开仓保证金
50ETF	2.623	2.622	177 手	20 991 手	2.622	
50ETF 购 3 月 2 700	0.000 6	0.000 4	10 张	5 张	0.000 5	2 561.60
50ETF 沽 3 月 2 700	0.066 6	0.061 4	10 张	10 张	0.067 5	3 797.60

资料来源：招商证券研究发展中心金融工程团队

套利者以卖一价 2.623 元买入 10 000 份 50ETF，花费 26 256.23 元（＝26 230.00＋26.23，现货手续费 1‰）；以买一价 0.000 4 元保证金卖出开仓 1 张"50ETF 购 3 月 2700"，收入权利金 4.00 元，并交纳保证金 3 073.92 元（＝1.20×2 561.60，套利者保证金收取标准在结算公司基础上上浮 20％）；以卖一价 0.066 6 元买入开仓一张"50ETF 沽 3 月 2 700"，花费权利金 666.00 元和交易手续费 10.00 元。因此，套利者在构造该正向平价套利组合时，共花费 30 002.15 元（＝26 256.23＋3 073.92－4.00＋666.00＋10.00）。

当天为 2015 年 3 月到期的 50ETF 期权合约的最后交易日、行权日、到期日，日终依次进行行权申报的有效性检验以及行权指派。

(1) 若 50ETF 在行权日的价格低于行权价，则认沽期权权利仓提交行权申报，并支付行权费用 5.00 元。

(2) 若 50ETF 在行权日的价格高于行权价，则认购期权义务仓等待日终行权指派，不支付行权费用。在行权指派结果确定之前，认购期权义务仓对应的维持保证金不释放。

(3) 结合上述两种情况，行权日最多花费行权费用 5.00 元。

2015 年 3 月 27 日，行权交收的资金可用，维持保证金被释放，收入 30 073.92 元（＝27 000.00＋3 073.92）。整个过程中套利者获得套利利润 66.77 元（＝30 073.92－5.00－30 002.15）。

(二) 反向平价套利

1. 策略原理

当卖空期权现货标的，同时买进看涨期权、卖出看跌期权（具有相同行权价格和到期日），如果组合构建初期获得的资金高于期权的行权价格，那么根据期权平价关系就存在套利机会。

2. 盈亏分析

反向平价套利盈亏分析见表 12-6 和图 12-18。

表 12-6 反向平价套利盈亏分析

构建组合	组合期初现金流	组合到期时现金流		
		$S(T) > K$	$S(T) < K$	$S(T) = K$
卖出行权价为 K 的看跌期权	p	看跌期权为虚值，理论上不会被行权	看跌期权处于实值状态，被行权买入出现货，获得资金 K	所卖出的看涨期权理论上不会行权，但实际情况较复杂
买入行权价为 K 的看跌期权	$-c$	看跌期权处于实值状态，以行权价 K 买入现货	看涨期权为虚值，理论上不行权	
卖空现货标的	S	将看涨期权行权获得的现货用以还券	将看跌期权行权获得的现货用以还券	
合计	$S+p-c$	$-K$	$-K$	
组合到期收益		$(S+p-c)e^{rT}-K$		

当 $(S+p-c)e^{rT}-K-$各类交易成本$-$保证金利息>0，就实现了反向平价套利，在该套利策略中要将融券做空现货的成本考虑在内，目前我国融券做空成本相对较高。

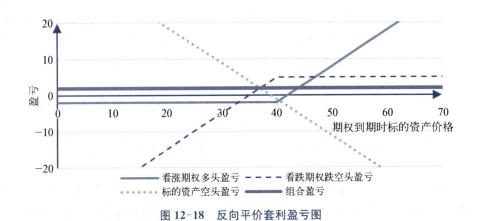

图 12-18 反向平价套利盈亏图

3. 案例

2015 年 4 月 22 日 14:43:55，反向平价套利出现了年化收益率达到 39.61% 的机会。相应的实时盘口数据如表 12-7 所示。

表 12-7 反向平价套利实时盘口数据

合约简称	卖一价	买一价	卖一量	买一量	最新成交价	开仓保证金
50ETF	3.242	3.240	733 345 手	4 822 手	3.240	
50ETF 购 4 月 3200	0.011 6	0.010 7	5 张	5 张	0.010 8	3 206.20
50ETF 沽 4 月 3200	0.001 8	0.000 1	3 张	6 张	0.000 1	4 360.20

资料来源：招商证券研究发展中心金融工程团队

套利者以买一价 3.240 元融券卖出 10 000 份 50ETF,交纳融券保证金 29 160.00 元（＝32 400.00×0.75×1.20,其中假定结算公司保证金比例 75%,并上浮 20%,假设融券卖空所得的钱不投资于其他流动性产品）；以卖一价 0.011 6 元买入开仓 1 张"50ETF 购 4 月 3 200",共花费权利金 116.00 元和手续费 10.00 元；以买一价 0.000 1 元卖出开仓 1 张"50ETF 沽 4 月 3 200",收入权利金 1.00 元,并交纳开仓保证金 5 232.24 元（＝1.20×4 360.20）。因此,套利者构造该反向平价套利组合时,共花费 34 517.24 元（＝－29 160.00－5 232.24－116.00－10.00＋1.00）。

当天为 2015 年 4 月到期的 50ETF 期权合约最后交易日、行权日、到期日,日终依次进行行权申报的有效性检验以及行权指派。

若 50ETF 在行权日的价格低于行权价,则认沽期权义务仓等待日终行权指派,最晚于 2015 年 4 月 23 日收盘前向权利金账户内存入足额行权交收资金,该义务仓对应的维持保证金可用于冲抵。

若 50ETF 在行权日的价格高于行权价,则赶在 2015 年 4 月 22 日收盘前存入足额行权交收资金,提交认购期权权利仓的行权申报。

结合上述两种情况,行权日最多花费行权费用 5.00 元和行权资金 32 000.00 元（＝3.2×10 000）。

2015 年 4 月 24 日"50ETF 沽 4 月 3200"行权交收所得的 ETF 可以用于提交"担保物划转指令"。2015 年 4 月 27 日套利者提交直接还券指令了结建仓时的融券卖空负债,2015 年 4 月 28 日套利者信用账户内的剩余现金（融券保证金＋融券卖出成交金额－融券卖空交易成本－融券利息）解冻后可用,则套利者可收入资金 61 479.90 元［＝29 160.00＋32 400.00×(1－0.001－0.106×5/360)］。于是,整个过程套利者共获得套利利润 189.90 元（＝61 479.90－34 517.24－32 005.00＋5 232.24）。

三、期权垂直套利策略

在通常情况下,同一到期月份,不同行权价的看涨期权之间或看跌期权之间应满足合理的价差范围。若市场无套利机会,则低行权价的看涨期权价格要高于高行权价的看涨期权,高行权价的看跌期权价格要高于低行权价的看跌期权,一旦市场这种不等式关系被破坏,那就出现了垂直价差套利机会。

（一）看涨期权垂直价差套利

1. 策略原理

如果低行权价的看涨期权价格低于高行权价的看涨期权,则买入低行权价的看涨期权,卖出高行权价的看涨期权。

2. 盈亏分析

看涨期权垂直价差套利见表 12-8 和图 12-19。

当 $c_1 < c_2$ 时,不论到期时标的资产价格处于何种状态,整个组合的盈亏大于 0,产生无风险套利机会。

表 12-8　看涨期权垂直价差套利

构建组合 ($K_1<K_2$)	组合期初现金流 ($c_1<c_2$)	组合到期时现金流		
		$S(T)>K_2$	$S(T)<K_1$	$K_1<S(T)<K_2$
买入行权价格为 K_1 的看涨期权	$-c_1$	看涨期权为实值,行权以 K_1 买入现货	看涨期权为虚值,不行权	看涨期权为实值,行权,以 K_1 买入现货
卖出行权价格为 K_2 的看涨期权	c_2	看涨期权为实值,被行权,以 K_2 卖出现货	看涨期权为虚值,理论上不会被行权	看涨期权为虚值,理论上不会被行权
合　计	c_2-c_1	K_2-K_1	0	$S(T)-K_1$
组合到期收益		$K_2-K_1+(c_2-c_1)e^{rT}$	$(c_2-c_1)e^{rT}$	$(c_2-c_1)e^{rT}+S(T)-K_1$

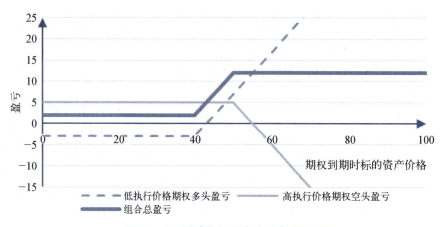

图 12-19　看涨期权垂直价差套利盈亏图

(二) 看跌期权垂直套利

1. 策略原理

如果高行权价的看跌期权价格低于低行权价的看跌期权,则买入高行权价的看跌期权,卖出低行权价的看跌期权。

2. 盈亏分析

看跌期权垂直价差套利见表 12-9 和图 12-20。

表 12-9　看跌期权垂直价差套利

构建组合 ($K_1<K_2$)	组合期初现金流 ($p_2<p_1$)	组合到期时现金流		
		$S(T)>K_2$	$S(T)<K_1$	$K_1<S(T)<K_2$
买入行权价格为 K_2 的看跌期权	$-p_2$	看跌期权为虚值,不行权	看跌期权为实值,行权,卖出现货,获得资金 K_2	看涨期权为实值,行权,卖出现货,获得资金 K_2
卖出行权价格为 K_1 的看跌期权	p_1	看跌期权为虚值,不被行权	看跌期权为实值,被行权,以 K_1 买入现货	看跌期权为虚值,理论上不会被行权

续 表

构建组合 ($K_1 < K_2$)	组合期初现金流 ($p_2 < p_1$)	组合到期时现金流		
		$S(T) > K_2$	$S(T) < K_1$	$K_1 < S(T) < K_2$
合　计	$p_1 - p_2$	0	$K_2 - K_1$	$K_2 - S(T)$
组合到期收益		$(p_1 - p_2)e^{rT}$	$K_2 - K_1 + (p_1 - p_2)e^{rT}$	$(p_1 - p_2)e^{rT} + K_2 - S(T)$

当 $p_1 > p_2$ 时,不论到期时标的资产价格处于何种状态,整个组合的盈亏大于0,产生无风险套利机会。

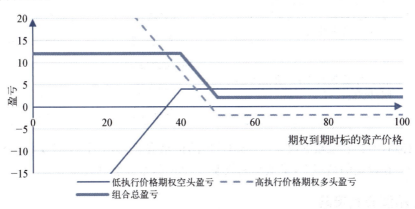

图 12-20　看跌期权垂直套利盈亏图

(三) 案例

在现实中,市场中出现低行权价的看涨期权价格低于高行权价的看涨期权,或者高行权价的看跌期权价格低于低行权价的看跌期权的可能性很小,更有可能是低行权价的看涨期权价格不合理的远远大于高行权价的看涨期权,或者高行权价的看跌期权价格远远大于低行权价的看跌期权,这也可以带来套利机会。

2014年6月11日,180ETF认购(即看涨)6月1950期权在盘中数次被炒到0.35元以上,其隐含波动率超过300%,远远超过理论价格,投资者卖出180ETF购6月1950,同时买入180ETF购6月2000,可以获得可观的套利收益。这是由于

$$c_1 = 0.350, c_2 = 0.001, K_1 = 1.950, K_2 = 2.000$$

所以

$$c_1 - c_2 > (K_1 - K_2)e^{-r(T-t)}$$

因此,卖出180ETF认购6月1950期权,同时买入180ETF认购6月2000期权,可以获得可观的套利收益。表12-10测算了两个180ETF期权价差套利收益。

表 12-10　看跌期权垂直套利收益

6月11日	卖出1张行权价格1.95元的认购180ETF 两个期权价差套利收益测算 购期权($c = 0.350$)	3 500元

续　表

6月11日	买入一张行权价格2.00元的认购期权($c=0.001$)		−10元
	净现金流		3 490元
	保证金		6 868元
期权到期日	情形1：到期日ETF价格≤1.95元，期权都不会被执行	期权收益加总	0元
		套利收益	3 490元
		套利收益率	50.82%
	情形2：1.95元＜到期日ETF价格≤2.00元，认购1950期权被执行，认购2000期权不被执行	期权收益加总	−500元≤期权收益＜0元
		套利收益	2 990元≤套利收益＜3 490元
		套利收益率	43.54%≤套利收益率＜50.82%
	情形3：到期日ETF价格＞2.05元，期权都被执行	期权收益加总	−500元
		套利收益	2 990元
		套利收益率	43.54%

可以看到,该套利策略的收益与180ETF的价格有关系,6月11日交易,180ETF价格为1.889。在设定的情境下,最低套利收益2 990元,最高套利收益3 490元。

四、期权箱型套利策略

箱体套利是一种复合组合,套利机会来源于相同到期日、不同行权价格的多组配对期权所隐含的标的无套利远期价格之间的差异。

(一) 正向箱体套利

1. 策略原理

如果低行权价配对期权所隐含的无套利远期价格低于高行权价的配对期权所隐含的无套利远期价格,可"买入开仓低行权价的看涨期权"+"卖出开仓低行权价的看跌期权"合成现货标的的远期多头,"卖出开仓高行权价的看涨期权"+"买入开仓高行权价的看跌期权"合成现货标的的远期空头,即由看涨期权牛市价差组合和看跌期权熊市价差组合构成。

2. 盈亏分析

正向箱体套利盈亏分析见表12-11,盈亏图作为课后习题自行画出。

表12-11　正向箱体套利盈亏分析

构建组合 ($K_1<K_2$)	组合期初现金流	组合到期时现金流		
		$S(T)>K_2$	$S(T)<K_1$	$K_1<S(T)<K_2$
买入行权价格为K_1的看涨期权	$-c_1$	看涨期权为实值,行权以K_1买入现货	看涨期权为虚值,不行权	看涨期权为实值,行权以K_1买入现货

续　表

构建组合 ($K_1 < K_2$)	组合期初现金流	组合到期时现金流		
		$S(T) > K_2$	$S(T) < K_1$	$K_1 < S(T) < K_2$
卖出行权价格为 K_2 的看涨期权	c_2	看涨期权为实值，被行权，卖出现货，获得资金 K_2	看涨期权为虚值，理论上不会被行权	看涨期权为虚值，理论上不会被行权
买入行权价格为 K_2 的看跌期权	$-p_2$	看跌期权为虚值，不行权	看跌期权为实值，行权以 K_2 卖出现货，获得资金 K_2	看跌期权为实值，行权以 K_2 卖出现货，获得资金 K_2
卖出行权价格为 K_1 的看跌期权	p_1	看跌期权为虚值，理论上不会被行权	看跌期权为实值，被行权，以 K_1 买入现货	看跌期权为虚值，理论上不会被行权
合　计	$c_2 - c_1 + p_1 - p_2$	$K_2 - K_1$	$K_2 - K_1$	$K_2 - K_1$
组合到期收益		$K_2 - K_1 + (c_2 - c_1 + p_1 - p_2)e^{rT}$		

3. 案例

2015 年 4 月 7 日 13∶00∶22，正向箱体套利出现了机会，相关的合约信息如表 12-12。

表 12-12　正向箱体套利合约

合约简称	卖一价	买一价	卖一量	买一量	最新成交价	开仓保证金
50ETF 购 4 月 2350	0.364 8	0.339 5	9	10	0.364 8	7 622.60
50ETF 沽 4 月 2350	0.002 4	0.000 5	2	1	0.000 3	1 661.00
50ETF 购 4 月 2800	0.097 8	0.095 0	1	12	0.097 8	3 837.60
50ETF 沽 4 月 2800	0.074 3	0.073 1	5	1	0.073 3	4 335.60

资料来源：招商证券研究发展中心金融工程团队

我们可得：

(1) 组合期初现金流 $= (0.095\ 0 - 0.364\ 8 + 0.000\ 5 - 0.074\ 3) \times 10\ 000 = -3\ 436$ 元。

(2) 组合到期收益 $= (2.8 - 2.35) \times 10\ 000 - 3\ 436 \times (1 + 0.05 \times 15/360) = 1\ 056.84$ 元。

(二) 反向箱体套利

1. 策略原理

如果低行权价配对期权所隐含的无套利远期价格高于高行权价的配对期权所隐含的无套利远期价格，可"卖出开仓低行权价的看涨期权"+"买入开仓低行权价的看跌期权"合成现货标的的远期空头，"买入开仓高行权价的看涨期权"+"卖出开仓高行权价的看跌期权"合成现货标的的远期多头，即由看跌期权牛市价差组合和看涨期权熊市价差组合构成。

2. 盈亏分析

反向箱体套利盈亏分析见表 12-13，盈亏图作为课后习题自行画出。

表 12-13 反向箱体套利盈亏分析

构建组合 ($K_1 < K_2$)	组合期初现金流	组合到期时现金流		
		$S(T) > K_2$	$S(T) < K_1$	$K_1 < S(T) < K_2$
买入行权价格为 K_1 的看跌期权	$-p_1$	看跌期权为虚值,不行权	看跌期权为实值,行权以 K_1 卖出现货,获得资金 K_1	看跌期权为虚值,不行权
卖出行权价格为 K_2 的看跌期权	p_2	看跌期权为虚值,理论上不会被行权	看跌期权为实值,被行权以 K_2 买入现货	看跌期权为实值,被行权以 K_2 买入现货
买入行权价格为 K_2 的看涨期权	$-c_2$	看涨期权为实值,行权以 K_2 买入现货	看涨期权为虚值,不行权	看涨期权为虚值,不行权
卖出行权价格为 K_1 的看涨期权	c_1	看涨期权为实值,被行权,以 K_1 卖出现货	看涨期权为虚值,理论上不会被行权	看涨期权为实值,被行权,以 K_1 卖出现货
合 计	$c_1 - c_2 + p_2 - p_1$	$K_1 - K_2$	$K_1 - K_2$	$K_1 - K_2$
组合到期收益		$K_1 - K_2 + (c_1 - c_2 + p_2 - p_1)e^{rT}$		

3. 案例

2015 年 4 月 7 日 13:00:22,反向箱体套利出现了机会,相关的合约信息如表 12-14。

表 12-14 反向箱体套利合约

合约简称	卖一价	买一价	卖一量	买一量	最新成交价	开仓保证金
50ETF 购 4 月 2200	0.629 8	0.618 6	1	1	0.621 2	9 124.60
50ETF 沽 4 月 2200	0.000 5	0.000 2	21	10	0.000 5	1 543.00
50ETF 购 4 月 2350	0.364 8	0.339 5	9	10	0.364 8	7 622.60
50ETF 沽 4 月 2350	0.002 4	0.000 5	2	1	0.000 3	1 661.00

资料来源:招商证券研究发展中心金融工程团队

我们可得:

(1) 组合期初现金流 = (0.618 6 - 0.364 8 + 0.000 5 - 0.000 5) × 10 000 = 2 538 元。

(2) 组合到期收益 = (2.2 - 2.35) × 10 000 + 2 538 × (1 + 0.05 × 15/360) = 1 043.29 元。

重 要 概 念

牛市差价组合(看跌期权的牛市差价组合　看跌期权的牛市差价组合)
熊市差价组合(看跌期权的熊市差价组合　看跌期权的熊市差价组合)
蝶式差价组合(看涨期权的正向蝶式差价组合　看跌期权的正向蝶式差价组合　看

期涨权的反向蝶式差价组合　看跌期权的反向蝶式差价组合)

差期组合策略(看涨期权的正向差期组合　看涨期权的反向差期组合　看跌期权的正向差期组合　看跌期权的反向差期组合)

对角组合(看涨期权的牛市正向对角组合　看涨期权的熊市反向对角组合　看涨期权的熊市正向对角组合　看涨期权的牛市反向对角组合　看跌期权的牛市正向对角组合　看跌期权的熊市反向对角组合　看跌期权的熊市正向对角组合　看跌期权的牛市反向对角组合)

跨式组合(底部跨式组合　顶部跨式组合)

条式组合(底部条式组合　顶部条式组合)

带式组合(底部带式组合　顶部带式组合)

宽跨式组合(底部宽跨式组合　顶部宽跨式组合)

期权平价套利策略(正向平价套利策略　反向平价套利策略)

期权垂直套利策略(看涨期权垂直价差套利　看跌期权垂直价差套利)

期权箱体套利策略(正向箱体套利策略　反向箱体套利策略)

习题与思考题

1. 投资者有什么样的预期时,应该购买反向蝶式期权?
2. 什么样的交易策略可以构造出正向的差期组合?
3. 有效期为3个月的股票看涨期权分别有15、17.5和20的执行价格,其期权价格分别为4、2和0.5。解释如何应用这些期权来构造蝶式差价期权。通过做表格说明蝶式差价期权损益如何随股票价格的变化而变化。
4. 一个看涨期权执行价格为50元,期权费2元,一个到期日相同的看跌期权执行价格为45元,期权费为3元。如何用这两个期权来构造一个宽跨式组合? 分析这个组合的回报和盈亏。
5. 当预测股票价格在未来有很大幅度的波动,但对波动方向没有把握时,投资者可以构造哪些期权组合?
6. 说明期权平价套利策略的基本原理和组合构成;正向和反向套利的差异;特别是在中国目前的市场条件下反向平价套利的实现方式和限制。
7. 期权的差价组合的基本特点是什么? 主要有哪些子类型? 各自特点是什么?
8. 期权的差期组合的基本特点是什么? 主要有哪些子类型? 各自特点是什么?
9. 期权的对角差价组合的基本特点是什么? 主要有哪些子类型? 各自特点是什么?
10. 期权的混合策略的基本特点是什么? 主要有哪些子类型? 各自特点是什么?
11. 期权箱型套利策略基本特点是什么? 主要有哪些子类型? 各自特点是什么?
12. 期权垂直套利策略基本特点是什么? 主要有哪些子类型? 各自特点是什么?

第十三章

欧式期权定价公式

> **学习目标**
>
> 期权定价是衍生金融工具定价中最复杂也是最重要的部分。本章介绍了 Black-Scholes-Merton 期权价格微分方程,并用鞅定价的方法推导出了欧式看涨和看跌期权的定价公式。在介绍交换期权的基础上,提供了交换期权定价的 Margrabe 公式及推导过程。在 Margrabe 期权定价公式基础上,推导了远期期权和期货期权的 Black 定价公式,以及 Merton 期权定价公式和延迟期权定价公式。本章的学习,不仅要掌握这些重要期权的定价公式,更重要的是掌握如何利用鞅定价方法和交换期权的思想,对期权进行定价分析,为更复杂的利率期权和奇异期权的定价分析打下基础。

第一节 Black-Scholes-Merton 欧式期权定价公式

一、Black-Scholes-Merton 期权定价模型的假设条件

Black-Scholes-Merton 期权定价模型的七个假设条件如下:

(1) 期权标的资产为一风险资产,当前 t 时刻市场价格为 $S(t)$。$S(t)$ 遵循几何布朗运动,即

$$\frac{\mathrm{d}S}{S} = \mu \mathrm{d}t + \sigma \mathrm{d}B(t) \tag{13-1}$$

其中,$B(t)$ 为布朗运动,μ 为股票价格的期望收益率(以连续复利表示),σ 则是股票价格的波动率。μ 可以是一个一般的随机过程,σ 是常数。

(2) 在期权有效期内,标的资产连续红利收益率为 q。

(3) 没有交易费用和税收,不考虑保证金问题,即不存在影响收益的任何外部因素。

(4) 该标的资产可以被自由地买卖,即允许卖空,且所有证券都是完全可分的。

(5) 在期权有效期内,无风险利率 r 为常数,投资者可以此利率无限制地进行借贷。

(6) 期权为欧式看涨期权或看跌期权,其执行价格为 K,当前时刻为 t,到期时间为 T。

(7) 不存在无风险套利机会。

二、通过微分方程推导 Black-Scholes-Merton 期权定价公式

(一) Black-Scholes-Merton 期权定价公式

在上述假设条件的基础上,Black-Scholes-Merton 得到了如下适用于欧式看涨期权的一个微分方程:

$$\frac{\partial f}{\partial t}+(r-q)S\frac{\partial f}{\partial S}+\frac{1}{2}\sigma^2 S^2\frac{\partial^2 f}{\partial S^2}=rf \tag{13-2}$$

其中,f 为期权价格,其他参数符号的意义同前。

以欧式看涨期权到期时的回报为 $c(T)=\max(S(T)-K,0)$,或者以欧式看跌期权到期时的回报为 $p(T)=\max(K-S(T),0)$ 为边界条件,求解上述微分方程,Black-Scholes-Merton 得到了如下适用于欧式期权的定价公式(BSM 欧式期权定价公式)。

欧式看涨期权定价公式:

$$c(t)=S(t)e^{-q(T-t)}N(d_1)-Ke^{-r(T-t)}N(d_2) \tag{13-3a}$$

其中,

$$d_1=\frac{\ln(S(t)/K)+(r-q+\sigma^2/2)(T-t)}{\sigma\sqrt{T-t}} \tag{13-3b}$$

$$d_2=\frac{\ln(S(t)/K)+(r-q-\sigma^2/2)(T-t)}{\sigma\sqrt{T-t}}=d_1-\sigma\sqrt{T-t} \tag{13-3c}$$

欧式看跌期权定价公式:

$$p=Ke^{-r(T-t)}N(-d_2)-Se^{-q(T-t)}N(-d_1) \tag{13-4}$$

$N(d)$ 为标准正态分布变量的累计概率分布函数。

根据标准正态分布函数特性,我们有 $N(-d)=1-N(d)$。利用欧式看涨期权和看跌期权的平价关系 $c+Ke^{-r(T-t)}=p+e^{-q(T-t)}S(t)$,可以由欧式看涨期权的定价公式推导出欧式看跌期权的定价公式。

(二) Black-Scholes-Merton(BSM)微分方程的推导

1. 无套利组合方法

假设股票价格遵循几何布朗运动,即有 $dS=\mu S dt+\sigma S dB(t)$。股票价格在一个微小时间间隔 Δt 上的股票价格 S 的变化 ΔS 为:

$$\Delta S=\mu S\Delta t+\sigma S d\Delta B \tag{13-5}$$

在微小时间间隔 Δt 上,持有一份股票的收益由两部分构成:资本利得和红利收益,其中资本利得为 ΔS,红利收益为 $qS\Delta t$。

假定 f 是依赖于 S 的衍生证券,则 f 一定是 S 和 t 的函数,即 $f(S,t)$。根据 Itô 引理可以推导出 f 的如下微分方程:

$$\mathrm{d}f = \left(\frac{\partial f}{\partial t} + \frac{\partial f}{\partial S}\mu S + \frac{1}{2}\sigma^2 S^2 \frac{\partial^2 f}{\partial S^2}\right)\mathrm{d}t + \sigma S \frac{\partial f}{\partial S}\mathrm{d}B$$

在微小时间间隔 Δt 上 f 的变化 Δf 为：

$$\Delta f = \left(\frac{\partial f}{\partial t} + \frac{\partial f}{\partial S}\mu S + \frac{1}{2}\sigma^2 S^2 \frac{\partial^2 f}{\partial S^2}\right)\Delta t + \sigma S \frac{\partial f}{\partial S}\Delta B \tag{13-6}$$

比较式(13-5)和式(13-6)，可以看出股票价格变化和衍生产品价格变化受到相同随机因素 ΔB 影响，因此只要选择适当得股票和衍生产品的组合就能消除不确定性，成为一个无风险的资产组合。为了消除 ΔB，可以构建一个一份衍生产品的空头和 $\frac{\partial f}{\partial S}$ 份股票的资产组合。该组合的价值记为 Π，Π 为：

$$\Pi = -f + \frac{\partial f}{\partial S}S \tag{13-7}$$

资产组合价值在微小时间间隔 Δt 上的 $\Delta \Pi$ 为：

$$\Delta \Pi = -\Delta f + \frac{\partial f}{\partial S}\Delta S + \frac{\partial f}{\partial S}qS\Delta t \tag{13-8}$$

将式(13-5)和式(13-6)代入式(13-8)，可得：

$$\Delta \Pi = \left(-\frac{\partial f}{\partial t} - \frac{1}{2}\sigma^2 S^2 \frac{\partial^2 f}{\partial S^2} + \frac{\partial f}{\partial S}qS\right)\Delta t \tag{13-9}$$

上式中不包含 ΔB，该资产组合在 Δt 的时间内一定是无风险的。在无套利的条件下，该资产组合在 Δt 的时间内的收益率应该等于相同时间段内的无风险收益率。因此，在无套利条件下，

$$\Delta \Pi = r \Pi \Delta t$$

将式(13-7)和式(13-9)代入上式，得到：

$$\left(-\frac{\partial f}{\partial t} - \frac{1}{2}\sigma^2 S^2 \frac{\partial^2 f}{\partial S^2} + \frac{\partial f}{\partial S}qS\right)\Delta t = r\left(-f + \frac{\partial f}{\partial S}S\right)\Delta t$$

化简后为：

$$\frac{\partial f}{\partial t} + (r-q)S\frac{\partial f}{\partial S} + \frac{1}{2}\sigma^2 S^2 \frac{\partial^2 f}{\partial S^2} = rf$$

这就是著名的 Black-Scholes-Merton 有关衍生产品价格的微分方程。对于特定的衍生产品，该微分方程的解与方程的边界条件有关。

欧式看涨期权的关键边界条件是：

当 $t=T$ 时，$c(T) = \max(S(T) - K, 0)$

欧式看跌期权的关键边界条件是：

当 $t=T$ 时，$p(T) = \max(K-S(T), 0)$

Black 和 Scholes 创造性地提出了上述构造无套利资产组合推导出衍生产品价格微分方程，再通过微分方程求解衍生产品定价公式的方法，得到了无收益资产的欧式期权定价公式，Merton 将其扩展到了有收益资产的期权定价公式。

通过对期权价格微分方程的观察，我们可以看到，该微分方程里不再有资产期望收益率参数 μ，即微分方程的解将与这一参数无关。我们知道，资产期望收益率 μ 等于无风险利率加上风险溢价，风险溢价与风险大小及单位风险报酬有关，单位风险报酬主要由市场投资者总体的风险态度决定。期权定价公式里将不包含资产期望收益率参数 μ，这意味着期权价格与市场投资者总体的风险态度无关的，因此我们可以假设投资者是风险中性的，在风险中性的世界里对期权进行定价。在风险中性的世界里，任何资产都可以用无风险利率贴现。这样，我们就可以在风险中性的世界里计算衍生产品未来回报的期望值，并用无风险利率对该期望值进行贴现，得到衍生产品的当前价格。这就是风险中性定价的基本原理。

2. 鞅定价方法推导 Black-Scholes-Merton 微分方程

利用我们在第五章介绍的鞅定价方法，我们同样可以推导出 BSM 的微分方程。其推导过程如下：

选择一个计价物。为了推导方便，可以选择无风险资产 $R(t)$ 作为计价物：

$$R(t) = e^{rt}$$

则，

$$\frac{dR}{R} = r dt \tag{13-10}$$

以无风险资产 $R(t)$ 作为计价物时，标的资产 S 遵循的随机过程为：

$$\frac{dS}{S} = (r-q)dt + dB^R(t) \tag{13-11}$$

$B^R(t)$ 为 $R(t)$ 作为计价物的概率测度下的布朗运动。

以无风险资产 $R(t)$ 作为计价物时，衍生产品 $f(S, t)$ 与 $R(t)$ 的比值：

$$Z(S, t) = \frac{f(S, t)}{R(t)} = e^{-rt} f(S, t) \tag{13-12}$$

是一个鞅过程。

根据 Itô 引理，可以推导出 $Z(t)$ 的微分方程：

$$dZ = e^{-rt}\left[\frac{\partial f}{\partial t} + (r-q)S\frac{\partial f}{\partial S} + \frac{1}{2}\sigma^2 S^2 \frac{\partial^2 f}{\partial S^2} - rf\right]dt + e^{-rt}\sigma S \frac{\partial f}{\partial S} dB^R(t)$$

因为 $Z(S, t)$ 是一个鞅过程，上述随机过程的漂移项为 0，即

$$\frac{\partial f}{\partial t}+(r-q)S\frac{\partial f}{\partial S}+\frac{1}{2}\sigma^2 S^2 \frac{\partial^2 f}{\partial S^2}-rf=0$$

即

$$\frac{\partial f}{\partial t}+(r-q)S\frac{\partial f}{\partial S}+\frac{1}{2}\sigma^2 S^2 \frac{\partial^2 f}{\partial S^2}=rf$$

三、通过鞅定价方法推导 Black-Scholes-Merton 期权定价公式

在第二章里，我们推导出了不同计价物下的风险资产的随机过程以及尾部概率，我们可以利用这些结论，直接推导出欧式看涨和看跌期权的定价公式。基本思路是将一个欧式期权分拆为一个股份数值期权和一个数值期权。分别推导出这两个期权的定价，最后再得出看涨或看跌期权的定价公式。

以欧式看涨期权为例介绍推导过程。欧式看涨期权到期时，其回报可以写成如下形式：

$$c(T)=S(T)\times I-K\times I \tag{13-13}$$

其中，I 是一个 0 或者 1 的变量。当 $S(T)\geqslant K$ 时，$I=1$；当 $S(T)<K$ 时，$I=0$。

定义两个期权，期权到期回报分别为：$c_{SD}(T)=S(T)\times I$，$c_D(T)=I$。$c_{SD}(T)$ 被称为看涨股份数字期权，若期权到期时标的股票价格大于等于执行价格，则期权买方执行期权将获得一份股票，否则回报为 0；$c_D(T)$ 被称为数字期权，若期权到期时标的股票价格大于等于执行价格，则期权买方执行期权将获得 1 元现金，否则回报为 0。欧式看涨期权可以看成 1 份看涨股份数字期权多头和 K 份看涨数字期权空头组合，所以有：

$$c(t)=c_{SD}(t)-K c_D(t)$$

(1) 看涨股份数字期权 $c_{SD}(T)=S(T)\times I$ 的定价。

对于股份数字期权，以股票的红利再投资资产价值 $V(t)=e^{qt}S(t)$ 为计价物。在该计价物下，股份数字期权 $c_{SD}(T)$ 的鞅定价公式为：

$$\frac{c_{SD}(t)}{V(t)}=E_t^V\left[\frac{c_{SD}(T)}{V(T)}\right] \tag{13-14}$$

化简后，可得：

$$c_{SD}(t)=e^{-qt}S E_t^V[I]=e^{-qt}S Prob^V[S(T)\geqslant K] \tag{13-15}$$

利用第二章中尾部概率计算的结果，可以得到：

$$Prob^V[S(T)\geqslant K]=N(d_1)$$

其中，$d_1=\dfrac{\ln S(t)-\ln K+\left(r-q+\dfrac{1}{2}\sigma^2\right)(T-t)}{\sigma\sqrt{T-t}}$。

因此，股份数字期权的定价公式：

$$c_{SD}(t) = e^{-q(T-t)} S N(d_1) \qquad (13\text{-}16)$$

(2) 看涨数字期权 $c_D(T) = I$ 的定价。

对于数字期权,以无风险资产 $R(t) = e^{rt}$ 为计价物。在该计价物下,股份数字期权 $c_D(T)$ 的鞅定价公式为:

$$\frac{c_D(t)}{R(t)} = E_t^R \left[\frac{c_D(T)}{R(T)} \right] \qquad (13\text{-}17)$$

按照股份数字期权同样的过程,可以推导出数字期权的定价公式:

$$c_D(t) = e^{-r(T-t)} N(d_2) \qquad (13\text{-}18)$$

其中,$d_2 = \dfrac{\ln S(t) - \ln K + \left(r - q - \dfrac{1}{2}\sigma^2\right)(T-t)}{\sigma\sqrt{T-t}}$。

综合看涨股份数字期权和看涨数字期权的定价公式,就可以得到欧式看涨期权的定价公式。

四、对欧式看涨期权定价公式的经济理解

首先,从 Black-Scholes-Merton 期权定价模型的鞅定价方法求解过程来看,$N(d_2)$ 实际上是在期权到期时风险中性概率测度下 $S(T)$ 大于期权执行价格的概率,或者说是风险中性概率测度下欧式看涨期权被执行的概率,因此,$e^{-r(T-t)} K N(d_2)$ 是 K 在风险中性概率测度下的期望值的现值。更直观地说,就是支付为 K 的看涨数字期权的现值。$e^{-q(T-t)} S N(d_1)$ 是股票的红利再投资资产价值 $V(t)$ 作为计价物的概率测度下的期望值的现值。因此,整个欧式看涨期权公式就可以被看作期权未来期望回报的现值。

其次,$\Delta = \dfrac{\partial c}{\partial S} = e^{-q(T-t)} N(d_1)$。显然,$\Delta$ 反映了标的资产价格变动一个很小的数量时,期权价格的变化量;或者说,如果要避免标的资产价格变化给期权价格带来的影响,一份的看涨期权空头,就需要 Δ 份的标的资产多头加以对冲。

从动态复制角度看,投资者可以用以下资产组合策略来动态复制欧式看涨期权:投资者投入 $e^{-q(T-t)} S N(d_1) - e^{-r(T-t)} K N(d_2)$ 的自有资金,通过负债筹集 $e^{-r(T-t)} K N(d_2)$ 的资金,所有资金买入 $e^{-q(T-t)} N(d_1)$ 份的标的资产。随着市场价格变动,复制策略进行动态调整。

第二节 交换期权定价公式

一、交换期权和 Margrabe 定价公式

交换期权是指期权的买方有权在一定时间内,按照事先约定比例将一种资产交换成另外一种资产。交换期权也可以分为欧式交换期权和美式交换期权,本章研究的是欧式

交换期权。

考虑两个风险资产 S_1 和 S_2，欧式交换期权的买方有权在期权到期时用 n 份的资产 2 交换成 1 份的资产 1[①]，期权到期时的回报为：

$$f(T)=\max(0, S_1(T)-nS_2(T))$$

标准的期权可以看成一种特殊的交换期权，看涨期权的买方有权以一定数量的现金（期权执行价格）交换成一份的某种资产，看涨期权相当于取 $nS_2(T)=K$；看跌期权的买方有权以一份的某种资产换成一定数量的现金，看跌期权相当于取 $n=1$ 和 $S_1(T)=K$。

假设两个资产的红利支付率为常数 q_1 和 q_2，资产价格满足如下几何布朗运动：

$$\frac{\mathrm{d}S_i}{S_i}=\mu_i\mathrm{d}t+\sigma_i\mathrm{d}B_i(t),\quad(i=1,2) \tag{13-19}$$

其中，B_i 为实际概率测度下的布朗运动。漂移项系数 μ_i、波动率 σ_i 和两个布朗运动的相关系数可以是很一般的随机过程，但需要假定由

$$\sigma=\sqrt{\sigma_1^2+\sigma_2^2-2\rho\sigma_1\sigma_2} \tag{13-20}$$

定义的 σ 是常数。这里 σ 是 $S_1(t)/S_2(t)$ 和 $S_2(t)/S_1(t)$ 的波动率，因此假定两个资产价格比值的波动率为常数。

在上述假设条件下，**欧式交换期权的 Margrabe 定价公式**如下：

$$f(t)=e^{-q_1(T-t)}S_1(t)N(d_1)-e^{-q_2(T-t)}nS_2(t)N(d_2) \tag{13-21a}$$

其中

$$d_1=\frac{\ln\left(\frac{e^{-q_1T}S_1(t)}{ne^{-q_2T}S_2(t)}\right)+\frac{1}{2}\sigma^2(T-t)}{\sigma\sqrt{T-t}} \tag{13-21b}$$

$$d_2=d_1-\sigma\sqrt{T-t} \tag{13-21c}$$

这里，$e^{-q_1(T-t)}S_1(t)$ 和 $e^{-q_2(T-t)}S_2(t)$ 是交换期权中两个资产的现值。

欧式看涨期权和看跌期权定价公式可以看成交换期权的特殊情形。定义看涨期权和看跌期权的标的资产 S 的波动率为 σ，执行价格为 K 的欧式看涨期权的定价公式可以写成：

$$e^{-q(T-t)}S(t)N(d_1)-e^{-r(T-t)}KN(d_2)$$

其中，

$$d_1=\frac{\ln\left(\frac{e^{-q(T-t)}S(t)}{e^{-r(T-t)}K}\right)+\frac{1}{2}\sigma^2(T-t)}{\sigma\sqrt{T-t}}$$

[①] 在 Margrabe[1978]的论文里，研究的是 1 份资产 1 与 1 份资产 2 的交换期权，即 $n=1$ 的情形。我们这里将其扩张到 $n>0$ 的一般情形。

$$d_2 = d_1 - \sigma\sqrt{T-t}$$

执行价格为 K 的欧式看跌期权的定价公式可以写成：

$$e^{r(T-t)}KN(d_1') - e^{-q(T-t)}S(t)N(d_2')$$

其中，

$$d_1' = \frac{\ln\left[\dfrac{e^{-r(T-t)}K}{e^{-q(T-t)}S(t)}\right] + \dfrac{1}{2}\sigma^2(T-t)}{\sigma\sqrt{T-t}}$$

$$d_2' = d_1' - \sigma\sqrt{T-t}$$

本章及后续章节将要介绍的远期期权、期货期权、利率上限和下限期权和利率互换期权等都可以转化成交换期权的形式，因此交换期权定价公式是这些期权定价的基础。

二、Margrabe 定价公式的推导

运用鞅定价方法可以很容易推导出 Margrabe 定价公式。与普通期权鞅定价公式推导过程类似，将交换期权到期回报改写成如下形式：

$$f(T) = S_1(T)I - nS_2(T)I \tag{13-22}$$

其中，当 $S_1(T) \geq nS_2(T)$ 时，$I=1$；当 $S_1(T) < nS_2(T)$ 时，$I=0$。

定义两个股份数字期权 $f_{S_1}(T) = S_1(T)I$ 和 $f_{S_2}(T) = nS_2(T)I$。交换期权可以看成 1 份的第一个股份数字期权多头与 1 份的第二个股份数字期权空头的组合。

(1) 股份数字期权 $f_{S_1}(T) = S_1(T)I$ 的定价公式。

为了对股份数字期权 $f_{S_1}(T)$ 定价，以第一个风险资产的红利再投资的资产价值 $V_1(t) = e^{q_1 t}S_1(t)$ 作为计价物。在该计价物下，股份数字期权 $f_{S_1}(T)$ 的鞅定价公式为：

$$\frac{f_{S_1}(t)}{V_1(t)} = E_t^{V_1}\left[\frac{f_{S_1}(T)}{V_1(T)}\right] \tag{13-23}$$

化简后，可得：

$$\begin{aligned}f_{S_1}(t) &= e^{-q_1(T-t)}S_1(t) \times E_0^{V_1}[I] \\ &= e^{-q_1(T-t)}S_1(t) \times Prob^{V_1}[S_1(T) \geq nS_2(T)]\end{aligned} \tag{13-24}$$

以 $V_1(t) = e^{q_1 t}S_1(t)$ 为计价物的概率测度下，$V_2(t) = e^{q_2 t}S_2(t)$ 与 $V_1(t)$ 的比值是一个鞅过程，比值的波动率(13-20)式给出。因此得到：

$$\frac{\mathrm{d}(V_2/V_1)}{V_2/V_1} = \sigma \mathrm{d}B^{V_1} \tag{13-25}$$

其中，B^{V_1} 是以 $V_1(t) = e^{q_1 t}S_1(t)$ 为计价物的概率测度下的布朗运动。因此有，

$$\frac{V_2(T)}{V_1(T)} = \frac{V_2(t)}{V_1(t)} e^{-\frac{1}{2}\sigma^2(T-t)+\sigma[B^{V_1}(T)-B^{V_1}(t)]}$$

即

$$\ln\left(\frac{S_2(T)}{S_1(T)}\right) = \ln\left(\frac{S_2(t)e^{-q_2(T-t)}}{S_1(t)e^{-q_1(T-t)}}\right) - \frac{1}{2}\sigma^2(T-t) + \sigma[B^{V_1}(T)-B^{V_1}(t)] \quad (13\text{-}26)$$

因为,

$$S_1(T) \geqslant n\,S_2(T) \Leftrightarrow \ln\left(\frac{S_2(T)}{S_1(T)}\right) \leqslant -\ln(n)$$

$$\Leftrightarrow \frac{B^{V_1}(T)-B^{V_1}(t)}{\sqrt{T-t}} \leqslant \frac{\ln\left(\dfrac{S_1(t)e^{-q_1(T-t)}}{n\,S_2(t)e^{-q_2(T-t)}}\right) + \dfrac{1}{2}\sigma^2(T-t)}{\sigma\sqrt{T-t}} = d_1$$

所以 $Prob^{V_1}[S_1(T) \geqslant n\,S_2(T)] = N(d_1)$。

因此,第一份股份数字期权得定价公式为:

$$f_{S_1}(t) = e^{-q_1(T-t)}S_1(t)N(d_1) \quad (13\text{-}27a)$$

$$d_1 = \frac{\ln\left(\dfrac{S_1(t)e^{-q_1(T-t)}}{n\,S_2(t)e^{-q_2(T-t)}}\right) + \dfrac{1}{2}\sigma^2(T-t)}{\sigma\sqrt{T-t}} \quad (13\text{-}27b)$$

(2) 股份数字期权 $f_{S_2}(T) = nS_2(T)I$ 的定价公式。

为了对股份数字期权 $f_{S_2}(T)$ 定价,以第二个风险资产的红利再投资的资产价值 $V_2(t) = e^{q_2 t}S_2(t)$ 作为计价物。在该计价物下,股份数字期权 $f_{S_1}(T)$ 的鞅定价公式为

$$\frac{f_{S_2}(t)}{V_2(t)} = E_t^{V_2}\left[\frac{f_{S_2}(T)}{V_2(T)}\right] \quad (13\text{-}28)$$

化简后,可得:

$$\begin{aligned}f_{S_2}(t) &= e^{-q_2(T-t)}nS_2(t) \times E_0^{V_2}[I] \\ &= e^{-q_2(T-t)}nS_2(t) \times Prob^{V_2}[S_1(T) \geqslant n\,S_2(T)]\end{aligned} \quad (13\text{-}29)$$

$Prob^{V_2}[S_1(T) \geqslant n\,S_2(T)]$ 与 $Prob^{V_1}[S_1(T) \geqslant n\,S_2(T)]$ 的计算过程类似,可以得到:

$$f_{S_2}(t) = e^{-q_2(T-t)}nS_2(t)N(d_2) \quad (13\text{-}30a)$$

$$d_2 = \frac{\ln\left(\dfrac{e^{-q_1(T-t)}S_1(t)}{ne^{-q_2(T-t)}S_2(t)}\right) - \dfrac{1}{2}\sigma^2(T-t)}{\sigma\sqrt{T-t}} = d_1 - \sigma\sqrt{T-t} \quad (13\text{-}30b)$$

综合上述两个股份数字期权的定价公式,就可以得到交换期权得定价公式(13-21)。

三、欧式交换期权的平价关系

定义另外一个欧式交换期权,其到期回报为 $f'(T)=\max(0, nS_2(T)-S_1(T))$,该交换期权与原来的交换期权之间的关系类似于执行价格和到期期限相同的欧式看涨期权和看跌期权之间的关系,它们之间也存在如下平价关系:

$$f(t)+ne^{-q_2(T-t)}S_2(t)=f'(t)+e^{-q_1(T-t)}S_1(t) \tag{13-31}$$

证明如下:

期初时,构造两个资产组合:(1)资产组合 A:为一份欧式交换期权 f 的多头和 $ne^{-q_2(T-t)}$ 份资产 $S_2(t)$。(2)资产组合 B:为一份欧式交换期权 f' 的多头和 $e^{-q_1(T-t)}$ 份资产 $S_1(t)$。

期权到期时,对于资产组合 A,如果 $S_1(T) \geqslant nS_2(T)$,执行交换期权,以 n 份 $S_2(T)$ 交换成 1 份的 $S_1(T)$,资产组合的价值为 $S_1(T)$;如果 $S_1(T) < nS_2(T)$,放弃交换期权,资产组合的价值为 $nS_2(T)$。资产组合到期的价值为 $\max(S_1(T), nS_2(T))$。同理,资产组合 B 到期时的价值也为 $\max(S_1(T), nS_2(T))$。

根据无套利的原理,可以得到两个欧式交换期权的平价关系(13-31)式。

第三节 远期期权、延迟交换期权和期货期权定价公式

一、远期期权和远期期权的 Black 定价公式

(一) Black 定价公式

Black 公式是确定性(即非随机)利率条件下的以期货合约为标的的期权定价公式。在第六章里已经证明,在利率非随机条件下,期货价格等于远期价格,因此 Black 公式也适用于确定性(即非随机)利率条件下的以远期合约为标的的期权定价。即使在利率随机的条件下,以远期合约为标的的期权定价公式仍然适用,因此具有更大的广泛性。因此,当前说到 Black 公式,更多是指以远期合约为标的的期权定价公式。我们在介绍以远期合约为标的的期权定价公式的基础上,推导出确定性利率条件下以期货合约为标的的期权定价公式。

(二) 利率随机条件下的远期期权的 Black 定价公式

假设市场上存在风险资产 S,该资产现金收益率为 q。在利率非常数的情形下,第六章的式(6-26b)给出了以该风险资产为标的的远期合约的远期价格公式:

$$F(t)=\frac{S(t)e^{-q(T'-t)}}{P(t, T')} \tag{13-32}$$

其中,T' 为远期合约的到期日,$P(t, T')$ 为到期日为 T' 的面值 1 元的零息债券在 t 的价格,即贴现因子。

假定远期价格 $F(t)$ 满足如下的几何布朗运动：

$$\frac{\mathrm{d}F}{F} = \mu_F \mathrm{d}t + \sigma_F \mathrm{d}B_F \tag{13-33}$$

B_F 为布朗运动，μ_F 为一般的随机过程，σ_F 为常数。从式(13-32)可以看出，假设 σ_F 为常数，实际上是假设比值 $S(t)/P(t, T')$ 的波动率为常数。

考虑以到期日为 T' 远期合约 $F(t)$ 为标的的欧式看涨期权或者看跌期权，看涨期权的到期日 $T \leqslant T'$。以远期合约为标的的欧式看涨期权的含义是：在期权到期日 T，期权买方有权按照事先约定好的交割价格 K 与期权空头方签订一份远期合约而进入远期合约多头。欧式看跌期权的含义是：在期权到期日 T，看跌期权买方有权按照事先约定好的交割价格 K 与期权空头方签订一份远期合约而进入远期合约空头。

如果投资者只执行期权，而不做其他对冲交易，远期看涨期权的买方执行期权后将获得一份协议价格为 K 远期合约的多头，在 T' 时执行远期合约，投资者支付 K 的现金，获取一份远期合约的标的资产，在 T' 时产生损益 $S(T) - K$，该损益可正可负，因此执行期权而不做其他对冲交易不能保证投资者一定盈利。这与普通的欧式期权执行后能保证投资者有非负的收益是不一样的。

为了判断远期期权执行的条件，这里我们需要用到远期合约的市场价格或理论价格。在期权到期日 T，如果远期合约市场价格 $F(T) \geqslant K$，则远期看涨期权买方执行期权，进入一份交割价格为 K 远期合约的多头，同时在远期市场上按照远期合约市场价格 $F(T)$ 做空一份远期合约，这样期权买方在 T 时就锁定了远期合约到期日 T' 时的回报 $F(T) - K \geqslant 0$，该回报在 T 时的现值为 $P(T, T')[F(T) - K]$。如果 $F(T) < K$，期权买方放弃期权，回报为 0。因此，在 T 时执行远期看涨期权的回报为：

$$\max(0, P(T, T')[F(T) - K]) \tag{13-34}$$

如果远期市场流动性不充分，或者是不可以交易的，投资者也可以使用式(13-32)确定的理论远期价格 $F(T) = \dfrac{S(T)e^{-q(T'-T)}}{P(T, T')}$ 判断是否执行远期期权。如果 $F(T) \geqslant K$，则执行看涨期权，另还需要使用远期合约的标的资产和零息债券合成远期合约的空头，即按照市场价格做空 $e^{-q(T'-T)}$ 份标的资产获取现金 $e^{-q(T'-T)}S(T)$，将现金买入 $\dfrac{S(T)e^{-q(T'-T)}}{P(T, T')}$ ($=F(T)$) 份的零息债券，远期合约到期时按照交割价格 K 执行远期合约多头，买入 1 份标的资产用以归还做空的标的资产，在 T' 时的回报仍然是 $F(T) - K \geqslant 0$。因此，与直接运用远期合约的市场价格得到相同结果。

对于看跌远期期权的期权，当 $F(T) \leqslant K$ 时执行期权，回报在 T 时的现值为 $P(T, T')[K - F(T)]$；当 $F(T) > K$ 时放弃期权，回报为 0。因此，在 T 时执行远期看跌期权的回报为：

$$\max(0, P(T, T')[K - F(T)]) \tag{13-35}$$

在分析了远期期权到期回报的基础上，给出**远期期权的 Black 定价公式**：

设远期合约的到期日为 T'，以该远期合约为标的，执行价格为 K，到期日为 $T \leqslant T'$ 的欧式期权定价公式为：

$$\text{欧式看涨期权价格} = P(t, T')F(t)N(d_1) - P(t, T')KN(d_2) \quad (13\text{-}36\text{a})$$

$$\text{欧式看跌期权价格} = P(t, T')KN(-d_2) - P(t, T')F(t)N(-d_1) \quad (13\text{-}36\text{b})$$

其中，

$$d_1 = \frac{\ln\left(\frac{F(t)}{K}\right) + \frac{1}{2}\sigma_F^2(T-t)}{\sigma_F\sqrt{T-t}} \quad (13\text{-}36\text{c})$$

$$d_2 = d_1 - \sigma_F\sqrt{T-t} \quad (13\text{-}36\text{d})$$

二、远期期权的 Black 定价公式的推导

Black 定价公式只是 Margrabe 定价公式的一个简单结果。下面利用 Margrabe 定价公式以远期看涨期权为例推导 Black 定价公式。式(13-34)可以写为：

$$\max(0, S_1(T) - S_2(T)) \quad (13\text{-}37)$$

其中，$S_1(T)$ 和 $S_2(T)$ 的定义为：

$$S_1(t) = P(t, T')F(t), \quad S_2(t) = P(t, T')K \quad (13\text{-}38)$$

在 $t = T$ 时的值。因此，以远期合约为标的资产的看涨期权在到期日的价值，是 S_1 和 S_2 这两种资产的交换期权在到期日的价值。因此，以远期合约为标的的看涨期权在 t 时的价值，就是这两种资产的交换期权在 t 时的价值。

下面我们分析 $S_1(t)$ 和 $S_2(t)$ 究竟是两种什么资产的价格。$S_2(t) = P(t, T')K$ 很直观，是 K 份面值为 1 元的零息债券在 t 时的价格。$S_1(t) = P(t, T')F(t)$ 的解释需要一定的技巧，其实质是一个在 0 时构建的资产组合在 t 时的价格：在 0 时的一份远期合约多头，同时买入 $F(0)$ 份到期时间为 T' 的面值 1 元的零息债券。该资产组合中的零息债券在 t 时的价值为 $P(t, T')F(0)$。远期合约多头的价值可以通过在 t 时卖出一份远期合约对冲远期合约多头计算出，这样的对冲抵消了远期合约标的资产的交/收责任，锁定了 T' 时的价值 $F(t) - F(0)$，现金流在 t 时的价值为 $P(t, T')[F(t) - F(0)]$，与债券价值加总后有 $P(t, T')F(t) = S_1(t)$。

另外，要提及的是，资产 S_1 和 S_2 都是在期权有效期内没有红利支付的资产。

对于 $\frac{S_2(t)}{S_1(t)} = \frac{K}{F(t)}$ 或 $\frac{S_1(t)}{S_2(t)} = \frac{F(t)}{K}$，利用 Itô 引理可以证明，这两个比值的波动率都是 $F(t)$ 的波动率 σ_F。

在式(13-37)上运用 Margrabe 定价公式就可以得到远期的欧式看涨期权的定价公式(13-36a)，同理可以得到远期的欧式看跌期权定价公式(13-36b)。

要提及的是，$N(d_1)$ 的含义是以资产组合的价值 $S_1(t)$ 作为计价物时，期权到期时

的远期价格 $F(T) \geqslant K$ 的概率。$N(d_2)$ 的含义是以 T' 到期的零息债券的价格 $P(t, T')$ 作为计价物时，$F(T) \geqslant K$ 的概率。在第六章里我们已经证明过，采用与远期具有相同到期日的贴现债券作为计价物时(远期概率测度)，远期价格是一个鞅。

利用欧式交换期权的平价关系式(12-31)，可以得到欧式远期期权的平价关系：

$$\text{看涨期权价格} + P(t, T')K = \text{看跌期权价格} + P(t, T')F(t) \quad (13\text{-}39)$$

等式的左边为 1 份看涨期权和 K 份零息债券的组合，等式的右边是 1 份看跌期权与到期日为 T'，$F(0)$ 份零息债券及一份远期合约多头的组合，两者在 T 时都为 $\max(P(T, T')K, P(T, T')F(T))$。

三、利率随机情形下的 Merton 期权定价公式

下面利用 Black 公式，推导不存在常数无风险利率时普通的看涨和看跌期权的定价公式，即 Merton 期权定价公式。

在推导普通期权的 Black-Scholes-Merton 定价公式时，假设"在期权有效期内，无风险利率 r 为常数，投资者可以此利率无限制地进行借贷。"现在我们放弃常数的无风险利率假定，认为无风险利率是随机的，但假设市场上存在到期日等于期权到期日的零息债券，t 时面值 1 元的零息债券的价格为 $P(t, T)$，投资者即可以做多也可以做空该零息债券。

在 Black 公式里，我们设定了 $T \leqslant T'$，现在我们分析特殊情形 $T = T'$ 的远期期权的定价公式。当 $T = T'$ 时，表明远期期权的到期日就是远期合约到期日，远期合约到期时，远期价格应该收敛于远期的标的资产的价格，即

$$F(T) = S(T)$$

同时，当 $T = T'$ 时，$P(T, T') = 1$。因此，用来计算在 T 时执行远期看涨期权回报的式(13-34)为：

$$\max(0, P(T, T')[F(T) - K]) = \max(0, S(T) - K) \quad (13\text{-}40)$$

式(13-40)就是到期日为 T、执行价格为 K 的欧式看涨期权的到期日回报的计算公式。因此，选取 $T = T'$ 时，欧式远期看涨期权的定价公式就可以用于普通欧式看涨期权的定价。类似的，但 $T = T'$ 时，欧式远期看跌期权的回报为普通的看跌期权的回报，即

$$\max(0, P(T, T')[K - F(T)]) = \max(0, K - S(T)) \quad (13\text{-}41)$$

在对普通期权定价时，不需要假设远期市场一定是可交易的，我们可以利用标的资产和零息债券合成远期合约，计算出无套利的理论远期价格 $F(t)$。根据标的资产红利支付情况不同，$F(t)$ 有不同的计算公式：如果标的资产是不支付红利的资产，理论远期价格为 $F(t) = S(t)/P(t, T)$；标的资产是支付连续红利收益率 q 的资产，$F(t) = S(t)e^{-q(T-t)}/P(t, T)$；如果期权到期之间支付的红利现值之和为 I，$F(t) = [S(t) - I]/P(t, T)$。

假定 $S(t)$ 和 $P(t, T)$ 满足如下的几何布朗运动：

$$\frac{dS}{S} = \mu_S dt + \sigma_S dB_S$$

$$\frac{dP}{P} = \mu_P dt + \sigma_P dB_S$$

这里，μ_S 和 μ_P 是两个一般的随机过程，σ_S 和 σ_P 也可以是一般的随机过程，但使用式(13-32)计算的理论远期价格 $F(t)$ 的波动率：

$$\sigma_F = \sqrt{\sigma_S^2 + \sigma_P^2 - 2\rho\sigma_S\sigma_P} \tag{13-42}$$

为常数。

利用 Black 公式的结果，得到利率非常数情形下，普通欧式期权得 **Merton 期权定价公式**。设欧式期权的标的资产 S 的(理论)远期价格的波动率为常数 σ_F，则到期日为 T 的欧式期权定价公式为：

$$\text{欧式看涨期权价格} = P(t,T)[F(t)N(d_1) - KN(d_2)] \tag{13-43a}$$

$$\text{欧式看跌期权价格} = P(t,T)[KN(-d_2) - F(t)N(-d_1)] \tag{13-43b}$$

其中，

$F(t) = t$ 时到期期限为 T 的期权标的资产 S 的(理论)远期价格：

$$d_1 = \frac{\ln\left(\frac{F(t)}{K}\right) + \frac{1}{2}\sigma_F^2(T-t)}{\sigma\sqrt{T-t}} \tag{13-43c}$$

$$d_2 = d_1 - \sigma_F\sqrt{T-t} \tag{13-43d}$$

对于不同类型的标的资产，需要使用不同的公式确定 $F(t)$，式(6-22)、式(6-24b)和(6-26b)分别给出了不支付红利资产、支付已知现金收益资产和支付连续红利率资产的远期价格公式。

Merton 公式与 Black-Scholes-Merton 定价公式具有很强的相似性。设 t 时到期期限为 T 的零息债券的到期利率(即期限为 $T-t$ 的无风险即期利率)为 y，则 $y = -\frac{\ln P(t, T-t)}{T-t}$，那么，

$$KP(t, T) = e^{-y(T-t)}K \tag{13-44}$$

假设标的资产 S 和零息债券 P 的波动率 σ_S 和 σ_P 为常数。对于期限 $T-t$ 较短的期权来说，大部分的标的资产波动率 σ_S 远远大于零息债券的波动率 σ_P，因此，

$$\sigma_F = \sqrt{\sigma_S^2 + \sigma_P^2 - 2\rho\sigma_S\sigma_P} \approx \sigma_S \tag{13-45}$$

假定标的资产是支付连续红利的资产，即 $F(t) = S(t)e^{-q(T-t)}/P(t,T)$。将式(13-44)和式(13-45)代入式(13-42a)～(13-42d)，可以得到：

$$\text{欧式看涨期权价格} = S(t)e^{-q(T-t)}N(d_1) - e^{-y(T-t)}KN(d_2) \quad (13\text{-}46\text{a})$$

$$\text{欧式看跌期权价格} = e^{-y(T-t)}KN(-d_2) - S(t)e^{-q(T-t)}N(-d_1) \quad (13\text{-}46\text{b})$$

其中,

$$d_1 = \frac{\ln\left[\frac{S(t)e^{-q(T-t)}}{e^{-y(T-t)}K}\right] + \frac{1}{2}\sigma_S^2(T-t)}{\sigma_S\sqrt{T-t}} \quad (13\text{-}46\text{c})$$

$$d_2 = d_1 - \sigma_S\sqrt{T-t} \quad (13\text{-}46\text{d})$$

这说明,用即期利率 y 替代常数无风险利率 r,以标的资产波动率 σ_S 近似代替远期价格的波动率 σ_F,可以从 Merton 期权定价公式得到与 BSM 公式形式上一致的定价公式。

四、延迟交换期权定价公式

以远期合约为标的的期权,可以看成在期权到期日 T 执行的在远期合约到期日 T' 以现金 K 交换远期合约标的资产 S 的交换期权。因此,这是一个交换期权,交换发生的时间 T' 是期权到期日 T 之后的每个固定时间,即 $T \leqslant T'$,我们可以称其为一个延迟交换。运用 Margrabe 公式可以很容易地推广到两个风险资产的延迟交换期权的定价上。

与本章第二节一样,假设两个资产的红利支付率为常数 q_1 和 q_2,资产价格满足如下几何布朗运动:

$$\frac{\mathrm{d}S_i}{S_i} = \mu_i \mathrm{d}t + \sigma_i \mathrm{d}B_i(t), \quad (i=1,2)$$

其中,B_i 为实际概率测度下的布朗运动。漂移项系数 μ_i、波动率 σ_i 和两个布朗运动的相关系数 ρ 可以是很一般的随机过程,但需要假定由

$$\sigma = \sqrt{\sigma_1^2 + \sigma_2^2 - 2\rho\sigma_1\sigma_2}$$

定义的 σ 是常数。这里 σ 是 S_1/S_2 和 S_2/S_1 的波动率,相当于假定两个资产价格比值的波动率为常数。

考虑期权到期日为 T、并在 T' 时 ($T' \leqslant T$) 用 n 份第二种资产 S_2 交换成 1 份第一种资产 S_1 的延迟交换期权。与远期期权的定价分析相同,我们需要在 T 时使用标的资产的(理论)远期价格来判断是否执行延迟交换期权。在 T 时,当 $F_1(T) \geqslant nF_2(T)$ 时,则执行延迟交换期权,同时做空一份远期合约 F_1,做多 n 份远期合约 F_2,这个交易组合能锁定 T' 时的回报 $F_1(T) - nF_2(T)$,该回报在 T 时的现值为 $P(TT')[F_1(T) - nF_2(T)]$;当 $F_1(T) < nF_2(T)$ 时,放弃期权,回报为 0。因此,期权在期权到期日的回报为:

$$\max(0, P(T, T')[F_1(T) - nF_2(T)]) \quad (13\text{-}47)$$

定义

$$S_1^*(t) = P(t, T')F_1(t), \quad S_2^*(t) = P(t, T')F_2(t)$$

延迟交换期权在到期日 T 的回报可以看成 n 份 $S_2^*(t)$ 交换成 1 份 $S_1^*(t)$ 的交换期权的回报。S_i^* 也是 0 时的一份标的资产为 S_i 的远期合约多头与 $F_i(0)$ 份到期时间为 T' 的面值 1 元的零息债券的资产组合，组合资产的红利收益率为 0。

与 Black 定价公式一样，这里并不要求一定存在可以交易的远期合约，远期合约可以通过标的资产和零息债券合成。回顾理论远期价格的公式：

$$F(t) = \frac{S(t)e^{-q(T'-t)}}{P(t, T')}$$

可以得到：

$$S_i^*(t) = P(t, T')F_i(t) = S_i(t)e^{-q_i(T'-t)} \quad (i=1, 2) \tag{13-48}$$

这也说明比值 $S_1^*(t)/S_2^*(t)$ 的波动率与比值 $S_1(t)/S_2(t)$ 的波动率是相同的，是式(13-20)计算出的 σ。

利用 Margrabe 公式，公式中两个资产初始价格取为 $e^{-q_i(T'-t)}S_i(t)$ $(i=1, 2)$，波动率为式(13-20)计算出的 σ，两个资产的红利收益率都为 0，可以得到期权到期日为 T、并在 T' 时 $(T' \leqslant T)$ 用 n 份第二种资产 S_2 交换成 1 份第一种资产 S_1 的延迟交换期权的定价公式：

$$e^{-q_1(T'-t)}S_1(t)N(d_1) - n e^{-q_2(T'-t)}S_2(t)N(d_1) \tag{13-49a}$$

其中，

$$d_1 = \frac{\ln\left[\dfrac{e^{-q_1(T'-t)}S_1(t)}{ne^{-q_2(T'-t)}S_2(t)}\right] + \dfrac{1}{2}\sigma^2(T-t)}{\sigma\sqrt{T-t}} \tag{13-49b}$$

$$d_2 = d_1 - \sigma\sqrt{T-t} \tag{13-49c}$$

五、期货期权定价公式

以期货合约为标的和以远期合约为标的的期权存在差异，这种差异来源于期货合约的盯市结算制度。设期货合约和远期合约的到期日都为 T'，期权的到期日都为 T，$T \leqslant T'$。执行以远期合约为标的的看涨期权并买空远期合约，使投资者锁定在 T' 时的现金流 $F(T) - K$，该现金流在 T 时的价值为 $P(T, T')[F(T) - K]$，因此以远期合约为标的的期权在期权到期日 T 的回报为 $\max(0, P(T, T')[F(T) - K])$。

另一方面，在期权到期时执行看涨期货期权，使投资者进入一份交割价格等于最新结算价 $F^*(T)$ 的期货合约多头，加上数量等于最新结算价 $F^*(T)$ 减去期权执行价格 K 的现金，现金立即进入投资者的保证金账户。以期货合约为标的的看涨期权在到期日 T 的回报为：

$$c'(T) = \max(0, F^*(T) - K) \tag{13-50}$$

与以远期合约为标的的期权一样,以期货合约为标的的期权可以看成一个交换期权,用来交换的两个资产分别为 $S_1(t) = P(t,T)F^*(t)$ 和 $S_2(t) = P(t,T)K$。显然,S_2 为 K 份到期日为 T 的面值为 1 元的零息债券;在利率是确定性的情形下,期货价格等于远期价格 $F^*(t) = F(t)$,$S_1(t)(=P(t,T)F(t))$ 为无红利支付的资产价格。因此,在确定性利率下,可以用 Margrabe 公式对期货期权定价。由此得到期货期权的 Black 定价公式。

假定利率是确定性的,期货价格 $F^*(t)$ 的波动率 σ_{F^*} 为常数,**欧式期货期权的定价公式**(也称为 Black 公式)为:

$$\text{欧式期货看涨期权价格} = P(t,T)F^*(t)N(d_1) - P(t,T)KN(d_2) \tag{13-51a}$$

$$\text{欧式期货看跌期权价格} = P(t,T)KN(-d_2) - P(t,T)F^*(t)N(-d_1) \tag{13-51b}$$

其中,

$$d_1 = \frac{\ln\left(\dfrac{F^*(t)}{K}\right) + \dfrac{1}{2}\sigma_{F^*}^2(T-t)}{\sigma\sqrt{T-t}} \tag{13-51c}$$

$$d_2 = d_1 - \sigma_{F^*}\sqrt{T-t} \tag{13-51d}$$

利用交换期权的平价关系式(13-31),可以得到期货欧式看涨期权和看跌期权的平价关系:

$$\text{欧式期货看涨期权价格} + P(t,T)K = \text{欧式期货看跌期权价格} + P(t,T)F^*(t)$$

重 要 概 念

欧式期权 看涨期权 看涨期权 交换期权 Margrabe 定价公式 远期期权
Black 期权定价公式 Merton 期权定价公式 延迟交换期权 期货期权

习题与思考题

1. 假设股票指数为 3 200 点,股票指数的连续红利率为 2%,无风险利率为 6%,股票指数的年波动率为 10%。求该执行价格为 3 150 点,期限 1 年的欧式看涨期权和看跌期权价格。
2. 假定加元即期汇率是 0.80 美元,考虑两个加元欧式外汇看涨期权和两个欧式外汇看跌期权,执行价格分别为 \$0.90 元和 \$1.00 元,所有期权将在一年后到期,美元无风险利率是 6%,加元的无风险利率是 5%,加元/美元汇率的标准差是 0.3。计算期权价格,比较期权价格和执行价格的比率,看看从中可以得出什么结论。

3. 假设期货价格为 100.00,无风险利率是 5%,期货价格的标准差是 0.4,期货的期限为一年,该期货的看涨和看跌期权的执行价格为 110,有效期为 0.5 年。计算期货的看涨和看跌期权的价格。

4. 为什么说可以把普通的看涨期权和看跌期权看成两个交换期权?基于这样的观点,如何理解 BSM 期权定价公式?

5. 一个资产的连续红利收益率为常数 q。假设该资产价格 S 在现实世界中服从以下随机过程

$$\frac{\mathrm{d}S}{S} = (\mu - q)\mathrm{d}t + \sigma \mathrm{d}B$$

这里 B 为布朗运动,μ 和 σ 为常数。考虑一个执行价格为 K 的欧式看涨期权和看跌期权。假设无风险利率为常数。

(1) 用 A 来表达事件 $S(T) > K$。证明在现实概率测度下,$E[S(T)\, I_A] = e^{(\mu-q)T}S(0)N(d_1^*)$,其中 $d_1^* = \dfrac{\ln\left(\dfrac{S(0)}{K}\right) + \left(\mu - q - \dfrac{1}{2}\sigma^2\right)T}{\sigma\sqrt{T}}$。

(2) 证明 $E[K\, I_A] = KN(d_2^*)$,其中 $d_2^* = d_1^* - \sigma\sqrt{T}$。

(3) 假设期权是按照 BSM 模型交易,并且购买了期权后持有到期。购买欧式看涨期权期望总收益为

$$\frac{E[S(T)\, I_A - K\, I_A]}{C_{BSM}(0)} = \frac{e^{(\mu-q)T}S(0)N(d_1^*) - KN(d_2^*)}{e^{-qT}S(0)N(d_1) - e^{-rT}KN(d_2)}$$

d_1 和 d_2 是 BSM 期权定价模型中的式(13-3b)和(13-3c)所定义。假定 $T=1$,$\mu=12\%$,$r=4\%$,$q=2\%$,以及波动率 $\sigma=20\%$。证明购买一个处于 20% 虚值程度 ($S(0)/K=0.8$) 的欧式看涨期权的期望总收益率是 118%。

(4) 证明在同样参数下,购买一个处于 20% 虚值程度 ($S(0)/K=1.2$) 的欧式看跌期权的期望总收益率是 -54%。

第十四章

期权的波动率微笑和波动率期限结构

学习目标

波动率微笑描述了期权隐含波动率与执行价格的函数关系。本章介绍了货币市场波动率微笑和股票市场波动率微笑的形状,解释了波动率微笑与标的资产价格的隐含风险中性概率分布之间的关系。通过本章的学习,读者能够理解期权波动率微笑现象和波动率的期限结构,以及如何利用波动率曲面进行期权定价。

第一节 资产价格的波动率和期权的隐含波动率

一、波动率的概念和类型

(一)波动率的概念

股票、债券和期货等都是方向性的交易,投资者希望交易标的价格按照预期的方向变化。对于期权而言,除了标的价格变化会影响到期权的价格外,标的潜在的波动率的变化也会影响期权的价格。对期权交易而言,波动率是期权定价的核心,没有标的资产价格的波动也就没有期权市场。换言之,期权交易的就是标的资产价格在未来一段时间的波动。在期权交易时,投资者也可以只报出波动率作为特定执行价格和期限的期权的报价。

波动率是用来描述标的资产价格变动的不确定性。从波动率测度的角度看,波动率是指一定时间内标的资产收益率的标准差。资产收益率分为百分比收益率和对数收益率。对数收益率是连续复利收益率,与期权的定价模型假设是一致的,因此往往采用对数收益率。波动率的时间长度默认为1年,如股票的收益率是指按照连续复利计算的1年股票收益率的标准差。

(二)波动率的类型

波动率的类型有历史波动率、隐含波动率、预期波动率、未来的波动率和瞬时波动率等。历史波动率和隐含波动率是在期权定价中运用最多的两种波动率。

历史波动率就是从标的资产价格的过去一段时间的数据中计算出价格收益率的标准差。过去一段时间可以是最近的30个交易日、90个交易日或者其他合适的数量的交易日。利用历史波动率计算期权价格时，假定了过去一段时间内的价格不确定性在未来会延续。

从期权定价模型本身来说，公式中的波动率指的是未来的波动率数据，这使历史波动率始终存在着较大的缺陷。为了回避这一缺陷，一些学者将目光转向隐含波动率。隐含波动率具体计算思路是：不论用何种理论的理论模型对市场上交易的期权用模型确定其合理的期权价值，一般需要用到 6 个标准参数：执行价格、到期时间、标的资产价格、利率、标的资产息票率和波动率。前五个参数可以从市场中和期权合约中获取，只有波动率是未知的参数。因此，将期权市场价格以及除波动率之外的 5 个参数代入期权定价公式后推导出波动率，由此计算出的波动率称为隐含波动率。因此，隐含波动率是根据期权的市场价格反推出来的波动率，也是市场自身对未来波动率的预期值，是市场参与者通过期权交易的买卖报价对未来波动率达成的共识。

预期波动率是指投资者根据市场情况和历史数据等信息对未来波动率所作出的一种预测。在第十五章中，我们将专门介绍利用标的资产价格建立动态模型对未来的波动率进行预测。

未来波动率是指未来特定时间内的波动率。对于期权定价而言，未来的特定时间指的是从现在到期权到期日之间这段时间，即期权的有效期。使用期权定价模型计算理论价格时，实际上需要的就是未来波动率。由于该波动率不可能直接取得，只好用上述的各种方法获取的波动率来替代。

瞬时波动率是短期时间上的波动率，只存在于瞬间，不同时刻的数值可能不同，也称为动态时变波动率，瞬时波动率可以是一个随机变量。如果波动率是时变的，未来波动率就是这个时变波动率在未来时间上某种形式的平均值的期望值。在第十五章中建立的 Garch 类、随机波动率模型等波动率动态预测模型，实际上是针对瞬时波动率的建模，在瞬时波动率模型基础上计算出的未来波动率的预测值用于期权定价模型。

二、欧式看涨-看跌期权的平价关系和隐含波动率

在第十一章我们介绍了欧式看涨-看跌期权的平价关系，这个关系等式描述了相同标的资产、相同执行价格和相同期限的欧式看涨期权价格 c 和看跌期权价格 p 之间相互联系和制约的关系。

$$c(t) + Ke^{-r(T-t)} = p(t) + e^{-q(T-t)}S(t)$$

式中，$S(t)$ 为标的资产价格；K 是期权执行价格；r 是无风险利率；$T-t$ 为期权有效期限；q 为红利收益率；c 为看涨期权价格；p 为看跌期权价格。

欧式看涨-看跌期权的平价关系是通过无套利关系得到的，不需要使用任何定价模型，也不需要假设标的资产价格的任何分布，无论资产价格分布是否服从对数价格分布，这个等式都是成立的。那么，对于标的资产、执行价格和期限相同的欧式看涨期权和欧式看跌期权来说，其价格之间的平价关系对它们之间的隐含波动率又意味着什么样的联系呢？

假设将给定波动率和其他参数代入 Black-Scholes-Merton(BSM)欧式期权定价公式，计算得到标的资产、执行价格和期限都相同的欧式看涨期权和欧式看跌期权的价格

c_{bs} 和 p_{bs}。由于欧式看涨-看跌期权平价关系对于 BSM 欧式期权定价公式也是成立的,因此有:

$$c_{bs}(t) + Ke^{-r(T-t)} = p_{bs}(t) + e^{-q(T-t)}S(t) \tag{14-1}$$

定义 c_{mkt} 和 p_{kmt} 为这两个期权的市场价格。在无套利的前提下,欧式看涨-看跌期权平价关系对于市场价格也是成立的,即

$$c_{mkt}(t) + Ke^{-r(T-t)} = p_{kmt}(t) + e^{-q(T-t)}S(t) \tag{14-2}$$

以上两式相减,我们得到:

$$c_{bs}(t) - c_{mkt}(t) = p_{bs}(t) - p_{kmt}(t) \tag{14-3}$$

式(14-3)表明,当采用 BSM 欧式期权定价公式对执行价格和期限都相同的欧式看涨期权和欧式看跌期权定价时,所产生的偏差是相等的。

我们假设,将某看涨期权的市场价格代入 Black-Scholes-Merton 欧式期权定价公式中,计算出的隐含波动率为 20%,根据隐含波动率的定义,将 $\sigma=20\%$ 代入 BSM 期权定价公式时,$c_{bs}(t)=c_{mkt}(t)$,即式(14-3)的左侧为 0,那么等式的右侧也一定为 0。这意味着,以 20% 的波动率计算看跌期权的价格时,$p_{bs}(t)=p_{kmt}(t)$ 也同时成立。所以,在无套利的前提下,对于标的资产、执行价格和期限都相同的欧式看涨期权和看跌期权来说,它们的隐含波动率是相等的。换句话说,对标的资产、执行价格和期限都相同的欧式看涨期权和看跌期权利用 BSM 欧式期权定价公式定价时,必须采用相同的波动率。当我们分析隐含波动率与期权执行价格或者期权到期期限之间的关系时,并不需要针对看涨期权和看跌期权分别进行,两者的结果应该一致。

第二节 期权的波动率微笑

一、外汇期权波动率微笑的表现与解释

在实证研究中,通过传统 BSM 期权定价模型计算出来的隐含波动率呈现出一种现象,即具有相同标的资产和到期日的期权,因执行价格不同而其隐含波动率不同。对于外汇期权而言,平价期权的隐含波动率最低,隐含波动率随着期权的实值程度和虚值程度的增大而升高。如图 14-1,外汇期权的隐含波动率和执行价格之间的这种关系被形象地称之为"波动性微笑(Volatility Smile)"。

通过一定的方法,利用相同期限、不同执行价格的期权市场价格可以提取到标的资产在同一期限上的风险中性概率分布,这一概率分布是一系列期权的市场价格隐含的概率分布,所以被称为隐含概率分布(Implied Distribution)。图 14-2 中的虚线

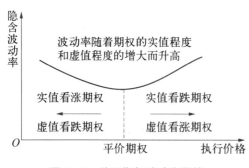

图 14-1 外汇期权波动率微笑

代表与图14-1中相对应的隐含概率分布,图14-2中实线代表一个与隐含分布有同样标准差和期望值的对数正态分布。可以看出,隐含概率分布相比对数正态分布具有厚尾特征。

为了说明为什么厚尾特征的隐含分布能够产生波动率微笑现象,我们首先考虑一个具有很高执行价格K_2的深度虚值看涨期权,期权到期时汇率只有高于K_2这一期权才能产生收益。图14-2表明,

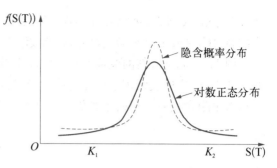

图14-2 外汇期权隐含概率分布与对数正态分布

期权隐含概率分布下产生正的收益的概率要大于对数正态分布的产生的概率。我们利用BSM欧式期权定价公式计算隐含波动率时,采用的是对数正态分布的假设,如果我们使用与隐含概率分布相同的波动率代入期权定价模型,图14-2表明所得到理论价格将小于市场价格,为了使理论价格与市场价格一致,只能增大代入模型的波动率的数值。从图14-2还可以看出,执行价格越高,隐含概率分布和对数正态分布相对差异越大,也就需要更大的波动率才能使理论价格与市场价格一致。接着我们可以分析一个很低执行价格K_1的深度虚值的看跌期权,可以得到深度实值期权相同的结论。因此,左、右尾部都具有厚尾特征的隐含概率分布能够产生图14-1形式的波动率微笑。

大量的对实际汇率的统计分析也发现,现实中汇率出现极值波动的概率比对数正态概率分布所描述的概率更大。表14-1给出了10年中12种不同汇率的日收益率统计情况。该表格计算了汇率日收益率的标准差以及日收益率大于1个标准、2个标准差,及至6个标准差的占比。通过表格数据可以看出,历史数据中出现的极端变动要大于正态分布描述的情况,数据提供了汇率收益厚尾分布的证据。

表14-1 一天内汇率变化大于1~6个标准差的比例[1]

	历史数据(%)	正态分布(%)		历史数据(%)	正态分布(%)
>1 SD	25.04	31.73	>4SD	0.29	0.01
>2SD	5.27	4.55	>5SD	0.08	0
>3SD	1.34	0.27	>6SD	0.03	0

只有当资产价格的变动是连续无跳跃的,且资产价格的波动率为常数,资产价格才会服从对数正态分布。在现实中,这两个条件都很难满足。汇率的变动是不连续的,经常发生跳跃。大量的研究也表明,汇率的波动率不是常数而是时变的变量,适合于运用时变波动率模型对其建模。

二、股票期权波动率微笑的表现与解释

在美国股票期权市场上,在1987年之前没有明显的隐含波动率的微笑现象。自1987

---

[1] 约翰·赫尔等,《期权、期货及其他衍生产品》第九版(中译本),第339页。

年股灾之后,美国股票期权市场出现了隐含波动率随着期权执行价格的增加而递减,即波动率的倾斜(Volatility Skew),这种形式的波动率也被称为"波动率微笑(Volatility Smirk)"。

图 14-3 向下倾斜的股票期权的波动率微笑对应于图 14-4 虚线所描述的隐含概率分布。图 14-4 中的实线表示的是与隐含概率分布具有相同的均值和方差的对数正态分布。可以看出隐含概率分布相比对数正态分布具有更厚的左尾和更薄的右尾。

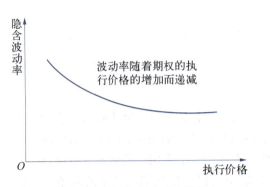
图 14-3 股票期权波动率微笑

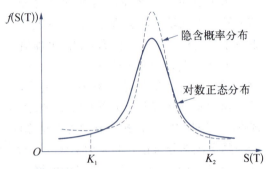
图 14-4 股票期权隐含概率分布与对数正态分布

与汇率期权的波动率微笑曲线和其对应的隐含概率分布之间的内在联系相同,股票期权波动率微笑的形式与股票期权隐含概率分布之间也有着内在的联系。具体的解释与外汇期权波动率微笑曲线是一样的,这里不再赘述,读者可以自己分析。

关于股票期权波动率微笑的一种解释是杠杆效应:当公司股价下降时,公司的杠杆效应增大,这意味着公司股票风险增大,因此波动率增加;当公司股票上涨时,杠杆效应下降,股票风险降低,因此波动率减少。这种观点说明股票的波动率是股价的递减函数,这与图 14-5 和图 14-4 是一致的。

第三节 波动率的期限结构和波动率曲面

一、波动率期限结构

(一) 预期波动率期限结构

在 BSM 期权定价模型中,假设股票价格的对数服从均值为某一特定值,方差为 $\sigma^2 T$ 正态分布。现实中波动率未必是常数,如果波动率 $\sigma(t)$ 是一个非随机的时变得变量,则期权定价公式仍然有效,此时 $\ln S(T)$ 的方差为

$$\int_t^T \sigma^2(t) dt \tag{14-4}$$

这个积分实际上是瞬时波动率 $\sigma^2(t) dt$ 的和。下面定义一个平均方差率:

$$\sigma_{avg}^2 = \frac{1}{T-t} \int_t^T \sigma^2(t) dt \tag{14-5}$$

σ_{avg} 是对期权定价时刻,期权所剩存活时间上的瞬时波动率的平均值。用式(14-4)替代

期权定价模型中的 $\sigma^2(T-t)$，或者用 σ_{avg} 代替期权定价模型中的 σ，得到波动率不再是常数下的期权定价模型。因此，期权定价模型中使用的波动率是期权所剩存活时间上的平均波动率，切忌用当前的瞬时波动率 $\sigma(0)$。

在波动率确定型变化假设下，如何计算未来的平均波动率，是期权定价时需要解决的核心问题。一种方法是在第十五章介绍的利用 GARCH 模型建立起瞬时波动率的预测，并计算未来的预期平均波动率，另一种方法是下面介绍的利用不同剩余期限的期权建立起隐含波动率的期限结构。

（二）隐含波动率的期限结构

相同执行价格的期权的隐含波动率随着期权剩余期限的不同而变化的关系，被称作波动性期限结构。值得注意的是，每一个特定的执行价格都对应着一条波动率期限结构曲线，其中以平价期权的波动率期限结构最为典型。

平价期权的波动率和期权期限之间的一般关系是：当前瞬时波动率较低时，隐含波动率随着期权剩余期限的增加而增加；当前瞬时波动率较高时，隐含波动率随着期权剩余期限的增加而减少。这与瞬时波动率的均值回复特性有关。

波动率的微笑程度也受到剩余期限的影响。一般来说，剩余期限越短，波动率微笑程度越显著；随着期权剩余期限的延长，不同执行价格的期权的隐含波动率差异越小，越接近于常数。

二、波动率曲面

波动率曲面是将隐含波动率的期限结构和波动率微笑结合在一起产生的结果，可以用图形或表格的方式表述出来。

描述波动率曲面的一种方式是波动率矩阵。表 14-2 给出了一个欧元期权的波动率矩阵的例子。表中一个维度是执行价格，另一个维度是期权剩余期限。要注意的是，表中的执行价格不是使用绝对价格，而是执行价格与标的资产当前价格的比值。在表 14-2 的波动率矩阵中，每一行描述的是相同期限的期权的隐含波动率随着执行价格变化而变化的关系，每一行可以描绘出一条隐含波动率微笑曲线。每一列描述的是相同执行价格的期权的隐含波动率随着到期期限的变化而变化的关系，每一列可以描绘出一条隐含波动率的期限结构曲线。

表 14-2 欧元期权的波动率矩阵 (K/S)

		执 行 价 格				
		0.90	0.95	1.00	1.05	1.10
期限	1 month	14.2	13.0	12.0	13.1	14.5
	3 month	14.0	13.0	12.0	13.1	14.2
	6 month	14.1	13.3	12.5	13.4	14.3
	1 year	14.7	14.0	13.5	14.0	14.8
	2 year	15.0	14.4	14.0	14.5	15.1
	5 year	14.8	14.6	14.4	14.7	15.0

波动率矩阵通常用于新的期权或者结构性衍生产品定价。虽然波动率矩阵中的到期期限和执行价格是离散的,但我们可以通过线性插值的方法得到我们所需要的到期期限和执行价格的波动率。如我们需要对到期期限为 9 个月,执行价格(K/S)为 0.98 的期权定价,计算过程如下:

第一步,线性插值计算到期期限＝9 个月、$K/S=0.95$ 和到期期限＝9 个月、$K/S=1$ 的两个波动率。

$$\sigma(0.95, 9\mathrm{m}) = 13.3\% + \frac{9-6}{12-6}(14.0\% - 13.3\%) = 13.65\%$$

$$\sigma(1, 9\mathrm{m}) = 12.5\% + \frac{9-6}{12-6}(13.5\% - 12.5\%) = 13.00\%$$

第二步,线性插值计算到期期限＝9 个月,$K/S=0.98$ 的波动率。

$$\sigma(0.98, 9\mathrm{m}) = 13.65\% + \frac{0.98-0.95}{1-0.95}(13.00\% - 13.65\%) = 13.26\%$$

图 14-5 是美国苹果公司 2013 年 10 月 15 日的隐含波动率曲面的图形,展示了隐含波动率随着执行价格和剩余期限的变化时如何变化的。通过该图形可以看出,在这一天苹果公司股票的隐含波动率和执行价格之间的关系并不是随着执行价格的上升而增加,而是与前文介绍的外汇期权的隐含波动率和执行价格之间的关系是一致的。隐含波动率也不是期权期限的单调的增函数或者减函数,而是随着期限增加先减少,而后小幅度增加。通过该例子可以看到,现实中的波动率曲面是复杂多变的,并不一定符合一个固定的模式。如前文所述,不管是何种形状的隐含波动率曲面,隐含波动率曲面是根据不同执行价格和到期期限的期权的市场价格反推出来的波动率信息,是市场参与者通过期权交易的买卖报价对未来波动率达成的共识,可以用来对期权进行定价。

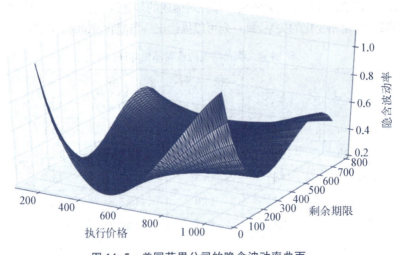

图 14-5　美国苹果公司的隐含波动率曲面

三、期权定价模型的作用

如果交易员对每一个到期期限和执行价格的期权都采用不同波动率,那么 BSM 期权定价模型的作用是什么呢?实际上,我们可以认为 BSM 定价模型只不过是交易员用来插值的工具。利用 BSM 定价模型,交易员可以保证其对交易期权的报价与市场交易活跃的期权价格是一致的,不会给市场提供过多的套利机会。如果交易员放弃了 BSM 定价模型,而采用另一种合理的定价模型作为期权定价的插值工具,这时波动率曲面会发生变化,波动率微笑的形状也会改变。但是,期权的盯市模型价格不会有大幅度的改变。

对于一些衍生产品,如奇异期权和一些结构性理财产品,市场上没有与其相似的产品可以交易,那么期权定价模型对这个产品的定价就非常重要。

第四节 波动率交易策略

一、波动率交易的基本思想

专业的期权交易员始终通过关注隐含波动率与未来波动率之间的关系进行交易。由于无法得到准确的未来波动率,交易员一般根据历史波动率和隐含波动率等信息对未来波动率进行预测。通过比较隐含波动率和未来波动率的预测值,对期权的市场价格和价值进行比较,形成期权的交易方向。

例如,在过去 3 个月历史波动率为 30%,但投资者认为未来 2 个月的波动率会下降到 25%。在这种情况下,交易员该如何交易期权呢?多数交易员可能认为应该卖出期权,因为波动率下降后期权价格会进一步下降。这可能是正确的判断,当忽略了另外两个因素,一个是隐含波动率,另一个是标的资产价格。如果按照现有的期权市场价格计算,当前期权的隐含波动率已经是 20%。在这种情况下,期权价格已经被低估了,更应该买入期权。另外,未来标的资产价格变化也会对期权价格造成影响,如果单纯地买入或者卖出期权,可能会遭受巨大亏损。

因此,我们需要根据隐含波动率和未来波动率的预测值形成期权的交易方向,同时还需要规避标的资产价格变化的风险,维持资产组合的 Delta 中性。

二、波动率交易的步骤

波动率交易策略是一种对冲交易策略,主要包括以下四个步骤。

第一步,通过计算期权的隐含波动率和未来波动率的预测值,找出高估或者低估的期权。这一步骤关键和难点是对未来波动率的预测。

在上一个例子里,你对未来 2 个月的波动率形成 25% 的预测值,但根据当前的市场价格,计算出的隐含波动率为 20%,你可以认为期权市场对未来波动率的下降预期反应过度,形成了 5% 的波动率偏差,期权价格被低估了(假设你对未来波动率的判断是正确的)。因此你应该选择买进到期期限为 2 个月的期权。

第二步,需要利用标的资产建立一个 Delta 中性(Delta 等于 0)的组合。Delta 是衡量期权价格相对于标的资产价格的一阶导数,衡量了期权价格对标的资产价格的敏感性。Delta 中性意味着标的资产价格发生变化时,资产组合的价格是不变的。

看涨期权的 Delta 为正,看跌期权的 Delta 为负,标的资产自身的 Delta 为 1。因此,如果买进了看涨期权,或者卖出了看跌期权,需要卖出一定数量的标的资产以维持资产组合 Delta 中性;卖出了看涨期权,或者买进了看跌期权,需要买入一定数量的标的资产以维持资产组合 Delta 中性。为了确定具体标的资产数量,需要计算期权的 Delta 值。

第三步,组合的动态调整。在期权的生命周期内,其 Delta 值是随着时间动态变化的,为了维持组合的 Delta 中性,需要定期调整买入或者卖出的标的资产的数量。

最后,在期权价格回归期权价值时,平掉整个持仓组合。如果正确地按照该交易策略交易,平仓时的总收益等于期初的期权定价错误差值部分减去交易成本。

三、波动率交易的风险

波动率交易主要面临两种风险,一是波动率预测错误的风险,第二是模型风险。

第一类风险是错误地预测了未来的波动率。显然,这是波动率交易最大的风险。如在上面的例子中,未来真实的波动率下降到了 18%,低于了当前 20% 的隐含波动率,因此建立起的期权多头、标的资产空头的 Delta 中性资产组合会遭受损失。

第二类风险是期权定价模型和 Delta 计算风险。期权定价模型有诸多的假设,这些假设和现实之间的差距会造成模型理论价格和现实市场价格的之间差距,并且造成 Delta 值计算的误差。例如,在上面的例子里,如果根据期权定价模型计算的 Delta 值比实际的 Delta 值要小,并且我们按照期权定价模型计算的 Delta 建立了看涨期权多头和标的资产空头的"Delta 中性"资产组合。但是,按照实际的 Delta 值考察该资产组合为 Delta>0 的组合,因此在资产价格下降时,看涨期权多头价格下降造成的损失就不能完全被标的资产空头的盈利来弥补。

重 要 概 念

波动率　历史波动率　隐含波动率　预期波动率　未来的波动率　瞬时波动率　外汇期权波动率微笑　股票期权波动率微笑　厚尾(肥尾)分布　波动率的期限结构　波动率曲面　波动率交易策略

习题与思考题

1. 波动率有哪些类型?如何理解隐含波动率?
2. 什么是股票期权的波动率微笑现象?
3. 如何理解货币期权波动率的微笑现象?为什么货币期权的波动率与股票期权的波动率微笑的形状存在差异?

4. 解释期权波动率微笑成因。
5. 在下列的情形下,观察到的波动率微笑形状是怎么样的?
    (1) 股票价格两端的分布都没有对数正态分布的肥大。
    (2) 股票价格右端的分布比对数正态分布的肥大,左端分布没有对数正态分布的肥大。
6. 怎么理解用隐含波动率为期权定价时,期权定价公式的作用?

第十五章

波动率建模

> **学习目标**
>
> 通过本章的学习,读者将掌握如何利用历史数据估计当前的波动率和预测未来的波动率。除了常数波动率的估计外,本章还介绍 ARCH 模型、指数移动加权平均模型(EWMA)、GARCH 模型和 Heston 模型。通过这些模型,读者能够理解动态波动率建模的方法,以及如何利用动态波动率模型对波动率期限结构进行预测。

第一节 历史波动率估计

一、统计知识复习

给定容量 N 的随机样本 $\{x_1, x_1, \cdots, x_N\}$,样本来自均值为 μ、方差为 σ^2 的总体。μ 的最优估计为样本均值:

$$\bar{x} = \frac{1}{N}\sum_{i=1}^{N} x_i \tag{15-1}$$

σ^2 的最优估计和 σ 分别为:

$$s^2 = \frac{1}{N-1}\sum_{i=1}^{N}(x_i - \bar{x})^2 \tag{15-2}$$

$$s = \sqrt{\frac{1}{N-1}\sum_{i=1}^{N}(x_i - \bar{x})^2} \tag{15-3}$$

因为,

$$\sum_{i=1}^{N}(x_i - \bar{x})^2 = \sum_{i=1}^{N}(x_i^2 - 2x_i\bar{x} + \bar{x}^2)$$

$$= \sum_{i=1}^{N} x_i^2 - 2\bar{x}\sum_{i=1}^{N} x_i + N\bar{x}^2$$

$$= \sum_{i=1}^{N} x_i^2 - 2\bar{x}N\bar{x} + N\bar{x}^2$$

$$= \sum_{i=1}^{N} x_i^2 - N\bar{x}^2$$

所以,

$$s = \sqrt{\frac{1}{N-1}\left(\sum_{i=1}^{N} x_i^2 - N\bar{x}^2\right)} \tag{15-4}$$

当从一个样本中多次抽样时,$\bar{x}$ 的变差大小很重要,变差越大,以单个样本的平均值 $\bar{x}$ 作为总体均值 μ 估计的可靠性就越差。在反复抽样中得到的 $\bar{x}$ 的方差为 σ^2/N,而方差 σ^2 的最优估计为 s^2。因此,得到 $\bar{x}$ 估计的标准误 $s/\sqrt{N}$,即

$$\sqrt{\frac{1}{N(N-1)}\left(\sum_{i=1}^{N} x_i^2 - N\bar{x}^2\right)} \tag{15-5}$$

二、不变波动率估计

假设资产价格在实际概率测度下服从几何布朗运动:

$$\frac{ds}{S} = \mu dt + \sigma dB \tag{15-6}$$

μ 和 σ 是未知的参数,B 为布朗运动。该方程的对数形式是:

$$d\ln S = \left(\mu - \frac{1}{2}\sigma^2\right)dt + \sigma dB \tag{15-7}$$

将时间区间 $[0,T]$ 进行均等化划分 $0 = t_0 = t_1 = \cdots = t_N = T$,其中 $t_i - t_{i-1} = \Delta t$。将式(15-7)在上述时间点上进行离散处理,得到:

$$\ln S(t_i) - \ln S(t_{i-1}) = \left(\mu - \frac{1}{2}\sigma^2\right)\Delta t + \sigma[B(t_i) - B(t_{i-1})] \tag{15-8}$$

$B(t_i) - B(t_{i-1})$ 服从均值为 0,方差为 Δt 的正态分布。年化的连续复利收益率 r_i 定义为:

$$\frac{S(t_i)}{S(t_{i-1})} = e^{r_i \Delta t}$$

由此得到:

$$r_i = \frac{\ln S(t_i) - \ln S(t_{i-1})}{\Delta t} = \left(\mu - \frac{1}{2}\sigma^2\right) + \frac{\sigma[B(t_i) - B(t_{i-1})]}{\Delta t} \tag{15-9}$$

样本 $\{r_1, r_2, \cdots, r_N\}$ 是独立同分布的随机变量序列,每一个变量服从均值为

$\left(\mu - \frac{1}{2}\sigma^2\right)$、方差为 $\sigma^2/\Delta t$ 的正态分布。为了方便估计 σ^2，定义：

$$y_i = r(t_i)\sqrt{\Delta t} = \frac{\ln S(t_i) - \ln S(t_{i-1})}{\sqrt{\Delta t}} \tag{15-10}$$

样本 $\{y_1, y_2, \cdots, y_N\}$ 也是独立同分布的随机变量序列，每一个变量服从均值为 $\left(\mu - \frac{1}{2}\sigma^2\right)\sqrt{\Delta t}$、方差为 σ^2 的正态分布。因此，y 的均值最优估计为样本均值

$$\bar{y} = \frac{1}{N}\sum_{i=1}^{N} y_i$$

σ^2 的最优估计为：

$$\hat{\sigma}^2 = \frac{1}{N-1}\sum_{i=1}^{N}(y_i - \bar{y})^2$$

进一步，μ 的估计为：

$$\hat{\mu} = \frac{\bar{y}}{\sqrt{\Delta t}} + \frac{1}{2}\hat{\sigma}^2 = \bar{r} + \frac{1}{2}\hat{\sigma}^2$$

下面我们考察均值 $\hat{\mu}$ 和 $\hat{\sigma}^2$ 估计量的可靠性。

$$\bar{r} = \frac{\sum_{i=1}^{N}[\ln S(t_i) - \ln S(t_{i-1})]}{N\Delta t}$$

$$= \frac{\ln S(T) - \ln S(0)}{T}$$

因此，μ 的估计中的第一项 $\bar{r}$ 的只与资产价格在时间区间上的总变化量有关，与在时间区间上观测到样本数量无关。$\bar{r}$ 的标准差等于 $\frac{\ln S(T) - \ln S(0)}{T}$ 的标准差 $\frac{\sigma}{\sqrt{T}}$。如果 $\sigma = 0.3$，采用十年的数据估计 $T = 10$，则 $\bar{r}$ 的标准差为 9.5%，因此其 95% 的置信区间为 37% 左右的一个带状区间，一般来说，$\bar{r}$ 的大小通常在 5%～10% 之间，因此这样置信区间意味着这样的估计在实际中没用应用价值。

但是，$\hat{\sigma}^2$ 的估计是可靠的。根据式(15-4)，有：

$$\hat{\sigma}^2 = \frac{1}{N-1}\sum_{i=1}^{N} y_i^2 - \frac{N\bar{y}^2}{N-1} \tag{15-11}$$

其中，第二项为：

$$\frac{N\bar{y}^2}{N-1} = \frac{N}{N-1}\frac{\Delta t}{T^2}[\ln S(T) - \ln S(0)]^2$$

如果观测到的数据的频率足够高，Δt 很小时，这一项可以忽略不计。因此，$\hat{\sigma}^2$ 近似等于：

$$\hat{\sigma}^2 \approx \frac{1}{N-1}\sum_{i=1}^{N}\left[y(t_i)\right]^2 = \frac{1}{N-1}\sum_{i=1}^{N}\frac{\left[\ln S(t_i)-\ln S(t_{i-1})\right]^2}{\Delta t}$$

$$= \frac{N}{(N-1)T}\sum_{i=1}^{N}\left[\ln S(t_i)-\ln S(t_{i-1})\right]^2 \quad (15\text{-}12)$$

根据式(5-12)，当观测到的数据的频率足够高，$\Delta t \to 0$，$N \to \infty$ 时，和式：

$$\sum_{i=1}^{N}\left[\ln S(t_i)-\ln S(t_{i-1})\right]^2$$

以概率1收敛于 $\sigma^2 T$，这说明 $\hat{\sigma}^2$ 收敛于 σ^2。因此，只要观测资产价格数据的频率足够高，对 $\hat{\sigma}^2$ 估计量的方差就可以足够小，达到任意想要达到的精度。

在现实中我们不可能无限度地提高数据获取的频率。因为如果采用超高频数据，如每分钟数据，甚至于单笔成交数据，价格在买入价和卖出价之间的跳动也可能成为价格变动的一部分，而这部分变动是市场摩擦引起的，并不是真实价格变动，因此并不是我们需要估计的。一般来说，采用周数据或者日数据，既能满足数据采集频率的要求，也能有效规避买卖价差之间波动的影响。

第二节　可变波动率模型之一：GARCH 模型

一、ARCH 模型

这里，我们在 $N-1$ 日使用过去的 N 个交易日的历史数据 $\{y_0, y_1, \cdots, y_{N-1}\}$ 对未来一个交易日的波动率 σ_N 进行估计。根据式(15-12)，当数据频率足够高、样本量足够大时，波动率的估计近似由式(15-13)给出：

$$\hat{\sigma}_N^2 = \frac{1}{N}\sum_{i=1}^{N}y_{i-1}^2 = \frac{1}{T}\sum_{i=1}^{N}\left[\ln S(t_{i-1})-\ln S(t_{i-2})\right]^2 \quad (15\text{-}13)$$

如果波动率不是常数波动率，而是随着时间的变化而变化的，一个自然的处理方法是尽量避免使用离现在较远的历史数据，因为较远的历史数据所包含的当前波动率的信息较少。另一方面，在式(15-13)中，距离现在较远的历史数据和较近的历史数据在当前波动率的估计中的权重是一样的，更合理的处理方式是距离现在较远的历史数据相对于较近的历史数据应该有更小的权重。

下面的处理方式能够满足上述的要求：

$$\sigma_N^2 = \sum_{i=1}^{N}\alpha_i y_{N-i}^2 \quad (15\text{-}14)$$

变量 α_i 为第 $N-i$ 个历史样本在波动率估计中所起到的作用，α_i 应该满足以下要求：

（1）为了满足较远的历史样本相对于较近的历史数据对波动率的估计起到更小的作

用,要求 $\alpha_1 > \alpha_2 > \cdots > \alpha_N$。

(2) $\alpha_i > 0$,且 $\sum_{i=1}^{N} \alpha_i = 1$。

方差率方程一般存在均值回复特征,即存在一个长期的平均方差率,并且应该给这个长期的均值方差率一个适当的权重,即

$$\sigma_N^2 = \gamma V_L + \sum_{i=1}^{N} \alpha_i y_{N-i}^2 \tag{15-15}$$

其中,V_L 为长期方差率,γ 为长期方差率的权重。因所有权重之和应该等于1,即

$$\gamma + \sum_{i=1}^{N} \alpha_i = 1$$

这一模型就是 Robert F. Engle(1980)提出的 ARCH(Auto-regressive Conditional Heteroscedasticity,自回归条件异方差)模型。

波动率的估计是基于长期平均方差率和 N 个历史数据,越久远的历史数据所起到的作用就越小。令 $\gamma V_L = \omega$,可以将式(15-15)写成

$$\sigma_N^2 = \omega + \sum_{i=1}^{N} \alpha_i y_{N-i}^2 \tag{15-16}$$

二、指数加权移动平均波动率模型

ARCH 模型使随着时间的推移历史数据对波动率的估计值的影响平稳地减少,还一定程度上能够避免波动率估计值发生突变。但 ARCH 模型有以下的缺陷:一方面,有效的波动率的预测究竟需要多少历史数据,或者说距离多远的历史数据才可以看作无信息的数据并不完全清楚。数据过少会造成波动率的预测值偏误,还可能引起波动率的突变,数据过多会使模型参数过多,造成模型过度拟合。

指数加权移动平均(EWMA)模型能够较好地解决上述问题。EWMA 模型是式(15-14)的一种特殊形式,其中假设权重 α_i 随着时间以指数速度衰减,即假设 $\alpha_{i+1} = \lambda \alpha_i$,其中 $0 < \lambda < 1$。在这样的假设下,可以从式(15-14)推导出一种非常简单的形式:

$$\sigma_N^2 = \lambda \sigma_{N-1}^2 + (1-\lambda) y_{N-1}^2 \tag{15-17}$$

即第 N 天的方差率的估计值由第 $N-1$ 天方差率的估计值和第 $N-1$ 天的 y 所决定。

为了说明式(15-17)与式(15-14)之间的关系,我们将 σ_{N-1}^2 的表达式 $\sigma_{N-1}^2 = \lambda \sigma_{N-2}^2 + (1-\lambda) y_{N-2}^2$ 代入式(15-17),得到:

$$\sigma_N^2 = (1-\lambda)(y_{N-1}^2 + \lambda y_{N-2}^2) + \lambda^2 \sigma_{N-2}^2$$

再将 σ_{N-2}^2 代入,并一直迭代,我们可以得到:

$$\sigma_N^2 = (1-\lambda) \sum_{i=1}^{N} \lambda^{i-1} y_{N-i}^2 + \lambda^N \sigma_0^2$$

因此,当 N 很大时,$\lambda^N \sigma_1^2$ 的数量很小,可以忽略。所以,当 $\alpha_i = (1-\lambda) \lambda^{i-1}$,式(15-17)与

式(15-14)相同,对应 y_i^2 的权重以 λ 的速度随时间向前移动而递减。

可以使用 EWMA 方法对波动率进行监测。假定资产市场价格在当天有一个较大的变动,即 y_{N-1}^2 很大,由式(15-17)可知,这时未来一天方差率 σ_N^2 的预测值将会增大,数值 λ 决定了方差率的预测值对最新的市场价格变化的敏感度。如果 λ 很小,给予了 y_{N-1}^2 很大的权重,则方差率 σ_N^2 的预测值对最新的市场价格变化的敏感度就很大;而较大的 λ 使方差率的预测值对最新的市场价格变化反应缓慢。

三、GARCH 模型

(一) GARCH 模型的形式

Bollerslev(1986)在 ARCH 模型和 EWMA 模型的基础上,提出了 GARCH(1,1)(Geneeral Auto-regressive Conditional Heteroscedasticity,广义自回归条件异方差)模型。GARCH(1,1)在 EWMA 模型的基础上引入了长期方差率的均值成分,根据式(15-10),均值方程的表达式为:

$$y_i = \frac{\ln S(t_i) - \ln S(t_{i-1})}{\sqrt{\Delta t}} = \phi + \sigma_i \eta_i \tag{15-18}$$

其中,ϕ 为常数,η_i 为独立同分布随机变量序列,服从标准正态分布。

方差率方程的表达式为:

$$\sigma_i^2 = \gamma V_L + \alpha y_{i-1}^2 + \beta \sigma_{i-1}^2 \tag{15-19}$$

其中,γ 为 V_L 的权重,α 为 y_{i-1}^2 的权重,β 为 σ_{i-1}^2 的权重。$\gamma,\alpha,\beta>0$,且权重之和为 1,即

$$\gamma + \alpha + \beta = 1$$

EWMA 模型是 GARCH 模型对应于 $\gamma=0$,$\alpha=1-\lambda$ 及 $\beta=\lambda$ 下的特例。

在对模型进行参数估计时,GARCH(1,1)一般采用以下形式:

$$\sigma_i^2 = \omega + \alpha y_{i-1}^2 + \beta \sigma_{i-1}^2 \tag{15-20}$$

估计了参数 ω,α 和 β 后,由 $\gamma=1-\alpha-\beta$ 计算出 γ,而长期方差等于 $V_L=\omega/\gamma$。为了保障模型的稳定性,要求 $\alpha+\beta<1$,否则长期方差的权重为负值。

将 $\sigma_{i-1}^2 = \omega + \alpha y_{i-2}^2 + \beta \sigma_{i-2}^2$ 代入(15-20)进行一次迭代,得到:

$$\sigma_i^2 = \omega + \beta\omega + \alpha y_{i-1}^2 + \alpha\beta y_{i-2}^2 + \beta^2 \sigma_{i-2}^2$$

再将 $\sigma_{i-2}^2 = \omega + \alpha y_{i-3}^2 + \beta \sigma_{i-3}^2$ 代入上式,得到:

$$\sigma_i^2 = \omega + \beta\omega + \beta^2\omega + \alpha y_{i-1}^2 + \alpha\beta y_{i-2}^2 + \alpha\beta^2 y_{i-3}^2 + \beta^3 \sigma_{i-3}^2$$

将这个过程持续下去,可以看到 y_{i-m}^2 的权重为 $\alpha\beta^{m-1}$。权重以 β 的速度下降,因此参数 β 可以解释为衰减率,与 EWMA 模型中的 λ 系数类似。在 $i-1$ 时,预测未来一天的波动率 σ_i^2 时,β 的大小决定了当前的市场价格变动所产生的 y_{i-1}^2 的重要性,以及随着时间的推移权重的衰减速度。如 $\beta=0.9$,则说明 y_{i-2}^2 的重要性只有 y_{i-1}^2 重要性的 90%,y_{i-3}^2 的重要性只有 y_{i-1}^2 重要性的 81% 等。

(二) GARCH 模型预测波动率

1. 未来短期波动率预测

采用 GARCH(1, 1) 模型，在第 $N-1$ 天结束时形成对第 N 天短期方差率（瞬时方差率）的预测：

$$\sigma_N^2 = (1 - \alpha - \beta) V_L + \alpha y_{N-1}^2 + \beta \sigma_{N-1}^2$$

因此有：

$$\sigma_N^2 - V_L = \alpha(y_{N-1}^2 - V_L) + \beta(\sigma_{N-1}^2 - V_L)$$

对于第 $N+t$ 个交易日的方差率，我们有：

$$\sigma_{N+t}^2 - V_L = \alpha(y_{N+t-1}^2 - V_L) + \beta(\sigma_{N+t-1}^2 - V_L) \tag{15-21}$$

根据式 (15-18)，有：

$$y_{N+t-1}^2 = (\phi + \sigma_{N+t-1} \eta_{N+t-1})^2 = \phi^2 + 2\phi\sigma_{N+t-1} \eta_{N+t-1} + \sigma_{N+t-1}^2 \eta_{N+t-1}^2$$

Δt 很小时，$\phi \approx 0$。$E[\eta_{N+t-1}] = 0$，$E[\eta_{N+t-1}^2] = 1$。因此有：

$$E[y_{N+t-1}^2] = E[2\varphi\sigma_{N+t-1} \eta_{N+t-1} + \sigma_{N+t-1}^2 \eta_{N+t-1}^2] = \sigma_{N+t-1}^2 \tag{15-22}$$

将式 (15-22) 代入式 (15-21)，并求期望值，有：

$$E[\sigma_{N+t}^2 - V_L] = (\alpha + \beta) E[(\sigma_{N+t-1}^2 - V_L)]$$

重复这一过程向后迭代，得到：

$$E[\sigma_{N+t}^2 - V_L] = (\alpha + \beta)^t E[(\sigma_N^2 - V_L)]$$

即

$$E[\sigma_{N+t}^2] = V_L + (\alpha + \beta)^t (\sigma_N^2 - V_L) \tag{15-23}$$

式 (15-23) 采用了 $N-1$ 个交易日结束时获取的数据预测未来第 $N+t$ 个交易日上的方差率。在 EWMA 模型中，$\alpha + \beta = 1$，故 $E[\sigma_{N+t}^2] = \sigma_{N-1}^2$，因此未来短期方差率的预测值等于目前的方差率。当 $\alpha + \beta < 1$ 时，式 (15-23) 中的最后一项随着时间的增加逐渐减少，未来短期方差率的预测值回归到长期均值 V_L。当 $\alpha + \beta > 1$ 时，未来短期方差率不具有均值回复特性。

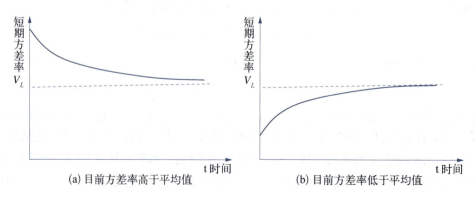

图 15-1 当前方差率不同状态下的未来短期方差率预测曲线

2. 波动率期限结构预测

假定当前为 N 个交易日,定义:

$$V(0)=\sigma_N^2, \ V(t)=E[\sigma_{N+t}^2]$$

和

$$m=\ln\left(\frac{1}{\alpha+\beta}\right)$$

则式(15-23)可以写成:

$$V(t)=V_L+e^{-mt}[V(0)-V_L]$$

$V(t)$ 为第 $N+t$ 个交易日的短期方差率的预测值。介于当前与时间 T 之间的平均方差率的预测值为:

$$\sigma(T)^2=\frac{1}{T}\int_0^T V(t)\mathrm{d}t=V_L+\frac{1-e^{-mT}}{mT}[V(0)-V_L] \tag{15-24}$$

假设一年有 250 个交易日,在使用公式 $y_i=\dfrac{\ln S(t_i)-\ln S(t_{i-1})}{\sqrt{\Delta t}}$ 计算时,如果 y_i 已经进行了年化处理,即 $\Delta t=\dfrac{1}{250}$,则式(15-24)的结果就是年化的方差率;如果计算 y_i 时没有进行年化处理,即 $\Delta t=1$,则需要对式(15-24)进行如下调整,得到年化的方差率的预测值:

$$250\left(V_L+\frac{1-e^{-mT}}{mT}[V(0)-V_L]\right)$$

在式(15-24)中,如图 15-2,$\dfrac{1-e^{-mT}}{mT}>0$,且是时间 T 减函数。因此,如果当前短期的方差率小于长期波动率,即 $V(0)<V_L$,随着 T 的增大,未来平均方差率的预测值 $\sigma(T)^2$ 增大;如果当前短期的方差率小于长期波动率,即 $V(0)>V_L$,随着 T 的增大,未来平均方差率的预测值 $\sigma(T)^2$ 减少。其变化的走势和短期方差率类似。

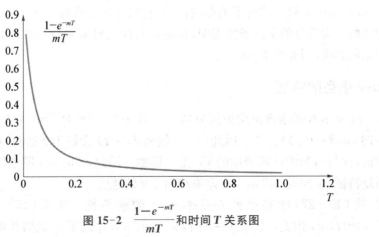

图 15-2 $\dfrac{1-e^{-mT}}{mT}$ 和时间 T 关系图

根据第十四章的讨论,对期权定价时,需要代入期权定价公式的是与期权到期期限一致的平均波动率。在第十四章里,介绍了利用不同到期期限的期权建立波动率的期限结构,这一期限结构描绘的是期权的隐含波动率与到期期限之间的关系。式(15-24)是利用GARCH模型建立了波动率的期限结构,这一波动率期限结构与隐含波动率期限结构和实际的波动率期限结构可能存在很大的差异。

由式(15-24)可以得到,当 σ_N 的变化量 $\Delta\sigma_N$ 时,$\sigma(T)$ 的变化量大约等于:

$$\Delta\sigma(T) = \frac{1-e^{-mT}}{mT} \frac{\sigma_N}{\sigma(T)} \Delta\sigma_N \tag{15-25}$$

因此,当前的方差率 σ_N 变动时,对不同期限的平均方差率的影响是不一样的。

第四节 可变波动率模型之二:随机波动率模型

一、Heston 波动率模型的形式

在 GARCH 模型中,尽管波动率是随机变化的,但波动率的变化完全确定性地依赖于资产价格的变化。现在我们讨论另外一种模型,其波动率依赖于另外一个布朗运动。最为流行的随机波动率模型是 Heston(1993)模型。在这个模型中,股票价格和 GARCH 模型的假设一样,服从几何布朗运动,但其波动率不再是一个常数,而是随着时间变化而变化的随机变量。

资产价格服从几何布朗运动:

$$d\ln S = \left(\mu - \frac{1}{2}\sigma(t)^2\right)dt + \sigma(t)dB_S \tag{15-26}$$

定义波动率 $\sigma(t) = \sqrt{v(t)}$,其中方差率 $v(t)$ 服从随机微分方程:

$$dv(t) = \kappa(\theta - v(t))dt + \gamma\sqrt{v(t)}dB_v \tag{15-27}$$

其中,B_S 和 B_v 是实际概率测度下的布朗运动,它们的相关系数为 ρ。方程中的 κ,θ 和 γ 都是正的常数。大部分的实证研究表明,负的收益冲击对未来波动率的影响大于正的收益冲击产生的影响,因此通常 $\rho<0$。

二、Heston 模型的特征

首先,Heston 模型表现出均值回复特征。当 $v(t) > \theta$ 时,$\kappa(\theta - v(t)) < 0$;而当 $v(t) < \theta$ 时,$\kappa(\theta - v(t)) > 0$。因此,$v(t)$ 偏离 θ,$v(t)$ 会趋于 θ 运动,θ 为方差率 $v(t)$ 的长期均值,这与 GARCH 模型中的 V_L 是一样的。因此,Heston 模型描述的方差率具有均值回复特征,κ 的大小决定了方差率趋向于 θ 的速度。

其次,式(15-27)能够保证方差率 $v(t)$ 的非负性。从式(15-27)可以看出,$(dv(t))^2 = \gamma v(t)dt$,因此,当 $v(t) \to 0$ 时,$v(t)$ 的方差率趋于 0,此时扩散项的作用可以

忽略,起主要作用的是方程中的漂移项,而在 $v(t)$ 很小时,漂移项 $\kappa(\theta-v(t))\mathrm{d}t>0$,从而保证了 $v(t)$ 的非负性。这也保证了定义 $\sigma(t)=\sqrt{v(t)}$ 的合理性。

最后,参数 γ 的作用类似于 GARCH 模型中 α 所起到的作用。在 GARCH 模型中,式(15-19)中的未来方差率对 y_{i-1}^2 的依赖程度取决于 α;而在 Heston 模型里,方差率 $v(t)$ 依赖于 $\mathrm{d}B_v$ 的程度取决于 γ。

三、模型的离散化

Heston(1993)通过求解一个特征方程推导了 Heston 波动率模型下的欧式期权的定价公式,该公式的推导过程和公式的形式都较为复杂,这里不做进一步介绍。另一种利用 Heston 模型对期权定价的思路是通过对 Heston 进行离散化,再运用蒙特卡洛模拟的方法对期权和其他衍生品定价。这里先介绍离散化的思路,具体的模拟和定价在第十七章进一步介绍。

为了对期权定价,需要在风险中性概率测度的随机过程下进行离散化,即式(15-26)中的漂移项系数调整到风险中性概率测度下,即

$$\mathrm{d}\ln S = \left(r-q-\frac{1}{2}\sigma(t)^2\right)\mathrm{d}t + \sigma(t)\mathrm{d}B_S \tag{15-28}$$

因概率测度变换不影响波动率过程和相关系数,因此风险中性测度下的波动率方程不需要调整。将式(15-28)和式(15-27)的离散化为:

$$\ln S(t_{i+1}) = \ln S(t_i) + \left(r-q-\frac{1}{2}\sigma(t_i)^2\right)\Delta t + \sigma(t_i)\Delta B_S \tag{15-29}$$

$$v(t_{i+1}) = v(t_i) + \kappa(\theta-v(t_i))\Delta t + \gamma\sqrt{v(t_i)}\Delta B_v \tag{15-30}$$

尽管在连续形式的方差率模型里,可以保证 $v(t) \geqslant 0$,从而定义了 $\sigma(t)=\sqrt{v(t)}$,但在离散化的模型里,却不能保证 $v(t_{i+1}) \geqslant 0$。一种处理方式是取式(15-30)的右边和 0 的最大者作为下一期的方差率来保证 $v(t_{i+1}) \geqslant 0$,即

$$v(t_{i+1}) = \max(0, v(t_i) + \kappa(\theta-v(t_i))\Delta t + \gamma\sqrt{v(t_i)}\Delta B_v) \tag{15-31}$$

为了模拟具有相关性的两个布朗运动变化量 ΔB_S 和 ΔB_v,首先模拟两个独立的标准正态分布变量 z_1 和 z_2,然后通过以下方程生成 ΔB_S 和 ΔB_v

$$\Delta B_S = \sqrt{\Delta t}\, z_1^* \text{ 和 } \Delta B_v = \sqrt{\Delta t}\, z_2^*$$

其中,$z_1^* = z_1$,$z_2^* = \rho z_1 + \sqrt{1-\rho^2}\, z_2$。$z_2^*$ 也是标准正态分布的随机变量,与 z_1^* 的相关系数为 ρ。

四、模型参数估计

相关参数估计的方法在金融计量课程上有专门的论述,这里我们不探讨具体的模型参数估计的方法,而是讨论参数估计的思路。针对我们介绍的这些模型,根据模型拟合对

对象不同,主要有两种思路进行参数估计。

一种思路是采用标的资产价格的历史数据,针对具体的模型采用合适的参数估计方法进行估计,如 ARCH 模型、GARCH 模型,可以采用最大似然方法有效地估计参数;Heston 随机波动率模型或其他类型随机波动率模型,可以采用拟最大似然估计(QML)、各种矩估计(广义矩估计(GMM)、模拟矩估计(SMM)、有效矩估计(EMM))以及贝叶斯估计等方法。从这个角度出发估计出来的参数目的是为了从似然值或者各阶矩上最大限度地拟合历史数据。

另外一种思路是将波动率模型应用于期权的定价,对波动率模型参数进行优化,目标是使基于波动率模型的期权理论价格与期权市场价格的偏差最小化。这实际上是隐含波动率的推广。

重 要 概 念

历史波动率　标准误　ARCH 模型　EWMA 波动率模型　GARCH 模型　波动率期限结构　随机波动率模型　Heston 波动率模型

习题与思考题

1. 解释如何利用指数加权移动平均(EWMA)波动率模型和历史数据估计波动率?
2. 采用 EWMA 和 GARCH(1,1)对波动率进行更新的不同之处是什么?
3. 考虑如下的 GARCH 模型,

$$r(t)=0.01+\varepsilon_t,\quad \varepsilon_t=\sigma_t a_t,\ a_t \sim_{iid} N(0,1)$$

$$\sigma_t^2=0.01+0.85\sigma_{t-1}^2+0.1\varepsilon_{t-1}^2$$

假定计算收益率时已经年化,假定 $r(100)=0.1$,$\sigma_{100}=0.3$。

(1) 计算以 $t=100$ 为起点,对 σ_t^2 的 n 步预测值。

(2) 计算 n 步的平均波动率。

(3) 长期平均波动率是多少?

(4) 应该用多大的波动率来计算 20 天、40 天和 60 天的期权价格。

(5) 假定某一个事件使波动率由 0.3 增加到 0.35,估计这一事件对 20 天、40 天和 60 天的波动率的影响。

(6) 假定某一个事件使波动率由 0.3 增加到 0.35,估计这一事件对 20 天、40 天和 60 天的平均波动率的影响。

4. 设 X_t 的波动率服从 ARCH(1)过程,即 $X_t=\sigma_t a_t, a_t \sim_{iid} N(0,1)$

$$\sigma_t^2=\alpha_0+\alpha_1 X_{t-1}^2,\ \alpha_0>0, \alpha_1>0$$

证明：
$$E(\sigma_t^4) = \frac{\alpha_0^2}{1-\alpha_1} \frac{1+\alpha_1}{1-3\alpha_1^2}$$

5. Heston 波动率模型相比 GARCH 波动率模型的优点有哪些？

第十六章

期权价格的敏感性和期权的套期保值

学习目标

本章介绍了期权价格对其四个参数(标的资产市场价格、到期时间、波动率和无风险利率)的敏感性指标,并以此为基础讨论了相关的动态套期保值问题。学习完本章,读者应掌握与期权价格敏感性有关的希腊字母及其相应的套期保值技术。

第一节 期权价格敏感性度量的原理

在前面几章中,我们已经分析了决定和影响期权价格的各个重要因素,以及这些因素对期权价格的影响方向。在这一章里,我们将深入地定量研究各种因素对期权价格的影响程度,或者说期权价格对这些因素的敏感性。具体地说,所谓期权价格的敏感性,是指当影响期权价格的因素发生一定数量的变化时,期权价格的变化数量。本章的内容之一,就是对期权价格的敏感性作具体的、量化的分析,介绍期权价格对其四个影响因素(标的资产市场价格、到期时间、波动率和无风险利率)的敏感性指标。

如果从风险角度考虑期权价格的敏感性,敏感性指标可以看作当某一个参数发生变动时,期权价格可能产生的变化,也就是可能产生的风险。如果期权价格对某一因素的敏感性为零,该因素变化时给期权带来的价格风险就为零。

实际上,当我们运用衍生证券(如期权)为标的资产或其他衍生证券进行套期保值时,一种较常用的方法就是分别算出保值工具与保值对象两者的价值对一些共同的变量(如标的资产价格、时间、标的资产价格的波动率、无风险利率等)的敏感性,然后建立适当数量的证券头寸,组成套期保值组合,使组合中的保值工具与保值对象的价格变动能相互抵消,也就是说,让套期保值组合对该参数变化的敏感性变为零,这样就能起到消除相应风险的套期保值的目的。

在期权定价公式中,资产价格 S、执行价格 K、波动率 σ、剩余期限 $T-t$、无风险利率 r、标的资产连续红利收益率 q 是影响期权价格的六个影响因素。对于特定的期权,执行价格是固定的,不必再做分析。另外,标的资产连续红利收益率 q 相对稳定,在短期内不

第十六章 期权价格的敏感性和期权的套期保值

会有大的变动,在分析期权价格影响因素时一般不关注这个变量。为了分析方便,将剩余期限 $T-t$ 定义为 τ。我们可以采用泰勒公式来分析期权价格的影响因素的变动如何影响期权的价格。根据泰勒公式,有

$$\begin{aligned} \mathrm{d}f(S,K,\sigma,\tau,r) = & \frac{\partial f}{\partial S}\mathrm{d}S + \frac{\partial f}{\partial \sigma}\mathrm{d}\sigma + \frac{\partial f}{\partial \tau}\mathrm{d}\tau + \frac{\partial f}{\partial r}\mathrm{d}r \\ & + \frac{1}{2}\frac{\partial^2 f}{\partial^2 S}(\mathrm{d}S)^2 + \frac{1}{2}\frac{\partial^2 f}{\partial^2 \sigma}(\mathrm{d}\sigma)^2 + \frac{1}{2}\frac{\partial^2 f}{\partial^2 \tau}(\mathrm{d}\tau)^2 \\ & + \frac{1}{2}\frac{\partial^2 f}{\partial^2 r}(\mathrm{d}r)^2 + \frac{\partial^2 f}{\partial S \partial \tau}\mathrm{d}S\mathrm{d}\tau + \frac{\partial^2 f}{\partial S \partial r}\mathrm{d}S\mathrm{d}r + \frac{\partial^2 f}{\partial \tau \partial \sigma}\mathrm{d}\tau \mathrm{d}\sigma + \cdots \end{aligned}$$

(16-1)

这些偏导数被命名为一系列希腊字母。泰勒公式的一阶偏导数命名如下:

Delta: $\Delta = \frac{\partial f}{\partial S}$,衡量的是标的资产价格对期权价格的一阶影响,在交易中 Delta 暴露反映了投资者对未来市场涨跌方向的预期,如果 Delta 暴露与市场涨跌方向一致,则可以获得 Delta 收益;反之将出现亏损。此外,如果投资者不希望期权组合受到市场涨跌方向的影响,则可以通过调整头寸使组合的 Delta 为 0,即实现组合的 Delta 中性化。

Vega: $\nu = \frac{\partial f}{\partial \sigma}$,衡量的是波动率对期权价格的一阶影响,在交易中 Vega 暴露反映了投资者对市场波动率变动方向的预期,如果 Vega 暴露方向与波动率变动方向一致,则投资者可以获得 Vega 收益;反之,投资者将面临 Vega 亏损。Vega 可以用于监控期权价格对波动率的敏感程度,在剧烈动荡的市场尤为关键。

Theta: $\Theta = -\frac{\partial f}{\partial \tau}$,衡量的是期权价格对时间变动的敏感性,Theta 描述了随着时间一天天的流逝,期权价值的损失量,是衡量时间衰减的准确指标。时间的流逝是必然的,因此买入期权策略的 Theta 一般为负,卖出期权策略的 Theta 一般为正。

Rho: $\rho = \frac{\partial f}{\partial r}$,衡量期权价格对利率变化的敏感度,对于非利率期权,无风险利率的变化对期权价格的总体影响一般是较小。

Taylor 公式二阶项和三阶项的希腊字母如下:

Gamma: $\Gamma = \frac{\partial^2 f}{\partial^2 S}$,衡量的是标的资产价格对期权价格的二阶影响,是期权的 Delta 对资产价格的敏感性 $\Gamma = \frac{\partial \Delta}{\partial S}$,反映了期权价格对标的资产价格的凸度。买入期权策略的 Gamma 为正,卖出期权策略的 Gamma 为负,同样可以通过调整头寸使组合的 Gamma 中性。在风险对冲时,综合考虑 Gamma 和 Delta 的对冲,可以提高对冲效果。

Vomma $= \frac{\partial^2 f}{\partial^2 \sigma}$,衡量的是波动率对期权价格的二阶影响,是期权的 Vega 对波动率的

敏感性 $\frac{\partial \nu}{\partial \sigma}$，反映了期权价格对波动率的凸度。正的 Vomma 意味着 Vega 随着隐含波动率的上升而上升，随着隐含波动率的下降而下降。Vomma 可以用于监控波动率变动对组合 Vega 值 的影响。

Vanna $= \frac{\partial^2 f}{\partial S \partial \sigma}$，衡量的是标的资产价格和波动率对期权价格的共同影响，由于标的资产价格和波动率往往呈现负相关关系，即市场大跌一般伴随着波动率上涨，因此负向的 Vanna 暴露能够给组合带来收益。此外，因为 Vanna $= \frac{\partial \Delta}{\partial \sigma}$ 或者 Vanna $= \frac{\partial \nu}{\partial S}$，所以 Vanna 可以用于监控波动率对组合 Delta 值的影响，或者用于监控标的资产价格对组合 Vega 值的影响。

Charm $= -\frac{\partial^2 f}{\partial S \partial \tau}$，衡量的是标的资产价格和时间对期权价格的共同影响。因为 Charm $= -\frac{\partial \Delta}{\partial \tau} = \frac{\partial \Theta}{\partial S}$，所以 Charm 又称为 Delta 衰减，可以用于监控 Delta 值在时间上的变动，或者监控标的资产价格对 Theta 的影响。当期权临近到期日时，Charm 变化非常快，因此可以利用 Charm 监控"大头针"风险[①]。

Veta $= \frac{\partial^2 f}{\partial \sigma \partial \tau}$，衡量的是波动率和时间对期权价格的共同影响。Veta $= \frac{\partial \nu}{\partial \tau} = -\frac{\partial \Theta}{\partial \sigma}$，Veta 反映了 Vega 在时间上的变化率，或者波动率对 Theta 的影响。

Speed $= \frac{\partial^3 f}{\partial^3 S}$，因 Speed $= \frac{\partial \Gamma}{\partial S}$，所以 Speed 衡量了 Gamma 值对标的资产价格变化的敏感性。

Color $= \frac{\partial^3 f}{\partial^2 S \partial \tau}$，因 Color $= \frac{\partial \Gamma}{\partial \tau}$，所以 Color 又称为 Gamma 衰减，可以用于监控 Gamma 值在时间上的变动。

根据普通欧式看涨期权和看跌期权的 BSM 定价公式，可以计算出欧式看涨期权和看跌期权的各个希腊字母，具体的结果见表 16-1。对于美式期权，因为我们没有给出解释解，需要使用第十七章介绍的数值方法计算美式期权的希腊字母。

表 16-1 欧式期权的希腊字母

希 腊 字 母	欧式看涨期权	欧式看跌期权
Delta$\left(\frac{\partial f}{\partial S}\right)$	$e^{-q\tau} N(d_1)$	$-e^{-q\tau} N(-d_1)$
Vega$\left(\frac{\partial f}{\partial \sigma}\right)$	$S(t) e^{-q\tau} n(d_1) \sqrt{\tau} = K e^{-r\tau} n(d_2) \sqrt{\tau}$	

[①] 期权接近到期日时，标的资产的价格与期权的执行价格很接近的情况下，标的资产价格在执行价上下变动一点将对期权的价值产生极大的影响，但期权的卖方由于无法确定所持有的期权空头头寸是否会被行权，也就是说在这种情况下无法进行精确的风险对冲，进而期权卖方可能会产生损失，这种可能性潜在损失称为大头针风险。

续　表

希腊字母	欧式看涨期权	欧式看跌期权
Theta$\left(\dfrac{\partial f}{\partial \tau}\right)$	$-e^{-q\tau}S(t)\dfrac{n(d_1)\sigma}{2\sqrt{\tau}}-rKe^{-r\tau}N(d_2)$ $+qe^{-q\tau}S(t)N(d_1)$	$-e^{-q\tau}S(t)\dfrac{n(d_1)\sigma}{2\sqrt{\tau}}+rKe^{-r\tau}N(-d_2)$ $-qe^{-q\tau}S(t)N(-d_1)$
Rho$\left(\dfrac{\partial f}{\partial r}\right)$	$K\tau e^{-r\tau}N(d_2)$	$-K\tau e^{-r\tau}N(-d_2)$
Gamma$\left(\dfrac{\partial^2 f}{\partial^2 S}\right)$	$e^{-q\tau}\dfrac{n(d_1)}{S\sigma\sqrt{\tau}}=Ke^{-r\tau}\dfrac{n(d_2)}{S^2\sigma\sqrt{\tau}}$	
Vanna$\left(\dfrac{\partial^2 f}{\partial S\partial \sigma}\right)$	$-e^{-q\tau}n(d_1)\dfrac{d_2}{\sigma}=\dfrac{\nu}{S}\left(1-\dfrac{d_1}{\sigma\sqrt{\tau}}\right)$	
Charm$\left(\dfrac{\partial^2 f}{\partial S\partial \tau}\right)$	$qe^{-q\tau}N(d_1)-$ $e^{-q\tau}n(d_1)\dfrac{2(r-q)\tau-d_2\sigma\sqrt{\tau}}{2\tau\sigma\sqrt{\tau}}$	$-qe^{-q\tau}N(-d_1)-$ $e^{-q\tau}n(d_1)\dfrac{2(r-q)\tau-d_2\sigma\sqrt{\tau}}{2\tau\sigma\sqrt{\tau}}$
Veta$\left(\dfrac{\partial^2 f}{\partial \sigma\partial \tau}\right)$	$S(t)e^{-q\tau}n(d_1)\sqrt{\tau}\left[q+\dfrac{(r-q)d_1}{\sigma\sqrt{\tau}}-\dfrac{1+d_1d_2}{2\tau}\right]$	
Vomma$\left(\dfrac{\partial^2 f}{\partial^2 \sigma}\right)$	$S(t)e^{-q\tau}n(d_1)\sqrt{\tau}\dfrac{d_1d_2}{\sigma}=\nu\dfrac{d_1d_2}{\sigma}$	
Speed$=\dfrac{\partial^3 f}{\partial^3 S}$	$-e^{-q\tau}\dfrac{n(d_1)}{S^2\sigma\sqrt{\tau}}\left(\dfrac{d_1}{\sigma\sqrt{\tau}}+1\right)=-\dfrac{\Gamma}{S}\left(\dfrac{d_1}{\sigma\sqrt{\tau}}+1\right)$	
Color$=\dfrac{\partial^3 f}{\partial^2 S\partial \tau}$	$-e^{-q\tau}\dfrac{n(d_1)}{2S\sigma\tau\sqrt{\tau}}\left[2q\tau+1+\dfrac{2(r-q)\tau-d_2\sigma\sqrt{\tau}}{\sigma\sqrt{\tau}}d_1\right]$	

注：表中 $n(d)$ 为标准正态分布的密度函数，$n(d)=\dfrac{e^{-\frac{1}{2}d^2}}{\sqrt{2\pi}}$；$\tau=T-t$ 为期权的剩余期限。

第二节　Delta 与期权的套期保值

一、期权 Delta 值的性质和特征

期权的 Delta(Δ)用于衡量期权价格对标的资产市场价格变动的敏感度,它等于期权价格变化与标的资产价格变化的比率。用数学语言表示,期权的 Delta 值等于期权价格对标的资产价格的偏导数。从几何图形上看,它是期权价格与标的资产价格关系曲线切线的斜率。

如表 16-1 所示,欧式看涨期权的 Delta 值 $e^{-q\tau}N(d_1)$,欧式看跌期权的 Delta 值为 $-e^{-q\tau}N(-d_1)$。

根据累积标准正态分布函数的性质可知，$0 < e^{-q\tau}N(d_1) < e^{-q\tau}$，因此看涨期权的 Delta 值总是大于 0 但小于 $e^{-q\tau}$；而资产欧式看跌期权的 Delta 值则总是大于 $-e^{-q\tau}$ 小于 0。反过来，欧式看涨期权空头，其 Delta 值就是总是大于 $-e^{-q\tau}$ 小于 0；而欧式看跌期权空头的 Delta 值则总是大于 0 小于 $e^{-q\tau}$。

从 d_1 定义可知，期权的 Delta 值取决于 $S(0)$、r、σ、$\tau = T-t$ 和 q。我们选取 $S(0)=50, r=6\%, \sigma=0.3, \tau=1$ 和 $q=2\%, K=50$ 为基准参数。根据期权价格曲线的形状（如图 10-3 和图 10-4 所示），我们可知看涨期权和欧式看跌期权的 Δ 值与标的资产价格的关系如图 16-1(a) 和 (b) 所示。我们可以使用 $\Gamma = \dfrac{\partial \Delta}{\partial S}$ 监控标的资产价格对交易组合 Delta 的影响。

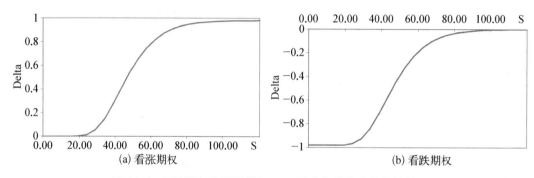

图 16-1　看涨期权和看跌期权 Delta 值与标的资产价格的关系

从 $0 < e^{-q\tau}N(d_1) < e^{-q\tau}$ 函数的特征还可得出看涨期权和欧式看跌期权在实值、平价和虚值三种状况下的 Δ 值与到期期限之间的关系如图 16-2(a) 和 (b) 所示。我们使用 $\text{Charm} = -\dfrac{\partial \Delta}{\partial \tau}$ 监控到期期限对交易组合 Delta 的影响。

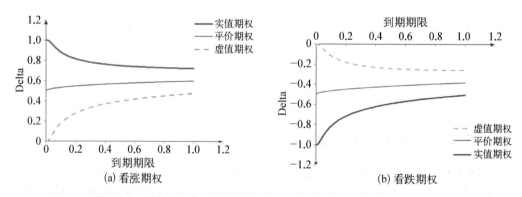

图 16-2　看涨期权和欧式看跌期权 Delta 值与到期期限之间的关系

标的资产价格波动率（σ）对期权 Δ 值的影响较难确定，它取决于无风险利率水平、S 与 K 的差距、期权有效期等因素。如图 16-3 所示，但可以肯定的是，对于较深度虚值的看涨期权和较深度实值的看跌期权来说，Δ 是 σ 的递增函数；对于较深度实值的看涨期权和较虚度实值的看跌期权来说，Δ 是 σ 的递减函数。我们可以使用 $\text{Vanna} = \dfrac{\partial \Delta}{\partial \sigma}$ 监控波动率对交易组合 Delta 的影响。

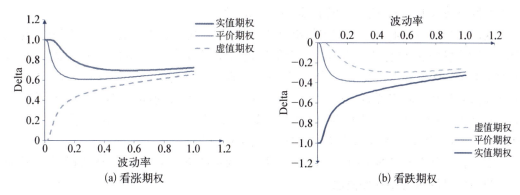

图 16-3　看涨期权和欧式看跌期权 Delta 值与波动率之间的关系

二、证券组合的 Delta 值

事实上，不仅期权有 Delta 值，金融现货资产和远期、期货都有相应的 Delta 值。显然，对于期权的标的现货资产来说，其 Delta 值就等于 1。运用第三章中关于远期合约价值的计算公式(6-25)可知，支付连续红利率的股票的远期合约的 Delta 同样恒等于 $e^{-q(T-t)}$。这意味着我们可用 $e^{-q(T-t)}$ 股股票的远期合约空头（或多头）为 1 股股票多头（或空头）保值。对于不支付红利的股票，Delta 等于 1。

期货合约的 Delta 值有别于远期合约的 Delta。由于期货是每天结算的，因此期货合约的收益变化源于期货价格的变化，也就是说，我们需要运用期货价格公式计算出 Delta 值。因此，无收益资产和支付已知现金收益资产的期货合约的 Δ 值为 $\Delta = e^{r(T-t)}$。支付已知收益率(q)资产期货合约的 Δ 值为 $\Delta = e^{(r-q)(T-t)}$。

值得注意的是，这里给出的 Delta 值都是针对多头而言的，和期权一样，相应空头的 Delta 值只是符号发生了相反的变化。

这样，当证券组合中含有标的资产、该标的资产的各种期权和该标的资产的其他衍生证券的不同头寸时，该证券组合的 Δ 值就等于组合中各种资产 Δ 值的总和：

$$\Delta = \sum_{i=1}^{n} w_i \Delta_i \tag{16-2}$$

其中，w_i 表示第 i 种证券的数量，Δ_i 表示第 i 种证券的 Δ 值。

三、Delta 中性状态与套期保值

由于标的资产和相应的衍生证券可取多头或空头，因此其 Δ 值可正可负，这样，若组合内标的资产和期权及其他衍生证券数量搭配适当的话，整个组合的 Δ 值就可能等于 0。我们称 Δ 值为 0 的证券组合处于 Delta 中性状态。当证券组合处于 Δ 中性状态时，则标的资产价格小幅度的变化不会影响证券组合的价值，近似实现了套期保值。

值得强调的是，期权价格的各种影响因素也会影响 Delta 值，随着时间向前推移，衍生产品的 Delta 会发生变化，因此证券组合的 Δ 中性状态一般只能维持一个很短的时间。因此，我们只能说，当证券组合处于 Δ 中性状态时，该组合价值在一个"短时间"内不受标的资产价格波动的影响，从而实现了"瞬时"套期保值。

这样一个 Δ 中性状态的套期保值组合提示我们，当我们手中拥有某种资产或交易组合时，可以通过相应的标的资产、期权、期货等进行相互对冲，使证券组合的 Δ 值等于 0，也就是不受标的资产价格变化的影响。这种套期保值方法称为 Δ 中性保值法，又因为 Δ 中性保值只是在瞬间实现的，随着 S、$T-t$、r 和 σ 的变化，Δ 值也在不断变化，因此需要不断调整保值头寸以便使保值组合重新处于 Δ 中性状态，这种调整称为再均衡 (Rebalancing)，因此这种保值方法属于"动态套期保值"。

下面我们分别通过两个例子来说明运用期权为标的资产保值和运用标的资产或其他资产为期权保值的 Δ 中性保值法。

例 16-1 日本某公司半年后将收入 1 000 万美元，假设当前美元兑日元汇率为 1 美元=120 日元，日本的无风险连续复利年利率为 2%，美国为 5%，美元兑日元汇率的波动率每年 18%。为防止美元贬值，该公司打算用 6 个月期执行价格为 118 日元的美元欧式看跌期权进行保值，请问该公司应买入多少该期权？

$$d_1 = \frac{\ln\left(\frac{K}{S(0)}\right) + \left(r - r_f + \frac{1}{2}\sigma^2\right)(T-t)}{\sigma\sqrt{T-t}}$$

$$= \frac{\ln\left(\frac{118}{120}\right) + \left(2\% - 5\% + \frac{0.18^2}{2}\right) \times 0.5}{0.18 \times \sqrt{0.5}} = -0.186\,3$$

美元欧式看跌期权的 Δ 值为：

$$-e^{-r_f(T-t)}N(-d_1) = -e^{-5\% \times 0.5} \times N(0.186\,3) = -0.415\,6$$

美元现货的 Δ 值为+1，故 1 000 万美元现货头寸的 Δ 值为+1 000 万。为了抵消现货头寸的 Δ 值，该公司应买入的看跌期权数量等于：

$$\frac{1\,000}{0.415\,6} = 2\,406.16$$

也就是说，该公司要买入 2 406.16 万美元的欧式看跌期权。

当然，这只是适合汇率发生小幅度变动时的套期保值，并且只在短时间内有效。显然，在美元大幅度贬值时，美元看跌期权价格上升的幅度大于美元现货下降的幅度，投资者除了对冲了美元贬值的风险外，还能获得额外收益；而当美元大幅度升值时，美元看跌期权价格下降幅度小于现货价格上升幅度，投资者也能获得额外收益。事实上，上述结果的原因是由现货多头和看跌期权多头构成了一个 Gamma 为正的交易组合。由式 (16-1) 可以看出，不论资产价格如何变动，Gamma 为正的交易组合会带来正 Gamma 收益

$\frac{1}{2}\frac{\partial^2 f}{\partial^2 S}dS^2$。但是,如果持有了 Gamma 为负的交易组合,标的资产价格大幅度的变化会带来 Gamma 损失。后文我们还将研究 Gamma 中性对冲问题。

下面我们再考虑一个动态对冲问题。

例 16-2 某金融机构在 OTC 市场以 \$300 000 的价格出售了基于 100 000 股不付红利股票的欧式看涨期权。该股票的市场价格为 \$49,执行价格为 \$50,无风险利率为年利率 5%,股票价格波动率为年 20%,距离到期时间为 20 周(0.384 6 年)。由于该金融机构无法在市场上找到相应的看涨期权多头对冲,这样就面临着风险管理的问题①。

该金融机构可以用标的资产即股票为此期权进行 Δ 中性套期保值。由于该金融机构目前的头寸是欧式看涨期权空头,这意味着目前的 Δ 值是负的,金融机构需要用正的 Δ 值进行对冲,即应该购买标的资产,才能构建 Δ 中性组合。初始对冲头寸建立之后,金融机构还需要不断地调整标的资产的数量,以适应期权 Δ 值的变化。在实际中,过于频繁的动态调整需要相当的交易费用,因此假设金融机构每周调整一次标的资产的数量。

下面我们考虑通过蒙特卡罗模拟方法,模拟资产价格路径,并在每一条路径下对期权空头进行动态对冲,以检验动态对冲的效果。

如式(15-8)所示,我们将时间区间 $[0,T]$ 进行均等化划分 N 个时段,$0=t_0=t_1=\cdots=t_N=T$,其中 $t_i-t_{i-1}=\Delta t$,对资产价格进行离散化处理:

$$\ln S(t_i)-\ln S(t_{i-1})=\left(\mu-\frac{1}{2}\sigma^2\right)\Delta t+\sigma[B(t_i)-B(t_{i-1})] \tag{16-3}$$

其中,μ 为资产实际的期望收益率,$B(t_i)-B(t_{i-1})$ 是服从均值为 0,方差为 Δt 的正态分布,用标准正态分布乘以 $\sqrt{\Delta t}$ 对其进行模拟。

金融机构按照 t_0 时刻的市场价格 $c(t_0)$ 卖出一份期权后,初始时刻其对冲组合为 $\text{Delta}(t_0)$ 份的股票多头和 $\text{Delta}(t_0)\times S(t_0)$ 的无风险资产空头组成。假设在 t_{i-1} 时刻,在完成对冲调整后,现金空头的数量为 $V(t_{i-1})$。在 t_i 时刻,现金空头的本利和为 $e^{r\Delta t}V(t_{i-1})$,在新的价格 $S(t_i)$ 下重新计算出 $\text{Delta}(t_i)$,调整对冲投资组合产生的现金流为 $-S(t_i)(\text{Delta}(t_i)-\text{Delta}(t_{i-1}))$。在 t_i 时刻完成对冲组合调整后,现金空头的数量为 $e^{r\Delta t}V(t_{i-1})+S(t_i)(\text{Delta}(t_i)-\text{Delta}(t_{i-1}))$。依次类推,直到期权到期。如果期权到期时为实值期权,期末执行实值期权后,整个对冲组合的价值为 $-V(t_N)=\text{Delta}(t_{N-1})K-(1-\text{Delta}(t_{N-1}))\times(S(t_N)-K)-e^{r\Delta t}V(t_{N-1})$;如果期权到期时为虚值期权,整个对冲组合的价值为 $-V(t_N)=\text{Delta}(t_{N-1})S(t_N)-e^{r\Delta t}V(t_{N-1})$。套利结束后,如果 $c(t_0)-V(t_N)>0$,说明套利有正盈利;如果 $c(t_0)-V(t_N)<0$,说明套利产生亏损。

将题目信息总结如下:

---

① 该例子引自[加]约翰·赫尔等著,王勇等译. 期权、期货和衍生证券(第九版). 中译本. 北京:机械工业出版社,2015 年,第 317—319 页,作者做了一些修改。

$$S=49, K=50, r=0.05, \sigma=0.20, T-t=0.3846$$

看涨期权空头初始的 Delta 值为 $\Delta=-0.522$。这意味着在出售该看涨期权的同时，需要借入 $0.522\times100\,000\times49=\$2\,557\,800$ 并以 49 美元的价格购买 52 200 股股票。第一周内发生的相应利息费用为 \$2 500。表 16-2(a) 和表 16-2(b) 给出了期权到期时为实值和虚值两种状况下的模拟保值过程。

表 16-2(a)　Delta 对冲的模拟(实值期权的情形,对冲费用 263 300 美元)

周数	股票价格	Delta	本周购买股票数量	购买股票成本（单位：千美元）	累计成本(上周累积成本＋本周利息＋本周购买股票成本，单位：千美元)	利息费用（单位：千美元）
0	49	0.522	52 200	2 557.8	2 557.8	2.5
1	48.12	0.458	−6 400	−308.0	2 252.3	2.2
2	47.37	0.400	−5 800	−274.7	1 979.8	1.9
3	50.25	0.596	19 600	984.9	2 966.5	2.9
4	51.75	0.693	9 700	502.0	3 471.5	3.3
5	53.12	0.774	8 100	430.3	3 905.1	3.8
6	53.00	0.771	−300	−15.9	3 893.0	3.7
7	51.87	0.706	−6 500	−337.2	3 559.5	3.4
8	51.38	0.674	−3 200	−164.4	3 398.5	3.3
9	53.00	0.787	11 300	598.9	4 000.7	3.8
10	49.88	0.550	−23 700	−1 182.0	2 822.3	2.7
11	48.50	0.413	−13 700	−664.4	2 160.6	2.1
12	49.88	0.542	12 900	643.4	2 806.2	2.7
13	50.37	0.591	4 900	246.8	3 055.7	2.9
14	52.13	0.768	17 700	922.7	3 981.3	3.8
15	51.88	0.759	−900	−46.7	3 938.5	3.8
16	52.87	0.865	10 600	560.4	4 502.6	4.3
17	54.87	0.978	11 300	620.0	5 126.9	4.9
18	54.62	0.990	1 200	65.5	5 197.3	5.0
19	55.87	1.000	1 000	55.9	5 258.2	5.1
20	57.25	1.000	0	0.0	5 263.3	
总计			100 000			

从表 16-2(a)可知,到第一周末,股票价格下降到 48.12。这使 Delta 值下降到 0.458,要保持 Delta 中性,必须出售 6 400 股股票,得到 \$308 000 的现金,从而使成本下降。之后,如果 Delta 值上升,就需要再借钱买入股票;如果 Delta 值下降,就卖出股票减少借款。在期权接近到期时,很明显为实值期权,期权将被执行,Delta 值接近 1。因此,到 20 周时,该金融机构拥有 100 000,累积成本为 \$5 263 300。当期权被执行时,金融机构将其所持有的股票出售,获得 \$5 000 000,因此总的套期保值成本为 \$263 300,小于期初的期权价格 \$300 000,说明产生正的套利收益。

表 16-2(b)给出了另一种价格序列,即到期时期权处于虚值状态的情形。显然到期时期权不会被执行,Delta 值接近 0,而该金融机构最后不会持有标的资产,总计成本为 \$256 300,该路径下的套利组合成本也是小于 \$300 000,产生了正的套利收益。

如果我们基于资产价格的随机过程,模拟更多地股票价格路径,把所有资产价格路径下的对冲费用的平均值贴现到期初,则我们会发现对冲费用期望值的现值近似等于运用 Black-Scholes 期权定价公式计算出来的 \$240 000,但不完全相等,不完全相等的原因在于调整频率较低。如果提高再平衡的频率,对冲费用期望值的现值和期权价格的差距会减少。

表 16-2(b) Delta 对冲的模拟:虚值期权的情形,保值成本＝\$261 500

周数	股票价格	Delta	本周购买股票数量	购买股票成本（单位:千美元）	累计成本(上周累积成本＋本周利息＋本周购买股票成本,单位:千美元)	利息费用（单位:千美元）
0	49.00	0.522	52 200	2 557.8	2 557.8	2.5
1	49.75	0.568	4 600	228.9	2 789.2	2.7
2	52.00	0.705	13 700	712.4	3 504.3	3.4
3	50.00	0.579	−12 600	−630.0	2 877.7	2.8
4	48.38	0.459	−12 000	−580.6	2 299.0	2.2
5	48.25	0.443	−1 600	−77.2	2 224.9	2.1
6	48.75	0.475	3 200	156.0	2 383.0	2.3
7	49.63	0.540	6 500	322.6	2 709.0	2.6
8	48.25	0.420	−12 000	−579.0	2 131.5	2.1
9	48.25	0.410	−1 000	−48.2	2 085.4	2.0
10	51.12	0.658	24 800	1 267.8	3 355.2	3.2
11	51.50	0.692	3 400	175.1	3 533.5	3.4
12	49.88	0.542	−15 000	−748.2	2 788.7	2.7
13	49.87	0.538	−400	−20.0	2 771.4	2.7
14	48.75	0.400	−13 800	−672.7	2 101.7	2.0
15	47.5	0.236	−16 400	−779.0	1 324.4	1.3

续 表

周数	股票价格	Delta	本周购买股票数量	购买股票成本（单位：千美元）	累计成本（上周累积成本＋本周利息＋本周购买股票成本，单位：千美元）	利息费用（单位：千美元）
16	48.00	0.261	2 500	120.0	1 445.7	1.4
17	46.25	0.062	−19 900	−920.4	526.7	0.5
18	48.13	0.183	12 100	582.4	1 109.6	1.1
19	46.63	0.007	−17 600	−820.7	290.0	0.3
20	48.12	0.000	−700	−33.7	256.6	
总计			0			

按照式(16-3)，多次模拟股票价格路径，每一条路径下都可以按照表 16-2 的方式计算该路径下期权对冲盈亏，图 16-4 在模拟了 10 000 条路径下，计算出的不同概率水平下盈亏的分位数。从图可以看出，在对冲后，亏损的概率大概在 10% 左右。

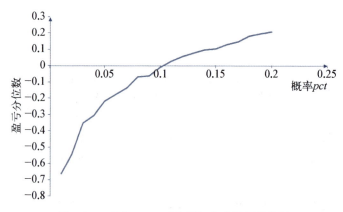

图 16-4　动态 Delta 对冲期权空头盈亏分位数

设定概率 5%，图 16-5 表明，当时间区间个数 N 增加时，对冲效果逐步改善，越来越接近完全对冲。

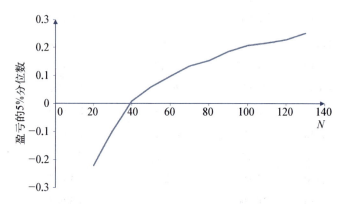

图 16-5　动态 Delta 对冲期权空头盈亏的 5% 分位数与模拟步数之间的关系

在实际操作中，Delta 中性保值方法更常见的是利用同种标的资产的期货头寸而非现货头寸来进行保值，可以获得杠杆作用，减少利息费用。利用期货合约并不一定需要和期权合约的到期日相同，往往需要选择到期时间更长的期货合约对期权合约进行套期保值。以无收益资产期货合约为例，由于 $\Delta=e^{r(T-t)}$，这意味着 $e^{-r(T-t)}$ 个期货单位对标的资产价格变动的敏感性与一个标的资产对其自身价格变化的敏感性是相同的，因此

$$H_F = e^{-r(T-t)} H_A / N \tag{16-4}$$

其中 H_F 和 H_A 分别代表在 t 时刻实现 Delta 中性所需要的期货合约数和标的资产头寸数，N 表示一份期货合约的名义金额。

第三节 Theta 与套期保值

一、期权 Theta 值的性质和特征

期权的 Theta(Θ)用于衡量期权价格对时间变化的敏感度，是期权价格变化与时间变化的比率，期权价格对时间 t 的偏导数。如表 16-1 所示，欧式看涨期权的 Theta 值为 $-e^{-q\tau}S(t)\dfrac{n(d_1)\sigma}{2\sqrt{\tau}} - rKe^{-r\tau}N(d_2) + qe^{-q\tau}S(t)N(d_1)$，欧式看跌期权的 Theta 值为 $-e^{-q\tau}S(t)\dfrac{n(d_1)\sigma}{2\sqrt{\tau}} + rKe^{-r\tau}N(-d_2) - qe^{-q\tau}S(t)N(-d_1)$。

Theta 值具有以下一些性质：

当越来越临近到期日时，期权的时间价值越来越小，因此期权的 Theta 几乎总是负的[①]。它代表的是期权的价值随着时间推移而逐渐衰减的程度。

期权的 Theta 值同时受 S、$T-t$、r 和 σ 的影响。我们还是选取 $S(0)=50, r=6\%$，$\sigma=0.3$，$T-t=\tau=1$ 和 $q=2\%$，$K=50$ 为基准参数。

看涨期权的 Theta 值与标的资产价格的关系曲线如图 16-6 所示。当 S 很小时，Theta 近似为 0，当 S 在 K 附近时，Theta 很小。当 S 升高时，Θ 趋近于 $-rKe^{-r(T-t)}$。一般来说，当其他情况一定时，平值期权的 Theta 绝对值最大；实值和虚值期权 Theta 值的变化则比较复杂：对看涨期权来说，深度实值时的期权 Theta 绝对值常常大于深度虚值时的 Theta 绝对值；而对于看跌期权来说，深度实值时的期权 Theta 绝对值则通常小于深度虚值时的 Theta 绝对值。Charm$=-\dfrac{\partial \Theta}{\partial S}$ 可以迎来监控标的资产的价格对 Theta 的值的影响。

其次，在第十一章中我们已经知道，时间价值是期权价值的一部分，而时间价值与期权剩余期限的长短并不呈现线性关系。随着到期期限的临近，时间价值将以越来越快的

[①] 有一些例外。如对于处于实值状态的无收益资产欧式看跌期权和处于实值状态的附有很高利率的外汇的欧式看涨期权来说，Theta 可能为正。

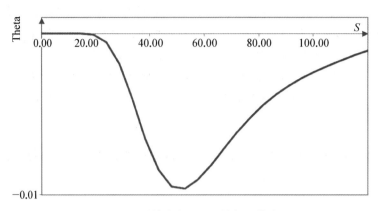

图 16-6 看涨期权 Theta 值与 S 的关系

速度消失。根据这一特征,可以推知在一般情况下,期权剩余期限越长,其 Theta 的绝对值越小;而期权剩余期限越短,其 Theta 的绝对值越大。

如图 16-7 所示,看涨期权的 Θ 值与 $T-t$ 之间的关系跟期权的实值、平价和虚值状态有关,实值和虚值期权的 Θ 值与 $T-t$ 之间的关系基本相似,但与平价期权存在很大的差异。

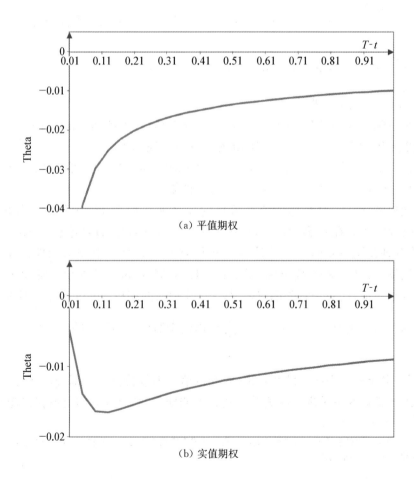

(a) 平值期权

(b) 实值期权

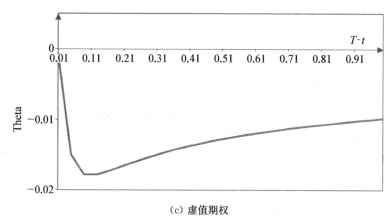

(c) 虚值期权

图 16-7 看涨期权和 Theta 值与有效期之间的关系

如图 16-8 所示，在其他条件一定时，Theta 值的大小与标的资产价格波动率也有关系。一般来说，波动率越小，Theta 的绝对值也越小；波动率越大，Theta 的绝对值也越大。Veta$=-\dfrac{\partial \Theta}{\partial \sigma}$ 可以用来监测波动率对 Theta 的影响。

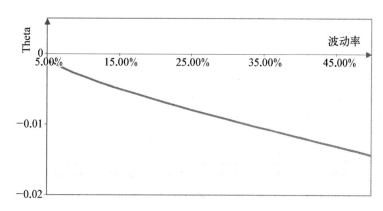

图 16-8 看涨期权和 Theta 值与波动率之间的关系

二、Theta 值与套期保值

作为对冲参数，Theta 和 Delta 有很大的差异，我们知道标的资产价格具有很大的不确定性，但时间的走向是确定的。通过对冲来消除组合关于标的资产价格的不确定性具有很大的意义，但没有必要对冲随时间而确定性的变化。

因此，Theta 值与套期保值并没有直接的关系，但它与 Delta 及下文的 Gamma 值有较大关系。同时，在期权交易中，尤其是在差期交易中，由于 Theta 值的大小反映了期权购买者随时间推移所损失的价值，也反映了期权出售者随时间推移而增加的价值，因而无论对于避险者、套利者还是投资者而言，Theta 值都是一个重要的敏感性指标。

第四节 Gamma 与套期保值

一、期权 Gamma 值的性质和特征

期权的 Gamma(Γ)是一个与 Delta 联系密切的敏感性指标,它等于期权价格对标的资产价格的二阶偏导数,也等于期权的 Delta 对标的资产价格的一阶偏导数,衡量了该证券的 Delta 值对标的资产价格变化的敏感度。从几何上看,它反映了期权价格与标的资产价格关系曲线的凸度。

如表 16-1 所示,欧式看涨期权和欧式看跌期权的 Gamma 都是 $e^{-q\tau}\dfrac{n(d_1)}{S\sigma\sqrt{\tau}}$ $\left(=Ke^{-r\tau}\dfrac{n(d_2)}{S^2\sigma\sqrt{\tau}}\right)$。期权的 Gamma 值也会随着 S、T-t、r 和 σ 的变化而变化。图 16-9 和图 16-10 分别表示了它与 S 及 T-t 的关系。

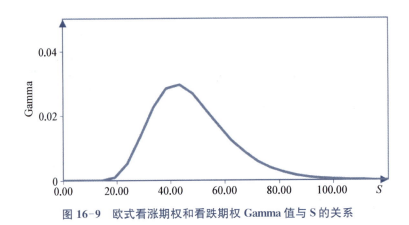

图 16-9 欧式看涨期权和看跌期权 Gamma 值与 S 的关系

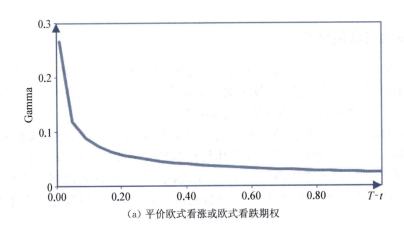

(a) 平价欧式看涨或欧式看跌期权

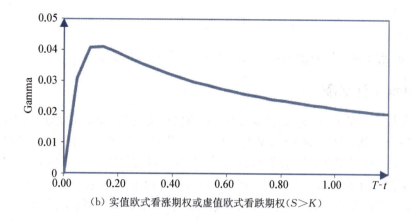

(b) 实值欧式看涨期权或虚值欧式看跌期权($S>K$)

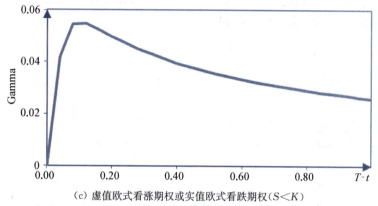

(c) 虚值欧式看涨期权或实值欧式看跌期权($S<K$)

图 16-10　看涨期权和欧式看跌期权 Gamma 值与 $T-t$ 的关系

从图 16-8 可以看出，当 S 在 K 附近时，Γ 值最大，即 Delta 值对于 S 最敏感。Speed $= \dfrac{\partial \Gamma}{\partial S}$ 可以监控标的资产价格变化对 Gamma 值影响。

从图 16-10 可以看出，对于平价期权来说，期权有效期很短时，Gamma 值将非常大，即 Δ 值对 S 非常敏感。虚值期权和实值期权的 Gamma 值与 $T-t$ 的关系基本类似。

从期权价值来看，一般情况下，随着到期日的临近，深度实值和深度虚值的期权 Gamma 值几乎为 0，而平值期权的 Gamma 会加速上升；在期权快到期时，平值期权的 Gamma 值达到最大。因此，尤其要注意的是短期平值期权，因为 Gamma 值很高，期权的头寸对于标的资产价格的变动非常敏感，很可能会导致 Delta 中性策略失效。Color $= \dfrac{\partial \Gamma}{\partial \tau}$ 可以用于监控 Gamma 值在时间上的变动。

二、证券组合的 Gamma 值

对于标的资产及远期和期货合约来说，Gamma 值均为 0。这意味着只有期权有 Gamma 值。因此，当证券组合中含有标的资产和该标的资产的各种期权和其他衍生产品时，该证券组合的 Γ 值就等于组合内各种期权 Γ 值与其数量乘积的总和：

$$\Gamma = \sum_{i=1}^{n} w_i \Gamma_i \tag{16-5}$$

其中，w_i 表示第 i 种期权的数量，Γ_i 表示第 i 种期权的 Γ 值。

三、Gamma 中性状态

由于期权多头的 Gamma 值总是正的，而期权空头的 Gamma 值总是负的，因此若在一个交易组合里既有期权得多头，又有期权空头，期权多头和空头数量配合适当的话，该组合的 Gamma 值就等于零。我们称 Gamma 值为零的证券组合处于 Gamma 中性状态。

交易组合组合的 Gamma 值可以衡量 Delta 中性保值法的保值误差。这是因为期权的 Delta 值是期权价格与标的资产价格关系曲线切线的斜率，实际上是用切线上的变动近似代替曲线上的变动，因此当 S 变动量较大时，用 Delta 估计出的期权价格的变动量与期权价格的实际变动量就会有较大的偏差。

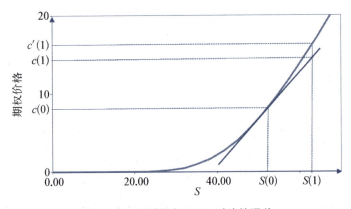

图 16-11 看涨期权 Delta 对冲的误差

从图 16-11 可以看出，当标的资产价格从 $S(0)$ 上涨到 $S(1)$ 时，Delta 衡量的价格变动是期权价格从 $c(0)$ 增加到 $c(1)$，而实际上是从 $c(0)$ 增加到 $c'(1)$，$c(1)$ 和 $c'(1)$ 之间的误差就是用 Delta 计算价格变动时产生的误差。这种误差的大小取决于期权价格与标的资产价格之间关系曲线的曲度。曲度越大，Gamma 值越大，产生的误差也越大。

当 Gamma 的绝对值很小时，表明 Delta 的变化速度很慢，此时投资者进行的 Delta 中性交易不需要调整太频繁。但是，如果 Gamma 的绝对值很大时，表明 Delta 的变化速度非常快。此时，时间对于期权价格的作用很强，Delta 中性交易组合策略需要及时调整，否则会存在很大风险。

从 Gamma 取值方向来看，不同方向的取值也会存在不同的风险。对所有期权的买入者而言，无论是看涨期权还是看跌期权，Gamma 皆为正值。这意味着当标的资产的头寸往有利方向变动时，期权头寸增值速度加快；标的资产的头寸往不利方向变动时，期权头寸会减值速度降低。因此，正值的 Gamma 对投资者有利。对于期权的卖出者而言，Gamma 却始终是负值，情况也恰恰相反。但是，当投资组合的 Gamma 为正时，时间损耗 Theta 多数是负的，这说明投资者将承担期权时间价值的损耗。相反，当 Gamma 为负时，

Theta 往往是正的。这表明当空方投资者承担了一定的负 Gamma 风险时,却得到了时间价值上的优势。总而言之,投资者在做多 Gamma 时,要注意时间上的风险。

为了消除 Delta 中性套期保值的误差,我们应该调整交易组合比例,使组合的 Gamma 中性化,即交易组合的 Gamma 值为 0。值得注意的是,标的资产或期货头寸等不具有选择权的资产的 Gamma 值为 0,而看涨期权和看跌期权多头的 Gamma 值为正,空头的 Gamma 值为负。因此,为了调整原有交易组合的 Gamma 值,只能加入期权得多头或者空头。由于证券组合的 Gamma 值会随时间变化而变化,因此随时间流逝,我们要不断调整期权头寸和标的资产或期货头寸,才能保持保值组合处于 Γ 中性状态。

例 16-3 假设与某个股票相关联的 Delta 中性的套期保值组合的 Gamma 值等于 $-5\,400$,该股票的某个看跌期权多头的 Delta 和 Gamma 值分别等于 -0.60 和 0.2。为使保值组合 Gamma 中性,并保持 Delta 中性,在该 Delta 中性组合的基础上应再购买多少份该股票期权,同时买入多少份股票?

该组合应购入的看跌期权数量等于:

$$\frac{5\,400}{0.2}=27\,000$$

由于购入 27 000 份看跌期权后,新组合的 Delta 值将由 0 减少为 $27\,000 \times (-0.60)= -16\,200$。因此,为保持 Delta 中性,应购买 16 200 份标的资产。

四、Delta、Theta 和 Gamma 之间的关系

在第十二章,我们曾讨论过期权价格 f 必须满足 Black-Scholes 微分方程式 (13-1),即

$$\frac{\partial f}{\partial t}+(r-q)S\frac{\partial f}{\partial S}+\frac{1}{2}\sigma^2 S^2 \frac{\partial^2 f}{\partial S^2}=rf$$

根据我们在本节的定义:

$$\frac{\partial f}{\partial t}=\Theta, \quad \frac{\partial f}{\partial S}=\Delta, \quad \frac{\partial^2 f}{\partial S^2}=\Gamma$$

因此,

$$\Theta+(r-q)S\Delta+\frac{1}{2}\sigma^2 S^2 \Gamma = rf \tag{16-6}$$

该公式对单个期权和多个期权组合都适用。

对于处于 Delta 中性状态的组合来说,

$$\Theta+\frac{1}{2}\sigma^2 S^2 \Gamma = rf$$

这意味着,对于 Delta(Δ)中性组合来说,若 Theta(Θ)为负值并且很大时,Gamma(Γ)

将会为正值并且也很大。

对于处于 Delta 中性和 Gamma 中性状态的组合来说，

$$\Theta = rf$$

这意味着，Delta 中性和 Gamma 中性组合的价值将随时间以无风险连续复利率的速度增长，即该组合是一个无风险交易组合。

关于 Delta，Theta 和 Gamma 三者之间的符号关系如表 16-3 所示。

表 16-3 Delta、Theta 和 Gamma 三者之间的符号关系

	Delta	Theta	Gamma
多头看涨期权	+	−	+
多头看跌期权	−	−	+
空头看涨期权	−	+	−
空头看跌期权	+	+	−

从表中可以看出，Gamma 的符号总是与 Theta 的符号相反。这意味着持有正 Gamma 的交易组合其 Theta 值必定为负。如前文所述，一个 Delta 为 0 的高 Gamma 组合首当其冲的问题是 Theta 反映的期权时间价值的消失问题。

第五节 Vega、Rho 与套期保值

一、Vega 与套期保值

期权的 Vega 用于衡量该衍生产品的价值对标的资产价格波动率的敏感度，它等于期权价格对标的资产价格波动率（σ）的偏导数。从表 16-1 可以看出，欧式看涨期权和欧式看跌期权的 Vega 具有相同的表达式

$$S(t)e^{-q\tau}n(d_1)\sqrt{\tau} = Ke^{-r\tau}n(d_2)\sqrt{\tau}$$

标的资产远期和期货合约的 Vega 值等于零。

应该注意的是，上述 Vega 值是根据 Black-Scholes-Merton 期权定价公式算出的，而这 BSM 公式假定 σ 为常数。因此，这里假定了波动率为常数情况下的与波动率是随机变量情况下具有相同的期权定价公式。显然，实际情况不是这样的。

从上述公式可以看出，Vega 值总是正的，但其大小取决于 S、$T-t$、r 和 σ。图 16-12 所示，Vega 值与 S 的关系和 Gamma 的值与 S 的关系很相似。Vanna = $\dfrac{\partial \nu}{\partial S}$ 用于监控标的资产价格对 Vega 的影响。

相同标的资产的证券组合的 Vega 值等于该组合中各资产的数量与各资产的 Vega 值乘积的总和。证券组合的 Vega 值越大，说明其价值对波动率的变化越敏感。我们可以

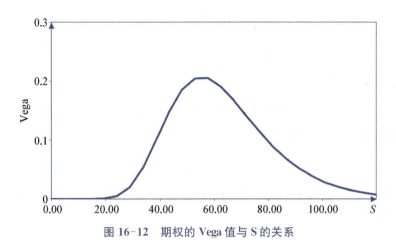

图 16-12 期权的 Vega 值与 S 的关系

通过加入该标的资产的某种期权的多头或空头来改变证券组合的 Vega 值。只要期权的头寸适量,新组合的 Vega 值就可以等于零,我们称此时证券组合处于 Vega 中性状态。

要注意的是,当我们调整期权头寸使证券组合处于 Vega 中性状态时,新期权头寸会同时改变证券组合的 Gamma 值,因此若套期保值者要使证券组合同时达到 Gamma 中性和 Vega 中性,至少要使用同一标的资产的两种期权。

如 Γ_P 和 Λ_P 分别为原证券组合的 Gamma 值和 Vega 值,Γ_1 和 Γ_2 分别是期权 1 和期权 2 的 Gamma 值,Λ_1 和 Λ_2 分别是期权 1 和期权 2 的 Vega 值,w_1 和 w_2 分别代表为使新组合处于 Gamma 中性和 Vega 中性需要的期权 1 和 2 的数量,则通过下述联立方程求得 w_1 和 w_2:

$$\begin{cases} \Gamma_P + w_1 \Gamma_1 + w_2 \Gamma_2 = 0 & (16\text{-}7) \\ \Lambda_P + w_1 \Lambda_1 + w_2 \Lambda_2 = 0 & (16\text{-}8) \end{cases}$$

例 16-4 某个证券组合处于 Delta 中性状态,证券组合的 Gamma 值为 $-3\,000$,Vega 值为 $-5\,000$。期权 1 的 Gamma 值为 0.2、Vega 值为 0.4、Delta 值为 0.8,期权 2 的 Gamma 值为 0.3、Vega 值为 0.8、Delta 值为 0.6。求应持有多少期权头寸才能使该组合处于 Γ 和 Λ 中性状态?

根据式(16-7)、式(16-8)我们有:

$$\begin{cases} -3\,000 + 0.2\,w_1 + 0.3\,w_2 = 0 \\ -5\,000 + 0.4w_1 + 0.8w_2 = 0 \end{cases}$$

求解这个方程组得:$w_1 = 22\,500$,$w_2 = -5\,000$。因此,我们在原有证券组合里加入 22 500 份第一种期权的多头和 5 000 份第二种期权的空头,能将该组合调整为 Gamma 和 Vega 中性状态。

加上这两种期权头寸后,新组合的 Delta 值为 $22\,500 \times (0.8) + (-5\,000) \times 0.6 = 15\,000$。因此需卖出 15 000 份标的资产才能使该组合调整为 Delta 中性状态。

二、Rho 与套期保值

期权的 Rho 用于衡量期权价格对利率变化的敏感度,它等于期权价格对利率的偏导

数。表16-1里,给出了欧式看涨期权 Rho 计算公式为:

$$K(T-t)e^{-r(T-t)}N(d_2)$$

欧式看跌期权 Rho 计算公式为:

$$-K(T-t)e^{-r(T-t)}N(-d_2)$$

另外,期货价格的 Rho 值为:

$$\rho=(T-t)F$$

标的资产的 Rho 值为 0。因此,我们可以通过改变期权或期货头寸来使交易组合处于 Rho 中性状态。

第六节 其他欧式期权的希腊字母与套期保值

一、交换期权和远期期权的希腊字母

(一) 交换期权的希腊字母

利用交换期权的 Margrabe 定价公式式(13-21),我们可以得到交换期权价格对其影响因素的敏感性系数,即希腊字母:

(1) $\dfrac{\partial f}{\partial S_1}=e^{-q_1\tau}N(d_1)$,$\dfrac{\partial f}{\partial S_2}=e^{-q_1\tau}N(d_1)$

(2) $\dfrac{\partial^2 f}{\partial S_1^2}=e^{-q_1\tau}\dfrac{n(d_1)}{S_1(t)\sigma\sqrt{\tau}}$,$\dfrac{\partial^2 f}{\partial S_2^2}=e^{-q_2\tau}\dfrac{n(d_2)}{S_2(t)\sigma\sqrt{\tau}}$,$\dfrac{\partial^2 f}{\partial S_1\partial S_2}=-e^{-q_1\tau}\dfrac{n(d_1)}{S_2(t)\sigma\sqrt{\tau}}$

(3) $\dfrac{\partial f}{\partial \sigma}=\sqrt{\tau}S_1(t)e^{-q_1\tau}n(d_1)$,

(4) $-\dfrac{\partial f}{\partial \tau}=-e^{-q_1\tau}S_1(t)\dfrac{n(d_1)\sigma}{2\sqrt{\tau}}-q_2S_2(t)e^{-q_2\tau}N(d_2)+q_1e^{-q_1\tau}S_1(t)N(d_1)$

(二) 远期期权的希腊字母

欧式看涨远期期权价格记为 f_c,针对式(13-36),我们可以计算出欧式看涨远期期权的希腊字母:

(1) $\dfrac{\partial f_c}{\partial F}=P(t,T')N(d_1)$,$\dfrac{\partial f_c}{\partial P}=F(t)N(d_1)-KN(d_2)$

(2) $\dfrac{\partial^2 f_c}{\partial F^2}=\dfrac{P(t,T')n(d_1)}{\sigma\sqrt{\tau}F(t)}$,$\dfrac{\partial^2 f_c}{\partial P^2}=0$,$\dfrac{\partial^2 f_c}{\partial F\partial P}=N(d_1)$

(3) $\dfrac{\partial f_c}{\partial \sigma}=\sqrt{\tau}P(t,T')F(t)n(d_1)$

(4) $-\dfrac{\partial f_c}{\partial \tau}=\dfrac{\sigma P(t,T')F(t)n(d_1)}{2\sqrt{\tau}}$

利用欧式看涨远期期权和看跌远期期权的平价关系,可以求得欧式看跌远期期权的希腊字母。

二、交换期权和远期期权的套期保值

交换期权和远期期权的套期保值与普通期权的类似。卖出一份交换期权,需要买进 $e^{-q_1\tau}N(d_1)$ 份的第一个标的资产和卖出 $e^{-q_1\tau}N(d_1)$ 份的第二个标的资产进行 Delta 对冲,所需的资金正好等于卖出一份交换期权收到的现金,因此组合的成本等于 0。随着时间的前行,也需要对对冲组合进行动态调整。如果要对交换期权进行 Gamma 对冲,对冲组合里还需要加入这两个标的资产的其他期权。

远期期权是交换期权的特例,读者可以仿照交换期权,对远期期权空头的 Delta 套期保值进行分析。

第七节 现实中的期权套期保值

一、套期保值中的流动性和交易费用约束

在理想世界里,金融机构的交易员可以随时调整对冲组合以确保交易组合所有希腊字母均为 0,但在现实中是不可能做到的。主要受到以下几个方面的约束。

首先,是受到市场流动性约束。在管理某一资产的交易组合时,交易员通常至少每天重新平衡一次组合,以保证交易组合处于 Delta 中性或者近似中性状态。但是,由于调整交易组合的 Gamma 和 Vega 值时,只能使用期权类或者其他非线性产品,但市场上一时很难找到价格合理且适量的这类产品用于对冲。因此,交易员在每天交易结束时会保证加以组合的 Delta 值为 0 或者近似为 0,Gamma 和 Vega 值会得到监控,这类风险并不是每天得到调整。

通常,金融机构经常因业务需要,经常向客户出售一些期权,因此日积月累会积累一些负的 Gamma 和 Vega。金融机构短期内只有持有这些负的 Gamma 和 Vega,在市场有合适机会的时候,买入一些期权来降低所面临的 Gamma 和 Vega 风险。

另外一方面,即便有流动性很高的场内期权市场,但频繁地调整对冲组合面临高额的交易费用。因此在实际运用中,套期保值者更倾向于使用 Delta、Gamma、Vega、Theta 和 Rho 等参数来评估其交易组合的风险,然后根据他们对 S、r、σ 等未来运动情况的预测,考虑是否有必要对交易组合进行调整。如果风险是可接受的,或对自己有利,则不调整,若风险对自己不利且是不可接受的,则进行相应调整。

二、情景分析用于套期保值

在期权套期保值过程中,影响最大的是标的资产价格和波动率的变化对证券组合的影响,分别用 Delta、Gamma 和 Vega 这些参数来度量和管理这些变量的风险。在现有的分析中,基本是假定其他变量不变的情况下,分析某一个因素的变动对证券组合的影响。

大量的研究表明,资产价格变动与波动率存在高度相关性。例如,在许多市场波动率和收益率负相关,且负收益引起的波动率上升幅度高于正收益引起的波动率下降幅度。

又如,波动率变化与股价变化不一定线性相关,小幅股价波动不一定带来波动率变化,股价变动突破一定阈值后则可能带来波动率跳跃。

随着证券组合中期权合约数量的增加,Gamma 的"局部性"和"非线性"特征将愈加明显,例如 Gamma 可以在股价 100 元时为正,101.65 元时为负,在股价更高时又为正。股价变化不仅可能带来波动率变化,还可能带来包括利率等其他因素的变化,还需要考虑利率和波动率相关性。

考虑到现实中的证券组合的价格影响因素之间复杂性,除了使用 Delta、Gamma 和 Vega 等指标度量风险和套期保值外,交易员还使用情景分析。通过对证券组合的多个影响因素设定在一定期限内的一系列的情景,并计算不同情景下证券组合的价值变化,为对冲风险提供建议。

例如,考虑一个投资者持有一个包含股票和股票期权的一个证券组合,组合的价值主要取决于股票价格和股票波动率这两个变量。假定当前股票价格为 50 元,波动率为 20%。如表 16-4 所示,投资者可以设定未来两周内股票价格和股票波动率的不同情景,并计算每个情景下的证券组合盈亏(图 16-13)。

表 16-4 在不同情景下某股票和股票期权组合在两周内的盈亏

波动率	股 票 价 格						
	20	30	40	50	60	70	80
10%	−300	−250	−185	−60	108	245	328
15%	−280	−239	−173	−54	129	267	347
20%	−245	−224	−157	0	145	298	365
25%	−220	−208	−139	48	178	317	391
30%	−200	−189	−125	56	194	343	407
40%	−172	−164	−116	68	201	365	431

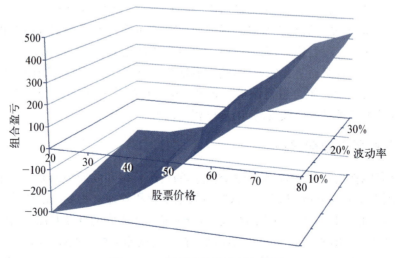

图 16-13 盈亏的情景分析三维图

重 要 概 念

期权价格敏感性　期权的套期保值　期权 Delta 值　期权 Gamma 值　期权 Theta 值　期权 Vega 值　期权 Rho 值　期权 Delta 中性状态　Gamma 中性状态　Vega 中性状态

习题与思考题

1. Delta 中性、Gamma 中性、Vega 中性、Theta 中性和 Rho 中性是什么，解释它们之间的关系。
2. 无风险年利率为 5%，股票价格的年波动率为 30%。计算标的为不支付红利的股票、3 个月期的平价欧式看涨期权的 Delta 值。
3. 一个看涨期权的 Delta 值为 0.8 意味着什么？若每个期权的 Delta 值均为 0.8，如何使一个 100 个看涨期权的多头变成 Delta 中性？
4. 以年计，一个期权头寸的 Theta 值为 −0.05 意味着什么？若一个交易者认为股票价格的隐含波动率都不会变，那么期权头寸是什么类型？
5. 为什么说对于处于实值状态的无收益资产欧式看跌期权和处于实值状态的附有很高利率的外汇的欧式看涨期权来说，Theta 可能为正？
6. 分析远期期权空头的 Delta 套期保值。
7. 有三个看涨期权，A、B 和 C，标的资产相同，价格均为 90 元，无风险年利率为 6%，年波动率为 25%。A 的执行价格为 80 元，还有 60 天到期；B 的执行价格为 85 元，还有 90 天到期；C 的执行价格为 90 元，还有 120 天到期。计算上述期权的价格、Delta 值和 Gamma 值。
8. 用第 7 题的数据计算：如果已有一份看涨期权 A，如何用 B 和 C 构造一个 Delta 中性组合？如何用 A、B 和 C 构造一个同时达到 Delta 中性和 Gamma 中性的组合？
9. 某金融机构刚出售一些 6 个月期的欧元欧式看涨期权，假设现在日元的汇率为 1 欧元 = 0.85 美元，期权的协议价格为 0.88 美分，美元和欧元的无风险利率分别为 6% 和 4%，欧元汇率的年波动率为 12%，请计算该期权的 Delta、Gamma、Vega、Theta、Rho 值，并解释其含义。

第十七章

衍生产品数值定价模型

> **学习目标**
>
> 在第十三章中,我们通过鞅定价方法求出了许多期权精确的解析定价公式。但是,对很多更为复杂期权或包含期权的衍生产品,我们无法得到解析解,这时人们经常采用数值方法(Numerical Procedures)为这些衍生产品定价,其中包括二叉树方法(Binomial Trees)、蒙特卡罗模拟(Monte Carlo Simulation)和有限差分方法(Finite Difference Methods)。当衍生产品回报依赖于标的变量所遵循的历史路径时(如将在第十九章看到的路径依赖期权),或是衍生产品回报取决于多个标的变量的时候,或者标的资产价格的波动率是时变的,可以用蒙特卡罗模拟为期权定价。二叉树图和有限差分方法则比较适用于有提前执行可能性的衍生产品定价。在这一章里,我们将介绍如何借助上述三种数值方法来为衍生产品定价。

第一节 二叉树期定价模型

一、二叉树模型的基本方法

Black-Scholes-Merton 期权定价模型的提出是一个开创性的研究。然而,由于该模型需要随机过程、偏微分方程求解等比较复杂的数学方法,对大多数人而言较难理解和操作,特别是处理美式期权和路径依赖期权等复杂衍生产品上存在更多的困难。1979 年,J. Cox、S. Ross 和 M. Rubinstein 发表《期权定价:一种被简化的方法》[1]一文,用一种比较浅显的方法导出了期权定价模型,这一模型被称为"二叉树模型(the Binomial Model)"。二叉树模型的优点在于其比较简单直观,不需要太多的数学知识就可以加以应用。同时,它不仅可以为欧式期权定价,而且可以为美式期权定价;不仅可以为无收益资产定价,而且可以为有收益资产定价,应用相当广泛,目前已经成为金融界最基本的期权定价方法之一。

---

[1] J. Cox, J., Ross, S., and Rubinstein: "Option Pricing: A Simplified Approach", *Journal of Financial Economics*, September, 1979: 7.

(一) 单步二叉树

我们先介绍单步二叉树模型,之后再逐步加以扩展。在我们这里介绍的二叉树模型中,假设标的资产在期权有效期内是不支付现金收益的,后续的模型将放弃该假设,考虑支付各种形式收益的二叉树模型。

二叉树模型首先把期权的有效期分为很多很小的相等的时间间隔 Δt,并假设在每一个时间间隔 Δt 内标的资产价格只有两种运动的可能:从开始的 S 上升到原先的 u 倍,即到达 Su;下降到原先的 d 倍,即 Sd。其中,$u>1, d<1$,如图 17-1 所示。相应地,期权价值也会有所不同,标的资产价格上升和下跌时的期权价值分别为 f_u 和 f_d。

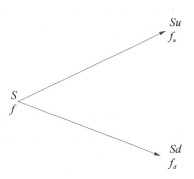

图 17-1 Δt 时间内标的资产价格和期权的价格的变动

在较大的时间间隔内,这种二值运动的假设显然不符合实际,会引起很大的误差。但是,当时间间隔非常小的时候,比如在每个瞬间,资产价格只有这两个运动方向的假设是可以接受的。因此,二叉树模型实际上是在用大量离散的小幅度二值运动来近似模拟连续的资产价格运动。

运用单步二叉树为期权定价,可以有两种方法:无套利定价法和风险中性定价法。

1. 无套利定价法

由于期权价值依赖于标的资产的价格,如对于期限为 Δt 看涨期权,$f_u = \max(0, Su-k)$,$f_d = \max(0, Sd-k)$。在如图 17-1 的单步二叉树中,我们可以构造一个投资组合,包括 Δ 股标的资产多头和一个看涨期权空头。取适当的 Δ 值,使

$$Su\Delta - f_u = Sd\Delta - f_d \tag{17-1}$$

因此,当 $\Delta = \dfrac{f_u - f_d}{Su - Sd}$ 时,无论股票价格上升还是下跌,该组合的价值都相等。显然,该组合为无风险组合,因此我们可以用无风险利率对 $Su\Delta - f_u$ 或 $Sd\Delta - f_d$ 贴现来求该组合的现值。在无套利机会的假设下,该组合的收益现值应等于构造该组合的成本,即

$$S\Delta - f = (Su\Delta - f_u)e^{-r\Delta t} \tag{17-2}$$

其中,r 是连续无风险利率。将 $\Delta = \dfrac{f_u - f_d}{Su - Sd}$ 代入上式,整理后可得到,

$$f = e^{-r\Delta t}\left[\dfrac{e^{r\Delta t} - d}{u - d} f_u + \left(1 - \dfrac{e^{r\Delta t} - d}{u - d}\right) f_d\right] \tag{17-3}$$

2. 风险中性定价法

在第四章中已经探讨过,我们可以在风险中性概率测度下对期权定价进行定价,也可以在二叉树模型中应用风险中性定价方法。首先,需要确定风险中性概率测度下二叉树模型中的参数 p、u 和 d,从而为期权定价。

在风险中性世界里：

(1) 所有可交易证券的期望收益都是无风险利率；

(2) 未来现金流可以用其期望值按无风险利率贴现。

在风险中性概率测度下，标的资产的预期收益率应等于无风险利率 r，因此若期初的证券价格为 S，则在 Δt 时刻的标的资产价格期望值应为 $Se^{r\Delta t}$。因此，参数 p、u 和 d 的值必须满足这个要求，即

$$Se^{r\Delta t} = pSu + (1-p)Sd$$

$$e^{r\Delta t} = pu + (1-p)d \tag{17-4}$$

二叉树模型也假设证券价格遵循几何布朗运动，在资产价格几何布朗运动假设下，在一个时间段 Δt 内标的资产价格变化的方差是 $S^2 e^{2r\Delta t}(e^{\sigma^2 \Delta t} - 1)$。一个变量 Y 的方差等于 $E[Y^2] - [E(Y)]^2$，因此有

$$S^2 e^{2r\Delta t}(e^{\sigma^2 \Delta t} - 1) = pS^2 u^2 + (1-p)S^2 d^2 + [pu + (1-p)d]^2 S^2$$

即

$$e^{2r\Delta t}(e^{\sigma^2 \Delta t} - 1) = pu^2 + (1-p)d^2 + [pu + (1-p)d]^2 \tag{17-5}$$

式(17-4)和式(17-5)给出了计算 p、u 和 d 的两个条件。Cox、Ross 和 Rubinsteins 设定的第三个条件是①：

$$u = \frac{1}{d} \tag{17-6}$$

当 Δt 很小时，从以上三个条件可以求得：

$$p = \frac{e^{r\Delta t} - d}{u - d} \tag{17-7}$$

$$u = e^{\sigma\sqrt{\Delta t}} \tag{17-8}$$

$$d = e^{-\sigma\sqrt{\Delta t}} \tag{17-9}$$

因此，期权价格：

$$f = e^{-r\Delta t}[pf_u + (1-p)f_d] \tag{17-10}$$

比较式(17-3)和式(17-10)，我们可以看到，无套利定价法和风险中性定价法结果是相同的，这与我们在第四章已经证明了的结论是一致的。

一般来说，在运用二叉树方法时，风险中性定价是常用的方法，用来确定模型的参数且对衍生产品定价。

(二) 多步二叉树模型中的标的资产价格树形结构

为了将二叉树模型运用到期限较长的期权定价中，可以进一步拓展到多步二叉树模

---

① 这是二叉树模型中最常用的第三个条件，后文将讨论第三个条件的其他设定方法。

型。多步二叉树模型来表示标的资产价格变化的树型结构如图17-2所示。在这个多阶段二叉树模型中,一个基本假定是模型参数 p、u 和 d 是不变的,从参数计算过程看,实际上是风险中性概率测度下描述标的资产几何布朗运动的参数 r 和 σ 是不变的。

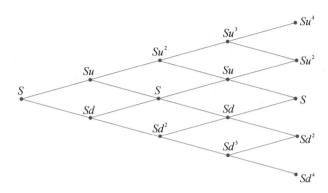

图17-2 标的资产价格的树型结构

当时间为0时,证券价格为 S。时间为 Δt 时,证券价格要么上涨到 Su,要么下降到 Sd;时间为 $2\Delta t$ 时,标的资产价格就有三种节点:Su^2、Sud(等于 S)和 Sd^2,以此类推。在 $i\Delta t$ 时刻,资产价格有 $i+1$ 个节点,经过 j 次上升、$i-j$ 次下降达到的节点定义为节点 Node(i,j),该节点标的资产价格为:

$$Su^j d^{i-j} \quad \text{其中 } j=0,1,\cdots,i$$

由于参数是不变的,使许多结点是重合的,从而大大简化了树图。

(三)倒推定价法

得到每个结点的资产价格之后,就可以在多步二叉树模型中采用倒推定价法,从树型结构图的末端 T 时刻开始往回倒推,为期权定价。由于在到期 T 时刻的期权价值是已知的,例如看涨期权价值为 $\max(0, S(T)-K)$,看跌期权价值为 $\max(0, K-S(T))$。在风险中性概率测度下,在求解 $T-\Delta t$ 时刻的每一结点上的期权价值时,都可通过将 T 时刻的期权价值的期望值在 Δt 时间长度内以无风险利率 r 贴现求出。同理,要求解 $T-2\Delta t$ 时的每一结点的期权价值时,也可以将 $T-\Delta t$ 时的期权价值期望值在时间 Δt 内以无风险利率 r 贴现求出。依此类推,最终可以求出零时刻(当前时刻)的期权价值。

对于欧式期权,可以不用倒退定价法,而是直接计算出期末的期权价值的期望值,再用无风险利率贴现到零时刻。将期权的到期期限 T 分为 N 等份,即 $N\Delta t = T$。在 T 时,共有 $N+1$ 个节点。通过 j 次上升、$N-j$ 次下降形成的结点记为 Node(N,j),该节点的价格是 $Su^j d^{N-j}$,能够到达该节点路径数量是 $\dfrac{N!}{j!(N-j)!}$,从当前时间看风险中性概率测度下每一条路径的概率为 $p^j(1-p)^{N-j}$,因此节点 Node(N,j) 的风险中性概率为:

$$\frac{N!}{j!(N-j)!} p^j (1-p)^{N-j} \tag{17-11}$$

因此,在期末时不同结点赋予了不同的概率。欧式看涨期权的定价公式为:

$$e^{-rT}\sum_{i=0}^{N}\frac{N!}{j!(N-j)!}p^j(1-p)^{N-j}\max(0, Su^jd^{N-j}-K) \qquad (17-12)$$

而欧式看跌期权定价公式为：

$$e^{-rT}\sum_{i=0}^{N}\frac{N!}{j!(N-j)!}p^j(1-p)^{N-j}\max(0, K-Su^jd^{N-j}) \qquad (17-13)$$

以上是欧式期权的情况，如果是美式期权，就要在树型结构的每一个结点上，比较提前执行的内在价值和继续再持有 Δt 时间的持有价值，选择其中较大者作为本结点的期权价值。

例 17-1 假设标的资产为不付红利股票，其当前市场价为 50 元，波动率为每年 30%，无风险连续复利年利率为 5%，该股票 6 个月期的美式看跌期权协议价格为 52 元，求该期权的价值。

为了构造二叉树，我们把期权有效期分为六段，每段一个月（等于 0.083 3 年）。根据式(17-7)到式(17-9)，可以算出：

$$u = e^{\sigma\sqrt{\Delta t}} = 1.090\,5$$
$$d = e^{-\sigma\sqrt{\Delta t}} = 0.917\,0$$
$$p = \frac{e^{r\Delta t}-d}{u-d} = 0.502\,4$$
$$1-p = 0.497\,6$$

据此我们可以画出该股票在期权有效期内的树型图，如图 17-3 所示。在每个结点处有两个值，上面一个表示股票价格，下面一个表示期权价值。股价上涨概率总是等于 0.502 4，下降概率总是等于 0.497 6。

在 $i\Delta t$ 时刻，股票在第 j 个结点 ($j=0, 1, \cdots, i$) 的价格等于 Su^jd^{i-j}。例如，结点 Node(5, 2) 的股价等于 $50\times1.090\,5^2\times0.917\,0^3 = 45.852$ 元。在期权到期日的那些结点处，期权价值等于 $\max(0, K-S(T))$。例如，结点 Node(6, 2) 的期权价值等于 $50-42.048=9.952$。

从最后一列结点处的期权价值可以计算出倒数第二列结点的期权价值。首先，我们假定在这些结点处期权没被提前执行。这意味着所计算的期权价值是 Δt 时间内期权价值期望值的现值。例如，结点 Node(5, 2) 处继续持有期权的价值等于：

$$(2\times0.502\,4+9.952\times0.497\,6)e^{-0.05\times0.083\,3}=5.932\text{ 元}$$

而结点 Node(5, 3) 处继续持有期权的价值等于：

$$(0\times0.502\,4+2\times0.497\,6)e^{-0.05\times0.083\,3}=0.991\text{ 元}$$

然后，我们要检查提前执行期权是否较有利。在结点 Node(5, 2) 处，因为标的资产市价 45.852 元，协议价格都等于 52 元，提前执行将使期权价值为 6.148 元，显然大于继续持有期权的价值 5.593 元，因此在结点 Node(5, 2) 提前执行期权，该节点的期权价值应为 6.148 元。而在结点 Node(5, 3) 处，标的资产价格大于执行价格，该点不会提前执行期权,该点期权价值为继续持有期权的价值,即 0.991 元。

用相同的方法我们可以算出各结点处的期权价值,并最终倒推算出初始结点处的期权价值为 4.880 元。

如果我们把期权有效期分成更多小时段,结点数会更多,计算会更复杂,但得出的期权价值会更精确。

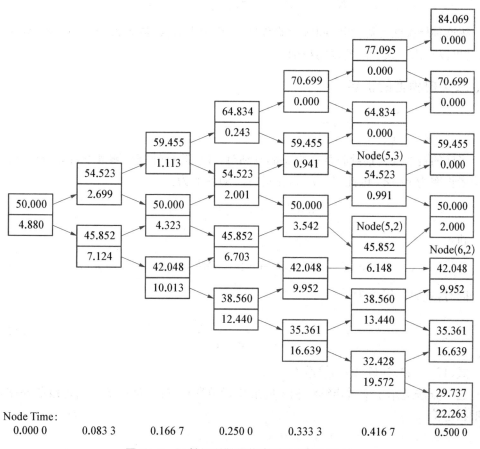

图 17-3　不付红利股票美式看跌期权二叉树

(四) 美式期权二叉树方法的一般定价过程

下面我们给出二叉树期权定价方法代数表达式,仍然以无收益证券的美式看跌期权为例。把该期权有效期划分成 N 个长度为 Δt 的小时间段,令 $f_{i,j}$ ($0 \leqslant i \leqslant N$, $0 \leqslant j \leqslant i$) 表示结点 Node($i,j$) 处的美式看跌期权的价值。由于美式看跌期权在到期时的价值是 $\max(K-S(T), 0)$,所以有

$$f_{N,j} = \max(0, K - Su^j d^{N-j}) \tag{17-14}$$

其中 $j = 0, 1, \cdots, N$。

当时间从 $i\Delta t$ 变为 $(i+1)\Delta t$ 时,从结点 Node(i,j) 移动到结点 Node($i+1, j+1$) 的概率为 p,移动到 Node($i+1, j$) 的概率为 $1-p$。假定期权不被提前执行,则在风险

中性条件下：

$$f_{i,j} = e^{-r\Delta t}(pf_{i+1,j+1} + (1-p)f_{i+1,j}) \tag{17-15}$$

其中，$0 \leqslant i \leqslant N-1, 0 \leqslant j \leqslant i$。如果考虑提前执行的可能性的话，式中的 $f_{i,j}$ 必须与期权的内在价值比较，由此可得：

$$f_{i,j} = \max\{K - Su^j d^{i-j}, e^{-r\Delta t}[pf_{i+1,j+1} + (1-p)f_{i+1,j}]\} \tag{17-16}$$

按这种倒推法计算，当时间区间的数量 N 趋于无穷大，或者说当每一区间 Δt 趋于 0 时，就可以求出美式看跌期权的精确价值。

二、二叉树模型的扩展

(一) 有红利资产期权的定价

1. 支付连续红利率资产的期权定价

当标的资产支付连续收益率为 q 的红利时，在风险中性概率测度下，标的资产价格的期望增长率为 $r-q$，因此式(17-4)和式(17-5)就变为：

$$e^{(r-q)\Delta t} = pu + (1-p)d \tag{17-17}$$

和

$$e^{2(r-q)\Delta t}(e^{\sigma^2 \Delta t} - 1) = pu^2 + (1-p)d^2 + [pu + (1-p)d]^2 \tag{17-18}$$

同时，式(17-7)变为：

$$p = \frac{e^{(r-q)\Delta t} - d}{u - d} \tag{17-19}$$

式(17-8)和式(17-9)仍然适用。

这一方法适用于支付连续红利率的股价指数期权、外汇期权等支付连续收益率资产的期权定价。

2. 支付已知红利率资产的期权定价

若标的资产在未来某一确定时间将支付已知红利率 δ（红利与资产价格之比），我们只要调整在各个结点上的证券价格，就可计算出期权价格。调整方法如下：

如果时刻 $i\Delta t$ 在除权日之前，结点 $node(i, j)$ 处资产价格不用调整，仍然为：

$$Su^j d^{i-j}, \quad j = 0, 1, \cdots, i$$

如果时刻 $i\Delta t$ 在除权日之后，则结点 $node(i, j)$ 处资产价格调整为：

$$S(1-\delta)u^j d^{i-j} \quad j = 0, 1, \cdots, i \tag{17-20}$$

对在期权有效期内有多个已知红利率的情况，也可进行同样处理。

3. 已知红利额

若标的资产在期权到期前的某一确定日期将支付一个确定数额的红利而不是一个确定的比率，这是多期二叉树如图 17-4 所示，除权后二叉树的节点将不再重合。

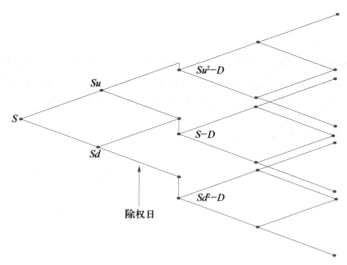

图 17-4　假设红利数额已知且波动率为常数时的二叉树图

考虑在期权有效期内只有一次红利的情况,除息日 τ 介于 $k\Delta t$ 与 $(k+1)\Delta t$ 之间。在 $i < k$ 时,在节点 Node(i,j) 上的资产价格为:

$$Su^j d^{i-j}, \quad j=0,1,\cdots,i$$

而当 $i=k+1$ 时,相应节点 Node(i,j) 上的资产价格

$$Su^j d^{i-j} - D, \quad j=0,1,\cdots,i$$

而当 $i=k+2$ 时,相应节点 Node(i,j) 上的资产价格

$$(Su^j d^{i-j} - D)u \text{ 及 } (Su^j d^{i-j} - D)d \quad j=0,1,\cdots,i-1$$

因此,此时节点数量是 $2i$ 个,而不是 $i+1$ 个。当 $i=k+m$ 时,节点数量是 $m(k+2)$,而不是 $k+m+1$。这意味着支付一个确定数额的红利后,所要估算的结点的数量会变得很大,这对支付多次已知数额红利的情况下,节点数量增长更快。

为了对支付已知红利额的股票上的期权定价,假定股票价格包含两部分,一部分是不确定的价格部分,另一部分是期权有效期内所有红利的现值,这样我们能把不重合二叉树调整为重合二叉树。我们仍然假定期权有效期内只有一次红利,除息日 τ 介于 $k\Delta t$ 与 $(k+1)\Delta t$ 之间。在 $i\Delta t$ 时刻不确定部分的价值定义为 S^* 为,当 $i\Delta t > \tau$ 时,

$$S^*(i\Delta t) = S(i\Delta t) \tag{17-21}$$

当 $i\Delta t \leqslant \tau$ 时,

$$S^*(i\Delta t) = S(i\Delta t) - De^{-r(\tau - i\Delta t)} \tag{17-22}$$

其中,D 表示红利。设 σ^* 为 S^* 的标准差,假设 σ^* 为常数,用 σ^* 代替式 σ,利用式 (17-7) 到式 (17-9) 可计算出参数 p、u 和 d,直接用通常的方法构造出不包括红利部分的资产价格 S^* 的二叉树了。通过应用式 (17-22),再把未来红利现值加在红利支付之前的每个结点的资产价格价格上,就将 S^* 的二叉树图转化 S 的二叉树,该二叉树图是一个重合二叉树。

(二) 构造树图的其他方法和思路

1. 其他确定二叉树模型参数的方法

在确定二叉树的参数时,前面两个固有条件式(17-4)和式(17-5)是根据资产价格的分布来设定的,实际上还可以根据资产价格对数的分布来设定。我们考虑连续红利收益率为 q 的基础资产,在风险中性概率测度下,资产价格对数的改变量为 $\Delta \ln S = \left(r - q - \frac{1}{2}\sigma^2\right)\Delta t + \sigma \Delta B^R$,因此有

$$\frac{E^R[\Delta \ln S]}{\Delta t} = r - q - \frac{1}{2}\sigma^2 = \frac{p \ln u + (1-p)\ln d}{\Delta t} \tag{17-23}$$

$$\frac{\text{var}^R[\Delta \ln S]}{\Delta t} = \sigma^2 = \frac{p(1-p)(\ln u - \ln d)^2}{\Delta t} \tag{17-24}$$

与 Cox、Ross 和 Rubinsteins 设定第三个条件一样,Trigeorgis 也设定 $u = \frac{1}{d}$ 为第三个条件,结合式(17-23)和式(17-24)解得:

$$\ln u = \sqrt{\sigma^2 \Delta t + \left(r - q - \frac{1}{2}\sigma^2\right)^2 (\Delta t)^2} \tag{17-25}$$

$$p = \frac{1}{2} + \frac{\left(r - q - \frac{1}{2}\sigma^2\right)\Delta t}{2\ln u} \tag{17-26}$$

设定 $u = \frac{1}{d}$ 是最常用,但它并不是唯一的额外约束条件。Jarrow 和 Rudd 放弃这个条件,而令 $p = 0.5$,结合式(17-23)和式(17-24)求得:

$$u = e^{\left(r - q - \frac{1}{2}\sigma^2\right)\Delta t + \sigma^2\sqrt{\Delta t}} \tag{17-27a}$$

$$d = e^{\left(r - q - \frac{1}{2}\sigma^2\right)\Delta t - \sigma^2\sqrt{\Delta t}} \tag{17-27b}$$

这种方法的优点在于无论 σ 和 Δt 如何变化,概率总是不变的;缺点在于二叉树图中的中心线上的标的资产价格不再和初始中心值相等。

2. 三叉树图

三叉树是替代二叉树方法,该树图的结构如图 17-5 所示。在每一个时间间隔 Δt 内证券价格有三种运动的可能:从前一个节点的价格 S 上升到原先的 u 倍,即到达 Su;保持不变,仍为 S;下降到原先的 d 倍,即 Sd。p_u、p_m、p_d 分别为每个结点价格上升、持平和下降的概率。当 Δt 很小时,以下参数使树图的均值和方差与资产价格几何布朗运动的均值和方差是相等的:

$$u = e^{\sigma\sqrt{3\Delta t}} \tag{17-28a}$$

$$d = \frac{1}{u} \tag{17-28b}$$

$$p_d = -\sqrt{\frac{\Delta t}{12\sigma^2}}\left(r - q - \frac{\sigma^2}{2}\right) + \frac{1}{6} \qquad (17\text{-}29\text{a})$$

$$p_u = \sqrt{\frac{\Delta t}{12\sigma^2}}\left(r - q - \frac{\sigma^2}{2}\right) + \frac{1}{6} \qquad (17\text{-}29\text{b})$$

$$p_m = \frac{2}{3} \qquad (17\text{-}29\text{c})$$

三叉树图的计算过程与二叉树图的计算过程相似。

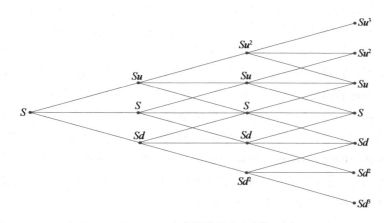

图17-5 资产价格的三叉树图

第二节 蒙特卡罗模拟方法

一、基本原理

蒙特卡罗模拟方法对衍生产品定价是建立在下面的鞅定价模型基础上的,衍生产品的价值为:

$$f(0) = num(0)\, E_0^{num}\left[\frac{f(T)}{num(T)}\right] \qquad (17\text{-}30)$$

针对一般的衍生产品定价,大多以无风险资产作为计价物,这样式(17-30)可化简为:

$$f(0) = E_0^R\left[e^{-rT} f(T)\right] \qquad (19\text{-}31)$$

用蒙特卡罗模拟方法估计,是指用模拟的方法得到随机变量的 $\dfrac{f(T)}{num(T)}$ 或者 $e^{-rT} f(T)$ 的样本值,将样本平均得出数学期望的估计值。为了做到这一点,必须从"总体"中抽样得到模拟样本,总体必须与计价物下的概率一致。

对于欧式期权,只需要模拟标的资产期末的价格样本,从而估计出随机变量在期末的期望值。而路径依赖奇异期权,如我们将要在第十九章里介绍的亚式期权、障碍期权、回望期权、阶梯期权等,其支付与标的资产的路径有关,还有一些路径依赖的结构性产品,其协议里安排了提前结束条款①,这些提前结束条款是否执行完全依赖于标的资产价格或者其他随机变量的状态。对这些类型的路径依赖的衍生产品定价时,必须模拟出资产价格的路径。对于有提前结束条款的衍生产品,在不同的路径下,衍生产品提前结束的时间点可能不同,这是我们在式(19-31)中将贴现因子放在期望值公式里的原因。

蒙特卡罗模拟方法有两个主要缺陷。

第一个缺陷是很难(尽管不是不可能)运用有提前执行权的衍生产品定价上。从二叉树模型的美式期权倒推定价过程可以看到,为了计算有提前执行选择权的衍生产品价值,需要计算不提前执行时各个节点上的期权价值,并与其内在价值比较。为了计算不提前执行时各个节点上的期权价值,需要知道稍后时间点上是否提前执行,稍后时间点上是否提前执行又与更靠后时间点上是否提前执行有关,而我们不可能利用模拟出的一条路径做出以上的是否提前执行的判断。事实上,从每一个节点出发往后模拟时,应该有无数条可能的路径达到下一个时间点,而蒙特卡罗模拟方法只选取了其中一条路径,我们不可能利用这一条路径做出是否提前执行的决策。与之相反,二叉树模型和有限差分法可以很容易处理提前执行问题,但很难处理路径依赖问题。对于有一些既有路径依赖,又有提前执行选择权的衍生产品,研究人员提出了改进的蒙特卡罗模拟方法来处理,如基于最小二乘法的蒙特卡罗模拟、行权边界参数化方法等。

第二个缺陷是,如果用计算所用的时间衡量,这种方法效率较低。蒙特卡罗模拟方法要提高计算精度,需要大量的模拟样本,大量的计算需要耗费很多时间。蒙特卡罗模拟方法的改进方向之一是如何减少样本量,也能达到较好的计算精度,当前有效的改进方法有对偶变量法和控制变量法等。

蒙特卡罗模拟方法有四个优势。

第一个优势是,蒙特卡罗模拟方法直观简单,实施起来很容易,且易于理解。

第二个优势是,蒙特卡罗模拟方法能有效处理路径依赖衍生产品的定价。

第三个优势是,蒙特卡罗方法在处理多标的资产衍生产品时,高维灾难问题相对于二叉树模型较容易处理,计算效率会高很多。

第四个优势是,蒙特卡罗模拟方法可以很方便地结合时变波动率模型。

二、蒙特卡罗模拟方法的实现步骤

我们介绍风险中性概率测度下利用蒙特卡罗模拟方法对衍生产品定价的实现步骤。考虑一个有提前结束条款的路径依赖的衍生产品,其标的资产为股票 S。在风险中性测度下,衍生产品能够表示为其回报的贴现的期望值,即 $P(0) = E_0^R[e^{-rt_j} f(S(t_1), \cdots S(t_n))]$,其中的 $E_0^R[\cdot]$ 表示风险中性概率测度下的期望,r 为无风险利率,t_n 表示在某条标的资产

---

① 须注意的是,这些提前结束条款和美式期权的可提前执行条款有本质的差别,美式期权的可提前执行条款是期权持有者的权利,不附加任何外在的条件,而提前结束条款是依赖于标的资产或者其他的经济变量的状态的条款,如标的资产价格为执行价格的1.5倍时,看涨期权必须提前执行,并且获得当时的价差回报。

价格路径下期权的到期执时间，$f(S(t_1), \cdots S(t_n))$ 是关于某条标的资产价格路径下的衍生产品的支付。

由此可知，计算衍生产品价格就是计算一个期望值，蒙特卡罗方法便是用于估计期望值。下面我们以一个具有提前结束条款的亚式看涨期权为例，介绍衍生产品定价的蒙特卡罗模拟方法的步骤。具有提前结束条款的亚式看涨期权相比于普通的亚式期权增加以下条款：在期权有效期内，如果某一天交易收盘后，从期权生效以来的标的资产收盘价算术平均值大于等于执行价格 K 的 $x(x>1)$ 倍时，期权将被提前结束，并立即获得 $(x-1)K$ 回报。这个条款实际上是通过设置一个期权回报的顶（cap）给亚式期权设置了提前结束条款。

蒙特卡罗模拟方法包含以下四步。

(1) 在风险中性测度下模拟标的资产的价格路径。

将时间区间 $[0, T]$ 分成 n 个子区间 $0=t_0<t_1\cdots<t_N=T$，一般进行均等分的时间划分，即 $\Delta t = t_{i+1}-t_i (i=1, 2, \cdots, N)$。标的资产价格过程的离散形式是：

$$S^j(t_i) = S^j(t_{i-1})e^{(r-\frac{1}{2}\sigma^2)\Delta t + \sigma\sqrt{\Delta t} z_{i-1}^j}, \quad z_{i-1}^j \sim N(0, 1)$$

(2) 判断第 j 条路径下期权的回报产生的时间和计算回报大小。首先计算 t_l 时过去（包括 t_l）收盘价的算术平均值，利用以下迭代公式计算：

$$S_{avg}^j(t_l) = \frac{(l-1)S_{avg}^j(t_{l-1}) + S^j(t_l)}{l}$$

其中，$S_{avg}^j(t_1) = S^j(t_1)$。如果 $S_{avg}^j(t_l) \geqslant xK$，期权提前结束，期权持有者在 t_l 时获得回报：

$$C(t_l) = (x-1)K$$

否则继续持有期权。如果在第 j 条路径下期权在到期之前没有被提前结束，其到期收益为：

$$C^j(t_N) = \max[0, \min((x-1)K, S_{avg}^j(t_N)) - K]$$

根据上述的过程，确定第 j 条路径下期权的回报产生的时间和回报大小，记为 t_j^* 和 $C(t_j^*)$。

(3) 重复前两步，得到大量回报产生的时间和对应的回报大小，并对每一条路径的回报贴现：

$$C^j(0) = e^{-rt_j^*} C(t_j^*)$$

(4) 求样本均值，得到期权价格的蒙特卡洛模拟值：

$$C(0) = \frac{1}{m}\sum_{j=1}^m e^{-rt_j^*} C(t_j^*) \tag{17-32}$$

其中，m 为资产价格路径模拟的数量。

另外，我们还可以得到蒙特卡罗模拟值和 概率化边界，这也是蒙特卡罗方法为期权定价的优势之一。由于 $C^j(0) = e^{-rt_j^*}C(t_j^*)$，$m$ 条路径的回报现值的均值为 $C_{mean} = \frac{1}{m}\sum_{i=1}^{m}C^j$，$m$ 条路径的方差为 $C_{var} = \frac{1}{m-1}\sum_{i=1}^{m}(C^j - C_{mean})^2$，则可得95％的置信区间为

$$\left[C_{mean} - 1.96\sqrt{\frac{C_{var}}{m}},\ C_{mean} + 1.96\sqrt{\frac{C_{var}}{m}}\right]。$$

另外，只需要在模拟过程将波动率过程同时更新，上述价格模拟过程也可以应用到时变波动率模型。

三、蒙特卡罗模拟与提前执行权

刚刚我们介绍过，蒙特卡罗模拟方法能很好地处理路径依赖型衍生产品的定价，但不适用于有提前执行权的衍生产品定价。二叉树模型能有效处理美式期权的定价，但在路径依赖期权的运用上有很大的难度。那么，对于一些既有路径依赖，又有提权选择权的衍生产品，需要对这两种方法加以改进。这里我们介绍如何改进蒙特卡罗模拟方法，使之能运用到有提前执行选择权衍生产品的定价。一些研究人员提出了很多改进的蒙特卡罗模拟方法用于有提前执行选择权衍生产品定价。这里给大家介绍两种不同的改进方法。

（一）最小二乘法[①]

假设设总共有 m 条路径，N 个可执行时间点。首先考虑第 $N-1$ 个执行点的期权持有价值和执行价值。如在 $N-1$ 时期权是虚值期权，则显然持有价值大于执行价值，所以只需要考虑实值期权的价值比较。在 $N-1$ 时，每一条路径下的执行价值等于 $N-1$ 时的期权内在价值，而其持有价值的计算过程则通过最小二乘法计算。

第 i 条路径中期权继续持有的价值等于该路径下 N 时刻期权现金流的折现，设有 l 条路径期权是实值期权，则对应 l 个 $N-1$ 时的标的价格和 l 个 N 时刻期权现金流的贴现值，即持有价值，假设持有价值 V 与标的价格 S 之间满足多项式的关系，比如满足如下的近似关系：

$$V = a + bS + cS^2 + \varepsilon \tag{17-33}$$

运用最小二乘法对上式进行估计，得到多项式的系数，则得到持有价值与标的价格的方程式。代入每个路径的标的资产价格，得到该路径的 $N-1$ 时持有价值的估计值 $\hat{V}$，以该估计的持有价值 $\hat{V}$ 和 $N-1$ 时刻执行价值作比较，得到 $N-1$ 时的期权价值。

同理继续计算 $N-2$、$N-3$、…、2、1 时刻期权的持有价值与执行价值。当持有价值的估计值大于执行价值时，选择继续持有；反之，则选择立即执行该期权。期权在任何时刻的价格则是执行价值与持有价值的最高者。

对于任何时刻都可以行权的美式期权，可以增加蒙特卡罗模拟中的 N 的数值，来增加提前行权的次数。另外，还可以假设 V 和 S 之间更复杂的关系式。当提前行权的权利与多

[①] Longstaff 和 Schwartz 等提出了该方法。Longstaff F. A, Schwartz E. S. Valuing American Options by Simulation: A Simple Least-squares Approach[J]. The Review of Financial Studies, 2001, 14(1): 113-147.

个标的资产有关时,可以采用以上类似的方法,假设 V 和多个变量之间具有的某种函数关系。

(二)行权边界参数化模型

以 Andersen 为代表的一些学者提出了行权边界参数化模型[1],他们把提前执行的条件进行参数化,通过将期权在到期时的价值往回倒推,并在每一步以迭代的方式来确定最优化的参数。在此以看跌期权为例。仍沿用 m 条路径、N 个执行时点的假设,并且,N 时以资产价格表示的执行边界可以被参数化为 $S^*(N)$,对看跌期权来说如果资产价格小于 $S^*(N)$,则期权被立即执行,否则在 N 时刻不执行。首先可以得知,N 时刻的 $S^*(N)$ 等于期权合约的执行价格。然后,利用 $S^*(N)$ 推导 $N-1$ 时刻的执行边界 $S^*(N-1)$,其步骤如下:

第一步:假设 $S^*(N-1)$ 小于所有路径中最小的价格时,$N-1$ 时刻所有路径下期权均不被提前执行,则可计算出 m 条路径下期权的平均价值,即 N 时期权现金流折现的平均值。

第二步:逐步提高 $S^*(N-1)$ 的假设值,计算出每一假设下期权的平均价值。

第三步:最优化的 $S^*(N-1)$ 则是平均价值最高时的 $S^*(N-1)$。

通过以上步骤推导出 $S^*(N-2)$、…、$S^*(2)$、$S^*(1)$,则可确定每个时刻期权执行的最优策略,美式期权的价格也可以通过各个路径的价值平均值得出。

在实践中,需要使用成千上万条模拟路径来决定执行边界。一旦确定了最优边界,应抛弃为了设定最优边界所模拟的路径,重新模拟路径并利用所得到的边界参数对期权定价。

以上两种方法都会低估美式期权的价格,原因是我们估算的最优执行边界并非最优。针对这个问题,Anderson 和 Broadie 提出了一个计算期权上界的方法,与计算期权价格的下界的方法并用,提高了美式期权价格的估算精度[2]。

四、蒙特卡罗模拟中的减方差方法

(一)对偶变量法

为了计算随机变量 X 的期望值 μ,蒙特卡罗模拟方法是用 X 的分布中随机产生样本的平均值作为 μ 的估计。X 的对偶变量(Antithetic Variates)Y 是与 X 具有相同的均值和方差但与 X 负相关的变量。由此得到新的随机变量 $Z=(X+Y)/2$,Z 与 X 具有相同的均值,当方差要比 X 的小。Z 的 m 次模拟的样本均值为 μ 的无偏估计量,并且比 X 的模拟样本均值具有更小的标准误。因此,使用 Z 的模拟值相比 Z 的模拟值将得到 μ 的更有效估计。

利用上述原理,在衍生产品定价中,在风险中性概率测度下产生两个具有相同期望收益和方差、负相关的两个资产价格,对于路径依赖衍生产品,则产生资产价格路径。在两个资产价格(或价格路径)的模拟样本下,对衍生产品分别定价,并以衍生产品的两个模拟价格的平均值作为最终的模拟价格。

---

[1] Andersen L. A Simple Approach to the Pricing of Bermudan Swaptions in the Multi-factor Libor Market Model[J]. Journal of Computational Finance,2000 3(2) pp.1-32.

[2] Andersen L, Broadie M. Primal-dual Simulation Algorithm for Pricing Multidimensional American Options [J]. Management Science,2004,50(9):1222-1234.

我们还是以我们介绍过的路径依赖亚式期权为例加以说明。在第 j 模拟路径下，产生了以下两个资产价格：

$$S_1^j(t_i) = S^j(t_{i-1})e^{(r-\frac{1}{2}\sigma^2)\Delta t + \sigma\sqrt{\Delta t}z_{i-1}^j},$$

$$S_2^j(t_i) = S^j(t_{i-1})e^{(r-\frac{1}{2}\sigma^2)\Delta t - \sigma\sqrt{\Delta t}z_{i-1}^j}, \quad z_{i-1}^j \sim N(0,1)$$

给定第一个资产价格路径 j，在两个资产价格下计算出期权的回报贴现值：

$$C_1^j(0) = e^{-rt_1^*,j}C_1(t_{1,j}^*) \text{ 和 } C_2^j(0) = e^{-rt_2^*,j}C_2(t_{2,j}^*)$$

要注意的是，这两个资产产生回报的时间是不一样的。衍生证券在 0 时的价值为：

$$C(0) = \frac{1}{m}\sum_{j=1}^{m}\frac{C_1^j(0) + C_2^j(0)}{2} \tag{17-34}$$

（二）控制变量法

控制变量法（Control Variance Method）适用于有相似衍生产品，且这个相似衍生产品具有解析解的情形。假定衍生产品 A 是我们需要用蒙特卡罗模拟方法定价的产品，衍生产品 B 与 A 相似并且具有解析解。计算过程使用相同的时间划分 Δt 和随机样本分别对 A 和 B 定价，衍生产品 A 和 B 的模拟定价价格分别为 f_A^* 和 f_B^*，衍生产品 B 的解析解定价为 f_B。则控制变量调整后的衍生产品 A 的定价为：

$$f_A = f_A^* + \beta(f_B - f_B^*) \tag{17-35}$$

其中，β 通过线性回归的系数，可以通过普通最小二乘法估计，即

$$\hat{\beta} = \frac{\sum_{i}^{m} f_A^i f_B^i - m f_A^* f_B^*}{\sum_{i=1}^{m}(f_B^i)^2 - M(f_B^*)^2}$$

其中，f_A^i 和 f_B^i 是第 i 条路径下衍生产品 A 和 B 的模拟定价价格。为了纠正估计 β 时可能的系统性偏差，一般有两种处理方法：一是增加模拟的次数，当 m 增大时，偏差的影响将会变小；另一个方法是将模拟分为两个部分，先用 $m_1(\ll m)$ 次模拟得到结果估计 β，再用 $m-m_1$ 次模拟的结果计算 f_A，这样得到的估计值将是无偏。最著名的例子是 Kemna 和 Vorst 使用几何平均亚式期权作为控制变量为算术平均亚式期权定价，显然这两种期权的回报具有很强的相关性，从而方差减少效果显著。

除了采用具有解析解的期权价格作为控制变量外，期权定价中还可以采用标的资产价格贴现值的 $e^{-rT}S(T)$、模拟标的资产价格所需的正态随机变量作为控制变量。

（三）重点抽样法

重点抽样法（Importance Sampling Method）的思想是用一种概率测度下的期望值代替另一种概率测度下的期望值，这种概率测度的转换是通过似然比（Likelihood-Ratio）或 Radon-Nikodym 导数实现的。金融工程中的风险中性定价即为此思想的一个应用。在期权定价中，这种方法被用来对小概率事件进行模拟以获得更有效的估计。

比如,一个深度虚值的看涨期权,大部分路径上的终值为零。这时我们只选取那些标的资产的到期日价值大于其执行价格的路径,即重要路径为期权定价。这样等于缩小了样本空间,从而加速了收敛。

假定 F 是股票价格到期日 T 的无条件分布,q 为到期日股票价格大于 K 的概率,而且已知这一概率的解析式,那么 $G=F/q$ 即为股票价格大于 K 的条件概率分布。为了实施重点抽样,我们应该在分布 G 中抽样,期权价格在 F 分布下的估计值等于 G 分布下的估计值乘以 q。

(四)分层抽样法

分层抽样技术目的是使样本的经验概率与理论概率相一致,其本质是为了使输入变量分布得更为均匀,这一点与对偶变量技术相同。

分层抽样法(Stratified Sampling Method)将市场变量在未来时刻的基本概率分布分为多个区间,并根据它的概率从每个间隔中抽样。如果样本间隔的数量很多,我们就可以取每个区间内的均值或是中位数作为该区间的代表样本值。这样也可以提高模拟运算的效率。

考虑在简单情形下分层样本的获取。在计算标准欧式看涨期权的价格时,需要标准正态分布中 m 个相互独立的抽样 $Z_1, Z_2, \cdots, Z_m$,其经验分布不会完全与总体分布相吻合,尤其是尾部表现可能较差。通过下述分层抽样方法可以对样本的经验分布加以改进。

$U_1, U_2, \cdots, U_m$ 是在 $[0,1]$ 上均匀分布的随机数,以 $\dfrac{1}{m}$ 的长度对区间进行分层,可以得到 n 个分层区间段 $\left[0, \dfrac{1}{m}\right], \left[\dfrac{1}{m}, \dfrac{2}{m}\right], \cdots, \left[\dfrac{m-1}{m}, 1\right]$,令 $V_j = \dfrac{U_j + j - 1}{m}$,$j=1, 2, \cdots, m$。显然,$V_j$ 落在第 j 层上,从而 $\widetilde{Z}_j = \phi^{-1}(V_j)$ 落在标准正态分布的上 $\dfrac{j-1}{m}$ 分位数与上 $\dfrac{j}{m}$ 分位数之间,故由 $V_1, V_2, \cdots, V_m$ 可得标准正态分布的一个分层抽样。

在高维情形下,可以采用拉丁超立方抽样技术(Latin Hypercube Sampling)。

假设 $U_j = (U_j^{(1)}, U_j^{(2)}, \cdots, U_j^{(d)})$,$j=1, 2, \cdots, m$ 是 $[0,1]^d$ 上均匀分布随机向量序列,$\pi_1, \pi_2, \cdots, \pi_d$ 是 d 个独立抽取的 $\{1, 2, \cdots, m\}$ 上的随机排列。令 $V_j^{(k)} = \dfrac{U_j^{(k)} + \pi_k(j) - 1}{m}$,$k=1, 2, \cdots, d$ $j=1, 2, \cdots, m$。其中,$\pi_k(j)$ 是第 k 个排列的第 j 个元素。那么,由 U_j 得到的 V_j 仍然是 $[0,1]^d$ 上服匀分布的随机向量,并且 V_j 的第 k 个坐标 $V_j^{(k)}$ 落入第 k 个 $[0,1]$ 区间的 m 个不同分层内,从而 $V_1, V_2, \cdots, V_m$ 也是一种分层抽样样本。

(五)矩匹配技术

为了模拟标的资产样本路径需要从正态分布中抽样。考虑一个最简单的例子利用蒙特卡罗模拟方法对标准欧式看涨股票期权定价,需要 m 个独立且服从标准正态分布的抽样 $Z_1, Z_2, \cdots, Z_m$。由于 $\{Z_j\}$ 的样本矩不一定与总体矩匹配,故而矩匹配(Moment Matching)技术的思想就是对这些样本进行调整,使其一阶矩、二阶矩乃至高阶矩与总体矩匹配,再利用调整后的样本得到蒙特卡洛估计值。

如果定义 $S_Z = \sqrt{\dfrac{1}{m-1}\sum_{j=1}^{m}(Z_j - \bar{Z})^2}$ 为样本标准,通过如下的调整可达到前两阶矩匹配:$\widetilde{Z}_j = \dfrac{Z_j - \bar{Z}}{S_Z}, j=1,2,\cdots,m$。

要注意由上式得到的 $\widetilde{Z}_j$ 不再服从标准正态分布,故相应的 $\widetilde{C}_j$ 将是期权价格的有偏估计。这个偏差在极端情况下可能会很大,导致复杂性使矩匹配技术的效率改进没有一个通用的量化标准。

(六)条件蒙特卡罗技术

条件蒙特卡罗技术的理论依据是概率论中的著名等式 $E[X]=E[E[X|Y]]$,由此式知条件期望 $E[X|Y]$ 是 $E[X]$ 的无偏估计。由条件方差公式 $Var[X]=E[Var[X|Y]]+Var[E[X|Y]]$,可知 $Var[X] \geqslant Var[E[X|Y]]$,故由条件期望估计量可以带来方差减少效应。值得注意的是,使用这种技术模拟的是变量 Y 而非 X。

以向下敲入看涨期权为例(该产品的具体描述在第十九章),期权价格的标准蒙特卡洛估计由 $e^{-rT}\dfrac{1}{m}\sum_{j=1}^{m}\{I_j \max(0, S^j(T)-K)\}$ 得到,其中如果第 j 条资产价格路径下跨越了障碍期权被敲入,则 $I_j=1$,否则 $I_j=0$。

如果第 j 条路径中在第 t_τ 时障碍首次被跨越,即标的资产价格首次小于边界 H 的时间是 t_τ,第 j 条路径的首次跨越时间点记为 $t_{j,\tau}$。由障碍期权的定义,自此时起期权可被视为标准欧式看涨期权,应用 BSM 期权定价公式,得到首次跨越障碍时的期权价格,再将该价格贴现到 0 时刻,得到该路径下期权的现值

$$V^j(0) = e^{-rt_{j,\tau}} BSM[S(t_{j,\tau}), K, T-t_{j,\tau}] \tag{17-36}$$

其中,$BSM[S(t_{j,\tau}), K, T-t_{j,\tau}]$ 是由 BSM 公式计算出的当初始价格为 $S(t_{j,\tau})$,执行价格为 K、期限为 $T-t_{j,\tau}$ 的标准欧式看涨期权价格。如果第 j 条模拟路径下期权没有被敲入,则该路径下期权的现值为 0,即 $V^j(0)=0$。最后,期权价格等于

$$V(0) = \dfrac{1}{m}\sum_{i=1}^{m} V^j(0) \tag{17-37}$$

在此例中,应用条件蒙特卡罗技术模拟的量是 $S(t_j)$,而不计算期权的到期回报。与标准蒙特卡洛方法相比,我们只需模拟到首次跨越障碍时间点 $t_{j,\tau}$ 即可停止,而不必模拟出标的资产价格的全部路径,故减少了模拟工作量,提高了效率。

第三节 有限差分方法

一、有限差分方法的基本思路

在诸多工程学科中,有限差分方法是求解微分方程最常用的数值方法。在对衍生产

品定价时,该方法越来越多地被应用在衍生产品价格的偏微分方程的求解中。其主要思想是:应用有限差分方法将衍生证券所满足的偏微分方程。我们以支付连续股息收益率的股票美式看跌期权为例介绍该方法。式(13-2)给出了期权价格应该满足的偏微分方程:

$$\frac{\partial f}{\partial t}+(r-q)S\frac{\partial f}{\partial S}+\frac{1}{2}\sigma^2 S^2 \frac{\partial^2 f}{\partial S^2}=rf \tag{17-38}$$

有限差分方法通过将标的资产价格和时间离散化,用离散算子替代 $\frac{\partial f}{\partial t}$、$\frac{\partial f}{\partial S}$ 和 $\frac{\partial^2 f}{\partial S^2}$ 各项,将微分方程转化为一系列近似的差分方程,再用迭代法求解,得到期权价值。

首先,在坐标图上,通过有限的离散点替代连续的时间和资产价格,构建期权价格的网格图,如图17-6所示。

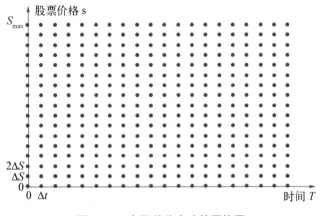

图17-6 有限差分方法的网格图

具体来说,首先把从零时刻(初始时刻设为零时刻)到期日 T 时刻之间的时间划分为等间隔的 N 个小时间段,设 $\Delta t=\frac{T}{N}$,共有 $N+1$ 个时间点:$(0,\Delta t,2\Delta t,\cdots,T)$。

其次,把足够大的股票价格 S_{max} 分成 M 个等间隔的小价格段,定义 $\Delta S=\frac{S_{max}}{M}$,就得到 $M+1$ 个股票价格 $(0,\Delta S,2\Delta S,\cdots,S_{max})$。通过划分合理,使初始的股票价格正好等于零时刻的一个格点上的值。

这样,我们就构造了一个共有 $(M+1)(N+1)$ 个网格图,网格上的点 (i,j) 对应时间为 $i\Delta t$,资产价格为 $j\Delta S$,$f(i,j)$ 则表示格点 (i,j) 处的期权价值。

应用这些格点之间的关系和已知的边界条件,我们可以把连续偏微分方程转化为一系列相互关联的差分方程组,逐次求解,就可以得到零时刻初始股票价格所对应格点的期权价值。

下面我们将具体介绍如何使用这些格点逼近微分,求出期权价值。这可以用多种方法实现,其中包括隐性有限差分法、显性有限差分法和其他的一些方法。

二、隐性有限差分法

为了将偏微分方程 $\dfrac{\partial f}{\partial t}+(r-q)S\dfrac{\partial f}{\partial S}+\dfrac{1}{2}\sigma^2 S^2 \dfrac{\partial^2 f}{\partial S^2}=rf$ 化为差分方程,需要应用离散算子分别逼近 $\dfrac{\partial f}{\partial t}$、$\dfrac{\partial f}{\partial S}$ 和 $\dfrac{\partial^2 f}{\partial S^2}$。其中的一种近似方法是隐性有限差分法(Implicit Finite Difference Method)。

(一) $\dfrac{\partial f}{\partial t}$、$\dfrac{\partial f}{\partial S}$ 和 $\dfrac{\partial^2 f}{\partial S^2}$ 的差分近似

1. $\dfrac{\partial f}{\partial S}$ 的近似

对于坐标方格内部的点 (i,j),期权价值对股票价格的一阶导数可以用三种差分来表示:

$$\dfrac{f_{i,j+1}-f_{i,j}}{\Delta S}、\dfrac{f_{i,j}-f_{i,j-1}}{\Delta S} \text{ 和 } \dfrac{f_{i,j+1}-f_{i,j-1}}{2\Delta S} \tag{17-39}$$

这三种近似方法分别称为前向差分近似(Forward Difference Approximation)、后向差分近似(Backward Difference Approximation)和中心差分近似(Central Difference Approximation)。可以看到,这三种方法是针对 $i\Delta t$ 时刻进行的差分近似,只是 Δf 的取值方向不同,中心差分实际上是前两者的平均值。

应用泰勒展开式考察这三种近似方法的精确度,可以发现前向和后向差分近似的误差均为 ΔS 的高阶小项 $o(\Delta S)$。中心差分关乎 S 对称,使一些误差项可以相互抵消,其误差则为 ΔS^2 的高阶小项 $o(\Delta S^2)$,精确度更高。因此,大多数时候人们采用中心差分法来逼近 $\dfrac{\partial f}{\partial S}$,但有时也根据需要使用单向差分方法。

2. $\dfrac{\partial f}{\partial t}$ 的近似

对于点 (i,j) 处的 $\dfrac{\partial f}{\partial t}$,我们则采取前向差分近似以使 $i\Delta t$ 时刻的值和 $(i+1)\Delta t$ 时刻的值相关联:

$$\dfrac{\partial f}{\partial t}=\dfrac{f_{i+1,j}-f_{i,j}}{\Delta t} \tag{17-40}$$

这一近似的误差是 $o(\Delta t)$。

3. $\dfrac{\partial^2 f}{\partial S^2}$ 的近似

点 $(i,j+1)$ 处的 $\dfrac{\partial f}{\partial S}$ 的后向差分近似为 $\dfrac{f_{i,j+1}-f_{i,j}}{\Delta S}$,因此点 (i,j) 处期权价值对

标的股票价格的二阶差分为:

$$\frac{\partial^2 f}{\partial S^2} = \frac{\left(\frac{f_{i,j+1}-f_{i,j}}{\Delta S} - \frac{f_{i,j}-f_{i,j-1}}{\Delta S}\right)}{\Delta S} = \frac{f_{i,j+1}+f_{i,j-1}-2f_{i,j}}{\Delta S^2} \tag{17-41}$$

这个二阶差分也是中心差分,其误差为 $o(\Delta S^2)$。

从以上三个近似我们可以发现,除了对时间的差分涉及 $i\Delta t$ 时刻和 $(i+1)\Delta t$ 时刻的期权值,对股票价格 S 的一阶和二阶差分都只使用了 $i\Delta t$ 时刻的不同股票价格下的期权价格,而期权关于时间的差分将不同时间点上的期权价格联系起来了。

(二) 差分方程

把以上三个近似代入式(19-38)的微分方程,整理得到:

$$a_j f_{i,j-1} + b_j f_{i,j} + c_j f_{i,j+1} = f_{i+1,j} \tag{17-42}$$

其中,

$$a_j = \frac{1}{2}(r-q)j\Delta t - \frac{1}{2}\sigma^2 j^2 \Delta t$$

$$b_j = 1 + \sigma^2 j^2 \Delta t + r\Delta t$$

$$c_j = -\frac{1}{2}(r-q)j\Delta t - \frac{1}{2}\sigma^2 j^2 \Delta t$$

$$i = 0, 1, \cdots, N-1, j = 0, 1, \cdots, M-1$$

由于 $\frac{\partial f}{\partial S}$ 和 $\frac{\partial^2 f}{\partial S^2}$ 使用中心差分,整个方程的误差为 $o(\Delta t, \Delta S^2)$。

可以用图 17-7 来描述这个差分方程的思路。也就是说,根据这个方程,可以从 $i\Delta t$ 时刻的三个相邻格点的期权价值(其对应的股票价格分别为 $(j+1)\Delta S$、$j\Delta S$ 和 $(j-1)\Delta S$)求出 $(i+1)\Delta t$ 时刻股票价格为 $j\Delta S$ 时的期权价值。

(三) 边界条件

(1) T 时刻格点 (N,j) 的看跌期权的价值为

$$f_{N,j} = \max(0, K-j\Delta S), \quad j=0,1,\cdots,M$$

(2) 当股票价格为零时,看跌期权的价值为 K,因此下方边界 $S=0$ 上所有格点的期权价值为:

$$f_{i,0} = K, \quad i=0,1,\cdots,N$$

(3) 当股票价格趋于无穷时,看跌期权的价值趋于零。可以近似认为上方边界 $S=S_{\max}$ 上,

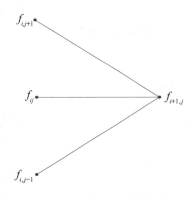

图 17-7 隐性有限差分方法

$$f_{i,M} = 0, \quad i = 0, 1, \cdots, N$$

（四）求解期权价值

已知差分方程(17-42)和边界条件之后，我们的可以求出格点图左边界 $f_{0,j}$ 的价值，其中的一个格点就是我们所要求解的期权价值。利用式(17-42)和边界条件，我们可以写出 $(N-1)\Delta t$ 时刻的 $M-1$ 个联立方程：

$$a_j f_{N-1,j-1} + b_j f_{N-1,j} + c_j f_{N-1,j+1} = f_{N,j} \quad j = 1, \cdots, M-1$$

和 $j=0$ 时，$f_{N-1,0} = K$，且 $j=M$ 时，$f_{N-1,M} = 0$。

由此，我们可以解出每个格点上持有期权的价值 $f_{N-1,j}$，然后再与每个格点的期权内在价值 $K - j\Delta S$ 进行比较，判断是否要提前执行，从而得到 $(N-1)\Delta t$ 时刻每个格点的期权价值。依此类推，最后可以计算出 $f_{0,j}$，其中当 $j\Delta S$ 等于初始股票价格时，该格点对应的 f 就是我们要求的期权价值。

三、显性有限差分法

隐性有限差分优点在于其解的稳定性和收敛性，当 ΔS 和 Δt 趋于 0 时，由隐性有限差分得到的解是收敛于微分方程的解析解。其缺陷是用递归方法由 $f_{i+1,j}$ 求解 $f_{i,j}$ 时，需要同时求解 $M-1$ 方程组成的线性方程组。对隐性有限差分法略加修改，假设格点 (i, j) 的 $\dfrac{\partial f}{\partial S}$ 和 $\dfrac{\partial^2 f}{\partial S^2}$ 与 $(i+1, j)$ 的对应值相等，即

$$\frac{\partial f}{\partial S} = \frac{f_{i+1,j+1} - f_{i+1,j-1}}{2\Delta S}$$

$$\frac{\partial^2 f}{\partial S^2} = \frac{f_{i+1,j+1} + f_{i+1,j-1} - 2f_{i+1,j}}{\Delta S^2}$$

相应的差分方程式(17-42)可以改写成：

$$f_{i,j} = a_j^* f_{i+1,j-1} + b_j^* f_{i+1,j} + c_j^* f_{i+1,j+1} \tag{17-43}$$

其中，

$$a_j^* = \frac{1}{1+r\Delta t}\left(-\frac{1}{2}(r-q)j\Delta t + \frac{1}{2}\sigma^2 j^2 \Delta t\right)$$

$$b_j^* = \frac{1}{1+r\Delta t}(1 - \sigma^2 j^2 \Delta t)$$

$$c_j^* = \frac{1}{1+r\Delta t}\left(\frac{1}{2}(r-q)j\Delta t + \frac{1}{2}\sigma^2 j^2 \Delta t\right)$$

$$i = 0, 1, \cdots, N-1, \quad j = 0, 1, \cdots, M-1$$

这就是显性的有限差分法(Explicit Finite Difference Method)。比较式(17-42)和式

(17-43)可以发现,显性有限差分法不需要求解线性方程组,直接从 $(i+1)\Delta t$ 时刻的三个相邻格点的期权价值 $f_{i+1,j+1}$, $f_{i+1,j}$ 和 $f_{i+1,j-1}$(其对应的资产价格分别为 $(j+1)\Delta S$, $j\Delta S$ 和 $(j-1)\Delta S$)求出 $i\Delta t$ 时刻资产价格为 $j\Delta S$ 时的期权价值 $f_{i,j}$,如图17-8所示,显性有限差分法可以理解为从格点图外部推知内部格点期权价值的方法。

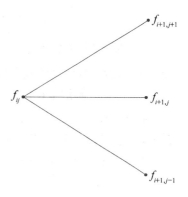

图 17-8 显性有限差分方法

四、变量置换法

把标的变量 S 置换为 $Z=\ln S$,衍生产品价格的偏微分方程改为

$$\frac{\partial f}{\partial t} + \left(r - \frac{\sigma^2}{2}\right)\frac{\partial f}{\partial Z} + \frac{1}{2}\sigma^2 \frac{\partial^2 f}{\partial Z^2} = rf$$

在格点图上,纵坐标由 S 的等间隔价格点转换为 Z 的等间隔点。有限差分方程也要做相应的调整,隐性有限差分方程变成:

$$\alpha_j f_{i,j-1} + \beta_j f_{i,j} + \gamma_j f_{i,j+1} = f_{i+1,j} \tag{17-44}$$

其中,

$$i = 0, 1, \cdots, N-1, j = 0, 1, \cdots, M-1$$

$$\alpha_j = \frac{\Delta t}{2\Delta Z}\left(r - q - \frac{1}{2}\sigma^2\right) - \frac{\Delta t}{2\Delta Z^2}\sigma^2$$

$$\beta_j = 1 + \frac{\Delta t}{\Delta Z^2}\sigma^2 + r\Delta t$$

$$\gamma_j = -\frac{\Delta t}{2\Delta Z}\left(r - q - \frac{1}{2}\sigma^2\right) - \frac{\Delta t}{2\Delta Z^2}\sigma^2$$

$$i = 0, 1, \cdots, N-1, j = 0, 1, \cdots, M-1$$

显性有限差分方程变成:

$$f_{i,j} = \alpha_j^* f_{i+1,j-1} + \beta_j^* f_{i+1,j} + \gamma_j^* f_{i+1,j+1} \tag{17-45}$$

其中,

$$\alpha_j^* = \frac{1}{1+r\Delta t}\left[-\frac{\Delta t}{2\Delta Z}\left(r - q - \frac{1}{2}\sigma^2\right) + \frac{\Delta t}{2\Delta Z^2}\sigma^2\right]$$

$$\beta_j^* = \frac{1}{1+r\Delta t}\left[1 - \frac{\Delta t}{\Delta Z^2}\sigma^2\right]$$

$$\gamma_j^* = \frac{1}{1+r\Delta t}\left[\frac{\Delta t}{2\Delta Z}\left(r - q - \frac{1}{2}\sigma^2\right) + \frac{\Delta t}{2\Delta Z^2}\sigma^2\right]$$

$$i=0,1,\cdots,N-1, j=0,1,\cdots,M-1$$

经过变换后,参数 α_j、β_j、γ_j 和 α_j^*、β_j^*、γ_j^* 具有独立于 j 的特点。大多数情形下,当 $\Delta Z=\sigma\sqrt{3\Delta t}$ 时,计算的效率最高。

例 17-2 采用例 17-1 相同的假设,利用变量置换的有限差分方法计算美式看跌期权的价值。设置 $\Delta Z=\sigma\sqrt{3\Delta t}$,$N=20$,$m=55$。表 17-1 给出了变量置换的有限差分方法计算美式看跌期权的网格图(因篇幅限制,只截取了 $m\geqslant 41$ 部分),通过该网格图,可以得到该美式期权的定价为 5.18 元。

表 17-1 通过变量置换的有限差分方法计算美式看跌期权的网格

Z	S	0	1	2	3	4	5	6	7	8	9	10	11	12	13	14	15	16	17	18	19	20	21
0.0	0.0	52.0	52.0	52.0	52.0	52.0	52.0	52.0	52.0	52.0	52.0	52.0	52.0	52.0	52.0	52.0	52.0	52.0	52.0	52.0	52.0	52.0	52.0
0.1	1.1	51.0	51.0	51.0	51.0	51.0	51.0	51.0	51.0	51.0	51.0	51.0	51.0	51.0	51.0	51.0	51.0	51.0	51.0	51.0	51.0	50.9	50.9
0.2	1.3	50.7	50.7	50.7	50.7	50.7	50.7	50.7	50.7	50.7	50.7	50.7	50.7	50.7	50.7	50.7	50.7	50.7	50.7	50.7	50.7	50.7	50.7
0.3	1.4	50.6	50.6	50.6	50.6	50.6	50.6	50.6	50.6	50.6	50.6	50.6	50.6	50.6	50.6	50.6	50.6	50.6	50.6	50.6	50.6	50.6	50.6
0.5	1.6	50.4	50.4	50.4	50.4	50.4	50.4	50.4	50.4	50.4	50.4	50.4	50.4	50.4	50.4	50.4	50.4	50.4	50.4	50.4	50.4	50.4	50.4
0.6	1.8	50.2	50.2	50.2	50.2	50.2	50.2	50.2	50.2	50.2	50.2	50.2	50.2	50.2	50.2	50.2	50.2	50.2	50.2	50.2	50.2	50.2	50.2
0.7	2.0	50.0	50.0	50.0	50.0	50.0	50.0	50.0	50.0	50.0	50.0	50.0	50.0	50.0	50.0	50.0	50.0	50.0	50.0	50.0	50.0	50.0	50.0
0.8	2.3	49.7	49.7	49.7	49.7	49.7	49.7	49.7	49.7	49.7	49.7	49.7	49.7	49.7	49.7	49.7	49.7	49.7	49.7	49.7	49.7	49.7	49.7
0.9	2.5	49.5	49.5	49.5	49.5	49.5	49.5	49.5	49.5	49.5	49.5	49.5	49.5	49.5	49.5	49.5	49.5	49.5	49.5	49.5	49.5	49.5	49.5
1.0	2.8	49.2	49.2	49.2	49.2	49.2	49.2	49.2	49.2	49.2	49.2	49.2	49.2	49.2	49.2	49.2	49.2	49.2	49.2	49.2	49.2	49.2	49.2
1.2	3.2	48.8	48.8	48.8	48.8	48.8	48.8	48.8	48.8	48.8	48.8	48.8	48.8	48.8	48.8	48.8	48.8	48.8	48.8	48.8	48.8	48.8	48.8
1.3	3.6	48.4	48.4	48.4	48.4	48.4	48.4	48.4	48.4	48.4	48.4	48.4	48.4	48.4	48.4	48.4	48.4	48.4	48.4	48.4	48.4	48.4	48.4
1.4	4.0	48.0	48.0	48.0	48.0	48.0	48.0	48.0	48.0	48.0	48.0	48.0	48.0	48.0	48.0	48.0	48.0	48.0	48.0	48.0	48.0	48.0	48.0
1.5	4.5	47.5	47.5	47.5	47.5	47.5	47.5	47.5	47.5	47.5	47.5	47.5	47.5	47.5	47.5	47.5	47.5	47.5	47.5	47.5	47.5	47.5	47.5
1.6	5.1	46.9	46.9	46.9	46.9	46.9	46.9	46.9	46.9	46.9	46.9	46.9	46.9	46.9	46.9	46.9	46.9	46.9	46.9	46.9	46.9	46.9	46.9
1.7	5.7	46.3	46.3	46.3	46.3	46.3	46.3	46.3	46.3	46.3	46.3	46.3	46.3	46.3	46.3	46.3	46.3	46.3	46.3	46.3	46.3	46.3	46.3
1.9	6.4	45.6	45.6	45.6	45.6	45.6	45.6	45.6	45.6	45.6	45.6	45.6	45.6	45.6	45.6	45.6	45.6	45.6	45.6	45.6	45.6	45.6	45.6
2.0	7.2	44.8	44.8	44.8	44.8	44.8	44.8	44.8	44.8	44.8	44.8	44.8	44.8	44.8	44.8	44.8	44.8	44.8	44.8	44.8	44.8	44.8	44.8
2.1	8.1	43.9	43.9	43.9	43.9	43.9	43.9	43.9	43.9	43.9	43.9	43.9	43.9	43.9	43.9	43.9	43.9	43.9	43.9	43.9	43.9	43.9	43.9
2.2	9.1	42.9	42.9	42.9	42.9	42.9	42.9	42.9	42.9	42.9	42.9	42.9	42.9	42.9	42.9	42.9	42.9	42.9	42.9	42.9	42.9	42.9	42.9
2.3	10.2	41.8	41.8	41.8	41.8	41.8	41.8	41.8	41.8	41.8	41.8	41.8	41.8	41.8	41.8	41.8	41.8	41.8	41.8	41.8	41.8	41.8	41.8
2.4	11.5	40.5	40.5	40.5	40.5	40.5	40.5	40.5	40.5	40.5	40.5	40.5	40.5	40.5	40.5	40.5	40.5	40.5	40.5	40.5	40.5	40.5	40.5
2.6	12.9	39.1	39.1	39.1	39.1	39.1	39.1	39.1	39.1	39.1	39.1	39.1	39.1	39.1	39.1	39.1	39.1	39.1	39.1	39.1	39.1	39.1	39.1
2.7	14.5	37.5	37.5	37.5	37.5	37.5	37.5	37.5	37.5	37.5	37.5	37.5	37.5	37.5	37.5	37.5	37.5	37.5	37.5	37.5	37.5	37.5	37.5
2.8	16.3	35.7	35.7	35.7	35.7	35.7	35.7	35.7	35.7	35.7	35.7	35.7	35.7	35.7	35.7	35.7	35.7	35.7	35.7	35.7	35.7	35.7	35.7
2.9	18.3	33.7	33.7	33.7	33.7	33.7	33.7	33.7	33.7	33.7	33.7	33.7	33.7	33.7	33.7	33.7	33.7	33.7	33.7	33.7	33.7	33.7	33.7
3.0	20.5	31.5	31.5	31.5	31.5	31.5	31.5	31.5	31.5	31.5	31.5	31.5	31.5	31.5	31.5	31.5	31.5	31.5	31.5	31.5	31.5	31.5	31.5
3.1	23.0	29.0	29.0	29.0	29.0	29.0	29.0	29.0	29.0	29.0	29.0	29.0	29.0	29.0	29.0	29.0	29.0	29.0	29.0	29.0	29.0	29.0	29.0
3.3	25.9	26.1	26.1	26.1	26.1	26.1	26.1	26.1	26.1	26.1	26.1	26.1	26.1	26.1	26.1	26.1	26.1	26.1	26.1	26.1	26.1	26.1	26.1
3.4	29.1	22.9	22.9	22.9	22.9	22.9	22.9	22.9	22.9	22.9	22.9	22.9	22.9	22.9	22.9	22.9	22.9	22.9	22.9	22.9	22.9	22.9	22.9
3.5	32.6	19.4	19.4	19.4	19.4	19.4	19.4	19.4	19.4	19.4	19.4	19.4	19.4	19.4	19.4	19.4	19.4	19.4	19.4	19.4	19.4	19.4	19.4
3.6	36.7	15.3	15.3	15.3	15.3	15.3	15.3	15.3	15.3	15.3	15.3	15.3	15.3	15.3	15.3	15.3	15.3	15.3	15.3	15.3	15.3	15.3	15.3
3.7	41.2	11.4	11.4	11.3	11.3	11.2	11.2	11.1	11.1	11.0	11.0	10.9	10.9	10.8	10.8	10.8	10.8	10.8	10.8	10.8	10.8	10.8	10.8
3.8	46.3	8.0	7.9	7.8	7.7	7.6	7.5	7.4	7.3	7.2	7.1	7.0	6.9	6.8	6.6	6.5	6.4	6.2	6.0	5.9	5.8	5.7	5.7
4.0	52.0	5.18	5.1	5.0	4.9	4.7	4.6	4.5	4.4	4.2	4.1	3.9	3.8	3.6	3.4	3.2	2.9	2.7	2.4	2.0	1.6	1.0	0
4.1	58.4	3.1	3.0	2.9	2.8	2.7	2.5	2.4	2.3	2.1	2.0	1.9	1.7	1.5	1.4	1.2	1.0	0.8	0.6	0.4	0.2	0	0
4.2	65.6	1.7	1.6	1.5	1.4	1.3	1.2	1.1	1.0	0.9	0.8	0.7	0.6	0.5	0.4	0.3	0.2	0.2	0.1	0.1	0	0	0
4.3	73.6	0.8	0.8	0.7	0.6	0.6	0.5	0.5	0.4	0.3	0.3	0.2	0.2	0.1	0.1	0.1	0.1	0	0	0	0	0	0
4.4	82.7	0.4	0.3	0.3	0.3	0.2	0.2	0.2	0.1	0.1	0.1	0.1	0.1	0	0	0	0	0	0	0	0	0	0
4.5	92.9	0.1	0.1	0.1	0.1	0.1	0.1	0.1	0	0	0	0	0	0	0	0	0	0	0	0	0	0	0
4.6	104.3	0	0	0	0	0	0	0	0	0	0	0	0	0	0	0	0	0	0	0	0	0	0
4.8	117.2	0.0	0.0	0.0	0.0	0.0	0.0	0.0	0.0	0.0	0.0	0.0	0.0	0.0	0.0	0.0	0.0	0.0	0.0	0.0	0.0	0.0	0.0

五、有限差分方法与叉树图方法的类比分析

具体来看,显性有限差分方法和三叉树图是非常类似的。在式(17-45)中,我们可以把 α_j^*、γ_j^*、β_j^* 中的以下各项分别看作相应的"概率":

$-\dfrac{\Delta t}{2\Delta Z}\left(r-q-\dfrac{1}{2}\sigma^2\right)+\dfrac{\Delta t}{2\Delta Z^2}\sigma^2$:$\Delta t$ 时间内股票价格从 $j\Delta S$ 下降到 $(j-1)\Delta S$ 的概率 p_d;

$\dfrac{\Delta t}{2\Delta Z}\left(r-q-\dfrac{1}{2}\sigma^2\right)+\dfrac{\Delta t}{2\Delta Z^2}\sigma^2$:$\Delta t$ 时间内股票价格从 $j\Delta S$ 上升到 $(j+1)\Delta S$ 的概率 p_u。

$1-\dfrac{\Delta t}{\Delta Z^2}\sigma^2$:$\Delta t$ 时间内股票价格在 $j\Delta S$ 上保持不变的概率 $p=1-p_u-p_d$。

这三个概率相加为 1。这正好和三叉树模型类似。进一步计算可以发现，式(17-45)可以理解为 $i\Delta t$ 时的期权价值等于 $(i+1)\Delta t$ 时刻 f 在上述三个概率下的期望值再以无风险利率 r 贴现得到，所以以上三个概率可以看成"风险中性概率"。不做变量替代的显性有限差分的价格迭代式(17-44)也完全相同。因此，从实质看，这是一个三叉树图模型。Brenna 和 Schwartz 最早发现了这种关系。

但是，显性差分方法中的这三个"风险中性概率"可能小于零，这导致了它和三叉树方法的不同，也是它的重要缺陷之所在。事实上，上述算法要想成为真正意义上的三叉树图模型，"概率"p_u、p_d 和 p 必须非负。而要保证三个"概率"值非负，当且仅当

$$\Delta Z \leqslant \frac{\sigma^2}{\left|r-q-\frac{1}{2}\sigma^2\right|}, 并且 \Delta t \leqslant \frac{\Delta Z^2}{\sigma^2 + r\,\Delta Z^2}$$

第一个条件能保证 p_u、p_d 非负，第二个条件能保证 p 的非负。因 $\Delta Z = \dfrac{\ln(S_{\max})}{m}$，$\Delta t = \dfrac{T}{N}$，所以以上两个不等式等价于：

$$m \geqslant \frac{\left|r-q-\frac{1}{2}\sigma^2\right|}{\sigma^2}\ln(S_{\max}), 且 N \geqslant Tr + \frac{T\sigma^2}{[\ln(S_{\max})]^2}m^2$$

因此，为了保证三个"概率"值非负，只能增加时间段的个数和资产价格对数的分割数。当 $\ln(S_{\max})$ 增加 10 倍时，m 要增加 10 倍；而 m 要增加 10 倍，要求 N 增加 100 倍。因此，为了保证概率非负而且采用较大的空间跨度，需要的计算量巨大。

从以上我们介绍的两种有限差分方法和相应的格点图来看，有限差分方法和叉树图方法是相当类似的。实际上，很多人认为叉树图方法就是解一个偏微分方程的一种数值方法，而有限差分方法其实是这个概念的一个扩展和一般化。这两种方法都用离散的模型模拟资产价格的连续运动，主要差异在于叉树图方法中包含了资产价格的扩散和波动率情形，而有限差分方法中的格点则是固定均匀的，只是参数进行了相应的变化，以反映改变了的扩散情形。

有限差分方法在期权定价中的地位正在不断上升，其优势主要在于：当格点有规律很均匀时，把一个偏微分方程化成差分方程是相对比较简单的。而且，在数学和数值分析文献中存在大量帮助改进有限差分方法的技术，使其运算能够更加迅速和准确的途径。树图模型就没有这么灵活。

六、其他的有限差分方法

(一) 跳格子方法

除了隐性和显性算法，人们还提出了其他的有限差分方法，试图将以上两种方法的优点结合起来。比如，"跳格子方法"(Hopscotch Method)，如图 17-9。这种方法的思路是：

我们可以先用显性方法计算出 $(N-1)\Delta t$ 时刻中一些格点的期权价值,如图 17-9 中 E 点的价格,然后再利用隐性有限差分方法计算出其他格点的价值,这样由于相邻格点的期权价值已经得到,求解隐性方法的联立方程组时就轻松多了。

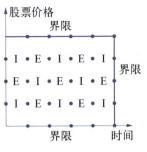

图 17-9 "跳格子方法"

(二) Crank-Nicolson 方法

另一个比较常用的方法是 Crank-Nicolson 方法,它可以看作是显性有限差分方法和隐性有限差分方法的一个平均,相应地在格点图中则需要用到六个点。具体来看,Crank-Nicolson 方法对隐性方程:

$$f_{i,j} = a_j f_{i-1,j-1} + b_j f_{i-1,j} + c_j f_{i-1,j+1}$$

和显性方程:

$$f_{i-1,j} = a_j^* f_{i,j-1} + b_j^* f_{i,j} + c_j^* f_{i,j+1}$$

进行平均得到:

$$f_{i,j} + f_{i-1,j} = a_j f_{i-1,j-1} + b_j f_{i-1,j} + c_j f_{i-1,j+1} + a_j^* f_{i,j-1} + b_j^* f_{i,j} + c_j^* f_{i,j+1}$$

显然,Crank-Nicolson 方法类似于隐性有限差分方法,需要通过解联立方程组从外向内推出内部格点的期权价值。在数学上可以借助于著名的托马斯算法求解这个方程组。

尽管计算也相当复杂,但是 Crank-Nicolson 方法最大的优点在于它比一般的有限差分法有更高阶的精确度,其误差项为 $o(\Delta t^2, \Delta S^2)$,同时 Crank-Nicolson 方法具有无条件的稳定性,它能比上述两种方法更快地收敛到偏微分方程的解。而且,使用托马斯算法完成其数值计算的时候是相当有效的。计算的精确性、有效性和可靠性,使 Crank-Nicolson 方法成为在实践中广泛应用的一种有限差分方法。

七、有限差分方法的应用

我们已经看到,有限差分方法和树图方法是类似的,叉树图模型可以解决的衍生证券定价,有限差分法就能够处理,尤其是那些具有提前执行特征的期权。以上我们讨论的是单变量的情况,实际上有限差分方法还可以进一步推广到多个标的变量的情形,在标的变量小于三个的时候,这一方法是相当有效率的,但是超过三个变量时蒙特卡罗模拟方法就更有效了。同时有限差分方法也适合处理路径依赖型衍生产品的定价问题。

另外,我们利用有限差分方法可以很方便地计算出衍生产品的各种希腊字母,如 Delta、Gamma、Theta 可以直接用 $f_{i,j}$ 在网格上的值计算。对于 Vega,可以对波动率做一个微小的变化,仍后在相同的网格上重新计算出衍生品的价格,从而得到 Vega。

重 要 概 念

二叉树模型　资产价格树形结构　三叉树　蒙特卡罗模拟方法　行权边界参数化模

型　对偶变量法　控制变量法　重点抽样法　分层抽样　法矩匹配技术　条件蒙特卡洛技术　Crank-Nicolson 方法　隐性有限差分法　显性有限差分法　跳格子方法　变量置换法

习题与思考题

1. 如何理解二叉树数定价方法？
2. 一个无红利股票的美式看跌期权，有效期为 3 个月，目前股票价格和执行价格均为 30 元，无风险利率为每年 5%，波动率为每年 30%，请按时间间隔为半个月来构造二叉树模型，为期权定价。并应用控制方差技术对这一估计进行修正。
3. 一个两个月期基于某股票指数的美式看涨期权，执行价格为 500，目前指数为 495，无风险利率为年率 10%，指数红利率为每年 4%，波动率为每年 25%。构造一个四步（每步为半个月）的二叉树图，为期权定价。
4. 如何理解蒙特卡罗模拟方法？其主要优缺点是什么？
5. 请设计一个波动率服从 GARCH 模型的股票价格模拟过程，并利用模拟过程对股票欧式看涨期权定价。
6. 假设用蒙特卡罗模拟方法为一个波动率服从 Heston 模型的无红利欧式看涨期权定价？这时如何用控制方差法和对偶变量技术提高蒙特卡罗方法的效率？
7. 有限差分方法的主要特点是什么？主要有哪些类型的有限差分法？各自的特点又是什么？
8. 一个无红利股票的美式看跌期权还有 3 个月到期，执行价为 22 元，股票现价为 20 元，无风险利率为 10%，波动率为 30%。运用显性有限差分法为该期权定价。股票价格区间为 4 元，时间区间为半个月。
9. 比较衍生产品定价的二叉树数定价方法、蒙特卡罗模拟方法和有限差分方法。

第十八章

交叉货币衍生产品

> **学习目标**
>
> 在人民币日趋国际化的进程中,越来越多的投资者需要进行国际化的金融投资以分散风险,并且需要有效的衍生产品管理投资中的汇率波动风险。本章以交叉货币衍生产品为出发点,重点介绍了 Quanto 及其相关衍生产品的定价和对冲问题。通过本章的学习,读者能够掌握交叉货币衍生产品的定价方法和对冲策略,为更复杂的结构性交叉货币衍生产品的设计、定价和对冲提供了基础。

第一节 产品特征与定价思路

一、产品特征

交叉货币衍生产品(Cross-currency Derivative)是涉及两种或者两种以上货币的衍生产品,其标的资产是一种货币计价的资产,但其回报却以另外一种货币支付。

业界最具代表性的交叉货币衍生产品是在芝加哥商品期货交易所交易的以美元计价的日经 225 指数(指数以日元计算)期货,该股指期货的标的物是日经 225 指数,日经 225 指数是以日元计价的资产为基础编制的指数,但在美国市场上市的日经 225 指数期货是以美元报价的,合约规模是日经 225 指数乘以 5 美元,而且该合约实行现金结算,到期时按照美元结算。期货到期时一份日经指数期货多头的美元计价的回报是:

$$5S(T)-K \tag{18-1}$$

其中,$S(T)$ 为期货到期时日经指数的点数,K 为按美元报价的指数期货的合约价格。

实际上,以美元交割的日经指数期货可以看成 Quanto 合约为标的的期货合约。Quanto 是在未来固定时间 T 获得一单位外国资产,并以固定汇率转换为本国货币支付的合约,即到期支付为:

$$\bar{X}S(T) \tag{18-2}$$

这个合约非常适合以外国资产为投资对象而又不愿意承担汇率风险的投资者。这些投资者当然可以在买入外国资产的同时,卖出货币远期或者外汇期货来对冲汇率风险,但这种做法需要很高的技巧,需要对冲的货币量依赖于外国资产的价格走势,并需要定期调整。投资者购买了 Quanto 后,规避了汇率风险,投资者将汇率风险转移给了合约的卖方。专业的投资者可以在对该合约定价的基础上,利用外汇市场,或者货币远期(或者期货),以及外国风险资产来动态复制 Quanto。

另外,市场上还有很多更复杂的交叉货币结构性理财产品,如各种形式的交叉货币的收益互换等。

二、定价思路

对于交叉货币衍生产品,使用直接的无套利定价方法对其定价存在一定的困难,我们以美元计价的日经 225 指数期货对此加以说明。对于一个美国投资者而言,他如果认为当前现货价格相对于期货价格明显偏低,就可以借入资金 $5SX$ 美元资金(其中 S 为日经 225 股价指数,X 为是直接标价法表示的日元兑美元汇率),按当时的汇率换算成日元 $5S$,买入 5 份日经 225 股价指数的基金产品,同时在 CME 卖出一份美元交割的日经 225 股指期货,卖出价是 F。期货到期时,其美元计价的现金流入如下:卖出日元计价的日经指数基金,并兑换成美元,获得现金 $5S(T)X(T)$;期货现金结算获得现金 $F-5S(T)$;归还初始借款本息 $-5SXe^{-rT}$(r 为美元的无风险利率)。因此,期权到期时的净现金流为 $5S(T)X(T)+F-5S(T)-5SXe^{-rT}$。根据无套利原则,该现金流应该等于 0,我们能得到 $F=5SXe^{-rT}-5S(T)X(T)+5S(T)$,但由于 $S(T)$ 和 $X(T)$ 是未知的随机变量,我们并不能得出得到期货的定价公式。由于 $S(T)$ 是未知的变量,该套利策略的汇率风险不能通过外汇远期(期货)合约消除,上述式子对期货定价没有意义。

因此,直接无套利定价方法并不能解决美元计价的日经 225 指数期货这类交叉货币衍生产品的定价问题,我们必须使用其他方法。通过概率测度转换,将外国资产的真实概率测度转换到以本币计价的某个资产为计价物下的概率测度,并使用鞅定价方法推导出交叉货币衍生产品鞅定价公式,再推导出解析解或者使用数值方法对定价公式进行计算。交叉货币衍生产品鞅定价公式为:

$$V(t)=num(t)E_t^{num}\left[\frac{V(T)}{num(T)}\right] \tag{18-3}$$

其中,$V(t)$ 为 t 时交叉货币衍生产品的价格,$num(t)$ 为 t 时本币计价的某个计价资产的计价,$E_t^{num}[\cdot]$ 为 num 作为计价物的概率测度下的期望值。

第二节 Quanto 及相关产品的定价与复制

一、Quanto 的定价

(一)基础资产和相关资产

我们定义一种货币为"本币",另外一种货币为"外币"。交叉货币衍生产品的标的资产以外币标价,但交叉货币衍生产品以本币标价。

Quanto 定价和复制涉及三个资产,这三个资产分别是本国的无风险资产、外国的无风险资产和红利再投资的外国资产,它们以"本币"计价的价值如下。

(1) 本国无风险资产:

$$R(t) = e^{rt} \tag{18-4}$$

其中,r 为本国年化的连续复利的无风险利率,$R(0)=1$。其微分式如下:

$$\frac{\mathrm{d}R}{R} = r\mathrm{d}t \tag{18-5}$$

(2) 外国无风险资产按本币计价的价值:

$$V_1(t) = e^{r_f t} X(t) \tag{18-6}$$

其中,r_f 为外国的年化的连续复利的无风险利率,$X(t)$ 为直接标价法下的 t 时刻汇率,即一单位外币兑换的本币数量。$V_1(0) = X(0)$ 表示初始时刻持有一单外外币的本币价值。对式(18-6)运用 Itô 引理,可以得到:

$$\frac{\mathrm{d}V_1}{V_1} = r_f \mathrm{d}t + \frac{\mathrm{d}X}{X} \tag{18-7}$$

(3) 红利再投资的外国资产按本币计价的价值:

$$V_2(t) = e^{qt} S(t) X(t) \tag{18-8}$$

其中,$S(t)$ 为外国资产的按外币计价的价格,q 为外国资产的连续红利收益率。$V_2(0) = S(0)X(0)$ 表示初始时刻持有一单位外国资产的本币价值。对式(18-8)运用 Itô 引理,可以得到

$$\frac{\mathrm{d}V_2}{V_2} = q\mathrm{d}t + \frac{\mathrm{d}S}{S} + \frac{\mathrm{d}X}{X} + \frac{\mathrm{d}S}{S}\frac{\mathrm{d}X}{X} \tag{18-9}$$

这里 $V_1(t)$ 和 $V_2(t)$ 涉及两个金融资产的价格,即直接标价的汇率 $X(t)$ 和外国资产的价格 $S(t)$。假设汇率 $X(t)$ 和外国资产的价格 $S(t)$ 服从以下两个几何布朗运动:

$$\frac{\mathrm{d}X}{X} = \mu_X \mathrm{d}t + \sigma_X \mathrm{d}B_X \tag{18-10}$$

和

$$\frac{\mathrm{d}S}{S} = \mu_S \mathrm{d}t + \sigma_S \mathrm{d}B_S \tag{18-11}$$

其中,μ_X 和 μ_S 是两个一般的随机过程,σ_X 和 σ_S 是常数;B_X 和 B_S 是两个布朗运动,它们之间的相关系数 ρ 为常数,即 $\mathrm{d}B_X \mathrm{d}B_S = \rho \mathrm{d}t$。

(二) 选择适当的计价物,推导 Quanto 的鞅定价公式

前面我们定义了三个本币计价的资产,这三个资产都可以用作计价物。下面我们推

导出这三个计价物下的 Quanto 的鞅定价公式。

以本国无风险资产 $R(t)$ 作为计价物时,运用式(18-1),可以得到 Quanto 的鞅定价公式:

$$V(t) = e^{rt} E_t^R \left[\frac{\overline{X} S(T)}{e^{rT}} \right] = e^{-r(T-t)} \overline{X} E_t^R [S(T)] \qquad (18\text{-}12)$$

以外国无风险资产按本币计价的价值 $V_1(t)$ 作为计价物时,运用式(18-1),可以得到 Quanto 的第二个鞅定价公式:

$$V(t) = e^{r_f t} X(t) E_t^{V_1} \left[\frac{\overline{X} S(T)}{e^{r_f T} X(T)} \right] = e^{-r_f (T-t)} X(t) \overline{X} E_t^{V_1} \left[\frac{S(T)}{X(T)} \right] \qquad (18\text{-}13)$$

同样,以红利再投资的外国资产按本币计价的价值 $V_2(t)$ 作为计价物时,运用式(18-1),可以得到 Quanto 的第三个鞅定价公式:

$$V(t) = e^{qt} S(t) X(t) E_t^{V_2} \left[\frac{\overline{X} S(T)}{e^{qT} S(T) X(T)} \right] = e^{-q(T-t)} S(t) X(t) \overline{X} E_t^{V_2} \left[\frac{1}{X(T)} \right] \qquad (18\text{-}14)$$

上面三个鞅定价公式得到的都是本币计价物下 Quanto 的价值。在不同计价物下,Quanto 的鞅定价公式形式上差异很大。以本国无风险资产 $R(t)$ 作为计价物时,Quanto 的鞅定价公式较为简洁,计算过程也会简单一些。我们选择 $R(t)$ 作为计价物时进行计算,读者可以自行选择另外两个计价物作为练习。对这三个定价公式计算以后,会得到相同的结果。

(三) 计价物下的概率测度变换和鞅定价公式的计算

本国无风险资产 $R(t)$ 作为计价物下,对式(18-12)进行计算时,需要计算 $R(t)$ 作为计价物的概率测度下 $S(t)$ 期望值。因此,我们首先需要推导出 $R(t)$ 作为计价物的概率测度下外国资产 $S(t)$ 的随机过程。

外国无风险资产按本币计价的价值 $V_1(t) = e^{r_f t} X(t)$ 相当于连续红利率为 r_f 的风险资产的红利再投资的价值,当 $R(t)$ 作为计价物时,利用式(5-49),汇率 $X(t)$ 的随机过程为:

$$\frac{\mathrm{d}X}{X} = (r - r_f) \mathrm{d}t + \sigma_X \mathrm{d}B_X^R \qquad (18\text{-}15)$$

其中,B_X^R 为 $R(t)$ 作为计价物的概率测度下的布朗运动。

另外,当 $R(t)$ 作为计价物时,红利再投资的外国资产按本币计价的价值 $V_2(t)$ 与 $R(t)$ 的比值是鞅过程。定义:

$$H(t) = \frac{V_2(t)}{R(t)} = \frac{e^{qt} S(t) X(t)}{e^{rt}} = e^{(q-r)t} S(t) X(t) \qquad (18\text{-}16)$$

对式(18-16)运用 Itô 引理,可以得到:

$$\frac{dH}{H} = (q-r)dt + \frac{dS}{S} + \frac{dX}{X} + \frac{dS}{S}\frac{dX}{X} \qquad (18-17)$$

将式(18-15)和 $\frac{dS}{S}\frac{dX}{X} = \rho\sigma_S\sigma_X dt$ 代入式(18-17),化简后有:

$$\frac{dH}{H} = (q - r_f + \rho\sigma_S\sigma_X)dt + \sigma_X dB_X^R + \frac{dS}{S} \qquad (18-18)$$

因此,由 $H(t)$ 是鞅过程,即利用式(18-18)漂移项系数为 0 的条件可以得到当 $R(t)$ 作为计价物时 $S(t)$ 的随机过程:

$$\frac{dS}{S} = (r_f - q - \rho\sigma_S\sigma_X)dt + \sigma_S dB_S^R \qquad (18-19)$$

在式(18-19)下,计算 $E_t^R[S(T)]$,有:

$$E_t^R[S(T)] = S(t)e^{(r_f - q - \rho\sigma_S\sigma_X)(T-t)} \qquad (18-20)$$

将式(18-20)代入式(18-12),得到 Quanto 的定价公式:

$$V(t) = \bar{X}S(t)e^{(r_f - r - q - \rho\sigma_S\sigma_X)(T-t)} \qquad (18-21)$$

从式(18-21)可以看出,汇率 $X(t)$ 确实没有出现在 Quanto 的定价公式里,因此汇率的涨跌不会对 Quanto 造成直接影响。需要注意的是,汇率的随机过程中的参数 σ_X 以及汇率 X 与资产 S 之间的相关系数 ρ 会影响 Quanto 价格。因为,

$$\frac{\partial V}{\partial \rho} = -\sigma_S\sigma_X(T-t)V(t) < 0 \text{ 和 } \frac{\partial V}{\partial \sigma_X} = -\rho\sigma_S(T-t)V(t)$$

所以,当汇率 X 与资产 S 之间的相关系数 ρ 上升时,Quanto 的价格下降。如 $\rho > 0$ 时,则 $\frac{\partial V}{\partial \sigma_X} < 0$,那么 σ_X 增加时,Quanto 的价格下降,如 $\rho < 0$ 时情况则相反。

如果需要定价的交叉货币衍生产品是美式期权或者路径依赖性期权等,不能直接推导出其定价公式,可以在测度变换后的随机过程下,运用第十七章介绍的二叉树模型或者蒙特卡罗模拟方法进行数值计算。

二、Quanto 的复制

(一) 利用现货市场的复制策略

一个金融机构出售了一份 Quanto 后,将面临外国资产价格 S 波动的风险。为了规避这个风险,金融机构需要使用其他资产复制一个 Quanto,以对冲外国资产价格 S 波动对 Quanto 空头的价值的影响。可以用来复制 Quanto 的现货市场包括我们已经给出的外国资产、外国无风险资产和本国无风险资产。

通过 Quanto 的定价公式(18-21),我们可以对复制组合的性质做出以下判断:

(1) Quanto 对外国资产 S 具有风险暴露,在复制组合里必须包含外国资产多头。

(2) Quanto 对汇率没有风险暴露，因此复制组合里也不应该对汇率有风险暴露，外国风险资产多头产生的汇率风险暴露必须通过相同数量的外国无风险资产的空头来对冲。

(3) 基于上述的分析，在外币资产（外国无风险资产和外国资产）上持有的净头寸为 0，而 Quanto 的价值将投资于本国无风险资产上。

对式(18-21)运用 Itô 引理，可以得到：

$$\frac{\mathrm{d}V}{V} = -(r_f - r - q - \rho\sigma_S\sigma_X)\mathrm{d}t + \frac{\mathrm{d}S}{S}$$

或者是

$$\mathrm{d}V = (r + q + \rho\sigma_S\sigma_X - r_f)V\mathrm{d}t + V\frac{\mathrm{d}S}{S} \tag{18-22}$$

考虑一个包含外国资产、外国无风险资产和本国无风险资产的复制组合，复制组合里这三个资产按照本币计价的价值分别为 $e(t)$、$f(t)$ 和 $g(t)$，则复制组合按照本币计价的价值 $W(t)$ 为：

$$W(t) = e(t) + f(t) + g(t)$$

复制组合里每一项资产的收益等于其价值乘以收益率，组合的收益等于各项收益之和，即

$$\mathrm{d}W = e\frac{\mathrm{d}V_2}{V_2} + f\frac{\mathrm{d}V_1}{V_1} + g\frac{\mathrm{d}R}{R}$$

将式(18-5)、式(18-7)和式(18-9)代入上式，整理后得到：

$$\mathrm{d}W = (eq + e\rho\sigma_S\sigma_X + fr_f + gr)\mathrm{d}t + (e+f)\frac{\mathrm{d}X}{X} + e\frac{\mathrm{d}S}{S} \tag{18-23}$$

比较式(18-22)和式(18-23)，可以得到，当且仅当

$$e(t) = V(t),\ f(t) = -V(t),\ g(t) = V(t)$$

式(18-23)也转换为式(18-22)，因此复制组合 $W(t)$ 的变动量等于 $V(t)$ 的变动量，且两者变动的来源也完全一致。

因此，金融机构为了复制一个 Quanto，需要进行以下组合交易。

(1) 在外国无风险利率借贷市场上借入的外币，按照外币计价的金额为：

$$\frac{V(t)}{X(t)} = \frac{\bar{X}S(t)e^{(r_f - r - q - \rho\sigma_S\sigma_X)(T-t)}}{X(t)} \tag{18-24}$$

(2) 购买按照本币计价金额为 $V(t)$，按照外币计价金额为 $\dfrac{V(t)}{X(t)}$ 的外国资产，购买数量为：

$$\frac{V(t)}{X(t)S(t)} = \frac{\bar{X}e^{(r_f - r - q - \rho\sigma_S\sigma_X)(T-t)}}{X(t)} \tag{18-25}$$

(3) 同时,还需要在本国无风险资产上投资 $V(t)$ 的金额。

通过式(18-24)和式(18-25),我们可以分析当汇率 $X(t)$ 和外国资产价格 $S(t)$ 分别发生变动时,如何调整复制组合中各个资产的数量。

当外国资产价格 $S(t)$ 发生变化时,从式(18-25)可以看出复制组合中外国资产多头数量不需要调整;从式(18-24)和 Quanto 的定价公式(18-21)可以看出,为了动态地复制 Quanto,当外国资产价格 $S(t)$ 发生变化时,外国无风险利率借贷市场上借入的外币数量和本国无风险资产投资的资金数量都需要调整。如 $S(t)$ 增加时,需要从外国无风险利率借贷市场上借入更多资金,并将该资金按照当时的汇率兑换成本币,用以增加本币无风险资产的投资。从 Quanto 复制的动态调整过程可以看出,为了动态复制 Quanto,需要一个能自由兑换的外汇市场。

当汇率 $X(t)$ 发生变化时,从 Quanto 的定价公式可以看出,为了动态复制 Quanto,本国无风险资产投资的资金数量不需要调整。由外国资产式(18-24)和式(18-25)可以看出,外国无风险利率借贷市场上借入的外币数量和外国资产多头数量都需要调整。例如,如果 $X(t)$ 上升(即外币相对于本币升值)时,外国无风险利率借贷市场上借入的外币数量将减少,即需要归还一部分外国无风险利率的借款,而归还借款的资金来源于出售一部分外国资产。

在一般情况下,汇率 $X(t)$ 和外国资产价格 $S(t)$ 存在一定的相关性的,更合理的分析也应该考虑这种相关性。

(二) 利用货币远期的复制策略

在使用现货市场复制 Quanto 时,复制组合中有按照本币计价时价值相等的两个无风险资产:本币的无风险资产多头和外币的无风险资产空头。通过对货币远期合约的分析,我们可以看到这实际上是一个外汇远期合约的空头。

外汇远期合约指交易双方以约定的币种、汇率,在约定的未来某一日期交易一定数量两种货币的合约,外汇远期合约也称为货币远期合约。以外币为标的的 1 单位货币远期合约多头,可以通过以下交易策略合成:在 t 时刻买入数量为 $e^{-r_f(T-t)}$ 的外币,买入外币所需要的资金 $e^{-r_f(T-t)}X(t)$ 是通过本国无风险利率借贷市场借入。该交易策略在 T 时刻将产生一单位的外币的收益,以及 T 时刻的负债的本息和为 $e^{(r-r_f)(T-t)}X(t)$。以上交易策略也称为合成货币远期合约,它可以达到货币远期合约一样效果,按照事先确定的价格 $e^{(r-r_f)(T-t)}X(t)$ 在 T 时刻获取一单位的外币。在 t 时刻货币远期合约的远期价格一定等于:

$$F(t) = e^{(r-r_f)(T-t)}X(t) \tag{18-26}$$

否则,就可以通过合成货币远期合约和货币远期合约之间的价差套利。

下面给出用货币市场复制转换到货币远期市场复制之间的方法。

(1) 1 单位的货币远期多头 = 1 单位的合成货币远期多头 = $e^{-r_f(T-t)}X(t)$ 元的本国无风险资产空头 + $e^{-r_f(T-t)}$ 单位的外国无风险资产多头。 (18-27a)

(2) 1 单位的货币远期空头＝1 单位的合成货币远期空头＝$e^{-r_f(T-t)}X(t)$ 元的本国无风险资产多头＋$e^{-r_f(T-t)}$ 单位外国无风险资产空头。 (18-27b)

将式(18-25b)两边乘以 $e^{r_f(T-t)}/X(t)$，我们可以得到：

$e^{r_f(T-t)}/X(t)$ 单位的货币远期空头＝$e^{r_f(T-t)}/X(t)$ 单位的合成货币远期空头＝1 元的本国无风险资产多头＋$1/X(t)$ 单位外国无风险资产空头。 (18-27c)

现在我们分析如何运用货币远期合约复制 Quanto。在运用货币市场复制 Quanto 时，我们需要借入 $\dfrac{V(t)}{X(t)}$ 单位的外国无风险资产，同时买入 $V(t)$ 元的本国无风险资产。根据式(18-27c)可知，本国无风险资产和外国无风险资产的这样两个头寸的组合是 $e^{r_f(T-t)}\dfrac{V(t)}{X(t)}$ 单位的合成货币远期空头，可以通过 $e^{r_f(T-t)}\dfrac{V(t)}{X(t)}$ 单位的货币远期的空头实现。

因此，我们可以通过以下利用货币远期合约的组合策略实现 Quanto 的复制：

(1) 购买外国资产的数量仍然按照式(18-25)计算；

(2) 同时持有 $e^{r_f(T-t)}\dfrac{V(t)}{X(t)}$ 单位的货币远期的空头。

下面我们分析当汇率 $X(t)$ 和外国资产价格 $S(t)$ 分别发生变动时，如何调整复制组合中各个资产的数量。

与前文的分析一样，当外国资产价格 $S(t)$ 发生变化时，从式(18-25)可以看出复制组合中外国资产数量不需要调整；而持有 $e^{r_f(T-t)}\dfrac{V(t)}{X(t)}$ 单位的货币远期的空头的数量需要调整，如 $S(t)$ 上升导致 $V(t)$ 上升，则需要持有更多的货币远期的空头。因在公平的远期价格下，货币远期合约以 0 成本成交，因此可以按照公平的远期价格 0 成本持有更多的货币远期合约空头。

当汇率 $X(t)$ 发生变化时，需要将原有的远期合约空头全部进行对冲平仓。假定 t 时刻汇率由 $X(t)$ 调整为 $X'(t)$，远期价格调整为 $F'(t)=e^{(r-r_f)(T-t)}X'(t)$。对原有的远期合约空头全部进行对冲平仓，锁定 T 时刻的按本币计价的盈亏为：

$$e^{r_f(T-t)}\frac{V(t)}{X(t)}[F(t)-F'(t)]=e^{r(T-t)}\frac{V(t)}{X(t)}[X(t)-X'(t)] \quad (18\text{-}28)$$

同时，外国资产的数量也需要调整，由 $\dfrac{V(t)}{X(t)S(t)}$ 调整为 $\dfrac{V(t)}{X'(t)S(t)}$，按本币计价所需资金数量为：

$$\left[\frac{V(t)}{X'(t)S(t)}-\frac{V(t)}{X(t)S(t)}\right]X'(t)S(t)=\frac{V(t)}{X(t)}[X(t)-X'(t)] \quad (18\text{-}29)$$

比较式(18-28)与式(18-29)可以看出，调整外国资产所需资金的数量正好等于所有的货币远期合约空头对冲平仓锁定的 T 时刻的盈亏的贴现值。因此，在本币无风险市场上借

入 $(X(t) > X'(t))$ 资金 $\frac{V(t)}{X(t)}[X(t) - X'(t)]$，或者贷出 $(X(t) < X'(t))$ 资金 $\frac{V(t)}{X(t)}[X'(t) - X(t)]$。如果是借入的资金，将该资金兑换为外币后用于增加外国资产的购买；如果是贷出资金，该资金来源于减持外国资产得到的外币资金并兑换成本币。

对所有的货币远期合约平仓并调整外国资产的数量后，还需在新的远期价格 $F'(t)$ 下重新持有 $e^{r_f(T-t)}\frac{V(t)}{X'(t)}$ 数量的货币远期空头，其成本为 0。

三、Quanto 衍生产品的定价

（一）Quanto 远期和期货

保持有关 Quanto 的所有假设，用本币对 Quanto 远期合约报价，Quanto 远期在到期时 (T) 采用本币交割。具体来说，t 时刻合约价格为 $F(t)$ 的 Quanto 远期多头在 T 时的回报为：

$$\bar{X}S(T) - F(t)$$

$F(t)$ 是使 Quanto 远期在 t 时刻的价值等于 0 的协议价格。

Quanto 只是在到期时进行一次支付，Quanto 合约是没有红利支付的资产。因此，我们可以利用式(6-16)确定 Quanto 远期合约的价格，即

$$F(t) = e^{r(T-t)}V(t)$$

$V(t)$ 为 t 时刻 Quanto 的价格。将式(18-21)代入上式，得到 Quanto 远期的合约价格的公式：

$$F(t) = \bar{X}S(t)e^{(r_f - q - \rho\sigma_S\sigma_X)(T-t)} \tag{18-30}$$

在本国无风险利率为常数的情况下，以本币计价的 Quanto 远期合约的定价公式和期货的定价公式是相同的。因此，在美国无风险利率为常数的假设下，式(18-30)可用于美元计价的日经 225 指数期货合约的定价。

（二）外国资产为标的欧式期权

1. 执行价格以外币计价的外国资产期权

执行价格以外币计价的外国资产期权，是按照外币设定执行价格，期权执行时按照外币进行结算的期权。

要确定执行价格以外币计价的外国资产期权的本币价值，首先在外币体系下对该期权进行定价，得到期权的外币价格，再乘以当前的直接报价的汇率，就可以得到外币计价的外国资产期权的本币价值。

2. 执行价格以本币计价的外国资产欧式期权

执行价格以本币计价，标的资产为外国资产欧式看涨期权在到期日 T 的回报为：

$$c(T) = \max(0, X(T)S(T) - K) \tag{18-31}$$

我们可以分别以 $V_2(t)$ 和 $R(t)$ 为计价物对 $c_{XS}(T)=X(T)S(T)I$ 和 $c_D(T)=KI$ 进行定价，其中当 $X(T)S(T) \geqslant K$ 时，$I=1$，当 $X(T)S(T) < K$ 时，$I=0$。

我们还可以运用 BSM 期权定价公式对该期权定价。标的资产价格 $X(T)S(T)$ 是以本币计价的价格，该资产是 t 时刻的 $e^{-q(T-t)}$ 单位外国资产组成，并在到期日 T 之前进行红利再投资。因此，在运用 BSM 期权定价公式时，$X(T)S(T)$ 的初始价格为 $e^{-q(T-t)}X(t)S(t)$，且 BSM 期权定价公式中的波动率为 $X(t)S(t)$ 的波动率。根据式 (5-59)，得到 $X(t)S(t)$ 的波动率：

$$\sigma = \sqrt{\sigma_S^2 + \sigma_X^2 + 2\rho\sigma_S\sigma_X} \tag{18-32}$$

因此，执行价格以本币计价的外国资产欧式看涨期权的定价公式是：

$$c(t) = e^{-q(T-t)}X(t)S(t)N(d_1) - e^{-r(T-t)}KN(d_2) \tag{18-33a}$$

$$d_1 = \frac{\ln\left[\dfrac{e^{-q(T-t)}X(t)S(t)}{e^{-r(T-t)}K}\right] + \dfrac{1}{2}\sigma^2(T-t)}{\sigma\sqrt{T-t}} \tag{18-33b}$$

$$d_2 = d_1 - \sigma\sqrt{T-t} \tag{18-33c}$$

执行价格以本币计价的外国资产欧式看跌期权的定价公式是：

$$p(t) = e^{-r(T-t)}KN(-d_2) - e^{-q(T-t)}X(t)S(t)N(-d_1) \tag{18-34}$$

3. Quanto 欧式期权

Quanto 欧式期权可以看成另外一种形式的执行价格以本币计价的外国资产欧式期权。Quanto 欧式看涨期权在期权到期日 T 的回报为：

$$c(T) = \max(0, \bar{X}S(T) - K) \tag{18-35}$$

式 (18-35) 中事先设定了一个固定的汇率 $\bar{X}$，这与式 (18-29) 中依赖于到期的汇率 $X(T)$ 存在差异，这个看似"微小"的差异使两者的定价公式有着很大的差别。

通过 Quanto 复制组合可知，Quanto 欧式期权可以看成以一个投资组合为标的的期权，该投资组合以本币计价的价格为 $V(t)$，$V(t)$ 的随机过程为式 (18-22) 所描述，从中可以看出 $V(t)$ 的波动率等于外国资产 $S(t)$ 的波动率 σ_S。因此，运用 BSM 期权定价模型对 Quanto 欧式期权定价时，模型中的波动率输入参数为 σ_S。此外，投资组合 $V(t)$ 是没有红利支付的资产，因此 BSM 公式中的连续红利收益率为 0。我们可以得到 Quanto 欧式期权的定价公式：

Quanto 欧式看涨期权的定价公式为：

$$\begin{aligned} &V(t)N(d_1) - e^{-r(T-t)}KN(d_2) \\ &= \bar{X}S(t)e^{(r_f-r-q-\rho\sigma_S\sigma_X)(T-t)}N(d_1) - e^{-r(T-t)}KN(d_2) \end{aligned} \tag{18-36a}$$

其中，

$$d_1 = \frac{\ln\left[\frac{V(t)}{e^{-r(T-t)}K}\right] + \frac{1}{2}\sigma_S^2(T-t)}{\sigma_S\sqrt{T-t}} \tag{18-36b}$$

$$d_2 = d_1 - \sigma_S\sqrt{T-t} \tag{18-36c}$$

Quanto 欧式看跌期权的定价公式为：

$$e^{-r(T-t)}KN(-d_2) - V(t)N(-d_1) \tag{18-37}$$

四、交叉货币收益互换定价

（一）产品结构

收益互换是指交易双方约定在未来某一期限内按照约定的名义本金针对特定标的资产的收益率表现进行现金流交换。如收益互换挂钩股票1和股票2，未来一段时间 T 的百分比收益率分别为 $R_1(T)$ 和 $R_2(T)$，名义本金为 A，以股票2收益率交换股票1的收益率的收益互换的投资者在时间 T 得到的收入为：

$$[R_1(T) - R_2(T) + a]A \tag{18-38}$$

其中，a 是互换价差，加入该变量的目的是使收益互换在初始时刻价值为0，交易双方不需要向对方付费。如何确定合理的互换价差 a 是我们将重点研究的问题。

要注意的是，在大多数情况下，对于股票类标的资产（特别是股票指数）的收益互换，计算百分比收益率时一般不包含红利，即

$$R_i = \frac{S_i(T) - S_i(0)}{S_i(0)} (i=1,2) \tag{18-39}$$

其中，$S_i(i=1,2)$ 为两个标的资产的价格。

从不同角度出发，我们可以将收益互换划分为不同的类别。根据收益互换挂钩的收益率类型来看，可以是固定收益率与浮动收益率之间的收益互换，也可以是两个浮动收益率之间的收益互换；根据收益互换交换现金流的次数，可以是期末进行一次交换的收益互换，也可以是定期进行多次交换的收益互换；根据标的资产和结算货币之间的关系，可以是标的资产和结算货币是同种货币的单一货币收益互换，也可以是标的资产和结算货币是不同种货币的交叉货币收益互换；根据收益互换是否具有顶(Cap)或者底(Floor)等期权，可以是不含期权的收益互换，也可以是隐含期权的收益互换。

结合本章研究主题，下面集中分析交叉货币收益互换，包括外国资产与本国资产的交叉货币收益互换、国外资产之间的交叉货币收益互换和隐含期权的交叉货币收益互换三个品种。

（二）交叉货币收益互换定价

外国资产与本国资产间的收益互换，一个标的资产是外国资产，一个标的资产是本国资产。例如，投资者希望一年后得到以"沪深300指数收益率－标准普尔500指数收益率－3%"为依据计算的收入，名义本金为1000万元人民币。如果未来一年沪深300指数

收益率为 20%,标准普尔 500 指数收益率为 8%,则一年后投资者从交易对手方获得收入为人民币 90 万元;相反,如果未来一年沪深 300 指数收益率为 8%,标准普尔 500 指数收益率为 20%,则一年后投资者需支付给交易对手人民币 150 万元。

将外国资产和本国资产价格分别定义为 S_f 和 S_d,假设连个资产的红利率为常数 q_f 和 q_d,并服从以下两个几何布朗运动:

$$\frac{\mathrm{d}S_i}{S_i} = \mu_i \mathrm{d}t + \sigma_i \mathrm{d}B_i \quad i=f,d \tag{18-40}$$

B_f 和 B_d 的相关系数为 ρ_{df},$\mu_i(i=f,d)$ 为两个一般的随机过程,$\sigma_i(i=f,d)$ 为常数。直接汇率 $X(t)$ 的随机过程仍然用式(18-10)描述,B_f 与 B_X 的相关系数为 ρ_{fX}。

考虑一个用外国资产收益率交换本国资产收益率的收益互换,投资者到期的收入为:

$$\left[\frac{S_d(T)-S_d(0)}{S_d(0)} - \frac{S_f(T)-S_f(0)}{S_f(0)} + a\right]A = \left[\frac{S_d(T)}{S_d(0)} - \frac{S_f(T)}{S_f(0)} + a\right]A \tag{18-41}$$

我们下面分析如何确定合理的互换价差 a,使收益互换在 0 时刻价值为 0。

定义 $Q(T) = \frac{S_d(T)}{S_d(0)} - \frac{S_f(T)}{S_f(0)} + a$,$Q(T)$ 为名义本金为 1 元的收益互换的到期支付。以本国无风险资产 $R(t)$ 为计价物时,$Q(T)$ 的鞅定价公式为:

$$Q(0) = e^{-rT} E_0^R[Q(T)] = e^{-rT}\left[\frac{E_0^R[S_d(T)]}{S_d(0)} - \frac{E_0^R[S_f(T)]}{S_f(0)} + a\right] \tag{18-42}$$

以本国无风险资产 $R(t)$ 为计价物时,根据式(5-55),$S_d(T)$ 服从以下分布:

$$S_d(T) = S_d(0) e^{(r-q_d-\frac{1}{2}\sigma_d^2)T + \sigma_d B_d^R(T)}$$

所以有,

$$E_0^R[S_d(T)] = S_d(0) e^{(r-q_d)T} \tag{18-43}$$

根据式(18-20),以本国无风险资产 $R(t)$ 为计价物时,$E_t^R[S_f(T)]$ 为:

$$E_0^R[S_f(T)] = S_f(0) e^{(r_f-q_f-\rho_{fX}\sigma_f\sigma_X)T} \tag{18-44}$$

将式(18-43)和式(18-44)代入式(18-42),化简后得到:

$$Q(0) = e^{-q_d T} - e^{(r_f-r-q_f-\rho_{fX}\sigma_f\sigma_X)T} + a e^{-rT} \tag{18-45}$$

从收益互换的到期收入公式(18-41)我们还可以看出,名义本金 1 元的收益互换可以是以下三个资产的组合:数量 $\frac{1}{S_d(0)}$ 的本币资产的多头,其初始价值为 $e^{-q_d T}$;1 份设定 $\overline{X} = \frac{1}{S_f(0)}$ 的 Quanto 空头,期初始价值 $-e^{(r_f-r-q_f-\rho_{fX}\sigma_f\sigma_X)T}$;面值为 a 的零息债券多头,

初始价值为 ae^{-rT}。基于这样的视角,我们同样可以得到对收益互换进行定价的式(18-45)。

由 $Q(0)=0$,得到收益互换在 0 时刻价值为 0 的互换价差为:

$$a = e^{(r_f - q_f - \rho_{fX}\sigma_f\sigma_X)T} - e^{(r-q_d)T} \tag{18-46}$$

我们还可以设计出挂钩的两个标的资产为不同种境外资产的收益互换,如标准普尔 500 指数和日经 225 指数的收益互换,这实际上是两个 Quanto 的互换。以第 2 个外币资产收益率交换第 1 个资产收益率的收益互换的公平互换价差为:

$$a = e^{(r_{f_2} - q_{f_2} - \rho_{f_2 X_2}\sigma_{f_2}\sigma_{X_2})T} - e^{(r_{f_1} - q_{f_1} - \rho_{f_1 X_1}\sigma_{f_1}\sigma_{X_1})T} \tag{18-47}$$

其中,$r_{f_i}(i=1,2)$ 为两种外币的无风险利率,$q_{f_i}(i=1,2)$ 为两个外国外资产的连续红利收益率,$\rho_{f_i X_i}(i=1,2)$ 为两种外国资产和对应外币汇率的相关系数,$\sigma_{f_i}(i=1,2)$ 为两种外国资产的波动率,$\sigma_{X_i}(i=1,2)$ 为两种外币汇率的波动率。

(三) 含期权的交叉货币收益互换定价

为了提高产品的市场接受程度,降低交易双方的风险,收益互换中经常设置顶(Cap)或者底(Floor)等期权。如名义本金 1 元的包含底 R_F 和顶 R_C 的收益互换到期时回报为:

$$Q(T) = \begin{cases} R_F & \text{当} \dfrac{S_d(T)}{S_d(0)} - \dfrac{S_f(T)}{S_f(0)} \leqslant R_F \\ \dfrac{S_d(T)}{S_d(0)} - \dfrac{S_f(T)}{S_f(0)} & \text{当} R_F < \dfrac{S_d(T)}{S_d(0)} - \dfrac{S_f(T)}{S_f(0)} \leqslant R_C \\ R_C & \text{当} \dfrac{S_d(T)}{S_d(0)} - \dfrac{S_f(T)}{S_f(0)} > R_C \end{cases} \tag{18-48}$$

如果 R_F 和 R_C 设置适当,隐含期权的交叉货币收益互换初始价值可以为 0。

$Q(T)$ 可以改写成以下的式子:

$$Q(T) = \min\left[R_C, \max\left[R_F, \dfrac{S_d(T)}{S_d(0)} - \dfrac{S_f(T)}{S_f(0)}\right]\right]$$

对于这种结构较为复杂的隐含期权的交叉货币收益互换,推导其解析解有一定的难度,我们可以采用蒙特卡罗模拟的方法对其进行计算。我们采用本国无风险资产为计价物对其进行定价,定价公式是:

$$Q(0) = e^{-rT} E_0^R[Q(T)] = e^{-rT} E_0^R\left[\min\left[R_C, \max\left[R_F, \dfrac{S_d(T)}{S_d(0)} - \dfrac{S_f(T)}{S_f(0)}\right]\right]\right] \tag{18-49}$$

因为我们嵌入收益互换的是欧式期权,所以可以直接模拟出期末的回报分布进行定价。如果嵌入了路径依赖型期权或者考虑波动率的时变特征,就需要模拟资产价格的路径,并在每一条价格路径下计算其回报(确定回报的数量和支付时间)。以本国无风险资产为计价物时,根据式(5-55),$S_d(T)$ 服从以下分布

$$S_d(T) = S_d(0)e^{\left(r-q_d-\frac{1}{2}\sigma_d^2\right)T+\sigma_d B_d^R(T)} \tag{18-50}$$

根据式(18-19)，$S_f(T)$ 服从以下分布：

$$S_f(T) = S_f(0)e^{\left(r_f-q_f-\rho_{fX}\sigma_f\sigma_X-\frac{1}{2}\sigma_f^2\right)T+\sigma_f B_f^R(T)} \tag{18-51}$$

$B_d^R(T)$ 和 $B_f^R(T)$ 都是均值为 0，方差为 T 的正态分布。根据等价概率测度变化的性质，B_d^R 和 B_f^R 的相关仍然是 ρ_{df}。

为了模拟具有相关性的两个布朗运动变化量 $B_d^R(T)$ 和 $B_f^R(T)$，首先模拟两个独立的标准正态分布变量 z_1 和 z_2，然后通过以下方程生成 $B_d^R(T)$ 和 $B_f^R(T)$：

$$B_d^R(T) = \sqrt{T}\, z_1^* \text{ 和 } B_f^R(T) = \sqrt{T}\, z_2^*$$

其中，$z_1^* = z_1$，$z_2^* = \rho_{df} z_1 + \sqrt{1-\rho_{df}^2}\, z_2$。$z_2^*$ 也是服从标准正态分布的随机变量，与 z_1 的相关系数为 ρ_{df}。

$$Q(0) = e^{-rT} \times \frac{1}{N}\sum_{i=1}^{N} \min\left(R_C, \max\left(R_F, \frac{S_d^i(T)}{S_d(0)} - \frac{S_f^i(T)}{S_f(0)}\right)\right) \tag{18-52}$$

其中，$S_d^i(T)$ 和 $S_f^i(T)$ 是利用式(18-50)和式(18-51)第 i 个模拟样本的价格。

重 要 概 念

交叉货币衍生产品　日经 225 指数期货　Quanto 合约　本国无风险资产　外国无风险资产按本币计价的价值　红利再投资的外国资产按本币计价的价值　Quanto 的复制策略　Quanto 远期　Quanto 期权　收益互换　交叉货币收益互换定价

习题与思考题

1. 以 $V_2(t) = e^{qt}S(t)X(t)$ 为计价物的概率测度下，
   (1) 推导出外国资产 $S(t)$ 和汇率 $X(t)$ 的随机过程。
   (2) 推导出 Quanto 的定价公式。
2. 以 $V_1(t) = e^{r_f t}X(t)$ 为计价物的概率测度下，
   (1) 推导出外国资产 $S(t)$ 和汇率 $X(t)$ 的随机过程。
   (2) 推导出 Quanto 的定价公式
3. 对卖出的一份 Quanto，如何利用货币市场进行动态对冲？
4. 对卖出的一份 Quanto，如何利用外汇远期市场进行动态对冲？如果用外汇期货对冲，有什么差异？
5. 假如一个客户与金融机构签订了一份收益互换，金融机构将收到式(18-38)确定的现金流，其中 a 为某个确定的数，A=1。请问金融机构该如何对冲其风险。

第十九章

奇 异 期 权

学习目标

期权市场是金融市场中最具有活力和创新的市场之一,盈利和避险的需要不断推动非标准化期权的产生,这些非标准化期权被称为奇异期权,这些奇异期权不仅反映了风险管理对特殊结构产品的需要,也体现了投资者个性化的金融偏好。本章介绍了一些常见的奇异期权,分析其定价和对冲机制。本章的学习将为我们分析和理解市场中不断创新的期权工具提供思路和方法。

第一节 奇异期权概述

一、奇异期权的主要类型

到目前为止,我们所涉及的欧式和美式看涨、看跌期权都是一些普通期权(Plain Options),这些产品的定义非常标准且意义明确。这些期权在场内或者场外大量交易,从交易所或者衍生产品交易商处可以随时得到这些产品的价格或者隐含波动率。在场外市场,还有一些比这些常规期权更复杂的衍生产品交易,这些复杂的衍生产品被称为奇异期权(Exotic Options)。这些奇异期权对衍生产品交易商和客户都有着重要作用,对衍生产品交易商来说这些产品的盈利非常之高,对客户来说能满足其个性化的需求。

奇异期权产生的原因很多,有些是为了满足客户某种对冲需求;有时由于税收、财务、法律和监管等原因,企业资金部门、基金经理和金融机构需要特种结构的衍生产品更能满足其需求;或者只有某些特殊结构的产品才能反映投资者对市场未来变化预期。在少数情况下,衍生产品交易商只是为了相比普通产品看起来更加诱人而设计出奇异产品,以此吸引非熟练投资者的注意力。

相对于普通的期权产品,奇异期权在到期回报的特征、附加期权激活条款或者终止机制、多种标的资产等方面进行了创新。比如,有一类亚式期权(Asian Option),其看涨亚式期权的到期回报等于某段时间段标的资产价格的平均值与执行价格之差,其看跌亚式期权的到期回报等于执行价格与某段时间段标的资产价格的平均值之差,计算价格平均值时可以是算数平均,也可以是几何平均。再以障碍期权(Barrier Option)为例,只有当标的资产价格达到某个临界值时,期权才会被激活或者被终止,所以也有人将其翻译为界限期权。因此,金融机构根据客户的个性化需求开发出来的奇异期权,其灵活性和多样性是普通期权所不能比拟的。但是相应地,奇异期权的定价和对冲往往也更加困难,奇异期权对模型设定正确与否的依赖性常常很强,合约中潜在的风险通常比较模糊,很容易导致非预期的损失,无论是用标的资产进行保值还是用相应的期权进行保值,都需要很小心。

奇异期权最基本的创新思路是对常规期权和其他一些金融资产的分拆和组合,从而得到我们所需要的回报。这一方法是金融工程的核心之一。分拆和组合的思想还可以用在为奇异期权定价上。通过对奇异期权到期时回报的数学整理,常常可以把期权分成常规期权、简单期权和其他金融资产的组合,从而大大简化期权定价过程。在后文中我们将看到一些具体的例子。

由于奇异期权的多样性,要对它们进行完全地描述是不可能的,我们只能介绍一些常见的奇异期权,阐述相关的定价和保值技术,为读者提供一个借鉴,当遇到性质相同的问题时,可以加以利用。根据业界通行的标准,可以将目前主流的奇异期权进行以下归类,如表19-1。

表19-1 奇异期权产品分类

产品子类	产品中文名称	产品英文文名称
路径依赖 (或极值依赖)型期权	亚式期权	Asian Option
	回望期权	Look-back Option
	阶梯期权	Ladder Option
	障碍期权	Barrier Option
时间依赖型期权	选择性期权	Chooser Option
	远期开始期权	Forward Start Option
支付修正型期权	二项式/数字期权	Binanry/Digital Option
	指数期权	Power Option
多因子期权	复合期权	Compound Option
	篮子期权	Basket Option
	交换期权	Exchange Option
	价差期权	Spread Option
	彩虹期权	Rainbow Option

二、路径依赖期权

(一)路径依赖的类型

所谓的路径依赖(Path Dependence)性质是指期权的价值会受到标的变量所遵循路

径的影响,它又可以分为弱式路径依赖(Weak Path Dependence)和强式路径依赖(Strong Path Dependence)两种。如果期权价值会受到路径变量的影响,但是在期权定价的偏微分方程中并不需要比与之类似的常规欧式期权增加新的独立路径依赖变量,就属于弱式路径依赖性质的期权。

美式期权(或者更一般地说,具有提早执行特征的期权)就是弱式路径依赖型的期权。当期权到期时,期权持有者是否仍持有期权要看他是否已经执行了期权,或者说要看标的资产价格遵循的路径,但是在定价模型中,我们并不需要增加独立的状态变量,因此美式期权路径依赖的特征是比较弱的。

导致弱式路径依赖的第二个最常见的原因是障碍(Barrier)。当标的资产价格在事先确定的时间内触及某个预先确定的障碍水平时,障碍期权(敲入或敲出期权)就可能被敲出(作废)或是敲入(开始生效)。这种期权显然是路径依赖的,但是因为我们仍然只需要解一个以资产价格和时间为变量的偏微分方程,它仍然只是弱式路径依赖的。

与弱式路径依赖对应的强式路径依赖,在奇异期权中也相当常见。这些期权的损益除了取决于标的资产的目前价格和时间之外,还取决于资产价格路径的一些特征,也就是说,我们不能将期权价格简单写作 $f(S,t)$,我们还需要获得资产价格路径的更多信息。期权价值是原先的资产价格、时间和至少再多一个独立变量的函数,相应的在期权价值偏微分方程中也将增加期权价值对这些独立变量的导数。在现实生活中存在着许多这样的期权合约,亚式期权是其中的典型范例,其回报要受到标的资产在一定时间内价格平均值的影响。我们将在本章中应用一些具体例子来说明如何将强式路径依赖期权纳入到一般的 Black-Scholes-Merton 分析框架当中去。

(二) 路径依赖期权具体产品

1. 亚式期权

亚式期权到期时,其支付额依赖于标的资产某时间段的平均价格。通常而言,该类型期权又可以划分为平均价格期权(Average Price Option)和平均执行价格期权(Average Strike Option)。

对于平均价格看涨期权,其到期回报为:

$$\max(0, S_{avg} - K)$$

对于平均价格看跌期权,其到期回报为:

$$\max(0, K - S_{avg})$$

其中,S_{avg} 是按照预定时期计算的标的资产价格的平均值。如果选定了 $t_1, t_2, \cdots, t_n$,这段时间,算术平均数用 $S_{avg} = \dfrac{S(t_1) + S(t_2) + \cdots + S(t_n)}{n}$ 计算,而几何平均用 $S_{avg} = [S(t_1)S(t_2)\cdots S(t_n)]^{\frac{1}{n}}$ 来计算。

对于平均执行价格看涨期权,其到期回报为:

$$\max(0, S(T) - S_{avg})$$

而对于平均执行价格看跌期权,其到期回报为

$$\max(0, S_{avg} - S(T))$$

亚式期权受欢迎的一个重要原因在于:平均值的采用减少了波动,导致了它比一个类似的常规期权要便宜,而任何能降低期权合约前端费用的东西都会导致它们更受欢迎。同时,在许多情况下,在市场上寻求套期保值的公司往往需要为他们在未来一段时间内连续平稳的可预测现金流进行保值,这时持有一个合适的亚式期权可以对冲平均价格的风险,因此亚式期权对那些不断进行的小额交易特别有用。有时,亚式期权所使用的是一段特定时期内的平均价格,往往可以满足投资者的特殊需求。例如,有一类亚式期权被称为尾部亚式期权(Asian Tail),使用的是期权快到期之前一段时间内的标的资产平均值,这对于那些到期时有固定的现金流出的交易者(比如养老金账户)就很有意义,可以避免到期前标的资产价格突然波动带来的风险。

2. 回望期权

能在价格最高点卖出,或在最低点买进,是市场交易者梦寐以求的情形。回望期权就提供了这样一种可能。回望期权有以下两种类型。

(1) 浮动执行价格回望期权。

这种回望期权赋予期权的多头在期权到期时选择最有利的执行价格的权利。浮动执行价格看涨期权(Floating Lookback Call Option)的到期支付为:

$$\max(0, S(T) - \min_{0 \leqslant t \leqslant T} S(t))$$

浮动执行价格看涨期权能保证期权持有人在期权到期时有以期权有效期内最低价格买入标的资产。

浮动执行价格看跌期权(Floating Lookback Put Option)的到期支付为:

$$\max(0, \max_{0 \leqslant t \leqslant T} S(t) - S(T))$$

浮动执行价格看跌期权能保证期权持有人在期权到期时有以期权有效期内最高价格卖出标的资产。浮动执行价格绝大部分的情形下是会被执行的,给予了期权持有者以最优回望价执行的权利。直白地说,买入浮动执行价格期权相当于买了"后悔药"。

(2) 固定执行价格回望期权。

固定执行价格看涨回望期权(Fixed Lookback Call Option)类似于普通的欧式看涨期权,不同的是最后的资产价格被期权期限内资产价格的最大值代替,其到期回报为:

$$\max(0, \max_{0 \leqslant t \leqslant T} S(t) - K)$$

固定执行价格看跌回望期权(Fixed Lookback Put Option)类似于普通的欧式看跌期权,不同的是最后的资产价格被期权期限内资产价格的最小值代替,其到期回报为:

$$\max(0, K - \min_{0 \leqslant t \leqslant T} S(t))$$

回望期权,或者说回望的特征,常常出现在市场上许多种类的合约中,尤其是固定收益类工具中,其中的利息支付取决于在确定时间内利率到达的最大水平。总的来说,回望

期权很适合那些对资产价格波动幅度较有把握,但是对到期价格把握不大的投资者,保证了持有者可以得到一段时期内的最优价格,因此价格也相对昂贵。

3. 阶梯期权

阶梯期权是到期回报取决于基础资产在期权有效期内穿越特定阀值(也称作阶梯)的期权,这些阶梯是预先在协议签订时确定的。

在期权有效期内,一旦标的资产价格达到预先设定的阶梯水平,看涨阶梯期权就至少锁定一个固定的到期回报,不论标的资产价格在期权失效前是否再次跌落到预先设定的阶梯水平之下。例如,考虑一个看涨的阶梯期权,标的资产价格为 50 元,执行价格为 55 元,设定阶梯水平 60、65 和 70。如果在期权有效期内,标的资产价格上升到了 62 元,那么期权到期时的回报至少锁定为 5(=60-55)元;然而,如果标的资产价格上升到 71 元,期权到期时的回报至少锁定为 15(=70-55)元,不论标的资产价格在期权失效前是否下降。

看跌阶梯期权情况与看涨阶梯期权类似。例如,考虑一个看涨的阶梯期权,标的资产价格为 50 元,执行价格为 55 元,设定阶梯水平 50、45 和 40。如果在期权有效期内,标的资产价格下降到了 48 元,那么期权到期时的回报至少锁定为 5(=50-45)元;然而,如果标的资产价格下降到 42 元,期权到期时的回报至少锁定为 10(=55-45)元,不论标的资产价格在期权失效前是否上升。

4. 障碍期权

障碍期权(Barrier Options)是指期权的回报依赖于标的资产的价格在一段特定时间内是否达到了某个特定的水平(临界值),这个临界值就叫作"障碍"水平。通常有许多种不同的障碍期权在场外市场进行交易,它们一般可以归为两种类型:

(1) 敲出障碍期权(Knock-out Options):当标的资产价格达到一个特定的障碍水平时,该期权作废(即被"敲出",也称为"失效");如果在规定时间内资产价格并未触及障碍水平,则仍然是一个常规期权。

(2) 敲入障碍期权(Knock-in Options):正好与敲出期权相反,只有资产价格在规定时间内达到障碍水平,该期权才得以存在(即"敲入",或称为"生效"),其回报与相应的常规期权相同;反之该期权作废。

在此基础之上,我们可以通过考察障碍水平与标的资产初始价格的相对位置,进一步为障碍期权分类:

(1) 如果障碍水平高于初始价格,则我们把它叫作向上期权。

(2) 如果障碍水平低于初始价格,则我们把它叫作向下期权。

将以上分类进行组合,我们可以得到诸如下跌敲出看涨期权(Down-and-out Call)、下跌敲出看跌期权(Down-and-in Put)和上涨敲出看涨期权(Up-and-out Call)等。

敲入期权和敲出期权之间存在内在的联系。如下跌(上升)敲出看涨期权和下跌(上升)敲入看涨期权的组合形成标准的欧式看涨期权,下跌(上升)敲出看跌期权和下跌(上升)敲入看跌期权的组合形成标准的欧式看跌期权。

投资者可以用下跌敲出看涨期权对冲标的资产价格上升的风险,其效果和标准的看涨期权类似,差异在于当资产价格下降很多时,下跌敲出看涨期权被敲出而失效。从现实角度看,这是投资者能够接受的,因为资产价格已经大幅度下降,对冲的需求降低。资产价格下降后,投资者需要买入更低执行价格的期权建立新的对冲头寸。但是,当市场上不存在更低执行价格的期权时,对冲需求者面临资产价格在下降到敲出价格以后发生反转的风险,从而对期权被敲出而感到后悔。接受这种风险的好处是下跌敲出看涨期权比普通的看涨期权便宜。因此,与普通期权相比,下跌敲出看涨期权所提供的相对便宜但不完全的对冲的选择权。

具有相同边界价格和不同执行价格的敲出看涨期权和敲入看涨期权(或敲出看跌期权)的组合形成一个期权,当资产价格达到边界价格时,敲出期权失效而敲入期权生效,相当于对期权执行价格重新进行了设定。这起到了根据市场情况自动调整执行价格的对冲策略。

障碍期权推出初期,交易量不大,很少人能很熟练地为它们定价。但现在,障碍期权的市场容量急剧扩大,人们还根据市场需求对它们做了进一步的变形。现在,也许只有那些在以上这些基本的障碍期权之上增加了许多新的特殊交易条款的期权才能被叫作奇异期权了。这些条款有如下七条。

(1) 障碍水平的时间依赖性,即随时间不同障碍水平将发生变化,比如障碍水平从某一个位置开始,逐渐上升。通常来说,障碍水平会是一个时间的分段常数函数(即在一段时间之内维持一个固定的水平,之后发生变化再维持一个水平)。其中的极端例子是被保护或是部分障碍期权(Protected or Partial Barrier Options)。在这类期权中,障碍是间歇性的,在一段特定的时间内,障碍会完全消失。其中又可以分为两类:一种是在障碍有效的时间内,只要资产价格处于障碍水平之外,障碍条件就被引发;第二种则是只有资产价格在有效时间内越过障碍,才被引发,如果价格已经位于障碍水平之外则不会引发。

(2) 双重障碍(Double Barrier):期权条款中包含一个障碍上限和障碍下限。上限高于现价,而下限则低于现价。在一个双重敲出期权中,如果任何一个障碍水平被触及,期权就作废。在一个双重敲入期权中,规定时间内价格至少要达到其中一个障碍水平期权才可有效。我们还可以想象其他的情况:一个障碍水平是敲入,而另一个则是敲出。到期时,这个合约可能是一个敲入或是敲出的期权的回报。

(3) 多次触及障碍水平(Repeated Hitting of the Barrier):双重障碍期权可以进一步变得更复杂:有一类期权要求在障碍条件被引发之前,两重障碍水平都要被触及。实际上当其中一个障碍水平第一次被触及,这个合约就变成了一个常规的障碍期权,因此这种期权可以看成一个在较低的障碍水平上的向上期权和一个在较高水平上的向下期权之和。

(4) 障碍水平的重新设定:这种期权叫作重设障碍期权(Reset Barrier)。当触及障碍水平的时候,合约变成另一个不同障碍水平的障碍期权。由于如果在规定时间之内障碍被触及的话,我们就会得到一个新的障碍期权,而如果在一定时间之后被触及,则仍然是常规期权,在此意义上这类合约可以看作是依赖于时间的。

和这类合约相关的一类期权是上卷期权(Roll-up)和下卷期权(Roll-down)。这类期权开始时是常规期权,但如果资产价格达到某一事先确定的水平,就变为一个障碍期权。比如,一个上卷看跌期权,如果上卷水平达到,合约就变成一个向上敲出看跌期权,上卷价格就是障碍看跌期权的执行价,相应的障碍水平则是事先确定好的。

(5) 外部障碍期权(Outside Barrier Options):外部或称为彩虹障碍期权(Rainbow Barrier Option)的回报特征取决于第二种标的资产。这样,这个期权中的障碍水平可能被另一个资产价格的变动触发,而期权的回报则取决于另一种资产价格。这类产品显然属于多因素合约。

(6) 提前执行的可能性:除了以上对障碍的多种创新之外,还可以在障碍期权中加入美式提前执行的条款,这时合约中一定要列明如果合约提前执行的话,期权回报是怎样的。

(7) 部分折扣(Rebate):有时障碍期权合约中会规定,如果触及障碍水平,可以部分退款(折扣)。这常常发生在敲出期权的情况下,这时这部分退款可以看作是对失去的回报部分的缓冲。这部分退款可以在障碍被引发时或是到期时才支付。

从障碍期权的基本分析中我们可以看到,障碍期权是路径依赖期权,它们的回报,以及它们的价值要受到资产到期前遵循的路径的影响。比如,一个向上敲出看涨期权在到期时同样支付 $\max(S(T)-X,0)$,除非在此之前资产交易价格达到或超过障碍水平 H。在这个例子中,如果资产价格到达这个价位(显然是从下面向上达到),那么该期权敲出。但是,障碍期权的路径依赖的性质是较弱的,因为我们只需要知道这个障碍是否被触发,而并不需要关于路径的其他任何信息。这和那些强式路径依赖的期权如亚式期权等是不同的。关于路径的信息不会成为我们定价模型中的一个新增独立变量,如果障碍水平没有被触发,障碍期权到期时的回报仍然和常规期权是相同的。因此,障碍期权是属于弱式路径依赖。

障碍期权受欢迎的主要原因在于:它们通常比常规期权便宜,这对那些相信障碍水平不会(或会)被引发的投资者很有吸引力。而且,购买者可以使用它们来为某些非常特定的具有类似性质的现金流保值。通常来说,购买者对于市场方向都有相当精确的观点,如果他相信标的资产价格的上升运动在到期之前会有一定的限制,希望获得看涨期权的回报,但并不想为所有上升的可能性付款,那么他就有可能去购买一份向上敲出期权。由于上升运动受到限制,这个期权的价格就会比相应的普通看涨期权价格便宜。如果投资者的预期是对的,那么这个障碍水平并不会被引发,他就可以得到他所想要的回报。障碍距离资产价格现价越近,期权被敲出的可能性越大,合约就越便宜。相反,一个敲入期权将会被某个相信障碍水平将会实现的人购买,这时期权同样也会比相应的普通期权便宜。

三、时间依赖型期权

奇异期权的一种变化形式是在以上所述的所有特征中加入时间依赖(Time Dependence)的特性。比如,美式期权只能在特定的一段时间之内提前执行,如百慕大期权;敲出期权的障碍位置也可以随着时间而不同,每个月都可以设定一个比上个月更高的水平。或者我们可以想象一个敲出期权,其障碍只在每个月的最后一星期有效。或者在期权到期前,期权的多头有权在某个时刻选择期权合约的某些特征,从而决定其最终的收益。

这些合约都可以称作是时间上非均匀的(Time-inhomogeneous)。这些变化使期权合约更加丰富,也更符合客户和市场的特殊需求。介绍两种时间依赖型期权的具体产品:

(一)选择性期权

选择性期权在经过一段指定时期后,持有人能任意选择期权的类型:看涨期权或者看跌期权。假设做出选择的时间为 τ,此时选择性期权的价值为:

$$\max(c, p)$$

其中,c 为 τ 时看涨期权的价值,p 为 τ 时看跌期权的价值。

(二)远期开始期权

远期开始期权是现在支付期权费但在未来某时刻生效的期权。远期开始期权虽然是在订立合约之时就付出期权费,但它的实际有效期是既定的未来的某一时间,并且其执行价等于未来某一日期的股票价格。

远期开始期权可用于企业投资项目评估。对于某些投资项目,有时存在着一个远期开始期权,也就是说,不必立即实行该项目,等待不但可使公司获得更多的相关信息,而且在某些情况下等待具有更高的价值。有时远期开始期权也可用于雇员激励计划,如执行经理得知,在以后的某个日期他将得到一份期权激励。

四、支付修正型期权

支付修正型期权对看涨期权或看跌期权的到期支付函数 $\max(0, S-K)$ 或者 $\max(0, K-S)$ 进行了调整。支付函数可能为一个阶梯函数或者幂函数。常见的支付修正型期权包括数字期权和指数期权。

(一)数字期权

数字期权又称为两值期权,包括股份数字期权和数字期权,我们在第十三章已经对其进行了详细介绍。以看涨数字期权为例:在到期日,若股票价格低于执行价格,则该期权一文不值;若股票价格高于执行价格,则期权持有者将获得固定数额的支付。

(二)指数期权

指数期权到期回报不再是关于标的股票价格的线性函数。在期权到期时,期权的回报是标的股票超过执行价格那部分的幂函数。

五、多因子期权

(一)多因子的来源

因子指的是基本的独立变量的个数。常规期权有两个独立变量 S 和 t,因此是二维的。弱式路径依赖期权合约和那些除了不是路径依赖之外其他条件都与之完全相同的期权合约的因子数相同,比如一个障碍期权和与之相应的常规期权都只有两个变量,都是二个因子的。对于这些合约来说,资产价格这个变量的作用和时间变量的作用是彼此不同的,因为在 BSM 期权微分方程中,包含了对资产价格的二阶偏导而只有对时间的一阶偏导。

在两种情况下,会出现三因子甚至多因子。第一种情况出现在我们有其他随机源的时候,比如期权中有多个标的资产。假设有一个期权,要取两种股票价格的最大值。这两种标的资产都是随机的,每种都有自己的波动率,它们之间还有相关关系。在 BSM 期权微分方程中,我们将会出现对每种资产价格的二阶偏导,我们把这叫作存在二维扩散过程,这就出现了三因子问题。

多因子的第二种形式是强式路径依赖的合约。比如,一种新的独立变量是路径依赖量(如亚式期权中的价格平均数)的一个衡量,期权价值是依赖于这个量的。这样,期权价格方程中需要再增加新的变量,但这时期权价格对这个新变量的导数只是一阶的。这样,这个新的变量看起来更像是一个象时间一样的变量,这与多标的资产的情况显然是不同的。

多因子还有一种可能原因是复合期权,也称为高阶期权,高阶期权引入了建模的问题。常规期权是一阶的,其回报仅直接取决于标的资产价格,其他的如路径依赖期权,如果路径变量直接影响期权价格的话,它也是一阶的。高阶指的是那些期权损益和价值取决于另一个(些)期权的价值。最典型的二阶期权的例子是复合期权。比如,一个看涨期权给予持有者购买一个看跌期权的权利。复合期权在 t_1 时刻到期,而作为其自变量的那个标的期权则在更迟的一个时刻 t_2 到期。远期期权和期货期权也是类似情况。

从实际的角度来看,复合期权的存在提出了一些重要的建模问题:复合期权的回报取决于标的期权的市场价值而非理论价值。但是,我们对两阶期权都要使用理论模型,这时高阶期权对模型正确与否就非常敏感,需要很小心地处理。我们在第十三章中所讨论的那些模型假设问题在这时就非常重要。

(二)主要的多因子期权

(1)复合期权。复合期权的标的资产是期权。复合期权按照买卖权种类可以划分为如下四类:基于某个看涨期权的看涨期权、基于某个看涨期权的看跌期权、基于某个看跌期权的看涨期权、基于某个看跌期权的看跌期权。

考虑一个基于某个看涨期权的看涨期权,在第一个执行日 T_1,复合期权的持有人选择是否执行期权(买入新的期权)。若持有人选择执行复合期权,则将以 K_1 的价格买入标的看涨期权。标的看涨期权赋予持有人在到期日 T_2 以执行价格 K_2 购买期权标的资产的权利。

(2)篮子期权。篮子期权是一种多资产的期权,它的到期回报依赖于两个或多个资产的平均价格。以简单的看涨、看跌期权为例,其到期回报为:

$$看涨期权到期回报 = \max\left[0, \sum_{i=1}^{n} w_i S_i(T) - K\right]$$

$$看跌期权到期回报 = \max\left[0, K - \sum_{i=1}^{n} w_i S_i(T)\right]$$

其中,$S_i(T)$ 为篮子中第 i 个资产在期权到期时的价格,w_i 为第 i 个资产在篮子中所占的权重,K 为期权执行价格。购买篮子期权类似于购买篮子中单个资产期权的组合,但篮子期权的期权费用一般更低。原因在于资产组合的风险分散了单个资产的非系统性风险,即降低了资产的波动率,自然也降低了期权价格。

(3)交换期权。在第十三章中,我们已经对交换期权进行了深入研究。包括普通的欧式期权、远期期权、期货期权等许多期权都可以转换为交换期权的形式,交换期权既包括同种货币资产的交换期权,也包括不同种货币的交换期权。交换期权的定价公式是其他许多期权定价的基础。

(4) 价差期权。价差期权是期权的到期回报取决于两标的资产到期价格之差的期权。经典的期权是定义在一个基础资产之上的，而价差期权则可以看作是对经典期权的简单推广，定义在两个基础资产上。例如，价差看涨期权在到期日的回报为 $\max(0, S_1(T)-S_2(T)-K)$，这里 S_i 表示两种资产的价格，K 为看跌期权执行价格。这个价差期权可以看成 $n=2, w_1=1, w_2=-1$ 的篮子看涨期权。

价差期权的思想虽然很简单，但却可以进行各种扩展，这些扩展对许多实际问题的解决都很有帮助。在货币和固定收益市场，价差期权可以是建立在两种利率或两种收益之差上的期权。在商品市场，价差期权可以建立在同一商品在不同地点（位置价差）、不同时间（日历价差），或者是一个生产过程的投入和产出价格差（过程价差）以及同一商品不同等级之间的价格差（质量价差）之上。

价差期权可以帮助我们发现其中隐含的价值，从而为风险管理提供更多更有效的工具。例如，以精炼石油与原油间的价差为标的资产的价差期权为炼袖厂商提供了对毛利进行套期保值的途径。又如，以长期国债与短期国债之间的利差为标的资产的价差期权为投资于利率产品的投资者提供了保值的机会。

价差期权还可用来对冲基差风险。例如，某人打算通过卖出期货合约来对一项资产的多头进行对冲，期货合约的标的资产与该资产关系密切但并不是该资产，因此投资者面临基差风险，即被对冲资产价格和期货标的资产价格的基差产生的风险。以期货合约标的资产的价格和被对冲的资产价格的价差为标的的看涨期权可以对冲基差风险。

有些场外交易者创新了价差期权，他们不仅以两种基础资产的价差作为标的资产，还发明了多种基础资产之间的价差期权。目前虽然这种多元价差期权的使用很有限，但随着场外市场衍生工具的进一步发展，随着风险管理的日益复杂，以及国际资本市场全球一体化趋势的加速，多元价差期权将会获得普遍使用。

不仅如此，价差期权并不限于基础资产的差额，还可以将基础资产扩展到有限个基础指数的线性组合的情形。价差在金融市场中是普遍存在的，不管是权益、固定收益债券、外汇，还是商品、能源市场、商业银行的房地产贷款，都可以将其差异视作价差。这些都可以作为价差期权的基础。

(5) 彩虹期权。彩虹期权也是一类篮子期权的总称，但有特殊的支付结构，其关键特征在于期权的收益取决于两种或多种资产的相对表现。通常而言，彩虹期权具有五种支付结构。

① 最好的资产或现金期权：期权到期时交付价格风险资产和现金。其到期回报为：

$$\max(S_1(T), \cdots, S_n(T), K)$$

② 最大看涨期权：期权到期时期权持有人有权按照执行价格购买价格最大的风险资产。其到期回报为：

$$\max(0, \max(S_1(T), \cdots, S_n(T))-K)$$

③ 最小看涨期权：期权到期时期权持有人有权按照执行价格购买价格最低的风险资产。其到期回报为：

$$\max(0, \min(S_1(T), \cdots, S_n(T)) - K)$$

④ 最大看跌期权：期权到期时期权持有人有权按照执行价格出售价格最大的风险资产。其到期回报为：

$$\max(0, K - \max(S_1(T), \cdots, S_n(T)))$$

⑤ 最小看跌期权：期权到期时期权持有人有权按照执行价格出售价格最低的风险资产。其到期回报为：

$$\max(0, K - \min(S_1(T), \cdots, S_n(T)))$$

第二节 障碍期权定价

一、利用鞅定价方法为障碍期权定价

(一) 定价基本原理

障碍期权是弱式路径依赖的，我们仍然可以应用鞅定价方法对障碍期权定价。我们以下降敲出看涨期权为例，说明应用鞅定价方法对障碍期权定价的原理。

设 H 表示下降敲出看涨期权的下界，并假定在对期权定价时这个下界没有达到。将期权定价时定义为 0 时刻。用 $z = \min_{0 \leqslant t \leqslant T} S(t)$ 表示合约存续期内标的资产价格达到的最小值。在实际运用中，这个最小值是离散时间点上的取值（如每天收盘价），但在这里仍然假设期权价格是连续的。

下降敲出看涨期权在到期日的回报函数为：如果 $z > H$，回报函数为 $\max(0, S(T) - K)$，否则为 0。设

$$x = \begin{cases} 1 & \text{如果 } z > H \text{ 并且 } S(T) > K \\ 0 & \text{其他} \end{cases}$$

则下降敲出看涨期权到期日的价值为：

$$xS(T) - xK$$

与对普通欧式期权的定价一样，期权 0 时的价值可以写为：

$$e^{-qT}S(0) \times Prob^V(x=1) - e^{-rT}K\, Prob^R(x=1)$$

其中，$V(t) = e^{qt}S(t)$，$R(t) = e^{rt}$。

(二) 计算概率

为了计算 $Prob^V(x=1)$ 和 $Prob^R(x=1)$，需要分两种情况讨论。

(1) 假设 $K > H$。定义：

$$y = \begin{cases} 1 & \text{如果 } z \leqslant H \text{ 并且 } S(T) > K \\ 0 & \text{其他} \end{cases}$$

事件 $S(T)>K$ 等价于两个互斥事件的 $x=1$ 和 $y=1$ 的并。因此，

$$Prob^V(x=1)=Prob^V(S(T)>K)-Prob^V(y=1)$$

$$Prob^R(x=1)=Prob^R(S(T)>K)-Prob^R(y=1)$$

对于 $Prob^V(S(T)>K)$ 和 $Prob^R(S(T)>K)$ 的计算，第十三章已经给出了结果，即

$$Prob^V(S(T)>K)=N(d_1(K)) \tag{19-1a}$$

$$Prob^R(S(T)>K)=N(d_2(K)) \tag{19-1b}$$

其中，

$$d_1(K)=\frac{\ln\left(\frac{S(0)}{K}\right)+\left(r-q+\frac{1}{2}\sigma^2\right)T}{\sigma\sqrt{T}} \tag{19-1c}$$

$$d_2(K)=d_1-\sigma\sqrt{T} \tag{19-1d}$$

基于几何布朗运动极小值的分布[①]，可以证明，

$$Prob^V(y=1)=\left(\frac{H}{S(0)}\right)^{\frac{2(r-q+0.5\sigma^2)}{\sigma^2}}N(d_1') \tag{19-2a}$$

$$Prob^R(y=1)=\left(\frac{H}{S(0)}\right)^{\frac{2(r-q-0.5\sigma^2)}{\sigma^2}}N(d_2') \tag{19-2b}$$

其中，

$$d_1'(K)=\frac{\ln\left(\frac{H^2}{KS(0)}\right)+(r-q+0.5\sigma^2)T}{\sigma\sqrt{T}} \tag{19-2c}$$

$$d_2'(K)=d_1'-\sigma\sqrt{T} \tag{19-2d}$$

(2) 假设 $K\leqslant H$，那么事件 $x=1$ 的定义中，时间 $S(T)>K$ 是多余的：如果 $z=\min_{0\leqslant t\leqslant T}S(t)>H$，在 $K\leqslant H$ 条件下，那么 $S(T)>K$ 必定成立。因此，事件 $x=1$ 的概率就是 $z>H$ 的概率。定义：

$$y=\begin{cases}1 & \text{如果 } z\leqslant H \text{ 并且 } S(T)>H\\0 & \text{其他}\end{cases}$$

事件 $S(T)>H$ 是互斥事件 $x=1$ 和 $y=1$ 的并。因此，有

$$Prob^V(x=1)=Prob^V(S(T)>H)-Prob^V(y=1)$$

[①] ［美］贝克著，沈根祥译，《衍生证券教程：理论和计算》格致出版社、上海人民出版社，2010 年 9 月，第 335—339 页。

$$Prob^R(x=1) = Prob^R(S(T)>H) - Prob^R(y=1)$$

与前面一样,有

$$Prob^V(S(T)>H) = N(d_1) \tag{19-3a}$$

$$Prob^R(S(T)>H) = N(d_2) \tag{19-3b}$$

其中,

$$d_1(H) = \frac{\ln\left(\frac{S(0)}{H}\right) + \left(r - q + \frac{1}{2}\sigma^2\right)T}{\sigma\sqrt{T}} \tag{19-3c}$$

$$d_2(H) = d_1 - \sigma\sqrt{T} \tag{19-3d}$$

此外,在式(19-2)中用 H 代替 K,可以计算出:

$$Prob^V(y=1) = \left(\frac{H}{S(0)}\right)^{\frac{2(r-q+0.5\sigma^2)}{\sigma^2}} N(d_1') \tag{19-4a}$$

$$Prob^R(y=1) = \left(\frac{H}{S(0)}\right)^{\frac{2(r-q-0.5\sigma^2)}{\sigma^2}} N(d_2') \tag{19-4b}$$

其中,

$$d_1'(H) = \frac{\ln\left(\frac{H}{S(0)}\right) + (r - q + 0.5\sigma^2)T}{\sigma\sqrt{T}} \tag{19-4c}$$

$$d_2'(H) = d_1' - \sigma\sqrt{T} \tag{19-4d}$$

为了书写方便,我们将普通欧式看涨和看跌期权的 BSM 定价公式记为 $c_{bs}(0 \mid d_1, d_2)$ 和 $p_{bs}(0 \mid d_1, d_2)$,即

$$c_{bs}(0 \mid d_1, d_2) = e^{-qT}S(0)N(d_1) - e^{-rT}KN(d_2) \tag{19-5a}$$

$$p_{bs}(0 \mid d_1, d_2) = e^{-rT}KN(-d_2) - e^{-qT}S(0)N(-d_1) \tag{19-5b}$$

同时,将 $\dfrac{(r-q+0.5\sigma^2)}{\sigma^2}$ 记为 λ,即

$$\lambda = \frac{(r - q + 0.5\sigma^2)}{\sigma^2}$$

(三)障碍期权定价公式

因为一份常规看涨期权等于边界相等的下跌敲出看涨期权和下跌敲入看涨期权的组合。因此,在上述的下跌敲出看涨期权定价公式下,用常规期权的价值减去下跌敲出看涨期权,就可以得到下跌敲入看涨期权的定价公式。

1. 下跌敲出(敲入)看涨期权的定价公式

总结以上的推导过程,可以得到下跌敲出(敲入)看涨期权的定价公式。

在标的资产价格时间上连续的假设下,边界为 H 的下跌敲出期权的定价公式如下。

(1) 如果 $K > H$,下跌敲出期权的价值 $c_{do}(0)$ 为:

$$c_{do}(0) = c_{bs}(0 \mid d_1(K), d_2(K)) - e^{-qT}S(0)\left(\frac{H}{S(0)}\right)^{2\lambda} N(d_1'(K))$$

$$+ e^{-rT}K\left(\frac{H}{S(0)}\right)^{2\lambda-2} N(d_2'(K)) \tag{19-6}$$

下跌敲入期权的的价值 $c_{di}(0)$ 为:

$$c_{di}(0) = c_{bs}(0 \mid d_1(K), d_2(K)) - c_{do}(0) \tag{19-7}$$

(2) 如果 $K \leqslant H$,下跌敲出看涨期权的价值 $c_{do}(0)$ 为:

$$c_{do}(0) = c_{bs}(0 \mid d_1(H), d_2(H)) - e^{-qT}S(0)\left(\frac{H}{S(0)}\right)^{2\lambda} N(d_1'(H))$$

$$+ e^{-rT}K\left(\frac{H}{S(0)}\right)^{2\lambda-2} N(d_2'(H)) \tag{19-8}$$

下跌敲入看涨期权的的价值 $c_{di}(0)$ 为:

$$c_{di}(0) = c_{bs}(0 \mid d_1(K), d_2(K)) - c_{do}(0) \tag{19-9}$$

2. 上升敲出(敲入)看涨期权的定价公式

在连续标的资产价格时间上连续的假设下,边界为 H 的上升敲出(敲入)看涨期权的定价公式如下。

(1) 若 $K \geqslant H$,上升敲出看涨期权的价值 $c_{uo}(0)$ 为 0。上升敲入看涨期权的价值 $c_{ui}(0)$ 等于普通期权的价值 $c_{bs}(0 \mid d_1(K), d_2(K))$,$d_1(K)$、$d_2(K)$ 分别由各自的公式定义。

(2) 若 $K < H$,上升敲入看涨期权的价值 $c_{ui}(0)$ 为:

$$c_{ui}(0) = c_{bs}(0 \mid d_1(H), d_2(H)) - e^{-qT}S(0)\left(\frac{H}{S(0)}\right)^{2\lambda}[N(-d_1'(K)) - N(-d_1'(H))]$$

$$+ e^{-rT}K\left(\frac{H}{S(0)}\right)^{2\lambda-2}[N(-d_2'(K)) - N(-d_2'(H))] \tag{19-10}$$

上升敲入看涨期权的价值 $c_{u0}(0)$ 为:

$$c_{u0}(0) = c_{bs}(0 \mid d_1(K), d_2(K)) - c_{ui}(0) \tag{19-11}$$

3. 上升敲出(敲入)看跌期权的定价公式

在连续标的资产价格时间上连续的假设下,边界为 H 的上升敲出(敲入)看跌期权的定价公式如下。

(1) 若 $K \leqslant H$,边界为 H 的上升敲入看跌期权的价值 $p_{ui}(0)$ 为:

$$p_{ui}(0) = e^{-rT}K\left(\frac{H}{S(0)}\right)^{2\lambda-2}N(-d_2'(K)) - e^{-qT}S(0)\left(\frac{H}{S(0)}\right)^{2\lambda}N(-d_1'(K))$$
(19-12)

上升敲出看跌期权的价值 $p_{u0}(0)$ 为：

$$p_{u0}(0) = p_{bs}(0 \mid d_1(K), d_2(K)) - p_{ui}(0) \tag{19-13}$$

(2) $K > H$，边界为 H 的上升敲出看跌期权的价值 $p_{u0}(0)$ 为：

$$p_{u0}(0) = p_{bs}(0 \mid d_1(H), d_2(H)) - e^{-rT}K\left(\frac{H}{S(0)}\right)^{2\lambda-2}N(-d_2'(H))$$
$$+ e^{-qT}S(0)\left(\frac{H}{S(0)}\right)^{2\lambda}N(-d_1'(H)) \tag{19-14}$$

上升敲出看跌期权的价值 $p_{u0}(0)$ 为：

$$p_{ui}(0) = p_{bs}(0 \mid d_1(K), d_2(K)) - p_{uo}(0)$$

4. 下降敲出（敲入）看跌期权的定价公式

在连续标的资产价格时间上连续的假设下，边界为 H 的下降敲出（敲入）看跌期权的定价公式如下。

(1) 若 $K \leqslant H$，边界为 H 的下降敲入看跌期权的价值 $p_{di}(0) = 0$，下降敲出看跌期权 $p_{do}(0) = p_{bs}(0 \mid d_1(K), d_2(K))$。

(2) $K > H$，边界为 H 的下降敲入看跌期权的价值 $p_{di}(0)$ 为：

$$p_{di}(0) = p_{bs}(0 \mid d_1(H), d_2(H)) - e^{-rT}K\left(\frac{H}{S(0)}\right)^{2\lambda-2}[N(d_2'(K)) - N(d_2'(H))]$$
$$+ e^{-qT}S(0)\left(\frac{H}{S(0)}\right)^{2\lambda}[N(d_1'(K)) - N(d_1'(H))] \tag{19-15}$$

下降敲出看跌期权的价值 $p_{d0}(0)$ 为：

$$p_{d0}(0) = p_{bs}(0 \mid d_1(K), d_2(K)) - p_{di}(0) \tag{19-16}$$

二、利用叉树模型为障碍期权定价

叉树模型进行拓展后，也可用于障碍期权的定价。障碍期权可以用二叉树或是三叉树模型来定价，只要在原先模型的倒推过程中，在结点上增加考虑障碍的影响就可以了。但是，由于树图结点设置的障碍不同于真实的障碍水平，树图模型收敛缓慢。从图 19-1 和图 19-2 可以看到，在真实障碍附近，二叉树和三叉树图都形成了相应的内部障碍（Inner Barrier），即和外部障碍（Outer Barrier），内部障碍是紧邻于真实障碍内部的那些结点形成的障碍水平，外部障碍是紧邻于真实障碍外部的那些结点形成的障碍水平，它们与真实障碍之差就形成了误差。实践中人们采用三种方法来克服这个问题，通常这些方法对三叉树模型都比二叉树模型更有效率。

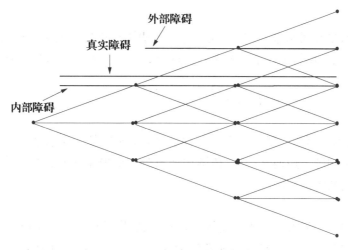

图 19-1 三叉树图中的障碍水平

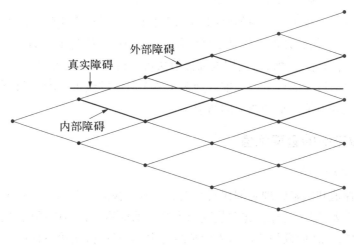

图 19-2 二叉树图中的障碍水平

(一) 将结点设置在障碍上

这个方法的主要思想就是在构造树图的时候,通过参数设置,使障碍水平正好能落在结点上。假设有两个水平障碍 $H_1 < H_2$,那么在三叉树图中,使

$$H_2 = H_1 u^N$$

其中,N 为整数。由于一般的三叉树中 u 的隐含值为 $e^{\sigma\sqrt{3\Delta t}}$,为了使 u 尽量与上式一致,选择

$$\ln u = \frac{\ln H_2 - \ln H_1}{N}$$

和

$$N = \text{int}\left[\frac{\ln H_2 - \ln H_1}{\sigma\sqrt{3\Delta t}} + 0.5\right]$$

的三叉树图。

除了障碍水平在叉树节点以外,通常尽量希望资产价格三叉树图以初始价格为中心节点。这种情况下,我们选择第一个中心结点为 $H_1 u^M$ 且要尽量接近初始资产价格,即

$$M = \text{int}\left[\frac{\ln S - \ln H_1}{\ln u} + 0.5\right]。$$

这里 int 为取整函数。通过以上设置构造出来的树图使障碍水平落在结点上,能有效地克服障碍水平问题。像通常一样,树图中所有分支的概率选择都应与资产价格所遵循的随机过程的前两阶矩相匹配。

(二)结点不在障碍水平上的调整

处理障碍的另一种方法是不变化树图,而是在倒推过程中进行相应的调整,计算当资产价格位于内部障碍结点上时衍生证券的两个值:第一个值假设内部障碍是真实障碍,第二个值假设外部障碍是真实障碍。然后,通过内插法得到基于真实障碍的期权价值。

我们可以以一个例子来说明如何调整。假设在某一时刻真实障碍距离内部障碍 0.2,距离外部障碍 0.6。假定外部障碍是正确的情况下,期权价值为 1.6;假定内部障碍是正确的情况下,期权价值为 0。那么,利用内部插值法可以得到期权价值为 0.4。

利用该方法的最大优点是可以推广到多于一个障碍的情形、障碍不是水平的情形,以及树图上的节点并不位于水平线上的情形。

三、障碍期权空头的套期保值

(一)静态套期保值

实现套期保值和风险管理是期权交易人员非常重视的一个问题。对于奇异期权来说这个问题尤其重要,因为它往往比常规期权更难套期保值。在障碍期权中,障碍水平的存在导致了期权中的 Δ(期权和资产的无套利组合中,期权价格变化对标的资产价格变化的比率)是不连续的,这时继续运用 Δ 单位的标的资产为其动态保值就不可能了,而且套期保值成本也非常高。这时,我们往往需要运用静态套期保值的方法。

所谓的静态套期保值方法就是尽可能地用交易活跃的常规看涨和看跌期权来复制障碍期权价值。比如,为向上敲出看涨期权空头套期保值的一个常用方法是买进同样价格和到期日的看涨期权多头,如果期权没有敲出,则看涨期权多头对冲看涨期权空头。在静态套期保值中所用到的思想是:在边界条件上,构造那些常规期权组合的价值等于障碍期权的价值,从而为障碍期权保值,如果在边界上两个组合的价值都相等的话,那么边界之内它们的价值也必然相等,所以只需要考虑边界条件就可以了。

这种保值方法由于不需要进行频繁的再调整而被称为"静态"套期保值,这使它具有相当的优越性。对于许多无法用普通标的资产实现保值的衍生证券[①],这是行之有效的一个保值方法。由于我们从交易活跃的常规期权中得到隐含波动率,并使用其中的信息

[①] 事实上,为奇异期权保值的一个重要思路就是静态保值法,我们这里以障碍期权为例介绍这一保值方法,后面我们就不再重复介绍,其他的奇异期权也可以进行类似的应用。

为奇异期权定价，这时必须要使用相应的常规期权为之套期保值，才能减少模型使用错误的风险，保证定价的内在一致性。

(二) 反射保值

下面我们给出另一种为障碍期权套期保值的方法，这个方法建立在反射原理(Reflection Principle)和看涨看跌对称(Put-call Symmetry)的基础上，很简单但效果相当不错，但是只有在障碍水平和执行价格以正确的顺序排列的时候才有效。

最简单的看涨看跌对称关系就是平价关系。即

$$c - p = S - Xe^{-r(T-t)}$$

假设我们目前拥有一个向下敲入看涨期权，并假设障碍水平 H 和执行价格 X 相等。现在用一个具有同样执行价格的常规看跌期权空头来为其保值。如果触及障碍水平，则我们的组合头寸价值为 $c-p$，其中第一项来自障碍期权，第二项来自常规期权。根据平价关系和 $H=X$，组合价值正好等于 $S - Xe^{-r(T-t)} = X(1-e^{-r(T-t)})$。这是一个接近 0 的数。此时，我们将两个期权平仓，就可实现保值。

如果障碍水平没有触及，则两个期权到期时都没有价值。

在执行价格和障碍水平不同的情况下，如果 $H < X$，我们可以用 X/H 份执行价格为 H^2/X 的看跌期权来为这个向下敲入看涨期权套期保值。因为，如果资产价格触及障碍水平，向下敲入看涨期权就是一个执行价格为 X 的常规看涨期权。如果利率为零，很容易从布莱克-舒尔斯看涨和看跌期权公式中看到这个看涨期权的价格等于 X/H 份执行价格为 H^2/X 的看跌期权的价值。可以看到，这个看涨期权的执行价格和看跌期权执行价格的几何平均等于障碍水平。这就是反射原理：保值看跌期权的执行价格是看涨期权执行价格相对于障碍水平的反射。当利率非零时，在这个保值中有点误差，但也同样很小且容易管理。如果没有触及障碍线，两个期权到期都没有套期价值（因为看跌期权的执行价格低于障碍水平）。

但是，如果 $H > X$，问题就复杂得多，我们就无法应用上述方法进行保值了。

第三节　亚式期权定价

亚式期权(Asian Options)是当今金融衍生品市场上交易最为活跃的奇异期权之一。它最重要的特点在于：其到期回报依赖于标的资产在一段特定时间（整个期权有效期或其中部分时段）内的平均价格。它属于强式路径依赖期权，因为这一平均价格将成为定价公式中的一个独立状态变量。

无论是平均价格期权还是平均执行价格期权，亚式期权的价值依赖于以下三个因素：平均价格的计算方式（算术平均/几何平均）、平均价格的取样方式（连续取样/离散取样）、平均价格的取样区间。对于几何平均的亚式期权，已有的研究给出了解析解形式的期权定价公式。对于算术平均的亚式期权，并不存在解析解形式的期权定价公式，只能通过数值方法求解。下面简单介绍普遍使用的三种方法：解析法（适用于几何平均亚式期权）、

近似模型(适用于算术平均亚式期权)和数值算法。

一、解析法：几何平均亚式期权

(一) 连续抽样假设下几何平均亚式期权定价

几何平均期权的解析价格公式之所以存在，是因为 BSM 期权定价模型假设标的资产价格服从对数正态分布，而一系列对数正态分布变量的几何平均值仍为对数正态分布。因此，几何平均期权能得到精确的解析解。

在这些公式中，最著名的是 Kemna 和 Vorst(1987)提出的连续取样几何平均亚式期权定价公式。Kemna 和 Vorst(1987)证明了，在风险中性世界中，一个股票原来的预期收益率 $(r-q)$、波动率为 σ，该股票的价格在一定时间内的连续取样几何平均的概率分布等同于预期收益率等于 $\dfrac{\left(r-q-\dfrac{\sigma^2}{6}\right)}{2}$、波动率等于 $\dfrac{\sigma}{\sqrt{3}}$ 的股票在期末的概率分布。这意味着我们在为连续取样几何平均资产价期权定价时，只要将波动率看作 $\dfrac{\sigma}{\sqrt{3}}$，红利率看作 $r-\dfrac{\left(r-q-\dfrac{\sigma^2}{6}\right)}{2}=\dfrac{\left(r+q+\dfrac{\sigma^2}{6}\right)}{2}$，就可以应用已知红利率的 BSM 期权定价公式求出连续取样几何平均亚式期权的价值。

在连续抽样假设下，0 时发售、到期日还有 T 年的几何平均价格亚式看涨期权在 0 时的价值为：

$$V(0)N(d_1) - e^{-rT}KN(d_2) \tag{19-17}$$

其中，

$$d_1 = \frac{\ln\left(\dfrac{V(0)}{e^{-rT}K}\right) + \dfrac{1}{2}\sigma_{avg}^2 T}{\sigma_{avg}\sqrt{T}}$$

$$d_2 = d_1 - \sigma_{avg}\sqrt{T}$$

且

$$V(0) = e^{-q'T}S(0),\quad q' = \frac{\left(r+q+\dfrac{\sigma^2}{6}\right)}{2},\quad \sigma_{avg} = \frac{\sigma}{\sqrt{3}}$$

尽管存在解析定价公式，但该模型必须基于连续的几何平均过程，这与现实中离散的算术平均过程差异较大。

(二) 离散抽样假设下几何平均亚式期权定价

下面给出了离散抽样下几何平均价格亚式看涨期权的定价。时间均划分成 N 份，即

$0 = t_0 < t_1 \cdots < t_N = T$, $\Delta t = t_i - t_{i-1}(i=1,2,\cdots,N)$,其中。亚式看涨期权在 T 时的回报为:

$$\max(0, V(T) - K)$$

其中,$V(T) = (\prod_{i=1}^{N} S(t_i))^{1/N}$。

在这样的离散假设下,亚式看涨期权定价公式形式上仍然是式(19-17),但公式中的 $V(0)$ 和 σ_{avg} 由以下两式计算。

$$V(0) = e^{-rT} S(0) \exp\left(\frac{(N+1)\left(r - q - \frac{1}{2}\sigma^2\right)\Delta t}{N} + \frac{(N+1)(2N+1)\sigma^2 \Delta t}{12N}\right)$$

$$\sigma_{avg} = \frac{\sigma}{N^{\frac{3}{2}}} \sqrt{\frac{N(N+1)(2N+1)}{6}}$$

从离散定价式中可以看到,当 $N \to \infty$ 时,离散取样的定价公式将收敛于连续取样的形式。

二、近似模型:算术平均亚式期权

亚式期权中更常见的情况是取算术平均,但是一系列对数正态分布值的算术平均值并不服从对数正态分布。为了解决这个问题,人们采用了各种方法,但是仍然无法得到解析的定价公式。对标的算术平均亚式期权更多的是采用数值方法或以标的几何平均亚式期权来近似逼近,下面我们介绍其中的一些方法。

这是在现实中应用得最广泛的方法之一,它适合于为离散算术平均亚式期权定价。其主要思想是:尽管分布是未知的,但算术平均价格的前两阶矩(即均值和方差)是可以精确计算出来的,用一个适合前两阶矩的对数正态分布逼近算术平均价格的分布,即假定算术平均的分布是具有相同均值和方差的对数正态分布,进而计算算术平均亚式期权的价格。

假设标的资产 S 服从对数正态分布,S_{avg} 通过取连续的算术平均值取得。则亚式期权的近似定价公式类似于一个期货期权。

$$\text{亚式看涨期权} = e^{-rT}[FN(d_1) - KN(d_2)] \qquad (19-18a)$$

$$\text{亚式看跌期权} = e^{-rT}[KN(-d_2) - FN(-d_1)] \qquad (19-18b)$$

其中,

$$d_1 = \frac{\ln\left(\frac{F}{K}\right) + \frac{1}{2}\sigma_A^2 T}{\sigma_A \sqrt{T}}$$

$$d_2 = d_1 - \sigma_A \sqrt{T}$$

$$F = M_1$$

$$\sigma_A = \frac{1}{t}\ln\left(\frac{M_2}{M_1}\right)$$

M_1 和 M_2 分别代表一阶矩和二阶矩：

$$M_1 = \frac{e^{(r-q)T}-1}{(r-q)T}S(0)$$

$$M_2 = \frac{2e^{[2(r-q)+\sigma^2]T}[S(0)]^2}{(r-q+\sigma^2)(2r-2q+\sigma^2)T^2} + \frac{2[S(0)]^2}{(r-q)T^2}\left[\frac{1}{2(r-q)+\sigma^2} - \frac{e^{(r-q)T}}{r-q+\sigma^2}\right]$$

以上的计算仅适合于新期权。若期权已经存在了一段时间 t_1，还剩下 t_2 时间。在 t_1 内，已经可以观察到构成平均值的部分价格，这段时间的平均价格为 I_1，对于一个平均资产价格看涨期权来说，这个期权的到期回报为：

$$\max\left[0, \frac{I_1 t_1 + I_2 t_2}{T} - K\right] \tag{19-19}$$

其中，I_2 是剩余期限内的平均价格。式(19-16)可以写作：

$$\frac{t_2}{T}\max(0, I_2 - K^*)$$

其中，$K^* = \dfrac{TK - t_1 I_1}{t_2}$

当 $K^* > 0$ 时，期权仍然可以用前面的方法定价，只是用 K^* 作为执行价格，并把结果乘上 $\dfrac{t_2}{T}$；如果 $K^* < 0$，期权肯定会被执行，可以看成一个远期合约，其价值为：

$$\frac{t_2}{T}[M_1 - K^*]e^{-rt_2} \tag{19-20}$$

三、蒙特卡罗模拟：控制方差法

亚式期权中的控制方差法主要是先利用价格公式计算几何平均期权的价格 f_G，再应用蒙特卡罗模拟得到几何平均期权的近似价格 $\hat{f}_G$，将误差 $f_G - \hat{f}_G$ 作为除了采用算术平均之外其他条件都相同的（即这两种期权的标的资产价格路径是相同的）期权价格的估计值 $\hat{f}_A$ 的一个控制，即期权 A 价值的一个无偏估计是 $f_A = \hat{f}_A + (f_G - \hat{f}_G)$，这个方法可以降低对 f_A 估计的方差，从而缩小算术平均亚式期权定价的蒙特卡罗模拟的置信区间。这是一个实际中很常用的方法。

除此之外，亚式期权的定价方法还包括相似变量代换法、四阶矩近似法、二叉树模型等，因篇幅所限，这里就不一一介绍。

第四节 回望期权定价

一、回望期权定价公式

(一) 浮动执行价格回望期权

浮动执行价格回望期权具有解析定价公式[1]。

浮动执行价格看涨期权(floating lookback call)的到期支付为：

$$\max(0, S(T) - \min_{0 \leq t \leq T} S(t))$$

浮动执行价格看涨期权的定价公式为：

$$c_{fl}(0) = e^{-qT}S(0)N(a_1) - e^{-qT}S(0)gN(-a_1) - S_{\min}[N(a_2) - ge^{Y_1}N(-a_3)] \tag{19-21}$$

其中，

$$a_1 = \frac{\ln\left(\frac{S(0)}{S_{\min}}\right) + \left(r - q + \frac{1}{2}\sigma^2\right)T}{\sigma\sqrt{T}}$$

$$a_2 = a_1 - \sigma\sqrt{T}$$

$$g = \frac{\sigma^2}{2(r-q)}$$

$$a_3 = \frac{\ln\left(\frac{S(0)}{S_{\min}}\right) + \left(-r + q + \frac{1}{2}\sigma^2\right)T}{\sigma\sqrt{T}}$$

$$Y_1 = -\frac{2\ln\left(\frac{S(0)}{S_{\min}}\right)\left(r - q - \frac{1}{2}\sigma^2\right)}{\sigma^2}$$

$S_{\min}$ 为资产目前为止所达到的最小值(如果回望期权刚刚开始，$S_{\min} = S(0)$)。

当出现 $r = q$ 情形时，浮动执行价格看涨期权的定价公式为：

$$c_{fl}(0) = e^{-qT}S(0)N(a_1) - e^{-rT}S_{\min}N(a_2) \tag{19-22}$$

其中，

---

[1] Goldman, M., Sosin, H., & Gatto, M. (1979). Path Dependent Options: "Buy at the Low, Sell at the High". *The Journal of Finance*, 34(5): 1111-1127; Garman, M. (1989). "Recollection in Tranquility," *Risk* 2(3): 16-18。

$$a_1 = \frac{\ln\left(\frac{S(0)}{S_{\min}}\right) + \frac{1}{2}\sigma^2 T}{\sigma\sqrt{T}}$$

$$a_2 = a_1 - \sigma\sqrt{T}$$

浮动执行价格看跌期权(floating Lookback Put)的到期支付为：

$$\max(0, \max_{0 \leqslant t \leqslant T} S(t) - S(T))$$

浮动执行价格看跌期权的定价公式为：

$$p_{fl}(0) = S_{\max} e^{-rT}[N(b_1) - g e^{Y_2} N(-b_3)] + e^{-qT} S(0) g N(-b_2) - e^{-qT} S(0) N(b_2) \tag{19-23}$$

其中，

$$b_1 = \frac{\ln\left(\frac{S_{\max}}{S(0)}\right) + \left(-r + q + \frac{1}{2}\sigma^2\right)T}{\sigma\sqrt{T}}$$

$$b_2 = b_1 - \sigma\sqrt{T}$$

$$g = \frac{\sigma^2}{2(r-q)}$$

$$b_3 = \frac{\ln\left(\frac{S_{\max}}{S(0)}\right) + \left(r - q - \frac{1}{2}\sigma^2\right)T}{\sigma\sqrt{T}}$$

$$Y_1 = \frac{2\ln\left(\frac{S_{\max}}{S(0)}\right)\left(r - q - \frac{1}{2}\sigma^2\right)}{\sigma^2}$$

$S_{\max}$ 为资产目前为止所达到的最大值(如果回望期权刚刚开始，$S_{\max} = S(0)$)。

(二) 固定执行价格回望期权

固定执行价格看涨回望期权(Fixed Lookback Call Option)的到期回报为：

$$\max(0, \max_{0 \leqslant t \leqslant T} S(t) - K)$$

固定执行价格看跌回望期权(Fixed Lookback Put Option)的到期回报为：

$$\max(0, K - \min_{0 \leqslant t \leqslant T} S(t))$$

利用浮动回望期权的公式进行修改后，我们可以对固定回望期权进行定价。

定义 $S_{\max}^* = (S_{\max}, K)$，其中 $S_{\max}$ 为资产目前为止所达到的最大值，K 为执行价格。一个浮动回望看跌期权与固定回望看涨期权具有相同的期限，用 $S_{\max}^*$ 取代 $S_{\max}$，利用式

(19-23)对这一浮动回望看跌期权的定价为 $p_{fl}^*(0)$。采用看涨看跌期权平价关系的论证方法,可以得到以下关系式[①]:

$$c_{fix}(0) = p_{fl}^*(0) + S(0)e^{-qT} - Ke^{-rT} \tag{19-24}$$

类似地,定义 $S_{\min}^* = (S_{\min}, K)$,我们可以得到固定收益回望看跌期权的价格 $p_{fix}(0)$ 满足以下关系式:

$$p_{fix}(0) = c_{fl}^*(0) + Ke^{-rT} - S(0)e^{-qT} \tag{19-25}$$

用 $S_{\min}^*$ 取代 $S_{\min}$,利用式(19-21)对这一浮动回望看涨期权的定价为 $c_{fl}^*(0)$。

一个刚推出的基于不付红利股票的浮动执行价格回溯看涨期权,当前价格为30,股票价格波动率为年率40%,无风险利率是每年10%,有效期为半年。此时,由于回溯期权刚刚开始,$S(0) = 30$,$r = 0.1$,$q = 0$,$\sigma = 0.4$,$T = 0.5$。从上述公式中,我们可以得到:$S_{\min} = 30$,$a_1 = 0.318$,$a_2 = 0.035$,$a_3 = -0.035$,$Y_1 = 0$,所以浮动执行价格回溯看涨期权为 6.80。相应的看跌期权价值为 6.51。

二、回望期权的二叉树定价方法

可以利用二叉树模型对回望期权定价。但是,在使用二叉树模型的时候,在每个结点需要考虑到当前为止不同路径所导致的不同的最大值或最小值,路径越多,这些值的个数越多,降低了二叉树模型的实用意义。为此,人们找到了一些方法来解决这一问题。下面我们以浮动执行价格看涨期权介绍一个行之有效的方法[②]。

定义最高价格 $\max_{0 \leq \tau \leq t} S(\tau)$ 和现价 $S(t)$ 之比 $Y(t) = \dfrac{\max_{0 \leq \tau \leq t} S(\tau)}{S(t)}$。通过建立 $Y(t)$ 树图并进一步为期权定价。

用 $Y(t)$ 来衡量资产价格的变化,并为期权定价,会带来树图形状和相关参数的一些变化。

(1) $Y(t)$ 的变化规律和资产价格变化规律相反。由于回望期权刚刚开始,$S_{\max} = S(0)$,$Y(0) = 1$。之后的结点按以下规律获得。

① 若 t 时刻 $Y = 1$,则 $t + \Delta t$ 时刻,当资产价格 S 以概率 p 上升为 Su 的时候,Y 将以概率 p 保持1的值;当资产价格 S 以概率 $1-p$ 下降为 Sd 的时候,Y 将以概率 $1-p$ 上升为 u。

② 若 t 时刻 $Y = u^m (m \geq 1)$,则 $t + \Delta t$ 时刻,当资产价格 S 以概率 p 向上运动 u 的时候,Y 将以概率 p 下降为 u^{m-1};当资产价格 S 以 $1-p$ 向下运动 d 的时候,Y 将以概率 $1-p$ 上升为 u^{m+1}。

[①] H. Y. Wong, Y. K. Kwok. Sub-replication and Replenishing Premium: Efficient Pricing of Multi-state Lookbacks. *Review of Derivatives Research*, v. 6, (2), 2003: 83-106.

[②] S. Babbs. Binomial Valuation of Lookback Options. *Working Paper*, *Midland Global Markets London*, 1992. T. H. F. Cheuk and T. C. F. Vorst, Lookback Options and the Observation Frequency: A Binomial Approach, Working Paper, Erasmus University, Rotterdam.

在这样的运动模式下,二叉树图呈现的形状如图 19-3。

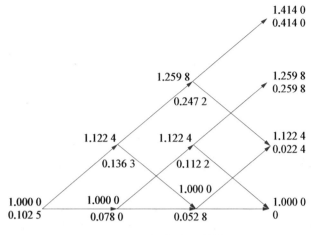

图 19-3 回望期权中 Y 的树图

(2) 这时在树图中,每个结点的回报不再是 $M-S=SY-S$,而是 $Y-1$。树图中的期权价值要转化成实际的期权价值,需要再乘以该结点的资产价格。这意味着在倒推过程中,后两个分支给出的值要经过资产价格的调整才能得到前一个结点以该结点价格为单位的期权价值。

比如,假设 $f_{i,j}$ 是 $i\Delta t$ 时刻第 j 个结点的回溯期权以 (i,j) 结点资产价格为计价单位的值,当 $j \geqslant 1$ 时,即结点不在最下面一行时,

$$f_{i,j}=e^{-r\Delta t}[(1-p)f_{i+1,j+1}d+pf_{i+1,j-1}u]$$

当 $j=0$ 时,即结点在最下面一行时,

$$f_{i,j}=e^{-r\Delta t}[(1-p)f_{i+1,j+1}d+pf_{i+1,j}u]$$

$f_{i+1,j+1}$ 与 d 相乘,$f_{i+1,j-1}$ 与 u 相乘,是因为结点 $(i+1,j+1)$ 的资产价格是 (i,j) 结点价格的 d 倍,而结点 $(i+1,j-1)$ 的资产价格是 (i,j) 结点价格的 u 倍,这样就体现了以结点 (i,j) 资产价格为计价单位的思想。

如果是美式期权,在每一个结点还需要与提前执行的回报比较,举 $j \geqslant 1$ 的例子:

当 $j \geqslant 1$ 时,$f_{i,j}=\max\{Y-1, e^{-r\Delta t}[(1-p)f_{i+1,j+1}d+pf_{i+1,j-1}u]\}$。

应用上面的方法求出 $f_{i,j}$ 之后,再乘以该结点的资产价格,就能得到实际的期权价值。

例 19-1 图 19-3 中的 $u=1.1224$,$d=0.8909$,$p=0.5073$,采用三个时间步长,$\Delta t=0.1666$,针对的是欧式浮动执行价回望看涨期权。用这种方法得到的期权价值为 $0.1025 \times 30=3.07$,这与应用公式计算出来的精确价值存在差异,主要原因是时间步长数目太少,随着时间步长的增加,该树图方法给出的价值将会缓慢收敛于精确值。

树图方法比解析方法优越之处在于它可用于美式期权;同时,如果树图中的 Δt 设定为一天的话,给出的结果优于解析解,因为解析公式假设价格是连续观测的,而现实生活

中都是离散观测的。

第五节 其他奇异期权

奇异期权的种类非常繁多，而且正在不断扩大中，除了前面具体分析的三种期权，本节还将介绍其他一些常见的奇异期权。

一、远期开始期权

远期开始期权（Forward Start Options）是现在支付期权费而在未来某时刻才开始的期权，其执行价格等于未来某一日的资产价格。远期开始期权的定义中涉及两个日期，一个是期权到期日 T_1'，另一个时间是确定期权执行价格的日期，$T < T_1'$。远期看涨开始期权在到期日的回报为：

$$\max(0, S(T_1') - S(T))$$

远期开始期权的定价也可以在 BSM 模型框架中进行。令

$$x = \begin{cases} 1 & \text{如果 } S(T_1') > S(T) \\ 0 & \text{其他} \end{cases}$$

则看涨期权的到期日回报可以写为：

$$xS(T_1') - xS(T)$$

计价物选择如下：

（1）以 $V(t) = e^{qt}S(t)$ 为计价物对回报 $xS(T_1')$ 进行定价。在此计价物下，该回报在 0 时的价值为：

$$e^{-qT_1'}S(0)E^V(x) = e^{-qT_1'}S(0)\,Prob^V(S(T_1') > S(T))$$

（2）用以下投资策略形成的资产组合为计价物对 T_1' 时的回报 $xS(T)$ 定价：在 0 时购买 e^{-qT} 份股票，持有到时间 T 并将红利进行再投资，因此在时间 T 取得一单位标的资产，价值为 $S(T)$。在 T 时将股票卖出，获得 $S(T)$ 的现金，将现金按照无风险利率再投资，在 T_1' 时的价值为 $e^{r(T_1'-T)}S(T)$。用 $Z(t)$ 表示资产组合在 t 时的价值，$0 \leqslant t \leqslant T_1'$。则 T_1' 时的回报 $xS(T)$ 在 0 时的价值为：

$$Z(0)E^Z\left[\frac{xS(T)}{Z(T_1')}\right] = e^{-qT}S(0)E^Z\left[\frac{xS(T)}{e^{r(T_1'-T)}S(T)}\right]$$
$$= e^{-qT-r(T_1'-T)}S(0)E^Z(x)$$
$$= e^{-qT-r(T_1'-T)}S(0)\,Prob^Z(S(T_1') > S(T))$$

经过推导，可以求得：

$$Prob^V(S(T_1') > S(T)) = N(d_1)$$

$$Prob^Z(S(T_1') > S(T)) = N(d_2)$$

其中,

$$d_1 = \frac{\left(r - q + \frac{1}{2}\sigma^2\right)(T_1' - T)}{\sigma\sqrt{T_1' - T}} = \frac{\left(r - q + \frac{1}{2}\sigma^2\right)\sqrt{T_1' - T}}{\sigma} \tag{19-26a}$$

$$d_2 = d_1 - \sigma\sqrt{T_1' - T} \tag{19-26b}$$

将上述结论结合起来,得到远期开始期权定价公式。远期开始看涨期权在 0 时的价值为:

$$e^{-qT_1'}S(0)N(d_1) - e^{-qT - r(T_1' - T)}S(0)N(d_2) \tag{19-27}$$

其中,d_1 和 d_2 由式(19-26a)和式(19-26b)计算。

远期开始看涨-看跌期权的平价关系为:

$$\text{远期开始看涨期权} + e^{-qT - r(T_1' - T)}S(0) = \text{远期开始看跌期权} + e^{-qT_1'}S(0)$$
$$\tag{19-28}$$

对这个关系的证明,读者仿照普通看涨-看跌期权的平价关系,自行完成。由这个关系式,可以在远期开始看涨期权的基础上,推导出远期开始看跌期权的定价公式。远期开始看跌期权在 0 时的价值为:

$$e^{-qT - r(T_1' - T)}S(0)N(-d_2) - e^{-qT_1'}S(0)N(-d_1) \tag{19-29}$$

二、复合期权和选择者期权

复合期权(Compounded Options)和选择期权(Chooser Options)都是期权的期权,即二阶期权,因此我们放在一起介绍。

(一) 复合期权

我们以看涨期权为标的的看涨期权为例介绍复合期权的定价公式。

设标的看涨期权的执行价格为 K',到期日为 T'。考虑到期日为 T ($T < T'$),以价格 K 买入标的期权的买入期权。如果该标的期权是一个有交易的期权,当复合期权到期时,如果期权的市场价格 $c_m(T)$ 大于 K,复合期权的持有人将执行期权,同时按照市场价格卖出标的期权对冲期权的多头,获取回报 $c_m(T) - K$。

如果标的期权是一个流动性不足期权,或者非交易期权,没有有效的市场价格信号,这时需要借助于期权定价模型判断是否在 T 时执行复合期权。

以 $C(S, T)$ 表示当股票为 S 时标的看涨期权在 T 时的基于某一定价模型(如 BSM 期权定价模型)计算得到的模型价格。如果 $C(S, T) > K$,则执行期权是合理的。用 S^* 表示 $C(S^*, T) = K$ 的临界资产价格,当 $S(T) > S^*$ 时,执行该复合期权是合理的。

当 $S(T) > S^*$ 时,执行复合期权在 T 时产生现金流 $-K$;如果复合期权被执行,并且在看涨期权到期时处于价内状态,即 $S(T) > S^*$ 且 $S(T') > K'$ 时,在 T' 时产生现金流 $S(T') - K'$。设

$$x = \begin{cases} 1 & \text{如果 } S(T) > S^* \\ 0 & \text{否则} \end{cases}$$

并且设

$$y = \begin{cases} 1 & \text{如果 } S(T) > S^*, S(T') > K' \\ 0 & \text{否则} \end{cases}$$

复合期权在 T 时的现金流为 $-Kx$，在 T' 时的现金流为 $S(T')y - K'y$。可以对这两个现金流分别定价得到复合期权的定价公式。

T 时的现金流为 $-Kx$ 在 0 时的价值为

$$-e^{-rT}KN(d_2)$$

其中，

$$d_1 = \frac{\ln\left(\dfrac{S(0)}{S^*}\right) + \left(r - q + \dfrac{1}{2}\sigma^2\right)T}{\sigma\sqrt{T}} \tag{19-30a}$$

$$d_2 = d_1 - \sigma\sqrt{T} \tag{19-30b}$$

选择合适的计价物对 $S(T')y - K'y$ 定价。这类似于欧式看涨期权的定价，区别在于条件 $y=1$ 更复杂。从欧式看涨期权定价分析中知道，$S(T')y - K'y$ 在 0 时的现值为：

$$e^{-qT'}S(0) \times Prob^V(y=1) - e^{-rT'}K\,Prob^R(y=1)$$

通过推导，可以计算出：

$$Prob^V(y=1) = M(d_1, d_1', \sqrt{T/T'})$$

$$Prob^R(y=1) = M(d_2, d_2', \sqrt{T/T'})$$

其中，$M(a, b, c)$ 二元正态分布累计概率函数，d_1 和 d_2 由式(19-30a)和式(19-30b)定义，d_1' 和 d_2' 由下式定义：

$$d_1' = \frac{\ln\left(\dfrac{S(0)}{K'}\right) + \left(r - q + \dfrac{1}{2}\sigma^2\right)T'}{\sigma\sqrt{T'}} \tag{19-31a}$$

$$d_2' = d_1' - \sigma\sqrt{T'} \tag{19-31b}$$

总结这些结果，得到以看涨期权为标的的看涨期权的定价公式：

$$-e^{-rT}KN(d_2) + e^{-qT'}S(0)M\!\left(d_1, d_1', \sqrt{\dfrac{T}{T'}}\right) - e^{-rT'}K'M\!\left(d_2, d_2', \sqrt{\dfrac{T}{T'}}\right)$$
$$\tag{19-32}$$

其中，d_1 和 d_2 由式(19-30a)和式(19-30b)定义，d_1' 和 d_2' 由式(19-31a)和式(19-31b)

定义。

以同样的思路,可以得到以看跌期权为标的的看涨期权定价公式:

$$-e^{-rT}KN(-d_2)+e^{-rT'}K'M\left[-d_2,-d_2',\sqrt{\frac{T}{T'}}\right]-e^{-qT'}S(0)M\left[-d_1,-d_1',\sqrt{\frac{T}{T'}}\right]$$
(19-33)

其中,d_1和d_2由式(19-30a)和式(19-30b)定义,d_1'和d_2'由式(19-31a)和式(19-31b)定义。

具有相同标的和相同执行价格的欧式复合期权具有看涨-看跌的平价关系。以看涨期权为标的的平价关系是:

$$e^{-rT}K+\text{以看涨期权为标的看涨期权价值}$$
$$=\text{标的看涨期权价值}+\text{以看涨期权为标的看跌期权价值}$$

因此,根据以看涨期权为标的的看涨价值,可以计算以看跌期权为标的的看跌期权价值。

类似地,以看跌期权为标的的平价关系是:

$$e^{-rT}K+\text{以看跌期权为标的看涨期权价值}$$
$$=\text{标的看跌期权价值}+\text{以看跌期权为标的看跌期权价值}$$

因此,根据以看跌期权为标的的看涨价值,可以计算以看跌期权为标的的看跌期权价值。

从上述的定价过程可以看到,由于复合期权的二阶性质,复合期权定价都会受到模型假设是否正确的影响,复合期权的价值对期权定价模型的选择,以及资产价格服从的概率分布性质非常敏感,因此这些公式在实际当中都很少直接使用,交易者常常用随机波动率模型或是隐含波动率矩阵来定价,以尽量减少模型误差。

(二) 选择者期权

1. 选择者期权类型和到期支付

选择性期权(Chooser Option)根据其具有权利性质的不同,可以分为两种类型,分别是具有期权类型选择权的选择者期权和具有期权购买类型选择权的选择者期权。

假设基于同一标的资产的看涨期权和看跌期权,看涨期权和看跌期权到期日分别为T_c和T_p,执行价格分别是K_c和K_p。

(1) 有期权类型选择权的期权到期价值。

有期权类型选择权的期权是指在期初支付了期权费,经过一段事先约定的时间后,持有者能任意选择期权的类型:看涨期权或者看跌期权。约定持有者做出选择的时间是$T(T<\min(T_c,T_p))$,则T时具有期权类型选择权的期权的价值为:

$$\max(c(T),p(T))$$
(19-34)

其中,$c(T)$为T时选择者期权中看涨期权的价值,$p(T)$为T时选择者期权中看跌期权的价值。

如果约定这种类型的选择者期权中的两个标的期权都是欧式的、且具有相同的执行价格(即 $K_c=K_p=K$)和到期日(即 $T_c=T_p=T'$)。运用看涨期权－看跌期权平价关系,我们可以把问题简化为:

$$\max(c(T), p(T)) = c(T) + e^{-q(T'-T)}\max(0, Ke^{-(r-q)(T'-T)} - S(T)) \quad (19\text{-}35)$$

这个式子是一份执行价格为 K 到期日为 T' 的看涨期权,加上 $e^{-q(T'-T)}$ 份执行价格为 $Ke^{-(r-q)(T'-T)}$ 到期日为 T' 的看跌期权价值之和。这样定价就大大简化了。

(2) 有期权购买类型选择权的期权到期价值。

具有期权购买类型选择权的期权的持有者在期初支付了期权费,经过一段事先约定的时期后,可以选择按照不同的约定的价格购买一个看涨期权或是购买一个看跌期权。假设约定的看涨期权购买价格为 K'_c,看跌期权购买价格为 K'_p,约定持有者做出选择的时间是 $T(T<\min(T_c, T_p))$,则 T 时具有期权购买类型选择权的期权的价值为:

$$\max(c(T) - K'_c, p(T) - K'_p, 0) \quad (19\text{-}36)$$

如果约定两种期权的购买价格相同(即 $K'_c=K'_p=K'$),则 T 时具有期权购买类型选择权的期权的价值可以简化为:

$$\max(\max(c(T), p(T)) - K', 0)$$

关键之处是确定 $\max(c(T), p(T))$。

这里我们做式(19-35)一样的进一步假定,可以简化到期回报的形式。

2. 选择者期权的定价

我们以具有期权类型选择权的期权为例,给出期权的定价公式。对于具有期权购买类型选择权的期权的定价公式,读者可以仿照下面的过程,自行推导。

具有期权类型选择权的期权在 T 时的价值等于看涨期权价值和看跌期权价值中的最大值。设 S^* 表示当看涨期权等于看跌期权价值时的标的资产价格,可以通过求解以下方程得到:

$$c_M(S) = p_M(S)$$

$c_M(S)$ 和 $p_M(S)$ 为看涨期权和看跌期权的 BSM 期权定价公式。如果 $K_c=K_p=K$ 和 $T_c=T_p=T'$,可以得到 $S^*=Ke^{-(r-q)(T'-T)}$。

当 $S(T)>S^*$ 时,选择者期权持有者会选择看涨期权,如果在 T_c 时,$S(T_c)>K_c$,则期权到期回报处于价内状态。因此,当 $S(T)>S^*$ 且 $S(T_c)>K_c$ 时,选择者期权持有者在 T_c 时的回报函数为 $S(T_c)-K_c$。当 $S(T)<S^*$ 且 $S(T_p)<K_p$ 时,选择者期权持有者在 T_p 时的回报函数则为 $K_p-S(T_p)$。

定义:

$$x = \begin{cases} 1 & \text{如果 } S(T)>S^* \text{ 且 } S(T_c)>K_c \\ 0 & \text{否则} \end{cases}$$

$$y = \begin{cases} 1 & \text{如果 } S(T)<S^* \text{ 且 } S(T_p)<K_p \\ 0 & \text{否则} \end{cases}$$

则选择者期权在 T_c 时的回报为 $S(T_c)x - K_c x$，在 T_p 时的回报为 $K_p x - S(T_p)x$。

分别以 $V(t) = e^{qt}S(t)$ 和 $R(t) = e^{rt}$ 为计价物，对选择者期权的不同组成部分定价，得到选择者期权在 0 时的价值：

$$e^{-qT_c}S(0)\,Prob^V(x=1) - e^{-rT_c}K_c\,Prob^R(x=1)$$
$$+ e^{-rT_p}K_p\,Prob^R(y=1) - e^{-qT_p}S(0)\,Prob^V(y=1) \quad (19\text{-}37)$$

经过推导，可以计算出 $Prob^V(x=1)$、$Prob^R(x=1)$、$Prob^R(y=1)$ 和 $Prob^V(y=1)$：

$$Prob^V(x=1) = M(d_1, d_{1c}, \sqrt{T/T_c})$$

$$Prob^R(x=1) = M(d_2, d_{2c}, \sqrt{T/T_c})$$

$$Prob^R(y=1) = M(-d_2, -d_{2p}, \sqrt{T/T_p})$$

$$Prob^V(y=1) = M(-d_1, -d_{1p}, \sqrt{T/T_p})$$

其中，

$$d_1 = \frac{\ln\left(\frac{S(0)}{S^*}\right) + \left(r - q + \frac{1}{2}\sigma^2\right)T}{\sigma\sqrt{T}} \quad (19\text{-}38a)$$

$$d_2 = d_1 - \sigma\sqrt{T} \quad (19\text{-}38b)$$

$$d_{1c} = \frac{\ln\left(\frac{S(0)}{K_c}\right) + \left(r - q + \frac{1}{2}\sigma^2\right)T_c}{\sigma\sqrt{T_c}} \quad (19\text{-}39a)$$

$$d_{2c} = d_{1c} - \sigma\sqrt{T_c} \quad (19\text{-}39b)$$

$$d_{1p} = \frac{\ln\left(\frac{S(0)}{K_p}\right) + \left(r - q + \frac{1}{2}\sigma^2\right)T_p}{\sigma\sqrt{T_p}} \quad (19\text{-}40a)$$

$$d_{2p} = d_{1p} - \sigma\sqrt{T_p} \quad (19\text{-}40b)$$

综合以上结果，可以得到具有期权类型选择权的选择者期权的定价公式：

$$e^{-qT_c}S(0)M(d_1, d_{1c}, \sqrt{T/T_c}) - e^{-rT_c}K_c M(d_2, d_{2c}, \sqrt{T/T_c})$$
$$+ e^{-rT_p}K_p M(-d_2, -d_{2p}, \sqrt{T/T_p}) - e^{-qT_p}S(0)M(-d_1, -d_{1p}, \sqrt{T/T_p})$$
$$(19\text{-}41)$$

三、彩虹期权

以二元的最大看跌期权为例介绍彩虹期权的定价。二元的最大看跌期权到期回报为：

$$\max(0, K - \max(S_1(T), S_2(T)))$$

假设这两种资产 S_1 和 S_2 的连续红利支付率为常数 q_1 和 q_2，波动率为常数 σ_1 和 σ_2，两种资产的相关系数也为常数 ρ。

期权到期时，对于 K、$S_1(T)$ 和 $S_2(T)$ 有六种可能的排序，即：$K \leqslant S_1(T) \leqslant S_2(T)$、$K \leqslant S_2(T) \leqslant S_1(T)$、$S_1(T) \leqslant K \leqslant S_2(T)$、$S_1(T) \leqslant S_2(T) \leqslant K$、$S_2(T) \leqslant K \leqslant S_1(T)$ 和 $S_2(T) \leqslant S_1(T) \leqslant K$。只有在情形 $S_1(T) \leqslant S_2(T) \leqslant K$ 或 $S_2(T) \leqslant S_1(T) \leqslant K$ 下，才会执行期权。

定义：

$$x = \begin{cases} 1 & \text{如果 } S_1(T) > S_2(T) \text{ 且 } S_1(T) < K \\ 0 & \text{否则} \end{cases}$$

$$y = \begin{cases} 1 & \text{如果 } S_2(T) > S_1(T) \text{ 且 } S_2(T) < K \\ 0 & \text{否则} \end{cases}$$

期权到期日的回报为：

$$Kx - S_1(T)x + Ky - S_2(T)y$$

分别以 $V_1(t) = e^{q_1 t} S_1(t)$，$V_2(t) = e^{q_2 t} S_2(t)$ 和 $R(t) = e^{rt}$ 为计价物，对上式的不同组成部分定价，得到彩虹期权在 0 时的价值：

$$Ke^{-rt} Prob^R(x=1) - e^{-q_1 T} S_1(0) Prob^{V_1}(x=1)$$
$$+ Ke^{-rt} Prob^R(y=1) - e^{-q_2 T} S_2(0) Prob^{V_2}(y=1)$$

下面分别计算 $Prob^{V_1}(x=1)$，$Prob^{V_2}(y=1)$，$Prob^R(x=1)$ 和 $Prob^R(y=1)$。

（一）计算 $Prob^{V_1}(x=1)$

以 V_1 为计价物时，从第五章第三节的结论可知，$S_1(t)$ 和 $S_2(t)$ 服从以下随机过程：

$$\frac{dS_1}{S_1} = (r - q_1 + \sigma_1^2) dt + \sigma_1 dB_1^{V_1}$$

$$\frac{dS_2}{S_2} = (r - q_2 + \rho \sigma_1 \sigma_2) dt + \sigma_2 dB_2^{V_1}$$

其中，$B_1^{V_1}$ 和 $B_2^{V_1}$ 是以 V_1 为计价物的布朗运动。因此，

$$\ln S_1(T) = \ln S_1(0) + \left[r - q_1 + \frac{\sigma_1^2}{2}\right] T + \sigma_1 B_1^{V_1}(T)$$

$$\ln S_2(T) = \ln S_2(0) + \left[r - q_2 + \rho \sigma_1 \sigma_2 - \frac{\sigma_2^2}{2}\right] T + \sigma_2 B_2^{V_1}(T)$$

条件 $S_1(T) < K$ 等价于：

$$\frac{B_1^{V_1}(T)}{\sqrt{T}} < -d_{11} \tag{19-42}$$

条件 $S_1(T) > S_2(T)$ 等价于：

$$\frac{\sigma_2 B_2^{V_1}(T) - \sigma_1 B_1^{V_1}(T)}{\sigma \sqrt{T}} < d_1 \tag{19-43}$$

其中，

$$d_{11} = \frac{\ln\left(\frac{S_1(0)}{K}\right) + \left(r - q_1 + \frac{\sigma_1^2}{2}\right)T}{\sigma_1 \sqrt{T}}, \quad d_{12} = d_{11} - \sigma_1 \sqrt{T} \tag{19-44}$$

$$d_1 = \frac{\ln\left(\frac{S_1(0)}{S_2(0)}\right) + \left(q_2 - q_1 + \frac{\sigma^2}{2}\right)T}{\sigma \sqrt{T}}, \quad d_2 = d_1 - \sigma \sqrt{T} \tag{19-45}$$

$$\sigma = \sqrt{\sigma_1^2 + \sigma_2^2 - 2\rho\sigma_1\sigma_2} \tag{19-46}$$

不等式(19-42)和(19-43)左边的两个随机变量都是标准正态分布，它们之间的相关系数为：

$$\rho_1 = \frac{\rho\sigma_2 - \sigma_1}{\sigma} \tag{19-47}$$

因此，

$$Prob^{V_1}(x=1) = M(-d_{11}, d_1, \rho_1) \tag{19-48}$$

(二) 计算 $Prob^{V_2}(y=1)$

因为 $Prob^{V_2}(y=1)$ 与 $Prob^{V_1}(x=1)$ 关于 S_1 和 S_2 对称的，因此我们只需将 S_1 和 S_2 互换，就可以从一个得到另外一个。因此有

$$Prob^{V_2}(y=1) = M(-d'_{11}, d'_1, \rho_2) \tag{19-49}$$

$$d'_{11} = \frac{\ln\left(\frac{S_2(0)}{K}\right) + \left(r - q_2 + \frac{\sigma_2^2}{2}\right)T}{\sigma_2 \sqrt{T}}, \quad d'_{12} = d'_{11} - \sigma_2 \sqrt{T} \tag{19-50}$$

$$d'_1 = \frac{\ln\left(\frac{S_2(0)}{S_1(0)}\right) + \left(q_1 - q_2 + \frac{\sigma^2}{2}\right)T}{\sigma \sqrt{T}}, \quad d'_2 = d'_1 - \sigma \sqrt{T} \tag{19-51}$$

$$\rho_2 = \frac{\rho\sigma_1 - \sigma_2}{\sigma} \tag{19-52}$$

(三) 计算 $Prob^R(x=1)$

以无风险资产 $R(t)$ 为计价物时，从第五章第三节的结论可知，$S_1(t)$ 和 $S_2(t)$ 服从以下随机过程。

$$\frac{\mathrm{d}S_1}{S_1} = (r - q_1)\mathrm{d}t + \sigma_1 \mathrm{d}B_1^R$$

$$\frac{\mathrm{d}S_2}{S_2} = (r - q_2)\mathrm{d}t + \sigma_2 \mathrm{d}B_2^R$$

其中,B_1^R 和 B_2^R 是以 R 为计价物的布朗运动。因此,

$$\ln S_1(T) = \ln S_1(0) + \left(r - q_1 - \frac{\sigma_1^2}{2}\right)T + \sigma_1 B_1^R(T)$$

$$\ln S_2(T) = \ln S_2(0) + \left(r - q_2 - \frac{\sigma_2^2}{2}\right)T + \sigma_2 B_2^R(T)$$

条件 $S_1(T) < K$ 等价于:

$$\frac{B_1^R(T)}{\sqrt{T}} < -d_{12} \tag{19-53}$$

条件 $S_1(T) > S_2(T)$ 等价于:

$$\frac{\sigma_2 B_2^R(T) - \sigma_1 B_1^R(T)}{\sigma \sqrt{T}} < d''_1 \tag{19-54}$$

其中,

$$d''_1 = \frac{\ln\left[\frac{S_1(0)}{S_2(0)}\right] + \left(q_2 - q_1 + \frac{\sigma_2^2 - \sigma_1^2}{2}\right)T}{\sigma \sqrt{T}} \tag{19-55}$$

因此,

$$Prob^R(x = 1) = M(-d_{12}, d''_1, \rho_1) \tag{19-56}$$

(四) 计算 $Prob^R(y = 1)$

同理,根据 $Prob^R(x = 1)$ 和 $Prob^R(y = 1)$ 关于 S_1 和 S_2 的对称性,我们可以得到:

$$Prob^R(x = 1) = M(-d'_{12}, d'''_1, \rho_2) \tag{19-57}$$

其中,

$$d'''_1 = \frac{\ln\left[\frac{S_2(0)}{S_1(0)}\right] + \left(q_1 - q_2 + \frac{\sigma_1^2 - \sigma_2^2}{2}\right)T}{\sigma \sqrt{T}} = -d''_1$$

综合以上的推导,可以得到二元的最大看跌期权的定价公式:

设两个风险资产价格的波动率分别为 σ_1 和 σ_2,相关系数为 ρ,则以这两个资产价格最大值为标的的看跌期权为:

$$Ke^{-rt}M(-d_{12}, d''_1, \rho_1) - e^{-q_1 T}S_1(0)M(-d_{11}, d_1, \rho_1)$$
$$+ Ke^{-rt}M(-d'_{12}, d'''_1, \rho_2) - e^{-q_2 T}S_2(0)M(-d'_{11}, d'_1, \rho_2) \quad (19\text{-}58)$$

四、价差期权和篮子期权的定价

(一) 树图定价方法

价差期权是以两个资产的价差为标的的看涨期权或者看跌期权。例如,价差看跌期权在到期日的回报为:

$$\max(0, K - (S_1(T) - S_2(T)))$$

这里,S_i 表示两种资产的价格,K 为看跌期权执行价格。

而篮子看涨期权的到期回报为:

$$\max\left[0, \sum_{i=1}^n w_i S_i(T) - K\right]$$

这里,n 为篮子里标的资产的数量,S_i 表示价格,w_i 表示期权约定的组合权重,K 为协议价格。价差期权是篮子期权 $n=2$,$w_1=1$,$w_2=-1$ 的一种特殊情况。

篮子期权和价差期权遇到的困难是 $\sum_{i=1}^n w_i S_i(T)$ 波动率随时间变化,并且资产的权重和资产价格变化有关。例如,考虑 $n=2$ 的情形,记 $S(t) = w_1 S_1(t) + w_2 S_2(t)$。则

$$\frac{\mathrm{d}S}{S} = \frac{w_1 S_1}{S}\frac{\mathrm{d}S_1}{S_1} + \frac{w_2 S_2}{S}\frac{\mathrm{d}S_2}{S_2}$$

设 $x_i(t) = \dfrac{w_i S_i(t)}{S(t)}$,即投资组合中第 i 种资产价值所占比率,该比率随着资产价格的变化而变化。从上面的式子可以看出,篮子价格在 t 时的瞬时波动率为:

$$\sqrt{x_1^2(t)\sigma_1^2 + x_2^2(t)\sigma_2^2 + 2x_1(t)x_2(t)\rho\sigma_1\sigma_2}$$

因此,当 x_i 变化时,波动率将随机变化,这样篮子期权和价差期权不存在简单的封闭解析解。

在实际中,人们使用数值方法和近似方法计算价差期权和篮子期权的价值。例如,在假设标的资产遵循相关的几何布朗运动的前提下,可以使用蒙特卡罗模拟计算出一个欧式篮子期权的价值。还有一种更快的近似方法是计算出在风险中性世界中,这些资产在期权到期时价格分布的前两阶矩,之后假设这一篮子资产的价值服从具有相同均值和方差的对数正态分布,之后运用亚式期权中介绍过的二阶矩近似法进行定价。

在应用二叉树图方法为价差期权和篮子期权定价时,需要构造出多个资产的二叉树图,如何构造过程出具有资产价格的相关性二叉树图是问题的关键所在,人们提出了许多处理这一多维问题的方法。下面我们以两个相关性资产的期权为例,介绍其中的四种方法。

1. 拟合参数法

在风险中性概率测度下,两个资产价格对数的随机微分方程为:

$$\frac{dS_1(t)}{S_1(t)} = (r-q_1)dt + \sigma_1 dB_1^R$$

$$\frac{dS_2(t)}{S_1(t)} = (r-q_2)dt + \sigma_2 dB_2^R$$

其中,B_1^R 和 B_2^R 是风险中性概率测度下的布朗运动,其相关系数 ρ 为常数。q_i 为标的资产的连续红利收益率,σ_i 为标的资产的波动率,r 为无风险利率,这些参数都为常数。

S_1 和 S_2 表示标的资产期初的价格,在下一个时间点上,两个资产价格的变化有四种情形:(1) 都处于上升,价格记为 $(u_1 S_1, u_2 S_2)$;(2) 资产 1 上升,资产 2 下降,价格记为 $(u_1 S_1, d_2 S_2)$;(3) 资产 1 下降,资产 2 上升,价格记为 $(d_1 S_1, u_2 S_2)$;(4) 都处于下降,价格记为 $(d_1 S_1, d_2 S_2)$。这四种情形发生的概率用 p_{uu}、p_{ud}、p_{du} 和 p_{dd} 表示。因此,除了时间长度 $\Delta t = T/N$ 外,还需要 u_i、$d_i (i=1, 2)$ 和三个概率这七个参数才能确定二叉树模型(第四个概率可以由前面三个概率计算出来)。

在给定的时间长度下的二叉树模型中,我们可以选择合适的上升、下降参数和三个概率值,使连续模型离散化后的价格变化在百分比收益率 $\Delta S_i/S_i$(或者对数收益 $\Delta \ln S_i$)的均值、方差和相关系数与二叉树模型的相匹配,这样共产生 5 个等式方程。但是,存在 7 个待解参数,因此还需要增加两个约束条件,一种方法是加入 $u_i = 1/d_i$ 的约束条件,这与第十七章里介绍的 Cox、Ross 和 Rubinsteins 设定额外约束方法是一样的。

作为例子,采用 Trigeorgis 方法匹配参数,这种方法通过匹配连续收益的均值、方差和协方差获得参数。对单个标的资产,有

$$\frac{E^R[\Delta \ln S_i]}{\Delta t} = r - q_i - \frac{1}{2}\sigma_i^2 = \frac{p_{i,u}\ln u_i + (1-p_{i,u})\ln d_i}{\Delta t} \quad i=1, 2 \quad (19\text{-}59a)$$

$$\frac{\text{var}^R[\Delta \ln S_i]}{\Delta t} = \sigma_i^2 = \frac{p_{i,u}(1-p_{i,u})(\ln u_i - \ln d_i)^2}{\Delta t} \quad i=1, 2 \quad (19\text{-}59b)$$

其中,$p_{i,u}$ 为资产 i 价格上升的概率,u_i 和 d_i 为资产 i 价格上升和下降的幅度。Trigeorgis 设定 $d_i = \dfrac{1}{u_i}$ 为第三个条件,结合式(19-59a)和式(19-59b)解得:

$$\ln u_i = \sqrt{\sigma_i^2 \Delta t + \left(r - q_i - \frac{1}{2}\sigma_i^2\right)^2 (\Delta t)^2} \quad i=1, 2 \quad (19\text{-}60a)$$

$$p_{i,u} = \frac{1}{2} + \frac{\left(r - q_i - \frac{1}{2}\sigma_i^2\right)\Delta t}{2\ln u_i} \quad i=1, 2 \quad (19\text{-}60b)$$

股票价格上升的概率 $p_{i,u}$ 还可以用 p_{uu}、p_{ud}、p_{du} 和 p_{dd} 表示出来,即

$$p_{1,u} = p_{uu} + p_{ud} \quad (19\text{-}61)$$

和

$$p_{2,u} = p_{uu} + p_{du} \tag{19-62}$$

对于连续模型，$\Delta \ln S_1$ 和 $\Delta \ln S_2$ 在离散时间 Δt 上的协方差为 $\rho \sigma_1 \sigma_2 \Delta t$。通过计算，可以得到二叉树模型中 $\Delta \ln S_1$ 和 $\Delta \ln S_2$ 的协方差为：

$$(p_{uu} - p_{ud} - p_{du} + p_{dd}) \ln u_1 \ln u_2 - \left(r_1 - q_1 - \frac{1}{2}\sigma_1^2\right)\left(r_2 - q_2 - \frac{1}{2}\sigma_2^2\right)(\Delta t)^2$$

所以，将协方差进行匹配，得到：

$$p_{uu} - p_{ud} - p_{du} + p_{dd} = \frac{\rho \sigma_1 \sigma_2 \Delta t + \left(r_1 - q_1 - \frac{1}{2}\sigma_1^2\right)\left(r_2 - q_2 - \frac{1}{2}\sigma_2^2\right)(\Delta t)^2}{\ln u_1 \ln u_2} \equiv n \tag{19-63}$$

另外，概率之和等于1，即

$$p_{uu} + p_{ud} + p_{du} + p_{dd} = 1 \tag{19-64}$$

结合式(19-61)、(19-62)、(19-63)和(19-64)，可以解得：

$$p_{uu} = \frac{1}{2}\left(p_{1,u} + p_{2,u} + \frac{n}{2} - \frac{1}{2}\right) \tag{19-65a}$$

$$p_{ud} = \frac{1}{2}\left(p_{1,u} - p_{2,u} - \frac{n}{2} + \frac{1}{2}\right) \tag{19-65b}$$

$$p_{ud} = \frac{1}{2}\left(p_{2,u} - p_{1,u} - \frac{n}{2} + \frac{1}{2}\right) \tag{19-65c}$$

$$p_{dd} = \frac{1}{2}\left(\frac{3}{2} - p_{1,u} - p_{2,u} - \frac{n}{2}\right) \tag{19-65d}$$

其中，$p_{i,u}(i=1,2)$ 由式(19-60b)所定义，n 由式(19-63)所定义。

2. 转换变量法

如果两个变量是不相关的，在三维空间中构建一个树图来描述它们的运动是相当简单的。过程如下：首先为每个变量构建一个两维的树图，然后把它们结合到一个三维树图中去，在三维树图分支上的概率是两维树图的对应概率的乘积。比如，资产价格 S_1 和 S_2 分别以概率 p_1 和 p_2 上升 u_1 和 u_2，以概率 $1-p_1$ 和 $1-p_2$ 下降 d_1 和 d_2。合并后的三维树图在每个结点就会有四个分支：S_1 和 S_2 同时上升（概率为 $p_1 p_2$）；两者同时下降（概率 $(1-p_1)(1-p_2)$）；两者一个上升一个下降（概率分别为 $p_1(1-p_2)$ 和 $p_2(1-p_1)$）。

如果两个资产价格 S_1 和 S_2 是相关的，J. Hull 和 A. White 提供了一个通过转换变量法把不相关的变量转换为相关变量[①]。

---

① 参见 J. Hull and A. White, Valuing Derivatives Securities Using the Explicit Finite Difference Method, *Journal of Financial and Quantitative Analysis*, 25 (1990): 87-100.

定义两个不相关的随机过程 x_1 和 x_2，这两个随机过程与 S_1 和 S_2 有如下关系：

$$x_1 = \sigma_2 \ln S_1 + \sigma_1 \ln S_2 \text{ 和 } x_2 = \sigma_2 \ln S_1 - \sigma_1 \ln S_2$$

即

$$S_1 = \exp\left[\frac{x_1 + x_2}{2\sigma_2}\right] \tag{19-66a}$$

$$S_2 = \exp\left[\frac{x_1 - x_2}{2\sigma_1}\right] \tag{19-66b}$$

x_1 和 x_2 服从以下的随机过程：

$$\mathrm{d}x_1(t) = \left[\sigma_2\left(r - q_1 - \frac{\sigma_1^2}{2}\right) + \sigma_1\left(r - q_2 - \frac{\sigma_2^2}{2}\right)\right]\mathrm{d}t + \sigma_1\sigma_2\sqrt{2(1+\rho)}\,\mathrm{d}z_1$$

$$\mathrm{d}x_2(t) = \left[\sigma_2\left(r - q_1 - \frac{\sigma_1^2}{2}\right) - \sigma_1\left(r - q_2 - \frac{\sigma_2^2}{2}\right)\right]\mathrm{d}t + \sigma_1\sigma_2\sqrt{2(1+\rho)}\,\mathrm{d}z_2$$

其中，z_1 和 z_2 不相关的两个布朗运动。

我们首先构造出不相关的两个变量 x_1 和 x_2 的二叉树图，再利用式(19-66a)和式(19-66b)计算出每个节点上 S_1 和 S_2 的值，从而得到具有相关性的两个资产 S_1 和 S_2 的二叉树图。

3. 非矩形树图

Rubinstein[①] 提出了另一种建立两个资产价格的三维树图方法，在任何时点上，树形结点并非落在矩形四角。设从一个结点 (S_1, S_2) 出发，分别以 0.25 的概率到达的结点有四种：

$(S_1 u_1, S_2 A)$、$(S_1 u_1, S_2 B)$、$(S_1 d_1, S_2 C)$ 和 $(S_1 d_1, S_2 D)$

其中，

$$u_1 = \exp\left[\left(r - q_1 - \frac{\sigma_1^2}{2}\right)\Delta t + \sigma_1\sqrt{\Delta t}\right]$$

$$d_1 = \exp\left[\left(r - q_1 - \frac{\sigma_1^2}{2}\right)\Delta t - \sigma_1\sqrt{\Delta t}\right]$$

$$A = \exp\left[\left(r - q_2 - \frac{\sigma_2^2}{2}\right)\Delta t + \sigma_2\sqrt{\Delta t}\left(\rho + \sqrt{1-\rho^2}\right)\right]$$

$$B = \exp\left[\left(r - q_2 - \frac{\sigma_2^2}{2}\right)\Delta t + \sigma_2\sqrt{\Delta t}\left(\rho - \sqrt{1-\rho^2}\right)\right]$$

---

① M. Rubinstein, Return to Oz, *Risk*, November 1994: 67-70.

$$C = \exp\left[\left(r - q_2 - \frac{\sigma_2^2}{2}\right)\Delta t - \sigma_2\sqrt{\Delta t}\,(\rho - \sqrt{1-\rho^2})\right]$$

$$D = \exp\left[\left(r - q_2 - \frac{\sigma_2^2}{2}\right)\Delta t - \sigma_2\sqrt{\Delta t}\,(\rho + \sqrt{1-\rho^2})\right]$$

4. 调整概率法

J. Hull 和 A.White 还提出了建立 S_1 和 S_2 三维树图的另一种方法[①]：先假设 S_1 和 S_2 之间相关系数为 0，建立三维树图。之后调整每个节点的概率，使其反映它们之间的相关关系。在构造 S_1 和 S_2 各自的二叉树图的时候，假设概率都为 0.5，这样在组合成三维树图的时候，四个结点的概率将都是 0.25，根据相关系数调整概率为表 19-2。

利用转变之后的概率，可以按照二叉树方法计算出期权的价值。

表 19-2 相关系数为 ρ 时的三维二叉树图的概率

S_2 的运动方向	S_1 的运动方向	
	向 下	向 上
向 上	$0.25(1-\rho)$	$0.25(1+\rho)$
向 下	$0.25(1+\rho)$	$0.25(1-\rho)$

(二) 蒙特卡罗模拟定价方法

1. 基本原理

对于没有提前执行选择权的期权（包括一些路径依赖期权），都可以利用蒙特卡罗模拟方法对其定价。如果是欧式期权，我们只要模拟出风险中性测度下期权到期时的标的资产的价格分布，就可以依据期权的支付函数得到出期权的到期回报的分布，在每一个模拟样本下利用无风险利率对期权得回报贴现，再计算贴现后的平均值，就可以得到期权蒙特卡罗模拟方法下的定价。如果是路径依赖期权，或者考虑了波动率的时变性，就需要将期权的剩余期限分割成 N 等分，模拟出价格路径，依据价格路径计算期权的回报。

二叉树模型的优势一方面可以对美式期权定价，另一方面对于单个资产的期权其计算效率要高于蒙特卡罗模拟方法。但是，随着期权标的资产数量的增加（如我们讨论的欧式篮子期权），多变量的二叉树模型的构建难度增加，其相对于蒙特卡罗模拟方法的计算效率的相对优势下降。

要用蒙特卡罗模拟方法对多个标的资产的期权定价，首先需要掌握如何对存在相关性的多个资产进行模拟。在第十五章里，我们介绍了如何模拟两个具有相关系数 ρ 的两个布朗运动。为了模拟具有相关系数 ρ 的两个布朗运动变化量 ΔB_1 和 ΔB_2，首先模拟两个独立的标准正态分布变量 z_1 和 z_2，然后通过以下方程生成 ΔB_1 和 ΔB_2。

$$\Delta B_1 = \sqrt{\Delta t}\,z_1^* \text{ 和 } \Delta B_2 = \sqrt{\Delta t}\,z_2^*$$

[①] J. Hull and A. White, Numerical Procedures for Implementing Term Structure Models II: Two-Factor Models, *Journal of Derivatives*, 1994: 37-48. 文章里用于利率树的构造。

其中，$z_1^* = z_1$，$z_2^* = \rho z_1 + \sqrt{1-\rho^2}\, z_2$。$z_2^*$ 也是标准正态分布的随机变量，与 z_1^* 的相关系数为 ρ。

可以用下式模拟具有相关系数 ρ 的两个资产的随机过程：

$$\ln S_1(t_{i+1}) = \ln S_1(t_i) + \left(r - q_1 - \frac{1}{2}\sigma_1^2\right)\Delta t + \sigma_1\sqrt{\Delta t}\, z_1$$

$$\ln S_2(t_{i+1}) = \ln S_2(t_i) + \left(r - q_2 - \frac{1}{2}\sigma_2^2\right)\Delta t + \sigma_2\sqrt{\Delta t}\, (\rho z_1 + \sqrt{1-\rho^2}\, z_2)$$

2. 矩阵"Cholesky"分解

针对更一般的情况，我们下面介绍模拟具有一定相关系数矩阵的 n 个变量的方法，其中主要用到的数学工具称为矩阵"Cholesky"分解。我们首先介绍矩阵"Cholesky"分解。

假设对称矩阵 A 是 n 个资产价格的相关系数矩阵，假设没有资产是多余的（即没有一个资产与其他资产组合完全相关）。那么，A 是对称正定矩阵：$A^T = A$，且 A 正定。

则一定存在一个下三角矩阵 L，使

$$A = LL^T$$

其中，L 为下三角矩阵，对角元全正。

我们考虑一个三维情形。

$$\begin{bmatrix} a_{11} & a_{12} & a_{13} \\ a_{21} & a_{22} & a_{23} \\ a_{31} & a_{32} & a_{33} \end{bmatrix} = \begin{bmatrix} l_{11} & & \\ l_{21} & l_{22} & \\ l_{31} & l_{32} & l_{33} \end{bmatrix} \begin{bmatrix} l_{11} & l_{12} & l_{13} \\ & l_{22} & l_{23} \\ & & l_{33} \end{bmatrix}$$

求解过程如下：

(1) 由 $a_{11} = l_{11}^2$，得 $l_{11} = \sqrt{a_{11}}$；

(2) 由 $a_{21} = l_{21}l_{11}$，得 $l_{21} = \dfrac{a_{21}}{l_{11}}$；同理得 $l_{31} = \dfrac{a_{31}}{l_{11}}$

(3) 由 $a_{22} = l_{21}^2 + l_{22}^2$，得 $l_{22} = \sqrt{a_{22} - l_{21}^2}$；

(4) 由 $a_{32} = l_{31}l_{21} + l_{32}l_{22}$，得 $l_{32} = \dfrac{a_{32} - l_{31}l_{21}}{l_{22}}$；

(5) 由 $a_{33} = l_{31}^2 + l_{32}^2 + l_{33}^2$，得 $l_{33} = \sqrt{a_{33} - \sum\limits_{i=1}^{2} l_{3i}^2}$。

推广到一般的 n 维情形，有

$$\begin{cases} l_{jj} = \left(a_{jj} - \sum\limits_{k=1}^{j-1} l_{jk}^2\right)^{\frac{1}{2}} \\ l_{ij} = \left(a_{ij} - \sum\limits_{k=1}^{j-1} l_{ik}l_{jk}\right)/l_{jj} \end{cases} \quad i = j+1, \cdots, n,\ j = 1, 2, \cdots, n$$

利用蒙特卡罗模拟价格过程时，我们先模拟出 n 个的不具有相关性的随机变量

$Z=[z_1,z_2,\cdots,z_n]^T$，那么具有相关系数矩阵 A 的 n 个随机变量为

$$Z^*=[z_1^*,z_2^*,\cdots,z_n^*]^T=L[z_1,z_2,\cdots,z_n]^T$$

我们可以利用"Cholesky"分解方法模拟出多个资产价格的分布对篮子期权或者价差期权定价。如果期权存在路径依赖的，我们需要模拟出价格路径。对于标准的篮子期权不是路径依赖的，只需模拟出期权到期日的标的资产价格。

奇异期权是世界上最奇妙的金融工具之一，它的内涵和外延仍然处在变化和拓展当中，没有人能够说出市场上究竟有多少种奇异期权，也没有人能够全面地对它们进行分类和描述，本章只是介绍了最常见的一部分奇异期权。只要市场需要，奇异期权就会不断拓展和衍生，过去或现在称之为奇异期权的东西，也许不久的将来就成为市场上常见的金融工具。

奇异期权是无法尽述的，它的丰富多变和不断发展是金融创新和金融工程的生命力的表现。前面所介绍的定价方法和技巧为我们提供了奇异期权定价的基本思路和方法，我们可以根据期权的不同特征，将它们应用到新的期权定价中去。

重 要 概 念

路径依赖期权　极值依赖期权　亚式期权　算术平均亚式期权　几何平均亚式期权　回望期权　阶梯期权　障碍期权　时间依赖型期权　选择性期权　远期开始期权　支付修正型期权　二项式/数字期权　指数期权　多因子期权　复合期权　篮子期权　交换期权　价差期权　彩虹期权　矩阵"Cholesky"分解

习题与思考题

1. 奇异期权的主要类型有哪些？
2. 分析障碍期权的性质。
3. 解释远期开始期权与选择者期权的区别。
4. 具有相同期限的回望看涨期权和回望看跌期权组合的收益情况是怎样的？
5. 基于某个资产价格的欧式向下敲出期权的价值与基于该资产期货价格的欧式向下敲出期权价值相等吗(该期货合约到期日与期权到期日相同)？
6. 解释为什么几何平均亚式期权有一个精确定价公式而算术平均亚式期权无法得到精确定价公式。
7. 为什么亚式期权比障碍期权更易套期保值？
8. 考虑一个欧式折扣看跌期权(European Rebate Put)，其特征如下：如果股票价格在期权到期前下跌超过 10%，期权到期时支付 $\max(K-S(T),0)$，否则到期时支付期权最初成本的 20%。这个期权合约可以如何进行分解？

9. 假设股票价格服从几何布朗运动，$A(t)$ 为从 0 时刻到 t 时刻之间的股票价格算数平均值。$A(t)$ 服从什么过程？

10. 某个基于不付红利股票的欧式算术平均资产价格的刚推出的看涨期权（离散观测），有效期限为 6 个月，初始股票价格为 30 美元，执行价格为 30 美元，无风险利率为每年 5%，波动率为年 30%，求该期权的价值。

11. ① 具有相同标的和相同执行价格的欧式复合期权具有看涨-看跌的平价关系。其中，以看涨期权为标的的平价关系是

    $e^{-rT}K +$ 以看涨期权为标的的看涨期权价值
    $=$ 标的看涨期权价值 $+$ 以看涨期权为标的的看跌期权价值

    证明这个平价关系，并在式(19-32)基础上推导出以看涨期权为标的的看跌期权的定价公式。

    ② 类似地，以看跌期权为标的的平价关系是

    $e^{-rT}K +$ 以看跌期权为标的的看涨期权价值
    $=$ 标的看跌期权价值 $+$ 以看跌期权为标的的看跌期权价值

    证明这个平价关系，并在式(19-33)基础上推导出以看跌期权为标的的看跌期权的定价公式。

第二十章

利 率 期 权

学习目标

通过本章的学习要掌握利率期权的基本含义,利率期权市场的基本情况,主要的利率期权包括:利率债券期权、利率期货期权,利率上限、下限和互换期权等场外市场期权,以及内嵌在债务工具中期权。还要掌握为利率期权定价的解析工具,要理解利率期权定价的核心——基于交换期权的布莱克模型。

第一节 利率期权市场

利率期权分成三类:交易所交易的利率期权,场外市场交易的利率期权和内嵌在其他金融工具里的利率期权。

一、交易所交易的利率期权

(一) 债券期权

交易所交易的利率期权主要有债券期权和利率期货期权。债券期权是指交易双方在合约中事先规定,在约定的日期(或约定的日期到期之前的任意时间),按照预先约定的价格买入或卖出一定数量的某一种债券的权利。

债券期权常常内嵌在一些债券内,以达到降低发行人融资成本或者投资者利率风险的目的。本章将专门对这类内嵌在债券的期权进行论述。

(二) 利率期货期权

在第十三章,我们讨论了期货期权的一般情况,在这一章将讨论利率期货期权。

利率期货期权是在利率期货合约的基础上产生的。同其他期权一样,期权购买者支付期权出售者一笔期权费,以取得在未来某个时间或该时间以前,以某种价格水平(利率)买进或卖出某项利率期货的权利。

主要利率期货期权是在 CME Group 下的 CME(芝加哥商业交易所)、CBOT(芝加哥商品交易所)和 LIFFE(伦敦国际金融期货交易所)、JPX(日本交易所集团)交易。例如,

CME交易以欧洲美元利率期货为标的的欧洲美元期货期权,CBOT交易以2年期美国国债期货、5年期美国国债期货和10年期美国国债期货、长期国债和超长期国债为标的的国债期货期权等。

CME交易的欧洲美元期货期权的投资者有权进入一个欧洲美元期货合约。当欧洲美元期货报价变化一个基点(即0.01%)时,欧洲美元期货的损益为25美元,在对欧洲美元期货期权定价时,一个基点也代表25美元。

执行利率期货期权后,其回报和第十三章里讨论的一般的期货期权是相同的。在行使期权后,除了现金收益外,看涨期权投资者还同时得到期货合约的多头,而期权出让方还会持有相应期货合约的空头。看涨期权的整体收益为 $\max(0, F^*(T)-K)$ 加上一份期货多头头寸,其中 $F^*(T)$ 为期权到期时的期货价格,K 为期权执行价格。

当利率下降,债券价格增加时,利率期货价格会随之增长;当利率增加时,债券价格会下降,利率期货价格会随之下降。如果一个投资者认为短期利率会下降,可以买入欧洲美元期货看涨期权进行投机;如果一个投资者认为短期利率会上升,可以买入欧洲美元期货看跌期权进行投机。投资者可以利用中长期国债期货期权,对长期利率的走势进行投机。

二、场外市场交易的利率期权

场外市场上的利率期权主要有利率上限(Interest Rate Caps)、利率下限(Interest Rate Floors)、利率双限(Interest Rate Collars)和利率互换期权(Swaption)等。

(一)利率上限

利率上限是交易双方(一般是银行和客户)指定某一种市场参考利率(如Shibor),同时确定一个固定利率和名义本金,利率上限的买方向卖方支付一定数量的期权费用后,买方从卖方处获得以下权利:在未来一个或多个计息期,如果市场参考利率高于约定的固定利率(执行价格),行使权利对买方有利,买方行使权利,卖方需向买方支付按市场利率高于约定固定利率(执行价格)的差额计算的利息;如果市场参考利率低于约定的固定利率(执行价格),行使权利对买方不利,买方不行使权利,与卖方之间不发生利息支付。利率上限的每一个或有支付称为一个利率上限单元,利率上限由多个利率上限单元构成。

我们在第十章介绍过,可以使用利率互换来规避浮动利率负债的利率上升风险,或者规避浮动利率资产的利率下降风险。承担浮动利率负债的债务人可以签订一个支付固定利率、收取浮动利率的互换,将浮动利率负债转化成固定利率负债。利率互换虽然规避了利率上升的风险,但同时也把利率下降可能带来的好处也转移出去了。

浮动利率借款加上利率上限后,确保在任何给定时刻所支付的利率是市场当前利率与上限利率中的较小者。当贷款的利率上限与贷款本身都是由同一家金融机构提供时,利率上限所包含期权的成本常常被合并在应支付的利息内。当它们由不同的金融机构提供时,为获得利率上限,可能会要求事先支付一笔期权费。通过支付期权费,浮动利率的负债方买入利率上限后,能够规避浮动利率上升的风险,同时保留利率下降的好处。

例20-1 我们用具体例子来说明如何使用利率上限。假设某公司在3个月后要与银行签署一个5年期浮动利率贷款协议,浮动利率为6个月的Shibor利率加1%,每6个月重新设定一次利率,它希望将能将浮动利率贷款转化为固定利率贷款。

支付一定的期权费后,该公司获得一项协议利率为6%(半年计息一次)利率上限,即3个月后开始的每6个月公司有获得一笔收入的权利,该收入依据6个月前的6个月的Shibor利率与协议利率的差额计算。通过买入利率上限,公司将浮动利率贷款所支付的利率锁定在利率上限的协议利率之下。

(二) 利率下限

利率下限是交易双方(一般是银行和客户)指定某一种市场参考利率,同时确定一个固定利率和名义本金,利率下限的买方向卖方支付一定数量的期权费用后,买方从卖方处获得以下权利:在未来一个或多个计息期,如果市场参考利率低于约定的固定利率(执行价格),行使权利对买方有利,买方行使权利,卖方需向买方支付按固定利率高于市场利率的差额计算的利息;如果市场参考利率高于约定的固定利率(执行价格),行使权利对买方不利,买方不行使权利,与卖方之间不发生利息支付。同样,利率下限由多个利率下限单元构成。

使用利率互换来规避浮动利率资产的利率下降风险时,把利率上升可能带来的好处也转移出去了。浮动利率资产加上利率下限后,确保在任何给定时刻所获得的利率是市场当前利率与下限利率中的较大者。通过支付期权费买入利率下限,浮动利率资产持有人能够规避浮动利率下跌的风险,同时保留利率上升的好处。

(三) 利率双限

利率双限,也称为利率上下限,是指将利率上限和利率下限两种金融工具结合使用,具体地说,购买一个利率双限,是指在买进一个利率上限的同时,卖出一个利率下限,以收入的期权费来部分抵消需要支出的期权费,从而达到既防范利率风险又降低费用成本的目的。卖出一个利率双限,则是指在卖出一个利率上限的同时,买入一个利率下限。

通过买入利率双限,浮动利率借款方可以将借款利率锁定在下限利率和上限利率之间;通过卖出利率双限,浮动利率资产投资者也可以将贷款利率锁定在下限利率和上限利率之间。

在利率双限中,如果上限利率和下限利率设置适当,使利率上限价格等于下限的价格,利率双限的价格可以为0。如果将上限利率设定等于下限利率,这样的利率双限实际上是一个利率互换。

(四) 利率互换期权

利率互换期权是期权买方向卖方支付一定数量的期权费后,获得了在将来某时进入一个事先安排好的利率互换的权利。互换期权有两种基本形式,即支付方互换期权(Payers Swaption)和收取方互换期权(Receivers Swaption)。支付方互换期权也称看涨互换期权,是指期权买方有权进入支付固定利率的利率互换;收取方互换期权又称看跌互换期权,是指期权买方有权进入收取固定利率的利率互换。

支付方互换期权与利率上限具有相似性。利率上限的买方拥有定期收取浮动利率而支付固定利率的权利,并在浮动利率高于固定利率时行使这种权利。类似地,支付方互换期权的买方也拥有收取浮动利率而支付固定利率的权利。不过,利率上限的买方在每个时间段上都对是否执行期权具有选择权,而支付方互换期权的买方只能在互换期权到期时一次决定是否执行选择权。因此,利率上限是数个期权的组合,而支付方互换期权是一个组合为标的的期权。

期权到期时,在标的互换的市场互换利率高于协议互换利率情况下,支付方互换期权买方才会执行期权进入一个支付方互换。当投资者预计未来需要进入支付方互换时,可以通过买入一个支付方互换期权规避互换利率上升的风险。如果只是投机性交易,支付方互换期权的买方执行了期权进入了一个利率互换后,如果不对利率互换做相反方向的对冲交易,并不能保证利率互换在未来每一个时间段上都获取正的回报。通过按市场互换利率进入另一个收取方利率互换对冲,就可以锁定市场互换利率与协议互换利率之间正的利差。

收取方互换期权与利率下限具有相似性。利率下限的买方拥有定期收取固定利率而支付浮动利率的权利,并在固定利率高于浮动利率时行使这种权利。类似地,收取方互换期权的买方也拥有收取固定利率而支付浮动利率的权利。不过,利率下限的买方在每个时间段上都对是否执行期权具有选择权,而收取方互换期权的买方只能在互换期权到期时一次决定是否执行选择权。因此,利率下限是数个期权的组合,而收取方互换期权是一个组合为标的的期权。

期权到期时,在标的互换的市场互换利率低于协议互换利率情况下,收取方互换期权买方才会执行期权进入一个收取方互换。当投资者预计未来需要进入收取方互换时,可以通过买入一个收取方互换期权规避互换利率下降的风险。如果只是投机性交易,收取方互换期权的买方执行了期权进入了一个利率互换后,如果不对利率互换做相反方向的对冲交易,并不能保证利率互换在未来每一个时间段上都获取正的回报。通过按市场互换利率进入另一个支付方利率互换对冲,就可以锁定协议互换利率与市场互换利率之间正的利差。

例20-2 还是用利率上限中类似的例子来说明如何使用互换期权。假设某公司在3个月后要与银行签署一个5年期浮动利率贷款协议,浮动利率为6个月的Shibor利率加1%,每6个月重新设定一次利率,它希望将能将浮动利率贷款转化为固定利率贷款。

支付一定的期权费后,该公司获得一项3个月期的支付方互换期权,即:3个月后,该公司具有进入一个支付方利率互换的选择权,该利率互换在5年内每6个月收取6个月期Shibor利率和支付某个确定的固定利率(即期权的协议利率,比如6个月计息一次的利率6%)。如果3个月后发现市场上的5年期的即期利率互换的互换利率小于6%,则公司将不执行支付方互换期权而选择按市场互换利率进入支付方互换。然而,如果市场互换利率大于6%,公司将选择执行支付方互换期权,进入一项协议利率(等于6%)比市场互换利率更低的支付方互换。

当支付方互换期权以刚才所描述的方式使用时,支付方互换期权为公司浮动利率贷款提供了担保,即保证在某个未来时间内公司为某个浮动利率贷款所支付的利率将不会超过某个水平。互换期权是不同于远期互换(有时叫作延迟互换,Deferred Swaps)的另一种方法。远期互换不必事先支付成本,但不利之处在于公司要承担签署某个互换协议的义务。互换期权可使公司在互换利率向有利方向变动时获益,而在互换利率向不利方向变动时受到保护。互换期权与远期互换之间的区别类似于期货期权和期货合约之间的区别,利率互换期权可以看成以远期利率互换的互换利率为标的的期权。

另外,支付方互换期权和利率上限都有将浮动利率贷款所支付的利率锁定某个水平之下的功能,但两者的效果是存在差异的。一般情况下,在支付方互换期权和利率上限的协议利率相同的情况下,利率上限对冲效果要好于支付方互换期权,当然付出的费用也会更高。通过比较例 20-1 和例 20-2,读者可以得到两者差异的具体情况。

三、内嵌的利率期权

除了在交易所和场外市场直接交易的利率期权,还有大量的利率期权是内嵌在其他证券之中的,如内嵌在可赎回的公司息票债券和抵押债务中的各种利率期权。

内嵌赎回条款的长期公司债券允许发行公司在特定的时间以特定的价格从投资者手中买回债券,即发行公司拥有一个内嵌在债券合约中的期权。赎回条款的价值依赖于债券的价值,而债券的价值依赖于利率,因此这个赎回条款在本质上是一个利率期权。通过发行内嵌赎回条款的债券,在未来市场利率大幅度下降时,债券发行人可以按照低市场利率重新发行债券,置换之前的债券,达到降低融资成本的目的。

另一个内嵌条款是回售条款,内嵌回售条款的长期公司债券投资者有权要求发行公司在特定的时间以特定的价格从投资者手中买回债券。内嵌回售条款降低了债券投资者所面临的因市场利率上升导致债券价格下降的风险。

债券市场中存在大量的各种形式的内嵌利率期权,这些债券的内嵌期权会影响债券价格对利率变动的反应方式,对债券的市场价值有着显著影响。

还有一类内嵌的利率期权存在于抵押的不动产贷款之中。在中国,绝大部分的不动产抵押贷款都可以提前偿还,这个提前偿还条款是贷款人提供给借款人选择权。2017 年一季度,我国个人住房贷款余额达到了 19.05 万亿元,随着家庭收入的增加、房屋出售等原因,多数抵押贷款会在到期前提前偿还,这意味着提前偿还期权一般会被执行。

近年来,随着我国住房抵押贷款规模的提高,各方在大力推进住房抵押贷款的证券化,即发行抵押担保证券(Mortgage-backed Security, MBS)。抵押担保证券以住房抵押贷款为基础形成一个组合或不动产抵押池,以此资产池为支持发行债券。

在组成 MBS 的抵押贷款中,每期都有一些被提前偿还。提前偿还住房抵押贷款的原因很多,主要有两个:首先是一些人因各种原因卖掉了住房,如在我国初次购房者在收入增加后大部分有置换更大、区位更好房屋的需求;其次是为了利用更有利的再融资利率。在美国住房抵押贷款市场上看,第二个原因是很重要的因素。再融资一般会在现在的市场利率大大低于抵押贷款的合同利率的时候发生。当 MBS 中的抵押贷款出现提前偿还的时候,MBS 的投资者收到提前偿还款项的一部分。从 MBS 投资者角度看,本金的偿还是不受欢迎的,因为这主要出现在利率很低的时候,MBS 的投资者将面临以一个更低的利率投资。从我国住房抵押贷款市场上看,因各种政策性限制,住房抵押贷款基本上是我国家庭能够获得的最低利率的贷款,并且大部分住房抵押贷款时浮动利率贷款,所以近期内第二个因素在我国不会是重要的因素。

提前偿还的定价是复杂的,因为提前偿还不但依赖于利率的变动,还依赖于人口统计学、家庭收入的变动、置换需求等因素。人的流动性和跳槽比例都比较高的购房人,更倾向于卖掉房子,其抵押贷款的提前偿还率更高。因此,住房抵押贷款中内嵌的提前偿还期权很复杂，而且对理解 MBS 的定价非常重要。

在国际上，大部分的资产证券化产品都有信用增级措施。资产证券化的信用增级主要分为内部信用增级和外部信用增级两大部分。内部增信是从资产支持证券基础资产池的结构、产品的增信机制角度开展，主要包括优先级和次级的结构安排、利差支付制度、超额抵押设置、保证金和现金储备账户等；外部增信则是以外部企业或金融机构提供的信用担保为主，包括机构担保、差额支付承诺、回购承诺、流动性支持等。

分层结构的 MBS 称为抵押支持证券（Collateralized Mortgage Obligation，CMO）。CMO 是通过将抵押贷款的现金流分解后从新打包以满足不同投资者的需求。大量的抵押贷款被打包或者分为几个"部分"，每一部分的风险和收益均不相同。持有最安全部分的投资者能收取的息票率最低，但是有权作为第一顺位获得抵押贷款人的付款。而持有风险最大部门的投资者能收取最高息票率，但是如果抵押贷款人不能支付月供，那么他们则是第一个受损的人。

此外，抵押贷款也可以剥离成利息和本金量部分，在一个典型的抵押贷款中，每个月的偿还额中的一部分是偿还当月的利息，剩下的部分是偿还本金。一个利率（Interest only）MBS 仅由抵押贷款的利息偿还部分组成，类似的，本金（Principal only）MBS 仅由本金偿还组成。

对于可赎回的债券、可回售债券、抵押贷款和抵押担保证券等而言，需要清晰认识其内嵌的期权的特征，这是理解这类资产的价值和投资特征的关键。一般将含有内嵌期权的金融工具价格分解成两部分，主体价值和期权价值，主体价值是不含期权的同类工具的价值。

含内嵌期权的金融工具的价值＝主体价值±期权价值

内嵌期权既可能增加主体的价值，也有可能降低主体的价值。例如，可赎回债券中的赎回条款是发行者拥有的一个债券看涨期权，从投资的角度看，它降低了债券的价值。可回售债券中的回售条款是投资者拥有的一个债券看跌期权，从投资的角度看，它增加了债券的价值。可在抵押贷款和抵押担保证券中，借款人拥有一个提前偿还的期权，因此期权降低了资产的价值。

第二节 欧式债券期权的定价

一、运用 Merton 期权定价公式为欧式债券期权定价

对于债券期权定价时，再假定利率是常数是不合理的，因此使用 BSM 期权定价公式是不合适的，这时需要使用 Merton 欧式期权定价公式对欧式债券期权定价。利用第十三章的 Merton 欧式期权定价模型，将其利用于欧式债券期权定价，可以得到如下的定价公式：

设标的债券的远期价格 $F(t)$ 的波动率为常数 σ_F，则到期日为 T 的欧式债券期权定价公式为

$$c(0) = P(0, T)[F(0)N(d_1) - KN(d_2)] \qquad (20\text{-}1\text{a})$$

$$p(0) = P(0, T)[KN(-d_2) - F(0)N(-d_1)] \qquad (20\text{-}1\text{b})$$

其中，$P(0, T)$ 为贴现因子，$F(0)$ 为到期期限为 T 债券的（理论）远期价格，d_1 和 d_2 为：

$$d_1 = \frac{\ln\left(\dfrac{F(0)}{K}\right) + \dfrac{1}{2}\sigma_F^2 T}{\sigma\sqrt{T}} \qquad (20\text{-}1\text{c})$$

$$d_2 = d_1 - \sigma_F \sqrt{T} \qquad (20\text{-}1\text{d})$$

对于固定利息债券，$F(0)$ 使用支付已知现金收益资产的远期价格公式计算，即

$$F(0) = \frac{B(0) - I}{P(0, T)} \qquad (20\text{-}2)$$

其中，$B(0)$ 为期权的标的债券在 0 时的现金价格（全价），I 为期权有效期内债券支付的利息的现值之和。在上述的期权定价公式中，债券现价 $B(0)$、债券远期价格 $F(0)$ 和债券期权 K 都应是现金价格。如果合约中约定的执行价格是债券的报价，这时的 K 应该在执行价格的基础上加上期权执行日时的应计利息。交易员将债券的报价称为洁净价格（Clean Price），将现金价格称为带息价格（Dirty Price）。

例 20-3 考虑一个 10 个月期欧式看涨期权，标的资产是有效期 9.75 年的债券，面值为 1 000 元（当期权到期时，该债券的有效期为 8 年 11 个月）。假设债券当前的报价为 935 元，执行价格为 1 000 元，10 个月期连续复利的无风险年利率为 10%，在 10 个月内该债券远期价格的波动率为 9%。债券息票率为 10%（每半年支付一次），债券在第三个月末和第九个月末各支付 50 元息票（这意味着当前的应计利息为 25 元，债券的现金价格为 960 元）。我们假设 3 个月期和 9 个月期的连续复利的无风险年利率分别为 9.0% 和 9.5%，因此所付息票的现值为：

$$I = 50e^{-0.25 \times 0.09} + 50e^{-0.75 \times 0.095} = 95.45$$

即 95.45 元。从方程式(20-2)得到债券远期价格如下：

$$F(0) = \frac{B(0) - I}{P(0, T)} = (960 - 96.45)e^{0.1 \times \frac{10}{12}} = 939.68$$

(1) 如果执行价格是执行时支付该债券的现金价格，方程式(20-1)中的参数是 $F(0) = 939.68, K = 1\,000, P(0, 10/12) = e^{-0.1 \times \frac{10}{12}} = 0.920\,0, \sigma_F = 0.09, T = 10/12$。看涨期权的价格为 9.49 元。

(2) 如果执行价格是执行时支付该债券的报价，由于期权的到期日是息票支付日之后的一个月，一个月的累计利息必须加到 K 中去。得到 K 的值为：

$$K = 1\,000 + 50 \times 0.166\,67 = 1\,008.33$$

在方程式(20-1)中的其他参数不变。看涨期权的价格为 7.97 元。

有两个因素影响到期权定价公式里债券远期价格的波动率,一个是标的债券的期限,另一个是期权有效期。

债券远期价格的波动率与债券价格的波动率正相关关系。债券价格的波动率会随时间变化。今天的波动率为零,因为今天债券的价格没有不确定性。在债券的到期日波动率也是零,因为我们知道到期时债券价格将等于它的面值。在今天和债券到期日之间,债券价格的波动率开始是增加的,然后减少。

在为债券的欧式期权进行估值时,债券远期价格波动率 σ_F 近似为:

$$\frac{期权到期时债券价格波动率}{\sqrt{期权期限}}$$

一般来说,随着期权有效期限的增加,σ_F 减少。

二、收益率的波动率

债券期权所报出的波动率通常是远期债券收益率波动率,而不是远期价格波动率度量。我们可以利用久期概念将远期债券收益率的波动率转换为远期价格波动率。假设 D 是期权的标的债券在期权到期日的修正久期。债券远期价格 F 与其收益 y_F 之间的关系是:

$$\frac{\Delta F}{F} \approx -D\Delta y_F$$

即

$$\frac{\Delta F}{F} \approx -Dy_F \frac{\Delta y_F}{y_F}$$

因此,波动率是对一变量价值百分比变化的标准差的度量。上式说明,债券远期价格的波动率 σ_F 与远期债券收益率 σ_{yF} 近似满足以下关系:

$$\sigma_F = Dy_F \sigma_{yF} \tag{20-3}$$

当债券期权报价给出远期债券收益率的波动率时,隐含的假设常常是,可以使用方程式(20-3)将该波动率转换为远期价格波动率。

第三节 利率上限和利率下限的定价

一、将利率上限看作利率看涨期权的组合

假如一个本金为1 000万元的贷款利率每6个月按6个月期Shibor重新设定一次,而一家金融机构提供了一项年利率5%的利率上限(由于是每6个月支付一次利息,这个上限利率也是每6个月计息一次的利率)。为了履行利率上限协议规定的义务,该金融机构在每半年末 t_i 时刻必须向那个借款人支付(以百万元为单位):

$$0.5 \times 10 \times \max(R(t_{i-1}) - 0.05, 0)$$

其中，$R(t_{i-1})$ 是每半年开始 t_{i-1} 时的 6 个月期 Shibor 利率（按半年计复利来表示）。例如，当每半年开始时的 6 个月期 Shibor 利率是年率 6% 时，金融机构在半年后必须支付 $0.5 \times 10\,000\,000 \times 0.01 = ￥50\,000$。当 Shibor 利率是年率 4% 时，金融机构不必做任何支付。表达式 $\max(R - 0.05, 0)$ 是基于 R 的看涨期权所得的收益。因此，可把利率上限看成是一个基于 R 的看涨期权的组合，其收益是在期权发生后 6 个月才获得。

一般而言，一个上限利率为 R_K，本金为 $L=1$ 元，利率重置日为 $t_0, t_1, \cdots, t_{N-1}$ 利率上限，在 $t_i (i=1, 2, \cdots, N)$ 时间点，利率上限的卖方必须向买方支付的金额为：

$$\Delta t \max[0, R(t_{i-1}) - R_K] \tag{20-4}$$

其中 $R(t_{i-1})$ 为利率重置日 t_{i-1} 的参考利率，$\Delta t = t_i - t_{i-1} (i=1, 2, \cdots, N)$。式(20-4)是第 i 个利率上限单元潜在的收益。包含在利率上限中的单独期权被称为利率上限单元（Caplet），利率上限可以看成多个欧式的利率看涨期权的组合。

二、将利率上限看作债券看跌期权的组合

在利率上限中，t_{i-1} 时刻的重置利率 $R(t_{i-1})$ 决定发生在 t_i 时刻第 i 个利率上限单元支付，这与远期期权的支付时间结构相同的。在 t_{i-1} 时刻，我们可以将发生在 t_i 时刻支付贴现到 t_{i-1} 时刻，可以得到：

$$P(t_{i-1}, t_i) \Delta t \max[0, R(t_{i-1}) - R_K] = \frac{\Delta t \max[0, R(t_{i-1}) - R_K]}{1 + \Delta t R(t_{i-1})}$$

经过代数变换，上式可以写成以下式子：

$$P(t_{i-1}, t_i) \Delta t \max[0, R(t_{i-1}) - R_K] = \max\left[0, 1 - \frac{(1 + R_K \Delta t)}{1 + \Delta t R(t_{i-1})}\right] \tag{20-5}$$

因为表达式 $\frac{(1 + R_K \Delta t)}{1 + \Delta t R(t_{i-1})}$ 是一个在 t_i 时刻到期、面值为 $(1 + R_K \Delta t)$ 的贴现债券在 t_{i-1} 的价格，所以式(20-5)可以理解为一个基于贴现债券的看跌期权，看跌期权的执行价格为 1 元。因此，利率上限可以看成一个基于贴现债券的欧式看跌期权的组合。

三、利率下限和利率双限

利率下限和利率双限（有时叫作地板-顶板协议，Floor-ceiling Agreement）的情况与利率上限相似。类似于利率上限的讨论，我们可以将一个利率下限看成是一个基于利率的欧式看跌期权的组合，或是一个基于贴现债券的欧式看涨期权的组合。它可以用类似于利率上限的方法进行估值。

一个利率双限是由一个利率上限的多头和一个利率下限的空头组合而成的。在构造利率双限时，通常使利率上限的价格等于利率下限的价格，于是利率双限的净成本为零。

四、利率上限和利率下限定价的标准市场模型

(一) 远期利率及性质

在介绍利率上限和利率下限定价模型之前,我们先介绍远期利率及远期利率的性质。远期利率是不同到期期限的贴现债券的价格所隐含的利率。如果我们打算在时间 t_{i-1} 借入资金,并在 t_i 时归还,并希望在 t ($t<t_{i-1}$) 时将利率锁定。为此,在 t 时,我们可以买空数量为 $P(t,t_{i-1})/P(t,t_i)$ 的 t_i 时到期的、面值 1 元的贴现债券,用所买空债券所得资金 $P(t,t_{i-1})$ 买入一份 t_{i-1} 时到期的、面值 1 元的贴现债券。交易将在 t_{i-1} 时产生 1 元的现金流入,在 t_i 时产生数量 $P(t,t_{i-1})/P(t,t_i)$ 元现金流出。因此,该借款的远期利率为:

$$\frac{P(t,t_{i-1})}{P(t,t_i)} = 1 + f(t,t_{i-1},t_i)\Delta t$$

即

$$f(t,t_{i-1},t_i) = \frac{P(t,t_{i-1}) - P(t,t_i)}{P(t,t_i)\Delta t} \tag{20-6}$$

远期利率很重要的一个性质是:以到期日与远期利率的计息结束时间 t_i 相同的贴现债券价格 $P(t,t_i)$ 为计价物的概率测度(称为远期风险中性概率)下,远期利率是一个鞅,即对于 $t<s\leqslant t_{i-1}$,有

$$f(t,t_{i-1},t_i) = E_t^{P_{t_i}}[f(s,t_{i-1},t_i)] \tag{20-7}$$

且有

$$f(t,t_{i-1},t_i) = E_t^{P_{t_i}}[R(t_{i-1})] \tag{20-8}$$

$E_t^{P_{t_i}}[\cdot]$ 表示贴现债券价格 $P(t,t_i)$ 为计价物的概率测度下的期望值。式(20-8)表明,贴现债券价格 $P(t,t_i)$ 为计价物的概率测度下,远期利率等于未来即期利率的期望值。式(20-8)与第六章里式(6-2)是一致的,式(6-2)表明在远期具有相同到期日的贴现债券作为计价物的概率测度下(远期概率测度),远期价格等于远期到期日的标的资产价格的期望值。证明过程也是类似的。证明如下:

构造以下两个资产组合:① 0 时刻签订协议利率为 $R_F(0)$、期限为 t_{i-1} 至 t_i 之间的远期利率协议多头,以及面值为 $\Delta t R_F(0)$ 的到期日 t_i 的贴现债券。② 1 份到期日为 t_i 的贴现债券。t 时,资产组合① 价值为:

$$\begin{aligned}S_1(t) &= P(t,t_i)\Delta t[f(t,t_{i-1},t_i) - R_F(0)] + P(t,t_i)\Delta t R_F(0) \\ &= P(t,t_i)\Delta t f(t,t_{i-1},t_i)\end{aligned} \tag{20-9}$$

以到期日为 t_i 的贴现债券 $P(t,t_i)$ 作为计价物时,比值 $S_1(t)/P(t,t_i) = \Delta t f(t,t_{i-1},t_i)$ 是一个鞅,即在以 t_i 为到期日的贴现债券为计价物的概率测度下,远期利率 $f(t,t_{i-1},t_i)$ 是一个鞅,即 $f(t,t_{i-1},t_i) = E_t^{P_{t_i}}[f(s,t_{i-1},t_i)]$ ($t<s\leqslant t_{i-1}$)。当 $s=t_{i-1}$ 时,远期利率 $f(t,t_{i-1},t_i) = E_t^{P_{t_i}}[f(t_{i-1},t_{i-1},t_i)] = E_t^{P_{t_i}}[R(t_{i-1})]$。

(二) 定价模型

所谓利率上限和利率下限定价的标准市场模型,就是利用隐含波动率对期权进行定价。这里波动率是远期利率的波动率,而隐含波动率就是利率上限或者利率下限的市场价格所隐含的远期利率的波动率。

在式(20-4)中,$R(t_{i-1})$是t_{i-1}时刻的市场利率。从当前t时刻看,未来的市场利率$R(t_{i-1})$可以看成远期利率$f(t,t_{i-1},t_i)$的实现:随着t向前移动,t_{i-1}至t_i时间上的远期利率$f(t,t_{i-1},t_i)$也在变动,当$t=t_{i-1}$时,$f(t,t_{i-1},t_i)$就成为即期利率$R(t_{i-1})$。因此第i个利率上限单元到期时(即t_{i-1}时)的价值$P(t_{i-1},t_i)\Delta t \max[0, R(t_{i-1})-R_K]$还可以表示为

$$P(t_{i-1},t_i)\Delta t \max[0, f(t_{i-1},t_{i-1},t_i)-R_K]$$

在这样的视角下,第i个利率上限单元可以看成以下两个资产的交换期权:

$$S_1(t)=P(t,t_i)f(t,t_{i-1},t_i)\Delta t \qquad (20\text{-}10\text{a})$$

$$S_2(t)=P(t,t_i)\Delta t R_K \qquad (20\text{-}10\text{b})$$

$S_2(t)$为面值为$\Delta t R_K$、到期日为t_i的贴现债券在t时的价值。$S_1(t)$就是式(20-9)所描述的资产组合。$S_1(t)$和$S_2(t)$都是不支付红利的资产。

要运用交换期权的定价公式,要求$S_1(t)$与$S_2(t)$的比值的波动率为常数,即远期利率$f(t,t_{i-1},t_i)$的波动率为常数。运用交换期权的定价公式,得到面值1元的利率上限单元和利率下限单元的Black定价公式:

假设远期利率$f(t,t_{i-1},t_i)$的波动率为常数σ_{fi},重置时间为t_{i-1},支付时间t_i的利率上限单元在$0(0<t_{i-1})$时刻的价值为

$$P(0,t_i)\Delta t[f(0,t_{i-1},t_i)N(d_1)-R_K N(d_2)] \qquad (20\text{-}11\text{a})$$

利率下限单元在$0(0<t_{i-1})$时刻的价值为

$$P(0,t_i)\Delta t[R_K N(-d_2)-f(0,t_{i-1},t_i)N(-d_1)] \qquad (20\text{-}11\text{b})$$

其中

$$d_1=\frac{\ln\left(\frac{f(0,t_{i-1},t_i)}{R_K}\right)+\frac{1}{2}\sigma_{fi}^2 t_{i-1}}{\sigma_{fi}\sqrt{t_{i-1}}} \qquad (20\text{-}11\text{c})$$

$$d_2=d_1-\sigma_{fi}\sqrt{t_{i-1}} \qquad (20\text{-}11\text{d})$$

这里,$N(d_1)$是以资产组合的价格$S_1(t)$作为计价物的概率测度下,$R(t_{i-1})\geqslant R_K$的概率;而$N(d_2)$是以到期日为t_i的贴现债券的价格作为计价物的概率测度下(也称为远期风险中性概率测度),$R(t_{i-1})\geqslant R_K$的概率。

协议利率和期限都相同的利率上限单元和利率下限单元存在如下平价关系:

利率上限单元的价值$+P(0,t_i)\Delta t R_K=$利率下限单元的价值$+P(0,t_{i-1})-P(0,t_i)$

$$(20\text{-}12)$$

证明如下：

在利率上限单元的 t_i 时刻的支付中加入一个固定利率支付 $\Delta t R_K$，则

$$\Delta t \max[0, R(t_{i-1}) - R_K] + \Delta t R_K = \Delta t \max[R_K, R(t_{i-1})]$$

在利率下限单元的 t_i 时刻的支付中加入一个浮动利率支付 $\Delta t R(t_{i-1})$，则

$$\Delta t \max[0, R_K - R(t_{i-1})] + \Delta t R(t_{i-1}) = \Delta t \max[R(t_{i-1}), R_K]$$

这里，浮动利率支付 $\Delta t R(t_{i-1})$ 在 0 时刻的价值为 $[P(0, t_{i-1}) - P(0, t_i)]$。因此，在 0 时刻，利率上限单元的价值加上 t_i 时刻的固定利率支付 $\Delta t R_K$ 在 0 时刻的价值 $P(0, t_i) \Delta t R_K$ 等于利率下限单元的价值加上 t_i 时刻的浮动利率支付 $\Delta t R(t_{i-1})$ 在 0 时刻的价值 $[P(0, t_{i-1}) - P(0, t_i)]$，即利率上限单元和利率下限单元的平价关系成立。

（三）远期利率的波动率

每一个利率上限单元需要通过式（20-11a）单独定价，每一个利率下限单元需要通过式（20-11b）单独定价。一种方法是对不同的上限单元（或下限单元）采用不同的波动率，这些波动率被称为远期利率的即期波动率（spot volatility）。另一种方法是对构成上限（或下限）的所有上限单元（或下限单元）都采用相同的波动率，但波动率随着上限（或下限）的有效期不同而不同，这一波动率被称为远期利率的单一波动率（flat volatility）。

经纪人所报出的波动率通常是单一波动率。然而，许多交易员喜欢使用远期的即期波动率，因为这可使他们识别低估或高估了的上限单元（或下限单元）。欧洲美元期货看跌（看涨）期权非常类似于利率上限单元（下限单元），人们经常将基于 3 个月期 Libor 的利率上限单元和下限单元所隐含的 Libor 远期利率的即期波动率与从欧洲美元期货价格中计算的波动率进行比较。

图 20-1 展示了一个典型的即期波动率和单一波动率的期限结构。对于即期波动率，对应的是利率上限单元或利率下限单元的期限，对于单一波动率，对应上限或下限的期限。单一波动率是即期波动的累积平均数，所以相对比较平缓。一般情况下，在波动率的期限结构中，我们会观察到 2~3 年时会出现一个"驼峰"，并且不论对隐含波动率还是历史波动率都会表现出这种现象。对于驼峰出现的原因，一个可能的解释是：贴现债券的短期利率由中央银行调控，而 2~3 年的利率一定程度上由市场行为所决定，而市场中的交易员一般会对短期利率变动过度反应，造成

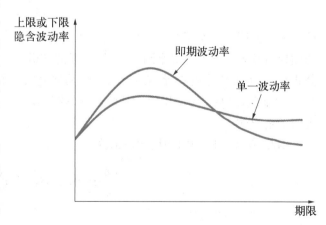

图 20-1 驼峰形的隐含波动率

2～3年利率的波动率比短期利率的更高。大于2～3年利率波动率由波动率的均值回复特征所支配,造成了波动率的下降。

五、计息互换

利率上限单元和利率下限单元的 Black 的定价思路可用于计息互换(Accrual Swaps)的估值。在这种互换中,只有当浮动参照利率处于某个确定区间时,互换一方收取的利息才可以累计。有时在互换整个有效期内这个区间保持不变,有时这个区间定期需要重新设定。

以下是一个条件累计互换的简单例子。考虑如下一笔交易,未来三年内每个季度将固定利率 R_K 与 3 个月期 Shibor 进行交换。假设仅只有当 3 个月期 Shibor 低于年率 5% 时,才可以累加固定利息。假设本金为 L。假定互换按照"实际天数/实际天数"方式计息,在一个普通的利率互换中,在每个利息支付日固定利率支付方将会付出 Qn_1L/n,其中 n_1 前一个季度里的天数,n 为一年里的天数。在一个计息互换利,这个支付变成了 Qn_2L/n,其中 n_2 是前一个季度里 3 个月的 Shibor 利率低于 5% 的天数。固定利率支付方在 3 个月的 Shibor 利率高于 5% 的这一天里,将节省 QL/n 的利息支付[①]。

可以认为,固定利率支付方的头寸状态等价于一个普通互换加上一系列的两值期权,在互换的有效期限内每天都有一个两值期权:当 3 个月期 Shibor 高于 5% 时,两值期权收益为 QL/n。

一般来说,我们假设 Shibor 截止利率(Cut off Rate,在以上例子中是 5%)是 R_K,每 Δt 年交换一次利息。考虑互换有效期内的第 j 天,从当前 0 时刻到第 j 天年化的时间长度为 t_j,第 j 天位于第 s 计息周期里,定义下一个支付日的时间为 t_s。 假设在 0 时刻,未来 t_j 到 $t_j+\Delta t$ 之间的远期利率是 $f(0,t_j,t_j+\Delta t)$,其波动率是 σ_{fj}。根据式(20-11a)中 $N(d_2)$ 的含义:在以 $t_j+\Delta t$ 到期的贴现债券价格作为计价物的概率测度下,第 j 天的 Shibor 大于 R_K 的概率是 $N(d_2)$。其中,

$$d_2 = \frac{\ln\left[\frac{f(0,t_j,t_j+\Delta t)}{R_K}\right] - \frac{1}{2}\sigma_{fj}^2 t_j}{\sigma_{fj}\sqrt{t_j}}$$

第 j 天两值期权收益将在下一个支付日上支付,下一个支付日的时间为 t_s。 在以 t_s 到期的贴现债券为计价物的概率测度下,第 j 天的 Shibor 大于 R_K 的概率 $N(d_2^*)$,d_2^* 的计算公式与 d_2 有非常小的差异,需要在 d_2 的基础上做一个很小的时间调整反映时间 $t_j+\Delta t$ 与 t_s 的差别,但在实际应用中常常使用 d_2 代替 d_2^*。 对两值期权的期望现金流贴现的贴现因子是 $P(0,t_s)$。

因此,第 i 天的两值期权的价值为:

$$\frac{QL}{n}P(0,t_s)N(d_2)$$

[①] 对于节假日,通常约定节假日的市场利率取为上一个营业日的利率。

将这个表达式对互换有效期限内的每一天进行求和,可得两值期权的总价值。

第四节　欧式互换期权的定价

互换期权(Swaptions)是基于利率互换的期权,它是另一种越来越流行的利率期权。它给予持有者一个在未来某个确定时间进行某个确定的利率互换的权利。许多向其公司客户提供利率互换合约的大型金融机构也会向其客户出售或购买互换期权。

一、远期互换的定价

因利率互换期权可以看成以远期利率互换为标的的期权。下面先回顾远期互换的定价公式。

设当前为 0 时刻,远期互换的利率重置日为 $t_0, \cdots, t_{N-1}$,支付时间为 $t_1, \cdots, t_N$,$t_0 > 0$,$\Delta t = t_i - t_{i-1} (i=1, \cdots, N)$。远期互换的名义本金为 $L=1$ 元。市场上 t 时刻远期互换的协议利率(即互换利率)定义 $R_{FK}(t)$。远期互换利率 $R_{FK}(t)(t \leqslant t_0)$ 随着时间变动会发生变化。下面分析如何确定公平的远期互换利率 $R_{FK}(t)$。

按照第十章的分析,支付方利率互换可看作浮动利率债券多头和固定利率债券空头的组合。在互换的开始的 t_0 时,浮动利率债券的价值总是等于互换的本金的金额,因此浮动利率债券在 t 时的价值为:

$$V_{fl}(t) = P(t, t_0) \tag{20-13}$$

而固定利率债券等于利息和本金的贴现值之和,即

$$V_{fix}(t) = \Delta t R_{FK}(t) \sum_{i=1}^{N} P(t, t_i) + P(t, t_N) \tag{20-14}$$

因此,支付方远期互换的价值为:

$$\begin{aligned}V_{swap}(t) &= V_{fl}(t) - V_{fix}(t) \\ &= [P(t, t_0) - P(t, t_N)] - \Delta t R_{FK}(t) \sum_{i=1}^{N} P(t, t_i)\end{aligned} \tag{20-15}$$

由 $V_{swap}(t) = 0$,得到公平的远期互换协议利率 $R_{FK}(t)$ 为:

$$R_{FK}(t) = \frac{P(t, t_0) - P(t, t_N)}{\Delta t \sum_{i=1}^{N} P(t, t_i)} \tag{20-16}$$

二、互换期权的定价

以支付方互换期权为例进行分析。互换期权的标的互换的利率重置日和支付时间的设定与远期互换一致。设互换期权的到期日为 $T (T \leqslant t_0)$,协议利率为 R_K,名义本金为

$L=1$ 元。

在期权到期日 T，协议利率为 R_K 的远期互换的价值由式(20-15)计算，显然，期权到期日 T 时，只有协议利率为 R_K 的远期互换的价值大于 0 时，期权的买方才会执行期权，即支付方互换期权在到期日 T 时的回报为：

$$\max\left[0, [P(T, t_0) - P(T, t_N)] - \Delta t\, R_K \sum_{i=1}^{N} P(T, t_i)\right] \quad (12\text{-}17)$$

由式(12-16)，有

$$P(T, t_0) - P(T, t_N) = \Delta t\, R_{FK}(T) \sum_{i=1}^{N} P(T, t_i) \quad (12\text{-}18)$$

将式(12-18)代入式(12-17)，可以得到：

$$\max\left[0, \Delta t[R_{FK}(T) - R_K] \sum_{i=1}^{N} P(T, t_i)\right] \quad (12\text{-}19)$$

式(12-19)表明，$R_{FK}(T) > R_K$ 的情况下，支付方互换期权的多头方执行期权进入一个协议利率为 R_K 的支付方互换，同时进入一个协议利率为 $R_{FK}(T)$ 的收取方互换进行对冲，锁定在未来支付日上的 N 个相同的利差 $\Delta t[R_{FK}(T) - R_K]$，$N$ 个利差贴现到 T 时的贴现值之和为 $\Delta t[R_{FK}(T) - R_K]\sum_{i=1}^{N} P(T, t_i)$，这也是在 T 时执行期权的回报。$R_{FK}(T) \leqslant R_K$，放弃执行期权，回报为 0。

定义：

$$S_1(t) = P(t, t_0) - P(t, t_N) = \Delta t\, R_{FK}(t) \sum_{i=1}^{N} P(t, t_i)$$

和

$$S_2(t) = \Delta t\, R_K \sum_{i=1}^{N} P(t, t_i)$$

支付方互换期权可以看成 $S_1(t)$ 与 $S_2(t)$ 的交换期权，且这两个资产是不支付红利的资产。$S_1(t)$ 与 $S_2(t)$ 的比值为 $R_{FK}(t)/R_K$，比值的波动率等于远期互换利率 $R_{FK}(t)$ 的波动率，假设其波动率为常数。

从交换期权的 Margrabe 定价公式，可以得到欧式互换期权的 Black 公式。假设远期互换利率 $R_{FK}(t)$ 的波动率为常数 σ_{FK}，支付方互换期权在 0 时的价值为：

$$[P(0, t_0) - P(0, t_N)]N(d_1) - \left[\Delta t\, R_K \sum_{i=1}^{N} P(0, t_i)\right]N(d_2) \quad (12\text{-}20a)$$

收取方互换期权在 0 时的价值为：

$$\left[\Delta t\, R_K \sum_{i=1}^{N} P(0, t_i)\right]N(-d_2) - [P(0, t_0) - P(0, t_N)]N(-d_1) \quad (12\text{-}20b)$$

其中，

$$d_1 = \frac{\ln\left[\dfrac{P(0, t_0) - P(0, t_N)}{\Delta t R_K \sum_{i=1}^{N} P(0, t_i)}\right] + \dfrac{1}{2}\sigma_{FK}^2 T}{\sigma_{FK}\sqrt{T}} \tag{12-20c}$$

$$d_2 = d_1 - \sigma_{FK}\sqrt{T} \tag{12-20d}$$

例 20-4 假设 Libor 收益率曲线是平坦的，年利率 4%，按连续复利计息。考虑如下支付方互换期权，持有者具有在 1 年后开始一个 3 年期支付方利率互换的权利，互换期权的协议利率为 4.2%，每半年支付一次，本金为 \$1 000 万。远期互换利率的波动率为 20%。在这种情况下：

$$\sum_{i=1}^{6} P(0, t_i) = e^{-0.04\times1.5} + e^{-0.04\times2} + e^{-0.04\times2.5} + e^{-0.04\times3} + e^{-0.04\times3.5} + e^{-0.04\times4} = 5.378\,1$$

$$P(0, 1) - P(0, 4) = e^{-0.04\times1} - e^{-0.04\times4} = 0.108\,6$$

另外，在这个例子中，$L = \$1\,000$ 万，$\Delta t = 0.5$，$R_K = 4.2\%$，$T = 1$，$\sigma_{FK} = 0.2$。因此，

$$d_1 = \frac{\ln\left[\dfrac{0.108\,6}{0.5\times 0.042\times 5.378\,1}\right] + \dfrac{1}{2}\times 0.2^2\times 1}{0.2\times\sqrt{1}} = -0.093\,8$$

$$d_2 = d_1 - \sigma_{FK}\sqrt{T} = -0.093\,8 - 0.2\sqrt{1} = -0.293\,8$$

从式(20-11)可得到支付方互换期权的价值为：

$$10\times[0.108\,6 N(-0.093\,8) - 0.5\times 0.042\times 5.378\,1 N(-2.093\,8)] = \$0.068\,2(\text{百万})$$

即 \$68 200。

第五节　曲率调整和时间调整

一、债券收益率的曲率调整及应用

（一）债券收益率的曲率调整

考虑为这样一个衍生产品定价：其回报依赖于回报发生时所观察到的某一债券的到期收益率。该债券可以是一个贴现债券、固定息票债券或者等额年金债券等。对于一个债券，其收益率随着债券价格的变化而变化。

债券收益率由计算收益率时的债券价格所确定，远期债券收益率是债券远期价格所隐含的利率。假定 $B(T)$ 为一个债券在 T 的价格，$y(T)$ 为其收益率。$B(T)$ 与 $y(T)$ 之间的函数关系为：

$$B(T) = G[y(T)] \tag{20-21}$$

定义 0 时到期时间 T 的债券远期合约的远期价格为 $F(0, T)$，0 时的远期债券收益率为

$y_F(0, T)$。由定义可得：

$$F(0, T) = G[y_F(0, T)] \tag{20-22}$$

即远期债券收益率是根据债券当前的远期价格计算的收益率。

由式(6-2)可知，以 T 时到期的贴现债券 $P(t, T)$ 价格作为计价物的概率测度下（即远期概率测度），债券远期合约的远期价格是一个鞅，且

$$F(0, T) = E_0^{P_T}[F(T, T)] = E_0^{P_T}[B(T)]$$

因此，有

$$G[y_F(0, T)] = E_0^{P_T}\{G[y(T)]\} \tag{20-23}$$

因 G 是非线性函数，使 $y(T)$ 的期望值 $E_0^{P_T}[y(T)]$ 并不等于 $y_F(0, T)$。

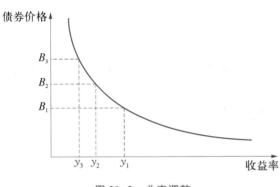

图 20-2　曲率调整

图 20-2 显示了差异是如何产生的，以及如何进行曲率调整。该图给出了债券价格和债券收益率之间的关系。为简单起见，我们假设只有三个可能的债券价格，$B_1(T)$、$B_2(T)$ 和 $B_3(T)$，以 $P(t, T)$ 作为计价物的概率测度下出现的可能性相同。假定价格是等间距的，即 $B_2 - B_1 = B_3 - B_2$。这些债券价格转换成等可能性的收益率：$y_1(T)$、$y_2(T)$ 和 $y_3(T)$，收益率不是等间距的。

在上述假定下，$F(0, T) = \frac{1}{3}B_1(T) + \frac{1}{3}B_2(T) + \frac{1}{3}B_3(T) = B_2(T)$，因此变量 $y_2(T)$ 也等于远期债券收益率 $y_F(0, T)$。债券收益率期望值 $E_0^P[y(T)]$ 是 $y_1(T)$、$y_2(T)$ 和 $y_3(T)$ 的平均值，显然大于 $y_2(T)$，即大于 $y_F(0, T)$。$y_F(0, T)$ 和该期望债券收益率之间的差值是函数 G 的曲率所决定。

我们考虑了一个到期回报依赖于 T 时的债券收益率的衍生产品，即

$$V(T) = V[y(T)]$$

以 T 时到期的贴现债券格 $P(t, T)$ 价作为计价物（即远期风险中性概率测度下）对该衍生产品定价，可以得到：

$$V(0) = P(0, T) E_0^{P_T}[V(y(T))] \tag{20-24}$$

在计算以上期望值时，一个关键变量是 $E_0^{P_T}[y(T)]$。通过对图 20-2 的分析可以看到 $E_0^{P_T}[y(T)]$ 并不等于 $y_F(0, T)$。可以证明，在远期概率测度下，$E_0^{P_T}[y(T)]$ 近似等于：

$$E_0^{P_T}[y(T)] = y_F(0, T) - \frac{1}{2}[y_F(0, T)]^2 \sigma_{y_F}^2 T \frac{G''[y_F(0, T)]}{G'[y_F(0, T)]} \tag{20-25}$$

其中，σ_{yF} 远期收益率的波动率，G' 和 G'' 是函数 G 的一阶和二阶偏导数。债券收益率在远期概率测度下的期望值 $E_0^{P_T}[y(T)]$ 与远期收益率 $y_F(0, T)$ 之差为：

$$-\frac{1}{2}[y_F(0, T)]^2 \sigma_{yF}^2 T \frac{G''[y_F(0, T)]}{G'[y_F(0, T)]}$$

因此，如果一个衍生产品的到期回报依赖于回报发生 T 时所观察到的某一债券收益率，以 T 时到期的贴现债券为计价物对该衍生产品定价时，在远期概率测度下债券收益率的期望值相对于远期收益率 $y_F(0, T)$ 需要进行曲率调整。

(二) 债券收益率的曲率调整的应用

1. 应用1：产品回报依赖于利率

作为收益率曲率调整的应用，我们考虑以下产品：产品在时间 T 支付本金 L 按照 T 与 $T+\Delta t$ 之间的 Libor 利率所计算的利息，即在 T 时支付利息 $LR(T)\Delta t$，其中 $R(T)$ 为 T 时的期限为 Δt 的 Libor 利率。一般，T 与 $T+\Delta t$ 之间利息应该在期末 $T+\Delta t$ 时支付，但这个产品的利息是在 T 时支付。后置利率互换定价时，需要用到这个产品的定价方法。

在 T 时，变量 $R(T)$ 可以看成 $T+\Delta t$ 到期的贴现债券的收益率 $y(T)$，贴现债券在 T 时的价格与其收益率之间的关系式为：

$$G[y(T)] = \frac{1}{1+y(T)\Delta t}$$

因此，有

$$E_0^{P_T}[R(T)] = E_0^{P_T}[y(T)] = y_F(0, T) - \frac{1}{2}[y_F(0, T)]^2 \sigma_{yF}^2 T \frac{G''[y_F(0, T)]}{G'[y_F(0, T)]}$$

计算出 G' 和 G''，代入上式后可以得到：

$$E_0^{P_T}[R(T)] = y_F(0, T) + \frac{[y_F(0, T)]^2 \sigma_{yF}^2 T \Delta t}{1+y_F(0, T)\Delta t} \tag{20-26}$$

其中，$y_F(0, T)$ 是 $T+\Delta t$ 到期的贴现债券的在 0 时计算出的 T 时的远期价格对应的远期债券收益率，σ_F 远期收益率的波动率。

产品的价值为：

$$P(0, T)L\Delta t \left\{ y_F(0, T) + \frac{[y_F(0, T)]^2 \sigma_{yF}^2 T \Delta t}{1+y_F(0, T)\Delta t} \right\}$$

对于贴现债券，其远期债券收益率 $y_F(0, T)$ 等于远期利率 $f(0, T, T+\Delta t)$，σ_{yF} 也等于远期利率的波动率 σ_f。证明如下：

对于 $T+\Delta t$ 到期的贴现债券，根据不支付收益资产的远期价格公式，T 时到期的远期合约的价格为：

$$F(0, T) = \frac{P(0, T+\Delta t)}{P(0, T)}$$

因此,其远期债券收益率 $y_F(0, T)$ 由下式计算:

$$F(0, T) = \frac{P(0, T+\Delta t)}{P(0, T)} = \frac{1}{1+y_F(0, T)\Delta t}$$

即

$$y_F(0, T) = \frac{P(0, T) - P(0, T+\Delta t)}{P(0, T+\Delta t)\Delta t}$$

由式(20-3),可知远期利率 $f(0, T, T+\Delta t)$ 等于:

$$f(0, T, T+\Delta t) = \frac{P(0, T) - P(0, T+\Delta t)}{P(0, T+\Delta t)\Delta t}$$

因此,远期债券收益率 $y_F(0, T)$ 等于远期利率 $f(0, T, T+\Delta t)$,σ_{yF} 也等于远期利率的波动率 σ_f。

例 20-5 一个衍生产品,在 2 年后提供的收益率等于那时的 6 个月期的 Shibor 利率乘以 100 万元。Shibor/互换的零息票利率曲线(6 个月计息一次)为:

0.5 年	1 年	1.5 年	2 年	2.5 年
3.5%	3.7%	3.9%	4.0%	4.1%

2~2.5 年之间的远期利率的波动率为 15%。对该产品进行定价。

2~2.5 年之间的远期利率由下式计算:

$$\left(1 + \frac{4.1\%}{2}\right)^5 = \left(1 + \frac{4.0\%}{2}\right)^4 \left[1 + \frac{f(0, 2, 2.5)}{2}\right]$$

解得,

$$f(0, 2, 2.5) = 4.50\%$$

远期债券收益率 $y_F(0, 2) = 4.50\%$,贴现因子 $P(0, 2) = 1/\left(1 + \frac{4.0\%}{2}\right)^4 = 0.9238$,$T = 2$,$\Delta t = 0.5$,$\sigma_{yF} = 0.15$,$L = 100$ 万。

将参数代入定价公式,得到衍生产品的价值:

$$0.9238 \times 1\,000\,000 \times 0.5 \times \left[0.045 + \frac{0.045^2 \times 0.15^2 \times 2 \times 0.5}{1 + 0.045 \times 0.5}\right] = 20\,806 (元)$$

不做曲率调整时,产品价值为 20 786 ($= 0.9238 \times 1\,000\,000 \times 0.50 \times 045$) 元。

2. 应用 2:收益依附于互换利率的衍生证券

我们考虑一款金融衍生产品,它在产品到期时的回报依赖于那时所观察到的即期互换利率。

对一个支付方(收取方)互换定价时,可以将互换分解成一个浮动利率债券多头(空头)和固定利率债券空头(多头)的组合,并且一般使用互换的基准利率对互换定价。签订即期互换时其价值为 0,使互换中分解出的浮动利率债券和固定利率债券的价值都等于互换的面值,所以互换利率可以看成平价债券收益率。

因此,我们考察的这款金融衍生产品等价于依赖于平价债券收益率的产品,对该衍生产品定价时,必须对远期互换利率进行曲率调整。

例 20-6 考虑如下金融产品,3 年后收益等于那时的三年期互换利率乘以 100 元。假设该互换每年支付一次,对所有期限的 Libor/互换零息票利率都是 12%(按年计复利),3 年后开始计息的 3 年期远期互换利率的波动率测度是 22%(由互换期权隐含波动得到)。在这种情况下:

$$G(y) = \frac{0.12}{1+y} + \frac{0.12}{(1+y)^2} + \frac{1.12}{(1+y)^3}$$

$$G'(y) = -\frac{0.12}{(1+y)^2} - \frac{0.24}{(1+y)^3} - \frac{3.36}{(1+y)^4}$$

$$G''(y) = \frac{0.24}{(1+y)^3} + \frac{0.72}{(1+y)^4} + \frac{13.44}{(1+y)^5}$$

因为所有期限的 Libor/互换零息票利率都是 12%,即水平的利率曲线,可以计算出 3~6 年的远期互换的互换利率也是 12%。将 $y_F(0, 3) = 12\%$ 代入,有 $G'[y_F(0, 3)] = -2.4018$,$G''[y_F(0, 3)] = 8.2546$。因此,

$$E_0^{P_3}[y(3)] = 0.12 + 0.5 \times 0.12^2 \times 0.22^2 \times 3 \times \frac{8.2546}{2.4018} = 0.1236$$

对这个金融产品估值时,我们应该假设互换利率的期望值为 0.1236(12.36%)而不是 0.12,并在远期风险中性概率测度下估值。该金融产品的价值为:

$$100 \times \frac{0.1236}{1.12^3} = 8.80$$

即 8.80 元。

二、时间调整及应用

(一) 时间调整

我们要考察以下金融衍生产品的定价:该产品的支付发生在时间 T^*,但 T^* 时支付的数量 $C(T^*)$ 依赖于 T^* 之前的时间 $T(T < T^*)$ 观测到的一个标的资产价格 $S(T)$。即

$$V(T^*) = G[S(T)] \quad (20\text{-}27)$$

以 T^* 时到期的贴现债券价格 $P(t, T^*)$ 作为计价物(即远期风险中性概率测度下)

对该衍生产品定价,可以得到:

$$V(0) = P(0, T^*) E_0^{PT^*} \{V[S(T)]\} \tag{20-28}$$

假设标的资产 $S(t)$、贴现债券价格 $P(t, T)$ 和 $P(t, T^*)$ 以及远期利率 $f(t, T, T^*)$ 都服从几何布朗运动。

为了对这样的产品定价,在计算 $E_0^{PT^*}[S(T)]$ 时需要进行以下近似的时间调整:

$$E_0^{PT^*}[S(T)] = E_0^{PT}[S(T)] \exp\left(-\frac{\rho_{S,f}\sigma_f\sigma_S f(0, T, T^*)(T^*-T)}{1+\frac{f(0, T, T^*)}{m}}T\right) \tag{20-29}$$

其中, $f(0, T, T^*)$ 为远期利率(一年计息 m 次), σ_f 为远期利率的波动率, σ_S 为标的资产的波动率, $\rho_{S,f}$ 为远期利率与标的资产的相关系数。

证明如下:

假设标的资产、T 时到期的贴现债券价格 $P(t, T)$ 和 T^* 时到期的贴现债券价格 $P(t, T^*)$ 都服从几何布朗运动。

分别以 T 时到期的贴现债券价格 $P(t, T)$ 和 T^* 时到期的贴现债券价格 $P(t, T^*)$ 作为计价物。在这两个不同的计价物下,计算 $E_0^{PT^*}[S(T)]$ 和 $E_0^{PT}[S(T)]$,可以得到:

$$E_0^{PT^*}[S(T)] = E_0^{PT}[S(T)] \exp[(\rho_{S, PT^*}\sigma_{PT^*} - \rho_{S, PT}\sigma_{PT})\sigma_S T] \tag{20-30}$$

其中, ρ_{S, PT^*} 为 $S(t)$ 和 $P(t, T^*)$ 的几何布朗运动的相关系数, $\rho_{S, PT}$ 为 $S(t)$ 与 $P(t, T)$ 的几何布朗运动的相关系数。

定义:

$$W(t) = \frac{P(t, T^*)}{P(t, T)}$$

由式(5-29),有

$$\frac{dW}{W} = \frac{dP(t, T^*)}{P(t, T^*)} - \frac{dP(t, T)}{P(t, T)} - \frac{dP(t, T^*)}{P(t, T^*)}\frac{dP(t, T)}{P(t, T)} + \left[\frac{dP(t, T)}{P(t, T)}\right]^2$$

所以,

$$\rho_{S, W}\sigma_S\sigma_W dt = Cov\left(\frac{dS}{S}, \frac{dW}{W}\right) = Cov\left(\frac{dS}{S}, \frac{dP(t, T^*)}{P(t, T^*)}\right) - Cov\left(\frac{dS}{S}, \frac{dP(t, T)}{P(t, T)}\right)$$

$$= (\rho_{S, PT^*}\sigma_{PT^*}\sigma_S - \rho_{S, PT}\sigma_{PT}\sigma_S) dt$$

即

$$(\rho_{S, PT^*}\sigma_{PT^*} - \rho_{S, PT}\sigma_{PT})\sigma_S = \rho_{S,W}\sigma_S\sigma_W \tag{20-31}$$

$f(t, T, T^*)$ 是一年计息 m 次的远期利率,由远期利率的定义,有

$$W(t) = \frac{P(t, T^*)}{P(t, T)} = \left[1 + \frac{f(t, T, T^*)}{m}\right]^{-m(T^*-T)}$$

令 $k=-m(T^*-T)$，对 $W(t)$ 运用 Itô 引理，有

$$\frac{\mathrm{d}W}{W}=\frac{-(T^*-T)f(t,T,T^*)}{\left[1+\dfrac{f(t,T,T^*)}{m}\right]}\frac{\mathrm{d}f(t,T,T^*)}{f(t,T,T^*)}$$

$$+\frac{1}{2}\frac{k(k+1)}{m^2\left[1+\dfrac{f(t,T,T^*)}{m}\right]^2}[\mathrm{d}f(t,T,T^*)]^2$$

由上式可以得到 $W(t)$ 的波动率为：

$$\sigma_W=\frac{(T^*-T)f(t,T,T^*)}{1+f(t,T,T^*)/m}\sigma_f \tag{20-32}$$

且 $\rho_{S,W}=-\rho_{S,f}$，$\rho_{S,f}$ 是 $S(t)$ 和 $f(t,T,T^*)$ 之间的相关系数。作为近似，我们假设 $f(t,T,T^*)$ 为常数，并等于 $f(0,T,T^*)$，并且假设关系式中的相关系数和波动率都为常数，因此 σ_W 也为常数。在这样的假设下，有

$$(\rho_{S,P_{T^*}}\sigma_{P_{T^*}}-\rho_{S,P_T}\sigma_{P_T})\sigma_S=\rho_{S,W}\sigma_S\sigma_W=-\rho_{S,f}\sigma_S\sigma_f\frac{(T^*-T)f(0,T,T^*)}{1+f(0,T,T^*)/m}$$

因此，式(20-29)得证。

(二) 时间调整的应用

例 20-7 考虑一个衍生产品，其 6 年后的收益等于 5 年后的股指。假如，当前的股指为 1 100，股指连续红利率为 2%。股指波动率为 20%，5 年与 6 年之间的远期利率的波动率为 18%，并且股指与远期利率之间的相关系数为 -0.4。进一步假设零息利率曲线是水平的，年复利率为 8%。对该衍生品定价。

以 5 年期的贴现债券作为计价物，可以得到：

$$\frac{S(0)}{P(0,5)}=E_0^{P_5}\left[\frac{e^{2\%\times 5}\times S(5)}{P(5,5)}\right]$$

所以，

$$E_0^{P_5}[S(5)]=\frac{S(0)}{P(0,5)}e^{-2\%\times 5}=1\,100\times e^{-2\%\times 5}\times(1+0.08)^5=1\,462.45$$

这里，$\rho_{S,f}=-0.4$，$\sigma_S=0.2$，$\sigma_f=0.18$，$f(0,5,6)=0.08$，$m=1$，$T=5$，$T^*=6$。

于是，

$$E_0^{P_6}[S(5)]=1\,462.45\times\exp\left(-\frac{-0.4\times 0.2\times 0.18\times 0.08\times 1}{1+\dfrac{0.08}{1}}\times 5\right)=1\,462.45\times 1.005\,35$$

$$=1\,470.27$$

再利用定价公式(20-28)，将其从第 6 年贴现到 0 时刻，得到衍生产品的价值，即 $P(0,6)E_0^{P_6}[S(5)]=\dfrac{1\,470.27}{(1+0.08)^6}=926.52$。所以，衍生产品的价值为 926.52。

重 要 概 念

债券期权　利率期货期权　利率上限　利率下限　利率双限　互换期权　内嵌的利率期权　赎回条款　回售条款　提前偿还选择权　债券远期价格的波动率　远期利率的波动率　远期利率的单一波动率　远期利率的即期波动率　计息互换　远期互换　互换利率的波动率　债券收益率的曲率调整　时间调整

习题与思考题

1. 一家公司持有 9 个月期 Shibor 上限，3 个月计息一次，协议年利率 4%，本金为 1 000 万。在重新设定日，3 个月期的 Shibor 为年率 4.5%。根据利率上限，须如何支付？什么时候支付？
2. 请解释利率上限单元和利率下限单元都为什么可以看成以贴现债券为标的的期权，请说明理由是什么样的期权。
3. 请解释为什么互换期权可以被看作一种付息债券期权？
4. 为有效期 1 年的基于某个 10 年期债券的欧式看涨期权估值。假设债券当前的现价为 110 元，执行价格为 115 元，1 年期利率为年率 5%，债券价格的年波动率为 10%，期权有效期内将支付的息票的现值为 6 元。
5. 假设 Libor 收益率曲线是水平的，年化的连续复利 5%。某个互换期权赋予持有者这样一种权利：即 2 年后有权签订一个 3 年后开始计息的 5 年期支付方利率互换，约定的互换例率为 5.5%，每年支付一次。互换利率的年波动率为 25%，本金为 \$100 万。为该互换期权定价。
6. 请解释当出现如下情况时，是否需要凸度调整？如须调整，如何进行调整？
   (1) 我们想要对某个利差期权进行估价，该期权的利差为：

   $0.25\,L\times\text{Max}(0,$每季度支付一次利息的 2 年期即期互换的互换利率$-3$ 个月的 Libor$)$

   L 为名义本金，回报在这些利率出现后的 3 个月后才支付。
   (2) 我们想要对某个利差期权进行估价，该期权的利差为：

   $0.25\,L\times\text{Max}(0,$每季度支付一次利息的 2 年期即期互换的互换利率$-3$ 个月的 Libor$)$

   L 为名义本金，回报在期权到期时立即支付。
7. 考虑一个衍生产品，其 3 年后的收益等于 2 年后的股指。假如当前的股指为 3 000，股指连续红利率为2%。股指波动率为30%,2年与3年之间的远期利率的波动率为18%,并且股指与远期利率之间的相关系数为—0.5。进一步假设零息利率曲线是水平的,年复利率为8%。对该衍生品定价。

8. 考虑一个8个月期的基于15.5年到期国债的欧式看跌期权。债券现价为102元,执行价格为100元,债券价格的波动率为年率12%,3个月后该债券将付息5元。1年期限内所有期限的无风险利率为年率4%。同时,考虑如下两种情况为该期权定价:执行价格对应于债券现金价格;以及执行价格对应于债券报价。

9. 考虑如下金融产品,1年后收益等于那时的4年期互换利率乘以100元。假设该互换每年支付一次,对所有期限的Shibor/互换零息票利率都是5%(按年计复利),1年后开始计息的4年期远期互换利率的波动率测度是20%(由互换期权隐含波动得到)。求该衍生产品的价值。

10. 某个9个月期的基于3个月期Libor的利率上限单元,利率上限的按季度计复利的协议利率为8%,本金为\$1 000。有如下市场信息:
9个月期欧洲美元期货价格报价为92;9个月期欧洲美元期权隐含的利率波动率为年率15%;当前按连续复利计算的12个月期利率为年率7.5%。
请为该利率上限估值。

11. 在一个普通型互换中,支付日的浮动利率的支付额是由前一支付日的浮动利率计算而得的。在一个"arrears"互换中,浮动利率的支付额是由该支付日的浮动利率计算而得的。请描述如何对"arrears"互换进行估值。

12. 假设Libor收益率曲线是水平的,利率6%(按连续复利计息)。某个衍生产品的损益在3年后发生。它等于在那个时刻的4年期利率减去2年期利率,本金为100美元,两个利率都是一年计息一次的复利率。计算该衍生产品的价值。假设所有利率的波动率为20%。

第二十一章

信用风险和信用衍生产品

学习目标

通过本章的学习,能够掌握信用风险的基本概念,包括信用评级和违约概率等内容;掌握信用违约互换(CDS)的现金流特征,定价分析、交易策略和产品的风险;掌握合成 CDO 的产品结构、产品的作用和潜在风险。

第一节 信用风险

信用风险又称违约风险,是指借款人、证券发行人或交易对方因种种原因,不愿或无力履行合同条件而构成违约,致使银行、投资者或交易对方遭受损失的可能性。几乎所有的金融交易当中都或多或少地存在着信用风险,市场的参与者如银行、保险公司、基金、券商、企业等都需要承担并管理信用风险。由于信用风险会对公司或投资者的利益产生很大的影响,因此信用风险管理是非常重要的工作,大多数的金融机构会设置机构或专门人员,针对各个交易对象的信用状况作评估来衡量可能的损益,以及采取必要的措施减低可能的损失。

一、信用评级

信用评级的目的是显示受评对象信贷违约风险的大小,一般由某些专门信用评估机构进行。评估机构针对受评对象金融状况和有关历史的数据进行调查、分析,从而对受评对象的金融信用状况给出一个总体的评价。

信用评估最初产生于 20 世纪初期的美国。1902 年,穆迪公司的创始人约翰·穆迪开始对当时发行的铁路债券进行评级。后来延伸到各种金融产品及各种评估对象,现在大体分类如下。

(1) 资本市场上的信用评估机构,对国家、银行、证券公司、基金、债券及上市公司进行信用评级,著名国际评级机构有穆迪(Moody's)、标准普尔(Standard & Poor's)和惠誉国际(Fitch Rating)。中国大陆地区目前主要的全国性企业信用评级机构包括大公国际、联合资信和中诚信国际。

(2) 商业市场上的信用评估机构,他们对商业企业进行信用调查和评估,著名企业有邓白氏公司(Dun & Bradstreet)。

(3) 消费者信用评估机构,他们提供消费者个人信用调查情况。国际上著名的消费者信用评估机构有 Equifax 公司、环联资讯有限公司(Trans Union)和益百利公司(Experian),中国大陆主要消费者信用评级机构包括蚂蚁金服旗下芝麻信用、腾讯旗下腾讯征信等。

除了这些外部信用评级机构提供的外部信用评级外,一些金融机构内部评级,如银行使用自己的评估系统,对信贷客户进行评级及对银行风险资产监测的信用管理活动。根据巴塞尔新资本协议对内部评级法的要求及借鉴国际银行业经验,我国部分大中型银行已经构建了以借款人评级、债项评级为核心的二维评级体系。

资本市场常见信用评级机构的长、短期债务信用等级符号见表 21-1,各信用等级的含义见表 21-2。

表 21-1 资本市场常见信用评级机构的长、短期债务信用等级符号

标准普尔		穆迪		惠誉国际		大公国际	
长期债	短期债	长期债	短期债	长期债	短期债	长期债	短期债
AAA	A−1+	Aaa	P−1	AAA	F1+	AAA	A−1
AA+	A−1+	Aa1	P−1	AA+	F1+	AA+	A−1
AA	A−1+	Aa2	P−1	AA	F1+	AA	A−1
AA−	A−1+	Aa3	P−1	AA−	F1+	AA−	A−1
A+	A−1	A1	P−1	A+	F1+	A+	A−2
A	A−1	A2	P−1	A	F1	A	A−2
A−	A−2	A3	P−2	A−	F1	A−	A−2
BBB+	A−2	Baa1	P−2	BBB+	F2	BBB+	A−3
BBB	A−2/A−3	Baa2	P−2/P−3	BBB	F2	BBB	A−3
BBB−	A−3	Baa3	P−3	BBB−	F2/F3	BBB−	A−3
BB+	B	Ba1		BB+	F3	BB+	B
BB	B	Ba2		BB	B	BB	B
BB−	B	Ba3		BB−	B	BB−	B
B+	B	B1		B+	B	B+	B
B	B	B2		B	C	B	B
B−	B	B3		B−	C	B−	B
CCC+	C	Caa1		CCC+	C	CCC+	C
CCC	C	Caa2		CCC	C	CCC	C
CCC−	C	Caa3		CCC−	C	CCC−	C
CC	C	Ca		CC	C	CC	C
C	C	C		C	C	C	D

表 21-2 各信用等级的含义

等级	含义	说明
AAA	信誉极好,只有<5%风险	表示企业信用程度高、资金实力雄厚,资产质量优良,各项指标先进,经济效益明显,清偿支付能力强,企业陷入财务困境的可能性极小。

续表

等级	含义	说明
AA	信誉优良,只有5%~10%风险	表示企业信用程度较高,企业资金实力较强,资产质量较好,各项指标先进,经营管理状况良好,经济效益稳定,有较强的清偿与支付能力。
A	信誉较好,具备支付能力,只有10%~15%风险	表示企业信用程度良好,企业资金实力、资产质量一般,有一定实力,各项经济指标处于中上等水平,经济效益不够稳定,清偿与支付能力尚可,受外部经济条件影响,偿债能力产生波动,但无大的风险。
BBB	信誉一般,基本具备支付能力,有15%~22%风险	企业信用程度一般,企业资产和财务状况一般,各项经济指标处于中等水平,可能受到不确定因素影响,有一定风险。
BB	信誉欠佳,支付能力不稳定,有22%~30%风险	企有业信用程度较差,企业资产和财务状况差,各项经济指标处于较低水平,清偿与支付能力不佳,容易受到不确定因素影响,有风险。该类企业具有较多不良信用纪录,未来发展前景不明朗,含有投机性因素。
B	信誉较差,近期内支付能力不稳定,有30%~45%风险	企业的信用程度差,偿债能力较弱,管理水平和财务水平偏低。虽然目前尚能偿债,但无更多财务保障。而其一旦处于较为恶劣的经济环境下,则有可能发生违约。
CCC	信誉很差,偿债能力不可靠,可能违约,有45%~62%风险	企业信用很差,企业盈利能力和偿债能力很弱,对投资者而言投资安全保障较小,存在重大风险和不稳定性,偿债能力低下。
CC	信誉太差,偿还能力差,有62%~80%风险	企业信用极差,企业已处于亏损状态,对投资者而言具有高度的投机性,偿债能力极低。
C	信誉极差,完全丧失支付能力,有80%~100%风险	企业无信用,企业基本无力偿还债务本息,亏损严重,接近破产,几乎完全丧失偿债能力。
D	违约,有95%~100%风险	企业破产,债务违约。

许多信用评级机构(如标准普尔公司、穆迪公司)会定期公布相应的信用评级转换矩阵。这些矩阵是对过去的评级公司发生信用等级变化的统计资料。表21-3中展示了一个一年时间期限的转换矩阵的例子。

表21-3 信用评级转换矩阵的一个例子

	AAA	AA	A	BBB	BB	B	CCC	违约
AAA	0.908 29	0.082 72	0.007 36	0.000 65	0.000 66	0.000 14	0.000 06	0.000 12
AA	0.006 65	0.908 90	0.076 92	0.005 83	0.000 64	0.000 66	0.000 29	0.000 11
A	0.000 92	0.024 20	0.913 05	0.052 28	0.006 78	0.002 27	0.000 09	0.000 41
BBB	0.000 42	0.003 20	0.058 78	0.874 59	0.049 64	0.010 78	0.001 10	0.001 49
BB	0.000 39	0.001 26	0.006 44	0.077 10	0.811 59	0.083 97	0.009 70	0.009 55

续 表

	AAA	AA	A	BBB	BB	B	CCC	违约
B	0.000 44	0.002 11	0.003 61	0.007 18	0.079 61	0.807 67	0.049 92	0.049 46
CCC	0.001 27	0.001 22	0.004 23	0.011 95	0.026 90	0.117 11	0.644 79	0.192 53
违约	0	0	0	0	0	0	0	1

假设公司 XYZ 当前被标准普尔公司评为 AA 级。它 1 年后仍将被评为 AA 级的概率多大？1 年后它将被评为 A 级或者 AAA 级,或者是违约级的概率多少？我们可以用这个 1 年时间期限的转换矩阵计算出这些概率。对该表的理解为,现在这家公司是被评为 AA 级。在 1 年的时间中它将具有不同信用等级的概率可以从该表中对应信用等级为 AA 的那行不同的列元素中得到。因此,评级为 AAA 的概率是 0.665%、仍然为 AA 的概率是 90.890%、A 的概率是 7.692%,等等。最大概率是没有迁移。

该表可以被解释成是所有公司从一个等级向另一个等级迁移的概率表,也可以是某个公司从不同等级开始的迁移概率表。每行的所有概率值之和必须为一。另外,一旦一家公司是处于违约等级,它无法离开该状态,因此最后一行必须是除最后代表从违约到违约的概率数字 1 之外,所有其他元素都必须等于零。

二、违约概率

违约概率是指借款人或者债券发行人在未来一定时期内发生违约的可能性。违约概率的测度方法可以概括为四大类：利用历史数据估计的历史违约概率、利用信用债券或信用衍生产品估计的市场隐含风险中性违约概率、基于保险精算的测度方法估计预期违约概率(如 CreditRisk+模型)、基于期权定价方法估计的违约概率(这是美国 KMV 公司利用 Merton(1974)的公司债务的期权定价模型创立的违约概率预测模型——信用监测模型,也称 KMV 模型)。我们这里介绍前两种方法。

（一）历史违约概率

基于内部信用评级历史资料的测度方法,这是评级公司或者商业银行等根据长时间积累下来的信用等级历史资料,以历史违约概率的均值作为不同信用等级下企业对应的违约概率,这种方法估计出的违约概率称为历史违约概率。

对于历史违约概率,主要有边际违约概率、累积违约概率、平均边际违约概率、平均累积违约概率和违约损失率这 5 个概念,以下以穆迪的测算方法为例,进行简单的介绍。

1. 边际违约概率

边际违约概率(Marginal Default Rate)指的是在特定时间段内(通常为 1 年)新发生违约的主体数量占期初有效主体数量的比例。在穆迪的实际计算中,期初有效的主体数量为期初信用债发行主体数量减去上一时间段发生违约的主体数量,再对取消评级的债券主体进行细微的调整。在估算中,分母近似于期初信用债发行主体的数量,即

$$d_i^y(t) \approx \frac{x_i^y(t)}{n_i^y(t)} \tag{21-1}$$

其中,i 表示统计的群组(如信用评级 A 的债券),t 表示观测的时间段(2012 年 1 月 1 日至 2012 年 12 月 31 日),y 表示样本选择的时间点(如 2012 年 1 月 1 日),x 表示在时间段 t 内发生违约的债券发行主体数量,n 表示期初的债券发行主体数量。

另外,边际存活率(Marginal Survival Rate)是与边际违约概率相对的概念,指的是在特定时间段内没有发生违约的主体比例,即 1 减去边际违约概率。

2. 累积违约概率

累积违约概率(Cumulative Default Rate)指的是 y 时刻选择的样本在整个投资期 T(可以为 1 年、2 年、3 年等)内发生违约的概率,也就是 1 减去该样本在整个投资期内均未发生违约的概率,而没有发生违约等同于在投资期的各个时间段内都存活,即

$$D_i^y(t) = 1 - \prod_{t=1}^{T}[1 - d_i^y(t)] \tag{21-2}$$

3. 平均边际违约概率

平均边际违约概率(Average Marginal Default Rate)计算的是在观测的第 t 个时间段发生违约的平均比率,即

$$\bar{d}_i(t) = \frac{\sum_{y \in Y} x_i^y(t)}{\sum_{y \in Y} n_i^y(t)} \tag{21-3}$$

这里,Y 为某系列时间点的集合,如表 21-4 为 1970—2012 年之间的每年年初的集合所计算。这个概率也称为无条件违约概率,描述的是当前观察到的未来一段时间内的平均违约概率。举例而言,表 21-4 给出了 B 级债券在第 2 年发生违约的主体数量占初始样本数的平均比率 5.557%(=9.608%-4.051%)。我们还可以计算出评级为 B 级的公司在第 1 年年底不违约的条件下,公司在第 2 年内平均违约概率,即平均条件违约概率。评级为 B 级的公司在第 1 年年底平均不违约的概率为 95.949%(1-4.051%),公司在第 2 年内的平均条件违约概率 5.792%(=5.557%/95.949%)。

表 21-4　1970—2012 年的平均累计违约概率　　　　　　　　　　单位:%

时间(年)	1	2	3	4	5	7	10
Aaa	0.000	0.013	0.013	0.037	0.106	0.247	0.503
Aa	0.022	0.069	0.139	0.256	0.383	0.621	0.922
A	0.063	0.203	0.414	0.625	0.870	1.411	2.480
Baa	0.177	0.495	0.894	1.369	1.877	2.927	4.740
Ba	1.112	3.083	5.424	7.934	10.189	14.117	19.708
B	4.051	9.608	15.216	20.134	24.613	32.747	41.947
Caa-C	16.448	27.867	36.908	44.128	50.366	58.302	69.483

资料来源:穆迪

4. 平均累积违约概率

平均累积违约概率(Average Cumulative Default Rate)计算的是对于统计的时间区间,在选定的投资期 T 内有主体发生违约的平均比例,即

$$\bar{D}_i(t) = 1 - \prod_{t=1}^{T}[1-\bar{d}_i(t)] \tag{21-4}$$

表 21-4 给出了穆迪穆迪公司公布的一组平均累积违约概率的数据。举例而言,表 21-4 给出了评级为 A 级公司在 3 年内发生违约的主体数量占初始样本数的平均比率为 0.414%。

从表 21-4 可以看出,投资级债券在一定期限内的违约概率随着期限的增大而增大,如 Aa 级债券在 0~1 年、1~2 年、2~3 年、3~4 年和 4~5 年的违约概率分别为 0.022%、0.047%、0.07%、0.117% 和 0.127%。这是因为,当前信用级别好的债券,随着时间的推移,公司信用状况出现问题的概率就越大。对于期初信用级别较低的债券,期初其违约概率会增加,但随着时间进一步推移,其违约概率会减少。例如,B 级债券在 0~1 年、1~2 年、2~3 年、3~4 年和 4~5 年的违约概率分别为 4.051%、5.557%、5.608%、4.918% 和 4.479%。这是因为,对于较差信用的债券,期初一两年能否生存面临巨大挑战,但如果公司能够顺利渡过难关,那么公司的前景就会变得乐观起来。

考虑一个很短的时间段 Δt,定义在时间 t 违约密度为 $\lambda(t)$,在 t 之前没有违约的条件下,违约发生在时间 t 与 $t+\Delta t$ 之间的概率为 $\lambda(t)\Delta t$。记 $V(t)$ 为从当前 0 时刻开始到时间 t 公司仍然生存的概率,即公司在时间 t 之前没有违约的概率,那么在时间 t 与 $t+\Delta t$ 之间违约的条件概率为 $[V(t)-V(t+\Delta t)]/V(t)$,该概率等于 $\lambda(t)\Delta t$,即

$$[V(t)-V(t+\Delta t)] = \lambda(t)V(t)\Delta t \tag{21-5}$$

极限形式为:

$$\frac{dV(t)}{dt} = -\lambda(t)V(t)$$

求解上式得到生存概率 $V(t)$:

$$V(t) = e^{-\int_0^t \lambda(\tau)d\tau} = e^{-\bar{\lambda}(t)t} \tag{21-6}$$

其中,$\bar{\lambda}(t)$ 为 0 与 t 之间的平均违约密度。t 之前违约的概率为:

$$Q(t) = 1 - e^{-\bar{\lambda}(t)t} \tag{21-7}$$

5. 违约损失率

违约损失率(LGD)是指债务人一旦违约将给债权人造成的损失数额占债务面值的比例,即损失的严重程度。从贷款或者债券回收的角度看,LGD 决定了贷款或债券回收的程度,因为 LGD=1-回收率。

当一家公司破产时,公司的债权人有权对公司的资产进行追索,通过债务重组或者破产清算的方式获得债务的部分清偿。在债务追索过程中,有些债权具有优先权,必须优先

偿还。从市场角度看,债券的回收率一般是指刚刚违约的几天里,债券市场价格占面值的百分比。

(二)隐含风险中性违约概率

与利用期权定价模型和期权的市场价格可以计算出隐含波动率类似,利用债券定价模型和债券(或信用衍生产品)的市场价格(或收益率)可以计算隐含风险中性违约概率。

为简单起见,我们首先以一个贴现债券为例加以说明。假设期限为 T 的贴现债券面值为 B,当前价格为 $P(0)$,年化的连续收益率为 y,即

$$P(0) = Be^{-yT}$$

假设 0 到 T 之间的风险中性的平均违约密度为 $\bar{\lambda}(T)$,回收率为 R,则债券价格还可以表述为以下式子:

$$P(0) = [BR(1 - e^{-\bar{\lambda}(T)T}) + Be^{-\bar{\lambda}(T)T}]e^{-r(T)T}$$

其中,$r(T)$ 为期限为 T 的年化的连续无风险利率。因此,有

$$P(0) = [BR(1 - e^{-\bar{\lambda}(T)T}) + Be^{-\bar{\lambda}(T)T}]e^{-rT} = Be^{-y(T)T}$$

定义收益率价差 $s(T) = y(T) - r(T)$。由以上等式可以推导出以下近似式子:

$$\bar{\lambda}(T) \approx \frac{s(T)}{1 - R} \tag{21-8}$$

例 21-1 假设一家公司发行了的 1 年期、2 年期和 3 年期贴现债券的收益率比无风险利率高出 150 个基点、180 个基点和 195 个基点,如果不同期限的债券的违约损失率都为 60%。计算 1 年期、2 年期和 3 年期的平均违约密度,以及第 1 年、第 2 年和第 3 年平均违约概率。

由式(21-8),可以得到 1 年期平均违约密度为 0.015 0/0.6=0.025,即每年 2.5%。类似的,前 2 年平均违约密度为 0.018 0/0.6=0.03,即每年 3%;前 3 年平均违约密度为 0.019 5/0.6=0.032 5,即每年 3.25%。

第 1 年的平均累积违约概率为 $1 - e^{-0.025 \times 1} = 0.024\ 7$,2 年期的平均累积违约概率为 $1 - e^{-0.03 \times 2} = 0.058\ 2$,所以第 2 年的平均违约概率为 0.058 2−0.024 7=0.033 5,即 3.35%。3 年期的平均累积违约概率为 $1 - e^{-0.032\ 5 \times 3} = 0.092\ 9$,第 3 年的平均违约概率为 0.092 9−0.058 2=0.034 7,即 3.47%。

为了使计算更加符合实际,下面我们介绍一个通过拟合付息债券价格计算风险中性违约概率的例子。

例 21-2 假设市场上有 1 年期、2 年期和 3 年期的付息债券,年息票率为 8%,每半年支付一次利息。1 年期、2 年期和 3 年期的付息债券的到期收益率分别为 6.5%、6.8% 和 6.95%(连续复利,而且刚刚支付过一次利息),债券面值都为 100 元,则三个付息债券价格分别为 101.33 元、101.99 元和 102.47 元。假设市场上所有期限的无风险利率都为 5%(连续复利)。债券的违约损失率都为 40%。

按照无风险利率计算,这三个债券的价格分别是 102.83 元、105.52 元和 108.08 元,这

说明1年期债券的违约损失期望值的现值是102.83－101.33＝1.50元。类似地，2年期债券和3年期债券的违约损失的期望值为3.53元和5.61元。

首先，考虑1年期的付息债券。该债券在未来6个月内违约的概率为$1-e^{-\bar{\lambda}(1)\times 0.5}$，在6个月至12月之间违约的概率为$e^{-\bar{\lambda}(1)\times 0.5}-e^{-\bar{\lambda}(1)\times 1}$，其中$\bar{\lambda}(1)$为第一年内的平均违约密度，并且假定违约只能发生在6个月时间段的中间，即违约可能发生的时间是3个月或者9个月时间点上。如果债券没有违约，3个月时间点的债券的无风险的价格为

$$4e^{-0.05\times 0.25}+104e^{-0.05\times 0.75}=104.12$$

如果债券违约，债券的价值为40元。所以，债券在3个月时违约发生时，所受损失的现值等于：

$$(104.12-40)e^{-0.05\times 0.25}=63.33$$

如果债券没有违约，9个月时间点的债券的无风险的价格为$104e^{-0.05\times 0.25}=102.71$。同理，债券在9个月时违约发生时，所受损失的现值等于：

$$(102.71-40)e^{-0.05\times 0.75}=60.40$$

因此，平均违约密度满足以下等式：

$$(1-e^{-\bar{\lambda}(1)\times 0.5})\times 63.33+(e^{-\bar{\lambda}(1)\times 0.5}-e^{-\bar{\lambda}(1)\times 1})\times 60.40=1.50$$

用数值方法求解这个方程（也可以利用Excel里的Solver求解），得到$\bar{\lambda}(1)=2.46\%$。

接着，考虑2年期债券，其中3个月和9个月的违约概率可以使用上面已经求解的1年期平均违约密度计算，通过拟合2年期债券的违约预期损失3.53元，可以计算出2年期的平均违约密度。对3年期的债券可以类似处理。通过这些计算，可以得到2年期和3年期的平均违约密度分别为3.48%和3.74%。

须注意的是，通过上述方法计算出的违约密度和违约概率是债券价格或者债券收益率隐含的风险中性的违约密度和违约概率，这与历史数据计算出的平均违约密度和平均违约概率有显著的差别。一般来说，由历史数据计算出的平均违约密度和平均违约概率要远远小于债券价格隐含的违约密度和违约概率。原因有以下两个方面。一是与二叉树期权定价模型类似，风险中性概率是真实概率的扭曲，隐含了投资者的风险厌恶，使隐含的风险中性违约概率大于实际违约概率。二是债券收益相对于无风险利率的价差除了包含违约风险价差外，还包含了其他因素导致的风险价差：首先是债券的收益率价差中包含了流动性风险价差，这会提高隐含违约概率；其次是违约概率不是固定的，违约概率的变化导致的系统性风险需要额外的收益补偿，这也会导致隐含的风险中性违约概率大于实际违约概率；最后是债券投资具有很高的非系统性风险，并且债券的非系统性风险不能有效的分散化，这主要是债券收益分布具有很高的偏态性，同时投资收益的升势有限（如一个债券在一年内有99.75%的概率具有7%的收益率，但有0.25%的概率具有－60%的收益率。第一种情形对应于没有违约出现，第二种情形对应于出现违约），承担不能分散化的非系统性风险需要额外补偿。

当我们采用风险中性方法对信用衍生产品进行定价时，我们要用风险中性违约概率。

采用情景分析或者概率分析违约可能触发的损失时,应该采用现实世界里的违约概率。

第二节 信用违约互换(CDS)

一、CDS 现金流分析

(一) CDS 现金流结构

CDS 是一种双边金融合约,CDS 买方向卖方在合约期限内定期支付一定的信用保护费(以 s 基点表示),也称为 CDS 价差,卖方则承诺当合约中所指参考资产(或者参考实体)发生规定的信用事件时,向买方赔付参考资产所遭受的损失(图 21-1)。参考资产可以为债券、信贷资产、抵押债务资产池(CDO)等。根据国际清算银行数据,目前 60% 的 CDS 参考资产为 AAA 至 BBB 评级的信用债券。为简化,本文以债券为参考资产。信用事件包括参考资产发行主体破产、拒付或延迟支付本金或利息、参考资产被重组等。

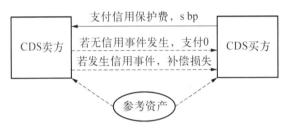

图 21-1 CDS 产品现金流结构图

实质上,CDS 买方通过向卖方周期性支付"s bps×CDS 本金"直至信用事件发生或 CDS 期限结束(若期限内无信用事件发生),获得了一个在参考资产发生信用事件时能以面值出售参考资产的期权。这里 CDS 本金通常为参考资产的面值。

如果违约事件发生时,CDS 的结算方式主要有实物结算(Physical Settlement)和现金结算(Cash Settlement)。实物结算是违约事件发生时,CDS 买方把所持违约参考资产以面值出售给 CDS 卖方,其优势是交易成本较低。现金结算首先计算违约事件发生时面值 100 元的参考资产市场公允价值 Q,CDS 卖方需向买方支付(100−Q)%×本金。违约事件发生几天后,一般通过拍卖的方式确定参考资产市场公允价值。

(二) CDS 现金流特征

CDS 现金流存在较大不确定性。从 CDS 卖方(创设机构)角度来看,CDS 现金流包括收取"固定端"和支付"浮动端",固定端为买方周期性支付的保护费,浮动端为信用事件发生时支付的补偿金。由于信用事件的发生概率以及时间点有着较大不确定性,因此尽管 CDS 为最简单的信用衍生产品,其现金流存在较大不确定性。

我们以如下实例来说明 CDS 现金流。假设创设机构 A 在 2015 年 1 月 1 日卖出了一份 CDS,买入机构为 B,结束日期为 2020 年 1 月 1 日,付息周期为 1 年一次,参考资产为某信用债,本金为 1 千万元人民币,价格为 90 个基点。

如果没有违约事件发生,CDS 卖方的现金流如图 21-2 所示。

图 21-2　CDS 卖方现金流

若信用事件发生,举例来说,参考资产在 2018 年 7 月 1 日发生违约,实物结算方式下,现金流为:若信用事件发生,在实物结算的情形下,CDS 卖方现金流如图 21-3 所示。同时还获得违约后的债券。

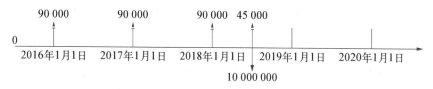

图 21-3　CDS 卖方现金流

若信用事件发生,现金结算方式下,假设违约债券市场公允价值变为 350 万元人民币,CDS 卖方向买方支付 650 万元人民币。CDS 卖方现金流状况如图 21-4 所示。

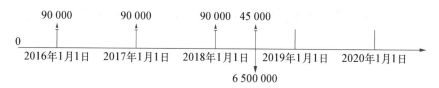

图 21-4　CDS 卖方现金流

须注意的是,无论是实物结算,还是现金结算,信用事件发生后,买方仍须向卖方支付信用时间发生时最近一期付息日至信用时间发生时累计的保护费,然后买卖双方进入 CDS 实物结算或现金结算。如在以上的例子里,买方还须向卖方支付 2018 年 1 月 1 日至 2018 年 7 月 1 日的累积保护费 45 000 元。从 CDS 现金流偿付机制看,CDS 类似于保险产品,但不同之处在于 CDS 买卖双方并不是必须拥有基础资产,仅需以该参考资产作为标的。

二、CDS 定价

(一) CDS 信用价差与债券收益率

CDS 可以用来对冲信用债券的违约风险。假如投资者按面值价格购买了一个 5 年期、息票率为 6% 的信用债券,同时签订了一份该债券的 5 年期 CDS 对债券发行人的违约风险进行保护。假定 CDS 的信用价差为 150 个基点,即每年 1.5%。如果债券发行人没有违约,投资人的收益率为每年 4.5%(为息票率 6% 减去 CDS 的信用价差 1.5%);如果债券发行人违约,债券投资者在违约前的收益率为 4.5%,再根据 CDS 条款,投资者可以收回债券的本金。投资者可以将收回的本金再按照无风险利率进行投资。因此,CDS 的作用是将信用债券转换成了无风险债券。

上述分析说明,信用债券的 CD 信用价差大致要等于该债券的到期收益率与无风险利率之差。如果 CDS 信用价差大幅度偏离这个差值,就存在套利机会。例如,如果信用债券的 CDS 信用价差远小于该债券的到期收益率与无风险利率之差,投资者通过购买该信用债券并购买该债券的 CDS,获得的收益(近似等于无风险利率)会大于市场无风险利率。如果信用债券的 CDS 信用价差远大于该债券的到期收益率与无风险利率之差,投资者可以买空该信用债券同时卖出该债券的 CDS,得到小于无风险利率的借款利率。

在实务中,一般采用同业拆借利率(如 Shibor 或 Libor)和利率互换收益率作为无风险利率。将债券的到期收益率与无风险利率之差定义为债券信用价差,同时定义:CDS 债券基点=CDS 信用价差-债券信用价差。上面的无套利论证表明,CDS 债券基点近似为 0。

(二) CDS 定价公式

假设 CDS 期限为 T 年,付息时点位 $t_1, t_2, \cdots, t_n = T$,定义 l 时刻=min(信用事件发生时刻, T), r 为无风险利率,CDS 的本金设定为 1 元。我们将投资者购买的 CDS 支付的保护费称为 CDS 固定端,将 CDS 卖方在信用事件发生时向买方支付一定金额称为浮动端。下面分别计算固定端和浮动端的期望值的现值,并计算出公平的 CDS 信用价差。

参考实体 t 时的风险中性的违约密度为 $\lambda(t)$,(21-6)式给出了参考实体到 t 时的生存概率:

$$V(t) = e^{-\int_0^t \lambda(\tau) d\tau} \tag{21-9}$$

在实践中,通常假设违约密度不随时间变化,为常数 λ。

CDS 固定端现值可以理解为从 CDS 创设 0 时刻到 l 时刻,定期收取的保护费 $s(0, T)$ 期望值的贴现之和,即

$$V_{fix}(0, T) = \sum_{i=1}^{n} e^{-rt_i} s(0, T)(t_i - t_{i-1}) V(t_i) \tag{21-10}$$

将式(21-9)代入式(21-10),得到:

$$V_{fix}(0, T) = s(0, T) \sum_{i=1}^{n} e^{-[r + \frac{1}{t_i}\int_0^{t_i} \lambda(\tau)d\tau]t_i}(t_i - t_{i-1}) = s(0, T)\Delta t \sum_{i=1}^{n} e^{-(r+\lambda)t_i}$$

若在连续计息方式下,上式可以写为:

$$V_{fix}(0, T) = s(0, T) \int_0^T e^{-[r + \frac{1}{t}\int_0^t \lambda(\tau)d\tau]t} dt$$

那么 CDS 固定端现值简化为:

$$V_{fix}(0, T) = s(0, T) \frac{1 - e^{-(r+\lambda)T}}{r + \lambda} \tag{21-11}$$

CDS 卖方在信用事件发生时向买方支付一定金额,该金额是本金 1 元与信用事件后

参考资产剩余价值 R 之差。CDS 的浮动端现值实质上是该笔金额现值的数学期望,即

$$V_{fl}(0,T) = (1-R)\sum_{i=1}^{n} e^{-rt_i}\left[V(t_{i-1}) - V(t_i)\right]$$
$$= (1-R)\sum_{i=1}^{n} e^{-rt_i}\left[e^{-\lambda t_{i-1}} - e^{-\lambda t_i}\right]$$

这里忽略了付息时间与违约时间的差异以及期间的应计票息。

在连续计息方式下,浮动端现值为:

$$V_{fl}(0,T) = (1-R)\sum_{i=1}^{n} e^{-rt_i}\left[V(t_i) - V(t_{i-1})\right] = (1-R)\int_0^T \lambda(t)e^{-\left[r+\frac{1}{t}\int_0^t \lambda(\tau)d\tau\right]t}dt$$

在违约密度 $\lambda(t)$ 为常数 λ 的假设下,CDS 浮动端现值为:

$$V_{fl}(0,T) = (1-R)\lambda\frac{1-e^{-(r+\lambda)T}}{r+\lambda} \tag{21-12}$$

从无套利的角度看,从 CDS 卖出方角度看,CDS 的价值为:

$$NPV(0,T) = V_{fix}(0,T) - V_{fl}(0,T)$$

CDS 的初始价值为 0,因此,可以得到公平的 CDS 信用价差:

$$s(0,T) = \frac{(1-R)\sum_{i=1}^{n} e^{-rt_i}\left[e^{-\lambda t_{i-1}} - e^{-\lambda t_i}\right]}{\Delta t \sum_{i=1}^{n} e^{-(r+\lambda)t_i}} \tag{21-13}$$

在连续计息方式假设下,式(21-13)可以近似表述为:

$$s(0,T) \approx (1-R)\lambda \tag{21-14}$$

例 21-3 假设无风险利率为 5%(连续复利率),参考实体在 CDS 整个 5 年期限内的违约密度都是 2%,回收率为 40%。计算该 CDS 公平报价。年末支付保护费。

将参数代入式(21-13),得到 $s(0,T) = 0.0121$。因此,5 年期 CDS 信用价差的市场中间价为 0.0121 乘以名义本金,或每年 121 个基点。

如果代入式(21-14),得到 0.012,即 CDS 信用价差为 120 个基点。

三、CDS 交易策略

(一) 投机交易

1. CDS 信用价差投机交易

由于 CDS 的信用价差随着参考主体违约风险的上升而上升,而于违约风险下跌时下跌,所以 CDS 容许投资者针对个体的违约风险的大小进行投机。假如投资者相信一家公司将会无力偿还债务,那他就可以买入该公司的 CDS。相对地,假如他认为一家公司不太可能违约,那他就可以卖出该公司的 CDS。

举例来说,一家对冲基金认为 A 公司将会无力偿还债务。那么,它可以从 B 银行处

买入2年期面值1000万元的CDS,并以A公司为参考实体,信用价差则为每年500个基点(=5%)。

如果A公司真的在一年后违约,那家对冲基金需要付给B银行 5‰×1000万×1=50万元的费用,但会收到600万元(假设回收率为40%),从而赚取丰厚的利润。B银行则产生了550万美元的亏损,除非银行在违约前对冲了一部分的仓位。

不过,假如A公司没有违约,那么这份CDS将会持续两年,而对冲基金则合共要缴付 5‰×1000万×2=100万元而没有任何回报。

要留意在上述情况下还存在第三种可能性,那家对冲基金可以选择在一段时间后卖出它的仓位,从而锁死它的利润或损失。举例来说:

一年后,市场认为A公司比前更有可能违约,所以它的CDS的信用价差从500基点"扩阔"到1500基点。这家对冲基金可以选择将这份保障期为一年的信贷违约掉期用较高的信用价差卖回给B银行。所以在两年里,这家对冲基金合共付出 2×5‰×1000万元=100万元,但收到 1×15‰×1000万元=150万元,因而盈利50万元。

在另一个情况里,一年后市场认为A公司更不可能违约,所以它的CDS的信用价差从500基点"缩窄"到250基点。再一次,这家对冲基金决定对B银行用较低信用价差出售这份有效期一年的合约。在两年的期间内,这家对冲基金需要付出 2×5‰×1000万元=100万元,但会收到 1×2.5‰×1000万元=25万元,因而损失75万元。因此,相对没有进行第二次交易而产生的100万元损失,损失金额减少。

这类型的交易甚至无须长期维持。假如A公司的CDS信用价差在一天内扩大了几个基点,这家对冲基金可以马上卖出CDS,对冲原来仓位,并在两份合约的有效期内锁定小额的利润。

2. CDS信用价差曲线投机交易

信用价差曲线和利率期限结构曲线类似,是由到期时间不同的CDS的息票所组成的曲线,反映了整个市场对某个债券的不同时期信用的预期。与利率期限结构曲线类似,信用曲线一般也分为上升的曲线、下降的曲线和水平的曲线。

基于信用价差曲线的交易策略就是对未来信用价差曲线的变动有明确的预期的基础上,利用长短期的CDS合约构建对冲组合的策略。比如,如果投资者预测信用价差曲线将来会变得更加陡峭,投资者可以买入较长期的CDS,同时卖出较短期的CDS,这是即使较短期的CDS的信用价差上升,当较长期的CDS的价差上升幅度更大,长期的盈利也会超过短期的亏损,于是投资者获得收益。如果投资者预测信用价差曲线将来会变得更加平坦,则做相反方向的交易。

(二) 套利交易:CDS与现券构造资产组合

该交易策略前文已经做了简单阐述。在理想情况下,忽略交易对手方信用风险,投资者可通过"信用债+CDS"组合获得无风险收益率。在现实中,投资者购买持有参考主体的信用债,信用债收益率 $R=R_f+R_c+R_l+$ 其他风险溢价,其中,R_f 表示无风险收益,R_c 表示信用风险价差,R_l 表示流动性风险价差。如果不考虑流动性风险价差和其他风险价差,甲购买CDS后(理论上价格 $s=R_c$),其收益为 $R-R_c \approx R_f$。

在成熟市场,CDS的价格基本上和信用利差相关。例如,图21-5给出了摩托罗拉公司的 CDS 信用价差与公司债券信用利差的走势图①(2001 年 2 月 15 日至 2002 年 12 月 9 日),信用利差和 CDS 信用价差之间的走势基本一致,反映了这种套利行为在市场中所起到的作用。

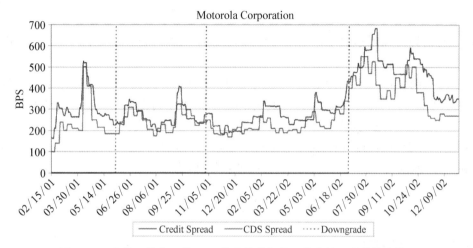

图 21-5　摩托罗拉公司的 CDS 信用价差与公司债券信用利差的走势图

除了债券和 CDS 的套利外,市场上还有资本结构套利策略。具体来说,就是把 CDS 和股票或者股票期权结合的策略。在通常情况下,如果公司出现财务困难,公司债券和股票价格都会下降,当它们下降的幅度会有差别,这是因为债券和股票在公司资产结构中的优先程度不一样。当出现小的负面消息时,股票价格处于第一位的位置,其下降幅度通常比债券下降幅度要大;当负面消息持续增加时,由于股票价格已经反映了市场对公司未来的预期,股票持续下跌的幅度会小于债券下跌的幅度。这种关系的存在促成了资本结构套利的实施。

(三) 构造远期 CDS

如果投资者仅需要对参考主体从未来某一时刻 t_1 到另一时刻 t_2 的违约风险进行规避,那么,可以采取买入以该主体为标的的期限为 t_2 的 CDS,然后卖出以该主体为标的的期限为 t_1 的 CDS。

(四) CDS 滚动投资策略

假设投资者认为 CDS 的期限结构过于陡峭,即长期限的 CDS 的信用价差远远大于短期的 CDS 的信用价差,那么,投资者可以不断通过购买短期的 CDS 品种,以达到对较长期限违约风险的保障,同时降低风险对冲成本。

四、CDS 中的风险及度量

(一) CDS 的信用价差风险

信用价差的变化直接决定 CDS 价值变化,信用价差风险是 CDS 交易中最重要的风

---

① Daniels, Kenneth, Shin Jensen, Malene. The Effect of Credit Ratings on Credit Default Swap Spreads and Credit Spreads. The Journal of Fixed Income. 15. 10.3905/jfi.2005.605421.

险。交易员常常通过净现值 NPV 对报价 s 的一阶导数来衡量 CDS 中的信用价差风险，该参数也称为 CDS 期价值(Duration Value, DV)。

$$DV(0, T) = \frac{\partial NPV}{\partial s} = \frac{1 - e^{-(r+\lambda)T}}{r+\lambda} \tag{21-15}$$

这里，λ 的估计可以通过假定 R 已知的情况下，通过 CDS 报价 s 反推得出，从而计算出 $DV(0, T)$。

在 CDS 创设时，NPV 为零的 CDS 的信用价差为 s。假设 CDS 创设之后，参考实体违约风险增加，即 λ 增大，浮动端的现值也相应增加，如果再创设相同参考资产的 CDS，市场的 CDS 信用价差也将增大，NPV 为零的 CDS 的信用价差变为 s_1，$s_1 > s$。对于卖出者，CDS 的盯市估值可以理解为平仓原先卖出信用价差为 s 的 CDS，需要买入信用价差为 s_1 的 CDS，锁定了利差的 $s - s_1$，该利差的期望现值为：

$$\frac{1 - e^{-(r+\lambda)T}}{r+\lambda}(s - s_1) = DV(0, T)(s - s_1)$$

(二) CDS 的利率风险

无风险利率(国债利率、货币市场利率等)的变化也会引起 CDS 价格变化，利率风险通常用净现值 NPV 对 r 的一阶导数来衡量 CDS 中的利率风险，即

$$\frac{\partial NPV}{\partial r} = [s(0, T) - (1-R)\lambda] \frac{(r+\lambda)Te^{-(r+\lambda)T} - 1 + e^{-(r+\lambda)T}}{(r+\lambda)^2} \tag{21-16}$$

(三) CDS 的交易对手风险

CDS 可将债券发行主体违约风险转移出去，但 CDS 自身也具有违约风险，即交易对手违约风险。比如，当标的资产的发行方违约时，CDS 的买入方将有权从 CDS 的卖出方获得一定的赔偿金额。不过，这种合约是否最终能够执行，还得看 CDS 的卖出方能否遵守合约。因此，CDS 卖方的信用资质也会影响到 CDS 的定价。

在 2008 年的美国金融危机中，大量场外交易的 CDS 暴露出交易对手风险，特别在雷曼兄弟倒闭之后，市场参与者逐步重视交易对手风险。中央对手方集中清算机制是降低交易对手风险有效途径之一。同时，集中清算也有利于市场监管者及时掌握 CDS 市场风险集中程度、控制过度投机等，降低市场系统性风险。中央对手实际上是介于 CDS 卖方买方的交易对手。中央对手清算，实际上是 CDS 卖方买方成交后，中央对手分别与卖方买方创设新的 CDS，以取代最初成交 CDS。未来任何一方违约，中央对手将首先承担偿付责任。

(四) CDS 的道德风险

CDS 交易时，也许 CDS 卖方信用资质很高。实际上，随着其卖出 CDS 规模扩大，信用资质将逐渐降低，而这一点，在从事 CDS 交易时并没有办法对交易对手未来的操作模式进行约束。此时，CDS 的公允价值将面临贬值。在一般情况下，"大而不倒"的观念将鼓励 CDS 的卖方将其规模做大。比如，美国的 AIG 在 2008 年底其 CDS 规模已经达到 3 000 多亿美元，如果其破产，将对整个美国的金融系统产生冲击。

(五) CDS 逆向选择问题

CDS 买方倾向对资质不好资产购买保护,由于信息不对称问题,CDS 的卖方从而倾向于对其收取较高的费用,从而产生逆向选择问题。

第三节 合成 CDO

一、产品结构

合成型 CDO 是建立在信用违约互换 (CDS, Credit Default Swap) 基础上的一种 CDO 形式,在该类 CDO 下,信贷资产的所有权并不发生转移,发起人仅仅通过 CDS 将信贷资产组合的信用风险转移给 SPV,并由 SPV 最终转移给证券投资者。

合成型 CDO 产品结构如图 21-6 所示,其构造过程一般有以下六个步骤。

第一,SPV 通过出售给银行一系列参考主体的 CDS 而持有 CDS 空头组合,发行银行作为买方,定期向作为卖方的 SPV 支付费用,与此同时也将债券组合的信用风险转移给 SPV;

第二,SPV 以签订的 CDS 组合为基础,发行各级 CDO 证券。CDO 证券会根据它的信贷评级的不同而分为几个级别,高级票据一般会是 AAA 级、AA 级或 A 级的信贷评级,一般是固定或浮动息率,它对于现金流的获取有最高优先权;中级票据一般会是 BBB 至 B 级的信贷评级,也是会有固定或浮动息率,它对于现金流的获取优先权比高级票据要低。CDO 中还有一些最差的次级票据,CDO 中的现金流必须优先满足高级票据和中级票据的派息需要,这些处在劣势的次级票据是最先遭受损失的部分,其派息根据现金流状况有可能会被推迟或直接取消。

第三,SPV 向机构投资者销售上述各级证券。

第四,SPV 将销售 CDO 证券获得的收入,投资于一个独立的抵押资产池 (Collateral Asset Pool),资产池中的资产均为 AAA 级无风险资产。

第五,如果参照实体没有发生违约事件,那么 SPV 将利用 CDS 保费,以及抵押资产池产生的现金流,向证券投资者支付利息;如果参照实体发生违约事件,那么 SPV 将利用抵押资产池产生的收入,或者利用出售抵押资产池中无风险资产的收入向发起人进行赔偿。

第六,当 CDO 证券期限届满时,SPV 出售抵押资产池中所有资产,并向投资者支付本金。

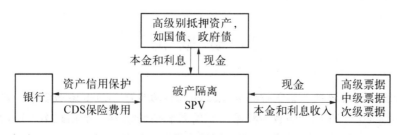

图 21-6 合成型 CDO 产品结构

二、合成 CDO 的积极意义及潜在风险

虽然合成 CDO 等金融衍生品加剧了 2008 年美国次贷危机的深度和广度,但作为一种先进的证券化产品和信用衍生产品,合成 CDO 仍具有三个方面的积极意义。

第一,合成 CDO 提供了一种转移信用风险的创新方式。合成 CDO 的出现,使商业银行可以在不转移信贷资产所有权的前提下向投资者转移信用风险。将资产证券化与信用违约互换结合使合成 CDO 在转移信用风险方面更具灵活性,从这一点来说合成 CDO 是一款优秀的金融衍生品。

第二,合成 CDO 有助于降低信用风险管理成本。由于合成 CDO 基于 CDS 合约,订立 CDS 合约的成本远远低于转移信贷资产的成本。同时,部分融资型合成 CDO 还通过对 CDS 分层来进一步降低风险管理成本。

第三,合成 CDO 增强了信贷市场和信用衍生品市场的流动性。合成 CDO 使信贷市场变得更加完整,从而有助于提高价格发现的质量、更加充分地发挥信贷市场的资金融通功能;同时,由于金融危机前的 CDS 市场并没有采用中央对手方结算机制,流动性较差,而以 CDS 为基础的合成 CDO 客观上也促进了 CDS 的流通。

然而,2008 年次贷危机的爆发,使合成 CDO 的潜在风险充分暴露出来,主要体现为以下三点。

第一,合成 CDO 将经济体系中的风险无限放大。在传统的资产证券化过程中,原始权益人持有的债权资产及其包含的信用风险只能转移一次,资产证券化的过程只是将信用风险转移,并没有创造新的违约风险。在合成 CDO 结构中,由于 CDS 合约的数量不受参考债务数量的限制,可以基于同一参考债务建立多个 CDS 合约。一旦债务人违约,将会导致同时有多个 CDS 合约需要进行赔付,无形中放大了信用风险。

第二,合成 CDO 的定价机制非常复杂。想要准确理解和适当管理 CDO 资产并不容易,而且 CDO 定价的数量模型本身缺乏风险测试和时间检验,甚至模型也可能是错误的。复杂的定价机制,加上大量外行投资者的进入,使金融市场变得更加不稳定。

第三,合成 CDO 交易存在严重的信息不对称问题。合成 CDO 拉长了次级按揭贷款借款人与合成 CDO 投资者的距离,信用链过长从而造成了风险估计的困难。虽然评级公司通过评级部分地减少了这种信息不对称,但是由于评级数学模型运用的困难性和评级机构本身的可靠性问题,往往不能给投资者提供正确的风险估计。事实上,合成 CDO 结构的复杂性使评级机构也无法准确地评估风险,金融危机前各种复杂衍生品广受投资者欢迎,很大程度上要归咎于评级机构的评级失真对投资者的误导。

重 要 概 念

信用风险 信用评级 信用评级转换矩阵 违约概率 历史违约概率 边际违约概率 累积违约概率 平均边际违约概率 平均累积违约概率 生存概率 违约损失率 隐含风险中性违约概率 信用违约互换(CDS) CDS 买方 CDS 买方 参考资产 CDS

信用价差　信用价差投机交易　信用价差曲线投机　CDS套利交易　远期CDS　CDS滚动投资策略　CDS信用价差风险　合成CDO

习题与思考题

1. 假设1个4年期债券的息票为4%(半年付息一次)，债券到期收益率为5%(连续复利)，无风险利率是水平的，利率为3%(连续复利)。回收率为30%，在今后每年违约密度相等的假设下，分别计算以下两种情形下的风险中性违约密度：① 假定违约事件随时都可能发生。② 假定违约事件只发生在每年年末。
2. 一家公司发行了的1年期、2年期和3年贴现期债券的收益率比无风险利率高出120个基点、150个基点和180个基点，如果不同期限的债券的违约损失率都为70%。计算1年期、2年期和3年期的平均违约密度，以及第1年、第2年和第3年平均违约概率。
3. 解释现实世界的违约概率和隐含的风险中性违约概率的不同，这两个概率哪个会更高？
4. 某银行签订了一个信用衍生产品合约，规定如果某公司的信用评级从A降为BBB或者更低时，银行将在年末支付100元。1年期的无风险利率为5%。利用表21-3的数据来估计该衍生产品的价值。在计算中需要做什么样的假定？
5. 在CDS定价中，如果采用现实世界的违约密度(而不是风险中性的违约密度)，会高估还是低估信用保护的价值？为什么？
6. 假设：(a) 5年期无风险债券的收益率为7%；(b) 5年期的公司Y债券的到期收益率为9%；(3)对公司Y违约提供5年期保护的CDS信用价差为120个基点。
这时是否存在套利机会？如有套利机会如何套利？如果CDS信用价差由120个基点变为300个基点，有什么样的套利机会？
7. 无风险利率为5%(连续复利)。某债券的违约回收率为30%，风险中性的违约密度为3%。分别计算以下两种情形下的CDS信用价差：1) 假定违约事件随时都可能发生，CDS付费每年一次。2) 假定违约事件只发生在每年年中，CDS付费每年一次。

参 考 文 献

1. 陈颖,"长期资本管理公司神话破灭看:利率互换的基差交易策略",《期货日报》,2013年5月21日。
2. 广发期货发展研究中心国债组,"信用衍生品市场的发展",《期货日报》,2013年4月9日。
3. 海通期货研究所,"解释期权波动率微笑成因的假说总结",《期货日报》,2012年9月24日。
4. [美]克里·贝克著,沈根祥译,《衍生证券教程:理论和计算》,格致出版社、上海人民出版社,2010年。
5. [美]罗伯特·C.默顿著,《连续时间金融(上、下册)》,中国人民大学出版社,2005年。
6. 孙健著,《金融衍生品定价模型:数理金融引论》,中国经济出版社,2014年。
7. 汪昌云编著,《金融衍生工具》,中国人民大学出版社,2009年。
8. 吴清主编,《期权交易策略十讲》,格致出版社、上海人民出版社,2016年。
9. [加]约翰·赫尔著,王勇、索吾林译,《期权、期货和及其他衍生产品》,机械工业出版社,2015年。
10. [美]约翰·马歇尔、维普尔·班赛尔著,宋逢明、朱宝宪、张陶伟译,《金融工程》,清华大学出版社,1998年。
11. 张光平著,马晓娟、任涤新、蒋涛等译,《奇异期权》,机械工业出版社,2014年。
12. 张睿等,"CDS及其定价、交易策略和风险度量",《上海申银万国证券研究所有限公司研究报告》,2010年10月。
13. 郑振龙、陈蓉主编,《金融工程(第四版)》,高等教育出版社,2016年。
14. 中国期货业协会编,《场外衍生产品》,中国财政经济出版社,2013年。
15. 中国期货业协会编,《国债期货》,中国财政经济出版社,2013年。
16. 中国期货业协会编,《结构化产品》,中国财政经济出版社,2013年。
17. 中国期货业协会编,《金融期权》,中国财政经济出版社,2013年。
18. 中国期货业协会编,《金融衍生品习题集》,中国财政经济出版社,2013年。
19. 中国期货业协会编,《外汇期货》,中国财政经济出版社,2013年。
20. Black, F., Scholes. The Pricing of Options and Corporate Liabilities, *Journal of Political Economy*, 1973.

21. J. Cox, J., Ross, S., Rubinstein. Option Pricing a Simplified Approach, *Journal of Financial Economics*, 1979.
22. ［美］Salih N. Nrftci 著,朱波译,《金融衍生工具中的数学》,西南财经大学出版社,2008年。

图书在版编目(CIP)数据

金融衍生工具/蒋祥林编著. —上海:复旦大学出版社,2019.11
经管类专业学位研究生主干课程系列教材
ISBN 978-7-309-14329-4

Ⅰ.①金… Ⅱ.①蒋… Ⅲ.①金融衍生产品-研究生-教材 Ⅳ.①F830.9

中国版本图书馆 CIP 数据核字(2019)第 250776 号

金融衍生工具
蒋祥林　编著
责任编辑/谢同君

复旦大学出版社有限公司出版发行
上海市国权路 579 号　邮编:200433
网址:fupnet@fudanpress.com　http://www.fudanpress.com
门市零售:86-21-65642857　团体订购:86-21-65118853
外埠邮购:86-21-65109143
上海四维数字图文有限公司

开本 787×1092　1/16　印张 32.75　字数 718 千
2019 年 11 月第 1 版第 1 次印刷

ISBN 978-7-309-14329-4/F·2571
定价:68.00 元

如有印装质量问题,请向复旦大学出版社有限公司发行部调换。
版权所有　侵权必究